LA VIE PRIVÉE DES ANCIENS

TEXTE PAR

RENÉ MÉNARD

DESSINS D'APRÈS LES MONUMENTS ANTIQUES

PAR

CL. SAUVAGEOT

LES INSTITUTIONS DE L'ANTIQUITÉ

PARIS

Vᵛᵉ A. MOREL ET Cⁱᵉ, ÉDITEURS

13, RUE BONAPARTE, 13

1883

LA

VIE PRIVÉE DES ANCIENS

LES INSTITUTIONS DE L'ANTIQUITÉ

Les figures ont été gravées

par les procédés de MM. C. Gillot et X. Comte.

LES INSTITUTIONS
DE
L'ANTIQUITÉ

L'ÉDUCATION

L'ÉDUCATION

I

L'ENSEIGNEMENT

Les lettres en Égypte. — Les gymnases grecs. — Les écoles romaines.

Les lettres en Égypte. — Nous avons peu de renseignements sur l'éducation des jeunes Égyptiens et nous ignorons complétement comment leurs écoles étaient constituées; cependant comme les lettrés étaient extrêmement considérés, et qu'ils remplissaient seuls les fonctions un peu élevées, il n'y a pas de doute sur la nécessité où l'on était d'instruire les enfants qui devaient occuper une position sociale un peu considérable. Dans un papyrus traduit par M. Maspero, un vieux scribe, infatué de sa profession, veut dégoûter son fils du métier d'artisan, et l'engage à suivre la carrière des lettres qui, en Égypte, mène seule à la richesse et aux honneurs.

« J'ai vu le forgeron à ses travaux, à la gueule du four; ses doigts sont rugueux, comme des objets en peau de crocodile, il est puant plus qu'un œuf de poisson. — Le tailleur de pierres cherche du travail en toute espèce de pierres dures. Lorsqu'il a fini les travaux de son métier, et que ses bras sont usés, il se repose. Comme il reste accroupi dès le lever du soleil, ses genoux et son échine sont rompus. — Le barbier rase jusqu'à la nuit; lorsqu'il se met à manger (alors seulement) il se met sur son coude (pour se reposer). Il va de pâtés de maisons en pâtés de maisons pour chercher les pratiques. Il se rompt les bras pour emplir son ventre, comme les abeilles qui cherchent les produits de leur labeur. — Le batelier descend jusqu'à Natho pour gagner son salaire. Quand il a accumulé travail sur travail, qu'il a tué des oies et des flamants, qu'il a achevé péniblement sa tâche, à peine arrive-t-il à son verger, arrive-t-il à sa maison qu'il lui faut s'en aller...

« Le maçon, la maladie le goûte, car il est exposé aux rafales, construisant péniblement, attaché aux (chapiteaux en forme de) lotus des maisons. Ses deux bras s'usent au travail, ses vêtements sont en désordre ; il se ronge lui-même, ses doigts lui sont des pains ; il ne se lave qu'une fois par jour, il se fait humble pour plaire, c'est un pion qui passe de case en case, c'est un pion qui passe de mois en mois sur les poutres (d'un échafaudage, accroché) aux (chapiteaux en forme de) lotus des maisons, y faisant tous les travaux nécessaires. Quand il a son pain, il rentre à la maison, et bat ses enfants... — Le tisserand, dans l'intérieur des maisons, est plus malheureux qu'une femme. Ses genoux sont à la hauteur de son cœur ; il ne goûte pas l'air libre. Si un seul jour il manque à fabriquer la quantité d'étoffes réglementaire, il est lié comme le lotus des marais. C'est seulement en gagnant par des dons de pain les gardiens des portes qu'il parvient à voir la lumière (du jour)... — Le fabricant d'armes peine extrêmement ; en partant pour les pays étrangers, c'est une grande somme qu'il donne pour ses ânes ; c'est une grande somme qu'il donne pour les parquer, lorsqu'il se met en chemin. A peine arrive-t-il à son verger, arrive-t-il à sa maison, le soir, il lui faut s'en aller...

« Le teinturier, ses doigts puent l'odeur des poissons pourris, ses deux yeux sont battus de fatigue, sa main ne s'arrête pas. Il passe son temps à couper des haillons ; c'est son horreur que les vêtements... — Le cordonnier est très malheureux, il mendie éternellement, il ronge le cuir pour se nourrir.

« J'ai contemplé les travaux manuels, et en vérité, il n'y a rien au delà des lettres. Comme on fait dans l'eau, plonge-toi au sein du livre *Quemi*, tu y trouveras ce précepte en propres termes : « Si le scribe « va étudier à Silsilis, son inactivité (corporelle) ne sera point sur lui. « Lui, c'est un autre qui le rassasie, il ne remue pas, il se repose. » J'ai vu les métiers figurés, y est-il dit en propres termes, (aussi) te fais-je aimer la littérature, ta mère ; je fais entrer ses beautés en ta face. Elle est plus importante que tous les métiers, elle n'est pas un vain mot sur cette terre ; celui qui s'est mis à en tirer profit, dès son enfance, il est honoré ; on l'envoie remplir des missions. Celui qui n'y va point reste dans la misère. Celui qui connaît les lettres est meilleur que toi, par cela seul. Il n'en est pas de même des métiers ; le compagnon y méprise son compagnon. On n'a jamais dit (au scribe) : travaille pour un tel ; ne transgresse pas tes ordres. Certes en te conduisant à *Kheunou*, certes j'agis par amour pour toi ; (car) si tu as profité un seul jour dans l'école, c'est pour l'éternité. Les travaux qu'on y fait sont durables comme les montagnes. C'est ceux-là que je te fais connaître. »

Nous ne possédons malheureusement pas de documents suffisants pour connaître les méthodes d'enseignement en usage dans les écoles des Égyptiens.

Les gymnases grecs. — Le gymnase, chez les Grecs, était un édifice consacré à l'éducation de la jeunesse. L'institution des gymnases a eu sur le développement de la civilisation grecque la plus grande influence; ils comprenaient dans leur emplacement un stade pour la course, des espaces où la jeunesse s'exerçait à la lutte et à divers jeux, des bains chauds et froids, une école pour les premières études, et des salles où les philosophes donnaient des leçons publiques. On y voyait aussi des autels pour honorer les dieux, divers monuments en souvenir des héros, des peintures et des statues pour décorer l'édifice. On donnait spécialement le nom de palestre à l'endroit destiné aux exercices de la lutte.

L'abbé Barthélemy, dans le *Voyage du jeune Anacharsis*, donne une description très-exacte des gymnases chez les Grecs et de leur organisation : « Ce sont de vastes édifices entourés de jardins et d'un bois sacré. On entre d'abord dans une cour carrée et dont le pourtour est de deux stades. Elle est environnée de portiques et de bâtiments. Sur trois de ses côtés sont des salles spacieuses et garnies de siéges, où les philosophes, les rhéteurs et les sophistes rassemblent leurs disciples. Sur le quatrième on trouve des pièces pour les bains et autres usages du gymnase. Le portique exposé au midi est double afin qu'en hiver la pluie agitée par le vent ne puisse pénétrer dans sa partie intérieure. De cette cour on passe dans une enceinte également carrée. Quelques platanes en ombragent le milieu. Sur trois des côtés règnent des portiques. Celui qui regarde le nord est à double rang de colonnes pour garantir du soleil ceux qui s'y promènent en été. Le portique opposé s'appelle xyste. Dans la longueur du terrain qu'il occupe, on a ménagé au milieu une espèce de chemin creux d'environ douze pieds de largeur. C'est là qu'à l'abri des injures du temps, séparés des spectateurs qui se tiennent sur les plates-formes latérales, les jeunes élèves s'exercent à la lutte. Au delà du xyste est un stade pour la course. »

A cette description nous ajouterons seulement que les cours étaient rectangulaires plutôt que complètement carrées. L'institution des gymnases a été, pour les artistes grecs, une véritable école des formes. Les études constantes, les observations réitérées que faisaient non-seulement les sculpteurs, mais encore les instituteurs, les directeurs de palestres, les philosophes, et on peut dire toute la nation, étaient suffisantes pour fixer dans l'idée de tout le monde ce qu'est la beauté humaine, et quelles sont les lois qui, dans la pensée des Grecs, la constituent. Aussi les Grecs avaient-ils à ce sujet des principes arrêtés et des classifications rigoureuses, qui ne sont connus aujourd'hui que par les artistes et les érudits, mais qui, étant universellement répandus, donnaient à l'opinion publique un jugement sûr et toujours sain sur les œuvres des statuaires.

Le xyste était un lieu couvert qui servait aux exercices des athlètes pendant l'hiver. Le stade était un espace de terrain oblong et arrondi à son extrémité. Il était circonscrit par des gradins en pierre, posés en retrait les uns au-dessus des autres et quelquefois entourés d'une colonnade. Les gradins situés sur la partie demi-circulaire du stade étaient réservés aux magistrats et aux juges des jeux; les barrières étaient disposées de façon que les concurrents eussent tous le même espace à parcourir, car originairement le stade servait à la course à pied; mais on y admit plus tard les autres exercices. Ordinairement les prix destinés aux vainqueurs étaient placés au milieu du stade. Trois bornes servaient à indiquer la distance parcourue et portaient des inscriptions destinées aux lutteurs. Sur la première on lisait : *courage ;* sur une autre il y avait : *hâte-toi ;* et celle placée au tournant portait : *tourne vite.*

Un stade était une annexe indispensable du gymnase, mais il y avait aussi des stades qui formaient des édifices spéciaux d'une grande richesse. Sur l'isthme de Corinthe il y avait, selon Pausanias, un stade construit en marbre blanc. A Delphes, dans la partie supérieure de la ville, on voyait un stade bâti d'abord en pierres du Parnasse, et qui fut ensuite revêtu de marbre par Hérode Atticus. Le stade d'Athènes élevé par Hérode Atticus était en marbre pentélique et d'une grandeur extraordinaire. Celui de Messène, dont il reste encore des débris, était extrêmement renommé.

Les Lacédémoniens passent pour avoir les premiers établi des *palestres* ou lieux d'exercices pour les athlètes. Mais à la grande époque de la sculpture, cet usage était universellement répandu en Grèce, et dans tous les gymnases il y avait une palestre où les jeunes gens se fortifiaient par la gymnastique. Le chef d'un gymnase était un homme fort considéré, et il avait sous ses ordres plusieurs personnages exerçant des fonctions diverses, entre autres des sortes d'huissiers portant une baguette et chargés de veiller au bon ordre et à la régularité des exercices. Il y avait aussi des gymnastes chargés d'exercer les jeunes athlètes, et d'autres préposés pour les frotter d'huile et veiller aux soins de leur corps.

Des récompenses étaient décernées aux jeunes gens qui, dans les luttes de la palestre ou dans divers exercices, avaient remporté le prix sur leurs camarades. Une coupe en terre cuite représente dans le fond un jeune homme dont la tête est ceinte d'une couronne. Cette coupe a sans doute été donnée en prix dans un gymnase; sur les champs lisses du médaillon, nous voyons représentés, d'un côté le sac où l'on mettait la poudre dont on se couvrait après avoir frotté ses membres d'huile, de l'autre une lanière où pendent un strigile et un petit vase à parfums.

Fig. 1. — Maîtres et élève au gymnase.

Sur les flancs extérieurs du vase on voit le jeune garçon debout entre deux personnages assis, qui sont probablement ses professeurs. Un des deux semble l'interroger. Une lyre et d'autres instruments du gymnase sont figurés dans les espaces vides entre les personnages (fig. 1).

« Bien que les palestres, dit Vitruve, ne soient pas en usage en Italie, je ne laisserai pas de décrire ici comment elles doivent être bâties et de quelle manière les Grecs ont coutume de les disposer. Dans les palestres il faut faire des péristyles carrés ou longs, qui aient deux stades de tour, qui est ce que les Grecs appellent *diaulon*. Trois des portiques de ce péristyle doivent être simples et le quatrième, qui regarde le midi, doit être double, afin que le vent ne puisse pousser la pluie jusqu'au fond. Le long des trois autres portiques, on bâtit de grandes salles, où sont disposés des bancs sur lesquels viennent s'asseoir les philosophes, les rhéteurs et les autres gens de lettres pour y discuter sur les sciences. Le long du double portique, il doit y avoir les pièces suivantes: au milieu est l'*éphébée*; c'est une salle spacieuse avec des sièges et qui est d'un tiers plus longue qu'elle n'est large; à sa droite sont le *coriceum* et le *conisterium*; ensuite et près de là est le bain d'eau froide, que les Grecs appellent *loutron*; au côté gauche de l'éphébée est l'élæothesium, proche duquel est la *chambre froide* d'où l'on va par un passage au *propnigeum*, qui est dans le retour de l'autre portique. Tout proche de la chambre froide est l'étuve voûtée pour faire suer; cette pièce doit être deux fois plus longue que large. Dans l'intérieur, sur le côté, se trouve le *laconicum* et à l'opposite est le bain d'eau chaude. C'est ainsi

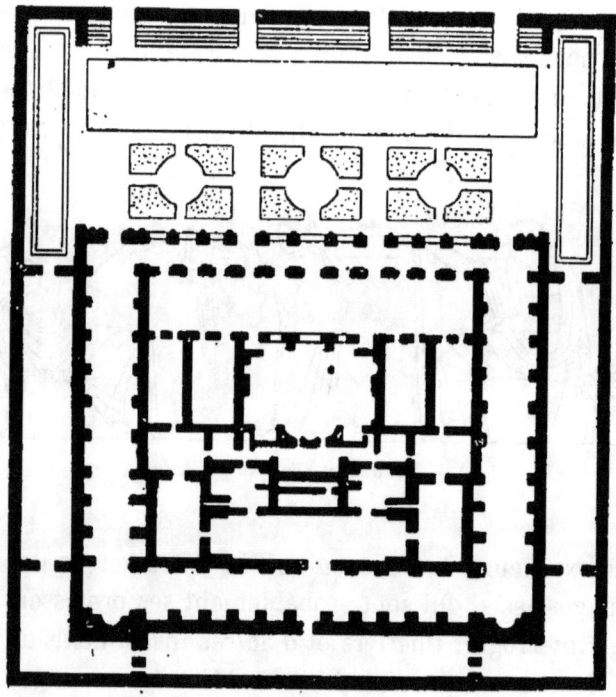

Fig. 2. — Plan restitué du gymnase d'Éphèse.

que les péristyles de la palestre doivent être disposés. Il y a de plus, en dehors, trois autres portiques, dans l'un desquels on entre en sortant du péristyle. Les deux autres sont à droite et à gauche, on peut s'y exercer comme dans le stade. Celui de ces portiques qui regarde le septentrion doit être double et fort large; l'autre sera simple, mais construit de telle sorte que le long du mur et le long des colonnes, il y aura comme des chemins élevés, larges de dix pieds, qui laisseront au milieu un autre chemin bas dans lequel on descendra par deux degrés, qui occuperont un pied et demi depuis le chemin haut jusqu'au chemin bas, qui n'aura pas moins de douze pieds. Par ce moyen, ceux qui se promèneront avec leurs vêtements sur ces chemins hauts ne seront point incommodés par ceux qui s'exercent dans le bas. Cette sorte de portique est appelée *xyste* par les Grecs, d'autant qu'il forme un stade couvert où les athlètes peuvent s'exercer pendant l'hiver. Afin de bien établir ces xystes, on fait entrer entre les deux portiques une plantation de platanes avec des allées, dans lesquelles on place d'espace en espace des siéges en maçonnerie. Le long du xyste couvert et du double portique, il faudra tracer des allées découvertes dans lesquelles les athlètes s'exercent en hiver quand il fait beau temps. Au delà de ce xyste il faut bâtir un stade assez ample pour contenir beaucoup de monde qui puisse voir à l'aise les exercices des athlètes. »

Fig. 3. — Façade d'un gymnase. (D'après une terre cuite antique.)

La figure 2 montre le plan d'un gymnase d'après la restitution qui a été faite des ruines du gymnase d'Éphèse. La figure 3 nous présente la façade d'un gymnase d'après une terre cuite.

On était admis au gymnase dès l'âge de treize ans et jusqu'à dix-sept ans on pouvait concourir aux exercices dans la classe des enfants, mais passé cet âge il fallait entrer en lutte avec les hommes. A Sparte, le pugilat des enfants avait une extrême importance, et s'exerçait avec une férocité qu'on ne trouve point ailleurs en Grèce. Pausanias en donne un exemple dans son voyage en Laconie. « Il y a, dit-il, un endroit qu'on nomme *Plataniste*, à cause de la quantité de grands platanes dont il est rempli. Les jeunes Spartiates font leurs combats dans cette plaine qui est toute entourée de l'Euripe; on dirait une île au milieu de la mer. On y passe par deux ponts; à l'entrée de l'un il y a une statue d'Hercule et à l'entrée de l'autre un portrait de Lycurgue. Car Lycurgue a fait des lois, non-seulement pour la république en général, mais aussi pour les exercices et les combats des jeunes gens ; aussi la jeunesse lacédémonienne a des usages particuliers..... Le jour de la lutte, les jeunes gens, divisés en deux troupes, arrivent au rendez-vous, et au signal donné ils se ruent les uns sur les autres, se battent à coups de poing, à coups de pied, se mordent de toute leur force et cherchent à s'arracher les yeux. Vous les voyez lutter à outrance, tantôt un contre un, tantôt par pelotons, et tantôt tous ensemble, chaque troupe faisant tous ses efforts pour faire reculer l'autre et la pousser dans l'eau qui est derrière. »

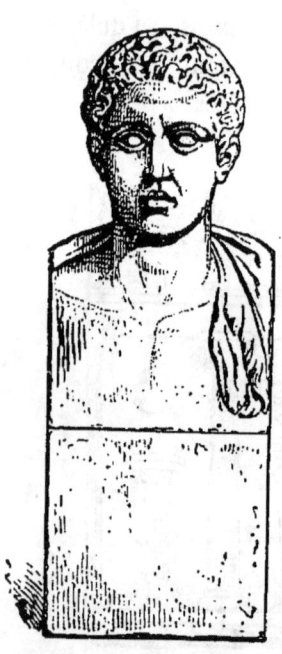

Fig. 4. — Mercure Enagonios.

Les exercices athlétiques des enfants sont représentés sur plusieurs monuments. Deux statues du Vatican, de la même grandeur et toutes les deux en marbre de Carrare, montrent des enfants armés du ceste. Celui qui fait le rôle d'assaillant avance le pied droit et se prépare à porter un coup, l'autre au contraire se dispose à parer. Dans un petit bas-relief du Louvre, on voit deux enfants qui préludent aux exercices en essayant de se faire plier le poignet. Mais il faut citer surtout de charmants camées de la galerie de Florence, où l'on voit deux tout petits enfants s'avancer l'un contre l'autre, tandis que le gymnaste placé derrière l'un d'eux leur fait ses instructions.

Mercure, qui est le dieu de l'éloquence en même temps que le dieu des athlètes, était naturellement le patron des gymnases, dans lesquels les exercices de l'esprit marchaient concurremment avec ceux du corps. Aussi son image figurait habituellement dans tous les endroits consacrés à l'enseignement (fig. 4).

La grammaire, l'arithmétique, la géométrie et l'histoire formaient les matières habituelles de l'enseignement élémentaire. Les méthodes qui paraissent avoir été employées pour l'enseignement de l'histoire méritent d'être rapportées.

L'histoire des temps héroïques de la Grèce a eu les poëtes pour interprètes, et c'est d'après leurs récits qu'elle était enseignée aux enfants dans les écoles. Comme ces récits renfermaient toutes les traditions nationales et religieuses du pays, ils avaient aux yeux des Grecs une très-grande importance ; pour en faciliter l'étude aux élèves, on mettait sous leurs yeux des séries de représentations, sous forme de petits bas-reliefs en stuc ou en terre cuite, reproduisant les principales scènes de l'histoire qui devait être apprise, et des noms propres, gravés sous les personnages les plus importants, venaient en aide à la mémoire des enfants, qui récitaient sans doute en face de ces images les passages qu'ils avaient appris par cœur. Un de ces bas-reliefs, retrouvé sur la voie Appienne, a reçu le nom de *table iliaque*, parce qu'il représente les principaux événements de la guerre de Troie. Ce bas-relief, bien

Fig. 5. — Table iliaque.

que mutilé et incomplet, renferme un très-grand nombre de scènes historiques, ce qui permet de se rendre compte de la méthode employée pour l'enseignement de cette période historique.

Pour l'explication des figures, nous suivrons celles qui ont été données par M. Guigniaut dans la *Nouvelle Galerie mythologique*.

Au centre de la figure 5, nous voyons le temple d'Apollon Sminthien ; à gauche, Chrysès, suivi du bœuf qu'on amène pour le sacrifice, invoque le dieu qui envoie la peste aux hommes. Son vœu est exaucé, car à droite du temple, on voit un malade près de succomber, à côté de son chien qui le regarde. Derrière le mourant, le devin élève la main, en signalant la cause du mal. Agamemnon et Nestor, assis devant d'autres chefs, semblent délibérer. Puis voici Achille qui tire son épée contre Agamemnon (fig. 6), mais Minerve le retient par les cheveux. On amène une hécatombe pour apaiser le dieu et Ulysse rend Chryséis à son père qui l'embrasse. La jeune fille semble appuyée contre un autel placé en face du temple. Enfin derrière le temple,

Thétis, agenouillée devant Jupiter, le supplie de venger l'injure que les Grecs ont faite à son fils en lui enlevant Briséis.

Le monument étant incomplet, les bas-reliefs suivants, dont le sujet se rapportait probablement aux douze premiers chants de *l'Iliade*, nous manquent.

C'est en effet au chant XIII que se rattachent les scènes représentées sur la figure 7, dont le développement se suit en commençant par

Fig. 6. — Table iliaque.

la bande inférieure. Nous devons faire observer toutefois que l'ordre du récit n'a pas toujours été suivi rigoureusement; qu'il y a des épisodes

Fig. 7. — Table iliaque.

que le poëte a placés dans un chant, et que le sculpteur a représentés dans un autre endroit. La bande inférieure représente trois combats, celui de Mérionès contre Acamas, celui d'Idoménée contre Othrionée, qui tombe dans les bras d'un de ses compagnons, et celui d'Énée contre Apharée. Dans la bande supérieure, Ajax tue Archiloque en voulant frapper Polydamas qui évite le coup; Neptune, sous les traits de Calchas, se présente devant Ajax, et Apollon, reconnaissable à son arc, touche Hector pour lui rendre les forces que le héros a perdues.

Dans la figure 8, on voit, sur la bande inférieure, le combat près des vaisseaux. Parmi les combattants, on reconnaît Énée, Pâris qui tient un arc, et Hector qui attaque le navire défendu par Ajax et Teucer. Caletor

Fig. 8. — Table iliaque.

tente de mettre le feu au vaisseau grec, et Clitos est tué par Teucer qui, abrité par le bouclier d'Ajax, lui a décoché une flèche. Sur la bande

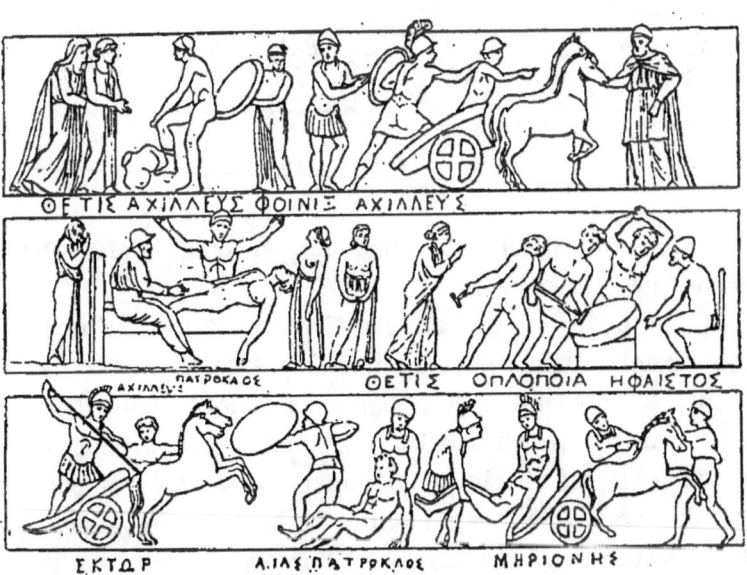

Fig. 9. — Table iliaque.

supérieure, Patrocle, aidé par Automédon, revêt l'armure d'Achille qui, assis sous sa tente, refuse de combattre, malgré les prières de Phœnix et de Diomède. Puis Patrocle est tué par Hector, et Automédon s'enfuit sur le char d'Achille.

Les suites du combat précédent sont représentées sur la figure 9. Dans la bande inférieure, Hector monté sur son char est combattu par Ajax, qui s'abrite derrière son grand bouclier. Ménélas veut emporter le corps de Patrocle, que Mérionès et lui placent ensuite sur son char. Au centre on voit le corps de Patrocle sur une estrade ; Achille est plongé dans la douleur et les femmes se lamentent. Ensuite Thétis vient demander des armes à Vulcain, assis devant sa forge, au milieu des cyclopes qui font un bouclier. En haut, Thétis vient d'apporter les

Fig. 10. — Table iliaque.

armes au héros qui attache ses cnémides, et Achille s'élance sur son char conduit par Automédon.

Sur la figure 10, on voit au bas Neptune qui entraîne Énée, et Achille qui combat Démoléon, puis qui frappe les deux fils de Priam, Hippodamas et Polydore. Dans la bande centrale, le fleuve Scamandre rejette les cadavres qui obstruaient son cours, Neptune tend la main à Achille que ses forces allaient abandonner, et les Phrygiens, pour éviter les coups du héros, fuient vers la ville. En haut, Hector, demeuré seul près de la porte Scée, est ensuite tué par Achille, qui lui enlève son casque, et traîne son corps attaché à son char.

Le bûcher de Patrocle et les jeux célébrés en son honneur occupent toute la bande inférieure de la figure 11 et sur la bande supérieure on voit le rachat du corps d'Hector et les présents offerts par Priam pour la rançon de son fils.

Les événements relatifs à la guerre de Troie, qui sont postérieurs aux récits de *l'Iliade*, sont représentés sur les figures 12 et 13. On

Fig. 11. — Table iliaque.

y voit la mort de Penthésilée, et celle de Thersite, le combat d'Achille

Fig. 12. — Table iliaque.

contre Memnon, la mort d'Achille, les fureurs d'Ajax, l'enlèvement du

Fig. 13. — Table iliaque.

Palladium, le cheval de Troie, la prophétesse Cassandre, etc.

Enfin les scènes relatives à la prise et au pillage de Troie forment le sujet du bas-relief qui occupait le centre du monument (fig. 14). La ville apparaît au milieu de ses remparts flanqués de tours crénelées. Dans l'intérieur on voit le massacre de la famille de Priam et l'égorge-

Fig. 14. — Table iliaque.

ment des Troyens par les Grecs victorieux. Devant la porte, Mercure conduit Énée, qui porte sur ses épaules son père Anchise, et donne la main à Ascagne. En dehors des portes, on voit à gauche le tombeau d'Hector, autour duquel se sont réfugiées les Troyennes en larmes, et à droite le tombeau d'Achille, avec le sacrifice de Polyxène. En bas sont figurés des vaisseaux, avec le départ d'Énée qui conduit les derniers Troyens dans une contrée lointaine. En dessous est une inscription dont le sens est : « Apprenez la splendide ordonnance d'Homère, afin que, la connaissant, vous possédiez la mesure de toute sagesse. »

Des notions de mathématiques, d'histoire et de grammaire formaient, avec la gymnastique et la musique, l'ensemble des connaissances dont on enseignait les éléments dans les gymnases. L'étude des langues étrangères n'est jamais entrée dans l'éducation ordinaire des Grecs. Pour l'enseignement des sciences et des lettres à un degré supérieur, les élèves s'adressaient habituellement à un philosophe ou à un sophiste, et les discours de l'agora les initiaient ensuite aux affaires de la république. Il ne semble pas d'ailleurs qu'il y ait eu en Grèce des établissements analogues à nos collèges d'internes, ou à nos grandes écoles de l'État.

LES ÉCOLES ROMAINES. — Les gymnases des Grecs appartenaient à la cité, et les magistrats pouvaient toujours exercer un certain contrôle

Fig. 15. — École romaine.

sur le maître et sur les élèves. Rien de pareil n'avait lieu à Rome où l'enseignement a toujours été entièrement indépendant de l'État. Le métier de maître d'école n'était ni plus ni moins considéré qu'une industrie ordinaire, et celui qui l'exerçait à ses risques et périls ne pouvait en aucune façon prendre le titre de fonctionnaire public. Les enfants de la classe riche n'allaient pas à l'école; ils étaient élevés par un professeur attaché à la famille. Aussi l'école chez les Romains n'a jamais eu l'importance du gymnase chez les Grecs.

A Rome, les garçons et les filles étaient souvent mêlés dans les écoles de jeunes enfants, comme cela a lieu encore assez fréquemment dans nos villages. Une peinture antique, d'une exécution assez médiocre, nous montre une de ces écoles : la scène paraît se passer sous un portique (fig. 15). Il y avait en effet des écoles en plein air, et sous les portiques du forum, notamment; on y enseignait à la fois les arts libéraux et mécaniques. C'est ainsi que le décemvir Appius devint épris de Virginie en la voyant lire sous un portique. Sur le premier plan de notre peinture, on voit un des écoliers qui a été dépouillé de ses vêtements pour recevoir une correction infligée avec des verges. Dans toute l'antiquité, les seules punitions employées dans les écoles étaient les châtiments corporels qui, à Sparte, paraissent avoir été beaucoup plus durs que dans les autres villes de la Grèce ou de l'Italie.

Fig. 16. — Ecolier romain.

Cependant les châtiments corporels, quoique pratiqués en Grèce, ne répondaient guère à la finesse et à la délicatesse d'esprit des Hellènes. Aussi voyons-nous les philosophes s'élever énergiquement contre un semblable système d'éducation. « Il faut amener les enfants à la pratique du bien, dit Plutarque, par des exhortations, des paroles, et non pas, grands dieux! par des coups et des mauvais traitements : je passe sous silence l'indignité d'un pareil système, applicable plutôt à des esclaves qu'à ces jeunes gens de condition libre. A ce régime l'enfant devient comme hébété, et il prend le travail en horreur, tant à cause de la souffrance des coups, qu'à la suite des humiliations. La louange et le blâme sont plus efficaces que tous sévices sur des enfants de condition libre. La louange les encourage au bien, le blâme les détourne de ce qui est honteux. Il faut, par l'emploi successif et varié des réprimandes et des éloges, tantôt leur faire honte en les reprenant s'ils se laissent aller à la présomption, tantôt les relever par des encouragements. Ainsi le pratiquent les nourrices, qui, après avoir fait pleurer les petits enfants, leur présentent ensuite le sein pour les consoler. » Ce point de vue, qui convient mieux à la tournure d'esprit des habitants de l'Attique que de ceux de Laconie, devait être encore moins compris des Romains. Chez ce peuple éminemment militaire, la discipline devait jouer le plus grand rôle et impliquait la pensée d'une sanction immédiate et sensible.

La figure 16 montre un écolier romain portant au cou la *bulla*, en signe de son jeune âge. Nous n'avons pas à revenir ici sur la *bulla* dont l'usage a déjà été expliqué (tome II, page 173).

Fig. 17. — Enfant et maître d'école.

La figure 17 représente un jeune garçon que sa mère amène au maître d'école chargé de l'instruire. L'enfant est vêtu avec une draperie qui laisse à découvert tout le côté droit de son corps. Le pédagogue est assis et tient en main un long bâton : il a dans sa main gauche un papyrus roulé qu'il a pris sans doute dans la petite cassette ronde qu'on voit près de lui et qui en contient de semblables. Ce professeur ne porte pas la barbe, signe distinctif du philosophe. On peut en conclure que c'est un grammairien, profession d'ailleurs très-appropriée à l'âge de l'élève.

II

LA GYMNASTIQUE

Les athlètes. — La course a pied. — Le saut. — Le disque.
Le javelot. — La lutte. — Le pugilat. — Exercices divers.

Les athlètes. — L'importance que les anciens Grecs attachaient à la force corporelle, les honneurs qu'ils décernaient aux athlètes victorieux, la place énorme qu'ils donnaient à la gymnastique dans l'éducation de la jeunesse, nous causent souvent un étonnement qui cesse dès que nous voulons bien en étudier les causes. Un artiste, un savant, ne se trouveraient nullement honorés d'être assimilés aux saltimbanques, qui font parade de leurs muscles dans nos fêtes publiques; mais si, après un grand désastre, un général sait arrêter l'invasion, préserver son pays de la ruine qui le menaçait, nos acclamations sont pour lui, notre confiance devient absolue, et en souvenir du danger dont il nous a préservés, et de ceux dont il peut nous préserver encore, nous sommes prêts à en faire l'arbitre de nos destinées. A un tel homme nous élevons des statues sur nos places publiques, et nous croyons honorer l'art et la science en décernant les mêmes couronnes à ceux qui excitent notre admiration dans les travaux de l'esprit. Or, à l'origine des sociétés, les choses de la guerre se décident non par l'esprit qui combine, mais par le bras qui frappe. Ouvrez l'*Iliade,* vous y trouverez une succession de combats d'homme à homme, mais vous n'y trouverez aucune vue d'ensemble, ni dans ceux qui défendent la ville, ni dans ceux qui l'attaquent. Les Grecs ne songent en aucune façon à entourer Troie pour affamer les habitants; quand les Troyens s'avisent de sortir, ce n'est pas pour un mouvement calculé, c'est pour se mesurer avec les ennemis qu'ils aperçoivent. Le meilleur soldat, c'est le plus fort et le plus souple : s'il se trouve en face d'un ennemi qu'il croit plus fort que lui, il n'hésite pas à fuir. Quand Hector sort des portes de la ville, les Grecs en le voyant ne songent pas à l'entourer pour s'en rendre maîtres : quel que soit leur nombre, il les frapperait tous l'un après l'autre, il est plus fort qu'eux. Ils le savent et cherchent leur salut en se sauvant; mais s'il se trouve en face d'Achille qui est plus fort que lui, il fuit à son tour. Un chevalier français du xiiie siècle se serait fait hacher sur place plutôt que de reculer d'un pas ; mais l'âge héroïque de la Grèce n'a pas de ces délicatesses de sentiment. Les Spartiates ne fuyaient jamais, mais ce sentiment, inconnu pendant la guerre de Troie, ne s'est développé que plus tard, sous l'influence dorienne.

Le soldat de cette époque doit être robuste et dur au mal, car il lui faut frapper de rudes coups et endurer ceux qu'il reçoit sans montrer de faiblesse ; il doit être agile pour atteindre l'ennemi qui fuit devant lui, et éviter celui qui le poursuit ; il doit être prudent et savoir toujours contre qui il peut et doit se mesurer ; il doit être rusé, car il veut parer les coups de son adversaire et trouver l'endroit et le moment opportuns pour le frapper. L'éducation de la jeunesse sera donc tout entière consacrée aux exercices du corps et la Grèce se couvre de gymnases. Dans des temps de guerres continuelles, en face de dangers chaque jour renaissants, l'homme qui a un instant de répit ne songe qu'à se préparer aux luttes nouvelles qui l'attendent. L'égoïsme et l'indifférence ne lui serviraient de rien ; il sait que si la ville est prise, tous les hommes seront passés au fil de l'épée, les femmes et les enfants vendus comme esclaves. Se rendre habile dans la lutte, ce n'est pas seulement accomplir un devoir, c'est travailler pour sa propre sûreté. Aussi, comme toute la jeunesse accourt au gymnase, comme les vieillards sont attentifs à suivre ses exercices, comme les maîtres de palestre sont honorés, estimés, comme les femmes et les jeunes filles regardent avec admiration l'adolescent qui se distingue, celui qui promet d'être un jour la gloire et la sûreté de la patrie.

D'innombrables représentations plastiques nous renseignent sur la vie des athlètes et sur leurs exercices. Mais les renseignements qu'on peut y puiser sur les mœurs de la Grèce appartiennent à différentes catégories de monuments. C'est sur les vases peints qu'on trouve, sous leur forme archaïque, les habitudes intimes des gymnases, le costume des hérauts, des maîtres de palestre, des juges du jeu. Au contraire, les statues d'athlètes se rattachent presque toutes à l'art de la grande époque. C'est dans les gymnases que la sculpture grecque s'est développée, et comme les anciens n'avaient pas de cours d'anatomie, c'est en face des athlètes et devant la nature vivante que les jeunes artistes apprenaient les formes du corps humain. Les statues placées dans l'intérieur des gymnases servaient aux démonstrations des maîtres de palestre, et le mouvement que l'artiste leur avait donné était nécessairement de la plus parfaite justesse, sans cela on n'aurait pas pu le proposer pour modèle aux jeunes gens qui s'exerçaient. Dans les jeux Olympiques, on élevait une statue aux athlètes vainqueurs, et cette statue devait reproduire rigoureusement la cambrure du corps et l'attitude des membres qui avaient amené la victoire. Le bois sacré était rempli de ces statues dont Pausanias nous a conservé la description, et il est fort probable qu'elles étaient exécutées avec les conseils et, en quelque sorte, sous la direction des juges du jeu. Mais il est très-important de remarquer que ces statues présentaient l'attitude du vainqueur, mais non ses traits.

Pour avoir droit à une statue *iconique*, c'est-à-dire étant un véritable portrait, il fallait avoir été victorieux dans trois exercices différents, ce qui était assez rare, et prouvait que l'athlète était bien équilibré dans toutes les parties de son corps, c'est-à-dire qu'il était parfaitement beau. En effet un coureur peut avoir les bras trop maigres, et un lutteur, admirablement doué pour la poitrine et les épaules, peut n'avoir pas une agilité suffisante dans les membres inférieurs. Mais un athlète apte à tous les exercices du corps est nécessairement un homme bien fait, et les statues que les sculpteurs fameux avaient exécutées d'après eux et en leur honneur pouvaient ensuite servir de règle ou de *canon* pour les jeunes artistes.

Si nous comparons la statuaire primitive des Grecs à celle de l'époque correspondante en France, nous y trouverons une différence fondamentale dans le point de départ. Le sculpteur du XIIIe siècle, chargé de représenter des saints dans l'attitude de la méditation et dont les muscles ne sont pas apparents, s'attache par-dessus tout à traduire les sentiments qui animent le personnage, et la tête est le point le plus important de son ouvrage. C'est le contraire qui arrive pour le Grec, préoccupé avant tout de l'attitude du corps, des proportions et de la forme des membres. Ainsi dans les statues de l'école d'Égine, qui accuse plus nettement que les autres la sculpture athlétique dans sa pureté, on est frappé du manque absolu d'expression dans les visages, tandis que le corps dénote une science énorme dans le mouvement et la forme musculaire.

Les athlètes sont une institution purement grecque, qu'il faut bien se garder de confondre avec les gladiateurs de Rome. Ceux-ci sont des prisonniers ou des affranchis, qui combattent dans le cirque avec des armes tranchantes, et se donnent la mort pour amuser la multitude. Cet usage barbare ne put jamais s'introduire en Grèce, et quand les Romains voulurent donner à Athènes un combat de gladiateurs les

Athéniens répondirent qu'alors il fallait commencer par abattre l'autel que leurs pères avaient élevé à la Pitié.

Pour être admis à concourir dans les jeux solennels de la Grèce, il fallait être Grec de nation, homme libre, et avoir un passé honorable. Quand le candidat se présentait, un héraut lui posait la main sur la tête et le promenait tout autour du stade, en demandant au peuple si quelqu'un avait un reproche à lui faire.

Cependant les cités s'élèvent, les républiques s'organisent, la civilisation se développe, et l'art militaire se transforme comme tout le reste. Quand viennent les guerres médiques, Miltiade et Thémistocle sont de véritables chefs d'armée, qui combinent un plan, calculent un mouvement d'ensemble, font agir des masses d'hommes dans un but déterminé; Hector et Achille n'étaient que des héros. La vie athlétique se ressent des besoins nouveaux, et l'athlète change de caractère. La jeunesse se développe encore dans les gymnases, mais la philosophie et les lettres y tiennent une plus grande place qu'autrefois. L'admiration se partage entre un orateur qui sait persuader et un athlète qui sait frapper. La Grèce entière court aux jeux Olympiques, pour applaudir aux vainqueurs de la palestre; mais ces vainqueurs sont des hommes spéciaux, car le titre d'athlète est maintenant une profession, et la palestre elle-même semble une salle de spectacle. Dans l'âge héroïque, où la vigueur physique était une nécessité, tout le monde était athlète, et il n'y avait de différence que dans la force où l'habileté de chacun. Les plus grands personnages tenaient à honneur de lutter, et la victoire dans les jeux était le plus beau titre de noblesse qu'un citoyen pût acquérir. Sous la période républicaine, on a pour les athlètes une admiration de dilettante, on leur tresse des couronnes, et les plus grands poètes tiennent à honneur de transmettre leur nom à la postérité; mais la force est un ornement et n'est plus une nécessité, car la guerre ne se fait plus par combats isolés, d'homme à homme, mais par groupes compactes, agissant en vue d'un plan que le général a combiné et que le soldat ignore la plupart du temps. Aussi l'homme important dans la république, c'est le général, l'homme d'État, ou l'orateur, celui qui par un moyen quelconque pèse sur les destinées de la nation. L'athlète exerce une profession honorée, recueille des applaudissements, mais il n'a aucune influence dans les affaires de la cité.

Ce fut bien autre chose après la conquête romaine. La puissante organisation des légions repose tout entière sur la discipline : le soldat romain est une fraction d'armée et n'a d'autre responsabilité que l'obéissance qu'il doit à son chef. Dans l'organisation de cette formidable machine, la Grèce n'entre pour rien et ne peut guère s'y intéresser. A quoi bon faire tant d'efforts pour devenir souple et robuste, puisque cela ne sert à rien? Les gymnases subsistent pourtant, mais les bains remplacent les exercices violents, et les lieux où la jeunesse se fortifiait autrefois servent maintenant à l'énerver.

Que deviennent alors les athlètes de profession? D'abord ce ne sont plus les hommes vigoureux et rompus à tous les exercices du corps. Autant d'exercices, autant de spécialités diverses : celui qui sait frapper avec force ne sait plus courir, et le coureur serait incapable de lutter. L'homme adroit à lancer le disque serait essoufflé s'il lui fallait sauter, et il y a des sauteurs de profession. Les vainqueurs de la palestre sont délaissés, car les lettrés s'intéressent aux luttes de la philosophie, et nullement aux coups de poing; si le public regarde encore les athlètes, c'est pour se divertir un moment et non pour s'instruire. A la fin de l'empire romain, l'athlète a tout perdu, même la beauté, même la santé, et le médecin Galien nous apprend que les athlètes vivent peu, parce que leur profession les use rapidement. C'est qu'aussi leur genre de vie est tout autre qu'au début.

Dans l'âge héroïque, la gymnastique se compose d'un ensemble d'exercices destinés à équilibrer, dans une admirable harmonie, toutes les forces physiques de l'homme. « Montre-moi ta poitrine, tes épaules, tes reins, disaient les maîtres de palestre aux jeunes gens qui se présentaient, afin que je sache à quel exercice tu es propre. » Et alors les efforts se proportionnaient aux facultés de chacun, dans le but de le rendre sain, souple et vigoureux. Il ne suffisait pas que le corps fût rompu à tous les exercices, endurci à toutes les fatigues, on suivait un régime dur, austère, pour se préparer aux jeux solennels de la Grèce. Pour éviter les excès, la continence était ordonnée et le vin interdit. Il paraît même que dans l'origine, les athlètes étaient d'une extrême frugalité et s'abstenaient de manger de la viande, pendant le temps qui précède les grands jeux. Mais les idées qu'on avait sur l'hygiène ayant changé, le régime que suivaient les athlètes se modifia également, et vers le temps d'Hippocrate, un athlète qui avait mangé de la viande ayant vaincu ceux qui s'en étaient abstenus, tous les autres voulurent suivre son exemple. Leur voracité devint bientôt proverbiale, et la légende brodant encore sur les récits populaires, on racontait que Milon de Crotone avait mangé tout entier un bœuf, qu'il avait tué d'un coup de poing, après l'avoir promené sur ses épaules. Sous la décadence, les athlètes, complétement abaissés dans l'opinion publique, étaient renommés pour la dissolution de leurs mœurs, et c'est probablement à cause des excès de tout genre auxquels ils se livraient que Galien dit qu'ils vivent peu et sont vite usés.

La course a pied. — Dans les temps héroïques, les nécessités de la guerre exigeaient que l'on sût courir vite et longtemps sans se fatiguer. On faisait le plus grand cas de ceux qui s'étaient rendus habiles à la course : de là, l'épithète d'Achille *aux pieds légers*, qu'Homère donne à son héros. L'exercice de la course, qui était fort honoré dans les gymnases, exigeait chez ceux qui s'y préparaient un régime spécial (fig. 18).

On distinguait plusieurs espèces de courses, dont les principales

Fig. 18. — La course à pied. (D'après une peinture de vase.)

étaient appelées la course simple et la course double. Dans la course simple on parcourait une fois la longueur du stade, c'est-à-dire environ cent vingt pas, et dans la course double, on revenait au point de départ, en faisant le tour du stade. C'était la plus estimée, et elle donnait droit à des prix qui consistaient généralement en vases d'argile, ou en bassins d'airain, comme nous le voyons par cette petite pièce de l'Anthologie :
« Le fils d'Aristomaque, qui, avec une incroyable célérité, remporta le prix de la double course, a reçu ce bassin d'airain travaillé au marteau pour prix de sa victoire. »

Il y avait aussi des courses beaucoup plus compliquées, dans lesquelles il fallait faire plusieurs détours et tourner un certain nombre de fois autour de la borne qui servait de but; enfin il y avait des exercices, où, au lieu de courir nus, les athlètes devaient être armés comme à la guerre.

LE SAUT. — Le saut présente quelques rapports avec la course à pied, mais il en diffère cependant assez pour que les Grecs aient cru devoir en faire un exercice spécial. En effet, si la course à pied demande, outre l'agilité des membres inférieurs, une certaine force dans la poitrine pour maintenir sa respiration, le saut, exercice qui consistait à franchir un espace de terrain plus ou moins considérable, exigeait surtout une grande vigueur dans le jarret. Quelquefois il fallait ranchir un obstacle (fig. 19) et cet obstacle n'était pas toujours sans

Fig. 19.

Fig. 20.

Exercices gymnastiques.

danger. D'autres fois l'athlète portait dans ses mains des haltères et exécutait au son de la flûte le mouvement qui lui avait été prescrit (fig. 20), car tous les exercices étaient rhythmés.

LE DISQUE. — Le *disque* ou *palet* est une sorte de poids fort lourd, généralement en pierre ou en métal, que les concurrents lançaient aussi loin qu'ils le pouvaient. Les commencements de l'exercice du disque remontent aux temps mythologiques, et le bel Hyacinthe fut blessé mortellement par le disque d'Apollon. Selon Pausanias, l'invention de ce jeu est due à Persée, et on voit par Homère qu'il était fort en vogue au temps de la guerre de Troie. Quand Ulysse est reçu chez Alcinoüs, le roi des Phéaciens donne une fête en son honneur et les jeunes gens sont vaincus au disque par le héros d'Ithaque. « Ulysse, sans quitter son manteau, se lève et s'empare d'un disque plus grand, plus épais et plus pesant encore que ceux dont les Phéaciens s'étaient servis ; il le fait tourner avec rapidité et le lance d'une main vigoureuse. La pierre résonne aussitôt, et tout le peuple se penche vers la terre lorsqu'il aperçoit le disque passer au-dessus de lui ; le disque vole au delà de toutes les marques en s'échappant avec impétuosité de la main du héros. »

Le disque, qu'il soit en pierre ou en métal, était habituellement de forme lenticulaire et toujours extrêmement poli. Pour lancer le disque, les discoboles le tenaient de manière que son bord inférieur était engagé dans la main, et soutenu par les quatre doigts, tandis que la surface était soutenue par le pouce et la paume de la main. L'athlète, placé dans le stade, sur une petite éminence élevée à dessein, prélu-

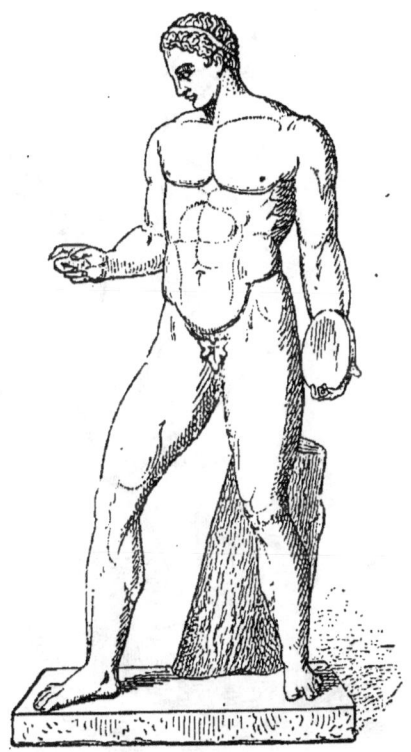

Fig 21. — Discobole.

dait à son exercice en agitant circulairement son bras, de manière à le lancer avec plus de force.

L'antiquité nous a laissé de superbes statues de discoboles. Celle de Naucydès, qui représente l'athlète au moment où il va lancer le disque, est la plus fameuse : elle est au Vatican, mais il en existe des imitations dans plusieurs musées. L'artiste a choisi le moment où le discobole, prêt à agir, concentre toutes ses forces et affermit ses pieds sur le sol. La perfection et la noblesse de cette statue en ont fait un des modèles classiques les plus étudiés dans nos écoles (fig. 21).

Une autre statue très-célèbre dans l'antiquité montrait un discobole en action. Elle était de Myron et on en possède de belles imitations en marbre : les plus fameuses sont à Rome et à Londres. Malgré son mouvement tourmenté, si contraire aux habitudes calmes de la statuaire antique, le *Discobole* de Myron (fig. 22) était fort apprécié des anciens pour l'exactitude avec laquelle il rendait l'exercice du disque : « Qu'y a-t-il, dit Quintilien, de plus contourné, de plus laborieux que le

Fig. 22. — Discobole.

Discobole de Myron? Et pourtant, blâmer l'exécution de cet ouvrage ne serait-ce pas montrer qu'on n'entend rien à l'art, en reprenant précisément ce qui en fait le mérite, la nouveauté et la difficulté vaincue? »

D'autres discoboles en action sont figurés sur des pierres gravées. Enfin il y a au musée de Naples un bronze fameux qui représente un jeune athlète, qui court pour voir la distance qu'il a atteinte avec son disque, car la victoire appartenait à celui qui le lançait le plus loin. Le même disque servait pour tous les concurrents et on faisait une marque à l'endroit que chacun d'eux avait atteint. Le disque se lançait habituellement comme nous l'avons dit : quelquefois pourtant, le centre était percé d'un trou dans lequel on passait une courroie au moyen de laquelle on le lançait. Le cabinet des antiques de la Bibliothèque possède un disque de granit.

Le javelot. — L'exercice du javelot consistait à lancer, à une très-grande distance, une arme légère et pointue, qui devait atteindre un

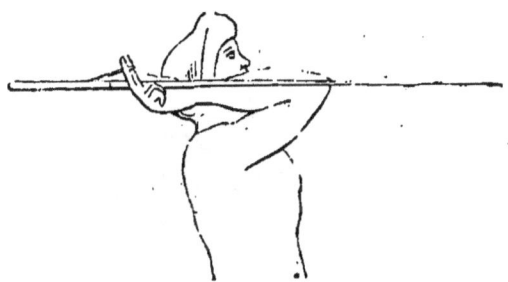

Fig. 23. — Le javelot lancé.

but déterminé. On adaptait généralement une courroie de cuir au javelot pour en déterminer le jet. Mais la manière de s'en servir était

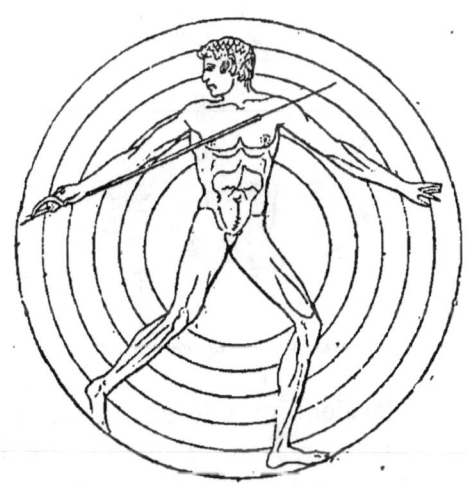

Fig. 24. — Javelot lancé.

différente suivant qu'on voulait lancer son arme le plus loin possible, comme pour frapper dans un corps compacte d'ennemis serrés, ou bien quand on était moins exigeant pour la distance, mais qu'on avait besoin d'une plus grande précision dans le jet, par exemple, lorsqu'on voulait atteindre un ennemi isolé sur le champ de bataille et que l'on tenait à le frapper personnellement. Cet exercice avait donc une grande importance pour former de jeunes soldats (fig. 23 et 24).

La lutte. — La lutte était un des exercices les plus estimés : ceux qui s'y livraient se frottaient d'huile pour s'assouplir les

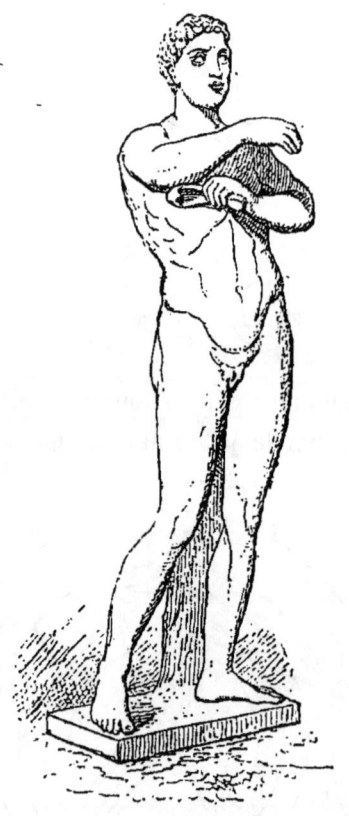

Fig. 25. — Athlète frotté d'huile.

membres, mais ils devaient ensuite se couvrir d'un sable très-fin pour donner prise à leur antagoniste. Il y avait toujours sur le sol une couche épaisse de ce sable, qui était destiné à amortir les chutes. Quand l'exercice était fini, les athlètes enlevaient avec le strygile l'huile et le sable dont ils s'étaient frottés pour la lutte (fig. 25); ensuite ils allaient se laver et se rafraîchir dans le bain.

Il y avait dans les palestres grecques deux espèces de luttes : dans la première, les lutteurs se tenaient debout et cherchaient par toutes sortes de moyens à jeter leur adversaire par terre. Les juges du jeu assistaient toujours à la lutte (fig. 26), pour voir si tout se passait bien dans les règles, car les coups de poing étaient absolument interdits

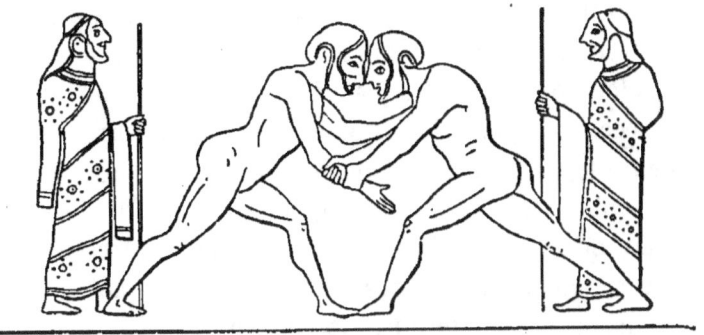

Fig. 26. — Lutteurs. (D'après une peinture de vase.)

dans cette sorte de lutte, où l'adresse consistait surtout à prendre son

Fig. 27. — Gymnastique. (D'après une peinture de vase.)

antagoniste au milieu du corps, et à lui faire perdre l'équilibre, comme

Fig. 28. — Lutteurs. (D'après une pierre gravée antique.)

on peut le voir dans la figure 27, qui est empruntée à un vase grec ainsi que la précédente. On voit ici que la lutte était accompagnée de joueurs de flûte, comme la plupart des exercices. Toutefois la lutte que nous voyons ici n'est qu'un exercice de jeunes gens, et non une véritable lutte d'athlètes, faite en présence des juges, comme celle que nous a montrée la figure 26. Dans les luttes d'athlètes, il fallait avoir terrassé trois fois son adversaire pour être proclamé vainqueur.

Dans la seconde espèce de lutte, les deux adversaires se tenaient mutuellement le corps serré et pouvaient tomber ensemble en se roulant sur le sable. Elle était beaucoup plus violente que la première et demandait en somme plus de force que d'adresse véritable. C'était un véritable combat corps à corps, dans lequel toutefois les coups de poing étaient interdits. Ce combat (fig. 28) pouvait durer fort longtemps, car il ne cessait que lorsqu'un des deux adversaires s'avouait vaincu et levait la main en signe de défaite.

LE PUGILAT. — Le pugilat était une lutte à coups de poing dans laquelle il était défendu de se saisir au corps. Les pugilistes sont armés

Fig. 29. — Pugilistes. (D'après une peinture de vase.)

de *cestes*, sorte de gantelets faits de courroies en cuir de bœuf dont on s'entourait le poignet.

Les coups que l'on se donnait ainsi étaient fort rudes, et pour en parer la violence on portait sur la tête une sorte de calotte qui protégeait les oreilles et les tempes. Néanmoins, il est arrivé quelquefois qu'un pugiliste a eu les oreilles brisées par le choc. La figure 29 représente deux pugilistes accompagnés des juges des jeux. Ils se sont déjà donné de rudes coups, car le sang jaillit de leurs narines.

Les cestes dont les pugilistes se servaient étaient quelquefois formés d'un gros gant, comme on le voit sur la figure 29, mais le plus souvent ils se composaient de lanières de cuirs, qu'on garnissait quelquefois de boules en plomb pour rendre les coups plus durs (fig. 30 à 36). Ces luttes étaient en somme d'une extrême brutalité et il arrivait quelquefois que le vaincu succombait. Dans ce cas, le meurtre étant involontaire n'attirait pas sur celui qui l'avait commis les châti-

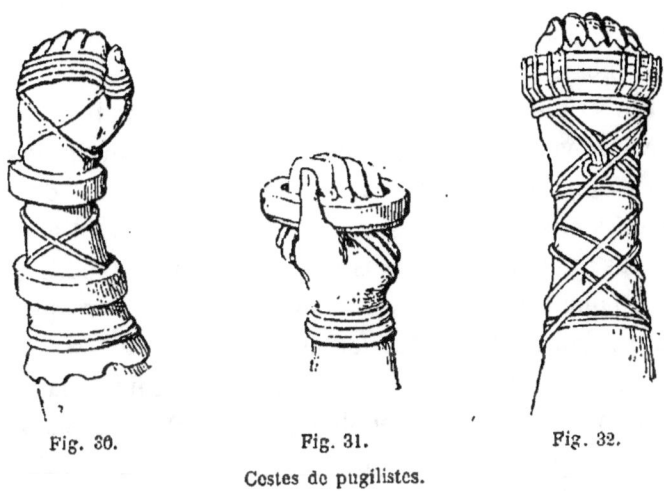

Fig. 30.   Fig. 31.   Fig. 32.
Costes de pugilistes.

ments ordinaires de la loi, mais le meurtrier était privé des honneurs de la victoire et condamné à payer une amende. Certains coups étaient

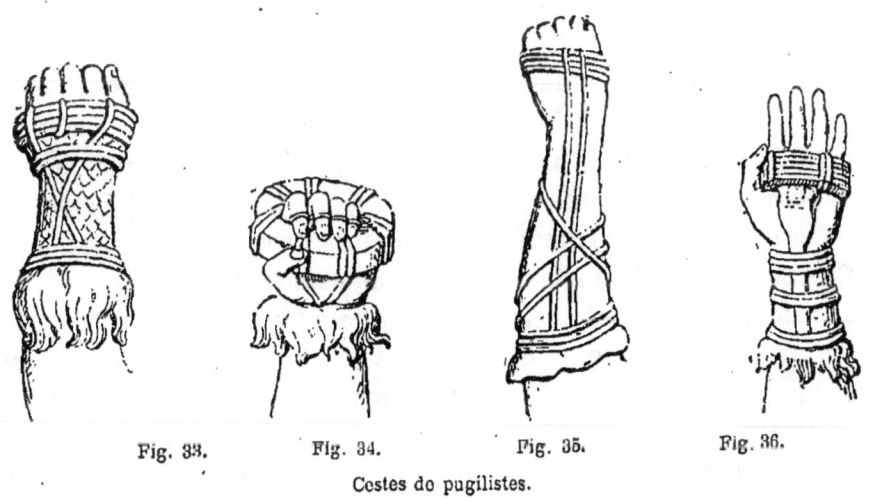

Fig. 33.   Fig. 34.   Fig. 35.   Fig. 36.
Costes de pugilistes.

défendus, notamment celui qui a fait le sujet des deux pugilistes de Canova et qui a entraîné la mort du vaincu.

Un très-curieux bas-relief du Louvre, dont l'état de conservation laisse malheureusement beaucoup à désirer, montre deux athlètes qui viennent de se livrer à l'exercice du pugilat. L'un d'eux, qui est à demi couché, semble à peine reprendre ses esprits après les rudes coups que lui a portés son adversaire. Celui-ci, debout près de lui, tient en main un fragment brisé qu'on croit avoir été une palme; deux vieillards placés près du vaincu semblent affligés de la défaite. La figure drapée, dont les bras sont brisés, est sans doute le maître de la palestre ou le juge du combat.

La lutte au pugilat ne cessait que lorsqu'un des adversaires consentait à s'avouer vaincu. Sur les vases peints nous voyons les pugilistes se donner de rudes coups et le sang qui leur sort de la bouche. La lutte d'Entelle et de Darès, dans l'*Énéide,* et surtout le curieux récit d'Apollonius, qui a raconté, dans son poëme sur l'expédition des Argonautes, le fameux combat d'Amycus et de Pollux, nous permettent de juger ce qu'était le pugilat aux temps héroïques, c'est-à-dire dans toute sa barbarie primitive : « Sur ce rivage, dit Apollonius, était la demeure d'Amycus, roi des Bébryces (peuple de Bithynie), et les étables qui renfermaient ses nombreux troupeaux. Fils de Neptune et de la nymphe Mélia, Amycus était le plus féroce et le plus orgueilleux des mortels. Par une loi barbare, il obligeait les étrangers à se battre au pugilat contre lui et avait déjà fait périr ainsi plusieurs de ses voisins. Dès qu'il aperçut le vaisseau, il s'approcha du rivage, et sans daigner s'informer quels étaient les Argonautes, ni quel était le sujet de leur voyage : « Vagabonds, leur dit-il fièrement, écoutez ce qu'il faut que vous sachiez. De tous ceux qui abordent chez les Bébryces aucun ne s'en retourne sans avoir auparavant essayé ses bras contre les miens : choisissez donc le plus habile d'entre vous au combat du ceste, afin qu'il se mesure à l'instant avec moi. Telle est la loi que j'ai établie : si vous refusiez de vous y soumettre, la force saurait bien vous y contraindre. » Ce discours remplit d'indignation les Argonautes. Pollux, plus vivement offensé du défi qu'aucun autre, s'empressa de l'accepter et répondit ainsi : « Arrête, qui que tu sois, et cesse de parler de violence. Nous obéirons volontiers à la loi ; tu vois ton adversaire et je suis prêt à combattre. » Amycus, étonné de sa hardiesse, le regarde en roulant des yeux farouches. Près d'eux était un lieu commode pour le combat; les Argonautes et les Bébryces se rangent à l'entour et s'asseyent séparément sur le sable. Lycorée, un des serviteurs du roi des Bébryces, jeta devant eux des cestes d'une force et d'une dureté à toute épreuve : « Prends, sans tirer au sort, dit fièrement Amycus, et choisis ceux que tu voudras, afin qu'après le combat tu n'aies aucun reproche à me faire:

arme tes mains et bientôt tu pourras dire si je sais former un gantelet de cuir et faire couler le sang des joues de mes adversaires. » Pollux ne répondit qu'en souriant et ramassa les cestes qui étaient à ses pieds. Castor et Talaüs s'approchèrent pour les lui attacher et l'animèrent en même temps par leurs discours. Arétus et Ornytus attachèrent ceux du roi, bien éloignés de penser qu'ils rendaient pour la dernière fois ce service à leur maître. Bientôt les deux combattants s'avancent en tenant leurs mains pesantes élevées devant leurs visages. Le roi des Bébryces fond sur son adversaire comme un flot impétueux. Semblable à un pilote habile qui détourne adroitement son vaisseau pour éviter la vague qui menace de le submerger, Pollux, par un mouvement léger, se dérobe aux coups d'Amycus qui le poursuit sans relâche. Ensuite ayant bien examiné les forces de son adversaire, et connaissant sa manière de combattre, il fait ferme à son tour, déploie ses bras nerveux et cherche les endroits qu'Amycus sait le moins garantir. Comme on voit des ouvriers assembler à grands coups les pièces d'un navire et faire retentir l'air du bruit de leurs marteaux, ainsi les deux combattants se frappent avec furie les joues et les mâchoires, et font sans cesse résonner leurs dents sous la pesanteur de leurs poings. La fatigue épuise enfin leurs forces, ils se séparent, et, tout hors d'haleine, essuient la sueur qui coule à grands flots de leur front. Bientôt ils courent de nouveau l'un sur l'autre, semblables à des taureaux furieux qui se disputent une génisse. Amycus, se dressant sur la pointe des pieds comme un homme prêt à assommer une victime, lève avec fureur un bras redoutable. Pollux penche la tête, évite adroitement le coup qui ne fait qu'effleurer son épaule, et s'avançant aussitôt sur son adversaire, le frappe de toutes ses forces au-dessous de l'oreille. L'air retentit au loin, les os sont fracassés. Amycus, vaincu par l'excès de la douleur, tombe sur ses genoux et rend le dernier soupir. » Une superbe statue du Louvre représente Pollux au moment où, après avoir évité le coup d'Amycus, il s'apprête à le frapper à son tour.

Nous terminerons en appelant l'attention sur un curieux bas-relief du Louvre, qui résume à peu près les exercices principaux. A gauche on voit une image d'Hermès placée sur sa gaîne : on sait qu'Hermès était le dieu des gymnases. Il est ici représenté sous les traits d'un enfant, afin que tout soit à l'unisson. Nous voyons ensuite un des chefs de la palestre enfantine, enveloppé dans sa draperie et regardant deux petits discoboles, dont l'un se prépare à lancer son disque, tandis que l'autre, qui a fini son exercice, regarde s'il a atteint le but. Les lutteurs viennent ensuite, et entre eux la victoire n'est pas douteuse. Le milieu du bas-relief est occupé par un petit athlète vainqueur, qui pose un diadème sur sa tête; il a à sa droite un joueur de flûte qui célèbre sa victoire, et à sa gauche le juge du jeu qui lui présente une palme. L'autre côté du monument nous montre le pancrace et le pugilat. Les pancratiastes qui cherchent à se renverser et dont l'un pince vigoureusement la cuisse de l'autre, ont les bras tout à fait nus, tandis que les petits pugilistes sont armés de cestes.

Les enfants sont représentés ici plus jeunes qu'ils ne devraient être, puisqu'on n'était admis au gymnase qu'à treize ans. Ce n'est peut-être là qu'une convenance de la sculpture, mais il est certain que dès la première enfance, surtout à Sparte, on s'exerçait à la lutte bien avant que ces exercices pussent prendre un caractère régulier. Ces sortes de sujets se rencontrent très fréquemment sur les sarcophages; on a dit que c'était pour montrer que la vie entière était une lutte. Peut-être est-il plus simple de supposer qu'on décorait de la sorte les tombeaux de ceux qui avaient eu des succès dans les jeux gymniques.

EXERCICES DIVERS. — Les haltères avaient, dans l'antiquité comme aujourd'hui, une grande importance dans les exercices gymnastiques.

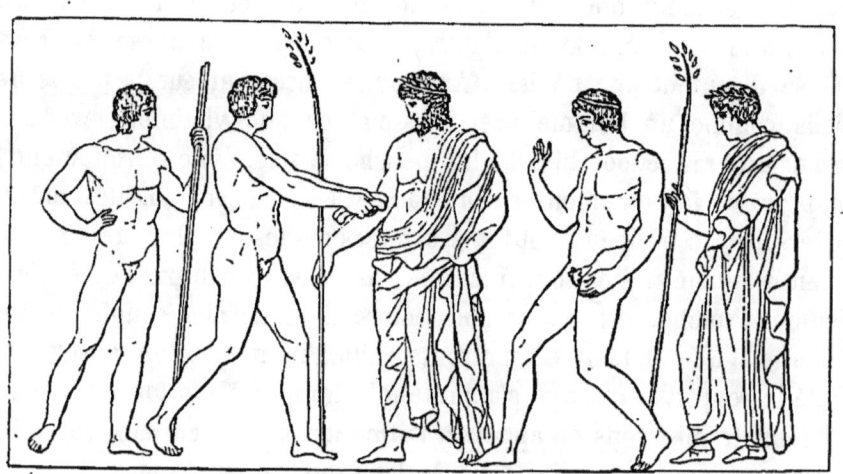

Fig. 37. — Exercices gymnastiques.

La figure 37 montre des éphèbes en compagnie de maîtres de palestres reconnaissables au vaste pallium dans lequel ils sont drapés, et au long bâton terminé par une branche de feuillage qu'ils tiennent en main comme signe d'autorité. L'un des éphèbes présente ses deux haltères avec lesquels il se prépare à faire quelque exercice, tandis que l'autre paraît étonné de ce qu'il vient de voir.

Fig. 38. — Exercice gymnastique.

La figure 38 montre un exercice très-usité dans les gymnases et qui consiste à tirer chacun vers soi un bâton relié par une corde au bâton que tient l'adversaire. Le plus fort entraîne nécessairement l'autre.

III

LA MUSIQUE ET LA DANSE.

LA MUSIQUE. — LA DANSE. — LA MIMIQUE.

LA MUSIQUE. — Parmi les arts cultivés dans l'antiquité, la musique est celui qui a eu la plus grande importance, mais c'est aussi celui qui a laissé le moins de traces et sur lequel on possède le moins de renseignements. Les traditions des Hébreux font remonter l'origine de la musique avant le déluge, car c'est Jubal, de la race de Caïn, à qui la Genèse attribue l'invention des instruments à cordes. L'histoire de Jacob et celle de Moïse montrent l'emploi de la musique dans les plus anciennes cérémonies. La musique s'enseignait dans les confréries des prophètes et elle était toujours associée à la poésie dans leurs inspirations. C'est à l'aide de la musique que le berger David parvient à calmer les fureurs de Saül ; en sorte que cet art prend ici un caractère curatif.

Chez les Grecs la musique est associée à la mythologie. Si Apollon est le dieu de la lyre, c'est que le soleil, par la régularité avec laquelle il répand chaque jour sa lumière, est regardé comme le principe qui préside aux harmonies de l'univers. L'astronomie elle-même est une muse dont les lois ne diffèrent pas de celles de la musique, puisque le mouvement des astres est réglé par la lyre d'Apollon. Une multitude de fables attestent l'étonnante puissance de la musique et son énorme influence sur les hommes des temps primitifs. Les murs des cités s'élèvent d'eux-mêmes au son de la lyre d'Amphion, les dauphins

Fig. 39. — Joueuse de lyre.

transportent sur les mers le musicien Arion; les accents d'Orphée charment toute la nature et adoucissent les bêtes féroces elles-mêmes. La musique avait aux yeux des anciens un caractère civilisateur et elle était en outre regardée comme exerçant sur l'âme humaine un empire immense et immédiat, quoique ses effets soient des plus variés. Quand Achille se retire dans sa tente, il demande à la musique l'oubli de ses chagrins; les chants de Tyrtée commandent le carnage et pour amollir les villes d'Ionie, un conquérant y propage le goût de la flûte. Si les récits des auteurs anciens ne nous renseignent pas beaucoup sur l'essence même de la musique, ils prouvent tout au moins l'action puissante qu'elle avait et la véritable fascination qu'elle exerçait sur la population.

Nous avons vu déjà (tome II, page 535) quels étaient les instruments de musique employés dans l'antiquité. La flûte, simple ou double, était en Grèce l'instrument le plus employé dans les cérémonies où il fallait du mouvement et notamment dans les chœurs de danse; mais des joueuses de lyre, comme celles qui sont représentées sur les figures 39 et 40, étaient toujours appelées lorsqu'il s'agissait d'accom-

Fig. 40. — Joueuse de lyre.

pagner des chanteurs. Ce qui serait surtout intéressant à connaître, c'est la manière dont les Grecs ont compris la composition musicale, et malheureusement c'est un point sur lequel il est difficile de faire autre chose que des conjectures.

« Aussi haut que nous puissions remonter dans le passé, dit M. Eugène Véron dans l'*Esthétique*, nous voyons que la musique de la race blanche, bien que née, elle aussi, de la prédominance du rhythme, a un tout autre caractère que celle des nègres et des Chinois. Elle semble avoir été empreinte surtout d'un sentiment vague et rêveur;

son mouvement était modéré et même lent, bien qu'il s'accélérât dans la danse jusqu'à la plus extrême rapidité. Les peintures qui ont été retrouvées dans les monuments égyptiens de la plus haute antiquité marquent la prédominance du chant par l'attitude des chanteurs battant la mesure (voir tome II, fig. 56). De plus, l'importance du rôle de la harpe, de la cithare et d'autres instruments à effets doux et propres aux modulations, indique suffisamment combien la musique de ces peuples différait de celle de la race jaune. La plus frappante de ces différences est celle-ci : tandis que les peuples de la race jaune n'arrivent pas à concevoir l'emploi du demi-ton, la race blanche, douée d'organes plus sensibles et capable de saisir et de comparer des tons placés à des intervalles excessivement rapprochés, a au contraire exagéré le nombre de ces tons dans les premières échelles tonales. Les traités de musique les plus anciens et les plus authentiques de la littérature sanscrite divisent la gamme en sept intervalles, dans lesquels ils marquent vingt-deux intervalles plus petits, inégalement répartis. Les Perses en admettaient vingt-quatre, les Arabes dix-sept. Le système pélasgique était aussi celui de l'octave divisée en vingt-quatre quarts de tons. Un peu plus tard se produisit une modification importante dans la musique des Grecs. La transformation complète de la musique et la création du système diatonique, — qui distribue la succession des sons en une série d'intervalles appelés tons et demi-tons, et d'où sortit la musique du Moyen âge et de la Renaissance, — commencèrent par la substitution du tétracorde, ou série de quatre sons, à la distribution simple de l'octave. C'est dans ce nouveau système que s'introduisit le genre chromatique proprement dit, par la substitution du demi-ton au quart de ton.

« Mais, malgré toutes ces modifications, la musique grecque demeure attachée à la parole. Elle ne sort guère de la mélopée. Son office est de guider la voix et de marquer le rhythme du vers, en accentuant le caractère général du poëme par celui de l'accompagnement. Dans le drame, chaque personnage chantait un ton particulier, déterminé par le sentiment qui dominait dans son rôle, de même qu'il portait un masque triste ou gai, terrible ou gracieux, suivant le personnage qu'il avait à remplir. Tout était subordonné à la situation. Le caractère individuel et les variations accidentelles étaient supprimés au profit du type général et immuable. Le nombre de ces masques était très-restreint, exactement par la même raison que toute cette musique se ramenait à trois modes principaux : le lydien, qui exprimait la douleur et la plainte ; le phrygien, réservé à l'expression des passions violentes et exaltées ; le dorien, consacré à la peinture de la tranquillité, du calme, de la tempérance, du courage viril et grave. C'est le mode majestueux par excellence, dans la musique comme dans l'architecture.

« Le rhythme musical s'imposait à la déclamation ; il en réglait le mouvement, il en déterminait la cadence avec une tyrannie que nous aurions aujourd'hui peine à supporter, mais dont personne autrefois ne songeait à se plaindre, car on était alors habitué à cette prépondérance du rhythme, même dans le discours, et la permanence d'une cadence presque uniforme n'avait rien de choquant pour les oreilles. N'oublions pas que chez nous, il n'y a pas cinquante ans que nous avons commencé à dégager l'alexandrin de l'uniformité solennelle de facture et de déclamation, que nos pères considéraient comme seule digne de la tragédie et de l'épopée. La forme même des poëmes était sujette au rhythme. Il est aujourd'hui démontré que les tragédies d'Eschyle se composent d'une série de morceaux qui se correspondent par le nombre de vers et souvent même par le mouvement des phrases et par l'emploi de mots semblables. Un manuscrit grec anonyme très-ancien, traduit par M. Vincent, nous apprend que les Grecs distinguaient deux sortes de mélodies : la mélodie de la prose, produite par la variété des accents qui se suivent dans la phrase ; et la mélodie musicale, qui « consiste dans une suite de sons, ordonnés avec convenance ». Le musicien, pour « bien composer un chant, n'a à tenir compte que de « l'affinité naturelle des sons et de la qualité propre à chacun ». Il n'est pas question de leur rapport avec le sentiment qu'il s'agit d'exprimer, parce que, dans la pensée antique, ce rapport se confond avec le ton lui-même et en fait partie, comme l'impression morale fait partie de l'objet.

« Ce point est très-important, car il est en conformité absolue avec ce que nous retrouverons du génie grec dans les autres arts. Les théoriciens antiques s'imaginent que leurs harmonies ou modes musicaux ne sont que des manières diverses d'établir les rapports des intonations des différents degrés de l'échelle musicale, et ils en expliquent les effets moraux comme des conséquences des rapports des sons entre eux. Ils ne voient en tout cela qu'un mécanisme, un agencement de ressorts qui a pour caractère propre, pour qualité inhérente, de communiquer à l'âme telle ou telle impulsion, tandis que, en réalité, ces modes, loin d'être la cause des impressions morales, n'en sont eux-mêmes que l'effet et l'expression. C'est parce qu'ils les rappellent, qu'ils les reproduisent. Les rapports sont exactement inverses de ceux qu'on imaginait alors. La puissance des modes n'est pas en eux-mêmes, mais dans l'âme humaine qui se manifeste par eux, et par eux transmet ses impressions de proche en proche. Cette substitution perpétuelle dans les théories antiques de l'effet extérieur à la cause interne est le point capital à observer, pour quiconque veut se rendre compte de la véritable révolution qui s'est opérée dans la théorie des arts modernes.

« A l'époque où le système grec a été le plus complet, il est resté beaucoup moins étendu que le nôtre. Les tables d'Alipius ne comprennent que trois octaves et un ton, tant pour les instruments que pour la voix. Et encore une de ces octaves était-elle entièrement rejetée dans la pratique. On peut objecter que le diagramme de Platon constituerait un système de près de cinq octaves, mais Platon lui-même reconnaît que c'était là un genre de symphonie qui n'était pas destiné à des oreilles humaines; par conséquent, ce n'était à ses yeux qu'un idéal sans application possible. Le sentiment de la tonalité était bien moins prononcé chez les Grecs que chez nous, et l'emploi des sons simultanés, qui constitue le système harmonique, si développé dans la musique moderne, était chez eux à l'état d'enfance. Ils n'employaient les dissonances que dans l'accompagnement de la musique vocale par les instruments.

« La musique grecque, portée en Italie par des artistes grecs après la conquête, n'y fit aucun progrès, et elle acheva de déchoir dans les premiers siècles du moyen âge, enveloppée dans l'anathème général prononcé contre la religion et l'art des païens. »

L'importance que les anciens peuples attachaient à la musique a créé des rivalités qui, dans la légende comme dans l'histoire, apparaissent sous la forme de luttes musicales ou de concours. L'histoire d'Apollon vainqueur de Marsyas n'est que l'expression mythologique d'une vieille rivalité entre l'Europe et l'Asie, et la fable des oreilles d'âne du roi Midas est un témoignage de dédain de la Grèce d'Europe pour le goût musical des habitants de l'Asie Mineure. Le combat des Muses et des Piérides, celui des Muses et des Sirènes, se rattachent également à des luttes musicales que la poésie raconte sous une forme mythologique.

Dans la grande période de la civilisation, les concours entre les cités et entre les quartiers d'une même cité s'organisent d'une façon régulière, et le joli monument de Lysicrate, dont nous avons parlé ailleurs (tome I, page 400), témoigne de l'importance qu'attachaient les Athéniens à ces luttes musicales.

On donnait le nom de coryphée au chef d'un chœur dans les pièces de théâtre : il donnait le signal du chant en frappant du pied. Dans les danses il y avait un coryphée qui devait joindre à l'habileté professionnelle tout le charme des grâces corporelles. C'est ainsi que Sophocle fut choisi pour être le coryphée des adolescents qui dansèrent autour du trophée de la bataille de Salamine.

La danse. — La danse n'avait pas du tout, dans l'antiquité, le caractère exclusivement frivole qu'elle a pris dans les temps modernes.

Fig. 41. — La danse. (D'après un bas-relief antique.)

Si elle était considérée comme une partie essentielle de l'éducation, c'est que dans les temples comme dans les camps, dans les villes comme dans les campagnes, il y avait des danses dans lesquelles figurait souvent une grande partie de la population, et, dans tous les cas, la plus riche et la plus honorée. La danse a fait partie de tous les cultes antiques; mais cette danse, qui est appelée *danse sacrée*, se distinguait non par un mouvement plus lent et plus grave, mais par un rythme qui était spécial à la divinité qu'on voulait honorer. Il semble probable, par exemple, que les danses sacrées des Hébreux devaient être assez mouvementées, puisque quand l'arche sainte fut transportée à Jérusalem il y eut des fêtes religieuses dans lesquelles, suivant l'expression de la Bible, David, ceint d'un éphod de lin, « dansait de toutes ses forces devant l'Éternel ».

La danse des Hébreux autour du veau d'or était probablement une danse fort animée, imitée de celle des prêtres égyptiens autour du

Fig. 42. — Danseuse. (Villa Albani.)

bœuf Apis. Les danses sacrées des Égyptiens paraissent avoir eu surtout un caractère astronomique. Elles représentaient ou étaient censées représenter le cours des astres et l'harmonie de leurs mouvements. Chez les Grecs, il n'y avait presque aucune cérémonie religieuse dont la danse ne fît partie. Les Heures sont représentées sur les monuments sous la forme de jeunes filles qui dansent (fig. 41). Lucien nous fournit quelques détails sur les danses primitives. « Orphée et Musée, dit-il, les plus excellents danseurs de leur temps, ont ordonné, en instituant les mystères, que l'initiation eût lieu avec le rythme et la danse. C'est ainsi que cela se pratique; mais il ne faut pas révéler ces secrets aux profanes. Cependant tout le monde sait qu'on dit communément de ceux qui en parlent en public, qu'ils dansent hors du chœur sacré. A Délos, on ne faisait point de sacrifices sans danser; tous se célébraient avec de la danse et de la musique. Des jeunes gens se

Fig. 43. — Danseuse. (Vase Borghèse.)

réunissaient en chœur: les uns dansaient ensemble au son de la flûte et de la cithare, et les plus habiles, séparés des autres, dansaient seuls aux chansons. Or les chansons écrites pour ces sortes de ballets se nommaient généralement *hyporchèmes*, c'est-à-dire danse aux chansons, poésie dont sont remplis les poëtes lyriques. »

A Sparte, les jeunes filles exécutaient en l'honneur de Diane des danses mouvementées et extrêmement rapides. Les danses bachiques sont celles que reproduisent le plus souvent les peintures et les sculptures. Ce qui caractérise ces danses, c'est que la danseuse joue des cymbales ou frappe sur son tympanon, en même temps qu'elle exécute ses mouvements (fig. 42 à 45).

« Ce n'est ni d'hier ni d'avant-hier, dit Lucien, que l'art de la danse a pris naissance ; il est antérieur à nos ancêtres. Les écrivains qui nous donnent la généalogie la plus authentique de la danse te diront qu'elle date de l'origine de l'univers, et qu'elle est aussi ancienne

Fig 41.   Fig. 45.
Danseuses. (D'après des peintures de Pompéi.)

que l'amour. Le chœur des astres, la conjonction des planètes et des étoiles fixes, leur société harmonieuse, leur admirable concert, sont les modèles de la première danse. Peu à peu elle s'est développée, et, de progrès en progrès, elle semble être arrivée aujourd'hui à sa plus haute perfection, composant un tout varié, d'un accord parfait et dans lequel se fondent toutes les muses. Rhéa fut, dit-on, la première qui, charmée de cet art, l'enseigna en Phrygie aux Corybantes, et en Crète aux Curètes ; elle en retira de grands avantages. Ceux-ci en dansant lui sauvèrent Jupiter, qui sans doute conviendrait lui-même que c'est grâce à leur danse qu'il a échappé aux dents paternelles. Ils exécutaient cette danse tout en armes, frappant des boucliers avec des épées et bondissant avec un enthousiasme guerrier (fig. 46).

« Ensuite les plus illustres Crétois s'appliquèrent fortement à cet exercice et devinrent d'excellents danseurs, non-seulement les particuliers, mais les princes et ceux qui aspiraient aux plus hautes fonctions. Homère, qui probablement ne voulait pas rabaisser Mérion, mais l'honorer, lui donne le nom de danseur, et il était si connu, si populaire à cause de son talent, que sa réputation ne se bornait pas seulement au

Fig. 46. — La danse des Curètes, autour de Jupiter.

camp des Grecs, elle s'étendait jusque chez les Troyens, quoique ses ennemis. Je pourrais encore te citer beaucoup d'autres héros qui se sont plu à cet exercice et qui l'ont regardé comme un art; qu'il me suffise de nommer Pyrrhus, fils d'Achille, qui s'illustra par la danse, et y ajouta ce beau genre qui, de son nom, est appelé *pyrrhique*.

« Les Lacédémoniens, qui passent pour les plus vaillants des Grecs, ayant appris de Castor et Pollux la *caryatique*, espèce de danse que l'on enseigne à Carye, ville de la Laconie, ne font rien sans l'assistance des muses, à ce point qu'ils vont à la guerre au son de la flûte et qu'ils marchent d'un pas réglé. Chez eux, c'est la flûte qui donne le premier signal du combat, et voilà pourquoi ils ont toujours été vainqueurs, conduits par la musique et par le rhythme. Tu peux voir encore, de nos jours, que leurs jeunes gens n'apprennent pas moins à danser qu'à faire des armes. Lorsqu'ils ont fini de lutter avec les poignets et de se frapper à tour de rôle les uns les autres, le combat se termine par une danse ; un joueur de flûte s'assied au milieu, soufflant et marquant la mesure avec son pied ; puis les jeunes gens, le suivant par bandes, prennent, en marchant en cadence, toutes sortes d'attitudes, les unes guerrières, les autres dansantes et chères à Bacchus et à Vénus. »

Fig. 47. — Les danseuses d'Herculanum.

Ces danses consacrées à Vénus et à Bacchus sont celles que l'on exécutait pendant les repas pour égayer les convives. Les danseurs de profession revêtaient souvent un costume spéciale. Ainsi les fameuses danseuses d'Herculanum (fig. 47). sont des femmes vêtues de longues robes faites avec ce tissu léger et transparent qu'on fabriquait spécialement dans l'île de Cos. Plus souvent encore les danseuses apparaissent sur les peintures dans un état de nudité presque complet (fig. 48, 49, 50, 51), et leur réputation de mauvaise vie explique les anathèmes des pères de l'Église vers la fin de l'empire romain.

L'Asie Mineure, qui est le pays dont presque toutes les danseuses étaient originaires, avait eu depuis la période mythologique des danses qui furent très-goûtées dans l'antiquité.

Xénophon décrit la danse suivante qui eut lieu dans son armée, au moment où les Grecs, après la retraite des Dix mille, se disposaient à rentrer dans leurs foyers : « Les Thraces parurent les premiers tout armés, et sautèrent au son de la flûte. Ils s'élevaient si haut et retombaient avec tant de force que les spectateurs en parurent effrayés. Ils

Fig. 48.   Fig. 49.
Danseuses. (Peinture de Pompéi.)

figurèrent ensuite un combat, à la fin duquel un danseur frappa l'autre, et tout le monde crut qu'il l'avait blessé, mais ce n'était qu'un artifice innocent. Le vainqueur dépouilla le vaincu en dansant, et sortit de la scène par un pas très-gai qui exprimait sa victoire.

« Ensuite les Magnésiens dansèrent la danse du semeur. Le semeur pose ses armes à terre, attelle deux bœufs à la charrue, et ensemence un champ, se retournant de temps en temps comme un homme qui a peur. Un voleur survient : le laboureur saute sur ses armes et court à lui comme pour défendre ses bœufs. Tantôt le voleur a le dessus, garrotte le laboureur et emmène son attelage ; tantôt le laboureur est victorieux, lie au voleur les mains derrière le dos, l'attelle à son char à côté des bœufs et le fait marcher ainsi devant lui.

« Un Mysien vint après : il tenait un bouclier de chaque main. Quelquefois il s'en servait, comme pour se défendre à la fois contre deux ennemis, d'autres fois comme s'il n'y en avait qu'un seul : souvent il tournait rapidement sur lui-même et faisait le saut périlleux, sans lâcher ses boucliers. Il finit par frapper à la manière des Perses, d'un

Fig. 50. — Danseur et danseuse.

bouclier sur l'autre, et par exécuter au son de cet instrument nouveau un pas charmant.

« Des Arcadiens parurent ensuite sur la scène; ils étaient couverts d'armes brillantes et s'avancèrent en cadence, se tenant les uns les autres par la main, et la flûte exécutant une marche guerrière. Quelques-uns se détachaient de la bande, d'autres s'y joignaient, et ils finissaient tous par danser en rond, mais avec tant de rapidité et de justesse que le mouvement d'une roue n'est pas plus prompt ni plus égal.

« Enfin deux femmes parurent, vêtues des habits les plus élégants; l'une dansa la pyrrhique, un bouclier à la main, l'autre la danse d'Ariane, agitant un voile; mais celle-ci avec tant de légèreté et de grâce qu'elle ravit tous les spectateurs et termina le ballet au bruit des applaudissements. Les Paphlagoniens, étonnés d'un tel spectacle et surtout de la danse des femmes, demandèrent aux Grecs si leurs

Fig. 51. — Danseur et danseuse.

femmes combattaient aussi avec eux : « Oui, répondit-on de toutes « parts, et ce sont elles qui, en dansant et en combattant tour à tour, « ont chassé de la Grèce l'armée du grand roi. »

La mimique. — La danse comprenait la mimique, et les connaissances d'un danseur, si nous en croyons Lucien, devaient être assez étendues. « Le fond de toute la danse, dit cet écrivain, est l'histoire antique, dont le danseur doit se rappeler aisément les épisodes pour pouvoir les exprimer avec grâce. Il faut donc qu'il connaisse parfaitement tout ce qui s'est passé depuis le chaos et la naissance du monde jusqu'à Cléopâtre, reine d'Égypte. » Cela était exact au temps de Lucien, car les danseurs étaient continuellement appelés à représenter, par la mimique, les scènes de l'histoire et surtout de la mythologie. C'est ce que nous allons voir dans le récit d'un ballet décrit par Apulée.

« Le théâtre représentait une montagne en bois, à l'instar de cette montagne fameuse que le poëte Homère a chantée sous le nom d'Ida. Elle était construite avec des proportions gigantesques, et couverte d'arbres verts et de plantes vives jusqu'à son sommet. L'art du machiniste y avait fait couler une source, qui de ses flancs jaillissait en onde limpide. Quelques chèvres y broutaient une herbe tendre. On voyait Pâris, le berger phrygien, avec son manteau étranger et flottant, à longs plis. Ce rôle était tenu par un jeune homme qui avait un costume magnifique, qui était coiffé d'une tiare en or, et qui faisait semblant de conduire le troupeau. Un instant après parut un bel enfant nu, à l'exception de l'épaule gauche, que couvrait une chlamyde d'adolescent. Ses cheveux blonds attiraient tous les regards, et d'entre leurs boucles on voyait sortir une paire de petites ailes parfaitement semblables l'une à l'autre. Son caducée et sa baguette achèvent de le faire reconnaître : c'est Mercure. Il s'avance en dansant, et de la main droite, tenant une pomme d'or, il la remet à celui qui figure Pâris. Il lui explique par sa pantomime la mission que lui impose le maître des dieux; et après avoir exécuté les pas les plus charmants, il disparaît.

« Vient ensuite une jeune fille à l'air majestueux, chargée de représenter Junon. En effet, sa tête est ceinte d'un blanc diadème et elle porte un sceptre. Une seconde entre brusquement : on la reconnaît sans peine pour être Minerve, au casque brillant qui couvre son chef et qui est recouvert lui-même d'une couronne d'olivier, à son égide qu'elle élève, à sa lance qu'elle brandit, à son attitude de combattante. Après elle s'avance une troisième beauté, et l'incomparable éclat dont brille sa divine personne a désigné Vénus. Deux couleurs frappent d'abord les yeux à l'aspect de la déesse : l'albâtre de son corps, parce qu'elle tire son origine des cieux, et l'azur de sa draperie, parce qu'elle sort du sein des mers.

« Ces trois jeunes filles, qui sont censées des déesses, ont chacune leur cortége. Junon est suivie de Castor et de Pollux portant des casques en forme d'œuf, ornés d'étoiles au cimier; mais les deux frères sont aussi de jeunes acteurs. Cette Junon, aux accords variés d'une flûte amoureuse, s'avance avec des gestes calmes et sans affectation, et, par une pantomime pleine de noblesse, elle promet à Pâris que s'il lui décerne le prix de la beauté, elle à son tour lui donnera l'empire de l'Asie entière. Celle que son costume guerrier a fait reconnaître pour Minerve est escortée de deux jeunes garçons figurant le trouble et l'effroi. Écuyers fidèles de la martiale déesse, ils bondissent avec des épées nues. Un joueur de flûte, derrière elle, fait entendre, sur le mode dorien, un air belliqueux, lequel, mêlé de sons graves et de sons aigus, imite la trompette et soutient l'effort de la danse vigoureuse exécutée par la déesse. Remuant la tête, lançant des regards pleins de menace, elle avance précipitamment avec une sorte de brusquerie; puis elle fait comprendre à Pâris que s'il lui adjuge la palme de la beauté, il deviendra, grâce à sa protectrice, un héros immortalisé par ses trophées de guerre.

« Mais c'est pour Vénus que sont toutes les faveurs de l'assemblée. Elle s'avance à son tour sur le milieu de la scène, entourée d'un peuple de jolis enfants; et elle s'y arrête avec le sourire le plus doux et le plus agréable. Ces Cupidons aux membres arrondis et blancs comme du lait, vous les eussiez pris pour les véritables Cupidons venant de s'envoler de la mer ou des cieux. Leurs petites ailes, leurs petites flèches, le reste de leur costume, tout s'accordait à merveille avec leur rôle; et, comme si leur maîtresse eût dû se rendre à un banquet nuptial, ils éclairaient sa marche avec des torches éblouissantes. Puis il se répandit comme par flots un essaim de jeunes vierges : ici, les Grâces si gracieuses; là les Heures si belles. Les unes et les autres, en jetant des guirlandes de fleurs et des roses effeuillées, cherchaient à plaire à leur déesse, et formaient des rondes charmantes, offrant pour hommage les trésors du printemps à la reine des voluptés. Bientôt les flûtes à plusieurs trous commencent à jouer tendrement des airs lydiens, qui remplissent l'âme des spectateurs d'une suavité délicieuse; et, bien que plus suave encore, Vénus se met doucement à danser. Les pas d'abord sont lents et indécis; mais le mouvement d'ondulation qui dessine sa taille se communique insensiblement à sa tête, et ses gestes délicats se règlent sur tous les sons amoureux que font entendre les flûtes. Tantôt ses regards à demi voilés jettent un doux éclat, tantôt ils sont vifs, agaçants; et parfois elle ne danse que des yeux. Dès qu'elle fut arrivée en présence de son juge, par la manière de jeter ses bras, elle sembla promettre à Pâris que si elle obtenait la préférence sur les autres déesses, elle lui donnerait une épouse dont les merveilleux appas égaleraient les siens propres. Alors la volonté du jeune Phrygien est décidée : il présente à la jeune fille la pomme d'or qu'il tenait à la main; c'était lui adjuger la victoire.

« Après que ce jugement de Pâris est terminé, Junon et Minerve sortent de scène, mornes, courroucées et indiquant par leur pantomime l'indignation que leur cause cet échec. Vénus, au contraire, satisfaite et riante, exprime sa joie en dansant avec toute sa suite. »

IV

LES SCIENCES

La médecine. — Les mathématiques. — La géographie. — L'histoire. La jurisprudence. — La philosophie.

La médecine. — Chez les peuples primitifs, les maladies étaient considérées comme une marque de la colère divine. Aussi l'exercice de la médecine était le plus souvent un privilége du sacerdoce et elle était intimement mêlée à la magie et à toutes les superstitions du temps. Nous savons qu'en Égypte, les médecins appartenaient tous au corps sacerdotal, mais nous sommes encore obligés de nous en rapporter aux historiens grecs pour la manière dont ils l'exerçaient. « La médecine en Égypte, dit Hérodote, est partagée ; chaque médecin s'occupe d'une seule espèce de maladie et non de plusieurs. Les médecins foisonnent en tous lieux : les uns sont pour les yeux, d'autres pour la tête, d'autres pour les dents, d'autres pour le ventre, d'autres pour les maux internes. »

Diodore de Sicile ne parle pas de ces spécialités affectées à chaque médecin, mais il entre dans des détails plus techniques sur les traitements en usage dans les maladies. « Pour prévenir les maladies, les Égyptiens traitent le corps par des lavements, par la diète et les vomitifs ; les uns emploient ces moyens journellement, les autres n'en font usage que tous les trois ou quatre jours. Car ils disent que l'excédant de la nourriture ingérée dans le corps ne sert qu'à engendrer des maladies, et c'est, suivant eux, pour cette raison que le traitement indiqué enlève les principes du mal et maintient la santé. Dans les expéditions militaires et dans les voyages, tout le monde est saigné gratuitement, car les médecins sont entretenus aux frais de la société. Ils établissent le traitement des maladies d'après des préceptes écrits, rédigés et transmis par un grand nombre d'anciens médecins célèbres. Si, en suivant les préceptes du livre sacré, ils ne parviennent pas à sauver le malade, ils sont déclarés innocents et exempts de tout reproche ; si, au contraire, ils agissent contrairement aux préceptes écrits, ils peuvent être accusés et condamnés à mort, le législateur ayant pensé que peu de gens trouveraient une méthode curative meilleure que celle observée depuis si longtemps et établie par les meilleurs hommes de l'art. »

La loi qui obligeait les médecins à suivre la voie tracée par leurs prédécesseurs était irrationnelle et devait nécessairement entraver le progrès de la science. Mais ce respect outré des traditions n'est pas bien surprenant dans un pays où toute science se rapporte à la religion, dont le sacerdoce est seul dépositaire. Dans les sociétés primitives, la médecine et la magie sont à peu près confondues, et les recettes indiquées pour la guérison d'une maladie sont presque toujours accompagnées d'incantations qui devaient en assurer le succès. Au reste, la plupart des médicaments des Égyptiens paraissent avoir été empruntés à la flore du pays, ou à celle des contrées voisines, comme la Phénicie et la Syrie.

Quant à la chirurgie, il ne semble pas qu'elle ait été non plus bien avancée. M. Mariette nous dit en effet, dans le catalogue du musée de Boulaq : « Au bas du compartiment de droite est exposé un fémur, provenant d'une momie de la XIe dynastie. Les médecins constateront que l'os brisé n'a point été réduit, et que les deux parties chevauchant l'une sur l'autre, sur une longueur de près de quatre centimètres, ont fini par se souder. J'ai trouvé d'assez nombreux exemples de ce fait, qui ne donne pas une grande opinion de la chirurgie égyptienne. » Il est en effet bien difficile de supposer que la chirurgie ait pu faire de bien grands progrès dans un pays où la dissection était absolument impossible, par suite du respect que l'on avait pour les morts.

Les renseignements sont encore plus vagues pour ce qui concerne la Chaldée, où les amulettes et certaines formules magiques paraissent avoir surtout servi de médicaments. Hérodote prétend que les médecins étaient inconnus à Babylone. « Les Babyloniens, dit-il, transportent les malades sur la place du marché ; car ils n'emploient pas de méde-

Fig. 52.
Achille pansant Patrocle.

cins. Chaque passant s'approche du malade et le questionne sur le mal dont il est atteint, pour savoir si lui-même en a souffert ou s'il a vu quelque autre en souffrir. Tous ceux qui vont et viennent confèrent avec lui et lui conseillent le remède qui les a guéris de cette même maladie, ou qui à leur connaissance en a guéri d'autres qu'eux-mêmes.

Il n'est permis à personne de passer devant un malade sans l'interroger sur son mal. »

La chirurgie était certainement pratiquée au temps d'Homère, et les récits du poète sur Machaon et Podalire montrent qu'il y avait déjà des hommes assez habiles pour inspirer aux soldats une confiance

Fig. 53. — Esculape.

sans bornes. Une peinture de vase, qui décore le fond d'une coupe, montre Achille pansant les blessures de son ami Patrocle (fig. 52).

Achille, comme tous les héros élevés par le centaure Chiron, connaissait les plantes dont le suc est salutaire pour le pansement des blessures. Le centaure Chiron passait en effet pour l'inventeur de la médecine; mais ce fut son élève Esculape, fils d'Apollon et de la nymphe

Coronis, qui fut particulièrement honoré comme dieu guérisseur. Les traditions relatives à Esculape ont trop d'importance dans la question qui nous occupe pour que nous n'en disions pas quelques mots.

Esculape (fig. 53) a pour emblème le serpent, qui de tout temps a été considéré comme un symbole de guérison. Ce symbole, commun à tous les peuples de l'antiquité, paraît avoir eu son origine en Égypte, d'où il se serait répandu en Phénicie et dans toute la Syrie, puisque nous voyons Moïse ériger un serpent d'airain pour guérir les Israélites. Le serpent se voit également à côté d'Hygie, fille d'Esculape, qui est comme son père une divinité de la santé (fig. 54). L'emblème du serpent peut avoir été importé en Grèce par des matelots phéniciens.

Fig. 54. — Esculape et Hygie.

Selon Pline, la raison de cet emblème est que le serpent se renouvelle en changeant de peau, et que l'homme se renouvelle également par la médecine, puisque les médicaments lui donnent un corps nouveau. On sait en effet qu'Esculape ressuscitait les morts et que Jupiter fut obligé de le foudroyer pour satisfaire aux plaintes de Pluton, qui ne voyait plus arriver les ombres sur lesquelles il avait droit de régner. Le génie de la guérison, Télesphore, est ce petit enfant que l'on voit souvent figurer à côté d'Esculape, et que montre la figure 55.

Le culte d'Esculape était répandu partout, mais surtout à Épidaure, où les malades venaient de toutes les parties de la Grèce. On les soumettait dès leur arrivée à certaines pratiques hygiéniques, telles que le jeûne, les ablutions, les bains, etc. Après ces préliminaires ils étaient admis à passer la nuit dans le temple. Le dieu leur apparaissait en songe et leur prescrivait des ordonnances que ses prêtres interprétaient ensuite. Aristophane, dans sa comédie de *Plutus*, fait avec sa grossièreté ordinaire un piquant récit de ce qui se passait dans le temple, d'après les croyances populaires. Le malade dont il parle est un nommé Plutus, atteint de cécité, et le personnage qui fait le récit est l'esclave Carion.

Fig. 55. — Télesphore.

« *Carion*. — Aussitôt que nous sommes arrivés au temple d'Esculape avec Plutus, nous l'avons d'abord mené à la mer et nous l'avons baigné. Ensuite nous revînmes au sanctuaire du dieu. Après avoir consacré sur l'autel les gâteaux et autres offrandes, et avoir livré la fleur de farine à la flamme de Vulcain, nous couchâmes Plutus avec les cérémonies voulues, et chacun de nous s'arrangea sur un lit de paille.

« *La femme*. — Y avait-il aussi d'autres personnes qui implorassent le dieu?

« *Carion*. — Il y avait d'abord Néoclide (orateur accusé d'avoir volé les deniers publics), qui, tout aveugle qu'il est, vole avec plus d'adresse que ceux qui voient clair, puis beaucoup d'autres ayant toutes sortes de maladies. Après avoir éteint les lampes, le ministre du dieu nous dit de dormir, et nous enjoint, si l'on entend du bruit, de faire silence; nous nous couchons tous tranquillement. Moi, je ne pouvais dormir; certain plat de bouillie placé au chevet d'une vieille excitait ma convoitise, et je désirais ardemment me glisser jusque-là. Je lève la tête; je vois le prêtre enlever les gâteaux et les figues sèches de la table sacrée. Puis il fait le tour des autels l'un après l'autre; et tous les gâteaux qui restaient, il les mettait saintement dans un sac. Moi, convaincu de la grande sainteté de l'action, je saute sur le plat de bouillie.

« *La femme*. — Misérable! n'avais-tu aucune crainte du dieu?

« *Carion*. — Oui, sans doute; je craignais qu'avec sa couronne il ne fût avant moi au plat de bouillie : le fait de son prêtre m'en disait assez; la vieille, entendant du bruit, étendit la main pour retirer le plat; alors je siffle comme un serpent et je la mords. Aussitôt elle retire la main, et s'enveloppe en silence dans ses couvertures, en lâchant de frayeur un vent plus puant que celui d'un chat. Alors enfin, je me bourre de bouillie, et puis je me recouche, le ventre plein.

« *La femme.* — Et le dieu ne venait donc pas?

« *Carion.* — Pas encore. Mais après cela, je fis une bonne farce : lorsqu'il approcha, je fis résonner une décharge des plus bruyantes, car j'avais le ventre tout gonflé.

« *La femme.* — Sans doute, il s'emporta en imprécations contre toi?

« *Carion.* — Il n'y prit seulement pas garde.

« *La femme.* — Tu veux dire que ce dieu est grossier?

« *Carion.* — Non, mais il aime l'ordure. (Allusion aux médecins qui constatent l'état du malade par l'inspection des excréments.)

« *La femme.* — Ah! misérable!

« *Carion.* — Cependant je m'enfonçai dans mon lit, de frayeur. Le dieu fit le tour et visita gravement chaque malade. Ensuite, un esclave lui apporta un petit mortier en pierre, un pilon et une petite boîte.

« *La femme.* — Mais comment pouvais-tu voir tout cela, pendard, puisque tu te cachais, dis-tu?

« *Carion.* — Je voyais tout à travers mon manteau, car il y a assez de trous. Il se mit d'abord à préparer un cataplasme pour les yeux de Néoclide; il prit trois têtes d'ail de Ténos, qu'il pila dans le mortier, avec un mélange de gomme et de suc de lentisque; il arrosa le tout de vinaigre sphettien, puis il l'appliqua dans l'intérieur des paupières, pour rendre la douleur plus cuisante. Néoclide criait de toutes ses forces et voulait s'enfuir. Mais le dieu lui dit en riant : Demeure ici avec ton cataplasme; je veux t'empêcher de prodiguer des parjures dans l'assemblée.

« *La femme.* — Quel dieu sage et patriote!

« *Carion.* — Il vint ensuite auprès de Plutus; et d'abord il lui tâta la tête, puis il lui essuya les yeux avec un linge bien propre : Panacée lui couvrit la tête et le visage d'un voile de pourpre; le dieu siffla, et aussitôt deux énormes serpents s'élancèrent du fond du temple.

« *La femme.* — Bons dieux!

« *Carion.* — Ceux-ci, s'étant glissés doucement sous le voile de pourpre, léchèrent, je crois, les paupières du malade; et en moins de temps, ma chère maîtresse, que tu n'en mettrais à boire dix cotyles de vin, Plutus recouvre la vue. Moi, dans ma joie, je battis des mains et je réveillai mon maître. Aussitôt le dieu disparut et les serpents se cachèrent au fond du temple. Mais ceux qui couchaient auprès de Plutus, avec quel empressement ils le serrèrent dans leurs bras! Ils restèrent éveillés toute la nuit, jusqu'à ce que le jour parût. Pour moi, je ne cessais de remercier le dieu d'avoir si vite rendu la vue à Plutus et augmenté la cécité de Néoclide.

« *La femme.* — Divine puissance d'Esculape! »

Cette scène montre qu'à l'époque de la guerre du Péloponnèse, le crédit du dieu de la médecine avait singulièrement diminué, et Aristo-

Fig. 56. — Maison pour soigner les malades.
(D'après une peinture de Pompéi.)

phane ne se serait pas moqué ainsi d'Esculape et de ses prêtres, s'il ne s'était pas senti appuyé par une portion du public disposée à l'applaudir. A cette époque, en effet, les asclépiades ou prêtres d'Esculape, qui se prétendaient descendants du dieu et dépositaires de ses procédés de guérison, étaient en opposition avec des médecins formés dans les écoles d'Asie Mineure. Ceux-ci, à la tête desquels il faut citer Hippocrate, habitaient les villes, et, vivant loin du temple, ils avaient la prétention d'exercer la médecine, en dehors du culte et de toute pratique religieuse. La science, qui commençait à affirmer ses droits, était pourtant redevable aux asclépiades de la plupart des observations sur lesquelles elle s'appuyait, puisque dans les temples d'Esculape on enregistrait avec soin tous les symptômes observés chez le malade qu'on voulait soigner, et on lui appliquait les remèdes qui avaient précédemment guéri un autre malade atteint des mêmes symptômes. Cette manière de pratiquer la médecine, qui ressemble beaucoup à celle qu'Hérodote attribue aux Égyptiens, excluait forcément toute manière de voir personnelle, et elle explique tout naturellement pourquoi, malgré l'affluence des malades qu'on apportait au temple, des écoles dissidentes pouvaient encore se produire avec succès.

Il semble assez probable qu'il a dû exister des maisons de santé pour soigner les malades et dont l'organisation était sans doute assez

Fig. 57. — Chirurgien scythe. (D'après une peinture de vase).

semblable à celle des établissements du même genre qui accompagnaient toujours les temples d'Esculape. Une fresque de la maison des vestales, à Pompéi, représente un édifice que l'on croit avoir eu cette destination (fig. 56). Mais il est difficile de comprendre la disposition de l'établissement dans une représentation où la fantaisie a certainement une très-grande part.

Il paraît certain qu'Hippocrate a étudié dans les temples, à Cos notamment, où il aurait copié les tablettes votives des malades, mais il n'a emprunté à personne la clarté avec laquelle il décrit les maladies, la méthode avec laquelle il les classe, et l'expérience pratique qu'il mettait au service de ceux qu'il soignait. Hippocrate, le plus célèbre des médecins de l'antiquité, vivait au temps de la guerre du Péloponnèse. Galien, qui était comme Hippocrate natif de l'Asie Mineure, était du second siècle de notre ère. Mais pendant les cinq siècles qui les séparent, de nombreuses écoles se formèrent et la médecine, complétement dégagée des formules religieuses qu'elle avait eues à l'origine, prit durant cette période une allure vraiment scientifique, qu'elle perdit ensuite peu à peu. Sous les princes syriens, les amulettes et les formules

Fig. 58. — Dentiste scythe. (D'après une peinture de vase)

magiques des Orientaux trouvèrent, à l'aide des superstitions toujours croissantes, un tel crédit dans la population, que la médecine, en tant

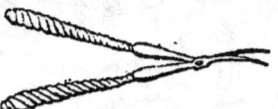

Fig. 59. — Tenaille de dentiste.

que science fondée sur l'expérience et l'observation, disparut peu à peu.

Quelques représentations de vases se rapportent à la chirurgie.

Fig. 60. — Étui de chirurgien.

Sur la figure 57 on voit un médecin scythe pansant la blessure d'un soldat, et un dentiste appartenant à la même nation est représenté sur la figure 58. Les sujets de ce genre qui se trouvent quelquefois sur les vases n'apparaissent jamais sur les peintures décoratives.

Un instrument de dentiste en forme de pinces, et qui paraît destiné à l'extraction des dents, a été découvert à Pompéi, avec d'autres outils du même genre, dans la maison dite du chirurgien. Nous en donnons la reproduction figure 59.

On a également découvert à Pompéi un étui de chirurgien (fig. 60) et quelques instruments spéciaux, comme celui qui est représenté sur

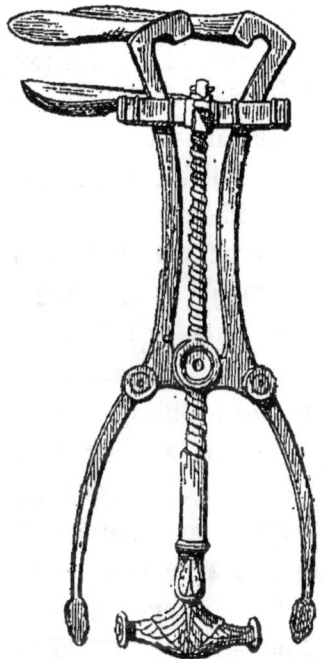

Fig. 61. — Instrument de chirurgie.

la figure 61. Le soin apporté à la confection de ces instruments semble prouver que la chirurgie avait acquis une certaine importance. Néanmoins, comme les anciens ne disséquaient pas les cadavres humains, et qu'ils ne pouvaient étudier l'anatomie que sur les animaux, les connaissances qu'ils ont pu avoir sur cette science étaient nécessairement très-incomplètes.

LES MATHÉMATIQUES. — Il est impossibe de fixer l'époque où on a commencé à calculer, mais les plus vieilles civilisations, celles de l'Égypte et de la Chaldée, témoignent de connaissances assez étendues en arithmétique et en géométrie. On attribuait aux Phéniciens le mérite d'avoir trouvé la manière de tenir les registres, et leurs affaires commerciales étant très-étendues, ils ont dû porter une très-grande attention vers l'étude des chiffres et de leurs diverses combinaisons.

L'antiquité attribuait à Pythagore un voyage assez long en Égypte, et c'est dans ce pays qu'il aurait puisé sa philosophie, tout entière fondée sur des combinaisons de nombres. Il serait d'ailleurs bien difficile de déterminer exactement quelles étaient les connaissances de ce personnage, dont l'existence historique est à peine connue. Outre les quatre premières règles de l'arithmétique, les anciens possédaient les méthodes pour extraire la racine carrée et la racine cubique; ils connaissaient la théorie des proportions et des progressions arithmétiques et géométriques, et ils considéraient Pythagore comme celui qui les avait initiés à toutes ces connaissances.

Les monuments élevés sur le sol de l'Égypte montrent surabondamment que l'étude de la géométrie était très-avancée dans ce pays. Thalès de Milet, qui vivait au VIIe siècle avant notre ère, est regardé comme le premier philosophe qui se soit livré à l'étude de la géométrie et il passe pour en avoir étudié les principes en visitant l'Égypte. Il avait mesuré, dit-on, la hauteur des pyramides d'après l'étendue de leur ombre. Pythagore, Hippocrate de Chios, Platon apportèrent de grands développements dans les sciences qui se rapportent à la géométrie. Le traité d'Euclide, parvenu jusqu'à nous, compte encore aujourd'hui parmi les ouvrages classiques en matière de science. Cet ouvrage, connu sous le nom d'*Éléments,* a eu une multitude d'éditions. Euclide professait à Alexandrie sous le règne de Ptolémée Lagus, qui passe pour avoir lui-même fréquenté ses cours. Enfin Archimède, qui fut un des plus grands savants de l'antiquité, a fait d'importants travaux sur la géométrie; mais sa grande renommée vient surtout de son savoir et de son ingéniosité en mécanique.

Nous avons vu que les anciens Égyptiens connaissaient le siphon (tome III, page 112) ainsi que le soufflet de forge (tome III, page 264). Toutefois leurs connaissances en mécanique devaient être assez bornées, puisque les énormes matériaux qu'ils employaient pour la construction de leurs monuments n'étaient pas mis en mouvement par des moyens mécaniques, mais seulement à force de bras. Dans toutes les armées de l'antiquité, on voit des machines de guerre qui sont quelquefois assez compliquées, et parmi les moyens indiqués par Vitruve pour soulever les fardeaux, on trouve les cabestans, le levier, les poulies, les grues, les plans inclinés, etc. Toutefois on ne peut pas dire que l'étude de la mécanique ait été poussée bien loin dans l'antiquité et les applications de cette science à l'industrie, si fréquentes chez les peuples modernes, paraissent avoir été absolument inconnues. Mais il est nécessaire de rendre hommage à Archimède, à qui l'on attribue, outre la vis creuse, dite *vis d'Archimède*, l'invention de la poulie mobile, des roues dentelées, de la théorie des plans inclinés, du levier, etc. C'est à propos de la théorie du levier qu'il disait : « Donnez-moi un point d'appui et je soulèverai le monde. »

Plusieurs applications intéressantes de la mécanique sont également dues aux mathématiciens d'Alexandrie. Ainsi Ctésibius est l'inventeur de la pompe aspirante et foulante qui porte son nom. Il fit aussi des orgues hydrauliques et une clepsydre ou horloge d'eau qui était extrêmement célèbre. L'eau tombait sur une roue qu'elle faisait tourner, et qui communiquait par là un mouvement régulier à un petit personnage en bois, indiquant à l'aide d'une baguette les heures, les jours et les mois marqués sur une colonne. Un élève de Ctésibius, Hiéron d'Alexandrie, qui vivait environ un siècle avant Jésus-Christ, a aussi été très-admiré pour ses automates, ses pompes et ses diverses machines. Il avait écrit plusieurs ouvrages importants sur la mécanique.

L'ASTRONOMIE. — Les Chaldéens passent pour les plus anciens astronomes, mais il est impossible de savoir quelles ont été leurs premières observations, ni à quelle époque on peut les faire remonter. On sait qu'ils étaient parvenus à déterminer le mouvement moyen journalier de la lune, dont le cours était pour eux le principe de la mesure du temps. « Beaucoup de choses encore en usage dans l'astronomie, dit M. Lenormant, nous viennent de la civilisation chaldéo-assyrienne et de sa science, à laquelle toute l'antiquité rendait un si juste hommage. Telles sont la division de l'écliptique en douze parties égales constituant le zodiaque, dont les figures paraissent avoir également la même origine; la division du cercle en trois cent soixante degrés; celle du degré en soixante minutes, de la minute en soixante secondes et de la seconde en soixante tierces, ainsi que l'invention du mode de notation qui sert encore à marquer ces divisions du degré. Ce sont aussi les Chaldéo-Assyriens qui instituèrent la semaine de sept jours, consacrés aux sept planètes qu'ils adoraient, et depuis un temps immémorial l'ordre de leurs jours n'a pas été changé. Inventeurs du gnomon, ils furent les premiers à diviser la journée en vingt-quatre heures, l'heure en soixante minutes et la minute en soixante secondes. »

Le gnomon, dont les Chaldéens sont inventeurs, paraît être le premier instrument astronomique employé dans l'antiquité. La figure 62 montre un gnomon de l'époque romaine.

Si l'opinion la plus répandue attribue aux Chaldéens la priorité dans les études astronomiques, il est certain aussi que les Égyptiens se sont, dès l'antiquité la plus reculée, préoccupés de la conformation de l'univers. Thalès, Pythagore et Platon passent pour avoir emprunté aux Égyptiens les connaissances assez étendues qu'ils avaient en astronomie. Ils connaissaient la rondeur de la terre, le mouvement des planètes, les phases de la lune et la cause des éclipses. Mais c'est surtout sous les successeurs d'Alexandre que l'astronomie devint une science fondée sur l'expérience. Parmi les plus fameux astronomes de cette époque, il faut citer Pithéas, qui, observant à Marseille la longueur méridienne de l'ombre du gnomon, en concluait l'obliquité de l'écliptique; Aristarque de Samos, auteur d'une méthode pour trouver le rapport des distances du soleil et de la lune à la terre; Ératosthène, auquel on doit la première mesure de la terre, et qui fixa la latitude d'Alexandrie et de Syène; Hipparque de Nicée, qui fit un catalogue renfermant 1,625 étoiles, et enseigna la position des lieux de la terre par leur longitude et leur latitude. Ptolémée, qui fut aussi célèbre comme astronome que comme géographe, suivit les idées d'Hipparque, et son système fut considéré comme le plus complet qui eût encore été formulé. Il vivait à Alexandrie, environ cent trente ans avant Jésus-Christ. A partir du iiie siècle de notre ère, les sciences commencèrent à perdre de leur importance, et finirent par disparaître complétement dans l'abaissement général de l'esprit humain. Quelques-unes des connaissances astronomiques de l'antiquité nous ont été transmises par les Arabes et elles sont devenues, sous la Renaissance, le point de départ de la science moderne.

Fig. 62. — Gnomon.

Le calendrier des anciens a subi plusieurs fois des altérations, par suite du changement dans les idées astronomiques. Les Égyptiens reconnaissaient trois saisons : la première était celle de l'inondation, la seconde était l'époque des semailles, et la troisième celle des moissons. Leur année civile comprenait douze mois de trente jours chacun, avec cinq jours complémentaires. Mais comme ils n'avaient pas tenu compte du supplément qui forme nos années bissextiles, l'année civile, qui retardait tous les quatre ans d'un jour environ sur l'année solaire,

Fig. 63. — Autel des douze dieux. (Musée du Louvre.)

finit par n'être plus en rapport avec les saisons, en vue desquelles on avait voulu la régler.

Primitivement les Grecs admirent aussi douze mois de trente jours, et chaque mois était consacré à une divinité. L'autel des douze dieux (fig. 63) nous donne l'idée d'un monument astronomique dans l'antiquité. Ce monument est une sorte de table circulaire, au milieu de laquelle a dû être un cadran solaire. Autour de la table, les têtes des douze grandes divinités de l'Olympe sont sculptées avec un relief très-prononcé et chacune d'elles est en rapport par un de ses attributs avec un signe du zodiaque représenté sur le contour extérieur de la table. Au mois d'avril répondent le signe du bélier et la colombe de Vénus, au mois de mai le taureau avec le trépied d'Apollon, au mois de juin les gémeaux avec la tortue de Mercure, au mois de juillet le cancer et l'aigle de Jupiter, au mois d'août le lion et le panier de Cérès, au mois de septembre la vierge et le bonnet de Vulcain entouré d'un serpent, au mois d'octobre la balance et la louve de Mars, au mois de novembre le scorpion et le chien de Diane, au mois de décembre le sagittaire et la lampe de Vesta, au mois de janvier le capricorne et le paon de Junon, au mois de février le verseau et les dauphins de Neptune, au mois de mars les poissons et la chouette de Minerve.

L'année des Grecs étant seulement de trois cent soixante jours, on fut obligé de former un mois complémentaire revenant à intervalles déterminés, et de constituer ainsi un cycle d'années au bout duquel on devait se retrouver d'accord avec le soleil. Mais comme les villes grecques n'adoptèrent pas toutes le même système, il y eut toujours une certaine confusion dans ce calendrier.

Des désordres bien plus graves se présentèrent chez les Romains. Le calendrier de Numa, établi d'après les idées astronomiques des Étrusques, contenait une erreur de calcul qui, par l'accumulation des années, produisit une véritable perturbation. C'est ainsi qu'en l'an 190 avant Jésus-Christ, le 1er janvier se trouva correspondre au 29 août. Cette situation fut rectifiée par Jules César, qui établit le calendrier Julien. L'astronome alexandrin Sosigène, chargé de ce travail, basa ses calculs sur une année solaire de trois cent soixante-cinq jours et six heures : en réunissant les six heures d'excédant on en forma un jour, qui, intercalé tous les quatre ans dans l'année, forma l'année bissextile. Pour arriver à ce résultat et rattraper l'ordre des saisons, il fallut donner quatre cent quarante-cinq jours à une année, qui fut l'an 47 avant Jésus-Christ, et qui reçut pour cette raison le nom d'année de confusion. Le calendrier Julien est encore en usage parmi les Russes et les chrétiens du rite grec, mais il a été remplacé chez les autres peuples chrétiens par le calendrier grégorien, sur lequel il retarde de douze jours. Cette différence provient d'une erreur de l'astronome Sosigène, qui s'était trompé d'un peu plus de onze minutes en fixant la durée de l'année solaire à trois cent soixante-cinq jours et six heures, erreur d'où il résulta que les points solsticiaux et équinoxiaux rétrogradaient d'un jour en cent trente-trois ans. Le calendrier grégorien diffère du calendrier Julien en ce qu'il retranche trois années bissextiles en

Fig. 64. — Calendrier romain.

l'espace de quatre cents ans, ce qui lui donne une exactitude plus rigoureuse (fig. 64).

La géographie. — Pour Homère, le monde est un disque ayant la Grèce pour centre et entouré de tous côtés par le fleuve Océan. Le soleil, parti des portes de l'Orient pour aller se plonger dans le fleuve Océan, à l'endroit où sont les colonnes d'Hercule, fait du côté de l'équateur le tour du disque terrestre, sur un bateau fabriqué par Vulcain, de manière à se retrouver le matin au point exact d'où il était parti la veille. Il y a donc un côté du disque qui est le côté du jour, où la nuit ne paraît jamais, et qui est inhabitable à cause de la chaleur brûlante de l'astre; la vague idée que les anciens avaient de l'immensité du Sahara avait donné lieu à cette croyance. Le côté de la nuit, où le soleil ne paraît jamais, est en même temps une contrée glacée dont les hommes ne sauraient supporter le climat. La mer du Nord et la mer Baltique sont absolument inconnues et, au-dessus de la Thrace, les hommes ne voient pas autre chose que de la neige. Les idées d'Homère sont exactes quand il parle des pays qu'il connaît et deviennent fausses dès qu'il s'agit des contrées lointaines ; ses connaissances précises en géographie ne s'étendent pas au delà d'un rayon de cent cinquante lieues.

Pendant bien longtemps, les Grecs ont considéré Delphes comme le centre du monde : c'était même pour eux une croyance religieuse. Les idées sur la configuration du monde commencèrent à se modifier pendant les guerres médiques, et surtout après les voyages d'Hérodote, qui eurent pour effet de faire connaître aux Grecs une foule de contrées dont ils n'avaient aucune idée auparavant. C'est ainsi qu'Hérodote lui-même nous dit : « Je ne connais point le fleuve Océan, et il me semble que c'est Homère ou quelques anciens poëtes qui ont inventé cette dénomination ou l'ont introduite dans leurs poëmes. » L'opinion que la terre était un disque plat fut peu à peu abandonnée ; et Aristote enseignait que la terre était sphérique ; il croyait même qu'on pouvait aller aux Indes par les colonnes d'Hercule. Cette opinion fut ensuite admise par la plupart des géographes, et Strabon n'a pas l'air de regarder comme impraticable l'idée de faire le tour du monde. « Ceux qui, dit ce géographe, ayant entrepris le périple de la terre, sont revenus sur leurs pas, ne l'ont pas fait, de leur aveu même, pour s'être vu barrer et intercepter le passage par quelque continent, mais uniquement à cause du manque de vivres et par peur de la solitude, la mer demeurant toujours aussi libre devant eux. »

Au temps d'Auguste, on admettait généralement que la zone tempérée était seule habitable, et comme on ne supposait pas que l'équateur pût être franchi, la terre habitée était, aux yeux des géographes, contenue tout entière dans l'hémisphère boréal. « Le ciel, dit Pline le Naturaliste, est divisé en cinq parties qu'on appelle zones ; un froid rigoureux et des glaces éternelles assiégent toutes les contrées adjacentes aux deux zones extrêmes, c'est-à-dire qui entourent les deux pôles, l'un appelé boréal, l'autre appelé austral ; une obscurité perpétuelle y règne, l'influence des astres plus doux y est étrangère, et il n'y a d'autre lumière que la réflexion blanchâtre du givre. La zone du milieu, par où passe l'orbite du soleil, est embrasée par les feux, et la chaleur trop voisine la brûle. Deux zones seulement, intermédiaires à la zone torride et aux zones glaciales, sont tempérées ; et encore ne sont-elles pas accessibles l'une à l'autre, à cause des feux que lancent les astres. Ainsi le ciel nous enlève trois parties de la terre, et nous ignorons quelle est la proie de l'Océan. »

Les travaux d'Ératosthènes, d'Hipparque et de Ptolémée marquent le plus haut point où soit parvenue la science géographique dans l'antiquité, mais toutes ces connaissances se perdirent dans le naufrage général de la civilisation antique, et c'est par les Arabes qu'on a pu en renouer le fil sous la Renaisssance.

L'HISTOIRE. — Telle que nous la comprenons aujourd'hui, l'histoire ne remonte pas plus haut que les guerres médiques, et on a eu raison d'appeler Hérodote le père de l'histoire. Cependant bien avant de savoir coordonner les faits et les classer dans un ordre méthodique, de manière à en tirer des inductions, les hommes avaient senti le besoin de transmettre à leurs descendants le souvenir des événements dont ils avaient été témoins et de s'instruire eux-mêmes de ceux qui s'étaient passés avant leur naissance. Les récits de l'aïeul, les contes du voyageur, les fables du poëte, telles sont les formes que l'histoire a primitivement revêtues. Ainsi conçue, l'histoire se chante plus encore qu'elle ne se raconte, et prend un caractère merveilleux, que la crédulité des âges primitifs accepte et transmet sans contrôle ni critique. De là, la saveur exquise et le peu de certitude qu'on trouve dans tous les récits qui se rattachent à la première antiquité.

A côté de ce canevas si vague, sur lequel l'imagination populaire brode sans cesse et qui s'altère à chaque génération, on trouve un autre ordre de documents, presque toujours secs dans leur concision, mais prenant par cela même un caractère plus positif : ce sont les inscriptions. Le nom d'un roi victorieux, les termes d'un traité inscrit sur la pierre, une liste généalogique de personnages importants par leur situation, une invocation adressée à une divinité, forment assurément des matériaux bons à consulter, surtout si l'on examine en même temps les monuments, les tombeaux et les représentations graphiques se rattachant à la même époque; mais tout cela ne constitue pas une véritable histoire, parce que des documents de ce genre ne forment pas un enchaînement logique et indiscutable. C'est pourtant là-dessus que sont fondées toutes les connaissances que nous pouvons avoir sur les peuples de l'ancien Orient. Faute d'une ère fixe sur laquelle on puisse appuyer sa chronologie, l'Égypte, malgré ses innombrables monuments et la longue suite de ses Pharaons, nous a si peu transmis son histoire, que les savants modernes n'arrivent pas à la formuler d'une manière positive, et la Bible, malgré ses allures dogmatiques, laisse la plus grande incertitude sur l'histoire des peuples avec qui les Hébreux ont été en rapport. Il y a pourtant des récits historiques dans les livres juifs, mais des récits interrompus, qui ne forment pas un ensemble, et qui d'ailleurs ne s'accordent pas toujours avec ceux des autres nations relativement aux mêmes événements. On y trouve de nombreux renseignements sur ce qui concerne le peuple juif, mais il serait impossible d'y trouver les éléments constitutifs d'une histoire générale.

Si l'histoire elle-même nous fait défaut, nous ne pouvons, à plus forte raison, savoir comment la transmission des événements pouvait être enseignée dans l'éducation. Il est bien certain que les prêtres égyptiens devaient avoir une méthode d'enseignement pour l'histoire de leur pays, mais nous ignorons quelle était cette méthode. Nous sommes, sous ce rapport, plus heureux pour ce qui concerne les Grecs ; du moins nous savons à peu près sous quelle forme ils apprenaient à leurs enfants les fables qui contenaient leurs dogmes religieux, en même temps que les plus anciens récits concernant leur histoire nationale. Nous avons expliqué plus haut ce qu'étaient les tables iliaques.

Toutefois ce n'est pas là encore de la véritable histoire. Hérodote est le premier qui ait donné une forme littéraire à l'histoire et qui ait cherché à montrer l'enchaînement des événements. Placé sous l'invocation des neuf Muses, son livre fut présenté aux Grecs dans le grand concours des arts et de la poésie aux Jeux olympiques. En retraçant le récit des guerres médiques, Hérodote a voulu faire connaître à ses concitoyens les mœurs en même temps que les traditions des peuples qu'ils avaient combattus. Restreignant son cadre à la guerre du Péloponnèse, Thucydide a donné à son récit un caractère purement politique, et abandonné le système d'anecdotes intimes dont Hérodote avait semé son histoire. Si Hérodote est le père de l'histoire, Thucydide en est peut-être le plus grand maître. Xénophon et Polybe nous ont laissé de bien précieux documents sur l'histoire militaire de leur temps, et Plutarque, sous une forme biographique, s'attache à rendre le caractère des grands hommes dont il retrace la vie.

C'est Denys d'Halicarnasse qui a raconté aux Grecs l'histoire des Romains, mais les véritables historiens de Rome sont Tite-Live et Tacite. Le grand nombre d'ouvrages sur l'histoire universelle qui ont été écrits sous la période romaine montre l'importance qu'on attachait alors aux études historiques, et si leur valeur littéraire est inégale, on peut y voir au moins que l'idée de relier les événements humains dans un ensemble méthodique répondait à un besoin général dans l'éducation.

La jurisprudence. — Si la haute antiquité nous montre des législateurs célèbres, Moïse, Lycurgue ou Solon, on peut dire néanmoins que la jurisprudence est une science principalement et presque exclusivement romaine. Évidemment Démosthène et les orateurs de leur temps avaient étudié à fond, non seulement les lois athéniennes, mais encore celles des cités voisines. Seulement le droit ne formait pas, comme à Rome, une étude spéciale et méthodique à laquelle devaient se livrer tous les jeunes gens qui aspiraient aux fonctions publiques. A Rome, surtout à partir de Cicéron, le droit forme le complément obligé de toute bonne éducation. C'est à ce titre seulement que nous nommons ici la jurisprudence, qu'il était nécessaire de signaler, mais sur laquelle nous ne devons pas insister, cette étude étant beaucoup trop vaste pour entrer dans le cadre modeste que nous nous sommes imposé.

Voici comment Girault-Duvivier classe, dans son *Encyclopédie de l'antiquité*, les différentes époques de la jurisprudence romaine. « Le premier âge, dit-il, commence à la publication des douze tables et finit au temps de Cicéron; il embrasse environ deux cent cinquante ans. Pendant ce temps la jurisprudence est ténébreuse, dure et fondée uniquement sur une subtilité rigoureuse de termes. Le deuxième âge, celui de la jurisprudence moyenne, beaucoup plus douce que la précédente, et s'attachant davantage à interpréter la loi dans le sens le plus favorable à l'équité. Le troisième âge commence à Auguste et finit à Adrien, c'est celui des grandes dissensions entre les sectes, celui où l'on examinait et discutait beaucoup de règles à l'égard desquelles il y avait des contestations ou une sorte d'incertitude. Le quatrième âge date d'Adrien, dont l'édit perpétuel donna une nouvelle face à la jurisprudence, surtout à l'aide de son rédacteur Julien, qui servit souvent de guide à ses successeurs; c'est le véritable âge d'or de la jurisprudence. En effet, c'est celui où parurent presque tous les grands jurisconsultes, les Flavinien, les Julien, les Ulpien, les Paul, les Gaïus, les Pomponius, les Cervidius Scævola, les Modestin, les Marius et les Celsus; c'est celui où furent composés les ouvrages dont on a extrait presque tout le *Digeste;* c'est enfin celui où furent fixés à jamais une foule de principes du droit, d'après le système d'équité établi dans la philosophie des Grecs, et la méthode d'argumentation des diverses écoles où l'on enseignait cette philosophie. Le cinquième âge commence au règne de Constantin, temps où il y a une décadence sensible dans la langue, la littérature et la jurisprudence, et où le flambeau de celle-ci s'éteignit en quelque sorte. Le sixième et dernier âge commence à la publication du corps de droit de Justinien, et finit à l'année 753 de l'ère vulgaire. Il suffit pour la caractériser de dire, d'une part, que le style en est obscur, incorrect, diffus et très-verbeux ; de l'autre, qu'il est enflé et plus convenable à un rhéteur qu'à un empereur ; qu'en général ses lois sont très-inférieures aux précédentes en éloquence, en majesté et en prudence. »

LA PHILOSOPHIE. — La plus ancienne école philosophique des Grecs a reçu le nom d'*école ionienne*, parce que la plupart des philosophes qui en faisaient partie étaient nés en Ionie. Elle a pour chef Thalès de Milet, né vers 640 avant notre ère, et fut ensuite transformée par Anaximandre et plusieurs autres. Rejetant les fables mythologiques qui avaient cours dans le peuple, cette école rechercha les causes premières dans l'étude des phénomènes extérieurs, et admit les éléments, l'eau, l'air ou le feu, comme étant le principe et l'origine du monde. L'école italique, qui s'éleva parallèlement à la précédente, mais dans une direction tout opposée, eut pour chef Pythagore, qui était natif de Samos, mais qui vint enseigner en Italie, au vi^e siècle avant notre ère. Au lieu de prendre les phénomènes naturels pour point de départ, les pythagoriciens considéraient leurs rapports. Les nombres étaient pour eux le principe des choses, et comme ils partent tous de l'unité, Dieu, qui est l'unité primordiale, préside à l'univers comme intelligence suprême, et les âmes qui sont assimilées aux nombres sont immortelles en ce sens qu'elles renaissent sans cesse par la métempsycose. Cette école, qui avait eu pour point de départ les mathématiques, aboutit promptement à un spiritualisme mystique et finit par nier toute réalité matérielle et par ne plus admettre que l'unité absolue. Empédocle, Épicharme, Archytas de Tarente, Xénophane, Parménide et Zénon d'Élée en furent les principaux sectateurs. Considérant la connaissance donnée par les sens comme une simple illusion, les derniers pythagoriciens arrivèrent ainsi à la négation du mouvement et des phénomènes, sur lesquels l'école d'Ionie avait échafaudé son système.

Entre ceux qui voyaient partout la pluralité et ceux qui n'admettaient que l'unité se placèrent les *sophistes*, dont le plus célèbre, Gorgias de Leontium, s'efforça de prouver : 1° que rien n'existe ; 2° que quand même une chose existerait, nous ne pourrions pas la connaître ; 3° que quand même nous pourrions la connaître, nous ne parviendrions pas à la démontrer Ce système négatif, qui ressemblait moins à une philosophie qu'à une rhétorique, plut infiniment aux Grecs, dont la jeunesse ergoteuse apprenait chez les sophistes à plaider indifféremment le pour et le contre. Il eut aussi pour résultat de préparer pour les luttes de l'Agora une foule d'orateurs plus habiles que convaincus. Socrate, qui fut le plus violent adversaire des sophistes, bien qu'il ait souvent emprunté leurs procédés d'argumentation, assigna pour point de départ à la philosophie la connaissance de soi-même et fut en Grèce le premier moraliste. La morale fut désormais considérée comme liée intimement à la philosophie, qui jusque-là avait circonscrit son domaine, soit dans l'observation du monde visible, soit dans les pures spéculations de l'esprit. Avec Socrate commence la seconde période de la philosophie grecque.

Ici les écoles naissent en foule et les systèmes se croisent de toutes parts. Parmi celles qui relèvent directement de Socrate, la plus importante est l'école platonicienne, nommée aussi Académie. Suivant Platon, les idées, en tant que conçues par l'esprit, ne sont que des réminiscences d'une existence antérieure. Ces idées ont leur raison d'être en Dieu, essence du beau et du bien. Comme les idées ont existé avant les choses, les notions que nous pouvons puiser dans la nature extérieure sont nécessairement trompeuses; il n'y a de vrai que les types éternels dont la réalité de ce monde n'offre qu'une infidèle image. La perfection que l'homme doit chercher dans la morale comme dans l'art est en nous comme un souvenir confus, qui plane au-dessus des réalités terrestres.

Les péripatéticiens, ou sectateurs d'Aristote, rejettent la doctrine de la réminiscence, tout en conservant le principe divin au sommet de la hiérarchie des êtres. Dieu, qui est le principe et la cause de tout, existe en nous comme âme impérissable, mais non personnelle, car ce qui dans notre âme est individuel est par cela même condamné à mourir avec le corps. En rejetant les idées premières de Platon, pour porter la philosophie dans l'étude des causes premières, Aristote donna une très-grande part à l'observation des faits, et son savoir encyclopédique ne contribua pas moins que sa doctrine à donner au Lycée, qui est le nom sous lequel on désigne son école, un caractère essentiellement scientifique.

Épicure enseignait que le monde, qui n'a pas eu de commencement et qui n'aura pas de fin, est composé d'un nombre infini d'atomes, dont la rencontre fortuite dans le vide a formé tous les êtres. Il ne niait pas l'existence des dieux, mais ne leur attribuait aucune influence sur l'univers. Sa morale était une doctrine de l'intérêt bien entendu, consistant pour l'esprit dans une quiétude capable de braver l'adversité, et pour le corps, dans une régularité de vie capable d'assurer la santé. Les sectateurs d'Épicure ont complétement dénaturé sa doctrine, et en ont tiré des conséquences que leur maître n'avait jamais soupçonnées.

Les cyniques avaient une morale très-austère, mais ils affectaient un complet dédain de toutes les convenances et on leur reprochait une extrême malpropreté. Diogène de Sinope a été le plus célèbre de cette secte qui a pour chef Antisthène. Dédaignant toutes les commodités de la vie, Diogène buvait dans une écuelle et avait pour logis un tonneau (t. II, fig. 617).

« Diogène le cynique, dit Galien, dînant chez un particulier très-soigneux de ce qui lui appartenait et très-peu de sa personne, fit mine de vouloir cracher ; puis regardant autour de lui il cracha en effet, non sur aucun des objets qui l'entouraient, mais sur le maître de la maison. Celui-ci, indigné et demandant la raison d'une telle conduite, Diogène lui répondit qu'il n'avait rien vu dans sa maison d'aussi négligé que lui ; car, tandis que tous les murs étaient ornés de peintures remarquables, le pavé composé de cailloux précieux qui, par leur arrangement, représentaient des images de divinités, les vases propres et brillants, les lits et leurs couvertures enrichis des plus beaux ornements, il n'avait vu que lui seul de négligé. »

Les stoïciens, dont le chef est Zénon de Citium, ont compté dans leur secte plusieurs hommes illustres, entre autres l'empereur Marc-Aurèle, mais la fameuse doctrine : « supporte et abstiens-toi » les prédisposait à la résignation plutôt qu'à la lutte.

Il y eut encore bien d'autres sectes dans l'antiquité, et dans la plupart l'étude de la morale se mêlait à celle de la rhétorique et de diverses sciences, en sorte que la philosophie grecque comprend en quelque sorte l'ensemble des connaissances humaines dans l'antiquité.

V

LES MOYENS D'INSTRUCTION

Les bibliothèques. — Les lectures publiques. — Les libraires. Les professeurs.

Les bibliothèques. — La bibliothèque des Juifs, placée dans le temple de Jérusalem, était composée des livres de la Bible. Plus tard, les principales synagogues eurent toutes une bibliothèque formée des mêmes éléments; on y lisait des passages des Écritures devant les fidèles assemblés. A l'époque de la conquête romaine, on comptait environ quatre cent cinquante synagogues; tous les livres qu'elles contenaient furent détruits. Au reste, il ne semble pas que ces bibliothèques aient jamais contenu autre chose que les livres sacrés; les Juifs avaient peu de souci des ouvrages étrangers, et ils ne paraissent pas avoir beaucoup écrit sur les sciences.

Il est présumable que les Phéniciens et les Chaldéens, qui cultivaient plus spécialement les sciences, ont eu de bonne heure des collections de livres. On a retrouvé la bibliothèque d'un roi d'Assyrie, Assourbanipal. « Singulière bibliothèque, dit M. Lenormant, qui se composait exclusivement de tablettes plates et carrées en terre cuite portant sur l'une et l'autre de leurs deux faces une page d'écriture cunéiforme cursive très-fine et très-serrée, tracée sur l'argile encore fraîche. Chacune était numérotée et formait le feuillet d'un livre, dont l'ensemble était constitué par la réunion d'une série de tablettes pareilles, sans doute empilées les unes sur les autres dans une même case de la bibliothèque. » Une encyclopédie grammaticale divisée en plusieurs traités, des fragments de lois, quelques hymnes, une sorte de dictionnaire géographique, contenant les contrées, les villes, les fleuves et les montagnes connues des Assyriens, des listes de plantes et de minéraux, des catalogues d'observations stellaires et planétaires, et plusieurs traités d'arithmétique composaient cette bibliothèque, qui paraît n'avoir contenu aucun ouvrage concernant la médecine. Les débris qu'on a pu recueillir de cette bibliothèque sont aujourd'hui au musée Britannique.

Les livres égyptiens étaient extrêmement nombreux et il y en avait d'importantes collections dans les temples et dans les palais. Dans le

Rhamesséum de Thèbes, la salle où étaient placés les livres a été retrouvée ; elle était sous l'invocation de Thot, personnification de l'intelligence divine, et de la déesse Saf, appelée dame des lettres. On a retrouvé également dans le temple de Denderah une chambre qu'on a reconnue pour avoir été la bibliothèque ; les manuscrits qu'elle renfermait étaient écrits sur peau et resserrés dans des coffres. On en a le catalogue ; sur la porte était gravée une palette de scribe. Sur la bibliothèque de Thèbes, il y avait une inscription portant ces simples mots : « Trésor des remèdes de l'âme ».

En Grèce, la plus ancienne bibliothèque publique paraît avoir été fondée à Athènes par Pisistrate. Sous la période macédonienne, la plupart des villes grecques étaient pourvues d'une bibliothèque ; la plus célèbre était celle d'Alexandrie.

« Larensius, dit Athénée, avait un si grand nombre de livres grecs, qu'on ne peut mettre en parallèle avec lui aucun de ceux qui ont pris tant de peine pour former les plus fameuses bibliothèques de l'antiquité, tels que Polycrate de Samos, Pisistrate, tyran d'Athènes, Euclide l'Athénien, Nicocrate de Chypre, les rois de Pergame, le poëte Euripide, le philosophe Aristote, Théophraste, Nélée, qui devint possesseur des bibliothèques de ces deux derniers, et dont les descendants les vendirent à Ptolémée Philadelphe. Ce prince les fit transporter dans sa belle bibliothèque d'Alexandrie, avec les livres qu'il acheta à Rhodes et à Athènes. »

Fondée par Ptolémée Soter, la bibliothèque d'Alexandrie comptait environ cinquante mille volumes à la mort de ce prince et elle en compta plus tard jusqu'à sept cent mille. Un incendie la détruisit lors de la conquête d'Alexandrie par Jules César. Une nouvelle bibliothèque fut alors fondée dans le Sérapeum de la même ville, et elle ne tarda pas à devenir aussi riche que la première. Cette seconde bibliothèque, qui était annexée au grand temple de Sérapis, fut détruite par les chrétiens sous le règne de Théodose. Le même zèle fanatique fit disparaître à la même époque une autre bibliothèque très-célèbre, qui dépendait du grand temple de Canope. Les rois de Pergame avaient fondé dans leur capitale une bibliothèque très-importante et qui passait pour rivale de celle d'Alexandrie, avec laquelle elle fut fondue ensuite. Sous l'empire romain, la plupart des grandes villes de l'Asie Mineure avaient d'importantes collections de livres.

A Rome, la première bibliothèque publique fut fondée sur le mont Aventin par Asinius Pollion. La bibliothèque Palatine et la bibliothèque

Octavienne, fondées toutes deux par Auguste, celle que Vespasien créa près du temple de la Paix, celle que Trajan éleva sur son forum, étaient particulièrement célèbres. A la fin de l'empire on comptait à Rome vingt-neuf bibliothèques publiques. Au reste, si riches qu'aient pu être ces collections de livres, elles ne sauraient entrer en comparaison avec celles des peuples modernes. Un seul de nos volumes imprimés contient souvent huit ou dix fois plus de matières que les volumes manuscrits des anciens. Un chant dans les poëmes, ou un chapitre dans les livres de prose formait généralement la matière d'un seul volume.

La plupart des bibliothèques étaient ornées de statues ou de bustes représentant les hommes célèbres dans les sciences, les lettres ou les arts.

« Depuis quelque temps, dit Pline, on consacre dans les bibliothèques le buste des grands hommes dont la voix immortelle retentit dans ces lieux. Ces bustes sont en or, en argent et plus souvent en airain. Même quand leur image ne nous a pas été transmise, nos regrets y substituent les traits que notre imagination leur prête ; c'est ce qui est arrivé à Homère. Certes, je ne conçois pas de plus grand bonheur pour un mortel que ce désir qu'éprouvent les hommes de tous les siècles de savoir quels ont été ses traits. »

La plupart des bibliothèques publiques étaient annexées à des temples, et le fanatisme des premiers chrétiens n'a pas attendu l'arrivée des barbares pour en commencer la dévastation. Le règne de Théodose marque surtout l'époque de ces destructions systématiques qui ont autant contribué que les invasions à préparer la barbarie du moyen âge.

Les lectures publiques. — Il était d'usage à Rome que les amis des lettres se réunissent entre eux pour entendre la lecture d'un ouvrage nouveau. Souvent aussi, les grands personnages qui se piquaient de littérature invitaient les auteurs à venir lire eux-mêmes leurs productions devant un public choisi. Enfin il arrivait aussi quelquefois que les auteurs louaient eux-mêmes une salle pour y faire des lectures ou des dissertations qui devaient ressembler un peu à nos conférences modernes. L'usage de ces lectures, qui avait été fort en faveur au commencement de l'empire, tomba plus tard en désuétude, comme on le voit par une lettre de Pline :

« Pline à Sosius Senecion.

« L'année a été fertile en poëtes. Le mois d'avril n'a presque pas eu de jour où il ne se soit fait quelque lecture. J'aime à voir fleurir les lettres et les esprits se produire au grand jour, malgré le peu d'empressement de nos Romains à venir entendre les ouvrages nouveaux. La plupart se tiennent sur les places publiques et perdent en causeries le temps qu'ils devraient consacrer à écouter. Ils envoient demander de temps en temps si le lecteur est entré, si son préambule est achevé, s'il est bien avancé dans sa lecture. Alors seulement vous les voyez venir lentement et avec circonspection. Encore n'attendent-ils pas la fin pour s'en aller. L'un s'esquive adroitement, l'autre sort sans façon et sans gêne. Quelle différence, du temps de nos pères ! On raconte qu'un jour l'empereur Claude, en se promenant dans son palais, entendit un grand bruit. Il en demanda la cause. On lui dit que Nonanius faisait une lecture publique. Ce prince vint aussitôt surprendre l'assemblée. Aujourd'hui les gens les plus oisifs, longtemps avant une lecture, priés et avertis, dédaignent de venir ; ou s'ils viennent, ce n'est que pour se plaindre qu'ils ont perdu un jour, justement parce qu'ils ne l'ont pas perdu. Cette nonchalance et ce dédain de la part des auditeurs rehaussent beaucoup dans mon estime le courage des écrivains qui ne se dégoûtent pas de la composition et des lectures publiques. Pour moi, j'ai assisté à presque toutes les lectures. A dire vrai, les auteurs étaient mes amis ; car il n'y a peut-être pas un ami des lettres qui ne soit aussi le mien. Voilà ce qui m'a retenu à Rome plus longtemps que je ne voulais. Enfin je puis regagner ma retraite et y composer quelque ouvrage, que je me garderai bien de lire en public. Ceux dont j'ai écouté les lectures croiraient que je leur ai non pas donné, mais seulement prêté mon attention. Car dans ces sortes de services, comme dans tous les autres, le mérite cesse dès qu'on en demande le prix. Adieu. »

Les Thermes, et en général tous les endroits publics étaient également recherchés par les auteurs, qui cherchaient à s'y créer des relations, pour arriver à se faire lire, mais, si nous en croyons Martial, ce n'était pas sans essuyer quelquefois des avanies.

Les libraires. — Les boutiques de libraires étaient fort nombreuses à Rome, surtout aux alentours du Forum. Sur la porte on mettait, sous forme d'affichage, le nom des auteurs avec la liste des ouvrages qui étaient en vente dans l'établissement. Ces mêmes ouvrages se voyaient à l'étalage, soit en rouleaux séparés, soit liés avec des lanières ou disposés dans leurs coffres cylindriques; l'intérieur était divisé en compartiments et les livres étaient placés sur des rayons. C'est pour cela que Martial dit dans son épigramme contre Lupercus : « Près du Forum se trouve une boutique dont la devanture est toute couverte de titres d'ouvrages, de sorte qu'on y lit en un instant les noms de tous les poëtes. Là tu me demanderas à Atractus; c'est le nom du marchand. Du premier ou du second de ses rayons, il tirera un *Martial* poli à la pierre ponce et orné de pourpre, qu'il te donnera pour cinq deniers. »

Les fautes de copistes étaient beaucoup plus fréquentes et beaucoup plus redoutables dans l'antiquité que de nos jours. Quand l'auteur donne son bon à tirer dans une imprimerie, il est sûr que tous les exemplaires seront pareils à celui qu'il a lui-même vérifié, mais chez les anciens, il y avait souvent autant de copistes différents que d'exemplaires livrés à la publicité. La confection matérielle d'un livre exigeait plusieurs opérations qui se pratiquaient généralement dans le magasin du libraire. Quand les copistes avaient transcrit un manuscrit, on le collationnait et on en corrigeait les fautes comme font les correcteurs dans nos imprimeries. Le nom du correcteur figurait avec celui de l'auteur. Les auteurs mettaient le plus grand soin à ne pas laisser de faute sur leur manuscrit, mais il leur eût été matériellement impossible de revoir eux-mêmes toutes les copies qu'on en faisait dans les officines de libraire.

Une lettre de saint Jérôme à Lucinius témoigne de l'attention qui était nécessaire pour éviter que le sens même des écrits ne fût dénaturé dans la copie.

« A Lucinius.

« Mes pauvres écrits ne méritent pas votre attention et ce n'est que par bienveillance que vous pouvez désirer de les posséder. Je les ai fait transcrire à vos envoyés et je les ai vus copiés sur des feuilles de papier. J'ai fortement recommandé qu'on mît tout le soin possible à les collationner sur les originaux et à les corriger; mais il vient ici tant de voyageurs et de pèlerins, que je n'ai pu relire tous ces écrits. Si donc vous trouvez quelques erreurs, quelques passages mal copiés, imputez-les, non à moi, mais à vos gens, et à l'impéritie de ces copistes qui transcrivent, non comme il y a, mais comme ils comprennent, et qui, en voulant corriger les fautes qu'ils supposent, en font eux-mêmes. »

Parmi les plus fameux libraires de Rome, il faut citer les frères Sosies, qui furent les éditeurs d'Horace. Le poëte apostrophe, à propos d'eux, le livre qu'il achève : « Tu m'as tout l'air, mon livre, avec tes yeux fixés du côté de la porte, d'attendre avec impatience le moment où tu brilleras dans la boutique de nos grands libraires les deux Sosies. Tu trouves indigne de ton importance le demi-jour de mon cabinet, ce n'est cependant pas ainsi que je t'ai élevé; mais puisque tu y tiens, pars, mais renonce à tout espoir de retour et ne te plains pas si le lecteur s'écrie : Ah! le sot livre, et te replie en bâillant. »

Il y avait des libraires dans toutes les grandes villes de l'empire. Néanmoins ils étaient beaucoup moins nombreux qu'aujourd'hui et un auteur était extrêmement flatté quand ses ouvrages se vendaient dans les provinces éloignées du centre, c'est-à-dire de Rome. C'est ainsi que dans une lettre à Géminius, Pline est ravi d'apprendre que ses livres se vendent à Lyon. « Je ne savais pas, dit-il, qu'il y eût des libraires à Lyon, et c'est avec d'autant plus de plaisir que j'ai appris par votre lettre que mes ouvrages s'y vendent. Je suis bien aise qu'ils conservent dans ces pays étrangers la faveur qu'ils se sont acquise à Rome. Je commence à estimer un ouvrage sur lequel des hommes de climats si différents sont de même avis. »

Comme il n'y avait pas de publications périodiques, dans le genre de nos journaux et de nos revues, la critique n'avait pas à beaucoup près dans l'antiquité l'importance qu'elle a prise de nos jours. Néanmoins on la redoutait, et un critique dont la compétence était reconnue était un personnage fort recherché des écrivains. C'est ce que l'on voit dans une épigramme de Martial. « Si tu veux charmer les oreilles attiques, je t'engage, je t'exhorte, mon petit livre, à plaire au docte Apollinaris. Personne n'a plus de jugement, plus d'érudition; mais aussi, plus de franchise et de bienveillance. S'il te presse sur son cœur ou sur sa bouche, tu ne craindras plus les quolibets ronflants des critiques et tu ne serviras point tristement d'enveloppe aux anchois. » Ce dernier trait montre que les boutiques des épiciers étaient, autrefois comme aujourd'hui, le terme auquel aboutissent fatalement les livres qui n'ont pas eu le don de plaire au public.

LES PROFESSEURS. — L'antiquité n'était pas pourvue de ces grands établissements d'instruction publique, dont se glorifie la civilisation moderne. Mais si elle n'avait pas l'équivalent de nos facultés et de nos grandes collections publiques, elle a fait dans cet ordre d'idées des tentatives qui, malgré la différence d'organisation, répondaient dans une certaine mesure aux mêmes besoins. On peut citer par exemple le musée annexé à la grande bibliothèque d'Alexandrie. Le terme de musée n'était pas compris dans le sens que nous lui prêtons aujourd'hui. Il ne s'agissait nullement d'une collection rangée méthodiquement, mais d'une réunion de savants et de lettrés, vivant dans une sorte de communauté, et chargés d'élucider entre eux certains problèmes, en même temps qu'individuellement, ils professaient leurs doctrines particulières devant un auditoire nombreux et attentif.

Si nous en croyons Timon de Phlionte, cité par Athénée, l'accord n'était pas toujours parfait entre ces doctes professeurs. Il compare le musée d'Alexandrie à une cage et se moque des philosophes que l'on y nourrissait, comme on nourrit certains oiseaux de prix dans une ménagerie. « Dans l'Égypte, dit-il, où il y a nombre de peuples, on nourrit aussi nombre de griffonneurs qui se battent sans cesse dans la *cage des Muses*, et Dieu sait quand ils seront guéris de ce flux de bouche. »

En général pourtant ce n'était pas dans des établissements de ce genre que la jeunesse se formait. Des philosophes, des jurisconsultes, des grammairiens, des savants en tout genre, répandus dans toutes les grandes villes de l'Italie, de la Grèce et de l'Asie Mineure, professaient librement, sans aucun contrôle de l'État, et de nombreux élèves se pressaient autour de ceux qui avaient su acquérir de la réputation. La marche et la direction des études n'étaient pas réglées comme de nos jours par un ministre de l'Instruction publique. Mais il y avait des modes, des courants d'enseignement, auxquels les professeurs, peut-être sans en avoir conscience, se prêtaient néanmoins. Il en est d'un professeur comme d'un artiste ou d'un écrivain, sa personnalité, qu'il le veuille ou non, s'imprègne toujours fatalement du milieu dans lequel il vit. De là vient que nous trouvons dans certains auteurs des critiques portant non sur un professeur en particulier, mais sur les méthodes généralement adoptées dans l'enseignement.

Voyez par exemple ce que dit Pétrone sur les écoliers auxquels on veut apprendre à écrire :

« Ce qui fait de nos écoliers autant de maîtres sots, c'est que tout ce qu'ils voient et entendent dans les écoles ne leur offre aucune image de la société. Sans cesse on y rebat leurs oreilles de pirates en embuscade sur le rivage et préparant des chaînes à leurs captifs ; de tyrans dont les barbares arrêts condamnent leurs fils à décapiter leur propre père; d'oracles dévouant à la mort de jeunes vierges pour le salut des villes dépeuplées par la peste. C'est un déluge de périodes mielleuses agréablement arrondies; actions et discours, tout est saupoudré de sésame et de pavot. Nourris de pareils fadaises, comment leur goût pourrait-il se former? Un cuistre sent toujours sa cuisine. On n'exerçait pas encore la jeunesse à ces déclamations, quand le génie des Sophocle et des Euripide créa pour la scène un nouveau langage. Un pédant croupi dans la poussière des classes n'étouffait point encore le talent dans son germe, quand la Muse de Pindare et de ses neuf rivaux osa faire entendre des chants dignes d'Homère. Et, sans citer les poëtes, je ne vois point que Platon ni Démosthène se soient exercés dans ce genre de composition. Semblable à une vierge pudique, la véritable éloquence ne connaît point le fard. Simple et modeste, elle s'élève naturellement et n'est belle que de sa propre beauté. »

Outre les professeurs qui faisaient des cours rétribués par les élèves, il y en avait qui s'attachaient à une famille pour faire l'éducation d'un jeune homme. Des savants, des philosophes, étaient quelquefois obligés d'accepter une position particulière chez de grands personnages. Parmi les clients du riche Romain, il y en avait ordinairement un dont la situation intermédiaire entre l'ami et le domestique est très-caractéristique dans la société romaine, c'est le philosophe à gages. Il était d'usage dans les familles romaines d'avoir à l'année un philosophe beau parleur, se connaissant en toutes choses, raisonnant sur les belles lettres aussi bien que sur les sciences et les beaux-arts, capable de guider le maître de la maison sur ses achats d'objets précieux, s'il avait envie d'en acquérir, de l'informer des choses qu'il était de bon goût d'admirer, de l'instruire de celles qu'un homme bien élevé ne doit pas ignorer, d'improviser des discours au besoin, en un mot de donner au patron qui se l'attachait les apparences d'un lettré et d'un fin connaisseur. Ce philosophe était presque toujours un Grec. Il y avait en effet dans cette nation une foule d'hommes, beaucoup plus instruits que la plupart des Romains, souvent spirituels, mais presque toujours dénués de ressources pour la vie matérielle. L'espoir d'une existence assurée, d'une table bien servie et de la considération qui, à Rome, s'attachait toujours à celui qui passait pour être l'ami d'un homme riche, décidait beaucoup de ces lettrés à préférer une haute domesticité à une indépendance toujours voisine de la misère, en sorte que la place de philosophe dans une maison riche était fort recherchée par eux.

Il paraît pourtant que cette situation si enviée n'était pas exempte de soucis et Lucien cherche à en détourner les lettrés qui étaient tentés de la prendre. « Ces connaissances, pour l'amour desquelles ton maître prétendait qu'il t'appelait à lui, il s'en soucie bien! Qu'y a-t-il de commun, en effet, dit le proverbe, entre l'âne et la lyre? Quelle passion il a, vois-tu? pour la sagesse d'Homère, la véhémence de Démosthène, la magnificence de Platon? Qu'on ôte à ces riches leur or, leur argent et les soucis qu'ils entraînent, que reste-t-il, sinon un vain orgueil, de la mollesse, l'amour des plaisirs, de l'insolence, de la vanité, de l'ignorance? Cependant tu as une longue barbe, un extérieur respectable, un manteau grec décemment ajusté; tout le monde te connaît pour un grammairien, un orateur, un philosophe; justement ton patron croit honorable pour lui d'avoir un homme de ta sorte mêlé à ceux qui le précèdent et qui lui font cortège, cela lui donne l'air d'un amateur des sciences grecques, qui chérit les lettres et les arts. En vérité, mon cher, tu cours grand risque qu'au lieu de tes beaux discours, il n'achète de toi que la barbe et le manteau. Il faut donc qu'on te voie sans cesse avec lui, sans qu'il te soit permis de l'abandonner un seul instant. Tu dois dès le matin te montrer avec tout le domestique et ne jamais quitter ton poste. Pour lui, appuyant quelquefois la main sur ton épaule, il te débite toutes les inepties qui lui passent par la tête, il veut faire voir à tous ceux qu'il rencontre en route que, même en marchant, il s'occupe des Muses, et que, dans la promenade, il emploie utilement ses loisirs.

« Mille ennuis, intolérables à un homme libre, t'attendent dans cette société. Écoute en détail et examine si l'on peut les supporter, pour peu qu'on ait un peu d'instruction. Je commencerai, si tu veux bien, par le premier repas dont, selon toute apparence, on te régalera comme fiançailles de la future alliance. D'abord on vient t'inviter, c'est un esclave qui ne manque pas de politesse; pour le mettre dans tes intérêts et pour ne point paraître incivil, tu lui glisses dans la main au moins cinq drachmes. Lui, faisant le désintéressé : « Fi donc! dit-il, moi, « recevoir de vous? non point, par Hercule! » Cependant il se laisse fléchir et sort en riant la bouche ouverte. Toi, tu prends ta plus belle robe, tu t'habilles avec une rare élégance, et après le bain, tu arrives en ayant soin de ne pas te présenter avant les autres; car ce serait une impolitesse, de même qu'arriver après les autres serait une grossièreté. Tu choisis donc un juste milieu, et tu entres. On te reçoit avec distinction, on te prend par la main et l'on te fait asseoir un peu au-dessous du riche, environ après deux de ses anciens amis.

« Bientôt ce salut du riche te rend odieux à la plupart de ses anciens amis ; déjà même la place qu'on t'a donnée en avait offensé quelques-uns, irrités de voir un intrus préféré à eux. Voici ce qu'ils disent de toi :
« Il ne manquait plus à nos maux que d'être placés après les nouveaux
« venus dans la maison, Rome n'est plus ouverte qu'à ces Grecs. Et pour-
« quoi les met-on au-dessus de nous ? pour quelques misérables discours.
« Croient-ils donc rendre un si grand service ? Avez-vous remarqué, dit un
« autre, comme il a bu, comme il saute sur les mets placés devant lui,
« comme il les a dévorés ? C'est un grossier personnage, un affamé qui
« n'a jamais vu de pain blanc, pas même en songe ; qui n'a jamais goûté
« de poule de Numidie, ni de faisan ; à peine nous en a-t-il laissé les os.
« Que vous êtes simples ! dit un troisième, dans trois jours vous le verrez,
« comme nous, se plaindre de son infortune. Aujourd'hui, c'est une chaus-
« sure neuve ; quand on s'en sera servi beaucoup pour marcher et qu'elle
« sera tachée de boue, on la jettera de dédain sous le lit et elle sera comme
« nous remplie de punaises. » Tels sont les discours qui se débitent sur ton compte et plusieurs sans doute préparent déjà leurs calomnies.

« Ne compte plus sur les honneurs, sur les égards d'autrefois ; si quelque nouveau venu se présente, on te place par derrière, on te relègue dans un coin que l'on dédaigne... Il n'est pas nécessaire en effet que tu sois traité avec les égards dus à un hôte, à un étranger, tu serais bien impudent d'y prétendre. On ne te sert pas une volaille semblable à celle des autres. Souvent, s'il survient un convive inattendu et que le dîner soit court, un des hommes de service enlève les plats qui sont devant toi et les place devant lui, en te disant tout bas : « Vous êtes de la maison ! » Découpe-t-on sur la table un ventre de truie ou un morceau de cerf, il faut que tu sois au mieux avec le découpeur, ou bien tu n'auras que des os. Mais je n'ai pas encore dit qu'au moment où tous les convives s'abreuvent d'un vin vieux et délicat, seul tu bois une piquette dure et grossière. »

INSTITUTIONS CIVILES

I

LE GOUVERNEMENT

La monarchie en Égypte. — La monarchie en Asie. — Les rois grecs.
Le gouvernement d'Athènes. — Le gouvernement de Sparte.
Le gouvernement a Rome.

La monarchie en Égypte. — Pendant l'énorme durée de la période des Pharaons, la forme du gouvernement égyptien a toujours été une monarchie absolue. Placé au sommet de la hiérarchie sociale, le Pharaon, homme et dieu tout à la fois, exerce un pouvoir sans contrôle dont rien ne balance l'autorité souveraine. Des révolutions intérieures ou des guerres extérieures ont plusieurs fois changé la personne du monarque et substitué une dynastie à une autre, mais ces compétitions diverses ne paraissent pas avoir transformé la forme du gouvernement et modifié la manière dont s'exerçait l'autorité souveraine. Chef du sacerdoce, en même temps que chef de l'armée et chef du peuple, le Pharaon offre aux dieux nationaux des sacrifices pour la prospérité de l'Égypte, et comme il est lui-même un de ces dieux, il en offre quelquefois à sa propre image et à son propre nom.

Une hiérarchie savamment constituée, ayant pour auxiliaire une bureaucratie nombreuse, venait en aide au monarque pour les actes administratifs. « Le territoire de l'Égypte, dit M. Lenormant dans son *Manuel d'histoire ancienne*, était divisé, sous le rapport de l'administration, en un certain nombre de districts auxquels les Grecs donnèrent le nom de nomes. Le chef-lieu du nome était le sanctuaire de telle ou telle divinité et chaque temple principal formait, avec le territoire qui en dépendait, un nome particulier qui se distinguait des autres par son culte et par ses cérémonies. C'est ce que dit Hérodote et ce que confirment les monuments. Le nombre des nomes ou préfectures était sous la domination grecque des Ptolémées de trente-six, dix dans la haute Égypte, seize dans l'Égypte moyenne et dix dans la basse Égypte. Au temps des Pharaons, on ne distinguait que deux régions, la supérieure et l'inférieure et chacune comprenait vingt-deux nomes, en tout par conséquent quarante-quatre. » Un gouverneur, auquel se rattachait toute une administration, s'occupait de la direction de chaque nome et avait sous ses ordres des sous-gouverneurs dont chacun résidait dans un district particulier.

La division du peuple en classes paraît avoir existé de tout temps en Égypte, mais les historiens grecs ont beaucoup exagéré l'importance et surtout les délimitations de ces classes, qui ne peuvent en aucune façon être assimilées aux castes de l'Inde. Non-seulement un Égyptien pouvait passer d'une classe dans une autre, mais encore on voit des personnages appartenir à la fois au sacerdoce et à la classe des guerriers. Le plus souvent les fils héritaient de la fonction de leur père, ou exerçaient la même profession ; mais cet usage n'était aucunement une règle absolue, et on voit fréquemment les personnages d'une même famille appartenir à une classe différente.

La classe sacerdotale jouissait de très-grands priviléges ; non-seulement les prêtres remplissaient les plus hautes fonctions, mais encore les meilleures terres appartenaient aux temples et elles étaient exemptes d'impôts. La classe des guerriers était aussi très-richement dotée et le service militaire était considéré comme une distinction et un privilége. Ce fut quand les auxiliaires étrangers remplacèrent la milice nationale que la décadence arriva. En dehors de ces deux classes privilégiées, la population comprenait diverses corporations, comme les pasteurs, les marins du Nil, ou les gens de métiers. Mais les auteurs grecs ne sont pas d'accord sur le nombre de classes dont elle était composée et on manque de renseignements sur leur organisation particulière.

LA MONARCHIE EN ASIE. — La forme du gouvernement a varié chez les Hébreux. Les premiers législateurs comme Moïse avaient une autorité très-grande, mais qui ne constituait pas à proprement parler une forme déterminée de gouvernement. La période très-obscure des juges semble aussi indiquer des chefs dont l'autorité était à la fois religieuse et militaire. Mais, à partir des rois, on voit se dessiner très-nettement [deux partis ; l'un, qu'on pourrait appeler celui des politiques, auquel ont presque toujours appartenu les rois, s'efforçait de nouer des relations commerciales ou autres avec les nations voisines et sacrifiait assez volontiers le rigorisme des croyances religieuses au désir qu'ils avaient de développer l'activité de la nation par des alliances ou des rapports de bon voisinage. Au contraire, le sacerdoce et surtout les prophètes représentant le parti religieux et intolérant repoussaient comme dangereuse et immorale toute alliance avec des nations infidèles, et ne voulaient d'autre aide que celle de Dieu pour tirer la nation des situations dangereuses où elle s'est trouvée si souvent. Toute l'histoire politique des Juifs repose sur la lutte permanente qui existait entre le pouvoir politique et le pouvoir religieux.

Fig. 65. — Roi d'Assyrie. (D'après un bas-relief assyrien.)

En Assyrie le pouvoir religieux et politique appartenait tout entier au roi, qui était un chef omnipotent, mais non un personnage divin, comme le Pharaon en Égypte. Le roi, si altier qu'il puisse être avec ses sujets, est toujours très humble lorsqu'il s'adresse à la divinité, à laquelle d'ailleurs il ne songe nullement à s'assimiler. La mitre conique et le parasol sont les insignes ordinaires du roi d'Assyrie, comme le montre la figure 65. Quand il est dans l'intérieur de son palais, le roi est toujours entouré de musiciens et d'eunuques (fig. 66).

Le personnage que montre la figure 67 est un des grands officiers de la couronne. Il est couvert d'une robe qui descend jusqu'aux pieds et se termine en bas par une frange de gros glands. Elle laisse complète-

Fig. 66. — Musiciens du roi.

ment libre une partie de la poitrine ainsi que le bras, qui est seule-

Fig. 67.   Fig. 68.   Fig. 69.
Personnages de la suite du roi. (D'après des bas-reliefs assyriens.)

ment couvert de deux riches bracelets. L'autre main est posée sur le pommeau de l'épée, ce qui indique la fonction militaire du personnage.

Le rôle des eunuques dans le palais s'explique de lui-même, mais on comprend plus difficilement l'importance qu'ils paraissent avoir eu dans la maison militaire du roi. Il paraît pourtant bien certain qu'ils occupaient une fonction déterminée parmi les guerriers qui accompagnaient le roi. Les bas-reliefs en font foi; sur la figure 68 nous voyons un eunuque archer et sur la figure 69 un eunuque portant l'épée au côté.

Les vastes provinces qui composaient l'empire d'Assyrie n'étaient pas toutes administrées de la même manière. Les unes, qui formaient

Fig. 70. — Roi de Perse.

l'ancienne Assyrie, étaient gouvernées par des agents relevant directement de l'autorité royale; les autres, c'est-à-dire les pays conquis, appartenaient généralement à des princes nationaux, tributaires du roi en temps de paix et obligés en temps de guerre de lui fournir des troupes, mais leurs fonctions étaient héréditaires. Ils faisaient moins l'office de préfets que celui de grands vassaux. Les rébellions assez fréquentes que le roi d'Assyrie avait à réprimer étaient punies avec une extrême dureté; mais quand un des princes rebelles avait péri dans les supplices, son fils lui succédait paisiblement et il était rare que le roi d'Assyrie songeât à modifier la forme du gouvernement ou les usages nationaux.

L'organisation de l'empire des Perses était à peu près la même que celle de l'Assyrie. Les satrapes ou gouverneurs de provinces étaient de deux sortes : les uns étaient les chargés d'affaires du roi, les autres, considérés comme vassaux, devaient seulement le tribut annuel au monarque et les soldats pendant la guerre. Quelques-uns de ces vassaux portaient le titre de rois et le souverain de l'empire était appelé grand roi, ou roi des rois. Plusieurs bas-reliefs de Persépolis représentent le grand roi. Son attitude est toujours la même ; il est assis sur son trône et porte dans la main droite un long sceptre et dans la gauche un bouquet de plantes symboliques. Quelquefois le personnage placé derrière lui est un eunuque ou une femme, élevant le chasse-mouche au-dessus de la tête du roi (tome II, fig. 613) ; quelquefois aussi c'est un des grands officiers de la couronne qui se tient debout derrière le fauteuil royal et porte en main la plante sacrée (fig. 70). Le trône du roi est assez élevé et ses jambes, disposées d'une manière hiératique, sont toujours placées sur un tabouret.

LES ROIS GRECS. — Il faut distinguer soigneusement les rois de l'âge héroïque, les tyrans ou rois de la période républicaine et les monarques souvent très-puissants de l'époque macédonienne. Dans l'âge héroïque, les rois, que les poëmes homériques appellent *pasteurs des peuples,* n'ont pas un pouvoir bien nettement déterminé parce qu'il n'existe pas de loi écrite qui puisse en fixer la limite et les attributions. On les voit présider aux assemblées du peuple, commander les armées, offrir les sacrifices aux dieux, régler les cérémonies publiques. Ils portent le sceptre, qui dans l'antiquité est toujours l'attribut de la souveraine puissance, et que les femmes de haute condition ont en main, bien qu'elles n'exercent aucune autorité effective (fig. 71-72.) Le roi marche toujours le premier à la guerre, et dans les banquets il a droit aux meilleurs morceaux. Son pouvoir incontesté est entouré de respects, comme celui des patriarches dans l'ancien Orient ; mais le roi est souvent l'ami et le compagnon des hommes qu'il commande, et on ne voit jamais en Grèce l'étiquette et la hiérarchie des monarchies orientales.

Dans la période suivante, le tyran prend un tout autre caractère. Celui-ci est presque toujours un chef populaire, un parvenu qui s'est rendu maître de la citadelle et qui de là peut imposer ses volontés à la cité. Au reste, le terme de tyran n'est pas toujours pris en mauvaise part dans l'antiquité, comme il l'est de nos jours ; il y a des bons et des mauvais tyrans. Un tyran n'est pas, pour les Grecs, un homme qui abuse de son autorité pour satisfaire ses vices aux dépens de la justice, c'est simplement un homme dont l'autorité n'est pas légitime ou consacrée par le temps et par les lois du pays. Il exerce le pouvoir parce que la faction dont il est le chef est devenue prépondérante, et s'il est

Fig. 71. — Insigne d'autorité. (D'après une peinture de vase.)

renversé, ses partisans et ses amis partageront son exil et sa mauvaise fortune, comme ils en ont partagé la bonne. Tel a été, par exemple, le règne de Pisistrate à Athènes. Le pouvoir des tyrans étant toujours sorti de circonstances exceptionnelles est nécessairement regardé comme passager par tous ceux qui n'appartiennent pas à son parti. Et il est de fait que bien peu de tyrans ont pu établir leur dynastie d'une manière durable. L'époque des tyrans correspond, en effet, au moment où les cités viennent d'établir leur autonomie et sont toujours divisées par les intérêts contraires de la classe riche et de la classe populaire, c'est-à-dire la faction aristocratique et la faction démocratique.

La monarchie issue de la conquête macédonienne apparaît dans l'histoire comme un compromis et une sorte de fusion entre les mœurs de l'Orient et celles de l'Occident. Les Séleucides, les Ptolémées, les rois de Macédoine ou de Pergame ont un pouvoir qui n'est guère moins

Fig. 72. — Insigne d'autorité. (D'après une peinture de vase.)

absolu que celui des anciens monarques de l'Asie, mais ils n'ont pas autour d'eux la même hiérarchie de satrapes et de grands personnages dévoués à la couronne et agissant en son nom. Les cités grecques soumises à leur domination conservent encore une partie de leur autonomie. Même sous la domination romaine, on les voit pourvues d'un sénat ou d'une assemblée délibérante, assez humble il est vrai dans ses rapports avec le souverain, mais encore entourée de respects et conservant, au moins dans la forme, une sorte d'autorité sur les citoyens dont elle émane. Ces citoyens sont des Grecs, qui tiennent en dehors d'eux les indigènes et les Asiatiques, et qui semblent installés en Orient comme dans un pays conquis. Mais les mœurs des vaincus s'imposent peu à peu aux nouveaux maîtres du sol ; quand l'empire romain s'installe à Byzance, il prend complètement les allures orientales, et Constantinople finit par ne plus rien avoir des antiques mœurs de l'Occident.

Le gouvernement d'Athènes. — La population d'Athènes était formée de trois catégories distinctes et ne jouissant pas des mêmes droits : les citoyens, les étrangers domiciliés ou *métèques* et les esclaves. Les citoyens étaient seuls appelés au service militaire et pouvaient seuls remplir des fonctions publiques et participer à la confection des lois de l'État. Les étrangers résidant avec leurs familles, c'est-à-dire les métèques, étaient autorisés, moyennant une redevance, à exercer leur industrie dans la ville, mais sans pouvoir prétendre à aucune influence politique. On considérait leur présence comme une grande source de richesse publique, en sorte qu'ils n'étaient nullement molestés ; ils relevaient d'ailleurs d'un tribunal spécial et ne pouvaient en aucune façon être assimilés aux citoyens.

Les esclaves étaient infiniment plus nombreux que les citoyens et les métèques réunis. Il y en avait de deux sortes : les uns, d'origine grecque, avaient été réduits à cette condition par la misère, le sort des armes ou toute autre circonstance, et pouvaient changer de maîtres ou se racheter dès qu'ils en avaient les moyens. Les autres, enlevés à quelque contrée barbare, comme la Thrace, la Phrygie, la Carie, appartenaient à un maître en toute propriété. Les Athéniens esclaves étaient traités avec beaucoup plus de douceur que ceux des autres villes de l'antiquité. « A Athènes, dit Xénophon, les esclaves et les étrangers domiciliés vivent dans une licence incroyable, il n'est point permis de les frapper, un esclave vous disputera le pas. Voici la raison de cet usage : Si la coutume autorisait un homme libre à frapper un esclave, un étranger ou un affranchi, le citoyen, pris bien souvent pour un esclave, serait victime de la méprise. En effet, il n'y a rien, soit dans le maintien, soit dans l'habillement, qui distingue le citoyen de l'étranger ou de l'esclave. »

Il ne faut pas se méprendre sur le terme de démocratie, qui n'avait pas du tout aux yeux des Athéniens le sens que nous lui donnons aujourd'hui. Chez aucun peuple de l'antiquité, la nation entière n'a été appelée à exercer des droits politiques, comme nous le voyons dans les sociétés modernes. Les citoyens, qui dans l'Attique comptaient à peine pour le dixième de la population, formaient en quelque sorte une caste privilégiée, et absolument fermée à tous ceux qui vivaient groupés autour d'elle. Il fallait, pour avoir le titre de citoyen, être né de père et de mère portant tous les deux ce titre, et celui qui était issu d'un père athénien et d'une mère née dans une autre ville de la Grèce ne pouvait y prétendre. Les enfants provenant de ces unions mixtes n'étaient même pas admis dans les gymnases de la ville, et ils allaient s'exercer dans un endroit spécial placé en dehors de l'enceinte. Il ne faut donc pas du tout confondre les cités antiques avec nos villes modernes, où tout homme né dans l'enceinte de la ville possède les mêmes droits municipaux ou politiques. « Cité et ville, dit Fustel de Coulanges dans la *Cité antique,* n'étaient pas des mots synonymes chez les anciens. La cité était l'association religieuse et politique des familles et des tribus; la ville était le lieu de réunion, le domicile et surtout le sanctuaire de cette association. » Le terme de citoyen et celui d'habitant de la ville étaient donc absolument distincts. Les citoyens formaient en quelque sorte une grande famille, dont chaque membre avait les mêmes traditions, et dont l'ensemble produisait un tout compacte et inaccessible à ce qui lui était étranger. Il en était de même pour la plupart des cités grecques; mais comme parmi les citoyens il y avait des riches et des pauvres, leurs intérêts divers faisaient naître des luttes continuelles. Durant cette période, toutes les fois que surgit une guerre civile, on voit d'un côté les riches et les pauvres de l'autre.

On appelait le gouvernement aristocratique quand la faction des riches était au pouvoir, et démocratique lorsque c'était celle des pauvres. Mais même sous le régime démocratique, ceux qui arrivaient au pouvoir étaient toujours des riches, favorisant, il est vrai, la faction des pauvres, mais ayant par eux-mêmes une grande fortune personnelle. En effet, les hautes fonctions n'étaient pas rétribuées; elles étaient même extrêmement coûteuses pour ceux qui les occupaient. Il fallait donner des fêtes au peuple, et concourir dans une certaine mesure à l'équipement des navires et à l'entretien de l'armée. Ceux qui avaient mission de gouverner étaient responsables sur leur fortune personnelle non-seulement des erreurs qu'on pouvait trouver dans les comptes, mais encore des dépenses occasionnées par une guerre malheureuse ou par une mesure maladroite. Tout membre du gouvernement était exposé à subir un procès ruineux après sa gestion, et cependant les ambitions se heurtaient partout en vue d'arriver au pouvoir, d'où on pouvait sortir très-riche, comme on pouvait y perdre son patrimoine. La fureur qui porte aujourd'hui les joueurs vers les grandes entreprises financières les portait alors vers les grandes entreprises politiques et on mettait la même ardeur à favoriser l'arrivée au pouvoir d'une faction qu'on en met à présent dans les spéculations de la Bourse.

Pendant les quatre derniers jours de l'année, les citoyens s'assemblaient pour l'élection des magistrats. La principale magistrature était celle des archontes, qui étaient chargés non-seulement d'exercer la police, mais encore de recevoir les dénonciations publiques et les plaintes des citoyens opprimés. Il y avait neuf archontes; le premier d'entre eux était l'éponyme, et son nom paraissait à la tête des actes et des décrets faits pendant l'année de son exercice. A l'expiration de leurs charges, les archontes entraient dans l'Aréopage, tribunal chargé des causes criminelles. Après l'élection des archontes, on faisait celle des stratéges ou généraux d'armée, celle des hipparques ou généraux de cavalerie, celle des officiers préposés à la perception et à la garde des deniers publics, etc. Une chambre des comptes, renouvelée tous les ans, était chargée de contrôler les dépenses, et tous les magistrats, quel que fût leur rang, étaient tenus de comparaître devant elle. Il y avait aussi des fonctions qui se tiraient au sort parmi un nombre déterminé d'élus. On croyait ainsi faire nommer les magistrats par les dieux eux-mêmes, qui feraient nécessairement sortir le plus digne du fond de l'urne. « L'homme que le sort a désigné, dit Platon, est cher à la divinité et nous trouvons juste qu'il commande. Pour toutes les magistratures qui touchent aux choses sacrées, laissant à la divinité le choix de ceux qui lui sont agréables, nous nous en remettons au sort. »

Le peuple d'Athènes était divisé en tribus, qui étaient primitivement au nombre de quatre; mais, à l'époque romaine, il y en avait treize.

Le gouvernement de Sparte. — Malgré son apparente fixité et son respect traditionnel pour les lois de Lycurgue, le gouvernement de Sparte a été, comme celui de toutes les cités grecques, sujet à de fréquentes variations. Là comme ailleurs la population était divisée en plusieurs classes dont les droits ou les devoirs politiques n'étaient pas égaux. On distinguait les Spartiates proprement dits, tous astreints à un service militaire très-rigoureux, et dont le nombre ne paraît pas avoir jamais dépassé dix mille. Ils constituaient une véritable aristocratie. Les Lacédémoniens, disséminés dans les différentes villes de la Laconie, mais dont le plus grand nombre habitaient la ville même de Sparte ou

Lacédémone, composaient les assemblées du peuple et étaient admis à délibérer dans les grandes occasions. Enfin les esclaves, qui formaient plus des neuf dixièmes de la population, n'avaient aucun droit politique et étaient traités beaucoup plus durement que dans aucune autre partie de la Grèce.

Le gouvernement participait à la fois de la monarchie et de la république. Il se composait de deux rois héréditaires, ayant le pas sur tous les autres citoyens et le commandement des armées. Leur pouvoir était balancé par un sénat électif de vingt-huit membres, qui ne pouvaient en faire partie qu'après l'âge de soixante ans révolus. Enfin les éphores, au nombre de deux ou de cinq, avaient pour mission de surveiller les deux rois et le sénat en contrôlant leurs actes et en examinant les résultats. Mais les éphores, qui à l'origine n'étaient que des inspecteurs, finirent par augmenter sensiblement leur autorité, et devinrent même, en certaines occasions, la partie la plus importante du gouvernement.

LE GOUVERNEMENT A ROME. — Aussi loin qu'on veuille remonter dans les annales romaines, on trouve la population divisée en patriciens, qui constituent la noblesse, et en plébéiens, qui forment la masse du peuple. Les compagnons de Romulus, c'est-à-dire les véritables fondateurs de Rome, s'étaient organisés en tribus, divisées elles-mêmes en curies, décuries et gentes. C'est de leur sein que furent tirés les sénateurs et les chevaliers. Ces groupes d'hommes, ayant tous une même origine, formèrent l'ordre patricien et leurs assemblées étaient les comices par curies. Mais comme Rome fut dès l'origine un asile ouvert à tous les vagabonds, une population très-nombreuse, unie à la précédente par les rapports du patronage et de la clientèle, vivait autour des patriciens, qui lui donnaient asile, mais ne lui accordaient aucun droit politique. Ce fut l'origine des plébéiens : comme ils devenaient tous les jours plus nombreux, ils furent organisés en tribus distribuées géographiquement, c'est-à-dire par régions disposées suivant le lieu et le nombre de ceux qui composaient la tribu. Les assemblées dans lesquelles les plébéiens nommaient leurs magistrats étaient les comices par tribus. Les Italiens admis postérieurement au droit de cité reçurent une organisation analogue. La division du peuple par tribus subsista jusqu'à la fin de l'empire, mais les tribus avaient cessé d'avoir des droits politiques.

La lutte qui s'établit entre les patriciens et les plébéiens remplit les premiers siècles de l'histoire romaine, et quand ils arrivent à fusionner, c'est-à-dire quand toutes les fonctions publiques sont devenues accessibles aux plébéiens qui ont acquis le droit de s'unir par le mariage aux familles patriciennes, l'empire est bien près de succéder à la république. La distinction entre les Romains et la population de l'Italie, qui est peu à peu conquise, est d'abord très-sensible; mais après les guerres puniques, quand la puissance romaine commence à s'étendre de tous les côtés, elle tend à diminuer, et au commencement de l'empire, l'Italie forme, par rapport aux autres pays annexés, comme une sorte de terre privilégiée. A la fin de l'empire toute distinction a cessé entre les différentes nations que Rome a réunies sous la même dépendance, et le sentiment de la patrie disparaît à ce point que des barbares, étrangers au monde romain par le sol où ils sont nés aussi bien que par leurs aïeux, deviennent généraux d'armée, consuls ou même empereurs. Le christianisme, en substituant aux anciens cultes de la cité une religion universelle, contribua beaucoup à ce résultat, et quand vinrent les invasions barbares, les luttes religieuses entre les ariens et les catholiques, et les décisions des conciles au sujet des hérésies qui surgissaient de toutes parts, absorbaient tellement l'opinion publique qu'on ne voit pas trace de sentiment national dans les guerres que se livrent les chefs militaires, en se partageant les bribes du monde ancien qui s'écroule.

A côté et en dehors de cette société, on trouve l'esclavage, qui se recrute sans cesse par les guerres extérieures ou par la misère au dedans. Vers la fin de la république, les esclaves, qui n'ont aucun droit politique, s'aperçoivent de leur nombre, et l'insurrection qui a illustré Spartacus révèle au monde romain un danger qu'il ne connaissait pas. On triomphe de tout par la force; mais quand, sous l'empire, le travail esclave s'est substitué partout au travail libre, la classe moyenne est ruinée et cesse peu à peu d'exister. La décadence se produit dans toutes les directions, et l'industrie, qui n'est plus stimulée par un espoir rémunérateur pour tous, s'abaisse insensiblement. L'extension de l'esclavage doit être comptée en première ligne parmi les causes qui ont amené la dépopulation, la démoralisation, et finalement la chute du monde antique.

Ce qu'il y a eu de plus fixe et en même temps de plus caractéristique dans les institutions romaines, c'est le sénat. Le sénat primitif de Romulus se composait seulement de cent membres choisis exclusivement parmi les patriciens. Ce nombre, porté à trois cents sous Tarquin l'Ancien, s'éleva jusqu'à neuf cents sous Jules César. Après l'expulsion des rois, l'élection des sénateurs appartint aux consuls et aux tribuns militaires, ensuite aux censeurs. Ceux qui avaient exercé de grandes magistratures électives, comme le consulat, entraient généralement au sénat. Sous l'empire, le souverain nommait les sénateurs selon son bon plaisir.

En dehors du sénat, toutes les grandes fonctions étaient électives, et la durée de leur administration était assez courte. A l'exception des tribuns du peuple, dont le pouvoir fut toujours indépendant, tous les magistrats de la république étaient subordonnés aux deux consuls, dont le pouvoir durait une année. Les consuls commandaient aux armées, préparaient les lois, convoquaient et présidaient le sénat. Bien que leur fonction soit limitée à une année, le pouvoir des consuls était quelquefois prolongé pour l'année suivante : Marius a été réélu consul cinq années de suite. Le préteur était un magistrat chargé de l'administration de la justice, quand le consul était à la guerre, ce qui arrivait souvent. Les deux censeurs avaient dans leurs attributions les opérations du cens et la surveillance des mœurs. Les questeurs administraient les finances. Toutes ces fonctions appartenaient dans l'origine à la classe des patriciens qui

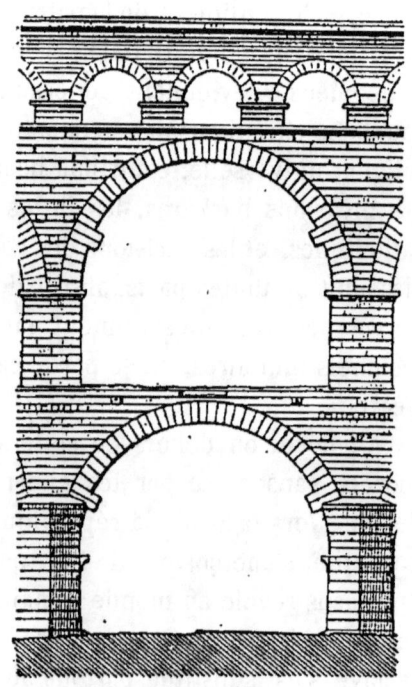

Fig. 73. — Fragment du pont du Gard.

avait seule le droit de les élire. Il n'en était pas de même des tribuns du peuple, qui étaient élus par les plébéiens et chargés de défendre leurs intérêts. Ils avaient le pouvoir d'assembler le peuple, de lui proposer des lois, de convoquer le sénat, et de s'opposer par un *veto* à toutes les décisions du sénat et des magistrats. Toutes les luttes du forum, qui tiennent tant de place dans l'histoire de la république, viennent de l'antagonisme qui s'était élevé entre les fonctions des patriciens et les privilèges des tribuns. Les fonctions et les insignes particuliers attachés à chacun de ces personnages ont été décrits et représentés dans le présent ouvrage (tome Ier, page 445).

Sous la république, les censeurs et les édiles avaient la surveillance des aqueducs, comme celle des autres édifices publics; mais sous l'empire, on créa, sous le nom de *curatores aquarum*, des officiers spécialement chargés du service des eaux que les canaux et les aqueducs amenaient dans la ville pour la consommation des habitants et

Fig. 74. — Titus.

surtout pour les bains qui avaient tant d'importance dans les cités romaines. Ces magistrats se faisaient accompagner, hors de la ville, par deux licteurs et ils avaient sous leurs ordres de nombreux agents qui étaient compris sous la dénomination générale d'*aquarii*. Parmi ces agents, outre les architectes et les ouvriers qu'ils dirigeaient, on distinguait les *villici*, ou inspecteurs des cours d'eau, les *castellarii*, ou inspecteurs des réservoirs, les *circuitores*, qui allaient d'un poste à l'autre pour surveiller les travaux, et les *tectores*, ou gardiens des substructions. On estime que les aqueducs de Rome portaient par vingt-quatre heures une masse d'eau de 3,720,750 mètres cubes, sur laquelle 1,320,520 mètres étaient distribués dans la ville et le reste alimentait les campagnes environnantes. Il existe dans les pays qui furent compris dans l'ancien empire romain de magnifiques restes d'aqueducs; le plus célèbre parmi ceux que possède la France est le pont du Gard, dont nous avons donné une vue d'ensemble tome Ier, figure 68, et dont la figure 73 reproduit encore un fragment.

En dehors de ces magistratures régulières, on nommait quelquefois, mais seulement dans les grandes crises où l'existence même de l'État était compromise, un dictateur, qui, pendant un temps très-limité, était investi du pouvoir suprême. L'empire ne fut qu'une dictature établie indéfiniment, et le terme d'empereur, qui n'était primitivement qu'un titre honorifique décerné par l'armée à un général victorieux, devint synonyme de maître absolu de tous les pays réunis sous la domination romaine. Aussi les monuments nous montrent toujours l'empereur soit avec la toge des magistrats civils, soit avec le costume de général en chef des armées (fig. 74). Sous les successeurs de Septime Sévère, le faste oriental remplaça l'ancienne simplicité; Héliogabale adopta des vêtements de soie; Dioclétien, le diadème persan et les chaussures brodées de perles. Nous avons montré dans la première partie de cet ouvrage (tome Ier, page 450) les emblèmes impériaux et nous avons décrit les usages qui se rattachent à l'apothéose.

II

LES IMPOTS

Les impots en Égypte. — Les impots en Asie. — Les impots en Grèce. Les impots a Rome.

Les impots en Égypte. — En Égypte, où l'argent monnayé n'était pas en usage, tous les impôts se payaient en nature. Les redevances qu'on devait payer à l'État se réglaient d'après la nature du sol, qui était divisé en trois catégories. Les terres cultivées devaient fournir une quantité déterminée de grains, les prairies des têtes de bétail et les canaux des poissons. Ce système était dans sa naïveté assez conforme aux besoins du pays, et l'État payait ses salariés de la même façon. Chaque employé, chaque soldat, recevait souvent, en place d'une somme d'argent, une mesure de blé, de viande, etc.

L'immense corporation des scribes, qui était chargée de la perception des impôts, formait une administration très-nombreuse et extrêmement paperassière ; notre société moderne, malgré son goût pour la bureaucratie, n'est pas encore arrivée sous ce rapport au point où en était l'Égypte ancienne. La comptabilité était tenue avec une admirable régularité jusque dans les plus petits détails. Un assez grand nombre de papyrus renferment des rapports administratifs ou des fragments de comptes relatifs aux deniers publics.

Les scribes étaient continuellement requis pour toutes les affaires publiques ou privées, et on les voit sans cesse apparaître dans les scènes agricoles représentées dans la décoration des tombeaux. Pour assurer le contrôle et éviter les erreurs, il y avait souvent deux scribes chargés d'enregistrer les mêmes choses. Il est probable d'ailleurs que chacun de ces scribes représentait des intérêts contradictoires et que l'un relevait du propriétaire du domaine, tandis que l'autre était préposé à l'impôt qui se payait toujours en nature. Les scribes présentaient ensuite leur compte au propriétaire ou à l'intendant du domaine. Ainsi Joseph, qui était surintendant de toute la terre d'Égypte, et qui avait sous ses ordres tous les intendants particuliers, devait connaître jusque dans les plus petits détails la production agricole du pays qu'il était appelé à gouverner.

Aussitôt que la vendange était terminée, et le vin placé dans les amphores, on envoyait chercher le scribe, qui enregistrait immédiatement le nombre des vases qui étaient remplis. Il est même probable qu'il avait

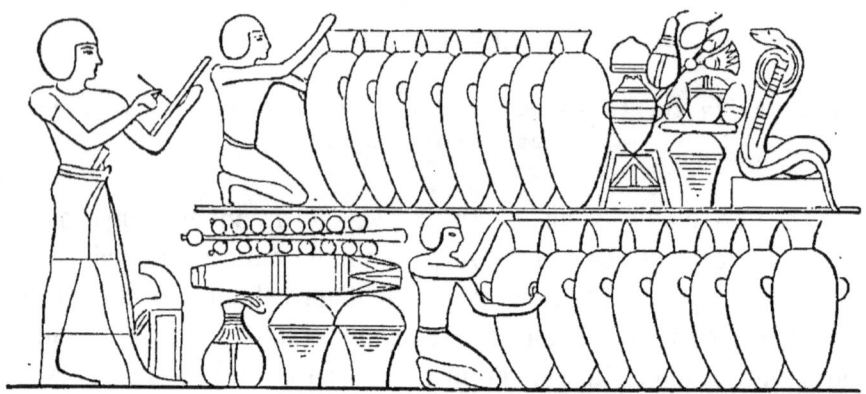

Fig. 75. — Le compte des amphores.

pour mission de vérifier si les vignerons ne commettaient aucune tricherie sur le contenu, car nous voyons sur les monuments (fig. 75) que les

Fig. 76. — Scribes enregistrant les tributs.

amphores sont rebouchées en présence du scribe qui établit son compte.

En Égypte, les rouages administratifs étaient très-compliqués et les comptes les plus minutieux devaient être faits avec le plus grand soin.

Aussi les scribes étaient extrêmement nombreux et on les employait dans toutes les circonstances de la vie. Aucun peuple n'a poussé aussi loin l'amour des comptes règulièrement tenus, et les Romains, qui

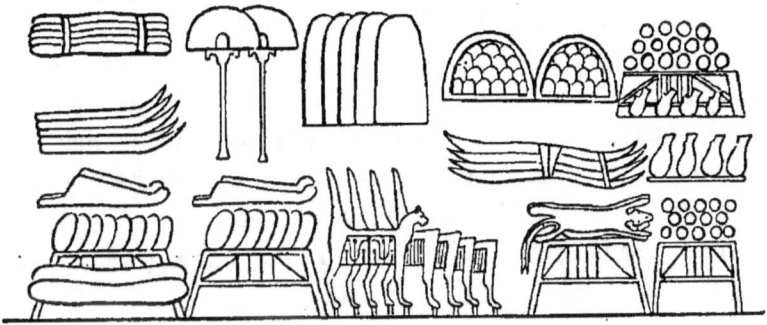

Fig. 77. — Peinture égyptienne.

étaient assez paperassiers par nature, sont encore restés bien loin des Égyptiens sous ce rapport.

Fig. 78. — Scribe présentant ses comptes.

Comme le plus petit objet était enregistré, et que les Égyptiens ont retracé partout les images de leur vie et de leurs habitudes, les scribes sont représentés dans l'exercice de leurs fonctions sur un très-grand nombre de monuments. La figure 76 nous montre un scribe debout et tenant de la main gauche une tablette, sur laquelle il prend note des objets placés devant lui. Parmi ces objets, qui, suivant l'habitude des peintres égyptiens, sont représentés sans aucun souci de la perspective et paraissent en conséquence placés l'un au-dessus de l'autre, on remarque tout ce qui constituait alors la richesse mobilière. On y voit des vases, des pièces d'orfévrerie richement travaillées, des petits sacs penchés, qui contenaient habituellement de la poudre d'or, des lingots de métal ronds ou rectangulaires, des plumes d'autruche, des pièces de gibier, etc. La figure 77 montre également des objets disposés méthodiquement, sans doute en vue d'être enregistrés par un scribe.

Fig. 79. — Le recensement des habitants.

On a retrouvé des papyrus contenant divers comptes. Ce sont en général des listes de distributions de denrées faites à des ouvriers, des entrées de céréales, des reçus d'impôts, etc. Quand les comptes étaient établis, celui qui les avait faits les présentait au personnage qui l'avait employé, comme nous le voyons sur la figure 78. Ce personnage est de taille colossale pour caractériser son rang élevé; il tient la canne de commandement et est accompagné d'un chien ou d'un chacal apprivoisé, conformément à un usage dont on trouve fréquemment la trace sur les monuments de l'ancienne Égypte. Le comptable, d'une taille beaucoup plus petite, tient un long bâton, en haut duquel sont fixés deux placets contenant les comptes, et présentant une forme analogue à celle de nos enveloppes de lettres.

Plusieurs monuments nous montrent des scribes occupés à leur travail.

C'est surtout dans les peintures et les bas-reliefs qu'on peut voir nettement la manière dont les impôts étaient perçus.

D'abord, à certaines époques déterminées, chaque habitant devait se présenter devant les magistrats de la province où il résidait, pour déclarer son nom, sa profession et ses moyens d'existence. Cette scène est figurée à Thèbes dans un monument extrêmement curieux (fig. 79).

Ce qui rend cette composition intéressante c'est qu'elle jette un jour inattendu sur les usages égyptiens. D'abord nous avons affaire à une corporation d'artisans, ou tout au moins aux habitants d'un même quartier qui viennent se faire enregistrer tous ensemble. Aussi celui qui marche en tête commence par poser devant les magistrats la bannière de sa corporation ou de son quartier. Puis nous voyons les salutations et les marques de respect données par les habitants : les premiers s'inclinent profondément et mettent une main devant leur bouche comme pour retenir leur haleine, et ceux qui viennent ensuite croisent un bras sur la poitrine. Mais tous laissent tomber une main devant le genou, c'est une marque de profond respect que nous retrouvons sur plusieurs monuments.

En face d'eux un scribe inscrit les déclarations de chacun, et un autre personnage debout, tenant la longue canne qui est l'insigne du commandement, semble présider la scène et adresser des questions aux arrivants. Une fois que les déclarations ont été entendues, que la mesure de l'impôt dû par chacun a été fixée, les scribes vont se rendre sur place pour vérifier ce qui leur a été dit et percevoir la part qui revient au gouvernement. Cette perception de l'impôt sur les blés forme le sujet d'une peinture de Thèbes.

Deux scribes sont au milieu des tas de blé ; l'un inscrit les mesures de grains et l'autre les dicte probablement, en indiquant avec les doigts le nombre de mesures qu'on vient de verser devant lui ; une de ses mains est complétement ouverte, et l'autre a seulement deux doigts ouverts : nous en sommes donc au chiffre de sept mesures. Un homme placé devant eux s'apprête à emplir une mesure nouvelle qu'il va prendre sur un gros tas de blé, derrière lequel sont les propriétaires s'inclinant profondément en signe de respect et mettant, suivant le geste consacré, un bras croisé sur la poitrine et l'autre pendant de manière que la main soit à la hauteur du genou. Ceux-ci sont suivis par deux nouveaux arrivants qui se prosternent jusqu'à terre, et qui viennent d'apporter de grands paniers de grains qu'on va mettre en tas et mesurer tout à l'heure devant les scribes.

Outre l'impôt qu'on percevait sur les produits du sol, il y en avait sur les manufactures. « Il résulte, dit Champollion-Figeac, de diverses données historiques tirées de monuments authentiques, et notamment de l'inscription de Rosette, que les temples, entre autres contributions au fisc royal, lui livraient chaque année une certaine quantité de toiles de byssus, et il arriva qu'à l'occasion de son couronnement, Ptolémée Épiphane fit aux temples de l'Égypte la remise non-seulement des toiles qu'ils étaient en retard de fournir depuis huit ans, mais encore de celles des indemnités que le fisc pouvait réclamer pour une portion de ces toiles qui, ayant été fournies, se trouvaient inférieures à l'échantillon ; et ceci est une donnée curieuse, en ce qu'elle autorise à croire qu'il y avait dans ces temples des manufactures de toiles de

Fig. 80. — Peinture des tombeaux de Gourna près Thèbes.

byssus, et peut-être encore d'autres objets dont la consommation était considérable dans la classe sacerdotale. »

La guerre était aussi une source de revenus très-considérables pour les Pharaons, dépositaires et possesseurs absolus du trésor public. Les Éthiopiens et tous les peuples habitant le voisinage de la vallée du Nil étaient tributaires des puissants rois d'Égypte. Les uns achetaient la protection du Pharaon auquel ils rendaient hommage en lui offrant des présents. Mais beaucoup plus souvent, nous voyons sur les monuments la représentation des tributs imposés par la force et nous pouvons nous faire par là une idée de ce qui, dans ces temps éloignés, constituait la richesse.

Les peintures qui représentent les peuples vaincus apportant aux vainqueurs le tribut qui leur est imposé peuvent aussi nous donner une idée des caravanes qui faisaient le commerce de l'Égypte. La guerre a quelquefois été l'auxiliaire du commerce et de l'industrie, et les victoires des Pharaons sur les peuplades sauvages qui vivent sur les confins de l'Égypte ressemblent à une conquête de la civilisation sur la barbarie. Ces troncs de bois d'ébène, ces dents d'éléphant, ces plumes d'autruche, ces lingots d'or, l'Égyptien saura les utiliser pour son industrie, comme il acclimatera les animaux utiles ou simplement curieux qu'il va chercher en dehors de la vallée du Nil.

La figure 80 nous montre une autruche conduite en laisse, derrière

Fig. 81. — Peinture égyptienne.

laquelle un homme porte des plumes et des œufs du même oiseau.

L'autruche ne se trouvait pas dans l'Égypte proprement dite, mais dans les déserts de l'Éthiopie ou les habitants lui faisaient une chasse

Fig. 82. — Peinture égyptienne.

fort active, qui était pour la contrée une source de richesses, car les plumes d'autruche étaient fort recherchées des Égyptiens. Aussi cet oiseau était un objet important de commerce et nous le voyons plusieurs fois figurer parmi les tributs que les peuples de l'Éthiopie payent au roi d'Égypte.

Dans d'autres peintures on voit défiler quelques animaux que les Égyptiens tenaient aussi en grande estime (fig. 81, 82, 83).

Les Égyptiens paraissent avoir beaucoup aimé les plantes et les animaux qui leur semblaient extraordinaires, et c'était certainement là une branche importante de commerce, puisque nous en voyons toujours figurer dans la liste ou sur les représentations des tributs imposés aux peuples qu'ils avaient vaincus. C'est ainsi que dans les peintures nous voyons défiler des girafes, des autruches, des singes, des lions, des léopards. Les grands personnages avaient probablement des ménageries, mais comme le peuple était fort curieux de cette sorte de spectacle, les rois ne manquaient pas de faire figurer toutes sortes d'animaux extraordinaires dans les fêtes qu'ils donnaient.

Athénée nous a laissé une curieuse description de la somptueuse fête donnée à Alexandrie sous les Ptolémées, et on est étonné en la lisant de voir la ressemblance que présente cette fête avec des représentations peintes qui avaient été exécutées plus de mille ans auparavant. Nous extrayons du livre d'Athénée un passage fort curieux par

Fig. 83. — Peinture égyptienne.

l'énumération qu'y fait l'auteur des produits que l'Égypte tirait des pays étrangers. « On vit alors, dit-il, arriver vingt-quatre chars attelés d'éléphants, soixante autres attelés de deux boucs, sept autres attelés d'oryx (antilopes) et quinze de bubales. Il y avait en outre huit attelages d'autruches, et tous ces chars étaient montés par des enfants couronnés de pin ou de lierre. Des chars attelés de deux chameaux et marchant par trois de front venaient ensuite et ils étaient suivis de chariots attelés de mulets, contenant les tentes des nations étrangères; au-dessus on avait placé des femmes indiennes, ou d'autres contrées, mises comme des captives. Quelques-uns des chameaux portaient trois cents mines d'encens; d'autres deux cents livres de safran, de casia, de cinnamone, d'iris et d'autres aromates. Près d'eux étaient des Éthiopiens portant des présents; savoir, les uns six cents dents d'éléphants, les autres deux mille troncs d'ébène, d'autres soixante cratères d'or et d'argent et des paillettes d'or. Ils étaient suivis de deux chasseurs ayant des javelots d'or, et menant des chiens au nombre de deux mille quatre cents ; ces chiens étaient les uns de l'Inde, les autres de l'Hyrcanie, ou molosses, ou d'autres races. Passèrent ensuite cent cinquante hommes portant des arbres d'où pendaient toutes sortes de bêtes sauvages et d'oiseaux : on vit porter dans des cages des perroquets, des paons, des pintades, des faisans

Fig. 84. — Peinture égyptienne.

et nombre d'autres oiseaux d'Éthiopie. Enfin venaient cent trente moutons d'Éthiopie, trois cents d'Arabie, un grand ours blanc, quatorze léopards, seize panthères, quatre lynx, une girafe, un rhinocéros d'Éthiopie. »

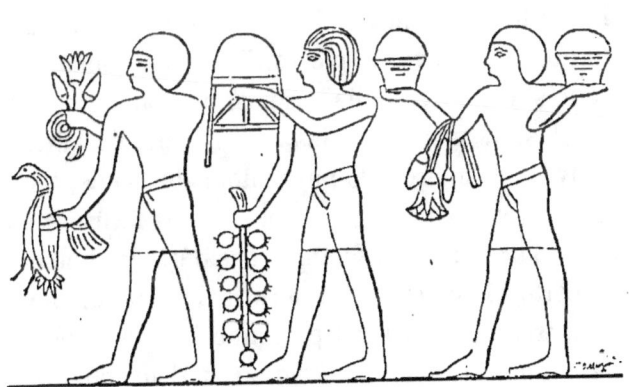

Fig. 85. — Peinture égyptienne.

Sur une peinture on voit, derrière un groupe de femmes tenant leurs enfants, un homme portant des espèces de gâteaux et tenant de l'autre main une corde à laquelle est attaché un singe faiseur de tours (fig. 84). Enfin il y a des représentations où les personnages tiennent simplement des fruits, des fleurs ou des oiseaux (fig. 85).

Le roi étant maître absolu de l'Égypte avait nécessairement un trésor considérable. On y accumulait non-seulement des matières précieuses, mais encore les tributs prélevés sur les peuples vaincus. Néanmoins la plus grande partie du trésor consistait en lingots ou en vases d'or. Ces vases, provenant des tributs prélevés sur les vaincus, attestaient leur origine dans leur décoration même, qui dans un assez grand nombre de monuments figurés, représente des prisonniers enchaînés, comme nous le voyons tome Ier, figures 121 et 122.

Le trésor royal était naturellement gardé avec le plus grand soin. Il paraît néanmoins qu'il s'y commettait quelquefois des vols, et Hérodote raconte avec de piquants détails celui qui eut lieu sous le roi Rhampsinit. « Ce roi, dit-il, posséda une immense somme d'argent, telle qu'aucun de ceux qui lui ont succédé n'a pu la surpasser ni même l'atteindre. Or il voulut thésauriser en toute sécurité ; il fit donc bâtir en pierres de taille une chambre dont l'un des murs était une partie de l'enceinte du palais; de son côté, le constructeur, complotant contre ses richesses, imagina de disposer l'une des pierres du mur de telle sorte que deux hommes, ou même un seul, pussent facilement l'ôter. Dès que la chambre fut achevée, le roi y déposa ses trésors; le temps s'écoula, et le constructeur, étant près de la fin de sa vie, appela ses fils (car il en avait deux) et leur raconta comment, dans sa prévoyance pour eux, et afin qu'ils eussent abondance de biens, il avait usé d'artifice en bâtissant le trésor du roi. Après leur avoir clairement expliqué comment on pouvait enlever la pierre, il leur en donna les dimensions, et leur dit que s'ils ne les oubliaient pas, ils seraient les intendants des richesses royales. Il mourut et les jeunes gens ne tardèrent pas à se mettre à l'œuvre; ils allèrent la nuit autour du palais, ils trouvèrent la pierre de la chambre bâtie en dernier lieu, ils la firent mouvoir aisément et ils emportèrent une somme considérable. Lorsqu'il arriva au roi d'ouvrir cette chambre, il fut surpris de voir combien il manquait de vases à son trésor; il n'y avait personne à accuser, les sceaux étaient intacts et la chambre fermée. Comme, à deux ou trois reprises, le nombre lui en parut diminuer toujours (car les voleurs ne se lassaient pas de piller), il prit ce parti : il ordonna que l'on fabriquât des piéges et qu'on les plaçât autour des vases qui contenaient son argent. Les voleurs vinrent comme depuis le commencement; l'un d'eux entra, s'approcha d'un vase et soudain fut pris au piége. Il comprit aussitôt dans quel malheur il était tombé, il appela donc son frère, lui apprit l'accident et lui enjoignit d'entrer au plus vite. « Coupe-moi la tête, « ajouta-t-il, quand l'autre fut près de lui, car si je suis vu et reconnu, « je te perds en même temps que moi. » Le frère sentit qu'il avait raison, et il suivit son conseil ; puis ayant rajusté la pierre, il s'en fut à sa maison avec la tête du défunt. Au point du jour, le roi se rendit à son trésor, et fut stupéfait d'y trouver, dans le piége, le corps du voleur sans sa tête; la chambre n'offrait aucune marque d'effraction, et l'on n'y apercevait ni entrée ni sortie. Dans l'incertitude où le jeta une telle aventure, il imagina un nouvel expédient : il fit suspendre, le long du mur, le corps du voleur, et, plaçant à l'entour des gardes, il leur commanda de saisir et de lui amener quiconque ils verraient pleurer ou gémir. Pendant que le corps était suspendu, la mère, terriblement exaspérée, s'entretenait avec son fils survivant; elle finit par lui prescrire de s'ingénier à délier le cadavre comme il pourrait et de l'apporter en sa demeure, le menaçant, s'il n'obéissait pas, de le dénoncer au roi comme le détenteur de ses richesses. Comme sa mère le pressait durement et qu'il ne gagnait rien sur elle, malgré ses nombreuses instances, il eut recours à ce stratagème : il bâta des ânes, puis ayant rempli de vin des outres, il les chargea sur les ânes, qu'ensuite il poussa devant lui. Or, quand il fut en présence des gardes, auprès du corps suspendu, il tira à lui deux ou trois queues d'outres et les dénoua pendant qu'elles vacillaient; le vin alors de couler et lui de se frapper la tête à grands cris, comme s'il n'eût su vers quel âne d'abord courir. Les gardes cependant, à l'aspect du vin coulant à flots, se précipitèrent sur le chemin avec des vases pour en recueillir, comme s'il ne se répandait qu'à leur profit. L'homme feignit contre eux tous une grande colère, il les accabla d'injures; ensuite, voyant qu'ils le consolaient, il fit semblant d'adoucir et de laisser tomber son courroux. Finalement il poussa ses ânes hors du chemin et rajusta le chargement, tout en se prenant à causer avec les gardes; l'un de ceux-ci le plaisanta et s'efforça de le faire rire : en récompense il leur donna une outre. Ils se couchent aussitôt et ne songent plus qu'à se divertir, s'écriant : « Assieds-toi, reste à boire « avec nous. » Il se laisse persuader et demeure avec les gardes, qui lui prodiguent des marques d'amitié; il ne tarde pas à leur donner une seconde outre. A force d'user de ce breuvage libéralement offert, les gardes s'enivrèrent complètement, et ils s'endormirent au lieu même où ils avaient bu. L'homme saisit le moment, et, la nuit étant venue, il délia le corps de son frère, puis, pour les outrager, il rasa la joue droite de chacun des gardes, chargea le cadavre sur ses ânes et reprit son chemin, ayant exécuté les ordres de sa mère..... Lorsque l'on rapporta au roi toutes ces choses, il fut frappé de l'adresse et de l'audace de l'homme. Enfin il envoya dans toutes les villes, et fit proclamer qu'il lui accorderait impunité et bon accueil s'il se présentait devant lui. Le voleur vint plein de confiance. Rhampsinite l'admira grandement et lui donna sa fille en mariage, comme au plus ingénieux des hommes, estimant que les Égyptiens l'emportaient sur les autres mortels, et lui sur les Égyptiens. »

Les impots en Asie. — Nous avons peu de renseignements sur le système employé pour la perception des impôts dans l'ancienne Asie. On sait que les gouverneurs et les satrapes prélevaient sur les provinces qu'ils avaient à administrer une somme qu'ils faisaient remettre au

Fig. 85. — Le tribut des vaincus, d'après un bas-relief assyrien.

souverain dont le trésor était très-considérable. Les descriptions que les auteurs anciens nous ont laissées sur les richesses des monarques asiatiques dépassent en somptuosité tout ce qu'on pourrait imaginer, et, d'après ces descriptions, on peut croire que les lingots d'or et d'argent accumulés dans leurs palais étaient la forme ordinaire sous laquelle ils percevaient leurs revenus. Cependant il est bien certain aussi que la plus grande partie des impôts se payaient en produits de différentes sortes, et notamment en bestiaux et en denrées alimentaires. Il était d'ailleurs assez difficile qu'il en fût autrement dans un pays où une grande partie de la population était nomade et dont les troupeaux formaient l'unique richesse. En Assyrie, où l'état de guerre était à peu près permanent, l'impôt était un tribut prélevé sur les vaincus et de nombreux bas-reliefs représentent des prisonniers qu'on emmène et qui font partie du butin enlevé par les soldats (fig. 86).

En Perse, la monarchie était établie sur des bases plus fixes, et les représentations où l'on voit le payement du tribut ne montrent pas des prisonniers enchaînés qu'on traîne après les avoir dépouillés, mais des personnages marchant symétriquement sous la conduite d'un officier et portant les présents qu'ils vont offrir à leur souverain. Nous avons montré déjà (tome II, fig. 299 à 302), à propos du costume en Perse, plusieurs bas-reliefs représentant des scènes analogues. On sent que les tributs devaient se payer régulièrement, à époques fixes, et on ne trouve nulle part sur les monuments de Persépolis les scènes violentes si fréquentes sur les bas-reliefs assyriens.

Les impots en Grèce. — Une curieuse coupe, qui fait partie du cabinet des médailles de la Bibliothèque nationale, est décorée d'une peinture de style archaïque, qui peut donner une idée de la manière dont l'impôt était perçu chez certains peuples grecs. Cette coupe est désignée sous le nom de coupe d'Arcésilas. Le personnage principal est assis sous une sorte de tente. Ses longs cheveux descendent sur ses épaules et il est coiffé d'un pétase dont la forme rappelle (fig. 87) celle des chapeaux chinois. Devant lui est une grande balance avec des hommes occupés à peser des marchandises. Que ce soit un marchand devant lequel on fait le compte de ses marchandises, ou un roi prélevant un droit sur les objets que l'on pèse, peu importe. Il est certain que les impôts ont été payés en nature, longtemps encore après l'invention des monnaies, et que les princes grecs de l'Asie Mineure, de la Sicile, de la Cyrénaïque ou de la Grèce propre, ont dû de tout temps prélever certains droits sur les produits du sol ou sur les objets manufacturés.

Les impôts étaient de diverses sortes; outre les taxes sur certains genres d'industrie et de commerce, il y en avait sur les citoyens, sur les affranchis, sur les propriétés. Les revenus de l'État s'augmentaient encore des amendes prononcées par les tribunaux. Dans la démocratie d'Athènes, on s'est efforcé souvent de faire peser l'impôt exclusivement sur les riches. La classe des grands propriétaires, possesseurs de terres, de manufactures ou de capitaux placés dans le commerce, avait à sa charge l'entretien et l'augmentation des forces navales de la république. « Lorsqu'un armement maritime était ordonné, dit Robinson dans *les Antiquités grecques*, chaque tribu devait lever pour sa part un nombre de talents égal à celui des vaisseaux que l'on voulait équiper, et cette contribution était répartie en un nombre semblable de compagnies, composées quelquefois de seize personnes. Les sommes réunies étaient remises aux triérarques, commandants des vaisseaux. Dans la suite, tout citoyen dont la fortune montait à dix talents était obligé de fournir une galère à l'État, si elle montait à vingt il en équipait deux : on ne pouvait cependant, dans aucun cas, exiger plus de trois galères et

Fig. 87. — Coupe d'Arcésilas.

une chaloupe. Les citoyens dont la fortune ne s'élevait pas à dix talents se réunissaient en nombre suffisant pour en équiper une. Les archontes seuls étaient exempts de cette taxe, qui pesait sur les citoyens de manière à n'atteindre que les riches. Quiconque pouvait prouver qu'un citoyen dont la fortune était plus considérable que la sienne payait une moins forte partie de la taxe pouvait le forcer à faire avec lui l'échange de ses propriétés. »

LES IMPOTS A ROME. — Pour établir les charges de la guerre et de la paix suivant les biens de chacun, le roi Servius Tullius avait établi cinq classes de citoyens, composées chacune d'un certain nombre de centuries, et qui prenaient rang suivant la richesse des citoyens qui formaient chacune d'elles. « Si nous devons à Numa nos institutions religieuses, dit Tite-Live, Servius a eu dans la postérité la gloire d'avoir créé nos institutions politiques et fixé cette sage gradation des rangs et des fortunes. Dans cette vue, il établit le cens, opération si utile dans un empire qui devait être aussi étendu ; et au lieu qu'auparavant toutes les charges de la guerre et de la paix tombaient également sur chaque tête, elles furent réglées dorénavant en proportion du revenu. Il institua les classes, les centuries, et fonda sur la base de la propriété cet ordre admirable, qui n'a pas moins contribué à la paix intérieure de Rome qu'à sa gloire militaire. Une loi qui menaçait de prison et de mort quiconque négligerait de se faire inscrire avait accéléré le dénombrement. Quand il fut achevé, Servius ordonna par un édit aux citoyens de toutes armes de se trouver à la pointe du Champ de Mars, chacun dans leur centurie. Là toutes les troupes s'étant rangées en bataille, on immola un suovétaurilia et avec le sang des victimes on fit des lustrations solennelles. Cette cérémonie, par laquelle on terminait le recensement, s'appela la clôture du lustre. Ce premier dénombrement donna, dit-on, quatre-vingt mille citoyens. Fabius Pictor, le plus ancien de nos historiens, ajoute que ce nombre ne comprenait que les citoyens en état de porter les armes. »

Le recensement, qui avait lieu tous les cinq ans, se faisait par les soins des censeurs, magistrature qui eut une très-grande importance sous la république, mais qui cessa d'exister sous les empereurs. Les censeurs s'occupaient également de la surveillance des mœurs, et avaient encore diverses attributions qui ont été plusieurs fois modifiées. Le recensement a eu lieu dès le début de la société romaine, parce que chaque citoyen était tenu de s'équiper à ses frais pour aller à la guerre, et son équipement militaire était différent suivant la classe à laquelle il appartenait. Les premiers Romains n'avaient ni industrie ni commerce, et comme, à l'origine, les soldats ne recevaient pas de paye, le butin pris sur l'ennemi était la manière la plus nette d'augmenter son patrimoine. A l'époque des grandes guerres, il fallut bien donner une paye aux soldats, qu'on retenait longtemps loin de leurs foyers et qui ne pouvaient plus cultiver leurs champs. Le trésor des rois vaincus, le pillage des villes conquises, les taxes imposées aux peuples soumis et le revenu des provinces annexées furent suffisants pour que le peuple romain se trouvât pendant un temps assez long peu chargé d'impôts. Mais pendant les guerres civiles il fut nécessaire de pourvoir à de très-grandes dépenses, et comme à partir d'Auguste les Romains cessèrent d'être conquérants, il fut nécessaire de se créer des ressources.

Après les guerres civiles, Auguste établit un impôt sur les consommations. Cet impôt, assez modéré en apparence, puisqu'il ne montait qu'à un pour cent, rapportait énormément parce qu'il portait sur tout ce que l'on achetait sur les marchés ou dans les ventes publiques; mais comme il s'étendait sur le corps entier de la nation, il fut toujours très-impopulaire. En outre, ce genre d'impôt entraîna toujours de grandes difficultés pour établir un mode de perception équitable.

« Comme une nombreuse et opulente classe de citoyens, dit Gibbon dans son *Histoire de l'Empire romain*, se trouvait exempte d'une taxe ou capitation qui ne frappait que sur les propriétaires des terres, les empereurs, qui voulaient aussi partager les richesses dont l'art et le travail sont la source, et qui ne consistent qu'en argent comptant, imposèrent personnellement tous ceux de leurs sujets qui s'occupaient de commerce. Ils accordèrent, à la vérité, quelques exemptions à ceux qui vendaient le produit de leurs propres domaines et quelques faveurs à la profession des arts libéraux; mais toute autre espèce de commerce ou d'industrie fut traitée rigoureusement par les lois. L'honorable marchand d'Alexandrie, qui rapportait dans l'empire les diamants et les épices de l'Inde, le vil usurier qui tirait de son argent un revenu ignominieux, l'ingénieux manufacturier, l'adroit mécanicien, et jusqu'au plus obscur détaillant d'un village écarté, tous étaient obligés de donner aux préposés du fisc connaissance de leur recette et de leur profit; et le souverain d'un grand empire consentait à partager le gain honteux des infâmes professions qu'il tolérait. Comme on ne levait que tous les quatre ans la taxe assise sur l'industrie, on la nommait la contribution lustrale. »

Parmi les impôts établis par Auguste, pour subvenir à l'énorme entretien des armées cantonnées sur les frontières, un des plus lucratifs pour le trésor fut celui qui prélevait un vingtième de tous les legs et héritages. Cette taxe toutefois n'eut jamais un caractère absolu, en ce sens que les legs minimes n'y étaient pas soumis. Mais la taxe qui eut les conséquences les plus graves était celle qui se désignait sous le nom de capitation. C'était un impôt personnel qui se prélevait par tête. Au temps de l'empereur Constance le taux de la capitation était de vingt-cinq pièces d'or par tête (environ 336 francs); Julien la réduisit à sept pièces d'or (environ 92 francs). Comme il n'était pas possible que cette somme fût payée régulièrement, à cause de l'irrégularité des fortunes privées, une seule cote se divisait souvent entre plusieurs pauvres, tandis que les riches étaient chargés de plusieurs cotes. Cet impôt toutefois ne portait que sur les personnes libres ; sous l'empire, la Gaule possédait, suivant Gibbon, environ 500,000 contribuables. Chaque ville, chaque district était assujetti à un tribut proportionné au nombre de ses contribuables.

Dans certaines occasions, les magistrats romains faisaient au peuple des distributions de blé, de pain, de vin ou d'huile, comme le font aujourd'hui nos institutions charitables. Ces distributions se faisaient au moyen de bons, sur lesquels était marqué le nombre de mesures que le possesseur du bon avait droit d'aller toucher.

Quelquefois ces bons consistaient en petites tablettes de bois, et d'autres fois c'étaient des boules creuses et portant écrite au dedans la quantité à recevoir (fig. 88). Les empereurs et les grands personnages qui voulaient se rendre populaires jetaient des bons de ce genre à la multitude, qui se disputait ensuite pour les avoir. La foule oisive qui pullulait dans les grandes villes vivait des libéralités des em-

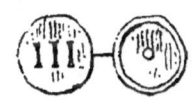

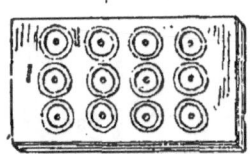

Fig. 88. — Bons de pain.

pereurs et de ses agents directs ; mais c'était aux dépens de la province, et à mesure que la campagne se dépeuplait, le nombre des mendiants augmentait dans les villes d'une façon effrayante. L'impôt, qu'il fallait sans cesse augmenter, produisait pourtant de moins en moins.

« Tant que l'Italie jouit du privilége de l'exemption de l'impôt, dit M. Zeller dans son *Histoire d'Italie*, tant que les empereurs y répandirent l'or des provinces et les esclaves faits prisonniers sur l'ennemi, une prospérité factice cacha ces causes de ruine. Mais lorsque la *capitation*, l'*indiction*, l'*or lustral et coronaire*, pesèrent aussi sur l'Italie déchue, et que les provinces se disputèrent les esclaves pris sur les barbares, la misère, la dépopulation s'accrurent dans une proportion effrayante. Les grands propriétaires, à leur tour, les sénateurs surtout, qui ne pouvaient avoir de fonds et d'immeubles qu'en Italie, furent frappés ; et la petite propriété, écrasée, acheva de disparaître. Dans les villes, le corps des curiales, épuisé par la responsabilité des impôts qui pesaient sur lui, non-seulement ne put entretenir les monuments, les murailles, les aqueducs des cités, mais tomba sous le poids des charges qui s'augmentaient tous les jours, et vit ses membres chercher à sortir de la curie pour se réfugier au moins parmi les colons. Les campagnes étaient témoins d'un mouvement contraire; les petits possesseurs ruinés se réfugiaient dans les villes, comptant sur les distributions, cependant plus rares, de pain et d'huile. » Augmentation des impôts, avec difficulté de plus en plus grande de les percevoir, misère toujours croissante dans les villes et dépopulation des campagnes, tel est le spectacle que nous offre l'empire romain à l'époque de sa décadence.

III

LA JUSTICE

Les tribunaux égyptiens. — La justice en Asie.
Les tribunaux grecs. — Les tribunaux romains. — Les basiliques.

Les tribunaux égyptiens. — L'organisation judicaire relevait de la classe sacerdotale. Diodore de Sicile nous a laissé des renseignements assez circonstanciés sur les tribunaux. « Les Égyptiens, dit-il, ont porté une grande attention à l'institution de l'ordre judiciaire, persuadés que les actes des tribunaux exercent, sous un double rapport, beaucoup d'influence sur la vie sociale. Il est en effet évident que la punition des coupables et la protection des offensés sont le meilleur moyen de réprimer les crimes. Ils savaient que si la crainte qu'inspire la justice pouvait être effacée par l'argent et la corruption, la société serait près de sa ruine. Ils choisissaient donc les juges parmi les premiers habitants des villes les plus célèbres, Héliopolis, Thèbes et Memphis: chacune de ces villes en fournissait dix. Ces juges composaient le tribunal, qui pouvait être comparé à l'aréopage d'Athènes ou au sénat de Lacédémone. Ces trente juges se réunissaient pour nommer entre eux le président; la ville à laquelle ce dernier appartenait envoyait un autre juge pour le remplacer. Ces juges étaient entretenus aux frais du roi et les appointements du président étaient très-considérables. Celui-ci portait autour du cou une chaîne d'or à laquelle était suspendue une petite figure en pierres précieuses, représentant la Vérité. Les plaidoyers commençaient au moment où le président se revêtait de cet emblème. Toutes les lois étaient rédigées en huit volumes, lesquels étaient placés devant les juges ; le plaignant devait écrire en détail le sujet de sa plainte, raconter comment le fait s'était passé et indiquer le dédommagement qu'il réclamait pour l'offense qui lui avait été faite. Le défendeur, prenant connaissance de la demande de la partie adverse, répliquait également par écrit à chaque chef d'accusation ; il niait le fait, ou en l'avouant il ne le considérait pas comme un délit, ou si c'était un délit il s'efforçait d'en diminuer la peine ; ensuite, selon l'usage, le plaignant répondait et le défendeur répliquait à son tour.

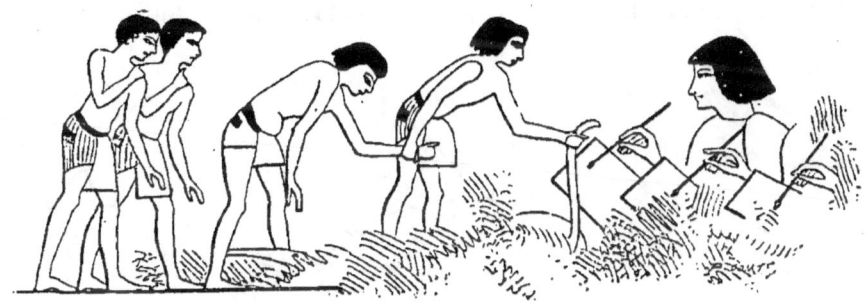

Fig. 89. — Égyptiens comparaissant devant un tribunal.

Après avoir ainsi reçu deux fois l'accusation et la défense écrites, les trente juges devaient délibérer et rendre un arrêt qui était signifié par le président.

« C'est ainsi que les procès se faisaient chez les Égyptiens, qui étaient d'opinion que les avocats ne font qu'obscurcir les causes par leurs discours, et que l'art de l'orateur, la magie de l'action, les larmes des accusés souvent entraînent le juge à fermer les yeux sur la loi et la vérité. Aussi croyaient-ils pouvoir mieux juger une cause en la faisant mettre par écrit et en la dépouillant des charmes de la parole. De cette manière les esprits prompts n'ont aucun avantage sur ceux qui ont l'intelligence plus lente, les hommes expérimentés ne l'emportent pas sur les ignorants, ni les menteurs et les effrontés sur ceux qui aiment la vérité et qui sont modestes. Tous jouissent de droits égaux. On accorde un temps suffisant aux plaignants pour exposer leurs griefs, aux accusés pour se défendre et aux juges pour se former une opinion. »

Les peintures de Thèbes nous montrent une scène qui paraît se passer devant un tribunal ; des scribes, malheureusement très-effacés, écrivent les déclarations faites par un personnage qui s'incline profondément, deux autres suivent celui-ci en portant un bras croisé sur la poitrine et l'autre pendant jusqu'à la hauteur du genou en signe de respect (fig. 89).

L'histoire de Joseph, racontée dans la Bible, nous montre que l'emprisonnement était en usage dans l'ancienne Égypte. Mais nous voyons par les monuments qu'on employait aussi les peines corporelles. Les peintures de Beni-Hassan nous montrent la bastonnade infligée comme châtiment à un coupable.

Le patient est couché par terre et à plat ventre, un individu lui maintient les pieds dans la position voulue et deux autres lui tiennent vigoureusement les bras pendant qu'il est fustigé. Un autre personnage

Fig. 90. — La bastonnade.

debout regarde la scène et joint les mains en signe de pitié (fig. 90).

Plus loin nous voyons un individu qui a les mains liées derrière le dos et qui va probablement recevoir le même châtiment, tandis qu'un personnage portant la canne du commandement semble faire une vigoureuse semonce à un jeune garçon qui pleure en expliquant son affaire (fig. 91).

Diodore de Sicile nous fournit de curieux renseignements sur la manière dont le vol avait été régularisé dans l'ancienne Égypte : « Il existait, dit-il, chez les Égyptiens, une loi très-singulière concernant les voleurs. Elle ordonnait que ceux qui voudraient se livrer à cette industrie se fissent inscrire chez le chef des voleurs et qu'ils lui rapportassent immédiatement les objets qu'ils auraient dérobés. Les personnes au préjudice desquelles le vol avait été commis devaient à leur tour faire inscrire chez ce chef chacun des objets volés, avec l'indication du lieu, du jour et de l'heure où ces objets avaient été soustraits.

De cette façon on retrouvait aussitôt toutes les choses volées, à la condition de payer le quart de leur valeur pour les reprendre. Dans l'impossibilité d'empêcher tout le monde de voler, le législateur a trouvé moyen de faire restituer, par une modique rançon, tout ce qui a été dérobé. »

Cette coutume, qui semble si singulière à Diodore de Sicile, subsiste encore de nos jours dans plusieurs contrées de l'Orient où les voyageurs seraient exposés à être attaqués par des tribus d'Arabes voleurs. Moyennant une somme remise au chef de la tribu, on est protégé par la tribu, qui trouve ainsi son avantage à empêcher les autres voleurs de vous attaquer, car dans ce cas la somme ne serait pas versée. C'est très-probablement un arrangement analogue qu'avaient pris les Égyp-

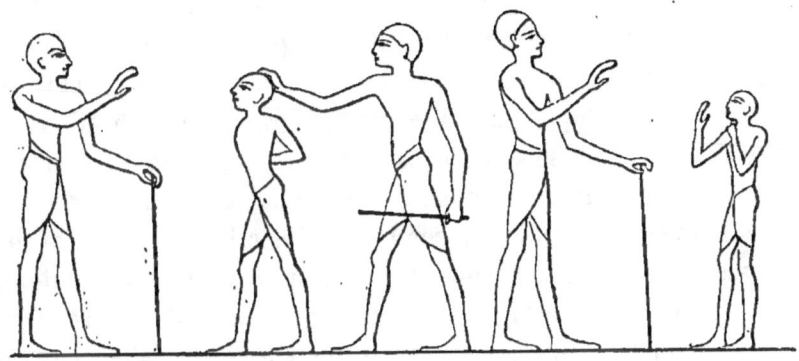

Fig. 91. — Coupables punis.

tiens, pour se débarrasser du brigandage continuel des tribus nomades, qui habitaient le désert dans le voisinage du Nil. Le chef des voleurs était rendu responsable des objets volés et devenait ainsi une espèce d'agent de police. Seulement, comme son traitement était proportionné à la quantité d'objets volés, il est probable que ceux qui demeuraient à proximité du désert devaient avoir à souffrir de cet incommode voisinage.

La justice en Asie. — Les juges formaient chez les Hébreux une classe extrêmement respectée. On rendait la justice devant les portes des villes, car chez les Juifs ce lieu était celui qui attirait le plus grand concours de peuple. Les débats étaient publics et assez sommaires; la torture n'était pas en usage, mais la peine était appliquée aussitôt après la décision des juges. La peine capitale la plus ordinaire était la lapidation, et les témoins, à moins qu'ils ne fussent parents de l'accusé, étaient obligés de commencer l'exécution du coupable en lui lançant eux-mêmes les premières pierres.

On ne sait rien de l'organisation judiciaire des Assyriens, mais les pénalités sont d'une extrême férocité. Pour les châtiments qui n'entraînent pas la mort, il s'agit toujours d'yeux crevés ou de membres coupés. Lorsque c'est la peine capitale qui est ordonnée, elle est toujours précédée ou accompagnée d'horribles supplices. Les cadavres des suppliciés étaient privés de sépulture et livrés en pâture aux bêtes féroces.

Les tribunaux grecs. — L'Aréopage d'Athènes était le plus vénéré de tous les tribunaux dont les historiens grecs fassent mention. On ignore la date de son origine, que les anciens faisaient remonter aux temps mythologiques puisqu'il avait été appelé à juger la querelle survenue entre Neptune et Minerve. L'aréopage primitif était une assemblée aristocratique, mais il a subi de grandes modifications sous Solon et plus encore sous Périclès, lorsque la faction démocratique l'emporta définitivement à Athènes. Ce tribunal était chargé de maintenir les bonnes mœurs et de juger les causes criminelles. On avait de la sagesse de ses décisions une si haute opinion, que non-seulement on en appelait à son arbitrage de plusieurs points de la Grèce, mais encore les Romains eux-mêmes renvoyaient à ses décisions beaucoup de causes ambiguës.

La manière dont les causes se plaidaient devant l'aréopage serait inadmissible aujourd'hui. C'est la nuit que le tribunal s'assemblait, et même lorsqu'on y admit des avocats, ce qui n'avait pas lieu à l'origine, on leur interdisait les exordes et les moyens pathétiques, afin que les juges ne pussent pas être influencés par les talents de l'orateur.

Pour les autres tribunaux, la fonction de juge n'était pas une profession, mais une situation passagère, à laquelle tout citoyen pouvait être appelé, et pour laquelle il recevait une somme de trois oboles par jour, comme indemnité du temps qu'il avait passé. Tout citoyen ayant atteint sa trentième année, n'ayant subi aucune condamnation et ne devant rien au trésor, était inscrit sur un registre; on tirait au sort chaque année pour savoir dans quel tribunal il devait être placé. Ces tribunaux siégeaient tous à Athènes. Mais tous les ans un certain nombre de magistrats parcouraient les bourgs de l'Attique et y tenaient leurs assises; toutefois ils ne s'occupaient que des causes ayant peu d'importance, et pour les autres renvoyaient les plaignants aux tribunaux ordinaires. Les habitants des villes soumises à la république étaient obligés de porter leurs affaires devant les tribunaux d'Athènes, et il leur était interdit pour les affaires importantes d'avoir une juridiction spéciale.

A Sparte le sénat prononçait dans les affaires capitales et les affaires particulières se plaidaient devant les éphores, mais il n'y avait aucun orateur chargé de plaider la cause des parties intéressées qui devaient personnellement soutenir leurs droits. Le témoignage des esclaves n'était point admis.

LES TRIBUNAUX ROMAINS. — A Rome l'administration de la justice se partageait en jugements privés, concernant les causes des citoyens entre eux, et jugements publics concernant les crimes publics. Les fonctions judiciaires, après avoir appartenu aux rois et ensuite aux consuls, passèrent aux mains d'un lieutenant consulaire nommé préteur. D'abord dévolue exclusivement à la classe patricienne, cette magistrature fut, comme toutes les autres, ouverte plus tard aux plébéiens. L'affluence des étrangers étant devenue de plus en plus considérable, la fonction de préteur fut dédoublée ; il y eut un préteur urbain, pour les citoyens romains, et un autre préteur chargé de juger les débats qui survenaient entre les étrangers. Le nombre des causes augmentant dans une proportion énorme, les préteurs eurent sous leurs ordres des substituts, et il se forma ainsi un corps judiciaire, dont la fonction était annuelle, comme la plupart des magistratures romaines.

« Les citoyens, dit Dezobry dans *Rome au siècle d'Auguste*, ont une singulière formalité à remplir avant de pouvoir porter leurs contestations devant les magistrats ; ils doivent feindre de vouloir se faire justice eux-mêmes, comme cela se pratiquerait dans un pays où il n'existerait pas de société civile. Je ne sais si cette formalité a été inventée comme témoignage perpétuel de la liberté absolue dont jouissaient les anciens Romains, ou seulement pour prouver la réalité de la contestation, mais il est certain que tous les procès dans lesquels il s'agit de deux intérêts privés commencent par un duel où les parties se montrent prêtes à en venir aux mains. Quand il s'agit d'un objet familier facilement transportable, on l'apporte devant le tribunal du préteur, et c'est au moment où les deux prétendants feignent de vouloir se l'arracher que le magistrat intervient, évoque pour ainsi dire l'affaire et leur ordonne de laisser la chose. Si l'objet en litige n'est pas transportable, on en produit un fragment ; un petit éclat de bois ou de pierre pour un vaisseau où une colonne, une tuile pour une maison, une motte pour une terre, tous ces fragments d'immeubles pris ou détachés de la chose même, devant laquelle il faut aller simuler le combat judiciaire. Les témoins aussitôt s'interposent et séparent les combattants qui les suivent, comme contraints, devant le magistrat. »

Il paraît qu'il y avait pour chaque plaidoirie un temps limité d'avance, et que les avocats ne pouvaient pas s'étendre outre mesure dans leur péroraison. On avait pour fixer la durée de chaque discours un régulateur qui ne pouvait être dépassé sans enfreindre les règlements. C'est ce qui résulte du passage suivant tiré du livre d'Apulée :

« Bientôt les appariteurs me font avancer sur le milieu de la scène comme une victime. L'huissier se met à crier d'une voix de Stentor : c'était pour appeler l'accusateur. Un vieillard se lève, puis, afin de fixer le temps pendant lequel il parlera, il prend un petit vase qui ressemblait à un entonnoir et dont l'extrémité s'amincissait en pointe. Il y verse de l'eau qui s'en écoule goutte à goutte et il s'adresse au peuple.... »

Les avocats étaient extrêmement nombreux à Rome, et l'éloquence de la tribune pouvait mener aux plus hautes fonctions de l'État. Néanmoins la profession d'avocat ne paraît pas avoir toujours été très-lucrative. Un curieux extrait de Juvénal va nous montrer qu'une bien maigre rétribution était souvent le résultat de leurs efforts.

« Voyons donc ce que produisent aux avocats la défense des citoyens et les liasses de papiers qu'ils traînent avec eux. Ils font grand bruit, surtout s'ils plaident en présence d'un créancier, ou si, plus âpre encore, quelque autre créancier, ses registres à la main, les anime à soutenir un titre douteux. C'est alors que leurs poumons vomissent le mensonge avec des flots d'écume dont leur sein est arrosé. Veut-on apprécier au juste les fruits de ce métier : que l'on mette de côté les fortunes réunies de cent avocats, de l'autre celle du cocher Lacerna.

« Les juges ont pris place. — Pâle d'inquiétude, tu te lèves, nouvel Ajax, pour défendre la liberté douteuse de ton client. Allons ! crie, malheureux ! brise ta poitrine, afin de trouver à ton retour, vainqueur épuisé de fatigues, les murs et l'échelle de ta maison décorés de palmes verdoyantes. Quel sera le prix de tes efforts ? Un jambon desséché, quelques mauvais poissons, de vieux oignons dont nous gratifions nos esclaves africains, ou cinq bouteilles d'un vin arrivé par le Tibre. Quatre procès te rapportent-ils une pièce d'or, n'oublie pas que tu en dois une partie aux patriciens qui t'aidèrent. »

Il y avait plusieurs prisons à Rome ; la plus célèbre était celle qui fut élevée par Ancus Marcius, sombre édifice bâti au pied du mont Capitolin, et sous laquelle Servius Tullius fit placer un cachot souterrain, réservé aux grands criminels qu'on y faisait descendre par le moyen d'une trappe. Les exécutions avaient souvent lieu dans ce cachot, on enlevait ensuite le corps des condamnés à l'aide de crocs, et après l'avoir exposé nu sur des degrés appelés gémonies, on le jetait dans le Tibre. Quelquefois aussi on précipitait le coupable du haut d'une roche, mais en s'arrangeant toujours pour qu'il tombât en dehors de l'enceinte de la ville qu'une exécution capitale aurait souillée. Enfin il y avait certains crimes, comme le parricide, pour lequel le coupable était cousu dans un sac en compagnie d'une vipère et jeté ensuite dans le fleuve. La dégradation civique, l'exil ou la déportation étaient les peines infligées le plus ordinairement aux coupables dont la faute n'entraînait pas une condamnation à mort.

Les basiliques. — Les basiliques sont les palais où siègent les tribunaux. Primitivement la basilique était dans le palais des rois la salle où le prince rendait la justice. Plus tard la basilique devint un édifice particulier décoré avec une grande magnificence, et qui dans les villes romaines était placé sur le forum, ou dans le voisinage des places publiques.

Les basiliques étaient décorées de plusieurs rangées de colonnes, et quelquefois ouvertes de toutes parts pour la circulation du peuple. L'édifice connu sous le nom de basilique de Pœstum nous montre chez les Grecs un exemple de ce système qui a été quelquefois adopté par les Romains. Mais le plus souvent les basiliques étaient entourées de murailles percées de fenêtres et n'avaient de colonnes qu'à l'intérieur.

En général l'intérieur était divisé dans sa longueur en trois parties que séparait une rangée de colonnes, présentant souvent deux ordres superposés. La nef centrale, plus grande que les autres, se terminait par un hémicycle où siégeait le tribunal.

L'ensemble du monument formait une vaste salle rectangulaire qui remplissait le triple rôle de tribunal, de bourse et de bazar. « Rien de plus simple, dit Quatremère de Quincy, et de moins dispendieux que la construction des basiliques. Les colonnes de la galerie inférieure recevaient un plafond qui servait de plancher à la galerie supérieure; celle-ci, également plafonnée, supportait le plafond de la grande nef et la pente du toit. Les jours étaient pratiqués dans l'épaisseur du mur d'enceinte, en supposant qu'il y en eût, et dans les entre-colonnements.

Les galeries supérieures avaient aussi des fenêtres qui devaient éclairer l'intérieur de l'édifice. »

« Les basiliques qui sont dans les places publiques, dit Vitruve, doivent être situées au lieu le plus chaud, afin que ceux qui y viennent pendant l'hiver pour y faire le trafic n'y ressentent pas autant la rigueur de cette saison. Leur largeur doit être au moins la troisième partie de leur longueur, ou de la moitié tout au plus, à moins que le lieu ne permette pas d'observer cette proportion. La hauteur des colonnes des basiliques doit être égale à la largeur des portiques, et cette largeur sera de la troisième partie de l'espace du milieu. Les colonnes d'en haut doivent être, ainsi qu'il a été dit, plus petites que celles d'en bas; la cloison qui est entre les colonnes de l'étage supérieur ne doit avoir de hauteur que les trois quarts de ces mêmes colonnes, afin que ceux qui se promènent sur cette galerie ne soient pas vus des gens qui trafiquent en bas. Les architraves, les frises et les corniches auront les proportions telles que nous les avons expliquées au troisième livre. ».

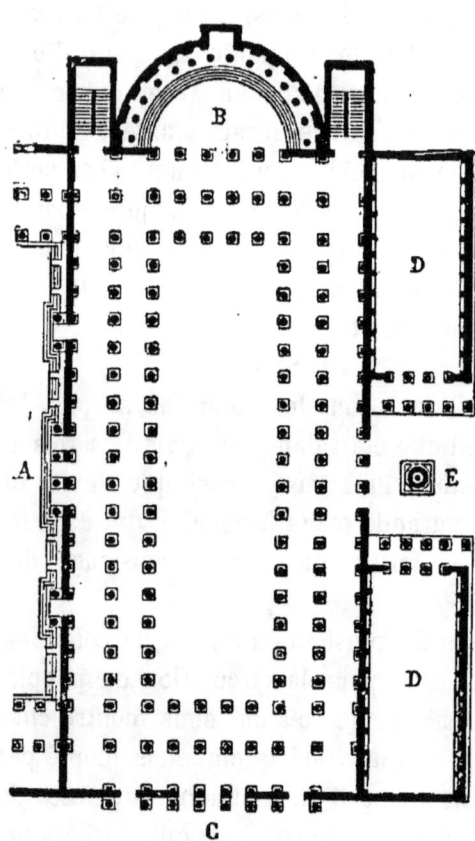

Fig. 92. — Basilique Ulpienne.

Ce n'est pas le temple, mais la basilique, qui servit de type aux premières églises chrétiennes. La disposition d'un temple ne pouvait convenir à un culte où toutes les cérémonies s'accomplissent dans l'intérieur de l'édifice. L'église devait représenter le vaisseau de saint Pierre, et la nef centrale de la basilique offrait bien l'image de ce vaisseau. Les fidèles occupaient les nefs, l'autel était placé au fond de l'édifice et l'évêque, entouré de son clergé, remplaçait le juge entouré des assesseurs. La basilique avait en outre pour les chrétiens l'avantage de n'être pas souillée par des souvenirs idolâtriques.

La basilique Ulpienne, élevée sur le forum de Trajan et dont les restes ont été découverts à la suite de fouilles exécutées en 1812, montre très-bien comment ce genre d'édifice, qui servait aux païens de tribunal, a pu devenir par la suite le type des églises chrétiennes. Sur le plan représenté figure 92, les entrées de la basilique sont marquées en A, en C et en E; le juge et les assesseurs sont placés dans l'abside B, qui dans l'église chrétienne deviendra l'endroit où siégera l'évêque. L'entrée principale G était généralement précédée d'un portique appelé narthex ou porche dans les basiliques chrétiennes. Les pièces marquées D étaient des salles accessoires du tribunal, inutiles

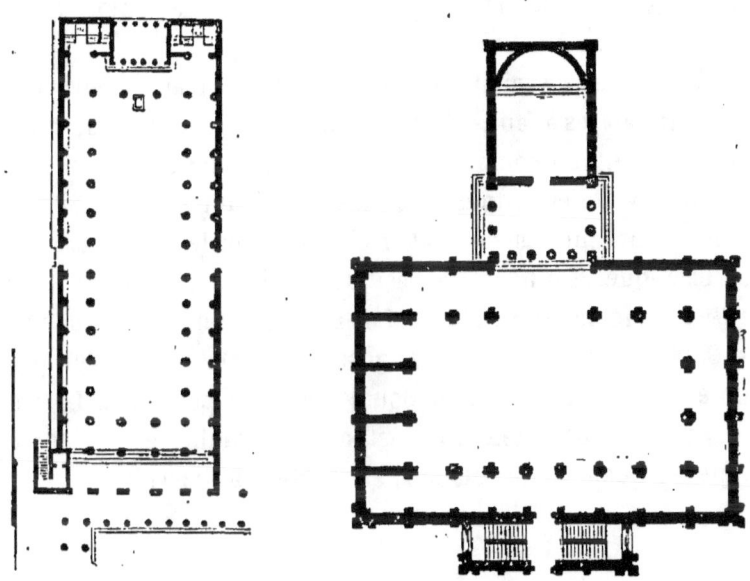

Fig. 93. — Basilique de Pompéi.   Fig. 94. — Basilique de Fano.

dans une église, où pourtant il a fallu trouver une place pour la sacristie. Les fidèles occupaient dans la nef de l'église la même place que le public dans la nef de la basilique. La nécessité de disposer le temple en forme de croix a fait plus tard séparer le chœur de la nef.

La basilique de Pompéi, dont la figure 93 nous offre le plan, ne contient pas d'abside. « Ce monument, dit le *Guide en Italie,* est un des plus grands de Pompéi. Il était précédé d'un vestibule aligné sur le forum. On montait quelques degrés pour entrer dans l'intérieur de la basilique. Au centre, la nef était à ciel ouvert; elle était entourée de péristyles formés de vingt-huit colonnes ioniques. Au fond de la basilique, la tribune des juges était élevée au-dessus de la nef, mais il n'y a pas trace de marches pour y monter. Sous la tribune se cachait un caveau mystérieux à fenêtres grillées. »

Nous reproduisons (figure 94) une reconstitution de la basilique de Fano, dont il n'est malheureusement resté aucune trace. Mais il est assez remarquable que cette basilique, élevée par Vitruve, s'éloigne si complètement des règles qu'il avait enseignées pour la construction de ce genre d'édifices. La forme de ce monument, que Vitruve décrit longuement, est très-différente de celles des basiliques dont on a conservé des restes. Il faut dire qu'un petit temple d'Auguste était joint à la basilique de Vitruve, et c'est au delà de ce petit temple qu'était l'hémicycle où siégeait le tribunal, ce qui explique la conformation toute particulière de ce monument.

Les basiliques servaient de points de réunion aux négociants. C'est là qu'on traitait les affaires d'argent, les prêts, les usures; c'était à la fois un marché, une bourse, un tribunal de commerce et une banque. Les femmes y étaient admises comme les hommes, car à Rome il y en avait beaucoup qui faisaient valoir elles-mêmes leurs capitaux.

La basilique Æmilia et la basilique Julia, sur le forum Romanum, étaient extrêmement célèbres. La basilique Julia, commencée sous Jules César et terminée sous Auguste, avait la forme d'un parallélogramme oblong, entouré d'un double rang de portiques. La basilique Æmilia, plus fréquemment appelée basilique Paulus, était décorée d'une prodigieuse quantité de colonnes en marbre de Phrygie.

IV

LES THERMES

Les bains en Grèce. — Les thermes romains.
Les ustensiles du bain.

Les bains en Grèce. — Il y avait en Grèce un très-grand nombre de bains publics. Nous en voyons une curieuse représentation sur un vase de Vulci qui est au musée de Leyde. Une source jaillissant de deux mufles de lion est placée sous un portique supporté par trois colonnes doriques et surmonté d'un fronton. Deux baigneurs, un homme barbu et un éphèbe, sont placés dans le petit édifice et reçoivent sur la tête et le dos les jets de la fontaine. Ce genre de bains, fort en usage dans l'antiquité, se donnait en manière de douches.

De chaque côté du petit édifice, nous voyons deux éphèbes dont les vêtements sont suspendus aux branches des arbres voisins. L'un d'eux détache de l'arbre une petite fiole, un autre en verse le contenu sur sa main pour s'en frotter ensuite le corps (fig. 95).

C'était une coutume générale en Grèce de se baigner après les

Fig. 95. — Bain gymnase. (D'après une peinture de vase.)

exercices qui avaient couvert le corps de sueur et de poussière. Cet usage, qu'on trouve déjà dans Homère, ne fit que s'étendre par la suite et on finit même par prendre tous les jours un bain avant le repas. Les Spartiates ne faisaient usage que de bains froids et il en était de même anciennement dans toute la Grèce. Quand l'habitude des bains chauds commença à prévaloir, tout le monde y courut en foule, malgré les protestations isolées de quelques philosophes qui ne voyaient là qu'un raffinement de mollesse. Socrate ne venait que très-rarement aux bains chauds et Phocion n'y parut jamais.

Sur un vase du musée de Berlin, on voit quatre femmes nues, placées dans des poses diverses, sous les jets d'eau lancés par quatre têtes d'animaux, dont deux de sangliers, une de lion et une de panthère. La fontaine est sous un portique supporté par trois colonnes doriques, reliées entre elles par une poutre à laquelle sont suspendus les vêtements des baigneuses (fig. 96). Un autre vase grec nous montre trois

Fig. 96. — Bain de femmes.

baigneuses, qui reçoivent sur leur corps l'eau qui jaillit de mufles d'animaux. Deux petits vases d'où la fumée s'échappe abondamment

Fig. 97. — Femmes au bain. (D'après un vase grec.)

prouvent qu'elles vont se servir de parfums chauds. Les baigneuses sont dans l'eau jusqu'à mi-jambes, ce qui montre que le bassin où elles sont est peu profond ; elles reçoivent l'eau en pluie très-fine. Les scènes de bains de femmes se passent toujours à l'intérieur de l'édifice, tandis que les scènes qui représentent des bains pour les hommes ont lieu sous le portique extérieur.

La figure 97, tirée d'un vase grec, montre une femme occupée à sa toilette. Elle tient un strigile, sorte de racloir dont nous parlerons plus loin et qui semble avoir été en usage pour les baigneurs des deux sexes, depuis une antiquité très-reculée.

Les thermes romains. — Les thermes ou bains publics comptent parmi les édifices les plus importants que les Romains avaient élevés. Ce qui caractérise l'architecture romaine, ce sont les grands établissements d'utilité publique, les thermes, les palais, les édifices qui demandent une grande agglomération de salles, où de nombreux services doivent trouver un emplacement convenable, où il doit y avoir des pièces de grandeurs différentes et en grand nombre. Le Romain est incomparable pour la disposition d'un plan compliqué et il est là vraiment original, car la Grèce ne lui offrait point de modèles, ni pour la dimension colossale des édifices, ni pour la disposition qui convient aux rouages d'une immense administration. Si, après avoir admiré les formes exquises et les belles proportions d'un monument grec, on se transporte tout à coup au milieu des thermes de Caracalla ou d'un autre établissement du même genre, on retrouvera des colonnes, des ornements, des formules connues, mais on verra en même temps que le génie de l'architecture romaine suit une direction très-différente et qu'elle peut s'élever à une hauteur qui, quoique moins sublime, est peut-être plus grandiose.

Le programme que l'artiste avait à remplir est vraiment prodigieux. Il ne s'agit pas seulement d'avoir des salles pour les baigneurs, des bains chauffés à une température déterminée, des chambres pour déposer les vêtements, il faut encore des gymnases pour les exercices corporels, des promenoirs pour la circulation, des pièces pour les philosophes et les rhéteurs, des logements pour les employés de l'établissement, des magasins pour les provisions de bois destinés au chauffage, des réservoirs pour les eaux, sans compter la bibliothèque, les statues et les peintures si nombreuses qu'elles forment un véritable musée, des espaces découverts pour les jeux, des gradins pour les spectateurs, etc., etc.

Tous ces services différents demandent naturellement des grandeurs différentes pour les pièces, des dispositions particulières pour l'usage auquel chacune est consacrée, et dans tout cela il faut trouver un ensemble logique, où chaque partie se coordonne, où la confusion ne soit nulle part, où une circulation incessante puisse avoir lieu sans gêner le service et où une décoration splendide soit à la hauteur du peuple romain pour qui l'édifice a été construit.

Évidemment le principe général de cet immense ensemble existait dans les gymnases grecs, mais les Romains, par le prodigieux développement qu'ils ont donné à leurs monuments, sont arrivés à créer un art qui leur appartient bien.

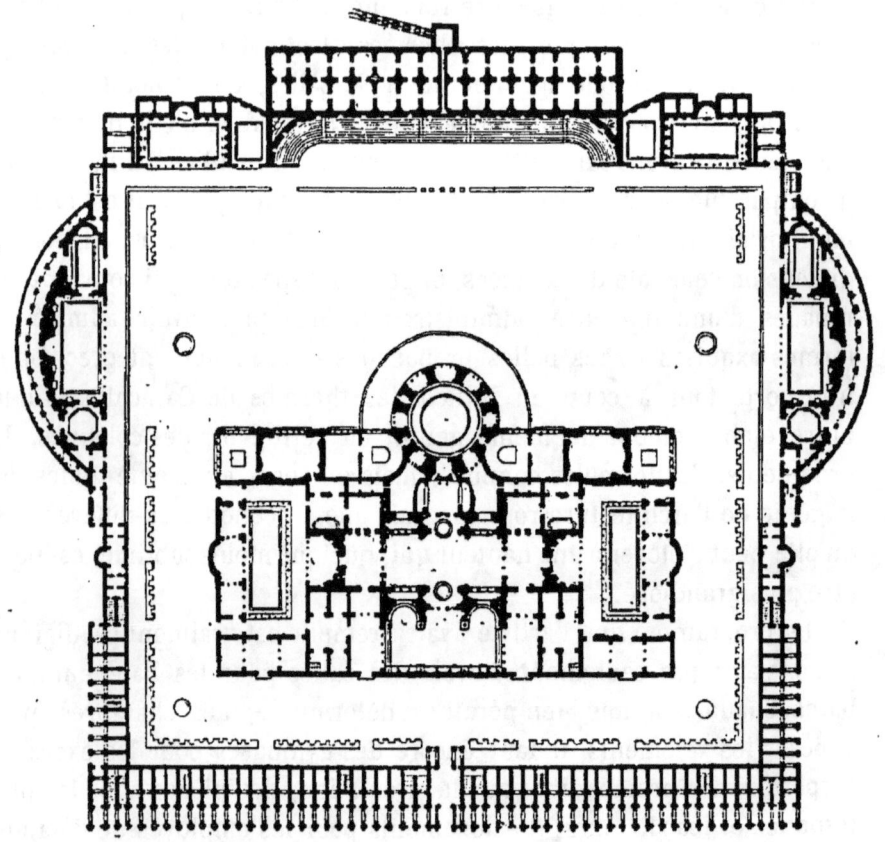

Fig. 98. — Plan des Thermes de Caracalla.

Dans les thermes de Caracalla, trois mille personnes pouvaient se baigner à la fois, et il y avait seize cents siéges en porphyre ou en marbre. Les plus célèbres édifices de ce genre avaient conservé les noms de ceux qui les avaient fait bâtir, Agrippa, Vespasien, Antonin, Caracalla, Titus, Dioclétien, Constantin. La décoration de ces établissements était splendide. C'est dans les thermes de Titus qu'on a retrouvé le groupe du Laocoon, et dans ceux de Caracalla qu'on a découvert l'Hercule et le Taureau Farnèse, le Torse antique, la Flore et les deux gladiateurs. Des statues, des bas-reliefs, des tableaux, ornaient les salles et les portiques dont le pavé est une admirable mosaïque (fig. 98).

Les thermes les plus complets se composaient de deux enceintes comprises l'une dans l'autre, et séparées par de belles promenades plantées de platanes et de sycomores. Les bains proprement dits occupaient les bâtiments du centre, tandis que les constructions extérieures renfermaient des portiques pour se promener, des salles pour la gymnastique et une bibliothèque pour les philosophes et les savants.

Dans le monument spécialement consacré aux bains il y avait des grandes salles disposées chacune pour un usage particulier, le calda-

Fig. 99. — Apodyterium. (Chambre pour se déshabiller.)

rium, le tépidarium, le frigidarium. Il y avait en outre des salles où où on se faisait suer, un bassin d'eau bouillante placé au milieu répandait des tourbillons d'une vapeur qui s'échappait ensuite par une ouverture du plafond : un bouclier rond qu'on manœuvrait à l'aide d'une chaîne fermait cette ouverture quand on voulait concentrer la vapeur et laissait pénétrer l'air quand on avait trop chaud. Les salles des thermes étaient chauffées par un fourneau souterrain appelé hypocauste : une curieuse peinture que nous reproduisons plus loin peut donner l'idée des procédés qu'employaient les anciens pour obtenir la chaleur nécessaire. L'eau était contenue dans un grand réservoir qu'alimentaient les aqueducs.

L'*apodyterium* est la chambre dans laquelle on se déshabillait et où on laissait ordinairement ses habits pendant qu'on prenait le bain. Celui des thermes de Pompéi (fig. 99) était entouré de bancs pour

Fig. 100. — Intérieur des bains de Titus.

se déshabiller, et des chevilles de bois étaient fixées aux murailles pour suspendre les effets. Cette pièce est pourvue de trois portes; celle qui est à droite au premier plan conduisait au bain chaud : quant aux deux qui sont placées au fond de la salle, celle qui est à main droite menait au bain froid et celle qui est à main gauche était l'entrée par laquelle on arrivait de l'extérieur.

La figure 100 représente une peinture trouvée, dit-on, dans les bains de Titus et qui n'existe plus aujourd'hui. A vrai dire l'authenticité de cette peinture a été contestée, et quelques-uns l'ont regardée comme un ouvrage d'un architecte de la Renaissance, préoccupé de la distribution des thermes antiques. Mais comme elle est citée par la plupart des archéologues comme une pièce importante et qu'elle est d'ailleurs extrêmement curieuse, nous avons cru devoir en donner la

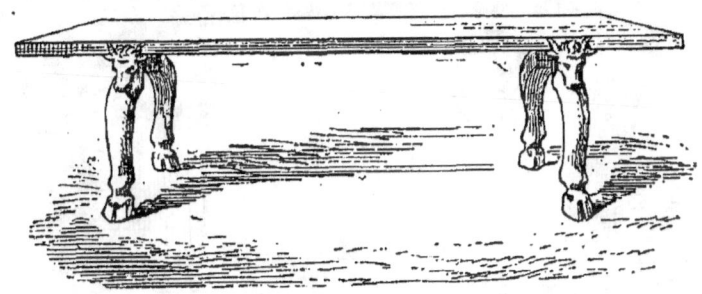

Fig. 101. — Table.

reproduction. L'*hypocaustum* qu'on voit au bas contient les fourneaux souterrains. Nous avons reproduit dans la première partie de ce travail le tépidarium des bains de Pompéi (tome I, fig. 612).

Le *tepidarium* est une pièce où l'on maintenait une température moyenne : on s'y tenait quelque temps pour empêcher que la transition fût trop brusque entre le *sudatorium* ou bain de vapeur et l'air extérieur. Il contenait des bancs de bronze, analogues à celui que nous donnons figure 101 et qui a été trouvé à Pompéi dans le tépidarium des bains de cette ville. Conformément aux préceptes donnés par Vitruve, cette pièce est contiguë à la chambre où on se déshabille (apodytérium) et à celle où se trouvaient les bassins pleins d'eau chaude (caldarium); la porte qui est à droite donne entrée dans cette dernière pièce. Les espèces d'atlantes qui supportent la corniche séparent les compartiments où l'on déposait différents objets appartenant aux baigneurs.

Les ustensiles du bain. — Dans les bains publics, les baignoires étaient souvent en marbre et en porphyre (fig. 102.) Les particuliers avaient quelquefois des baignoires d'argent. On trouvait aussi des siéges d'une forme particulière sur lesquels s'asseyait le baigneur lorsqu'on répandait l'eau chaude sur son corps où qu'on l'enveloppait de couvertures pour l'inonder de vapeur. La figure 103 montre un de ces siéges : il est formé d'une table, qui est surmontée d'un bord circulaire assez bas, et percé en avant d'une échancrure en forme de fer à cheval ; cette échancrure servait, soit à l'écoulement de l'eau, soit à l'introduction du jet de vapeur. Chaque établissement de bain était pourvu de plusieurs siéges de ce genre.

Fig. 102. — Baignoire romaine.

Il y avait dans les établissements de bains des fauteuils roulants dont on se servait pour les personnes malades ou infirmes, que des esclaves pouvaient ainsi traîner d'une salle dans l'autre, et conduire jusqu'aux jets de vapeur. Un fauteuil de marbre, trouvé dans les bains d'Antonin à Rome, et qui fait aujourd'hui partie du musée Britannique, est pourvu de deux petites roues sculptées sur les côtés comme ornement : ce fauteuil paraît être une imitation de ceux dont on se servait pour les malades ; seulement ceux-ci étaient en bois et leurs roues étaient probablement plus grandes.

On annonçait au public que l'eau était préparée pour le bain en agitant des cloches qui étaient suspendues aux fenêtres, comme on le voit sur la figure 104, qui est tirée d'une peinture antique. Quelquefois la cloche était remplacée par un disque métallique sur lequel on frappait (fig. 105).

LES THERMES.

Une espèce de trousseau découvert à Pompéi montre des instruments de bains enfilés dans un anneau assez semblable à ceux auxquels

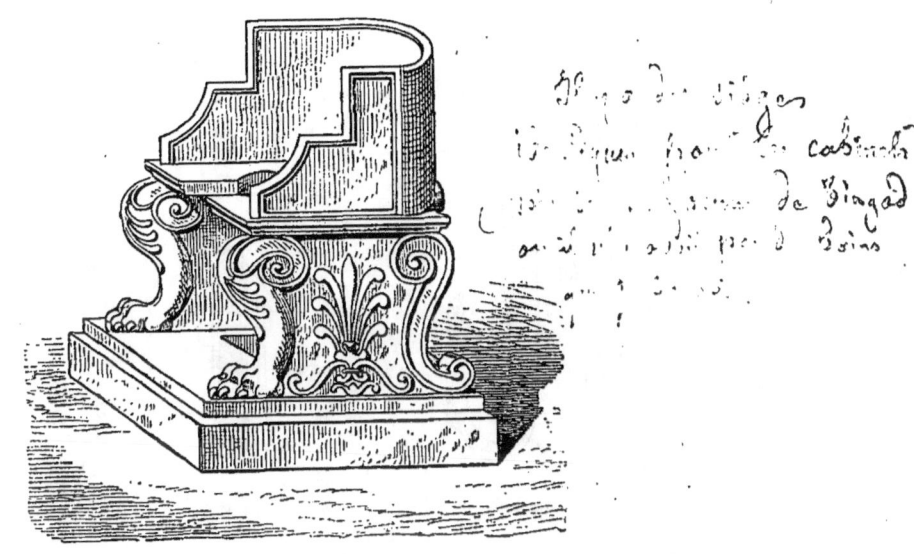

Fig. 103. — Siége.

nos ménagères suspendent leurs clefs. On y voit une coupe à anse, une fiole à parfums et quatre strigiles (fig. 106).

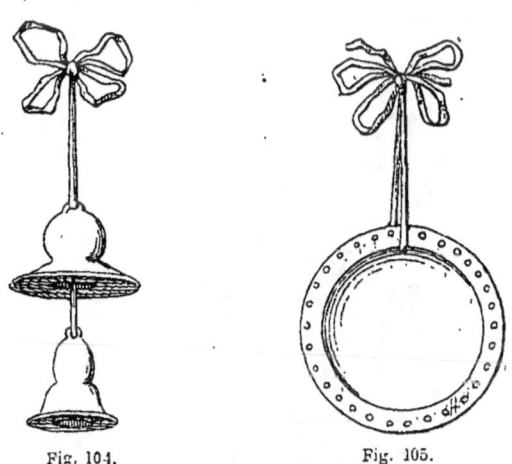

Fig. 104.   Fig. 105.

Le strigile est une sorte de racloir à l'aide duquel on faisait disparaître en grattant les corps étrangers qui avaient pu s'attacher à la peau dans le bain ou pendant les exercices de la palestre (fig. 107). Une poignée s'adaptait au strigile, dont la lame en bronze était recourbée en dedans,

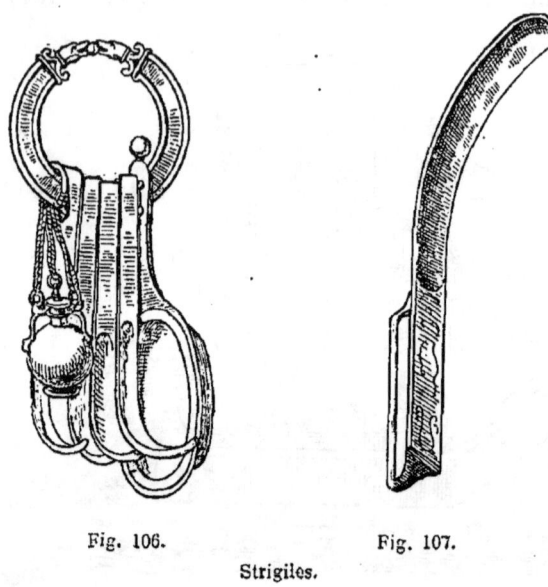

Fig. 106.   Fig. 107.
Strigiles.

de manière à former une sorte de canal, dans lequel s'écoulait comme dans une véritable gouttière l'humidité ou la sueur que l'instrument

Fig. 108. — Servante de bain.

exprimait de la peau. On mettait d'abord sur le strigile quelques gouttes d'huile, destinées à adoucir le métal et à ne pas écorcher la peau. Il y avait aussi des strigiles auxquels on adaptait une brosse.

Martial nous apprend que ces instruments se fabriquaient dans l'Asie Mineure. « Ces brosses recourbées à manche de fer, dit-il, nous viennent de Pergame. Si tu t'en frottes bien le corps, ton linge n'aura pas si souvent besoin du dégraisseur. »

Il y avait dans les établissements de bains des esclaves chargés de laver le baigneur, de le sécher en lui frottant la peau avec le strigile et de le parfumer ensuite. Juvénal parle de cet usage et la figure 108,

Fig. 109. — Jeune homme allant au bain.

qui représente une servante de bain, se rapporte assez bien à ce qu'il dit. Cette figure est tirée d'une peinture découverte dans le dernier siècle, et qui décorait une paroi d'une chambre sépulcrale sur la voie Appienne.

La figure 109 montre un jeune homme se rendant au bain, d'après une statue antique. Il tient à la main un strigile et une fiole à parfums. Pétrone nous a laissé la description suivante d'une scène de bain : « Nous nous rendîmes aux thermes, dit-il, et là, nous passâmes promptement du bain chaud au rafraîchissoir. On venait de parfumer Trimalcion, et les frottoirs dont on l'essuyait étaient non pas de lin, mais du molleton le plus doux. Bientôt on l'enveloppa d'une peluche écarlate, puis on le plaça dans une litière précédée de quatre valets de pied à livrées magnifiques. Tandis qu'on l'emportait, un musicien s'approcha de lui avec une petite flûte, et, penché à son oreille comme s'il lui eût confié quelque secret, il ne cessa de jouer pendant toute la route. »

V

LE THÉATRE

L'ÉDIFICE. — LES MASQUES. — LES ACTEURS.
LE CHŒUR. — LES REPRÉSENTATIONS. — LA TRAGÉDIE. — LA COMÉDIE.

L'ÉDIFICE. — L'origine du théâtre remonte aux fêtes de Bacchus et de Cérès. Pendant la vendange ou la moisson on chantait des dithyrambes en l'honneur des divinités qui avaient enseigné l'usage de la vigne et du blé. Aux fêtes de Bacchus, on imagina de faire paraître des personnages déguisés en satyres; c'est à cela qu'on a attribué l'usage des masques. Dans l'origine, on se contentait de se barbouiller le visage. Le poëte Thespis eut l'idée de raconter l'histoire et les aventures des divinités dans les intervalles de la danse, et c'est de là que naquit la poésie dramatique.

« Thespis, dit Horace dans *l'Art poétique,* fut le premier qui inventa le genre inconnu de la muse tragique, et qui promena sur des chariots le drame naissant, que jouaient et chantaient des acteurs barbouillés de lie. Après lui Eschyle imagina le masque et la robe traînante; il dressa la scène sur des tréteaux, et enseigna l'art de parler avec majesté et de marcher avec le cothurne. »

Les premiers poëtes dramatiques faisaient en effet représenter leurs pièces sur des chariots ou des tréteaux fixés en terre. Le poëte Pratinas ayant fait jouer une de ses pièces sur un de ces théâtres en bois, les siéges s'écroulèrent et il y eut un grand nombre de personnes tuées. Ce fut alors qu'on construisit, du temps de Thémistocle, le premier théâtre en pierres; il fut dédié à Bacchus. On le creusa dans le flanc de l'Acropole; dans les théâtres grecs en général, on recherchait l'adossement à une montagne, qui permettait aux spectateurs d'avoir la vue sur la campagne environnante.

Le théâtre antique avait la forme d'un fer à cheval et était divisé en deux parties : la partie semi-circulaire était disposée par gradins en fuite les uns sur les autres et était destinée aux spectateurs. La partie réservée aux jeux du théâtre et aux représentations de la pièce comprenait l'orchestre et la scène. Un portique placé au delà du gradin le plus élevé entourait l'édifice et servait de refuge en temps de pluie.

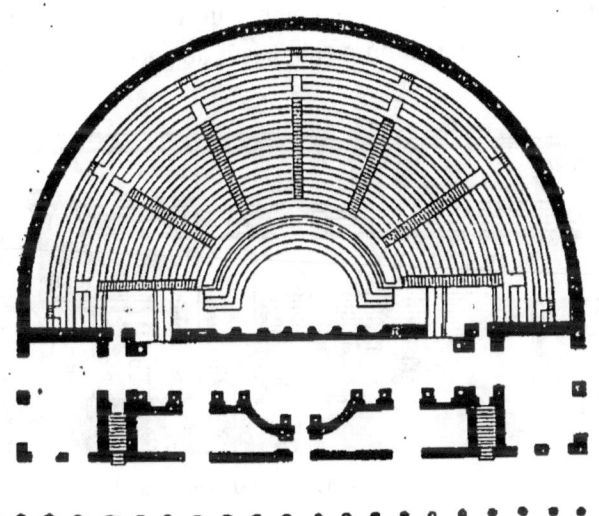

Fig. 110. — Plan de théâtre de Pompéi.

L'orchestre était entre la scène et le gradin le plus bas. C'est là que se trouvait le chœur des danses et des chants; il y avait au centre un petit autel consacré à Bacchus. Dans les théâtres romains, où il n'y avait pas de chœurs, l'orchestre était généralement plus petit que dans les théâtres grecs; quelquefois on y disposait des sièges pour les personnages de distinction. Les figures 110 et 111 nous montrent le plan et la coupe d'un théâtre.

La scène, qui faisait le fond du théâtre, comprenait la construction rectangulaire placée en face des gradins. Elle se composait du proscénium où jouaient les acteurs et du postscénium où ils se retiraient pour s'habiller et où étaient disposées les machines.

Les théâtres étaient sans toit, de sorte qu'on ne pouvait pas comme chez nous faire descendre les divinités par des cordes attachées en haut. Néanmoins l'art du machiniste était assez avancé : une trappe servait à faire apparaître les divinités marines. Les ombres infernales sortaient par un trou pratiqué dans l'escalier allant de l'orchestre à la scène. Il y avait des machines qui servaient à imiter la foudre que Jupiter lance du haut de l'Olympe, et d'autres remplies de cailloux qu'on faisait rouler sur des bassins de bronze pour annoncer l'apparition des dieux. Les apparitions qui devaient venir d'en haut se faisaient au moyen d'une machine qui déplaçait subitement un décor et laissait voir la divinité qu'on voulait faire intervenir.

La scène, construite d'une manière monumentale, offrait une ordonnance régulière composée de colonnes et ornée de statues. La décoration était de trois espèces selon la pièce que l'on jouait. Pour la tragédie, la scène montrait des bâtiments rehaussés de portiques ; pour la comédie,

Fig. 111. — Théâtre d'Herculanum.

des rues et des places publiques, et pour les pièces satiriques, des rochers ou des bosquets.

Il y avait des décors triangulaires, où chaque face montrait une peinture différente et qu'on tournait sur pivot pour montrer la face qu'exigeaient les circonstances, mais il y avait aussi de grands tableaux que l'on faisait glisser sur la scène, et qui lorsqu'on les retirait en laissaient voir d'autres laissés derrière.

On a beaucoup discuté sur les connaissances des anciens en fait de perspective. Vitruve nous renseigne à cet égard : « Agatharchus, dit-il, ayant été instruit par Eschyle, à Athènes, de la manière de faire les décorations de théâtres pour les tragédies, il fit le premier un livre sur l'art de les peindre ; il apprit ensuite ce qu'il en savait à Démocrite et à Anaxagore, qui ont écrit aussi sur ce sujet et principalement sur l'artifice au moyen duquel on pouvait, *en plaçant un point sur un certain lieu,* imiter si bien la disposition naturelle des lignes qui sortent des yeux en s'élargissant, que, bien que cette disposition des lignes soit une chose qui nous est inconnue, on parvenait à faire illusion et à représenter fort bien les édifices dans les perspectives que l'on peignait sur la scène, où ce qui est peint seulement sur une surface plate paraît être rapproché en de certains endroits et être plus éloigné dans d'autres. »

Chez les Grecs l'orchestre était plus grand que chez les Romains à cause des chœurs, mais la scène était généralement plus petite. L'usage du rideau ou de la toile, qui ne paraît pas avoir été usité chez les Grecs, se trouve au contraire chez les Romains. Mais au lieu de la lever comme on fait aujourd'hui, on la baissait et on la faisait glisser par une trappe sous le proscénium. Elle était décorée de sujets empruntés à l'histoire ou à la mythologie. Les acteurs grecs et romains étaient masqués ; pourtant nous voyons par Cicéron que le célèbre acteur Roscius jouait quelquefois sans masque.

Les théâtres grecs les plus célèbres étaient celui de Bacchus à Athènes, celui de l'île d'Égine, celui de Mégalopolis, le plus grand de la Grèce suivant Pausanias, celui d'Épidaure, bâti par Polyclète dans le bois sacré d'Esculape. En Asie, le théâtre d'Éphèse était extrêmement fameux. La Sicile était aussi richement dotée ; on y peut voir encore les restes du théâtre de Syracuse. En Italie, comme en Grèce, les plus anciens jeux scéniques n'étaient que des danses, ou des dialogues en vers grossiers que les villageois improvisaient. Ce ne fut que fort tard que les Romains eurent des théâtres en pierres comme ceux des Grecs, et cet usage, venant d'une influence étrangère, rencontra même une assez vive opposition. Il existe en Italie, en Espagne et dans le midi de la France de beaux restes de théâtres romains.

Fig. 112. Billet de spectacle.

En Grèce, où les représentations théâtrales avaient un caractère religieux, tout le peuple y était admis. Mais en Italie, les personnes qui voulaient assister à une représentation théâtrale devaient être munies d'un billet d'entrée, qu'on nommait *tessera*, et sur lequel était marquée la place que le spectateur devait occuper et même le nom de la pièce qu'on devait jouer. Un de ces jetons a été découvert à Pompéi (fig. 112) et nous apprend par son inscription que celui qui l'avait en main devait assister à une représentation de la *Casina* de Plaute.

LES MASQUES. — Les acteurs grecs et romains portaient sur le visage des masques dont le caractère déterminé d'avance était en rapport avec le rôle qu'ils devaient jouer sur la scène; ils y ajoutaient des perruques qui s'ajustaient avec le masque, de sorte que non-seulement la figure, mais toute la tête de l'acteur était couverte et déguisée. Chaque âge et chaque condition, les enfants et les vieillards, les rois et les esclaves, avaient un masque traditionnel que le public connaissait et qui faisait reconnaître immédiatement le personnage qui entrait en scène.

Les masques scéniques dont les acteurs se couvraient la face étaient de véritables têtes creuses, dont la disposition concave contribuait à

Fig. 113.

Fig. 114.

Masques antiques.

changer la voix et à la rendre plus sonore. Le catalogue publié par le ministère de l'instruction publique, à propos de l'Exposition universelle de 1878, contient les renseignements suivants sur la question si controversée des masques antiques : « Les recherches auxquelles l'exposition théâtrale a donné lieu ont amené un résultat intéressant pour l'étude des anciens masques de théâtre. Sur la foi d'un vers de Virgile, qui s'applique uniquement aux représentations rustiques et populaires de l'Italie, on pensait que ces masques étaient faits d'écorce ou tout au moins de bois. En prenant pour point de départ de nos expériences les masques et les enveloppes des momies égyptiennes, nous avons acquis la conviction que les masques tragiques et comiques étaient fabriqués avec de la toile mise en forme par un procédé d'estampage et couverte d'un enduit crayeux, auquel on donnait plus de cohésion en y mêlant de la colle. Ainsi s'explique un passage assez obscur de Lucrèce relatif à des masques de craie, qui pouvaient, avant d'être complétement séchés, se retourner à l'envers sous l'action d'un simple choc. Deux

Fig. 115.

Fig. 116.

Masques antiques.

autres témoignages antiques, jusqu'ici trop négligés, attestent que Thespis inventa les masques simplement de toile, et qu'Eschyle, après

Fig. 117.

Fig. 118.

Masques antiques.

lui, trouva les masques recouverts d'un enduit : c'est comme l'histoire du procédé que nous venons de décrire. » Ce procédé était en effet intéressant à connaître, parce qu'on n'a retrouvé aucun masque antique véritable, bien qu'on en ait un grand nombre de représentations.

Quant aux types généraux affectés aux différents genres de masques, il y avait d'abord deux grandes divisions : les tragiques et les comiques. Il y avait au moins vingt-cinq espèces de masques tragiques, six pour les vieillards, sept pour les jeunes gens, neuf pour les femmes et trois pour les esclaves. L'arrangement des cheveux et de la barbe était diffé-

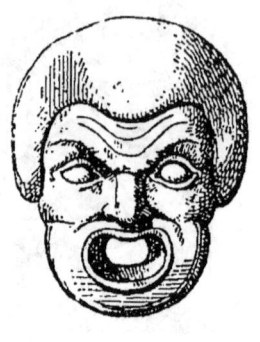

Fig. 119.

Fig. 120.

Masques antiques.

rent pour chacun de ces masques, auxquels étaient affectées en outre une teinte et une physionomie particulières. On connaît également plus de

Fig. 121. — Masque tragique.

quarante types de masques comiques : neuf pour les vieillards, dix pour les jeunes gens, trois pour les vieilles femmes, quatorze pour les jeunes filles et sept pour les esclaves. En dehors de cela, les dieux, les héros et les grands personnages historiques avaient des masques consacré par l'usage et qui les faisaient de suite reconnaître (fig. 113 à 121).

La figure 122 montre un acteur en train d'examiner ses masques, d'après une peinture de Pompéi. On remarquera que parmi les masques

Fig. 122. — Acteur examinant ses masques.

il y en a un qui paraît être une tête de Gorgone, reconnaissable à ses cheveux en serpents.

LES ACTEURS. — Dans l'antiquité grecque, les femmes ne montaient pas sur le théâtre et leurs rôles étaient joués par des hommes. Il n'y avait même pas à l'origine d'acteurs de profession; les représentations théâtrales faisant partie des fêtes de Bacchus, tous les citoyens indistinctement participaient aux farces, aux quolibets, aux bons mots et aux répliques piquantes que ces fêtes entraînaient toujours avec elles. Mais comme les facéties populaires avaient souvent pour objectifs des personnages opulents et haut placés, les chefs de la république à Athènes songèrent à régulariser ces fêtes en leur donnant un caractère officiel, ce qui leur permettait d'exercer leur influence sur la multitude. Les acteurs appelés à jouer dans ces cérémonies furent alors considérés comme des fonctionnaires publics. Le poëte, qu'on appelait le maître, parce qu'il était chargé d'instruire les acteurs du rôle qu'ils avaient à jouer, reçut un chœur qu'il avait mission de préparer pour les Dionysies, c'est-à-dire les fêtes de Bacchus. Outre les choreutes, qui étaient chargés de la partie lyrique, il y avait trois acteurs auxquels on réservait les rôles principaux dans la partie dramatique. Celui qui devait jouer le premier rôle s'appelait le protagoniste, celui qui jouait le second était le deutéragoniste et le troisième le tritagoniste. Mais comme les personnages qu'on devait représenter pouvaient dépasser le nombre de trois, il arrivait souvent que le même acteur pouvait être appelé à jouer plusieurs rôles différents dans la même pièce. Tel était du moins la situation des acteurs dans la scène primitive, car elle s'est sensiblement modifiée depuis. Il est bon de dire aussi que les auteurs étaient en même temps acteurs, et que le plus souvent ils se chargeaient eux-mêmes du premier rôle. Eschyle, Sophocle, Aristophane ont joué dans leurs propres pièces. Parmi les plus célèbres acteurs de l'antiquité

Fig. 123. — Exercice pour drame satyrique.

grecque, on cite Polus et Théodore. Le salaire de ces acteurs était souvent considérable, car Polus recevait pour deux jours un talent (5,560 fr.). Il est vrai que les représentations théâtrales n'avaient lieu qu'à certaines solennités et qu'on devait s'y préparer longtemps à l'avance. Les acteurs à cette époque étaient fort honorés et plusieurs furent appelés à remplir de hautes fonctions dans l'Etat, notamment celles d'ambassadeur.

La figure 123 nous montre une mosaïque tirée de la *Maison du poëte tragique à Pompéi*. C'est assurément un des documents les plus curieux que nous possédions sur le théâtre antique : on y voit l'intérieur d'une salle que nous pourrions appeler le foyer des acteurs ; au centre un vieillard assis, le directeur du théâtre probablement, ou peut-être l'auteur de la pièce, donne ses instructions aux acteurs placés autour de lui. Trois masques, dont deux tragiques et un comique, sont placés à ses pieds sur une escabelle. En face de lui deux jeunes acteurs écoutent attentivement sa parole ; ils n'ont d'autre vêtement qu'une peau de bête autour des reins, ce qui semble indiquer qu'ils se préparent à donner une représentation du genre champêtre. L'un d'eux porte un

Fig. 124. — Musiciennes de théâtre.

masque au-dessus de sa tête en manière de coiffure. Un peu plus loin, une joueuse de flûte s'apprête à accompagner la répétition. Enfin au fond, on voit un autre acteur qui, aidé d'un de ses camarades, est en train de passer une tunique à longues manches. Cette coiffure formée d'un masque était d'un aspect assez original, et il paraît qu'elle n'était pas rare chez les gens de théâtre, car on la retrouve encore dans une autre peinture de Pompéi qui représente deux musiciennes (fig. 124.)

Avant de jouer une pièce il y avait toujours des répétitions. C'est ce que montre la figure 125, dans laquelle une femme lit son rôle avec accompagnement de la lyre et de la double flûte. C'est encore une lecture que représente sans doute aussi la peinture assez énigmatique reproduite sur la figure 126, mais elle n'est pas accompagnée de musique.

Après la guerre du Péloponèse, la condition des acteurs se modifia singulièrement. Les acteurs, devenant chaque jour plus nombreux, formèrent des confréries pour l'exploitation des théâtres. Ces confréries, auxquelles les subventions des villes ou les libéralités des particuliers venaient souvent en aide, allaient donner des représentations dans les cités où il y avait un théâtre, et y passaient un temps plus ou moins long selon le marché qu'ils avaient conclu. Le salaire de ces acteurs

Fig. 125. — Concert.

ambulants, faisant abstraction des talents exceptionnels qui jouaient les premiers rôles et étaient payés à part, paraît avoir été de sept drachmes (environ 6 fr.) par représentation.

A Rome la profession d'acteur n'était nullement honorée comme en Grèce, et elle fut même longtemps interdite aux citoyens romains. Les acteurs étaient presque toujours des étrangers, principalement des Grecs, ou bien des affranchis. La scène romaine admettait les femmes, tandis qu'elles n'ont jamais paru sur la scène grecque; mais ces femmes étaient par cela seul déshonorées. Un sénateur n'avait pas le droit de rendre visite à des acteurs, et il eût été compromettant même pour un simple chevalier de leur parler dans la rue. Tous les préjugés que la société moderne a longtemps gardés sur les gens qui vivent du théâtre ont leur origine dans le dédain que les Romains ont toujours affecté pour les histrions. Ce dédain, quoique très-général, n'était pourtant pas universel, puisque Cicéron était l'ami de l'acteur Roscius. Il faut croire, au reste, que si les acteurs étaient peu honorés, ils étaient assez largement rétribués lorsqu'ils arrivaient à la réputation, puisque l'acteur

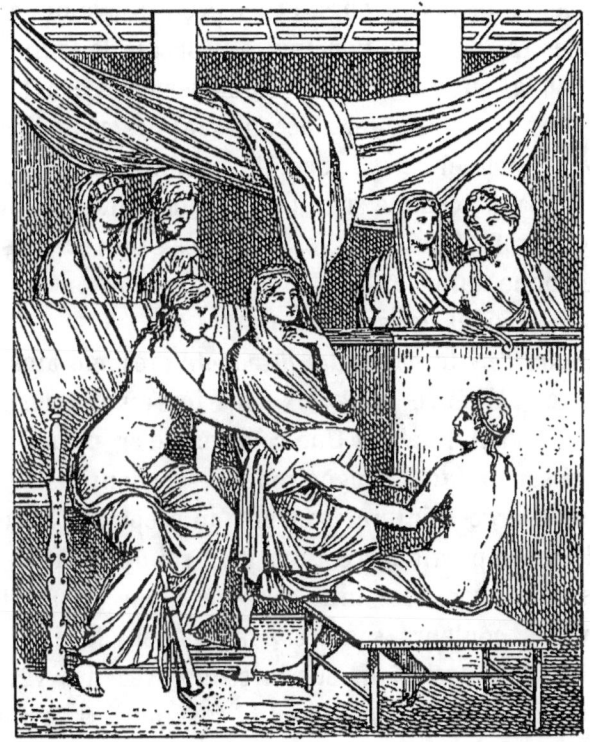

Fig. 126. — Lecture.

Æsopus laissa à son fils une fortune de vingt millions de sesterces (5,560,000 fr.).

Dans le prologue de l'*Amphitryon* de Plaute, Mercure s'exprime ainsi en s'adressant au public : « Ce que Jupiter m'a chargé de vous demander, c'est que des inspecteurs s'établissent sur tous les gradins de l'amphithéâtre, et s'ils voient des spectateurs apostés pour applaudir un acteur, qu'ils prennent leur toge pour gage dans cette enceinte même. Si quelqu'un a sollicité la palme en faveur des comédiens ou de tout autre artiste, soit par lettres, soit personnellement, soit par intermédiaires, ou si les édiles décernent injustement le prix; Jupiter veut qu'ils soient assimilés à ceux qui briguent malhonnêtement une charge pour eux-mêmes ou pour autrui, et placés sous le coup de la même loi. Il dit que vos victoires sont dues à la valeur, non à l'intrigue ou à la perfidie, et pourquoi le comédien ne serait-il pas soumis à la même loi que le grand citoyen? Il faut solliciter par son mérite, jamais par une cabale; quiconque fait bien a toujours assez de partisans, pourvu qu'il ait affaire à des juges impartiaux. Il veut de plus que l'on donne des surveillants aux acteurs, et s'il s'en trouve qui aient aposté des gens pour les applaudir ou pour nuire au succès de leurs camarades, qu'on leur arrache leur costume et qu'on les fouette à tour de bras. Ne soyez pas surpris que Jupiter s'occupe tant des comédiens; il n'y a pas de quoi vous étonner, il va jouer lui-même dans cette pièce. Eh! vous voilà tout ébahis, comme si c'était d'aujourd'hui que Jupiter joue la comédie. Ne paraît-il pas dans les tragédies? Oui, je vous le répète, Jupiter en personne aura son rôle et moi aussi. Attention à présent, je vais vous dire le sujet de la pièce. »

Le *Dictionnaire de l'Académie des Beaux-Arts* résume ainsi les documents que Lucien, Athénée et Pollux nous fournissent sur le costume des acteurs dans l'antiquité : « Une couronne d'or, un manteau rouge brodé d'or, jeté sur une très-longue robe, descendant jusqu'aux talons, le cothurne, une large ceinture, souvent un sceptre d'or ou d'argent, voilà de quoi se composait le costume d'un roi de théâtre. Les reines étaient vêtues de pourpre, les bras couverts d'une étoffe blanche. Le noir, le brun, les couleurs sombres, indiquaient le deuil ou l'exil. Téléphe et Philoctète arrivaient sur la scène avec des vêtements en lambeaux. L'agrenon, ainsi se nommait le costume des devins, se composait uniquement d'un réseau de laine, ou, si l'on veut, d'une espèce de maillot qui enveloppait tout le corps. Tirésias, dans l'*OEdipe-Roi*, paraissait vêtu de l'agrenon. Les prêtresses étaient vêtues de blanc, les chasseurs et les soldats portaient une écharpe rouge. Une peau de bête apprêtée, une besace, un bâton, tel était l'accoutrement des gens de campagne et des bergers.

« Ces différents costumes étaient complétés par les accessoires nécessaires, tels que lances, casques, massues, carquois. Mentionnons aussi les coiffures variées, mitres, tiares, qui ornaient la tête du tragédien, et indiquons les costumes de la comédie.

« C'était avec un manteau rouge ou noir, un bâton recourbé, que se montraient les vieillards ou Gérontes de la comédie. Un petit manteau, semblable à celui des crispins du Théâtre-Français, était attaché sur les épaules des esclaves. Les jeunes gens étaient habillés de rouge, les parasites vêtus de noir. Les jeunes femmes portaient une tunique de pourpre bordée de franges, des bijoux et notamment des bracelets. »

Sur la figure 127, nous voyons un acteur assis et tenant un sceptre, sans doute parce qu'il va jouer le rôle d'un roi. Il regarde une jeune femme qui trace des caractères sur une tablette surmontée d'un masque tragique. On a pensé que ce personnage écrivait probablement le nom

Fig. 127. — Rôle de roi.

de la pièce qui devait être jouée. Un troisième personnage debout regarde la femme qui écrit.

Philostrate, dans la *Vie d'Apollonius de Tyane*, raconte la singulière impression que produisit la vue d'un acteur tragique sur les habitants de la petite ville d'Hispola dans la Bétique, où la population n'avait jamais rien vu de semblable. « Son talent, dit-il, lui avait attiré quelque réputation dans les villages qui n'étaient pas trop barbares, d'abord parce que les peuples chez lesquels il venait n'avaient jamais entendu de tragédies, ensuite parce qu'il affirmait reproduire exactement les intonations de Néron. Quand il fut arrivé chez les habitants d'Hispola, ceux-ci furent épouvantés avant même qu'il eût dit un mot. Dès qu'ils le virent marcher à grands pas, se dresser sur ses cothurnes, ouvrir une large bouche et se draper dans une robe démesurément large, ils ne purent se défendre de quelque effroi ; mais lorsqu'il se fit entendre et se mit à déclamer, la plupart crurent que c'était un démon qui hurlait à leurs oreilles et s'enfuirent. On voit combien les mœurs de ces populations sont simples et primitives. »

Fig. 128. — Scène de comédie. (D'après une peinture antique.)

« Il y avait en Grèce, dit Aulu-Gelle, un acteur qui surpassait tous ses rivaux par la pureté de la voix et la grâce des gestes ; il se nommait Polus. Il jouait les chefs-d'œuvre tragiques avec un art et une habileté profonde. Ce Polus perdit un fils qu'il aimait tendrement. Lorsqu'il crut avoir assez longtemps porté le deuil, il reprit sa profession. Dans l'*Électre* de Sophocle, qu'il jouait alors devant les Athéniens, il devait porter l'urne qui est supposée renfermer les cendres d'Oreste. Dans cette pièce, Électre, croyant avoir dans les mains les restes de son frère assassiné, gémit sur son trépas et s'abandonne à tous les transports de sa douleur. Polus parut donc couvert des vêtements lugubres d'Électre, et tenant, au lieu des prétendues cendres d'Oreste, l'urne qui renfermait les ossements de son propre fils et qu'il avait tirée du tombeau. En les pressant sur son cœur, il remplit tout le théâtre non de cris simulés, mais d'un deuil réel et de lamentations déchirantes. Ainsi quand on croyait que l'acteur jouait son rôle, c'est sa propre douleur qu'il représentait. »

Le personnage de la figure 128 qui, la lance à la main, se hanche

Fig. 129. — Scène de comédie. (D'après une peinture antique.)

si résolûment, pourrait reproduire un de ces types vantards, chers à la comédie latine et tel qu'on en trouve dans *le Soldat fanfaron* de Plaute, ou dans *l'Eunuque* de Térence. Et si celui-là est l'ancêtre des matamores de la comédie moderne, ne pourrait-on pas voir aussi dans son interlocuteur l'ancêtre d'un Crispin ou d'un Mascarille gesticulant sous son petit manteau? On pourrait peut-être trouver dans les pièces comiques des anciens une scène se rapportant à celle-ci.

Le type des courtisanes est bien visible dans notre figure 129. Un esclave ou valet fait un geste ironique en montrant deux femmes debout devant lui. Son vêtement, qui indique une condition servile, se compose d'un habit jaune avec des raies blanches en travers et du petit corset blanc que portaient les histrions. L'une des deux femmes se cache en partie le visage avec sa main et paraît un peu honteuse des propos qu'elle entend; elle porte une tunique bleue et un manteau blanc. L'autre femme, placée derrière la plus jeune, porte un vêtement rouge, couleur habituelle aux courtisanes; elle semble présenter sa compagne au valet placé devant elles.

La figure 130 nous montre un vieillard vêtu de blanc et portant la barbe en touffe pointue; il s'appuie sur son bâton, en regardant deux personnages assis, dont l'un joue de la double flûte, tandis que l'autre,

Fig. 130. — Scène de comédie.

pourvu d'un masque comique, semble l'accompagner en chantant. Le joueur de flûte a un manteau rouge, où l'on remarque une longue pièce rapportée, couleur de pourpre et brochée d'or. Le chanteur masqué est vêtu de blanc.

La sculpture nous offre aussi quelques représentations d'acteurs. Celle que reproduit la figure 132, et dont on voit à côté le masque sur une plus grande échelle, a été découverte à Tralles, dans l'ancienne Lydie, et figure actuellement au musée de Constantinople. Le *Dictionnaire de l'Académie des Beaux-Arts* en a donné la description suivante:
« Le personnage que représente cette statuette a la tête couverte d'un

bonnet cachant les oreilles ; ce bonnet est noué sous le menton de manière à maintenir le masque, qui est ainsi totalement encadré par

Fig. 131. — Masque en marbre.

Fig. 132. — Statuette de comédien.

Statuettes d'acteurs découvertes à Tralles.

la partie antérieure de la coiffure. Le masque est largement ouvert devant les yeux et devant la bouche, et il laisse voir en grande partie le bas du visage de l'acteur. Ces diverses ouvertures sont établies dans de profondes orbites qui donnent à la figure une accentuation nécessaire dans les grands espaces ou se développaient les scènes théâtrales chez les anciens. Les cheveux, passant sous le bonnet, flottent sur les épaules. Le vêtement, grande robe à manches serrées qui s'arrêtent sur le poignet, descend de manière à couvrir entièrement les jambes et à ne laisser voir que les pieds. Les mains du personnage croisées sur la ceinture semblent placées de manière à la soutenir. Les jambes sont croisées aussi; elles amènent quelques mouvements dans la partie inférieure de la robe. »

Fig. 133.

La figure 133 représente également un acteur comique pourvu de son masque. Le type qu'elle reproduit est assez fréquent dans les monuments peints ou sculptés.

Le chœur. — « Suivant que le sujet l'exige, dit Barthélemy dans le *Voyage du jeune Anacharsis*, le chœur est composé d'hommes ou de femmes, de vieillards ou de jeunes gens, de citoyens ou d'esclaves, de prêtres, de soldats, etc., toujours au nombre de quinze dans la tragédie, de vingt-quatre dans la comédie, toujours d'un état inférieur à celui des principaux personnages de la pièce. Comme, pour l'ordinaire, il représente le peuple, ou que du moins il en fait partie, il est défendu aux étrangers, même établis dans Athènes, d'y prendre un rôle, par la même raison qu'il leur est défendu d'assister à l'assemblée générale de la nation.

« Les choristes arrivent sur le théâtre, précédés d'un joueur de flûte qui règle leurs pas; quelquefois l'un après l'autre, plus souvent sur trois de front. Dans le courant de la pièce, tantôt le chœur exerce la fonction d'acteur, tantôt il forme l'intermède. Sous le premier aspect, il se mêle dans l'action; il chante ou déclame avec les personnages, son coryphée lui sert d'interprète. En certaines occasions, il se partage en deux groupes, dirigés par deux chefs qui racontent quelques circonstances de l'action, ou se communiquent leurs craintes ou leurs espérances ; ces sortes de scènes, qui sont presque toujours chantées, se terminent quelquefois par la réunion des deux parties du chœur. Sous le second aspect, il se contente de gémir sur les malheurs de l'humanité, ou d'implorer l'assistance des dieux en faveur du personnage qui l'intéresse.

« Pendant les scènes, le chœur sort rarement de sa place; dans les intermèdes et surtout dans le premier, il exécute différentes évolutions au son de la flûte. Les vers qu'il chante sont, comme ceux des odes, divisés en strophes, antistrophes, épodes, etc; chaque antistrophe répond à une strophe, soit pour la mesure et le nombre des vers, soit pour la nature du chant. Les choristes, à la première strophe, vont de droite à gauche ; à la première antistrophe, de gauche à droite, dans un temps égal et répétant le même air, sur d'autres paroles. Ils s'arrêtent ensuite, et, tournés vers les spectateurs, ils font entendre une nouvelle mélodie. Souvent ils recommencent les mêmes évolutions, avec des différences sensibles pour les paroles et pour la musique, mais toujours avec la même correspondance entre la marche et la contre-marche. Je ne cite ici que la pratique générale ; car c'est principalement dans cette partie du drame que le poëte étale volontiers les variétés du rhythme et de la mélodie. »

LES REPRÉSENTATIONS. — Les représentations théâtrales n'avaient pas lieu partout de la même manière. Voici ce que dit Barthélemy, dans le *Voyage du jeune Anacharsis*, des pièces qui se jouaient à Athènes : « On ne donne des tragédies et des comédies que dans les trois fêtes consacrées à Bacchus ; la première se célèbre au Pirée, et c'est là qu'on a représenté pour la première fois quelques-unes des pièces d'Euripide. La seconde, nommée les *choès* ou les *lénéènes*, tombe au douzième du mois anthestérion (fin janvier) et ne dure qu'un jour. Comme la permission d'y assister n'est accordée qu'aux habitants de l'Attique, les auteurs réservent leurs nouvelles pièces pour les grandes Dionysiaques, qui reviennent un mois après, et qui attirent de toutes parts une infinité de spectateurs. Elles commencent le 12 du mois élaphébolion et durent plusieurs jours, pendant lesquels on représente les pièces destinées au concours.

« La victoire coûtait plus d'efforts autrefois qu'aujourd'hui. Un auteur opposait à son adversaire trois tragédies et une de ces petites pièces qu'on nomme satyres. C'est avec de si grandes forces que se livraient ces combats fameux où Pratinas l'emporta sur Eschyle et sur Chœrilus, Sophocle sur Eschyle, Euphorion sur Sophocle et sur Euripide, ce dernier sur Iophon et sur Ion, Xénoclès sur Euripide. On prétend que, suivant le nombre des concurrents, les auteurs de tragédies, traités alors comme le sont encore aujourd'hui les orateurs, devaient régler la durée de leurs pièces sur la chute successive des gouttes d'eau qui s'échappaient d'un instrument nommé clepsydre. Quoi qu'il en soit, Sophocle se lassa de multiplier les moyens de vaincre; il essaya de ne présenter qu'une seule pièce, et cet usage, reçu de tous les temps pour la comédie, s'établit insensiblement à l'égard de la tragédie.

« Dans les fêtes qui se terminent en un jour, on représente maintenant cinq ou six drames, soit tragédies, soit comédies. Mais dans les grandes Dyonisiaques qui durent plus longtemps, on en donne douze ou quinze et quelquefois davantage; leur représentation commence de très-bonne heure le matin et dure quelquefois toute la journée. »

Les auteurs éprouvaient souvent de grandes difficultés pour faire jouer leurs pièces qui devaient être approuvées par l'archonte. La réception d'une pièce pouvait donc quelquefois être due à la faveur, et même parmi les pièces admises, il y avait des rivalités à cause du concours entre les ouvrages représentés. Ce concours devait avoir pour juge une sorte de tribunal, mais la foule imposait souvent ses décisions, car chaque auteur avait ses partisans. Le vainqueur était comblé d'applaudissements et souvent accompagné par les spectateurs jusqu'à sa maison.

La tragédie. — La tragédie a son origine dans les dithyrambes qui se chantaient chaque année aux fêtes de Bacchus. C'était primitivement de petits poëmes lyriques, destinés à célébrer le dieu dont la mère a été foudroyée par Jupiter et qui lui-même a été mis en pièces par les Titans. Une verve désordonnée était le caractère de ces poëmes, souvent improvisés pendant les vendanges par des buveurs en délire et ne reculant devant aucune audace de langage. Plus tard le dithyrambe s'est modifié, mais à l'époque où la tragédie a pris naissance, c'était un élan conçu dans l'ivresse et dans lequel le poëte ne pouvait avoir nul souci des règles établies postérieurement. Le poëme se chantait en chœur, et Thespis passe pour être le premier qui ait donné un rôle à un personnage dont le récit alternait avec les chants. La partie dramatique de l'action a pris ensuite une importance toujours croissante, au détriment de la partie musicale qui a fini par ne plus être qu'un accessoire ou un accompagnement.

Eschyle a été regardé par les Grecs comme le père de la tragédie, et on n'a jamais dépassé ce qu'il y a d'étrange et de gigantesque tout à

Fig. 134. — Scène de tragédie.

la fois dans ses inspirations. Moins sauvage dans ses allures et plus mesuré dans ses termes, Sophocle étonne moins et plaît davantage. Euripide, le dernier venu des trois grands poëtes tragiques, est aussi le plus parfait dans la forme et le plus vrai dans la peinture des caractères; mais en étant plus humain, il s'élève moins dans les hauteurs lyriques, et la tragédie perd avec lui les élans grandioses qu'elle avait eus au début. Ces trois hommes résument tout le génie tragique de l'antiquité, et après eux il n'y a plus de tragédie qui ne soit plus ou moins imitée de leurs chefs-d'œuvre.

Si les scènes comiques sont assez communes dans les peintures qui nous sont restées de l'antiquité, il n'en est pas de même des scènes tragiques; celles-ci sont au contraire de la plus grande rareté. Nous avons pourtant à Pompéi quelques scènes tragiques, qui ne se rapportent d'ailleurs à aucune tragédie connue, mais qui ont du moins le mérite de nous faire connaître assez exactement le costume employé dans ces sortes de représentations.

Une peinture antique nous montre deux personnages : une femme portant dans ses bras un enfant nouveau-né qu'elle semble vouloir

Fig. 135. — Scène tragique. (D'après une peinture antique.)

confier à une vieille esclave debout devant elle (fig. 134). On a cru reconnaître là, mais sans preuves suffisantes, deux personnages d'une tragédie perdue d'Euripide.

Nous voyons ici le cothurne, ou brodequin élevé sur une énorme semelle, qui était caractéristique de la tragédie. Une longue tunique traînante forme le vêtement du personnage principal, dont le masque, très-élevé au-dessus du visage, présente l'aspect d'un diadème, conformément à l'usage adopté dans les représentations tragiques. La main droite élevée en l'air paraît exprimer une scène de douleur et de lamentation. Le vase que la vieille esclave porte à la main et son costume traditionnel indiquent assez sa condition. Il s'agit sans doute d'une de ces héroïnes tragiques dont les malheurs ont pour cause la naissance furtive d'un enfant qu'elles n'osent pas avouer.

La figure 135 se rapporte à une pièce perdue, ou du moins on ne peut la rattacher à aucune scène connue du théâtre antique. Les trois personnages ici représentés paraissent figurer une action tragique; la forme du masque de la première figure ne laisse aucun doute à cet égard. C'est peut-être un chœur de tragédie faisant entendre une mélodie plaintive, cependant la première figure a l'air de jouer un rôle personnel plutôt que d'appartenir à un chœur.

La comédie. — De joyeuses troupes de rustres avinés, travestis en pans et en satyres, formaient chaque année, à l'époque des vendanges, une sorte de carnaval religieux, qu'on célébrait en l'honneur de Bacchus. Le langage n'avait aucune retenue, toute invective était permise dans les apostrophes qu'un buveur adressait à un autre, ou même dans celles qu'il adressait à la foule. Pour rendre la satire plus piquante on imagina de contrefaire les hommes les plus marquants, de leur prêter des discours ou des actes en rapport avec les pensées que le sentiment populaire leur attribuait. Ce fut là l'origine de la comédie, qui à ses débuts acquit dans la société antique un rôle analogue à celui de la presse dans les nations modernes, mais en gardant toujours un ton caustique et railleur, plutôt que sérieux et indigné. La comédie à son apparition fut donc essentiellement politique et une joyeuse mascarade devint ainsi une arme puissante. Les onze pièces d'Aristophane qui sont parvenues jusqu'à nous montrent que toutes les questions de paix ou de guerre, de finances ou de législation pouvaient être présentées sous la forme de dialogues licencieux, capables de faire rire les gens frivoles et réfléchir les gens sérieux. Comme les personnages les plus influents n'étaient pas épargnés, ce genre de comédie ne pouvait pas survivre aux temps orageux qui l'avaient fait naître et il disparut avec les luttes de l'Agora.

La comédie politique avait eu son centre à Athènes, mais un autre genre de pièces, qui s'était développé d'abord dans le Péloponnèse et en Sicile, vint tourner peu à peu les esprits dans une autre direction. On les désigne quelquefois sous le nom de moyenne comédie, pour la distinguer de l'ancienne qui est celle d'Aristophane, et de la nouvelle, qui est la comédie intime illustrée par Ménandre. Dans ce genre de pièces, dont il ne nous reste que des fragments, les dieux sont continuellement pris à partie et les légendes mythologiques sont toujours présentées sous un jour burlesque. A défaut de monuments littéraires nous pourrions citer plusieurs peintures de vases dont le sujet se rapporte à des comédies de cette série. La figure 136 par exemple se rattache à la fable de Jupiter et Alcmène et fait penser à l'*Amphitryon* de Plaute, auquel pourtant la scène ne se rapporte pas directement. Le roi des dieux, coiffé du modius, porte une échelle qu'il se dispose à poser devant la fenêtre d'Alcmène. Mercure, tenant en main son caducée, se dispose à l'assister dans cette délicate opération. Les deux divinités, malgré leurs costumes de bouffons, tels que le pantalon collant et le ventre rebondi, sont très-reconnaissables à leurs attributs,

Fig. 136. — Jupiter et Alcmène.

qui font le plus singulier effet avec le travestissement qu'ils portent. Sur un autre vase (fig. 137) on voit la lutte de Vulcain et Mars, à propos de Junon qui est assise entre eux. On sait que Vulcain, voulant se venger des procédés peu amicaux dont sa mère usait parfois à son égard, imagina de fabriquer un siége, superbe en apparence, mais sur lequel on demeurait absolument collé si on voulait s'y asseoir. Junon s'y était laissé prendre, et la tentative de Mars pour obliger Vulcain à délivrer la reine des dieux du piége où elle était tombée forme le sujet de la scène que le peintre a voulu représenter d'après une pièce de théâtre dont il avait sans doute été témoin. On remarquera l'escalier qui monte au tréteau sur lequel se joue la comédie.

La figure 138 représente une scène du théâtre grec : on voit en bas l'escalier qui servait à monter de l'orchestre sur le proscénium, et l'autel domestique plus ordinairement placé en avant de la porte centrale. Le décor a pour tout ornement de minces colonnes qui étaient probablement en bois. Cette scène se rapporte à une comédie perdue, mais dont le sujet semble se rattacher aux aventures d'Hercule avec Augée, que le héros rendit mère de Télèphe. Hercule est reconnaissable à sa peau de lion et sa qualité divine ne l'empêche pas de porter un masque horrible et un travestissement rembourré de

Fig. 137. — Dispute de Vulcain et Mars.

manière à lui donner des formes et une tournure ridicules. Le bizarre costume des acteurs aussi bien que leur attitude, où le grotesque s'affirme avec une exagération voulue, montre qu'il s'agit ici d'une farce populaire et non d'une comédie.

La nouvelle comédie, dont le développement ne remonte pas au delà de la période macédonienne, délaisse complètement la place publique et s'attache uniquement à traduire les mœurs de la vie intime. Malheureusement nous n'avons conservé intacte aucune des comédies de Ménandre, qui fut le maître du genre, et nous n'aurions qu'une bien vague idée du théâtre comique des Grecs, sans les imitations que nous en ont laissées Plaute et Térence. En effet la comédie romaine semble toujours avoir pour objectif la société grecque, bien que quelques traits laissent parfois deviner le public auquel s'adressent les écrivains latins.

Les comédies de cette catégorie commencent souvent par une sorte de prologue dans lequel l'acteur expliquait au public le sujet de la pièce

Fig. 138. — Scène de comédie grecque.

et l'initiait en quelque sorte aux scènes qui allaient suivre. Il n'est pas rare non plus qu'à la fin de la pièce l'acteur chargé du principal rôle vienne réclamer l'indulgence ou plutôt les applaudissements du public. C'est ainsi qu'à la fin des *Captifs* de Plaute, le chef de la troupe s'avance vers le public et dit : « Spectateurs, dans cette pièce on a pris pour modèle les bonnes mœurs. On n'y voit ni amourettes, ni supposition d'enfants, ni courtisane affranchie par un jeune galant en cachette de son père. Les poëtes ne trouvent pas souvent de ces comédies où les bons peuvent devenir meilleurs encore. Si la pièce vous plaît, si nous avons trouvé grâce à vos yeux et ne vous avons point causé d'ennui, prouvez-le. Vous qui voulez que la vertu soit récompensée, applaudissez. » Dans les pièces de Térence, le dernier acteur qui paraît en scène fait généralement ses adieux au public en disant : « Vous, portez-vous bien et applaudissez. »

La figure 139 offre cela de particulièrement remarquable qu'elle représente un sujet tiré d'une des pièces classiques dont nous possédons le texte : c'est la scène deuxième du cinquième acte de *l'Andrienne* de Térence. Le vieux Simon, que son ami Chrêmès s'efforce en vain de

Fig. 139. — Scène de *l'Andrienne* de Térence.

retenir, exhale sa fureur contre l'esclave Dave, qu'il accuse d'avoir corrompu son fils Pamphile en favorisant son union avec une courtisane de condition servile. Dans la scène suivante, tout va s'expliquer, et Simon reconnaîtra que la jeune fille aimée de son fils est au contraire parfaitement bien élevée, de condition libre et qu'elle est la fille de son meilleur ami, mais le peintre a choisi le moment de la grande colère du père.

Dans cette scène de Térence, jouée par des acteurs romains, il faut remarquer la petite musicienne qui, placée entre les personnages, joue de la double flûte. D'après un usage constant dans le théâtre antique, la musique devait accompagner la déclamation des acteurs.

Nous avons beaucoup de peine à comprendre comment le jeu pouvait être naturel dans une scène comique, étant ainsi réglé par le rhythme.

On ne connaît aucune comédie à laquelle on puisse rattacher cette scène, où un vieillard, accompagné de son esclave, apostrophe avec véhémence une femme debout devant la porte d'une maison (fig. 140). On peut croire, d'après les habitudes de la comédie latine, que c'est

Fig. 140. — Scène de comédie.

un père irrité qui reproche à cette femme d'avoir aidé les intrigues de son fils, ou d'avoir compromis sa fortune par ses prodigalités.

Une mosaïque célèbre, signée par Dioscoride de Samos (fig. 141), représente quatre personnages qui jouent de divers instruments et dont le visage est couvert de masques comiques : il y a deux hommes, une femme et un enfant. L'un des deux hommes frappe des cymbales l'une contre l'autre, pendant que le second agite son tympanon et tous les deux dansent en même temps qu'ils font de la musique : la femme joue de la double flûte et l'enfant porte à sa bouche une corne légèrement recourbée. Cette composition, dessinée avec beaucoup de

Fig. 141. — Mosaïque de Dioscoride.

finesse et d'esprit, paraît avoir eu dans l'antiquité une certaine répu-

Fig. 142. Fig. 143.
Atellanes. (D'après les statuettes antiques.)

tation, car on a retrouvé dans les ruines de Stabies une fresque, assez médiocre d'ailleurs, reproduisant la mosaïque originale qui avait été découverte précédemment à Herculanum.

Il faut aussi dire un mot des atellanes. On donnait ce nom à des espèces de comédies bouffonnes, dans lesquelles l'auteur improvisait une grande partie de son rôle et qui étaient des farces plutôt que des œuvres littéraires. Ce genre de pièces paraît originaire d'Atella, ville des Osques, d'où il tire son nom. Nos musées renferment un assez grand nombre de statuettes représentant des auteurs jouant ces bouffonneries. Ces acteurs de bas étage étaient dans l'antiquité ce que furent en Italie les Franca-Trippa et Fritellino, si bien représentés par Callot, ou bien encore les Arlequins ou les Colombines, dont Watteau nous a transmis l'image. Le mime que montre la figure 142, et qui a une tête de cochon, représente probablement un des compagnons d'Ulysse chez la magicienne Circé, et celui que montre la figure 143 est un type dont on voit de fréquentes représentations et qui est probablement l'ancêtre de notre Polichinelle. La difformité de ce personnage amusait beaucoup la populace romaine.

VI

LES FÊTES PUBLIQUES.

Les jeux sacrés des Grecs. — L'hippodrome. — L'amphithéâtre.
Les gladiateurs de Rome. — Le cirque romain.
Les courses. — Les cochers. — Les combats d'animaux.
Les naumachies. — Les grands jeux romains.

Les jeux sacrés des Grecs. — Les jeux publics des Grecs, appelés aussi jeux sacrés, étaient des solennités religieuses, auxquelles on attribuait généralement une origine mythologique. En Grèce, ces jeux paraissent avoir eu une double utilité ; sous le rapport militaire ils préparaient les athlètes aux rudes exercices de la guerre, et l'importance qu'on y attachait, les solennités qui les accompagnaient, le concours immense d'étrangers qu'ils attiraient, développaient dans la jeunesse un désir immense d'y prendre part et de se fortifier par des exercices préparatoires. Au point de vue politique, les jeux publics étaient la manifestation la plus éclatante de l'esprit grec, parce que le peuple hellène, si divisé par les intérêts particuliers des cités, retrouvait un moment son unité dans des cérémonies auxquelles tous les citoyens participaient, quelle que fût la cité à laquelle ils appartinssent. Les jeux consistaient en courses de chars, courses à pied ou à cheval, luttes d'athlètes, exercices du javelot et du disque. La musique et la poésie y avaient aussi leur part, et comme il fallait faire la statue du vainqueur en même temps que son panégyrique, la solennité, toute militaire dans son principe, devenait artistique et littéraire dans ses résultats.

Les athlètes qui prétendaient à l'honneur d'être admis aux grands

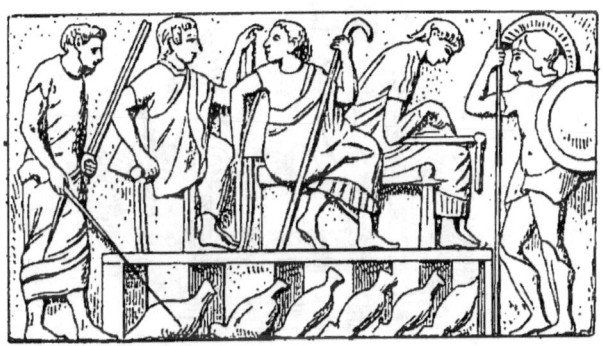

Fig. 144. — Juges des jeux.

jeux étaient examinés par des fonctionnaires spéciaux qui prenaient le nom d'agonothètes. Ces juges étaient très-considérés et devaient voir si le concurrent était de condition libre et de bonnes mœurs. En Grèce les juges des jeux portaient un manteau de pourpre et brodé d'or.

Un bas-relief trouvé à Chiusi représente les juges des jeux étrusques. Trois personnages sont assis sur une estrade : le premier examine des tablettes placées sur ses genoux et les deux autres tiennent des bâtons (fig. 144). Les combattants (un seul est ici représenté) se présentent devant le juge qui regarde les tablettes. Des amphores destinées aux vainqueurs sont déposées au pied de l'estrade, près de laquelle est un personnage debout qui doit être un surveillant. Sur un vase de la collection du duc de Luynes, on voit pareillement un juge décernant le prix à un athlète nu qui tient une couronne et des palmes et dont il paraît orner la tête de bandelettes.

On a trouvé à Athènes un siége en marbre qu'on croit avoir appartenu à un agonothète des Panathénées. Une table portant une amphore et des couronnes, et un des oliviers sacrés dont l'huile remplissait les amphores destinées aux vainqueurs, sont sculptés sur les côtés du siège dont les supports sont décorés de deux chouettes, l'oiseau de Minerve (fig. 145).

Il y avait quatre solennités très-renommées qui avaient lieu dans différentes parties de la Grèce : les jeux olympiques, les jeux pythiens, les jeux néméens et les jeux isthmiques.

Les jeux olympiques étaient consacrés à Jupiter, et avaient lieu à Olympie, en Élide. Nous avons montré, tome I, figure 380, une vue restaurée du fameux temple de Jupiter, qui s'élevait près du bois

Fig. 145. — Siége de l'agonothète.

sacré de l'Altys, à l'endroit même où on célébrait les jeux que Jupiter avait institués, disait-on, à la suite de sa victoire sur les géants. D'autres en attribuaient l'origine à Hercule ou à Pélops ; mais leur grande importance n'est pas antérieure au temps de Lycurgue. Les Éléens furent les premiers qui inscrivirent sur leur registre public le nom de leur concitoyen Chorèbe, vainqueur dans la course du stade. A partir de ce moment le nom du vainqueur servit à désigner chacune des olympiades et prit par là une grande importance dans la chronologie. Les jeux se célébraient tous les cinquante mois, c'est-à-dire deux mois après l'espace de quatre années révolues. La première olympiade correspond à l'an 776 avant Jésus-Christ et le comput des olympiades fut aboli en 395 de notre ère, la seizième année du règne de Théodose le Grand.

La durée des jeux était de cinq jours, mais les prétendants devaient se réunir dix mois avant la célébration des jeux, dans le gymnase public d'Élis, pour s'y livrer à des exercices préparatoires. C'est le sort qui décidait quel adversaire serait opposé à chacun des concurrents et le tour de chacun d'eux pour commencer la lutte. Pour cela, on mettait dans une urne d'argent des petites boules marquées chacune d'un des caractères de l'alphabet. Comme la même lettre était répétée sur deux boules, chacun des lutteurs trouvait un adversaire dans celui dont la boule portait la même lettre que la sienne, mais ne pouvait pas savoir d'avance quel serait son adversaire. Les hommes qui avaient subi une condamnation n'étaient pas admis à lutter et des peines très-sévères étaient prononcées contre toute tentative de corruption. Une couronne d'olivier était décernée aux vainqueurs, qui étaient en outre honorés d'une statue. « Autrefois, dit Pline, on n'érigeait des statues qu'aux

Fig. 146. — Vainqueur couronné.

hommes qui méritaient l'immortalité par quelque action éclatante; d'abord par une victoire dans les jeux sacrés, surtout à Olympie, où l'on dédiait celle de chaque athlète couronné. Ceux qui avaient été trois fois vainqueurs étaient représentés au naturel et dans toutes leurs proportions. Ces statues se nommaient iconiques. »

C'est aux environs de Delphes que se célébraient les jeux pythiens, qui, suivant la tradition, avaient été institués par Apollon lui-même après sa victoire sur le serpent Python. La tradition rapportait que les dieux eux-mêmes avaient disputé les différents prix, mais qu'Apollon était sorti vainqueur dans tous les exercices. La poésie, la musique et la danse ont eu dès l'origine une très-grande importance dans ces concours, qui toutefois comprenaient aussi des luttes athlétiques comme tous les jeux de la Grèce. Une couronne de laurier était le prix décerné aux vainqueurs, les jeux se célébraient tous les quatre ans.

Les jeux néméens, institués par Hercule après sa victoire sur le lion de Némée, avaient lieu tous les trois ans et donnaient droit à une couronne d'ache, plante consacrés aux funérailles et que l'on disait née du sang d'Archémore.

Les jeux isthmiques, institués en l'honneur de Neptune, se célébraient tous les trois ans dans l'isthme de Corinthe. Une couronne de feuillage de pin était la récompense décernée au vainqueur.

Une peinture de vase, placée au fond d'une coupe, représente un juge des jeux en train de couronner un athlète vainqueur (fig. 146). Ces couronnes étaient la seule récompense décernée pendant les jeux; mais à leur retour dans leur patrie, les plus grands honneurs étaient réservés aux vainqueurs, particulièrement à ceux qui avaient remporté une couronne aux jeux olympiques. La population se portait au-devant d'eux, on les faisait monter sur un char de triomphe et au lieu de les faire arriver par la porte de la ville, on faisait une brèche aux remparts pour rendre leur entrée plus imposante. On leur faisait des présents considérables, ils étaient entretenus aux frais de l'État et ils avaient droit aux premières places dans les assemblées publiques et dans les spectacles. Les plus grands statuaires étaient chargés de retracer leur image et les plus grands poëtes se trouvaient honorés lorsqu'ils recevaient la mission de chanter leur gloire. C'est à cet usage que nous devons les poésies de Pindare. Le fragment suivant, en l'honneur d'un vainqueur des jeux néméens, nous montrera la manière dont Pindare comprenait le panégyrique d'un athlète. « Mille objets divers excitent nos désirs; mais l'athlète vainqueur dans les jeux solennels ne soupire qu'après nos hymnes, qui accompagnent son triomphe et célèbrent sa gloire. Enflamme donc mon génie, ô fille du Dieu puissant qui règne sur l'Olympe ! fais dans mon chant de victoire couler abondamment de ma bouche de sublimes accords. J'y mêlerai ceux de ma lyre et ma voix, s'unissant à celle des citoyens d'Égine, chantera dignement les louanges d'Aristoclète, l'ornement de cette île, jadis habitée par les Mirmydons. Pouvait-il plus noblement soutenir leur antique renommée qu'en déployant dans la lutte du pancrace la vigueur de son bras? A combien de coups furieux n'a-t-il pas été en butte dans les vallons de Némée? Mais la victoire, comme un baume salutaire, a guéri ses blessures et lui a déjà fait oublier les maux qu'il a soufferts. »

L'HIPPODROME. — L'hippodrome était une arène pour les courses de chevaux et de char comme le stade était une arène pour les courses à pied. L'hippodrome des Grecs présentait de grands rapports dans sa disposition générale avec le cirque des Romains. Les spectacles qu'on donnait dans le grand hippodrome de Constantinople étaient du même genre que ceux qui avaient lieu dans le Circus maximus des Romains. Mais dans la période républicaine l'hippodrome était, comme le stade, une annexe du gymnase et servait aux exercices équestres de la jeunesse.

La figure 147 représente une leçon d'équitation; le maître, debout et drapé dans son pallium, tient en main le grand bâton qui en Grèce est toujours le signe de l'autorité. Le jeune garçon, entièrement nu et

Fig. 147. — Éducation equestre.

monté sur un cheval sans aucune selle, le tient par la bride et lui fait exécuter des exercices.

La course à cheval se pratiquait de plusieurs manières. Quelquefois on courait avec un seul cheval : cette course simple est représentée sur un beau vase du Louvre, qu'on désigne sous le nom de vase de Pergame (fig. 148). D'autres fois on courait avec deux juments en sautant alternativement de l'une sur l'autre.

Voici comment Pausanias décrit l'hippodrome d'Olympie : « Le stade est précédé d'une place où se rendent les athlètes et que l'on nomme la barrière. On y voit un tombeau que les Éléens disent être celui d'Endymion. Au delà de cette partie du stade où se mettent les directeurs des jeux, il y a un lieu destiné à la course des chevaux. Ce lieu est précédé d'une place que l'on nomme aussi la barrière et qui, par sa forme, ressemble à une proue de navire dont l'éperon serait tourné vers la lice. A l'endroit où cette barrière joint le portique d'Agaptus, elle s'élargit des deux côtés. L'éperon et le bec de la proue sont surmontés d'un dauphin de bronze. Les deux côtés de la barrière ont

Fig. 148. — Vase de Pergame restitué. (Musée du Louvre.)

plus de quatre cents pieds de long, et sur cette longueur on a pratiqué des loges à droite et à gauche, tant pour les chevaux de selle que pour les chevaux d'attelage. Ces loges se tirent au sort entre les combattants. Devant les chevaux et les chars règne d'un bout à l'autre un câble qui sert de barre et qui les contient dans leurs loges. Vers le milieu de la proue est un autel de briques crues, que l'on a soin de blanchir à chaque olympiade. Sur cet autel est un aigle en bronze qui a les ailes déployées et qui par le moyen d'un ressort s'élève et se fait voir à tous les spectateurs en même temps que le dauphin qui est à l'éperon s'abaisse et descend jusque sous terre. A ce signal on lâche le câble du côté du portique, et aussitôt les chevaux s'avancent vers l'autre côté où l'on en fait autant. La même chose se pratique de tous les côtés de la barrière jusqu'à ce que les combattants se soient assemblés auprès de l'éperon, et l'on a soin de les appareiller. Incontinent ils entrent dans la lice : alors c'est l'adresse des écuyers et la vitesse des chevaux qui

Fig. 149. — La course à cheval.

décident de la victoire (fig. 149). Clœotas est celui qui a inventé cette barrière : on dit qu'Aristide l'a perfectionnée après lui. »

L'AMPHITHÉATRE. — Les amphithéâtres, vastes édifices destinés aux combats de gladiateurs, sont d'origine étrusque. Mais ces combats de prisonniers, qui pour les Étrusques étaient des cérémonies funèbres auxquelles donnait lieu la mort d'un héros, ne furent pour les Romains que des fêtes sanglantes. Les amphithéâtres ne furent à l'origine qu'un vaste fossé creusé en terre et les spectateurs étaient placés en cercle sur des pentes gazonnées. Lorsqu'on voulut en faire des édifices, leur plan présenta la forme de deux théâtres, rapprochés par la base des demi-cercles ; de là le nom d'amphithéâtre donné à ces constructions et qui signifie double théâtre. Cette disposition est parfaitement visible sur la figure 150 qui représente la coupe d'un amphithéâtre et sur la figure 151 qui est une vue d'ensemble de celui de Pompéi. Il est bon de remarquer que la forme d'un amphithéâtre est toujours elliptique et non pas complétement circulaire.

L'amphithéâtre est donc un genre d'édifice absolument romain et celui qui caractérise le mieux l'époque impériale. Sous la république les amphithéâtres n'avaient été que des constructions provisoires peu

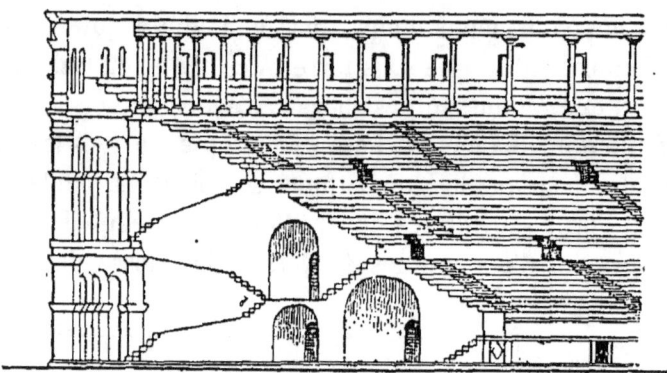

Fig. 150. — Coupe d'un amphithéâtre.

différentes de celles des Etrusques. Au temps de César même, l'amphithéâtre était en bois et ne pouvait durer que le temps prescrit pour

Fig. 151. — Amphithéâtre de Pompéi.

les jeux. Ce fut sous Auguste que fut bâti le premier amphithéâtre en pierre : ce n'est donc pas à la période républicaine qu'il faut rapporter ces jeux féroces, qui ont déshonoré l'antiquité. En Grèce, ils n'avaient jamais eu lieu, la république romaine les supporta et l'empire les établit.

« Dans toute l'Asie Mineure, dit M. Texier, on ne trouve que deux ruines d'amphithéâtre, l'une à Cyzique et l'autre à Pergame. Il n'en existe pas une seule dans le Péloponnèse, et Athènes se refusa toujours à élever un semblable édifice. Si l'on met en parallèle les ruines de théâtres qui se retrouvent dans chaque ville ancienne, on sera convaincu que les Romains ont trouvé partout une répugnance extrême pour ces sortes de divertissements. »

La façade extérieure des amphithéâtres était partagée en étages ornés d'arcades, de colonnes, de pilastres et de statues. Autour de l'arène étaient pratiquées les loges où voûtes qui renfermaient les animaux destinés au combat. Elles étaient prises dans un mur qui entourait l'arène et sur lequel était pratiquée une avance en forme de quai, qui servait de promenoir et qu'on appelait *podium*. Entre le podium et l'arène, il y avait des fossés destinés à séparer les bêtes des spectateurs. C'est sur le podium qu'on réservait la place de l'empereur et des consuls.

Au-dessus du podium s'élevaient les gradins, en retrait les uns sur les autres. De grands mâts retenus par des anneaux aux murs d'enceinte étaient destinés à fixer le vélarium, immense voile tendu au-dessus des spectateurs pour les défendre contre le soleil ou la pluie. Cet usage fut introduit à Rome par Q. Catulus et devint bientôt général. Le voile, qui dans l'origine était fort simple, devint très-riche par la suite et fut teint de diverses couleurs.

Auguste assigna des places différentes aux hommes mariés, aux célibataires, aux jeunes gens et à leurs pédagogues. L'espace du milieu ou arène était couvert de sable pour affermir les pieds des gladiateurs et pour ôter plus promptement la trace de leur sang. Des canaux pratiqués dans l'intérieur de l'édifice distribuaient de tous côtés les émanations des liqueurs odorantes dont on les remplissait.

Le plus grand et le plus célèbre de tous les amphithéâtres bâtis par les Romains est le Colisée, ou amphithéâtre Flavien, qui fut commencé sous Vespasien et continué sous Titus. En France nous avons plusieurs amphithéâtres très-célèbres, entre autres ceux d'Arles et de Nîmes (tome I, fig. 680 et 683). Ce dernier, qui pouvait contenir vingt-cinq mille spectateurs, est décoré au rez-de-chaussée de pilastres, et au premier étage de colonnes engagées se rapprochant de l'ordre dorique. C'est l'amphithéâtre le mieux conservé avec celui de Vérone.

LES GLADIATEURS DE ROME. — C'est dans les coutumes religieuses des Étrusques qu'il faut chercher l'origine des combats de gladiateurs, dont l'usage prit une grande extension sous l'empire romain, bien qu'il n'ait jamais pu s'introduire en Grèce. Chez les peuples primitifs on immolait des prisonniers sur la tombe des héros morts en combattant et le sang des hommes qu'on avait égorgés était comme un holocauste qu'on offrait aux mânes de celui dont on voulait honorer la mémoire. On imagina bientôt de faire combatre entre eux ces prisonniers au lieu de les immoler simplement, et ces combats, qui se livraient près de la tombe du défunt, au milieu de tous ses amis, étaient considérés comme le plus bel hommage qu'on pût rendre au souvenir d'un guerrier illustre. Ces duels sont fréquemment représentés sur les monuments funéraires des Étrusques (t. I, fig. 511 et 512). Quelques savants ont voulu voir dans ces bas-reliefs la représentation d'un fait historique comme la lutte d'Étéocle et Polynice, mais on ne voit pas bien pourquoi un fait particulier se représenterait si souvent et toujours de la même manière, dans les tombeaux d'une certaine époque, et il est bien plus probable que c'est simplement l'image des honneurs rendus au mort, sans aucune signification particulière et déterminée.

Cependant, comme on n'avait pas toujours des prisonniers sous la main pour honorer les morts, on imagina de les remplacer par des hommes faisant profession de combattre et ce fut là l'origine des gladiateurs. Ces gladiateurs au début étaient presque toujours des étrangers, et ce ne fut qu'assez tard qu'on vit des citoyens descendre eux-mêmes dans l'arène. Mais le caractère funèbre des combats primitifs se perpétua très-longtemps. On donnait des représentations de combats aux funérailles illustres, et les personnages opulents ordonnaient parfois sur leur testament les fêtes sanglantes qui devaient honorer leurs funérailles.

La lettre suivante, écrite à Maxime par Pline le Jeune, montre bien le caractère funéraire qu'on attachait encore dans ce temps-là à ce genre de combats :

« Pline à Maxime.

« Vous avez bien fait de promettre un combat de gladiateurs à nos chers habitants de Vérone qui depuis longtemps vous aiment, vous admirent, vous honorent. Votre épouse, d'ailleurs, était de Vérone. Ne deviez-vous pas à la mémoire d'une femme que vous aimiez et que vous estimiez tant quelque monument public, quelque spectacle, et celui-ci surtout qui convient si bien à des funérailles? J'aurais voulu que les panthères d'Afrique que vous aviez achetées en si grand nombre fussent arrivées à temps. Mais quoiqu'elles aient manqué à la fête, retenues par les orages, vous méritez pourtant qu'on vous en ait toute l'obligation, puisqu'il n'a pas tenu à vous de les y faire paraître. Adieu. »

Le caractère funèbre des anciens combats de gladiateurs se perdit tout à fait à la fin de l'empire et dès le premier siècle de notre ère

Fig. 152. — Combat de gladiateurs.

ces luttes sanglantes devinrent de simples amusements pour le peuple romain, qui se prit d'une véritable passion pour ce genre de spectacle.

Fig. 153. — Gladiateurs en fuite.

Les particuliers appelaient des gladiateurs pour récréer leurs convives dans les festins et dans toutes les solennités publiques; on servit au peuple le spectacle d'une véritable guerre, puisque mille paires de gladiateurs combattaient quelquefois ensemble dans l'amphithéâtre. Dès lors le nombre des gladiateurs s'accrut démesurément et leurs luttes devinrent une véritable science, se rattachant à des règles fort compliquées et pour lesquelles une éducation spéciale était absolument nécessaire.

D'anciens gladiateurs auxquels on donnait le nom de *lanistes* étaient

Fig. 154. — Hoplomaque et velita.

spécialement chargés d'enseigner aux débutants la théorie et les règles de leur métier. Le laniste portait une tunique et n'était pas armé, mais il avait en main une baguette, comme signe d'autorité.

Fig. 155. — Gladiateurs secutors et rétiaires.

La plupart des lanistes étaient chargés d'exercer les compagnies appartenant à l'État; les gladiateurs de ces compagnies portaient le nom de gladiateurs fiscaux, parce qu'ils étaient nourris et payés par le fisc. D'autres lanistes étaient de véritables entrepreneurs, qui recrutaient pour leur troupe des jeunes hommes robustes, les nourrissaient, les prenaient à leur service et les louaient ensuite pour les représentations. Il y avait deux catégories de gladiateurs : les esclaves, qui appartenaient complétement au laniste, et les gladiateurs de condition libre qui lui juraient une obéissance passive pour la durée de leur engagement. Le gladiateur libre qui prenait un engagement jurait par serment de souffrir le fer, le feu, la chaîne, les coups, etc. Enfin, en

Fig. 156. — Un mirmillon et un samnite.

dehors des entrepreneurs, il y avait des particuliers opulents qui avaient des gladiateurs à eux. Ceux qu'on appelait césariens, parce qu'ils appartenaient à César, c'est-à-dire à l'empereur, passaient pour

Fig. 157. — Gladiateurs.

les plus beaux et les plus habiles de tous. Quelques-uns d'entre eux avaient une grande réputation et le peuple les réclamait chaque fois qu'il y avait un spectacle important.

Le jour du spectacle les gladiateurs étaient conduits en cérémonie à l'amphithéâtre dans lequel ils devaient combattre : alors on les appareillait en choisissant pour chacun d'eux un adversaire d'une force à peu près égale. Avant d'entrer en lice, ils s'exerçaient en se frappant avec des épées de bois, mais dès que la trompette se faisait entendre ils prenaient leurs armes et s'élançaient l'un contre l'autre. Quelquefois

Fig. 158. — Gladiateur.

l'un des deux adversaires était frappé à mort dès le premier coup :

Fig. 159.   Fig. 160.
Gladiateurs

c'est probablement ce qui arrive à celui qu'on voit tomber en arrière sur son bouclier après avoir reçu un coup en pleine poitrine (fig. 152).

Quand un gladiateur était blessé, il pouvait mettre bas les armes et se déclarer vaincu. Quelquefois le vaincu fuyait pour échapper aux

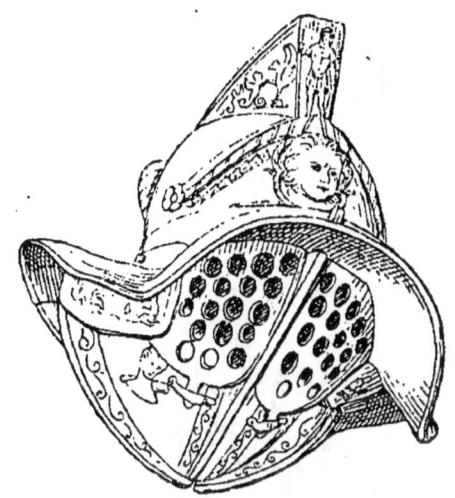

Fig. 161. — Casque de gladiateur.

poursuites de son adversaire, comme on le voit dans la figure 153,

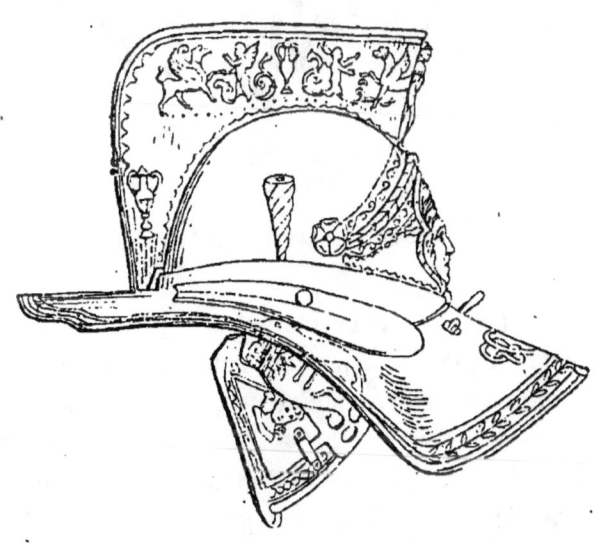

Fig. 162. — Casque de gladiateur.

tirée d'un tombeau de Pompéi; le gladiateur vaincu a laissé tomber son bouclier et lève le bras pour demander sa grâce aux spectateurs. Le geste du gladiateur demandant sa grâce est encore plus caractérisé dans la figure 154 : celui-ci met un genou en terre, en même temps que par son geste il implore le public, tandis que le vainqueur, posant le pied sur la lance de son adversaire, attend pour le laisser vivre ou pour le frapper la décision que vont prendre les spectateurs.

Lorsque les spectateurs levaient la main en abaissant le pouce, ils voulaient qu'on fît grâce au vaincu, mais quand ils levaient le pouce en le tournant vers les combattants, le malheureux était impitoyable-

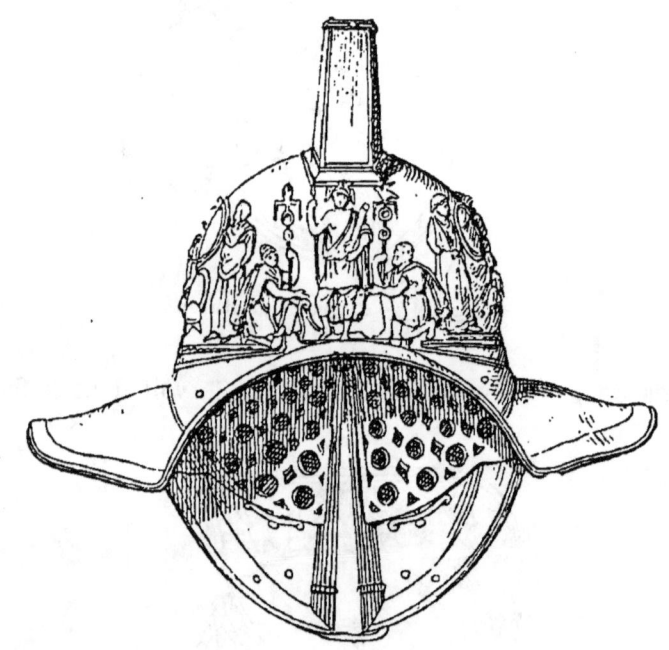

Fig. 163. — Casque de gladiateur.

ment égorgé. C'est ce que nous montre la figure 155 : un gladiateur, blessé en plusieurs places et perdant son sang en abondance, implore vainement la pitié d'un autre gladiateur qui lui transperce la gorge avec sa courte épée.

La figure 156 nous montre un gladiateur vaincu, qui a laissé tomber son bouclier et qui demande grâce en tendant le bras gauche selon le geste consacré. Le peuple a sans doute accédé à sa demande, car un laniste arrête son adversaire qui allait s'élancer sur lui et l'empêche de continuer la lutte.

Les gladiateurs qui assistaient au combat de l'arène, en attendant que leur tour arrivât d'entrer dans la lutte, ne pouvaient en aucune façon prendre parti dans le combat qui avait lieu et le regardaient sans s'y mêler comme on le voit sur la figure 157. Quand un gladiateur était mort, les valets du cirque venaient immédiatement enlever son corps, en le traînant sur le sable de l'arène, à l'aide de crochets qu'ils tiraient au moyen d'une corde.

Le costume des gladiateurs présente une assez grande variété. La figure 158 nous montre le portrait d'un gladiateur fameux qui vivait sous Caligula; il est tiré d'un monument sépulcral. Il nous fait voir

Fig. 164. — Casque de gladiateur.

en quelque sorte un gladiateur typique n'appartenant à aucune catégorie spéciale. Il porte une épée courte et un grand bouclier. Sa tête est découverte, mais son casque, d'une forme assez bizarre et disposé de façon à protéger entièrement la tête et le cou, est placé sur une espèce de pieu dressé à côté de lui.

Le gladiateur que représente la figure 159, tirée d'une lampe antique, est armé à peu près de la même manière, mais son casque est d'une forme différente et les jambières de métal sont remplacées par des bottines molles. Une statuette antique, que montre la figure 160, représente un gladiateur portant un casque d'une forme tout à fait extraordinaire. Mais il faut signaler aussi une particularité dans les jambes dont l'une paraît entièrement nue, tandis que l'autre, celle qui se porte en avant, est très-fortement protégée sur sa face antérieure.

On a retrouvé des armes de gladiateurs qui sont de la plus grande richesse décorative. Les casques représentés sur la figure 161, 162, 163, 164 sont ornés de bas-reliefs d'une grande valeur artistique. La même forme ou à peu près se retrouve sur le casque de la figure 165, mais ici le cimier, au lieu de former un angle par devant comme dans

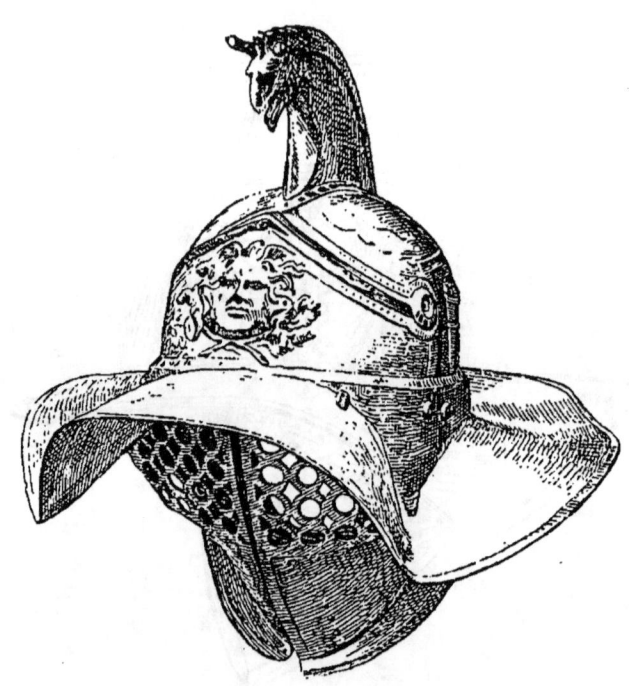

Fig. 165. — Casque de gladiateur.

les types précédents, se contourne pour aboutir à une sorte de tête d'animal fantastique qui se projette en avant.

Ces casques de grand luxe appartenaient sans doute à quelques gladiateurs célèbres et riches comme il y en avait sous l'empire romain. Ces armes sont toutes de fantaisie et n'ont jamais été employées dans les armées. On y voit surtout la préoccupation de préserver le visage des coups qui auraient pu le défigurer. Ce masque métallique en forme de grillage avait en outre l'avantage de laisser passer facilement l'air. La respiration devait être plus pénible avec les casques représentés sur les figures 166 et 167. Ils sont entièrement fermés sauf l'ouverture indispensable pour voir son adversaire. Encore les deux ouvertures ne

LES FÊTES PUBLIQUES. 191

sont pas pareilles des deux côtés et les raisons de cette différence sont assez difficiles à expliquer.

Quelquefois le casque du gladiateur était surmonté d'une aigrette : s'il tombait ou s'il demandait grâce, le vainqueur enlevait cette aigrette et la montrait au peuple en signe de victoire.

Les deux jambières que montrent les figures 168 et 169 ainsi que le brassard de la figure 170 ont appartenu à des gladiateurs. Jamais les soldats romains n'ont porté des armures du genre de celles-ci. Ils étaient généralement vêtus d'après un uniforme réglementaire, tandis que les gladiateurs, étant moins astreints à la régularité, pouvaient apporter plus de luxe et de variété dans leurs armes. Les armes

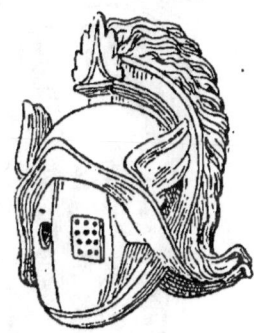 

Fig. 166.   Fig. 167.
Casques de gladiateurs.

que l'on vient de voir ont d'ailleurs un caractère exceptionnel, et les figures 171 et 172 se rapprochent davantage des types les plus répandus.

On a donné le nom d'*École des gladiateurs* à un édifice situé à Pompéi près des théâtres et dans lequel d'autres archéologues ont vu simplement une caserne. Des armes, des casques, des cnémides ou bottines de bronze, qui ont appartenu à des gladiateurs et non à des soldats, ont été découverts en ce lieu, et c'est ce qui a fait voir là un établissement destiné à des gladiateurs. Mais, suivant M. Breton, une ville aussi peu considérable que Pompéi n'aurait pu entretenir une troupe de gladiateurs assez nombreuse pour exiger de si vastes logements, tandis que des gladiateurs de passage ont parfaitement pu loger à la caserne, ce qui expliquerait la présence des armes qu'on a retrouvées.

La plupart des gladiateurs appartenaient à des catégories combattant dans des modes différents; mais en général deux gladiateurs de la même espèce ne combattaient pas l'un contre l'autre, mais on donnait pour adversaire au gladiateur d'une espèce un autre gladiateur appartenant à une autre série et portant des armes toutes différentes. Chaque série avait un nom particulier qui provenait soit du pays dont il était natif, soit de la nature spéciale de son équipement.

Parmi les nombreuses espèces de gladiateurs on distinguait :

Fig. 168.

Fig. 169.

Jambières de bronze.

1° Les Thraces, dont l'arme habituelle était une sorte de coutelas recourbé. Ils avaient comme arme défensive un petit bouclier à contours carrés et à surface convexe, derrière lequel ils s'agenouillaient pour soutenir l'attaque de l'adversaire qu'ils combattaient ainsi en frappant de bas en haut. Les figures 173 et 174, tirées d'une lampe en terre cuite, montrent deux gladiateurs thraces.

2° Les samnites étaient des gladiateurs armés comme les anciens soldats samnites : ils portaient un casque fermé avec des ailes, et un brassard au bras droit qui n'était pas protégé par le bouclier. Le gladiateur vaincu que nous avons vu à la figure 156 paraît être un samnite. Son adversaire, dont un laniste arrête le bras, est un mirmillon.

3° Le *mirmillon* est un gladiateur gaulois caractérisé par un casque dont le panache est remplacé par l'image d'un poisson. Il a souvent

Fig. 170. — Brassard de gladiateur.

pour arme une faux et son adversaire habituel est le *rétiaire*, qui cherche à l'envelopper dans son filet et l'attaque ensuite avec son tri-

Fig. 171.

Fig. 172.

Jambières de gladiateurs.

dent, comme nous le verrons tout à l'heure. Quand ils luttent ensemble, leur combat doit être l'image d'une pêche, et le rétiaire en l'abordant lui crie : « Ce n'est pas à toi que j'en veux, Gaulois, mais à ton poisson », plaisanterie qui faisait beaucoup rire les Romains. Le *secutor*, bien que portant un costume différent du mirmillon, est aussi un adversaire habituel du rétiaire. Les gladiateurs que nous avons vus dans la figure sont des secutors et des rétiaires : ces derniers sont reconnaissables au trident qui leur sert d'arme. La figure 175 montre un secutor qui vient d'être pris dans les filets du rétiaire.

Fig. 173.   Fig. 174.

Gladiateurs thraces.

4° Le *rétiaire* est caractérisé par l'absence totale d'armes défensives; son casque est dépourvu de visière, il n'a pas de bouclier et son corps

Fig. 175. — Secutor pris dans le filet du rétiaire.

est presque entièrement nu. Il n'a d'autres armes que son harpon ou fourche et le filet dans lequel il cherche à envelopper son adversaire; mais quand il a manqué son coup en jetant le filet, il est exposé aux coups de l'ennemi qui est armé de pied en cap, et presque toujours il est obligé de prendre la fuite. Ce genre de gladiateurs était assez méprisé : Juvénal, dans sa VIIIe satire, montre un sénateur dans le cirque où il joue maladroitement le rôle du *retiarius*. « Un noble peut se faire histrion, dit-il, quand un empereur se fit joueur de harpe. Il y aurait encore quelque chose de plus honteux, ce serait qu'un noble se fît gladiateur. Eh bien ! Rome a subi cette infamie. Gracchus se montre sur l'arène, non pas, comme le *mirmillon*, armé d'une faux et le visage couvert d'un casque ; il déteste et méprise ces déguisements. Il balance le trident, il lance le filet. A-t-il manqué son coup, il prend la fuite et s'offre la tête haute aux regards des spectateurs ! »

Fig. 176. — Un rétiaire. (D'après un bronze antique de la Bibliothèque nationale.)

Une curieuse statuette en bronze (fig. 176), donnée par le duc de Luynes à la Bibliothèque nationale, nous montre le costume d'un rétiaire. Il porte une large ceinture de métal qui cache en partie son caleçon. Il n'a pas de bouclier ; son bras gauche est seulement protégé par un brassard qui couvre l'épaule et se prolonge au delà de la main qu'il garantit. Le bras droit est orné de trois bracelets au-dessous de l'épaule et de trois autres au poignet ; des anneaux semblables entourent les jambes, qui sont nues ainsi que les pieds. Les cheveux et les favoris sont disposés avec une grande symétrie, les yeux de la statuette sont incrustés d'argent.

5° L'*hoplomaque* est un gladiateur pesamment armé, c'est-à-dire portant, outre son casque, des brassards et des jambards. Le gladiateur victorieux qui est représenté sur notre figure 154 est un hoplomaque; l'adversaire qu'il vient de vaincre est un *vélite* ou soldat armé à la légère : il porte, comme l'hoplomaque, un petit tablier autour des reins, mais il a les cuisses nues, et d'un côté seulement il est protégé par une bottine de bronze.

6° Le *dimachère* combattait avec deux épées et n'avait pas de bouclier : je ne connais aucun monument qui représente cette catégorie de gladiateurs.

7° Les *essédaires* combattaient montés sur des chars gaulois conduits

Fig. 177. — Gladiateurs équestres.

par un cocher : ils commençaient par se lancer des traits, puis ils sautaient à terre et combattaient à l'épée.

8° Les gladiateurs *équestres* partent au même signal des deux extrémités de l'arène et chargent l'un sur l'autre au galop. Ils sont armés de la lance et du bouclier rond; leur tête est couverte d'un casque d'airain à visière et une petite chlamyde flotte sur leurs épaules. La figure 177 montre deux gladiateurs équestres au moment du combat : elle est tirée d'un bas-relief qui décorait le tombeau de Scaurus à Pompéi, aux funérailles duquel ces deux personnages ont en effet combattu. Une inscription donne leur nom avec le nombre des victoires que chacun d'eux a déjà remportées : l'un est appelé Bébrix, nom qui vient probablement de son pays natal; il a été quinze fois vainqueur. L'autre, appelé Nobilior, ne compte que onze victoires.

9° Les *meridiani* constituaient un genre de gladiateurs qui combattaient en manière d'intermède, les jours où il y avait des spectacles

Fig. 178. — Gladiateurs

d'un autre genre. On a peu de renseignements sur leur armement;

Fig. 179. — Les bestiaires dans le cirque.

cependant la figure 178, tirée d'une mosaïque antique, passe pour être la représentation de cette catégorie de gladiateurs.

10° Les *bestiaires* formaient une classe de gladiateurs tout à fait distincte des autres; leur métier consistait à combattre les bêtes féroces dans le cirque. La figure 179 nous montre ce genre de combat, qui présentait de sérieux dangers; néanmoins les bestiaires étaient assez méprisés et les gladiateurs qui combattaient entre eux se considéraient comme ayant une profession beaucoup plus relevée. Une petite statue du musée de Venise montre un gladiateur posant un genou en terre et s'appuyant sur la main gauche, tandis qu'avec la droite il se prépare à recevoir son ennemi à la pointe de son épée. La pose du personnage aussi bien que la tunique courte serrée par une ceinture dont il est revêtu ont fait penser que nous avions ici un bestiaire s'apprêtant à combattre un animal qui se dresse devant lui.

Le cirque romain. — Le cirque primitif des Romains était un

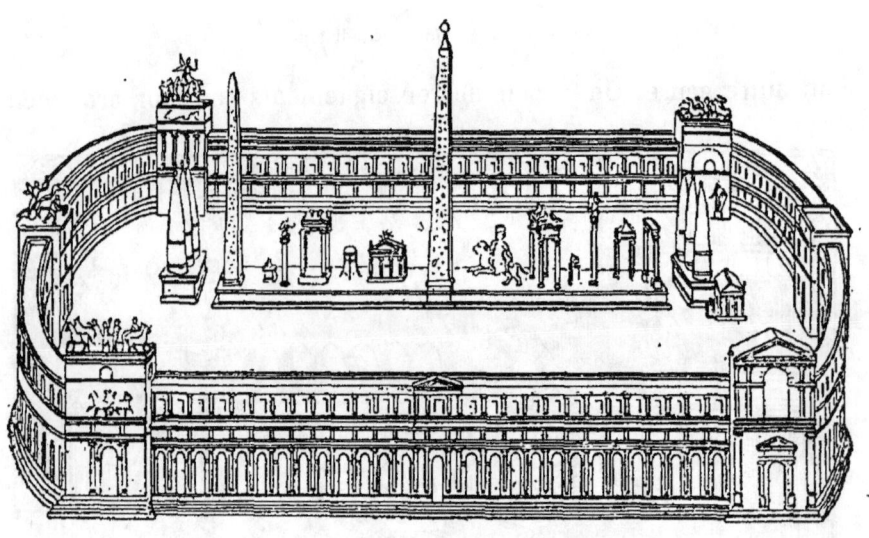

Fig. 180. — Le cirque Maxime restauré.

espace découvert, dans lequel on faisait des courses de chars, et autour duquel les spectateurs se tenaient sur des échafauds de bois. Mais comme les Romains étaient passionnés pour ce genre de spectacle, on construisit de très-bonne heure un édifice permanent pour cet usage. Le cirque Maxime, le plus important des cirques romains, est antérieur à l'expulsion des rois. « Ce fut Ancus Martius, dit Tite-Live, qui traça l'enceinte de ce qu'on nomme aujourd'hui le grand cirque; il y marqua une place pour des loges que chacun des sénateurs et des chevaliers devait faire construire à ses frais. Ces loges, assez élevées, étaient soutenues sur des poteaux à douze pieds de terre. Le spectacle consistait en courses de chevaux, et en combats du ceste, dont la plupart des acteurs avaient été tirés de l'Étrurie. Par la suite, ces jeux devinrent

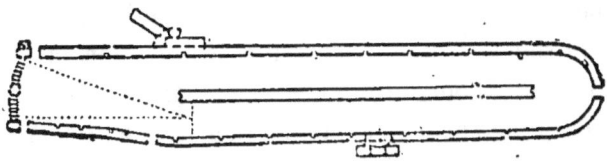

Fig. 181. — Plan du cirque de Caracalla.

annuels; on les appelle indifféremment les grands jeux ou les jeux romains. »

Le grand cirque ou cirque Maxime reçut d'importantes modifications sous César, Auguste, Claude, Domitien et Trajan.

Fig. 182. — Les écuries du cirque. (D'après un bas-relief antique.)

A l'extérieur, les cirques étaient composés d'un ou plusieurs étages d'arcades formant des galeries où circulaient les personnages. A l'intérieur l'espace de terrain que devaient parcourir les concurrents était séparé en deux parties égales par une sorte de piédestal étroit et long appelé l'épine, parce qu'elle est en effet comme l'épine dorsale de l'arène (fig. 180). L'épine occupait à peu près les deux tiers de la longueur de l'arène, dont le plan d'ailleurs n'était pas toujours absolument régulier. Cette disposition est très-visible sur le plan représenté figure 181 où la ligne ponctuée a pour base les carcères, c'est-à-dire le point de départ des concurrents.

Les carcères, marquées comme de petites cellules, sur le plan à gauche, étaient des écuries, ayant leur entrée dans l'intérieur du cirque et dans lesquelles les chars étaient remisés avant la représentation. Un bas-relief antique représente le moment où on ouvre les carcères du cirque pour faire partir les chars (fig. [182). Ces écuries servaient aussi à loger les bêtes féroces qui devaient combattre dans le cirque.

Les chars en sortant des carcères se rendaient d'abord à l'endroit

Fig. 183. — Courses du cirque. (Mosaïque de Lyon.)

où commence l'épine, où ils devaient se trouver tous de front. Les lignes ponctuées du plan (fig. 181) indiquent le point où devait commencer la course et qui se trouvait à égale distance de toutes les écuries. Là, une corde tendue au point où commence l'épine les arrêtait un moment; à un signal donné, la corde tombait et les chars se mettaient en mouvement. Le cirque avait plusieurs entrées : le cortège arrivait par le côté où sont les écuries, et la porte ouverte au milieu de la partie courbe du monument était appelée porte triomphale, parce que c'est de ce côté que le char victorieux sortait au milieu des acclamations de la foule. La tribune impériale, formant saillie sur la façade externe, est marquée aussi au bas du plan.

L'épine qui partageait l'arène dans sa longueur était une élévation en maçonnerie au centre de laquelle s'élevait un obélisque. Aux extrémités étaient des bornes, autour desquelles les concurrents dans les courses devaient passer un certain nombre de fois. Dans l'intervalle il y avait des statues, des vases ou d'autres objets qui contribuaient à la décoration de l'ensemble. Les spectateurs étaient placés sur des gradins élevés autour de l'arène. Le cirque servait primitivement pour les courses de chars et de chevaux, comme l'hippodrome des Grecs, mais on y donna aussi des combats de bêtes féroces et même de gladiateurs. A partir de César, l'arène fut circonscrite par un canal destiné à préserver les spectateurs pendant les combats d'animaux.

Une mosaïque antique découverte à Lyon en 1806 et maintenant au musée de cette ville (fig. 183), fournit un document très-complet sur les courses. On distingue par leur couleur les factions qui se disputent la victoire, la loge où siégeaient les juges du concours, l'épine avec la rangée de dauphins et la rangée d'œufs, les bornes, etc. Il existe un assez grand nombre de représentations de ce genre qui sont plus ou moins complètes et qui varient un peu par le décor, mais les courses de chars qui s'exécutent autour de l'épine ou la spina offrent toutes un caractère analogue. La figure 184 montre une course de chars d'après une monnaie byzantine. L'obélisque central est beaucoup plus élevé

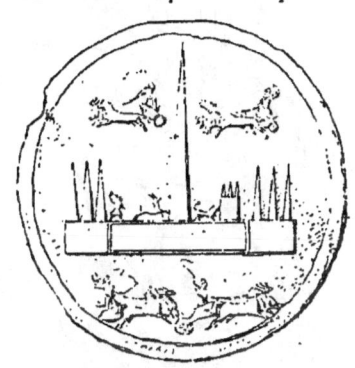

Fig. 184.
Courses de chars.

que celui que nous avons vu dans les représentations précédentes. Cette figure est destinée à rappeler le souvenir du fameux hippodrome de Constantinople, qui a eu sous le bas empire autant d'importance que le grand cirque des Romains et dans lequel on donnait des fêtes du même genre. Nous avons montré déjà (tome I, fig. 475) la tribune impériale qui s'ouvrait sur l'arène de cet hippodrome. Quand l'empereur apparaissait ainsi, il était salué par les acclamations de la multitude. Sur le piédestal de l'obélisque de Théodose à Constantinople, on voit l'empereur assis et entouré de sa suite, au moment où les jeux vont commencer. Suivant les habitudes antiques, continuées par les Byzantins, l'empereur est représenté beaucoup plus grand que les personnages qui l'entourent, et ceux-ci, qui forment sa cour, sont même plus grands que les gens de condition inférieure.

L'hippodrome de Constantinople, qui était une dépendance du palais impérial, est certainement le plus somptueux édifice qu'on ait jamais élevé pour des courses de chevaux. La Grèce, l'Asie, l'Égypte, la Sicile, l'Italie et Rome elle-même s'étaient vues dépouillées de leurs richesses artistiques, pour embellir ce monument, et si l'on veut restituer par la pensée le stentures éclatantes, le luxe des chars et des attelages, les bannières des factions et les costumes brillants et bigarrés de la foule qui se pressait pour jouir de la vue des courses, on comprendra la passion des Byzantins pour ces splendides spectacles.

LES COURSES. — Les chevaux n'avaient habituellement d'autre harnais qu'une sangle légère qui leur ceignait la partie antérieure du

Fig. 185. — Cocher conduisant un char.

corps et à laquelle on attachait le timon. Le mors, lié à la mâchoire inférieure, était directement attaché aux brides que tenait le cocher (fig. 185). La position de celui-ci mérite d'être signalée : le genou gauche s'appuyait sur le parapet, tandis que le pied droit portait sur l'extrémité du char, de telle façon que, par sa position courbée et inclinée sur le devant, le cocher se tenait presque en équilibre sur l'essieu. Les cochers dirigeaient leurs chevaux de la main gauche et tenaient avec la droite le fouet toujours prêt à frapper. Ils portaient du côté gauche un petit couteau recourbé. Leur habillement se distinguait par la couleur de la faction à laquelle ils appartenaient. Ce vêtement était une tunique légère descendant jusqu'au milieu de la cuisse. Ils avaient toujours les pieds nus pour les tenir plus facilement en équilibre sur le char. Les brides des chevaux étaient solidement attachées au corps du cocher.

De nombreux bas-reliefs représentent les courses de chars; mais les cochers sont souvent remplacés par de petits génies, qu'on désigne généralement sous le nom de génies des courses. Ces monuments font très-bien comprendre les manœuvres habituelles aux cochers.

Dans un bas-relief du Louvre, on voit quatre génies des courses de

Fig. 186. — Génies des courses de char.

char répondant aux quatre factions principales des cochers, la blanche, la rouge, la verte et la bleue. Ils conduisent des biges ou chars à deux chevaux qui parcourent l'arène. On trouve ici les petites tricheries en usage : ainsi le cocher d'un des chars se retourne pour arrêter celui

Fig. 187. — Génies de la course aux chars.

qui le suit et le faire tomber s'il le peut. Les chutes étaient assez fréquentes et parfois très-dangereuses.

Pour embarrasser les cochers, on jetait sous les pieds des chevaux des paniers ou des vases, on en voit sur tous les bas-reliefs qui représentent des courses. Ainsi dans la figure 187, on voit les chevaux du premier char se cabrer et le cocher devra faire des prodiges pour éviter que les roues de son char ne viennent rencontrer le vase qu'on a jeté devant lui. Ceux qui créaient ces embarras aux cochers étaient des hommes attachés à la faction opposée. Quelquefois ceux qui voulaient ainsi arrêter un char tombaient eux-mêmes sous les pieds des chevaux. Il y avait aussi des jongleurs, dont les tours d'adresse amusaient le public et qui passaient sous les pieds des chevaux pendant la course ou bien s'asseyaient ou se couchaient au milieu de l'arène, pour se relever subitement quand le char arrivait au galop.

Ces bas-reliefs, qui montrent les génies de la course, reproduisent exactement ce qui se passait dans les véritables cirques. On y voit (fig. 186) la spina, les dauphins, les œufs qui servaient à marquer le nombre de tours que les chars faisaient autour des bornes.

Les cochers. — Le costume des auriges est très-bien caractérisé sur une statue du musée Pie Clémentin, qui provient de la villa Albani (fig. 188). Toutefois il s'agit uniquement du torse, car les bras et les jambes sont une restauration moderne et la tête, bien qu'antique, a été rapportée et n'appartenait pas à la statue. Le personnage porte une tunique courte et s'arrêtant au milieu des cuisses. Des courroies entourent le buste depuis les seins jusqu'aux hanches, et, n'étant pas toujours juxtaposées, laissent voir cinq fois la tunique. Un couteau à lame recourbée et fixé sur les courroies servait, selon Visconti, à couper les traits qui étaient attachés à l'aurige même. Il est probable que lorsqu'ils étaient renversés, les cochers coupaient les courroies pour n'être pas entraînés par les chevaux. Ces larges bandes de cuir, bien entrelacées, qui descendaient jusqu'à la ceinture serraient le corps et le rendaient, croyait-on, plus propre à la rapidité de la course. On retrouve un costume analogue (voir fig. 190) sur quelques médailles et sur plusieurs monuments.

Le fragment représenté figure 189 passe également pour appartenir à une statue d'aurige. Cependant cette attribution a été contestée par Visconti, à cause de la ressemblance que présente le costume avec celui des soldats romains : en effet les courroies horizontales de sa cuirasse sont juxtaposées et se fixent sur sa poitrine au moyen de clous; d'autres bandes relient la cuirasse aux épaules, comme cela avait lieu pour les soldats. La plupart des antiquaires ont pourtant maintenu l'ancienne attribution, se fondant sur le casque, qui n'est pas celui des soldats, et sur l'écharpe qui sort de dessous la cuirasse avec de petites courroies, costume que portaient souvent les auriges : en outre, sa tête imberbe et efféminée s'appliquerait difficilement à un militaire. Il faut bien remarquer d'ailleurs que le costume des auriges n'était pas un uniforme bien rigoureusement observé, car les bas-reliefs montrent à cet égard une assez grande variété.

On voit également d'assez nombreuses représentations de cochers sur des médailles qui pour la plupart se rapportent à l'époque byzan-

Fig. 188. — Cocher vainqueur.

tine. C'est en effet dans cette période que des cochers ont pris dans les préoccupations publiques la très-grande importance et le rôle en quelque sorte politique que nous leur voyons jouer dans l'empire d'Orient.

Les médailles où l'on voit des représentations de cochers victorieux (fig. 190, 191), étaient le plus ordinairement des jetons d'entrée. Quelquefois les jetons représentent sur une de leurs faces l'image d'Alexandre le Grand (fig. 192). Les cochers qui avaient le don de plaire à la multitude étaient très-bien rétribués. Les figures 193 et 194 représentent des tirelires de cocher; l'image d'un cocher victorieux

Fig. 189. — Fragment aurige.

figure en dessous de l'ouverture par laquelle on déposait la monnaie. « On remarque une différence essentielle dans les jeux de l'anti-

Fig. 190.

Fig. 191.

Cochers vainqueurs.

quité, dit Gibbon dans son *Histoire de l'Empire romain*. Parmi les Grecs, les personnages les plus éminents y jouaient un rôle; mais les Romains n'y paraissaient que comme spectateurs. Le stade olympique était ouvert à la fortune, au mérite et à l'ambition; et si les candidats comptaient assez sur leur habileté et sur leur savoir, ils pouvaient marcher sur les traces de Diomède et de Ménélas et conduire eux-mêmes leurs chevaux dans la carrière. Dix, vingt, quarante chars s'élançaient au même instant; le vainqueur obtenait une couronne de laurier, et

Fig. 192. — Alexandre. (Sur un jeton de l'hippodrome.)

et des vers lyriques, plus durables que les monuments de marbre et d'airain, célébraient sa gloire et celle de sa famille et de son pays. Mais

Fig. 193.

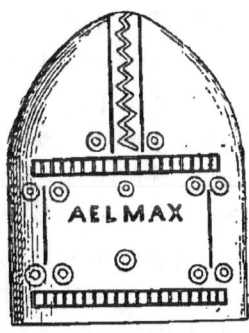

Fig. 194.

Tirelires de cocher.

à Rome, le sénateur ou même le citoyen qui se respectait aurait rougi de montrer dans le cirque sa personne ou ses chevaux. Les jeux se donnaient aux frais de la république, des magistrats ou des empereurs; on abandonnait les rênes des coursiers à des mains serviles; et, si les profits d'un conducteur de char chéri du peuple excédaient quelquefois ceux d'un avocat, on doit les regarder comme une suite de l'extravagance publique, et des riches salaires qu'on payait à une profession frappée de déshonneur. On n'employa d'abord que deux chars; le conducteur du premier était vêtu de blanc et le second de rouge. On y ajouta ensuite deux autres chars avec la couleur verte et bleue ; et les courses se répétant vingt-cinq fois, cent chars contribuaient le même jour à la pompe du cirque. Les quatre factions ne tardèrent pas à obtenir la sanction de la loi, et on leur supposa une origine mystérieuse. On dit que les quatre couleurs, adoptées sans dessein, venaient des divers aspects qu'offre la nature dans les quatre saisons ; qu'elles représentaient les feux de la canicule, les neiges de l'hiver, les teintes foncées de l'automne et l'agréable verdure du printemps. D'autres les faisaient venir des éléments et non pas des saisons ; ils voulaient que la lutte du vert et du bleu figurât la lutte de la Terre et de l'Océan ; que leurs victoires respectives annonçassent une récolte abondante ou une navigation heureuse : et aussi les hostilités des cultivateurs et des marins étaient, à quelques égards, moins absurdes que l'aveugle fureur du peuple de Rome, qui dévouait sa vie et sa fortune à la couleur qu'il adoptait. Les princes les plus sages dédaignèrent et favorisèrent cette folie ; mais les noms de Caligula, de Néron, de Vitellius, de Vérus, de Commode, de Caracalla, et d'Héliogabale, furent inscrits sur la liste des verts. Ils fréquentaient les écuries de cette faction, ils applaudirent à ses favoris ; ils châtièrent ses antagonistes ; et en imitant ou en affectant les mœurs de ce parti, ils méritèrent l'estime de la populace. Des querelles sanguinaires et tumultueuses troublèrent les jeux du cirque jusqu'à la dernière période des spectacles de Rome ; et Théodose, entraîné par la justice ou par l'affection, interposa son autorité en faveur des verts contre la violence d'un consul et d'un patricien dévoués passionnément aux bleus. Constantinople adopta les folies de l'ancienne Rome, sans adopter ses vertus ; et les factions qui avaient agité le cirque troublèrent l'hippodrome avec une nouvelle fureur. Sous le règne d'Anastase, le fanatisme de religion accrut cette frénésie populaire, et les verts, qui avaient lâchement caché des pierres et des poignards dans des paniers de fruits, massacrèrent trois mille bleus au milieu d'une fête solennelle. La contagion se répandit de la capitale dans les provinces et les villes de l'Orient, et deux couleurs, adoptées pour l'amusement du public, donnèrent lieu à des factions puissantes et irréconciliables qui ébranlèrent les fondements d'une administration faible. »

L'engouement pour les courses de chars devint général dès le commencement de l'empire romain. Cependant il y eut quelquefois des protestations isolées contre cette passion singulière. La lettre suivante de Pline le Jeune en offre un exemple.

Pline à Calvisius.

« J'ai passé tous ces jours derniers dans la plus douce tranquillité entre mes tablettes et mes livres. Comment, dites-vous, cela se peut-il au milieu de Rome? C'était le temps des spectacles du cirque qui n'ont pas pour moi le moindre attrait. Je n'y trouve rien de nouveau, rien de varié, rien qu'il ne suffise d'avoir vu une fois. C'est ce qui me fait trouver d'autant plus étrange ce désir puéril que tant de milliers d'hommes éprouvent de revoir de temps en temps des chevaux qui courent et des hommes qui conduisent des chars. Encore, s'ils étaient attirés par la vitesse des chevaux ou par l'adresse des hommes, leur curiosité aurait quelque motif. Mais non, ils ne s'attachent qu'à la couleur des combattants : c'est là tout ce qu'ils aiment. Que dans le milieu de la course ou du combat on fasse passer d'un côté la couleur qui est de l'autre, on verra leurs goûts et leurs vœux changer tout à coup avec elle, et abandonner les hommes et les chevaux qu'ils connaissent de loin, qu'ils appellent par leurs noms : tant une vile casaque fait impression, je ne dis pas sur la populace, plus vile encore que ces casaques, mais sur des hommes graves ! Quand je songe qu'ils ne se lassent point de revoir avec tant d'ardeur des choses si vaines, si froides et si communes, je trouve une satisfaction secrète à n'être point sensible à ces bagatelles, et c'est avec un grand plaisir que je consacre aux belles lettres un loisir que les autres perdent dans de si frivoles amusements. »

Les combats d'animaux. — Les combats d'animaux ont été dans toute l'antiquité un des grands divertissements populaires. Il serait difficile d'en fixer l'origine, mais elle doit être fort ancienne, puisque des combats de taureaux sont figurés sur les monuments égyptiens (fig. 195). Strabon nous apprend en effet qu'on élevait à cette intention des taureaux. Ces combats avaient lieu sur les grandes avenues qui conduisaient aux temples.

Il est impossible de dire si c'est par l'Égypte que le goût des combats des taureaux est venu chez les Grecs et les Romains, car il est assez probable que cet usage a existé aussi chez plusieurs peuples de l'Orient. C'est en Thessalie qu'on les voit paraître pour la première fois en Europe, et les Grecs croyaient que les combats de taureaux étaient originaires de Thessalie. Une ancienne épigramme de l'anthologie dépeint un Thessalien jetant un nœud dans les cornes du taureau, qu'il fait plier et renverse en un clin d'œil. César a donné le premier aux Romains le spectacle de cette lutte, qui toutefois n'a jamais eu dans l'antiquité l'importance qu'elle a acquise en Espagne dans la société moderne. Sous le règne de Claude, on vit, dit Suétone, des cavaliers thessaliens poursuivre dans le cirque des taureaux sauvages, leur

Fig. 195. — Combat de taureaux. (D'après une peinture égyptienne.)

sauter sur le dos après les avoir fatigués, et les terrasser en les saisissant par les cornes. Pline décrit aussi ce genre de combat qui est figuré sur une lampe découverte à Herculanum. Ici seulement l'homme

Fig. 196. — Bestiaires. (D'après une peinture de Pompéi.)

paraît être tombé, et d'après la posture que l'artiste lui a donnée, il ne peut guère se rendre maître de son ennemi. Cette lampe est d'ailleurs d'un travail assez grossier. Des peintures de Pompéi montrent également des bestiaires combattant divers animaux et entre autres des tuareaux (fig. 196 et 197). Mais ils sont à pied et l'exercice auquel ils se livrent est tout différent de celui des cavaliers thessaliens dont nous parlions plus haut.

Les Grecs étaient passionnés pour les combats de coqs. Ils avaient des jeux publics où les jeunes gens étaient tenus d'assister, afin d'apprendre par les coqs qu'on peut lutter jusqu'à la dernière extrémité. Le coq tenant une palme qu'on voit sur plusieurs monnaies grecques se rattache à ces institutions.

Pline l'Ancien fait l'éloge du coq en termes pompeux. « Chaque basse-cour dit-il, a son roi et chez eux l'empire est le prix de la victoire. Souvent les deux rivaux meurent en combattant. Si l'un d'eux est vainqueur, aussitôt il chante son triomphe et lui-même se proclame souverain. L'autre disparaît honteux de sa défaite. Seuls de tous les oiseaux, ils regardent habituellement le ciel, dressant en même temps leur queue recourbée en faucille. Quelques-uns d'entre eux semblent naître uniquement pour la guerre et les combats. Ceux-là ont illustré

Fig. 197. — Bestiaires. (D'après une peinture de Pompéi.)

les pays qui les produisent tels que Rhodes et Tanagre. On assigne le second rang à ceux de Mélos et de Chalcis. »

Les coqs avaient des maîtres pour les dresser à la lutte. Les spectateurs s'intéressaient tellement à la victoire d'un des deux champions, qu'ils faisaient souvent des gageures considérables. Pendant les guerres civiles d'Auguste et d'Antoine, on faisait combattre des coqs représentant l'un des deux partis et on prétend que le coq d'Auguste était toujours vainqueur. Toutefois cette remarque n'a été faite qu'après la défaite d'Antoine, et on aurait sans doute dit le contraire si la fortune lui avait été favorable. Pour exciter les coqs et rendre leur ardeur plus grande on leur faisait manger de l'ail et des oignons. Souvent aussi on armait leur ergot d'un éperon de bronze.

Les coqs sont représentés sur un assez grand nombre de monuments. Un vase peint du musée grégorien (fig. 198) nous montre deux éphèbes tenant chacun un coq qu'ils excitent l'un contre l'autre, et le même sujet apparaît sur divers bas-reliefs. Sur les monuments funéraires, les coqs apparaissent quelquefois comme symboles des luttes de la vie dans lesquelles on ne doit jamais se laisser abattre.

Fig. 198. — Combat de coqs. (D'après une peinture de vase.)

Un combat de coqs est figuré sur une mosaïque de Pompéi. L'un

Fig. 199. — Coq vainqueur. (D'après une mosaïque de Pompéi.)

des deux adversaires lève la tête avec orgueil, tandis que le vaincu semble s'affaisser tout honteux. Derrière eux on voit leurs propriétaires. Celui qui possède le coq vainqueur tient une couronne et un enfant lui présente une palme. Dans sa main il tient encore le sac dans lequel on enfermait le coq avant la bataille. Un jeune homme et un enfant montrent par leur air affligé le chagrin que leur fait éprouver la défaite de l'autre coq (fig. 199).

Le musée de Latran, à Rome, possède un petit bas-relief provenant d'un monument funéraire, où l'on voit la fin d'un combat de coqs. L'hermès, devant lequel est une table chargée de couronnes et de palmes, semble indiquer une palestre. Un enfant ou un génie amène devant l'hermès le coq victorieux, tandis qu'un autre s'éloigne en pleurant et tenant dans ses bras son coq qui paraît avoir succombé dans la lutte (fig. 200).

Les combats de coqs figurent quelquefois sur les sarcophages,

Fig. 200. — Coq victorieux. (D'après un bas-relief antique.)

pour indiquer l'intrépidité du défunt. Néanmoins l'usage des combats de coqs a été beaucoup moins répandu parmi les Romains qu'il ne l'avait été parmi les Grecs.

Les Romains étaient passionnés pour les combats d'animaux féroces. Les récits de ces combats paraîtraient imaginaires, s'ils n'étaient attestés par un grand nombre d'écrivains, qui en parlent tous de la même manière. Pline en raconte ainsi l'origine :

« Q. Scévola, fils de Publius, dit-il, étant édile curule, fit le premier combattre plusieurs lions à la fois. Sylla, qui fut depuis dictateur, donna dans sa préture un combat de cent lions à crinières. Après lui, le grand Pompée en fit paraître dans le cirque six cents, dont trois cents quinze avaient des crinières ; et César, pendant sa dictature, donna un combat de quatre cents lions. »

Outre les combats d'animaux entre eux, il y avait des spectacles consistant en divers exercices que les animaux apprivoisés faisaient devant le public. A la dédicace du théâtre de Marcellus, Auguste montra dans l'amphithéâtre un tigre apprivoisé. L'empereur Claude en fit voir quatre à la fois. Le Carthaginois Hannon est le premier qui osa manier un lion et le montrer apprivoisé. A Rome, cela est devenu fréquent : Antoine se faisait traîner en compagnie d'une comédienne, sur un char traîné par des lions. Pline parle d'une sorte de danse exécutée par des éléphants.

« Aux combats de gladiateurs donnés par Germanicus, dit-il, des éléphants exécutèrent quelques mouvements confus et grossiers, en forme de ballet. Leurs exercices ordinaires étaient de lancer des traits dans les airs, de faire assaut comme les gladiateurs, et de jouer ensemble en figurant la pyrrhique. Ensuite ils marchèrent sur la corde et même quatre d'entre eux en portaient un cinquième étendu dans une litière, comme une nouvelle accouchée. Ils allèrent se placer à table dans des salles remplies de peuple, et passèrent à travers les lits, en balançant leurs pas avec tant d'adresse qu'ils ne touchèrent aucun des buveurs. »

Sous l'empire, des animaux de tout genre parurent dans l'amphithéâtre. C'est dans les jeux du grand Pompée que le rhinocéros parut pour la première fois. Marcus Scaurus fit voir au peuple de Rome un hippopotame et cinq crocodiles dans une pièce d'eau creusée pour les jeux de son édilité.

LES NAUMACHIES. — « César, dit Suétone, agrandit le cirque des deux côtés et y ajouta à l'entour un lac circulaire. Les plus nobles jeunes gens y firent rouler des quadriges et des chars, ou voltiger des chevaux, et, se partageant en deux troupes de différents âges, ils célébrèrent les jeux troyens. Cinq jours furent consacrés à des combats de bêtes. On finit par une bataille entre deux armées, composées chacune de cinq cents fantassins, de vingt éléphants et de trois cents cavaliers. Pour laisser plus d'espace à leurs manœuvres, on avait enlevé les barrières du cirque, et on y avait substitué deux camps opposés. Des athlètes luttèrent pendant trois jours sur un stade fait pour la circonstance dans le voisinage du Champ de Mars. On creusa un lac dans la petite codette, où des galères tyriennes ou égyptiennes, à deux, à trois et à quatre rangs de rames, montées par un grand nombre de combattans, s'y livrèrent une bataille navale. Ces spectacles avaient attiré de toutes parts un si prodigieux concours d'étrangers, que la plupart logèrent sous des tentes dressées dans les rues ou dans les carrefours, et qu'un grand nombre d'individus, entre autres deux sénateurs, furent écrasés ou étouffés dans la foule. »

Les naumachies sont des édifices spéciaux destinés à des représentations de combat naval. Ils se composaient d'un vaste bassin plein d'eau, qu'entourait un bâtiment de forme circulaire ou ovoïde : ce bâtiment était destiné aux spectateurs, qui y prenaient place comme dans les cirques ou les amphithéâtres. Il y avait à Rome plusieurs

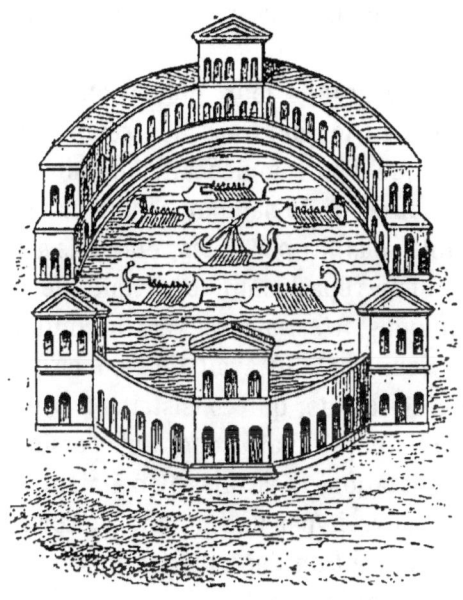

Fig. 201. — Une naumachie. (D'après une médaille antique.)

naumachies, dont il n'est pas resté de ruines ; mais on en voit une représentation sur une médaille de l'empereur Domitien que reproduit la figure 201. Suétone rapporte que, dans un spectacle donné sous le règne de Claude, on vit se heurter une flotte de Sicile et une flotte de Rhodes, chacune de douze trirèmes, au bruit de la trompette d'un Triton d'argent qu'un ressort fit surgir au milieu du lac.

Les grands jeux romains. — Les jeux publics des Romains étaient de plusieurs sortes. Il y avait des jeux solennels, les plus importants de tous, qui revenaient périodiquement et dont les frais très-considérables étaient supportés par le sénat ou l'empereur. Ce sont ceux qu'on appelle les grands jeux, et qui constituaient une fête populaire à la fois nationale et religieuse. Outre cela, il y avait des jeux honoraires, que l'on donnait une fois pour toutes à l'occasion d'un triomphe ou de la dédicace d'un temple, et des jeux votifs, c'est-à-dire donnés en raison d'un vœu fait dans des circonstances intéressantes pour la république. Enfin il y avait fort souvent des jeux occasionnels qui étaient quelquefois d'une magnificence extrême, et dont les frais étaient supportés par un particulier désireux de conquérir la popularité, ou par un fonctionnaire, qui quelquefois se ruinait pour donner de l'éclat à son administration. Tous ces jeux consistaient en pièces de théâtre, luttes athlétiques, combats de gladiateurs ou d'animaux féroces, processions, batailles simulées, et autres cérémonies avec lesquelles on voulait amuser le peuple romain.

Les jeux romains, ou grands jeux, étaient annuels et duraient environ quinze jours. C'était toujours par des représentations scéniques ou pièces de théâtre que l'on commençait. Les intermèdes se composaient de chants, de danses et de pantomimes diverses. Un monceau de comestibles, rassemblé sous les portiques, était mis à la disposition des spectateurs, et souvent un repas somptueux était offert au peuple après la fin des jeux scéniques, c'est-à-dire vers le milieu de la fête. La seconde partie des jeux romains avait lieu au cirque ou à l'amphithéâtre. Cette partie de la fête, qui consistait en courses de chars ou en exercices de gladiateurs, était celle qui passionnait le plus les Romains, et les représentations théâtrales n'en étaient, en quelque sorte, que le prélude. Elle s'ouvrait par une grande et solennelle procession en l'honneur des dieux, dont on déposait les images sur l'épine après les avoir promenées devant le peuple.

Tous ces jeux étaient extrêmement bruyants, car les spectateurs, impatients et toujours avides de nouveautés, criaient pour voir des tours pendant que les athlètes luttaient, et demandaient la course des chars quand les gladiateurs faisaient durer trop longtemps le plaisir de s'entre-tuer. La passion des Romains pour ces exercices a duré plus longtemps que leur puissance ; il a fallu, pour y mettre fin, les invasions des barbares et l'effroyable misère qui en a été la conséquence.

LA GUERRE

I

LES ARMES

La massue. — Les haches. — Le casse-tête. — L'épée.
La lance et le javelot. — L'arc. — La fronde. — Le casque.
L'armure. — Le bouclier.

La massue. — La massue, l'arme des anciens héros, a dû être employée chez tous les peuples primitifs. Les monuments où sont figurés les exploits d'Hercule ou de Thésée représentent la massue comme un gros bâton, très fort et pesant à l'un de ses bouts, et se rétrécissant du côté où on le prenait en main : le plus souvent on y laissait des nœuds. Cette arme, abandonnée dès que l'art de la guerre s'est perfectionné, apparaît sur plusieurs monuments comme employée par quelques peuples barbares; sur le Virgile du Vatican, on la voit aux mains des Latins qui combattent les Troyens, et sur la colonne Trajane, elle figure parmi les armes dont se servent les Daces.

Les haches. — Les haches, comme les massues, se rattachent à une époque préhistorique; mais comme la pierre se conserve mieux que le bois, on a pu retrouver un certain nombre de haches qui remontent à une époque antérieure au travail des métaux. On sait que cette découverte a rencontré à son origine bien des incrédules; aujourd'hui tous les musées de l'Europe possèdent une collection de ces armes primitives. Parmi les haches de pierre qu'on peut voir au Musée d'artillerie, il y en a deux qui sont signalées comme particulièrement intéressantes. « Ces haches proviennent des habitations lacustres, dit la notice du

Musée. Elles sont fixées à des andouillers de cerf. L'extrémité de l'andouiller opposée au tranchant de la hache est taillée pour recevoir un manche en fourche, qui s'y liait par des courroies de nerfs ou de cuir. Toutes les haches de petite dimension peuvent se rattacher à ce type. On rencontre souvent, et particulièrement en France, un genre de hache pour lequel ce mode d'emmanchement n'est plus suffisant. Cette hache a la forme d'un œuf aplati dont le petit bout serait pointu. Elle a quelquefois de grandes dimensions, un beau poli et des proportions remarquables. C'est ce qu'on nomme la hache des dolmens. Un des spécimens les plus curieux du Musée, extrêmement rare, nous a fourni la solution du problème de son emmanchement. Cette pièce a été taillée tout entière dans le même bloc de pierre, hache et manche. Deux rainures en saillie dessinent grossièrement, mais nettement, son insertion dans le manche. Elle est placée à peu près à son milieu, de sorte

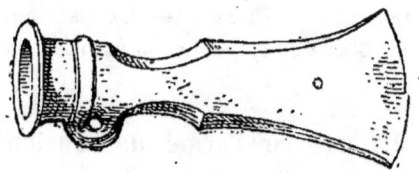

Fig. 202. — Hache de bronze.

qu'on pouvait se servir du tranchant et de la pointe de l'arme comme dans les haches d'armes du moyen âge. »

A une époque qu'il n'est pas possible de préciser, les hommes, ayant appris à travailler les métaux, ont reconnu que l'étain, combiné avec le cuivre, produit un alliage plus dur et plus pesant que ces deux métaux séparés : c'est ce qu'on appelle l'âge de bronze. Les haches de cette époque sont assez nombreuses. Elles s'emmanchaient de plusieurs manières : dans quelques-unes, le manche devait être fendu pour s'adapter sur les deux côtés de la hache. Dans d'autres, il s'emmanchait dans une cavité centrale, creusée dans la hache, comme le montre la figure 202.

Les haches de bronze qu'on a retrouvées en assez grand nombre sur le sol de la Gaule étaient coulées dans des moules. Il se peut que ces moules fussent en terre ou en pierre, mais la plupart de ceux qu'on a retrouvés jusqu'à ce jour sont de bronze, comme les haches, et ils ont été coulés comme elles. Ces moules sont composés de deux pièces symétriques. La figure 203 est un moule à hache celtique découvert en

Angleterre, et la figure 205, un moule à hache gaulois découvert en Normandie. L'intérieur d'un de ces moules est représenté sur la figure 204.

Les soldats égyptiens employaient fréquemment la hache et la hachette (fig. 206, 207, 208). La lame est généralement en métal et ornée de dessins gravés en creux. Le manche, habituellement rayé horizontalement, est quelquefois décoré assez richement. Ceux qui ont vu l'Epxosition universelle de 1867 se rappelleront sans doute la magnifique hache qui figurait dans le temple égyptien, parmi les objets

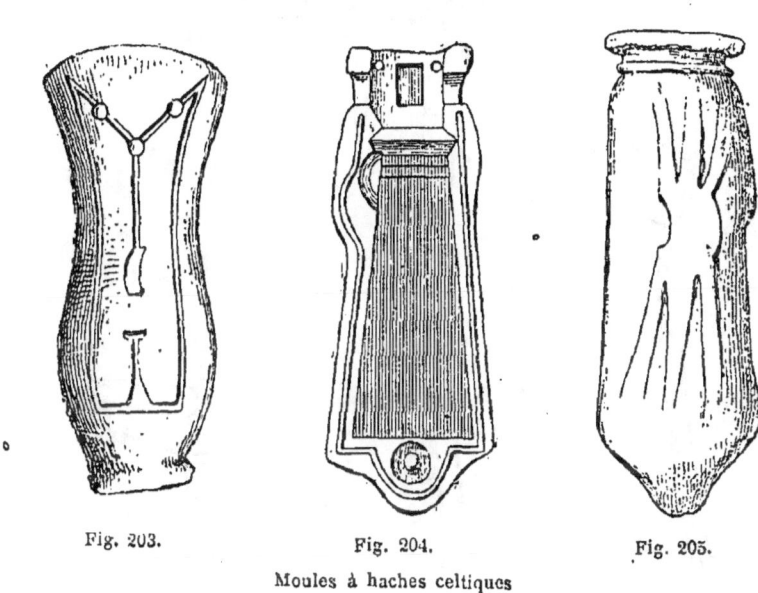

Fig. 203.   Fig. 204.   Fig. 205.
Moules à haches celtiques

ayant appartenu à la reine Aah-Hotep et découverts dans son tombeau. Ces objets sont tous infiniment précieux, puisqu'ils remontent à dix-sept cents ans environ avant notre ère, et comptent, par conséquent, trente-cinq siècles d'existence. La hache dont nous parlons est une arme superbe, qui fait partie du musée de Boulaq, au Caire : le catalogue de ce musée en donne la description suivante : « Le manche est en bois de cèdre recouvert d'une feuille d'or. Des hiéroglyphes y sont découpés à jour. Ces hiéroglyphes sont précieux pour la science en ce qu'ils révèlent pour la première fois, au complet, le protocole royal d'Amosis. Des plaquettes de lapis, de cornaline, de turquoise et de feldspath y sont encastrées et en rehaussent l'éclat. Le tranchant est de bronze orné d'une épaisse feuille d'or. De l'autre côté, sur un fond bleu sombre donné par une pâte si compacte qu'elle semble être de la pierre, se détache la figure d'Amosis, les jambes écartées, le bras levé pour frapper un barbare qu'il a saisi par les cheveux. En dessous de cette scène est une sorte de griffon à tête d'aigle. Dans les récits de batailles, les rois sont souvent comparés au griffon pour la rapidité de leur course, quand ils se précipitent au milieu des ennemis... Le tranchant de notre hache

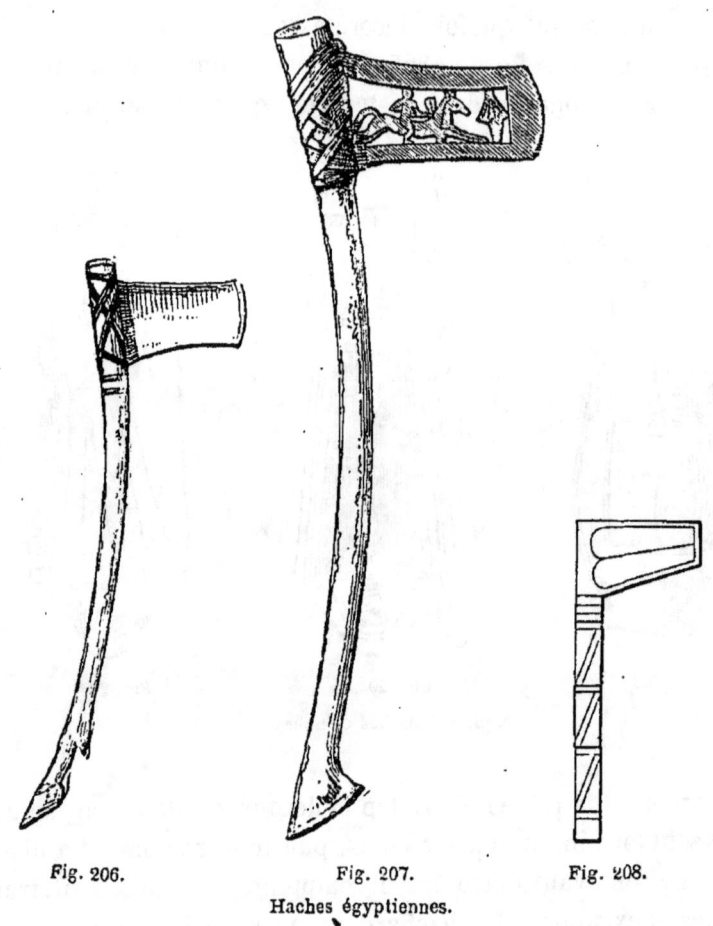

Fig. 206.   Fig. 207.   Fig. 208.
Haches égyptiennes.

adhère au manche au moyen d'une simple entaille dans le bois, consolidée par un treillis en or. »

La hache est l'arme que la tradition prête aux Amazones : quoique cette population soit fabuleuse, il n'est pas douteux que ces haches, arrondies sur un côté et pointues de l'autre, comme on en voit aux Amazones sur un grand nombre de monuments, n'aient été employées par certains peuples de l'Asie, notamment par ceux qui habitaient aux environs du Caucase. Nous avons déjà montré cette hache sur la figure 230 du premier volume.

La hache ne paraît pas avoir été employée dans les armées régulières de la Grèce et de Rome, mais nous la retrouvons en Gaule.

Les sculptures qui décorent les arcs de triomphe d'Orange et de Carpentras représentent des armes gauloises du commencement de l'em-

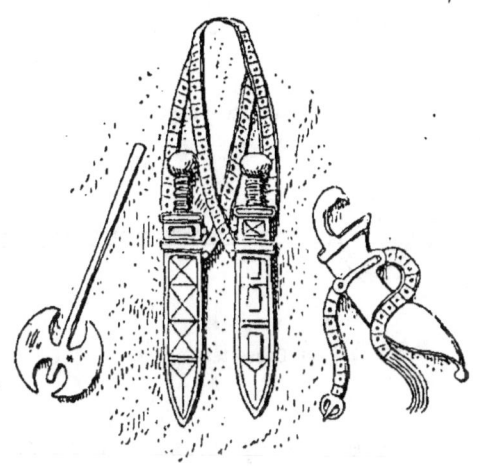

Fig. 209. — Armes gauloises.

pire. A cette époque, les formes nationales s'étaient déjà modifiées au contact des Romains ; c'est ce qu'on voit, par exemple, sur la figure 209, qui représente un bas-relief de l'arc de Carpentras, où sont deux épées et une hache à double tranchant.

Chez les Francs, la hache devient la francisque.

LE CASSE-TÊTE. — Les Égyptiens se servaient également, quoique plus rarement, du casse-tête. Nous avons au Louvre un casse-tête égyp-

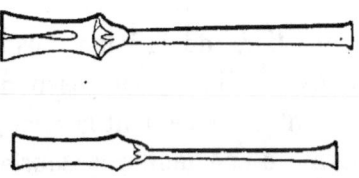

Fig. 210 et 211. — Casse-tête égyptiens.

tien ; il est en bois très pesant et cerclé d'anneaux de bronze épais et mobiles. Ces anneaux, en s'accumulant à l'extrémité de l'arme, doublaient l'intensité du coup. Mais il y en a de plusieurs espèces; celles que nous donnons figures 210 à 213 sont de véritables haches d'armes,

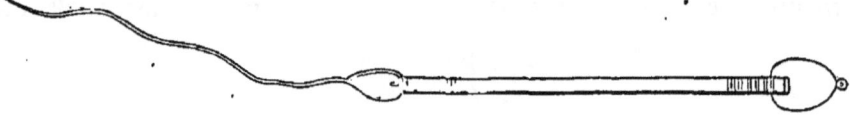

Fig. 212. — Casse-tête égyptien.

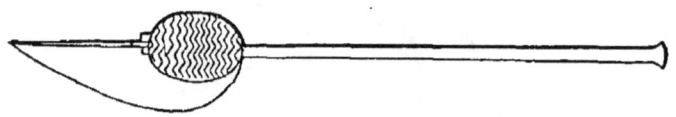

Fig. 213. — Casse-tête égyptien.

fort pesantes afin de rendre le coup plus lourd et par là plus pénétrant.

L'ÉPÉE. — Les temps préhistoriques ont laissé quelques épées de bronze, qui comprenaient une lame et un manche. La plupart de celles qu'on a trouvées jusqu'ici sont droites et plates : elles coupent des deux côtés et se terminent en pointe (fig. 214). Quelques-unes sont renflées

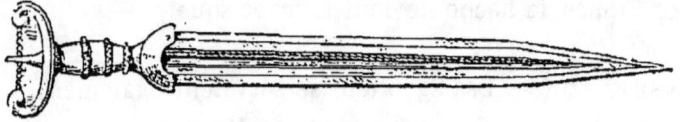

Fig. 214. — Épée de bronze.

au milieu ou vers les deux tiers de la lame. Ces épées, de même que les haches, ont été coulées, et elles se composent du même métal.

Les Grecs se servaient d'une épée dont la lame, à deux tranchants, prend quelquefois la forme d'une feuille de laurier. Les Romains paraissent s'être servis d'épées à peu près semblables, jusqu'aux guerres puniques. Mais, à partir de cette époque, on employa de préférence l'épée celtibérienne, qui est un peu plus grande et plus pesante et dont le tranchant est absolument droit.

La figure 215 montre une épée de ce type qui a été découverte à

Pompéi : elle est représentée dans son fourreau, qui est un étui en bois recouvert d'une plaque mince de métal, garnie de têtes de clous en bronze. Cette épée, que les soldats romains portaient du côté droit, était suspendue à un baudrier passé sur l'épaule gauche, excepté pour les officiers supérieurs, qui portaient l'épée à gauche, comme on peut le

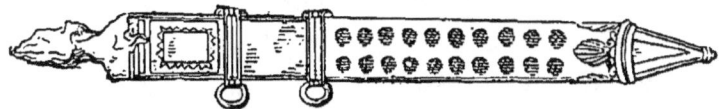

Fig. 215. — Épée antique trouvée à Pompéi.

voir sur la figure 216. La raison pour laquelle les soldats portaient l'épée du côté droit est que le bouclier qu'ils portaient au bras gauche eût gêné leurs mouvements lorsqu'il fallait tirer l'épée du fourreau. Or,

Fig. 216. — Corselet avec l'épée pendue au baudrier.

dans l'armée romaine, les officiers supérieurs n'ont généralement pas de bouclier. Le plus souvent, toutefois, les consuls, les tribuns et les officiers supérieurs portent leur épée suspendue à une ceinture.

La harpè est une espèce d'épée ou de poignard pourvue d'un crochet ou d'une épine en saillie sur la lame, un peu au-dessous de la pointe. Cette arme, qui sur les monuments apparaît souvent aux mains de Persée, est particulière à l'époque héroïque et ne paraît pas avoir été employée dans l'armée grecque à l'époque des guerres médiques, ni dans les siècles suivants (fig. 217).

L'épée égyptienne présente plusieurs formes qui diffèrent entre

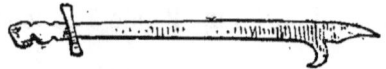

Fig. 217. — La Harpè.

elles, mais dont aucune ne ressemble à celle des Grecs et des Romains. Voici, figure 218, une épée très richement décorée et dont la lame, assez

Fig. 218. — Épée égyptienne.

évasée à la base, va s'amincissant en ligne droite jusque vers l'extrémité qui devient extrêmement fine. Le fourreau qui est représenté sur la

Fig. 219. — Arme égyptienne.

figure 219 implique, au contraire, une épée dont la lame a une égale largeur sur toute son étendue. Ces armes, qui sont peintes sur les mo-

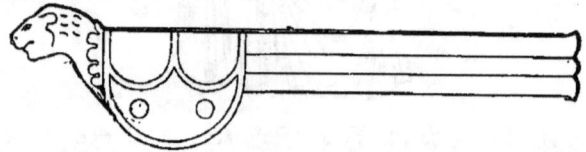

Fig. 220. — Arme égyptienne.

numents égyptiens et qu'on ne peut pas manier puisqu'elles n'existent pas en nature, sont quelquefois d'un usage difficile à expliquer. On ne comprend pas trop comment on employait celle qui est représentée sur la figure 220 et qui est pourvue d'un manche à tête d'animal.

Les épées égyptiennes sont généralement assez courtes et quelques-unes mériteraient plutôt le nom de poignards. Au reste, il y avait aussi de véritables poignards ; on s'en servait en appuyant le pommeau sur la paume de la main fermée et en laissant passer la lame entre l'index et le médium.

Les poignards égyptiens sont quelquefois de la plus grande richesse. Le musée de Boulaq en possède un dont le catalogue donne la description suivante : « Un poignard d'or et un fourreau également en or. Monu-

Fig. 221. — Arme égyptienne.

ment sans égal pour la grâce et l'harmonie des formes. Quatre têtes de femmes en feuilles d'or repoussées sur le bois forment le pommeau.

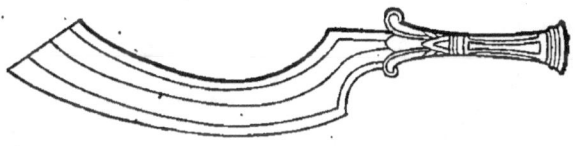

Fig. 222. — Arme égyptienne.

La poignée est décorée de semis de triangles or, lapis, cornaline et feldspath, arrangés en damier. La soudure de la lame au manche est

Fig. 223. — Arme égyptienne.

artistement cachée par une tête d'Apis renversée. La lame est la partie la plus remarquable de ce magnifique monument. Le pourtour est en or massif. Une bande d'un métal noirâtre occupe le centre. Sur cette bande sont des figures obtenues par une sorte de damasquinure. D'un côté est l'inscription : *Le dieu bienfaisant, seigneur des deux pays, Ra-neb-pehti, vérificateur comme le soleil à toujours.* Cette inscription est suivie par une représentation très-rare qui n'est pas exempte d'une certaine influence asiatique, celle d'un lion se précipitant sur un taureau. Quatre sauterelles qui vont en s'amincissant jusqu'à l'extrémité

de la lame terminent la scène. De l'autre côté, on lit près de la poignée :
Le fils du soleil et de son flanc, Ahmès-Nakht, vérificateur comme le soleil à toujours. Quinze jolies fleurs épanouies, qui, comme sur l'autre face, se perdent vers la pointe, complètent l'ornementation.

On voit quelquefois aux mains des rois d'Égypte une sorte de poignard recourbé. Cette arme, qui est un emblème de vaillance, avait reçu à cause de sa forme le nom de khopesh, nom égyptien de la cuisse de bœuf. C'est une arme qu'on voit fréquemment dans la main des officiers et jamais dans celle des soldats. Nous en voyons divers exemples sur les figures 221, 222, 223. En général, on trouve dans les armées orientales des armes plus ou moins recourbées, tandis que l'épée droite domine à peu près exclusivement dans les armées de la Grèce et de Rome.

La lance et le javelot. — La lance des Égyptiens est d'une

Fig. 224. — Un pharaon armé de la lance. (Bas-relief de Karnak.)

longueur moyenne et ne paraît pas avoir été d'un usage aussi commun que l'arc et la flèche. Néanmoins elle apparaît sur plusieurs monuments et même dans les mains d'un pharaon (fig. 224). Le héros foule aux pieds un ennemi vaincu et en saisit par le bras un autre dont les genoux fléchissent déjà et qu'il va transpercer de sa lance. Le costume et l'air de tête du héros le font assez reconnaître pour Égyptien, tandis que la barbe et le costume des guerriers vaincus font reconnaître qu'ils sont d'origine asiatique. Ces guerriers sont probablement des rois, ou tout au moins de très-grands personnages, car leur stature

Fig. 225. — Le javelot grec. (D'après une peinture de vase.)

est la même que celle du roi d'Égypte, et l'artiste n'aurait pas manqué de les représenter beaucoup plus petits, s'il avait voulu montrer des ennemis ordinaires. Le personnage qui va être frappé par la lance du pharaon tient en main un arc dont l'exiguïté est tout à fait remarquable.

La lance des Grecs est représentée sur la figure 225, où l'on voit un héros poursuivant un cavalier qui semble demander grâce en fuyant devant son ennemi. Cette lance est à proprement parler un javelot qu'on lançait contre son adversaire. Ce javelot était extrêmement léger, et les guerriers en portaient généralement deux avec eux; mais ils n'employaient le second que s'ils avaient manqué le but en lançant le premier.

228 LA GUERRE.

Le javelot romain (*hasta*) se composait de trois parties distinctes : la tête, en bronze ou en fer, le manche, qui était généralement en bois de

Fig. 226. — Soldat romain lançant son javelot.
(D'après une miniature de Virgile du Vatican.)

frêne, et le bout, qui était formé d'une pointe de métal. Une minia-

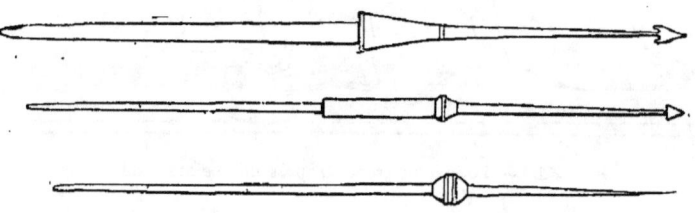

Fig. 227, 228 et 229. — Armes romaines.

ture du Virgile du Vatican montre un guerrier lançant son javelot contre des soldats qu défendent un rempart (fig. 226).

Le *pilum* est une arme romaine dont on peut voir la représentation sur les figures 227, 228 et 229. Ces armes ont été trouvées aux environs d'Alise.

L'ARC. — Les Égyptiens étaient excellents archers. L'arc se tenait dans la main gauche et à pleine main ; quand on le tirait on tendait la corde avec la main droite, mais sans faire toucher le coude au corps. Il y a des arcs de forme très-différente (fig. 230, 231, 232) : quelquefois ils sont tout à fait droits, et flexibles seulement à leurs extrémités ;

ils sont garnis d'une corde de boyau ou de cuir. Cette corde se plaçait sur un petit bout encore pourvu à chaque extrémité d'une rainure dans laquelle on l'insérait; quelquefois c'est un simple nœud. Pour attacher le cordon, on fixait en terre le bas de l'arc, et alors, l'archer, debout ou assis, pressait avec le genou la partie inférieure de l'arc, et en le courbant d'une main, on passait le cordon avec l'autre main dans la rainure.

Quelquefois aussi l'arc égyptien présente une double courbure.

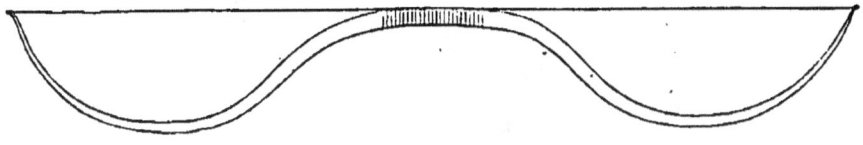

Fig. 230. — Arc égyptien.

Pour protéger le poignet, on plaçait sur le bras gauche une garde qui empêchait le cordon de heurter la main en se détendant. Cette

Fig. 231. — Arc égyptien.

garde était fixée autour du poignet et maintenue par une courroie qui venait se rattacher au coude (fig. 233).

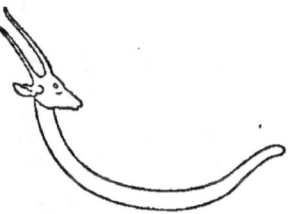

Fig. 232. — Arc égyptien.

Pour ajuster, le bout de la flèche devait se trouver un peu au-dessous de l'œil. Les flèches étaient faites en bois ou en roseau : la pointe était quelquefois en bronze et généralement triangulaire. Quelquefois les pointes sont garnies de lames collées à distance égale et aboutissant à un point commun. La pointe est souvent aussi en silex, et quelquefois c'est une pointe de bois fixée sur un roseau : mais ces flèches étaient trop légères pour servir à la guerre et on les employait presque exclusivement pour la chasse. Du côté opposé à la pointe, on fixait généralement trois plumes pour diriger le mouvement de la flèche. On peut

Fig. 233. — Archer égyptien.

voir au musée égyptien du Louvre (salle civile, armoire H et vitrine U) une collection de pointes de flèches. Quelques-unes sont formées d'une

Fig. 234. — Le tir de l'arc.

triple pointe en silex, ajustée dans la fente du bois, ou fixée au moyen d'un mastic noir.

Les Égyptiens passaient pour être des archers fort habiles, et l'exercice de l'arc était un des plus estimés. La figure 234 montre des archers tirant ensemble avec une symétrie de mouvements qui montre des hommes très-exercés. Sur la figure 235, on voit un jeune homme qui apprend à tirer de l'arc : un homme placé derrière semble lui donner des conseils et veille à la précision de ses mouvements.

Les flèches étaient contenues dans un carquois qui présentait généralement la forme d'un étui. Ce carquois était quelquefois, parmi les Égyptiens surtout, d'une grande richesse décorative (fig 236, 237).

L'arc primitif des Grecs paraît avoir consisté en deux cornes jointes ensemble par une pièce droite placée au milieu de l'arme. Cette forme

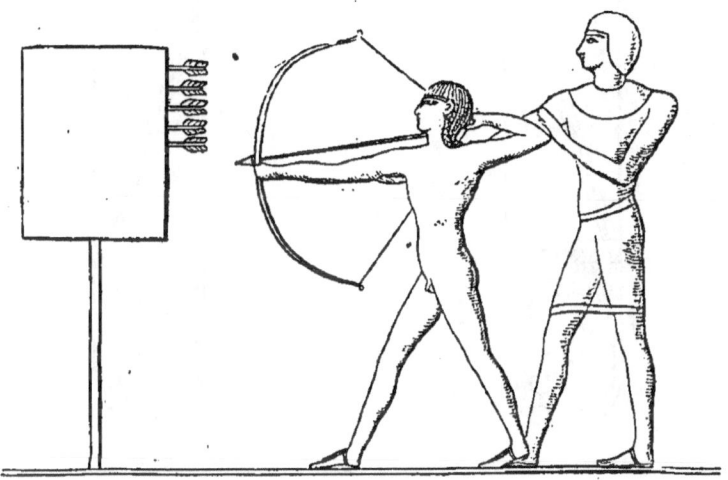

Fig. 235. — L'exercice de l'arc.

d'arc a persisté très-longtemps, bien que les cornes aient été par la suite remplacées par deux morceaux de bois légèrement recourbés. On peut en voir un exemple sur la figure 238. Il y a aussi une autre espèce d'arc qui, lorsqu'il était détendu, présentait une forme demi-circulaire (fig 239). C'est cette ressemblance de l'arc avec le croissant de la lune qui l'a fait donner pour attribut à Artémis ou Diane, la déesse lunaire. Les arcs de ce genre apparaissent fréquemment sur les représentations d'amazones.

En dehors de l'époque homérique, les Grecs ne paraissent pas avoir employé beaucoup l'arc comme arme de guerre, au moins dans leurs armées régulières. L'usage en était généralement restreint à la chasse, exercice dans lequel les jeunes gens étaient extrêmement adroits. C'est au même titre que l'arc nous apparaît chez les Romains, car jamais cette arme ne fut introduite dans leurs armées, si ce n'est par des troupes auxiliaires.

L'arc nous apparaît au contraire chez la plupart des peuples barbares

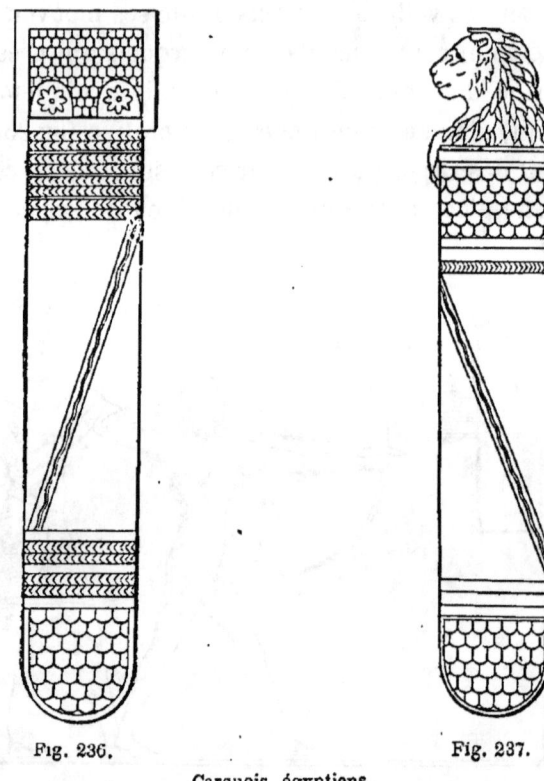

Fig. 236.   Fig. 237.
Carquois égyptiens.

avec lesquels les Grecs ou les Romains se sont trouvés en lutte. Nous

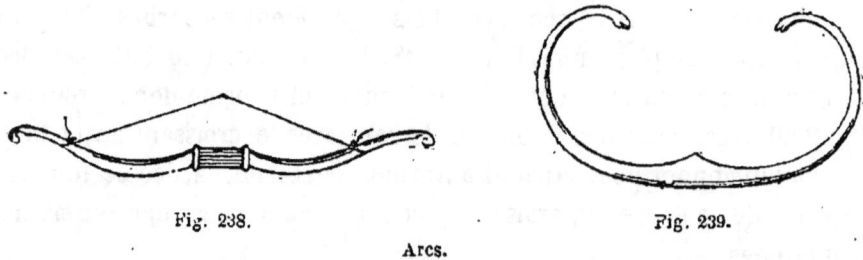

Fig. 238.   Fig. 239.
Arcs.

le voyons chez les Scythes et chez tous les peuples de la haute Asie. Les Parthes furent de très-habiles archers et c'est avec l'arc, leur arme de prédilection, qu'ils causèrent aux Romains de si grands désastres. Mais il faut remarquer que les Parthes étaient des cavaliers qui combattaient en fuyant, et il en a été de même pour la plupart des peuples dont l'arc était l'arme principale. Les Numides, qui après avoir été les implacables ennemis de Rome devinrent ses fidèles alliés, combattaient avec les mêmes méthodes.

La fronde. — La fronde est un instrument de guerre très-primitif qu'on trouve au début de toutes les civilisations, et dont les sauvages se servent encore aujourd'hui. Il n'est donc pas étonnant que la fronde figure parmi les armes égyptiennes : on la trouve en effet sur les peintures de Thèbes et de Beni-Hassan. La fronde égyptienne consiste en une lanière de cuir ou de corde tressée. Elle est large dans le milieu, se rattache à la main par une boutonnière et se termine par une mèche qui s'échappe du doigt au moment où on lance la pierre.

Les Grecs et les Romains se sont aussi quelquefois servis de la fronde, néanmoins c'est surtout chez les barbares que cette arme a eu de l'importance, parce que sa fabrication n'exigeait pas une industrie bien avancée. Les balles que lançait le frondeur étaient quelquefois en plomb, mais la plupart du temps, elles consistaient simplement en pierres ramassées dans les chemins ou sur les champs de bataille. Les Romains se servaient de lingots de plomb dont quelques-uns portaient des inscriptions, telles que : « frappe avec force » ; — ou bien : « lance », etc. D'autres portaient le numéro de la légion.

Le casque. — Le casque égyptien présente plusieurs formes différentes, mais il n'a pas la grande aigrette qui donne une si belle tour-

Fig. 240.

Fig. 241.

Casques égyptiens.

nure aux casques grecs (fig. 240, 241). Quelquefois les casques égyptiens sont coniques ; d'autres sont sphériques et se nouent par de petits cordons attachés sous le menton. Il y en a que décorent de petites bandes métalliques. La plupart descendent assez bas pour protéger la nuque. Les casques des soldats égyptiens sont généralement faits de joncs tressés.

Les rois portaient à la guerre un casque couvert d'une peau de panthère et orné de l'urœus, petit serpent qui dresse la tête et qui est l'insigne des Pharaons. Un large ruban accompagnait quelquefois le casque et pendait sur les épaules (fig. 242).

Fig. 242. — Casque d'un Pharaon.

Les casques grecs primitifs étaient faits avec des peaux d'animaux. Les héros aimaient à se coiffer avec la peau dure et hérissée des bêtes féroces qu'ils avaient tuées. Il est même probable que ces peaux couvraient toute la personne, comme on le voit sur les casques d'ancien style où Hercule porte une peau de lion, et ce n'est que dans une époque postérieure que l'on songea à faire, pour préserver la tête, une armure spéciale. La peau du chien paraît avoir été fréquemment employée dans les temps primitifs, mais celle du taureau, qui offrait beaucoup de solidité, dut être préférée de bonne heure. Lorsqu'on commença à faire des casques véritables, quelques-uns furent encore recouverts avec la tête d'un animal, comme on le voit sur la figure 243, qui est tirée du fronton du temple d'Égine. Mais le casque ici représenté appartient à une époque à peu près contemporaine des guerres médiques, et la tête d'animal qui en recouvre la partie antérieure n'est qu'un luxe décoratif.

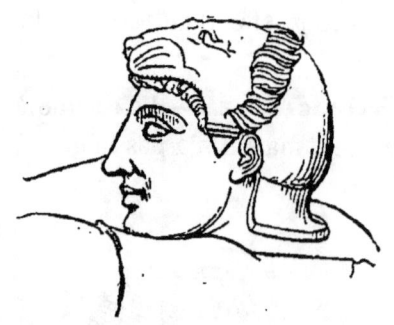

Fig. 243. — Casque.

Le casque des temps héroïques, tel qu'on le voit représenté sur une multitude de vases, était pourvu d'un masque mobile qui s'adaptait entièrement au visage ; des ouvertures étaient pratiquées dans ce masque pour voir et pour respirer. Au moment du combat on plaçait ce masque, qu'on remontait ensuite de manière que le bas couvrît seulement le front. La figure 244 nous montre un casque grec de la forme la plus ancienne. Il est surmonté d'un cimier très-élevé portant une grande aigrette. Ces aigrettes étaient presque toujours faites en crins

Fig. 244. — Achille et Ajax. (D'après une peinture de vase.)

de cheval ; dans les casques de cette époque toute la queue retombe quelquefois par derrière.

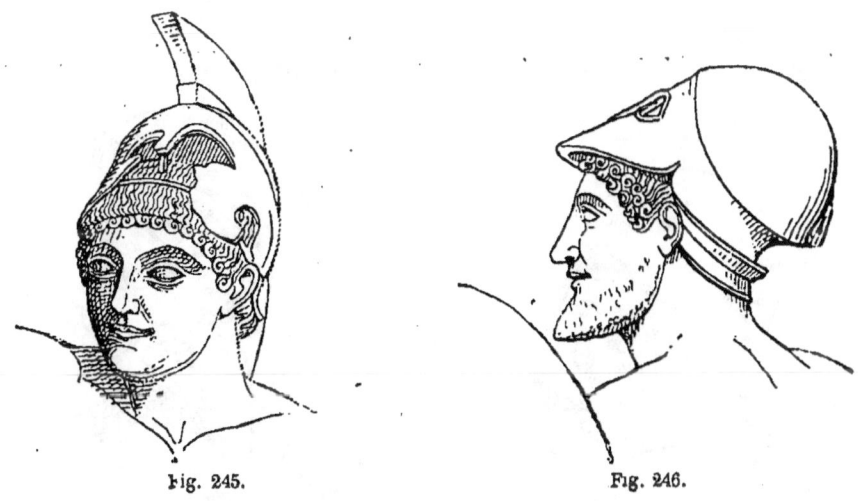

Fig. 245. Fig. 246.
Casque grec faisant saillie sur le front.

Les casques étaient souvent ornés d'ouvrages en relief, repoussés, ciselés ou rapportés en différents métaux. Le cimier était surmonté d'un panache ou de crêtes fixées dans des rainures et faites ordi-

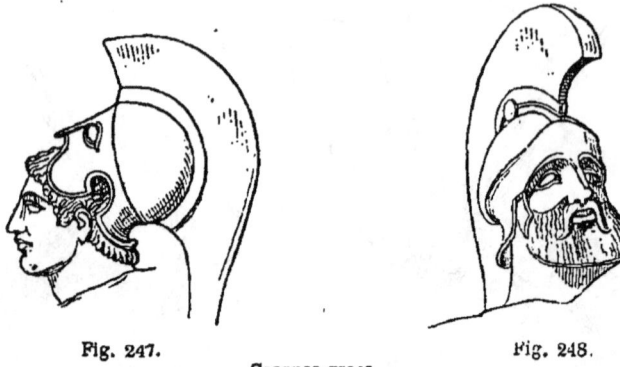

Fig. 247.   Fig. 248.
Casques grecs.

nairement de crins de cheval. Quelquefois il y avait deux ou trois

Fig. 249.   Fig. 250.
Casques grecs

de ces crêtes et celle du milieu se terminait par une longue touffe

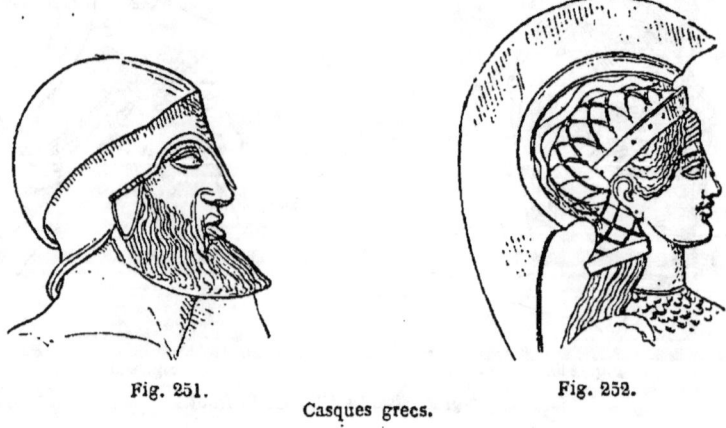

Fig. 251.   Fig. 252.
Casques grecs.

de crins que le vent agitait. C'est ainsi que, dans Homère, le petit Astyanax est effrayé par la crinière du casque d'Hector. Les crêtes des côtés étaient courtes, droites et raides; et quelquefois en fils d'or. Les panaches étaient souvent soutenus par des figures en relief, comme des sphinx, des chevaux, des griffons, ou d'autres monstres fantastiques. Quelquefois le panache est détaché du casque et supporté par une tige droite. Les casques avaient aussi des ailes ou des plumes élevées de chaque côté dans des coulisses, comme nos plumets. Ces ailes sont de diverses couleurs. On en voit au musée de Naples dans des peintures des tombeaux de Pœstum.

Les casques grecs sont quelquefois pourvus d'une visière faisant saillie sur le visage qu'elle est chargée de protéger, comme on le voit sur les figures 245 et 246.

Fig. 253. — Casque thébain.

Dans les moments où on n'était pas aux prises avec l'ennemi on rejetait la visière en arrière, comme le montre la figure 245, et lorsqu'on en venait aux mains, on la rabattait de manière à protéger les yeux. Toutefois les monuments présentent des scènes de combat où la visière est relevée ou rabattue indistinctement (fig. 245 à 252).

Les casques grecs sont en général bombés par derrière; cependant on en voit quelques-uns, comme celui qui est représenté sur la figure 251, qui sont complétement ronds et dépourvus du cimier. Mais cette dernière forme est beaucoup

Fig. 254. — Casque macédonien.

plus commune chez les Romains que chez les Grecs. La crinière, qui dans quelques-uns de ces casques descendait très-bas, n'était pas un simple ornement. Elle était destinée surtout à préserver le cou (fig. 252). La figure 253 montre un casque thébain de l'âge héroïque. Elle est tirée d'un vase peint et représente Cadmus. Ce casque, de forme conique, est d'ailleurs assez rare.

Le guerrier macédonien, dont la figure 254 montre la tête casquée à côté de celle d'un cheval, est tiré de la grande mosaïque de Pompéi et représente un des compagnons d'Alexandre. Il est placé immédiatement derrière le roi ; on peut facilement voir sur cette figure les détails du harnachement du cheval, dont la décoration est d'ailleurs très-sobre.

Voici un casque dont la forme générale est celle d'un bonnet phrygien : le front est décoré d'une tête coiffée d'un masque de lion. Un lion ailé, d'un caractère asiatique, orne les ailerons qui garan-

Fig. 255. — Casque antique.

tissent les oreilles, et le corps du casque est entouré d'un collier de perles, dont une petite tête occupe le centre. Un grand panache accompagnait probablement cette belle pièce dont le travail paraît appartenir à l'époque d'Alexandre (fig. 255).

Le casque reproduit sur la figure 256 est au musée du Louvre : il occupe une place d'honneur dans la salle des bijoux. Il est difficile de dire à quelle nation il faut rattacher cette curieuse arme défensive qui a été trouvée dans la Grande Grèce, mais dont la forme n'est reproduite sur aucun monument connu. Il a sans doute appartenu à un chef riche et puissant et il est aussi remarquable par la délicatesse du travail que par la bizarrerie de son aspect. Il est de forme conique et surmonté de deux ailerons de fer qui lui donnent un peu l'apparence d'une lyre. Une fourche à deux dents est plantée sur le sommet du casque dont la base est ceinte d'une couronne de feuilles de laurier en or. La figure 257 se rapproche un peu de la précédente par sa forme conique et provient de la même contrée.

C'est encore au Louvre qu'on peut voir le casque représenté sur

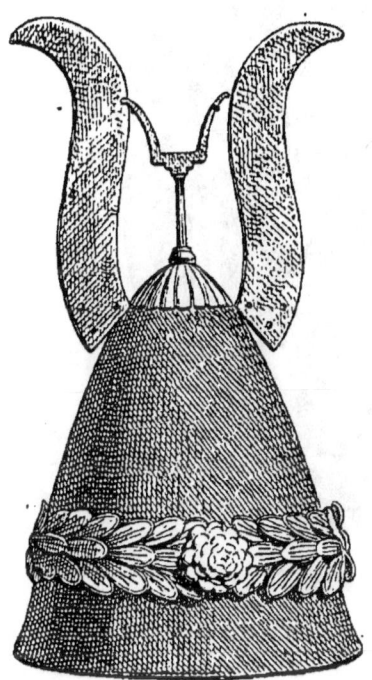

Fig. 256.

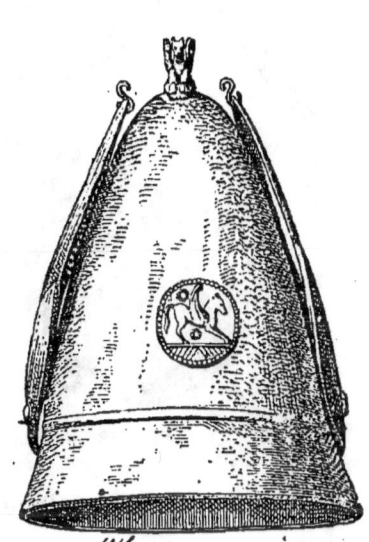

Fig. 257.

Casques antiques.

la figure 258 : il faisait partie du musée Campana où il était catalogué comme étrusque. Sa forme générale le rapproche beaucoup du casque romain, mais la visière qui redescend en pointe pour garantir le nez rappellerait plutôt les casques grecs. Le front est décoré d'une tête de Méduse et la partie supérieure est surmontée d'ornements qui étaient probablement le support d'une aigrette.

Les casques, que portent les soldats sur les monuments romains, sont d'un caractère très-simple. Ils sont d'une forme généralement arrondie et n'ont pas d'aigrette (fig. 259 à 265). Ils ont généralement aussi des mentonnières, ou tout au moins des ailerons pour garantir les oreilles.

Les casques des centurions se distinguent parce qu'ils étaient munis

Fig. 258. — Casque étrusque du musée Campana.

d'un cimier qui était quelquefois plaqué d'argent et orné de plumes sombres.

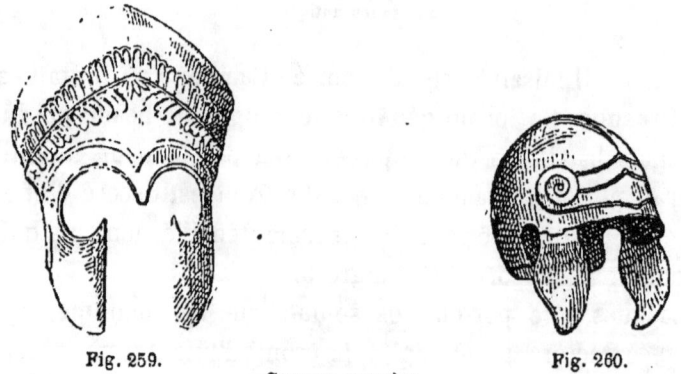

Fig. 259. Fig. 260.
Casques romains.

Il est difficile d'assigner une nationalité au casque représenté sur la figure 265 : il a la forme générale d'un casque romain, mais il est pourvu d'un appendice pour garantir le nez, détail qu'on remarque surtout dans les casques grecs. Mais ce qui fait la particularité de ce casque, c'est l'aileron en forme de tête de bélier qui est rabattu sur l'oreille et qui, contrairement à l'usage, ne paraît pas mobile. Ce casque

Fig. 261.

Fig. 262.

Casques romains.

ne semble pas disposé pour recevoir un panache, mais il est pourvu par derrière d'un appendice destiné à garantir le cou.

On a voulu voir un portrait d'Annibal dans le médaillon que présente la figure 266. Si l'authenticité du personnage peut être révoquée en doute, le casque n'en est pas moins curieux, parce qu'il montre le costume d'un chef carthaginois à l'époque des guerres puniques. Sa forme générale se rapproche du casque grec plus que du casque romain, quoiqu'il participe des deux. Les trois plumes que nous voyons en avant se trouvent quelquefois sur les monuments qui représentent des Samnites, des Campaniens ou des Grecs de l'Italie méridionale. Le fait au surplus n'a rien de bien surprenant, puisque les Carthaginois étaient

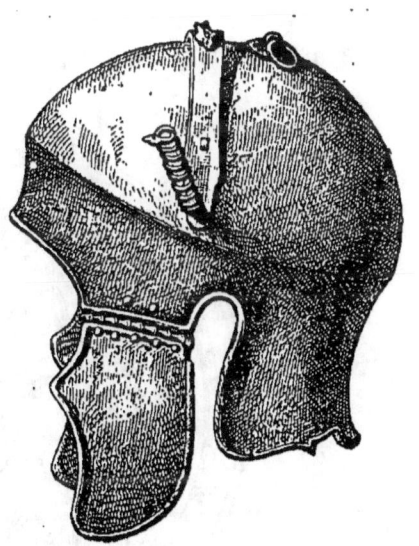

Fig. 263. — Casque romain.

à l'époque des guerres puniques maîtres de la Sicile, et fortement mêlés aux habitants de la Grande Grèce. L'aileron que l'on voit sur le côté, et qui est destiné à protéger l'oreille, se retrouve quelquefois dans les casques italiens de cette époque.

La figure 267 nous montre un casque gaulois dont la forme diffère essentiellement de tout ce que nous avons vu jusqu'ici. Il ne faudrait pas en conclure toutefois que les armées gauloises avaient dans leur armement un uniforme très-rigoureusement observé. Il est très-pro-

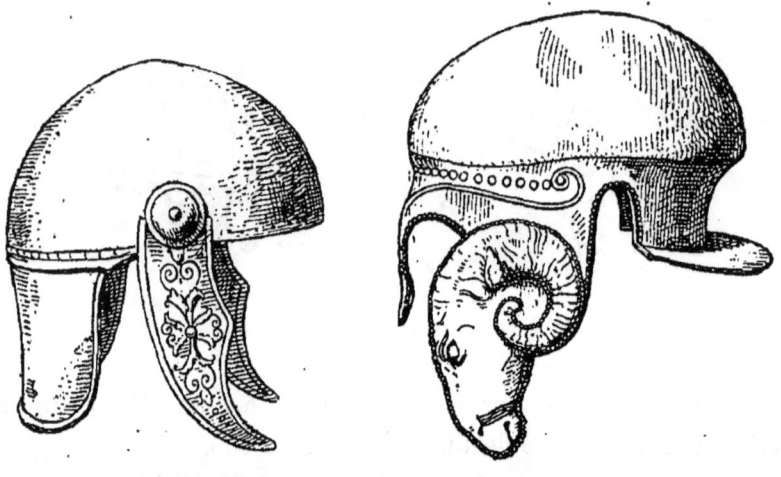

Fig. 264. — Casques romains.   Fig. 265. — Casque bélier.

bable au contraire que les chefs gaulois s'habillaient un peu à leur

Fig. 266. — Casque carthaginois.

fantaisie et que nous avons ici une forme de casque particulière à un individu et non typique. Il en est de même du casque représenté sur la figure 268. Sa forme, étrangère aux armées grecques et romaines, fait involontairement penser aux armes du moyen âge. Ce casque, qui a probablement servi à un soldat barbare d'une nationalité inconnue,

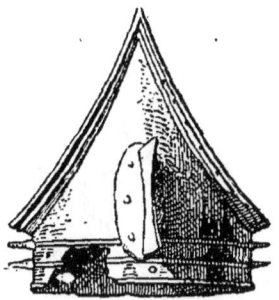

Fig. 267. — Casque gaulois.

Fig. 268. — Casque barbare.

devait préserver entièrement le visage, mais comme il est d'une seule pièce et ne renferme aucune partie mobile, il devait être singulièrement incommode et d'une chaleur accablante en été.

L'ARMURE. — Les Égyptiens se servaient de plusieurs espèces de

Fig. 269.

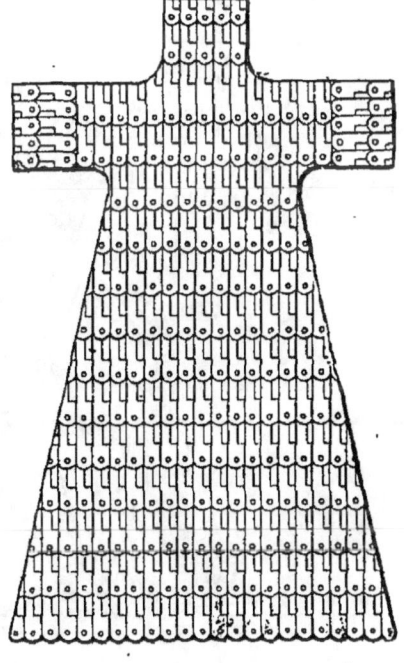

Fig. 270.

cuirasses; les plus communes étaient faites avec de la toile de lin, dont plusieurs pièces étaient collées l'une à l'autre à l'aide d'une préparation. On faisait aussi des cuirasses avec du cuir qu'on garnissait de bandes de métal. Quelques-unes de ces armures semblent même d'une construction assez remarquable (fig. 269, 270.)

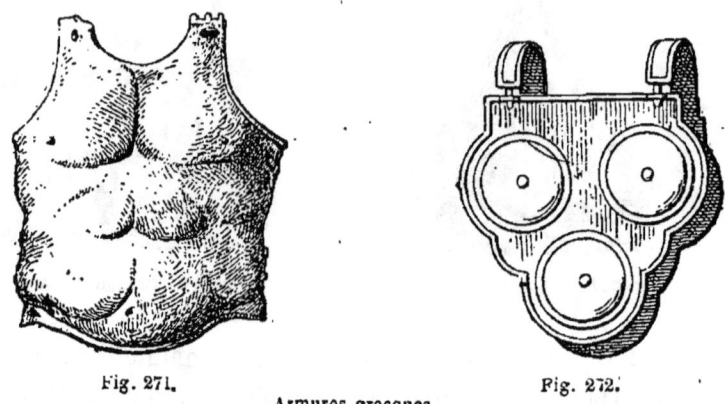

Fig. 271.   Armures grecques.   Fig. 272.

La cuirasse de l'armure antique est un corselet fait tantôt de cuir, tantôt de métal uni ou bien formé d'écailles ou de bandes métalliques.

Fig. 273. — Soldats romains.

Chez les Grecs, antérieurement aux guerres médiques, la cuirasse était quelquefois formée de deux pièces de métal distinctes qui affectaient de se modeler sur la forme du corps : une des deux pièces garantissait la poitrine et le ventre, l'autre servait à garantir le dos. Des fragments de cuirasses de ce genre ont été trouvés dans un tombeau de Pœstum. Les armures grecques présentent au surplus des types très-divers (fig. 271, 272).

Un autre genre de cuirasses, beaucoup plus compliquées et par conséquent plus coûteuses, était formé de parties mobiles et reliées ensemble au moyen de charnières. Les cuirasses de ce genre n'étaient portées que par de très-grands personnages ou des officiers supérieurs.

Fig. 274. — Soldat cuirassé d'écailles.

La cuirasse des soldats romains était généralement en cuir avec des bandes de fer et ils portaient avec cela une espèce de tunique à manches courtes qui descendait jusqu'aux genoux et couvrait les hanches. On en voit un modèle très-complet sur la figure 273, qui représente des soldats romains attaquant les Daces postés sur une colline. Quelquefois la cuirasse était garnie d'épaulettes pour garantir les épaules et se terminait par des bandelettes de cuir.

La colonne Trajane nous montre plusieurs exemples de cuirasses composées de petites pièces en forme d'écailles semblables à celles d'un poisson, en ce sens que les écailles, circulaires dans leur extrémité inférieure, se recouvrent l'une l'autre d'après un système parfaitement régulier. Quelquefois ce sont les écailles d'un reptile qu'on a voulu imiter et alors elles sont angulaires à leurs extrémités et forment

Fig. 275. — Soldat.

comme autant de losanges superposés dont l'angle est toujours dirigé

Fig. 276.

Fig. 277.

Corselets.

en bas. La colonne Antonine montre des cuirasses dont les écailles reproduisent assez exactement celles de la vipère. Enfin on voit sur un bas-relief de l'arc de Trajan un corselet dont les écailles sont disposées en plumes d'oiseau. On voit que ces écailles présentaient une assez

Fig. 278. — Corselet.

grande variété dans la forme, mais elles étaient toujours faites de corne ou de métal et cousues sur un fond de cuir ou de toile.

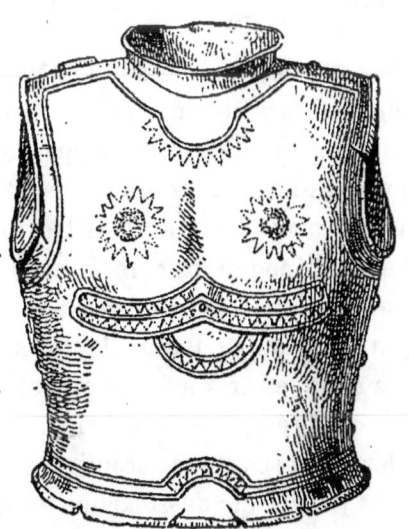

Fig. 279. — Cuirasse gauloise.

Le soldat représenté figure 274 est tiré de la colonne Antonine. La cuirasse est formée par une succession d'écailles.

C'est encore un soldat romain qui est représenté sur la figure 275. Sur la colonne Trajane, d'où il est tiré, ce soldat est parmi ceux qui conduisent les chevaux de l'état-major. Il tient sa lance et son bouclier.

Un autre genre de cuirasses qu'on voit fréquemment représentées sur les statues d'empereurs ou de grands, sont en cuir, damasquinées et rehaussées d'ornements métalliques d'une grande richesse. Dans le corselet, sur la figure 276, une tête de Méduse est placée sur les pectoraux et des griffons ailés occupent le milieu de la poitrine. Dans la figure 277 des prisonniers accroupis dos à dos remplacent les griffons de l'armure précédente, et au lieu du masque de Méduse on voit une tête portée sur le croissant de la lune. La figure 278, qui est vue de

 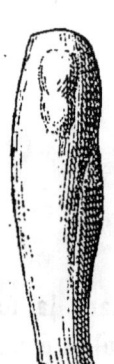

Fig. 280.   Fig. 281.
Jambières.

profil, montre bien la couture placée sur le côté de la cuirasse, dont la décoration centrale est formée de figures ailées. On remarquera que les bandelettes de cuir qui terminent la partie inférieure de ces cuirasses sont souvent elles-mêmes très-chargées d'ornements.

La Gaule nous montre aussi des cuirasses très-bien conditionnées, mais qui appartiennent à l'époque romaine et qui ont probablement été fabriquées sinon en Italie, au moins dans la Narbonnaise (fig. 279). Rien ne démontre en effet qu'au temps de Jules César, les Gaulois aient été bien avancés dans les arts métallurgiques.

Outre les cuirasses qui préservent la poitrine, les armures antiques présentent souvent des défenses pour garantir les bras et les jambes, mais ces armures n'ont jamais été aussi complètes dans l'antiquité que dans le moyen âge. Les figures 280 et 281 montrent les jambards dont se servaient les guerriers grecs ou étrusques. Toutefois ces armes défensives n'ont jamais fait partie de l'équipement des soldats romains qui portent dhabitude des souliers ou des bottines.

LES ARMES.

LE BOUCLIER. — L'arme défensive par excellence était le bouclier; sa hauteur habituelle était comme la moitié de la hauteur d'un homme. Le bouclier égyptien couvrait la poitrine et la tête. Sa forme était carrée à la base et cintrée au sommet (fig. 282);

Fig. 282.
Bouclier égyptien.

il n'était pas entièrement plat, et sa légère enflure allait en augmentant vers sa partie supérieure, où l'on trouvait en même temps une petite cavité circulaire dont l'usage n'a jamais été bien expliqué. Les boucliers étaient couverts en cuir de bœuf, le poil en dehors, cerclés de métal et cloués. L'intérieur était probablement en osier. Dans tous les cas, il est certain que le bouclier ordinaire des soldats égyptiens devait être extrêmement léger. Sur la figure 283 on voit un guerrier qui porte un bouclier d'une forme un peu plus allongée que le précédent, mais qui est également arrondi dans sa partie supérieure.

Fig. 283. — Soldat égyptien.

Dans les marches, les soldats portaient le bouclier sur leur dos, au moyen d'une courroie fixée sur l'épaule, et une attache intérieure permettait de le passer au bras gauche, tandis que la main droite tenait la lance ou l'épée. La courroie du bouclier était quelquefois placée horizontalement, mais beaucoup plus souvent elle était verticale.

On voit aussi des boucliers d'une très grande dimension et qui

Fig. 284. — Soldat égyptien.

couvraient presque entièrement le personnage : ils différaient des

Fig. 285.   Fig. 286.

autres en ce qu'ils avaient le sommet pointu au lieu d'être arrondi. Cette espèce de bouclier paraît avoir été en usage dans une très-haute antiquité, mais on le rencontre beaucoup plus rarement que le bouclier ordinaire (fig. 284).

On trouve quelquefois sur les monuments égyptiens des bou-

Fig. 287. — Boucliers grecs.

cliers ronds ou même carrés. Mais les soldats qui les portent ont toujours, dans leur coiffure ou leur accoutrement, quelque chose qui dénote leur origine étrangère (fig. 285 et 286). Cet armement était, en effet, celui des soldats auxiliaires, qui ont toujours été fort nombreux dans les armées égyptiennes.

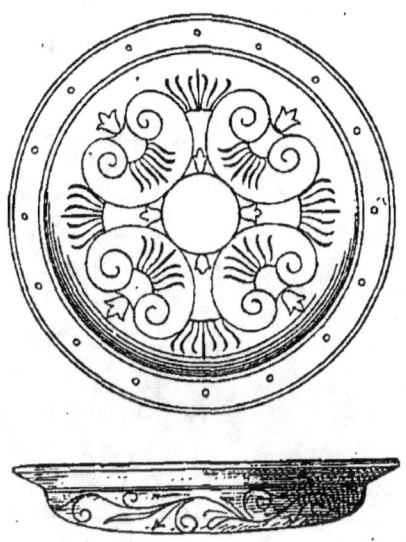

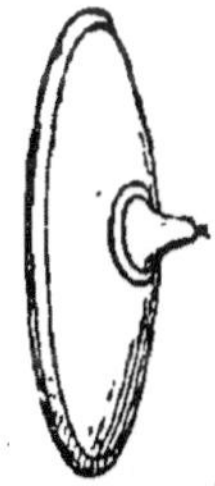

Fig. 288. Bouclier grec.

Le bouclier rond représenté sur la figure 288 est celui que portait l'infanterie pesamment armée des Grecs. Sa forme est tout à fait circulaire, mais il est creux à l'intérieur, et sa circonférence est assez vaste pour qu'il puisse couvrir entièrement la poitrine, et même descendre quelquefois jusqu'aux mollets. Ce bouclier se composait habituellement de peaux de bœuf superposées et recouvertes de plaques de métal; quelquefois aussi le cuir et le métal étaient étendus sur des branches d'osier entrelacées. A l'intérieur du bouclier, il y avait une bande de cuir dans laquelle le bras était passé. Quelquefois le centre du bouclier présente à l'extérieur une saillie en forme de cône comme on le voit sur la figure 288.

Le bouclier que représente la figure 289 a été découvert dans le tombeau du dit Guerrier à Tarquinies (Corneto); il est en bronze. Ce magnifique bouclier montre quel luxe et quelle délicatesse de travail les Étrusques apportaient dans leurs armes. Celui qu'on voit sur la figure 290 est d'un caractère tout différent. Ce sont des figures disposées en zones qui en constituent le caractère décoratif. Le style de ces figures dénote d'ailleurs une influence orientale qu'on retrouve bien souvent

Fig. 289. — Bouclier étrusque.

dans les ouvrages étrusques. Au centre, sont des animaux qui rappellent ceux des monuments de la Perse. Un taureau est aux prises avec deux lions et au-dessus d'eux plane un vautour aux ailes éployées. La seconde zone représente des chasseurs poursuivant des lions et d'autres bêtes qui n'appartiennent pas à l'Étrurie, non plus que les palmiers qui figurent dans la même scène. La dernière zone, qui forme le bord extérieur du bouclier, montre une marche de combattants qui ont tous à la main un bouclier, et deux javelots. Chaque groupe de guerriers marchant en file est séparé de l'autre groupe par un cavalier, et dans un seul endroit par un char.

Le bouclier d'une forme si particulière que l'on voit sur la figure 291 est également de travail étrusque, ou tout au moins italien. Cependant la plupart du temps les boucliers des Étrusques sont ronds comme

Fig. 290. — Bouclier étrusque.

ceux des Grecs, et il en a été de même pour les Romains sous les rois et pendant la plus grande partie de la période républicaine.

A l'époque où la solde fut introduite dans les armées romaines, l'ancien bouclier rond fut remplacé dans l'infanterie par un grand bouclier oblong qui avait environ 1^m,20 de longueur sur 0^m,80 de largeur. Ce bouclier était fait avec des planchettes en bois solidement jointes et recouvert d'une enveloppe extérieure en cuir, entourée d'un rebord en métal (fig. 292). Chaque légion avait des boucliers peints d'une couleur différente, et ils étaient en outre chargés de symboles distinctifs. C'est ainsi que la figure 293, tirée de la colonne Trajane,

Fig. 291. — Bouclier étrusque.

Fig. 292. — Bouclier romain.

nous montre trois boucliers, dont l'un est décoré d'un foudre, le second d'une guirlande, et le troisième d'un foudre avec les ailes étendues.

Fig. 293. — Boucliers romains. (D'après la colonne Trajane.)

Un passage de Jules César montre que les boucliers des Gaulois n'étaient pas excellents sous le rapport de la fabrication, puisque les javelots romains en transperçaient deux à la fois lorsqu'ils les rapprochaient pour s'en faire un rempart. « Les Gaulois, dit J. César, éprou-

Fig. 294.

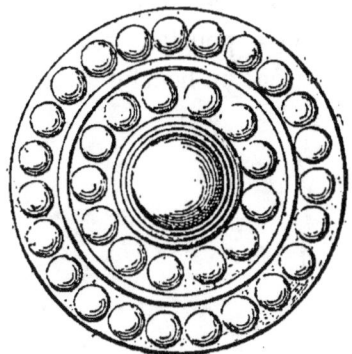
Fig. 295.

Boucliers celtiques.

vaient une grande gêne pour combattre, en ce que plusieurs de leurs boucliers se trouvaient, du même coup des javelots, percés et comme

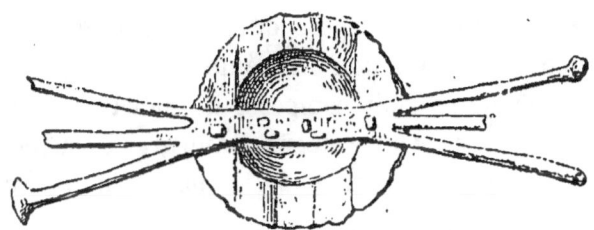

Fig. 296. — Bouclier franc.

cloués ensemble, et que le fer s'étant recourbé, ils ne pouvaient ni l'arracher ni se servir dans la mêlée de leur bras gauche ainsi embar-

Fig. 297. — Bouclier franc.

rassé. Un grand nombre d'entre eux, après de longs efforts de bras, préfèrent jeter leur bouclier et combattre à découvert. »

Les figures 294 et 295 représentent les deux côtés d'un bouclier celtique, dont le décor consiste en deux rangées de cercles formant une calotte hémisphérique saillante.

Les armes des Francs ne sont pas communes dans nos collections. On en a pourtant retrouvé quelques-unes; les figures 296 et 297 montrent un bouclier franc découvert en Normandie.

II

L'ARMÉE ÉGYPTIENNE

L'ORGANISATION MILITAIRE. — LES FORTERESSES. — L'ARMÉE NAVALE. LES PRISONNIERS.

L'ORGANISATION MILITAIRE. — L'armée égyptienne comprenait la grosse infanterie, l'infanterie légère et les combattants en char. Tous ces corps avaient une destination différente.

La grosse infanterie était composée de soldats dont la tête et le corps, jusqu'à la ceinture, sont protégés par un grand bouclier. Elle porte comme arme offensive une lance dans la main droite et comme costume une tunique courte. Cette infanterie marchait en colonnes serrées, et avec une précision et une régularité qu'eût enviées Frédéric le Grand. Il est présumable qu'elle formait le corps principal de l'armée égyptienne (fig. 298).

Les troupes légères sont de deux sortes : d'une part, on voit des soldats armés d'un sabre recourbé et portant de la main gauche un petit bouclier; leur tête est coiffée d'un casque, généralement orné à son sommet. Les autres sont des archers, vêtus de longues tuniques et portant un arc triangulaire avec un carquois sur l'épaule, comme on le remarque sur la figure 299, dans laquelle une troupe d'archers semble attendre un ordre pour commencer l'action. La figure 300 nous montre une autre catégorie d'archers qui ont, au contraire, une jupe très-courte. Ceux-ci sont en marche : ils n'ont pas le carquois sur l'épaule. Leur arc, d'une forme très-différente de ceux que nous avons vus dans la figure précédente, est dans une espèce d'étui qu'ils tiennent dans la main droite; celle-ci est armée d'une hachette ou d'un petit sabre recourbé.

Ces soldats se mettaient généralement à l'avant-garde ou sur les derrières de l'armée : ils avaient pour mission de courir sur tous les points

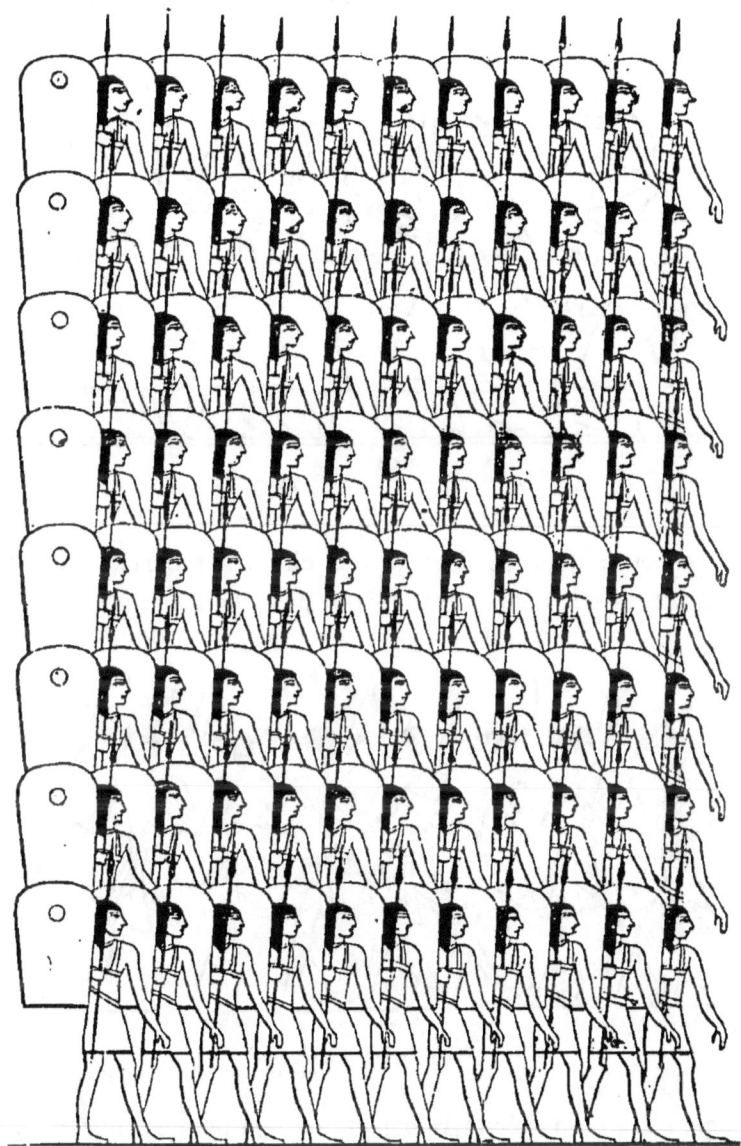

Fig. 298. — Infanterie égyptienne.

menacés, en attendant que les fortes colonnes du centre aient eu le temps de s'ébranler et de se mettre en mouvement. Les archers contribuaient grandement aux succès des armes égyptiennes : les uns combattaient à pied, les autres dans les chars, mais tous avaient pour mission de protéger l'infanterie, qui dans les batailles occupait toujours le centre.

On a beaucoup discuté la question de savoir si la cavalerie était employée dans l'armée égyptienne. « Les Égyptiens, dit M. Chabas, furent de grands appréciateurs du cheval ; ils l'employaient aux mêmes

Fig. 299. — Archers égyptiens.

usages que nous ; quoique l'usage des chars l'emportât sur celui de l'équitation, celle-ci, néanmoins, n'était pas négligée ; pour un grand

Fig. 300. — Infanterie légère.

personnage, c'était un mérite remarqué que la bonne tenue à cheval. Il existait, à l'époque pharaonique, des établissements publics où les chevaux étaient élevés et dressés surtout en vue de leur service à la guerre. Un grand nombre d'officiers y étaient préposés. » D'un autre côté, on ne voit jamais de cavalerie dans les représentations de bataille. Quelquefois, il est vrai, on voit dans les bas-reliefs un cavalier isolé ; mais en étudiant le monument, on trouve que ce cavalier porte un costume étranger et fuit devant les Egyptiens, ou bien c'est un courrier qui va porter une lettre ou transmettre un ordre. Les peintures nous montrent, au contraire, que les chars avaient une très-grande importance dans les manœuvres militaires, et Champollion-Figeac conclut de là qu'en parlant de cavalerie la Bible veut simplement désigner les hommes qui ne combattent pas à pied, mais sur des chars traînés par des chevaux.

Habituellement, les chars de guerre se distinguent par les carquois qui sont placés sur les côtés, et forment pour la décoration une ligne oblique très-gracieuse (fig. 301). Les plus beaux chars, ceux qui appar-

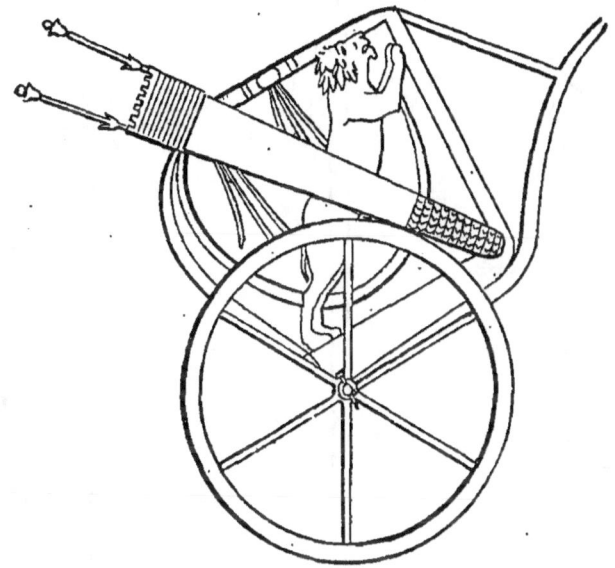

Fig. 301. — Char de bataille.

tiennent aux chefs des guerriers, ont des carquois beaucoup plus ornés que les autres. Le char que montent les Pharaons est en outre décoré d'un lion placé de chaque côté.

Les chars de guerre contenaient habituellement deux personnes : un cocher qui tenait les rênes pour diriger les chevaux, et un combattant qui est presque toujours un archer, bien qu'on en voie aussi qui portent le javelot, la hache ou le sabre recourbé. Quelquefois, mais jamais à la guerre et seulement dans quelques cérémonies, on voit trois personnages montés sur un char.

Le cocher se plaçait à gauche et le combattant à droite.

Dans les batailles, les chars avaient pour mission de porter le désordre dans les troupes ennemies et ils étaient certainement montés par des soldats d'élite. Le roi est presque toujours sur un char : les artistes le représentent d'une taille démesurément grande, armé de pied en cap et lançant des flèches contre les ennemis ou les frappant de sa hache. On voit souvent un lion qui suit ou précède le roi et paraît être mis là comme emblème de sa force.

Fig. 302. Fig. 303.
Enseignes de guerre.

Fig. 304.
Porte-enseigne.

La bannière royale d'Égypte est une espèce d'étendard surmonté d'un épervier. L'épervier est l'oiseau consacré à Horus, symbole des renaissances du soleil et emblème du soleil levant. Les Pharaons étant considérés comme fils du soleil avaient adopté naturellement les insignes du dieu avec lequel ils étaient identifiés. Chaque roi inscrivait sur sa bannière une devise particulière, mais dont le sens indiquait toujours son assimilation avec Horus.

Outre la bannière royale, chaque bataillon avait un étendard particulier sur lequel était ordinairement représenté quelque emblème vénéré, comme le cartouche du roi, la barque symbolique, ou des têtes de divinités, apparaissant soit sous leur forme humaine et avec leur coiffure caractéristique, soit sous la forme de l'animal qui leur est consacré, comme l'épervier, le lion, l'ibis ou le chacal. Pour être visibles à tous les yeux, ces enseignes se plaçaient à l'extrémité d'une grande hampe. Elles étaient regardées par les troupes avec un respect religieux et devaient, par l'enthousiasme qu'elles excitaient universellement, contribuer beaucoup aux succès des armes égyptiennes (fig. 302 à 306).

Le porte-enseigne était toujours un personnage important; celui que nous représentons figure 304 tient un étendard orné de rubans et

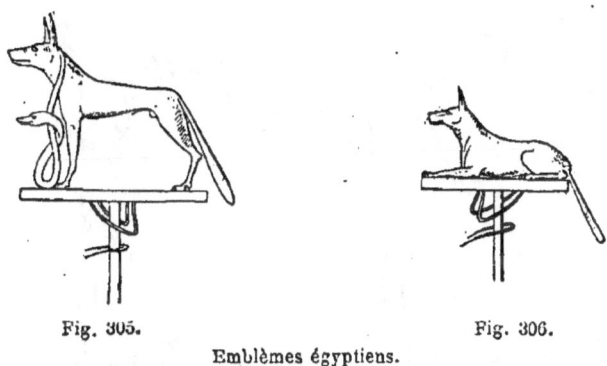

Fig. 305.   Fig. 306.
Emblèmes égyptiens.

surmonté d'une coupe au-dessus de laquelle est placé un oiseau. Il est coiffé d'une calotte noire et vêtu d'une jupe brun foncé.

Les armées égyptiennes étaient accompagnées de musiciens, qui dans les marches précédaient les corps. On en trouve des représentations figurées sur plusieurs monuments, notamment sur ceux qui passent pour être contemporains de Sésostris. Les instruments dont on se servait pour la musique militaire étaient la trompette et les tambours. (Fig. 307.)

Les Égyptiens avaient deux sortes de tambours. Le tambour employé dans l'armée était oblong et on le frappait avec la main, comme le tympanon. Il se portait en bandoulière et se plaçait sur le dos pendant les marches. La caisse de ces tambours était en bois ou en cuivre, et les peaux étaient en cuir ou en parchemin. Nous en avons au Louvre un spécimen (salle civile, armoire H).

Depuis les temps les plus reculés, les Égyptiens ont fait usage de la trompette. C'est avec cet instrument qu'on appelait les troupes, comme nous le voyons dans une peinture de Thèbes, où les hommes qui jouent de la trompette restent en place, tandis que les troupes se rallient au son de l'instrument qu'elles entendent. Parmi les instruments de musique conservés au musée égyptien du Louvre, nous avons une trompette en bronze (salle civile, armoire H).

La trompette droite paraît avoir été surtout employée pour transmettre les ordres des chefs ; les monuments antiques nous montrent la trompette comme un instrument étroit dans toute la longueur du tube, jusqu'à l'embouchure où elle s'évase (fig. 308).

Le roi, qui était le chef suprême de l'armée, payait toujours de sa personne ; il distribuait à ses fils ou à ses grands officiers les commande-

Fig. 307. — Musique militaire.

ments partiels. Les soldats étaient divisés en régiments subdivisés eux-mêmes en bataillons et en compagnies ; les officiers étaient hiérarchisés et possédaient chacun un commandement particulier. Nous trouvons de curieux détails sur les fatigues du métier des armes et les misères attachées à la vie d'un officier dans un papyrus de la XIXe dynastie, dont M. Lenormant a reproduit un fragment. « Quand tu recevras cet écrit de prose cadencée, ah ! puisses-tu trouver agréable l'œuvre de l'écrivain.

« Je veux te dépeindre les nombreuses tribulations de l'officier d'infanterie.

« Tout jeune encore, il est renfermé dans la caserne.

« Une armure qui le serre entoure son corps, une pièce défensive descend sur ses yeux ; la visière est sur ses sourcils ; sa tête est protégée contre les blessures.

« Il se trouve serré comme un rouleau de papyrus, et ses mouvements sont gênés dans le combat. Te dirai-je ses expéditions en Syrie, ses marches vers les régions lointaines?

« Il doit porter son eau sur son épaule, comme les ânes leur charge.

« Son dos est enflé comme celui d'une bête de somme et son échine est ployée.

« Quand il est désaltéré par une eau corrompue, il faut qu'il retourne à la garde de nuit. S'il arrive à l'ennemi, il est comme une oie prise au filet, et ses membres n'ont aucune vigueur.

« Quand il revient vers l'Égypte, il est comme le bois rongé des vers.

« Si la maladie arrive et le force à se coucher, on le charge sur un âne.

« Ses effets sont pillés par les voleurs et son serviteur l'abandonne. »

Malgré ces plaintes, il paraît démontré que l'armée formait en

Fig. 308. — Le ralliement des soldats.

Égypte une classe extrêmement importante et à laquelle se rattachaient d'importants privilèges. « Les guerriers, dit Hérodote, reçoivent du peuple le nom de Calasiries et d'Hermotybies ; ils habitent les nomes ci-après énumérés, et toute l'Égypte est divisée en nomes. Voici ceux des Hermotybies : Busiris, Saïs, Chemmis, Papremis, l'île de Prosopitis, et la moitié de Natho ; les Hermotybies ont leurs domaines sur ces nomes ; leur nombre est de cent soixante mille hommes, quand ils sont au grand complet. Nul d'eux n'a jamais rien appris des arts mécaniques, mais ils se consacrent au métier des armes. Voici les nomes des Calasiries : Thèbes, Bubaste, Aphthis, Tanis, Mendès, Sébennys, Athribis, Pharbethis, Thmuis, Onuphis, Anysis, Myecphoris ; ce dernier nom occupe une île en face de Bubaste ; les Calasiries ont leurs domaines sur ces nomes. Leur nombre est de deux cent cinquante mille quand ils sont au grand complet. Il ne leur est permis de cultiver aucun art mécanique, mais

ils exercent les arts de la guerre et se les transmettent de père en fils...
Les priviléges suivants sont attachés aux guerriers, et hormis les prêtres, ils
sont les seuls des Égyptiens à qui rien de semblable soit accordé : chacun
d'eux possède, exempts d'impôts, douze arpents d'excellente terre ;
l'arpent d'Égypte équivaut à un carré de cent coudées de côté, la coudée
étant la même que celle de Samos. Ils jouissent tour à tour, et jamais les
mêmes, de ces autres avantages : tous les ans, mille Calasiries et autant
d'Hermotybies forment la garde du roi ; à ceux-ci, outre leurs terres,
on donne, chaque jour, cinq mines de pain cuit, deux mines de

Fig. 309. — Soldats auxiliaires.

chair de bœuf et quatre coupes de vin. Voilà ce qu'on donne aux
gardes. »

On voit que l'armée égyptienne, qui selon Hérodote présentait un
effectif de quatre cent dix mille hommes en temps de guerre, constituait dans le pays une véritable aristocratie militaire, qui était en possession de terres qu'elle faisait cultiver et pour lesquelles elle ne payait
aucune redevance au fisc. En revanche, chaque homme était obligé de
s'équiper lui-même, et de se présenter, avec ses armes offensives et
défensives, chaque fois qu'il en était requis pour une campagne. Cela
arrivait assez fréquemment, soit que le roi voulût envahir un pays
étranger, soit qu'il y eût lieu de réprimer quelque rébellion dans une
province. L'armée devait en outre fournir le nombre d'hommes jugés
nécessaires pour le service des garnisons établies dans les villes fortifiées,

dont les principales étaient Péluse, Maréa, Hiéracompolis, Syène, Éléphantine et quelques autres places.

Le privilége qu'avaient les guerriers de ne rien payer au fisc ne pouvait manquer de déplaire aux rois, qui croient souvent avoir plus besoin d'argent que de soldats : nous voyons en effet un Pharaon tenter de l'abolir. « Séthos, dit Hérodote, négligea beaucoup l'ordre des guerriers comme n'ayant aucun besoin de leurs services ; et parmi un grand nombre de marques d'indifférence, il alla jusqu'à les priver des douze aroures de terres labourables concédées à chaque individu de cet ordre par les rois ses prédécesseurs, et choisies dans les meilleures terres. Aussi lorsque peu de temps après une armée nombreuse,

Fig. 310. — Soldats auxiliaires.

commandée par Sennachérib, roi des Assyriens et des Arabes, vint attaquer l'Égypte, aucun des guerriers égyptiens ne voulut marcher. Le prêtre-roi, inquiet de ce refus et incertain du parti qu'il devait prendre, entra dans le temple de Vulcain et vint déplorer aux pieds de la statue du dieu les malheurs qui le menaçaient. Pendant qu'il exhalait ses plaintes, le sommeil s'empara de ses sens, et il vit en songe le dieu debout, près de lui, qui le rassurait et lui promettait qu'avec le secours qu'il allait recevoir il n'aurait rien à redouter de l'armée ennemie. Le roi, se confiant à cette vision, rassembla tous ceux qui consentirent à le suivre, et marcha vers Péluse, qui est le point par lequel on peut pénétrer en Égypte, n'ayant avec lui aucun soldat, mais seulement un ramas de marchands, d'artisans et de journaliers. Il était à peine arrivé, qu'un nombre infini de rats champêtres se répandirent dans le camp ennemi, et, pendant le cours d'une seule nuit, rongèrent si bien les cordes des arcs, les carquois et jusqu'aux attaches des boucliers, que l'armée, privée de toute espèce d'armes, fut contrainte de prendre la fuite le lendemain. Poursuivie par les Égyptiens, elle perdit beaucoup de monde. En mémoire de cet événement, on éleva dans le temple de Vulcain une statue de pierre qui représentait Séthos tenant dans la main un rat avec cette inscription : *En me voyant, apprends à révérer les dieux.* »

Outre les troupes nationales, l'armée égyptienne comprenait des corps étrangers qu'on enrôlait parmi les nations alliées ou dans les pays conquis (fig. 309 à 311). Ces corps étaient divisés en régiments et disciplinés d'après les méthodes égyptiennes. Originairement, ces soldats

Fig. 311. — Soldats auxiliaires.

auxiliaires étaient peu nombreux, et comprenaient seulement des tribus libyennes et éthiopiennes, qui après avoir été vaincues par les Égyptiens prenaient du service. Mais plus tard les Pharaons trouvèrent plus commode de prendre de véritables mercenaires étrangers qui, n'ayant aucun intérêt dans les affaires du pays, étaient plus spécialement dévoués à leur personne. Les historiens signalent ce fait comme une des causes de l'affaiblissement militaire de l'Égypte, qui, après avoir été pendant plusieurs siècles maîtresse d'une grande partie de l'Asie, se trouva ensuite n'être pas en état de résister à l'invasion de Cambyse.

Ces causes de l'affaiblissement de l'armée sont très-bien exposées par M. Lenormant dans son histoire ancienne de l'Orient : « Les Égyptiens, pendant des siècles, se servirent principalement de troupes nationales, et chez eux le service militaire fut considéré comme un privilége, comme une distinction. Les corps d'auxiliaires étrangers étaient tenus alors dans une situation très-inférieure à celle des corps indigènes ; ils n'arrivaient à y être assimilés que lorsque leur existence, conservée héréditairement pendant plusieurs générations, avait fini par en faire de véritables citoyens de l'Égypte, comme les Maloï sous le *Moyen Empire* et les Maschouasch sous le *Nouveau*. Psamétik désorganisa toute cette constitution de l'armée en donnant aux mercenaires grecs qu'il engageait le pas sur les troupes nationales. La troupe des guerriers indigènes y vit une violation flagrante de ses priviléges, et deux cent mille guerriers quittèrent spontanément la garnison où le roi les avait à dessein relégués pour aller former des établissements au delà des cataractes. Dès lors, le nerf de la puissance militaire de l'Égypte fut brisé. Les mercenaires grecs et cariens, dont se composèrent en majorité les armées égyptiennes, devinrent plutôt les instruments des rois que les défenseurs de la nation. La rivalité s'établit entre eux et le reste des guerriers, et l'Égypte fut livrée aux divisions intestines et à l'anarchie. Le jour où l'invasion persique arriva, le pays ne sut pas se défendre, et il suffit d'une bataille pour rendre Cambyse maître de toute la vallée du Nil. »

LES FORTERESSES. — Les peintures des monuments nous font connaître la conformation des camps égyptiens. Ils étaient entourés d'une

Fig. 312. — Patrouille. (D'après une peinture égyptienne.)

palissade dont un peloton de fantassins gardait l'entrée. La tente du roi ou du général, placée au côté opposé, était entourée de tentes plus petites, destinées aux officiers, et on voit à côté un lion apprivoisé et surveillé par un gardien armé d'un bâton. Les chevaux et les ânes sont rangés avec une symétrie parfaite sur un des côtés de l'entrée principale et les chars occupent l'autre côté en file régulière. Les har-

Fig. 313. — Patrouille. (D'après une peinture égyptienne.)

nais des chevaux occupent les intervalles, ainsi que ceux des ânes, qui consistent en un bât avec deux paniers et divers ustensiles pour le transport des vivres. Les exercices des chars et les manœuvres des fan-

Fig. 314. — Patrouille. (D'après une peinture égyptienne.)

tassins s'exécutent à l'entour du camp, où l'on voit aussi des ambulances avec tout ce qui s'y passe. Avec la ponctualité si remarquable dans les peintures égyptiennes, rien n'est omis : ainsi on voit des soldats malades auxquels le médecin administre une potion, et des ânes malades pansés par les vétérinaires. De l'autre côté, parmi les recrues qui s'exercent, on voit un soldat indiscipliné qui subit sa peine et des officiers qui font leur inspection.

Les patrouilles circulaient continuellement autour du camp et des

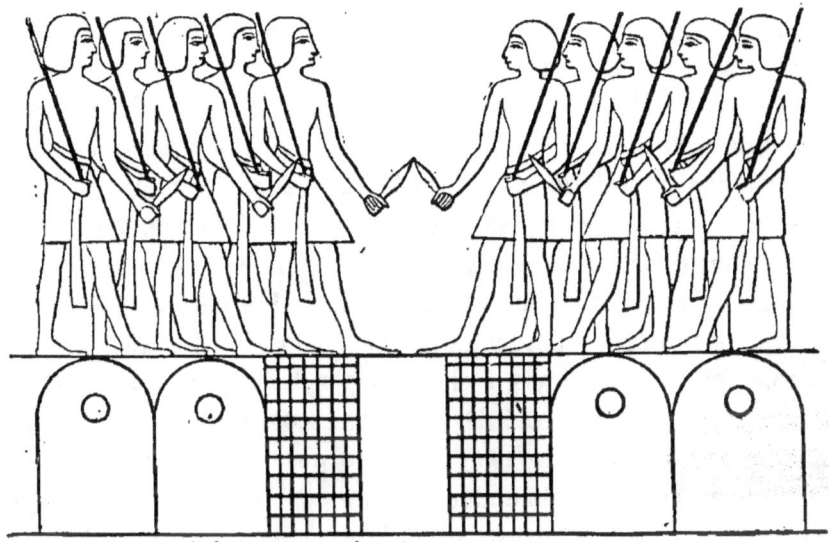

Fig. 315. — Rencontre de deux patrouilles.

forteresses. La figure 312 nous montre une patrouille, où les soldats sont armés de javelines. Elle est commandée par un officier qui porte

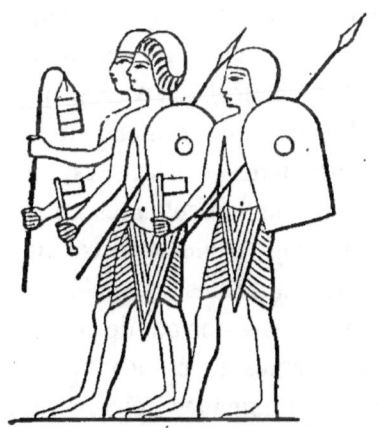

Fig. 316. — Patrouille de nuit.

un petit sabre recourbé. Le même sabre se voit sur des personnages représentés sur les figures 313 et 314, mais ici une partie des soldats qui forment la patrouille sont des archers.

La figure 315 montre la rencontre de deux patrouilles : on voit les officiers croiser leur épée en se demandant le mot d'ordre. Dans la figure 316 nous voyons une patrouille de nuit, circulant avec une lanterne que tient un des guerriers. Pour se faire une idée de la régularité qui présidait aux manœuvres, il suffit de regarder le carré d'infanterie pesante, assez semblable à la phalange macédonienne, que nous avons reproduit fig. 298.

M. Prisse décrit ainsi une forteresse située au nord du village de Kouban dans la Nubie : « Elle consistait en une vaste enceinte carrée, d'environ cent mètres de côté, formée par d'énormes murs en briques crues, bâtis en talus et soutenus, de distance en distance, par des éperons ou contre-forts assez saillants. Cette enceinte régulière était percée d'une porte au milieu de chacun de ses murs. Les portes du nord et du sud étaient protégées uniquement par le fossé sur lequel s'abattait probablement un pont-levis, à en juger par les massifs de maçonnerie qui bordent la berge du côté de l'entrée. La porte de l'est, qui débouchait sur le désert et se trouvait la plus exposée à l'ennemi, était plus large que les autres et défendue par une tour qui flanquait le fossé. Enfin la porte de l'ouest, c'est-à-dire du côté du Nil, semble avoir été précédée d'une construction dont on voit encore quelques colonnes. Un fossé de huit mètres de large, séparé du mur par un terre-plein ou chemin de ronde, entourait les trois principaux côtés. Les fossés semblent avoir jadis communiqué avec le fleuve, et s'ils n'étaient pas constamment remplis d'eau, ils étaient susceptibles d'être inondés au besoin. On voit encore, à l'extrémité de la muraille méridionale, un conduit ou aqueduc souterrain bâti en grès, qui servait à conduire l'eau dans la place. Tout l'espace que renfermait cette enceinte est couvert de ruines de maisons bâties en briques, au milieu desquelles on remarque plusieurs tronçons de colonnes en grès et quelques portions de conduites d'eau. A l'angle oriental se voient les restes d'une rampe menant au sommet des murailles, qui, élevées d'environ dix mètres, présentent une longue plate-forme de trois mètres de large; elles étaient probablement garnies de créneaux. Cette forteresse, bâtie pour arrêter les incursions des nomades sous les rois de l'ancienne monarchie, est extrêmement remarquable sous tous les rapports. Elle présente, comme les meilleurs camps romains, un système de défense qui permettait de résister à une longue attaque. Bien conservée après tant de siècles de durée, elle offre le plus beau spécimen des fortifications permanentes des anciens Égyptiens. »

Parmi les nombreux monuments figurés qu'on a retrouvés dans les

Fig. 317. — Attaque d'une citadelle. (D'après une peinture égyptienne.)

ruines de Thèbes, il faut signaler le siége d'une ville dont on escalade les murs, au pied desquels sont des machines de guerre soutenues par des soldats qu'elles cachent de manière à n'en laisser voir que les pieds. Des soldats qui ont pu approcher la muraille à l'abri de ces machines gagnent une échelle appuyée contre la muraille ; les combattants y montent, mais ils ne se servent pas seulement de l'échelle, car ils saisissent, pour se maintenir, les joints de pierres qui forment les murs du fort. On en voit même dont les pieds reposent entièrement sur ces joints, ce qui est difficile à expliquer, à moins que les assises ne fussent en retraite les unes sur les autres. Le fort, qui comprend plusieurs tours, est couronné d'un étendard percé de flèches, et on voit que le combat est déjà engagé dans l'intérieur, car des corps d'hommes sont précipités du rempart. Une de ces tours paraît être la tour maîtresse, car elle est beaucoup plus grosse que les autres. Les boucliers que portent les assiégeants sont arrondis seulement dans leur partie supérieure, tandis que les assiégés en ont qui sont complétement ronds, ou de forme rectangulaire. Au pied du fort, des soldats lancent des flèches sur les soldats qui le défendent, et la lutte, engagée partout, semble encore indécise. Mais le roi, de stature colossale, arrive sur son char et tout fuit à son approche : le roi égyptien est toujours représenté victorieux (fig. 317).

On voit en effet sur les monuments des représentations de citadelles entourées de fossés remplis d'eau. Le roi d'Égypte est presque toujours figuré à l'attaque des places fortes : c'est en vain que des hommes armés se défendent du haut des tours. Rien n'arrêtera l'impétuosité du Pharaon. Du haut de son char, il foule sous les pieds de ses chevaux les morts et les vivants et décoche sur la ville ses flèches meurtrières, et la fuite précipitée de ses ennemis ne les empêchera pas d'être atteints.

La même donnée se trouve reproduite avec diverses variantes, et le Pharaon paraît toujours comme l'invincible héros auquel rien ne peut résister. Des étrangers assiégés dans une forteresse, élevée sur une montagne, sont, malgré leur position, si vigoureusement atteints par le Pharaon, qu'ils ne songent plus qu'à demander grâce. Une femme placée sur le haut des remparts élève son petit enfant dans ses bras pour implorer la pitié du vainqueur, et le désespoir a paralysé partout la résistance. Cependant le Pharaon, d'une taille gigantesque et monté sur un char de guerre richement décoré, lance ses flèches impitoyables contre les assiégés (fig. 318).

L'ARMÉE NAVALE. — La mer, émanation stérile de Typhon, le mau-

Fig. 318. — Attaque d'une place. (Bas-relief d'Ibsamboul.)

vais principe, était pour les Égyptiens un sujet d'horreur. Cependant le besoin de défendre les côtes a dû leur inspirer de bonne heure le désir d'avoir une flotte capable de porter des combattants. « Sésostris, dit Diodore de Sicile, fit équiper une flotte de quatre cents voiles, et fut le premier prince de ces contrées qui fit construire des vaisseaux longs. »

Les vaisseaux égyptiens que nous voyons figurer sur les monuments se distinguent par leurs proues décorées d'une tête de lion : ils sont pourvus d'un rebord assez élevé dans lequel on a pratiqué des trous pour laisser passer les rames. Les mâts et les voiles qu'on voit sur ces navires prouvent qu'on ne se contentait pas de l'action des rameurs. Tout en haut du mât, qui se termine en fleurs de lotus, on voit un personnage qui, placé dans un poste où il peut apercevoir au loin, a sans doute mission de signaler les écueils, ou de surveiller les mouvements de la flotte ennemie. La forme de ces bâtiments est d'ailleurs très différente de celle des barques d'eau douce qu'on voit naviguer sur le Nil.

Dans les plus anciennes barques égyptiennes, l'aviron-gouvernail est remplacé à l'arrière par des matelots qui dirigent la marche au moyen de longues rames (fig. 319). Les rameurs ont été de tout temps très nombreux sur les navires égyptiens, mais cela n'empêchait pas la voilures Les barques de guerre sont pourvues d'un seul mât portant une longue vergue sur laquelle est carguée la voile. Au-dessus de la voile est quelquefois une espèce de niche en forme de cône renversé, où se tient une vigie pour faire les signaux. Ces navires, qui ne semblent pas avoir été en état de supporter une navigation au long cours, étaient munis de cordes à crochets pour saisir les embarcations ennemies. C'est ce qu'on voit dans la représentation d'un combat naval, où les soldats égyptiens recueillent les prisonniers échappés des barques renversées ou tombées à l'eau pendant la lutte. Des officiers postés à l'avant et à l'arrière du navire commandent aux soldats armés de glaives, de javelots, et surtout d'arcs et de flèches. Les rameurs obéissaient à un chef pourvu d'un bâton de commandement; ils étaient protégés par un plat-bord.

Parmi les peintures de Médinet-Abou, une des plus curieuses assurément est celle où l'on voit une escadre égyptienne aux prises avec une flotte ennemie, et vigoureusement secondée d'ailleurs par une armée de terre; ce qui semblerait indiquer que la scène se passe sur la côte d'Égypte, et que les soldats de terre et de mer commandés par le Pharaon sont occupés à repousser une invasion. Les Égyptiens se reconnaissent de suite à leurs airs de tête, à leurs costumes, à leurs longs boucliers cintrés par le haut, à leurs petits coutelas. Trois de leurs navires sont placés l'un au-dessus de l'autre sur les monuments, disposition qui tient à l'ignorance où étaient les artistes des lois de la perspective. Une quatrième barque a déjà doublé et coupé la flotte ennemie : elle la prend en arrière et s'avance pour agir de concert avec les trois autres.

Les bâtiments égyptiens ont peu souffert dans le combat : ils ont conservé leurs mâts, leurs voiles, leurs pilotes et leurs rameurs. Les soldats, dans leurs attitudes les plus animées : les archers décochent

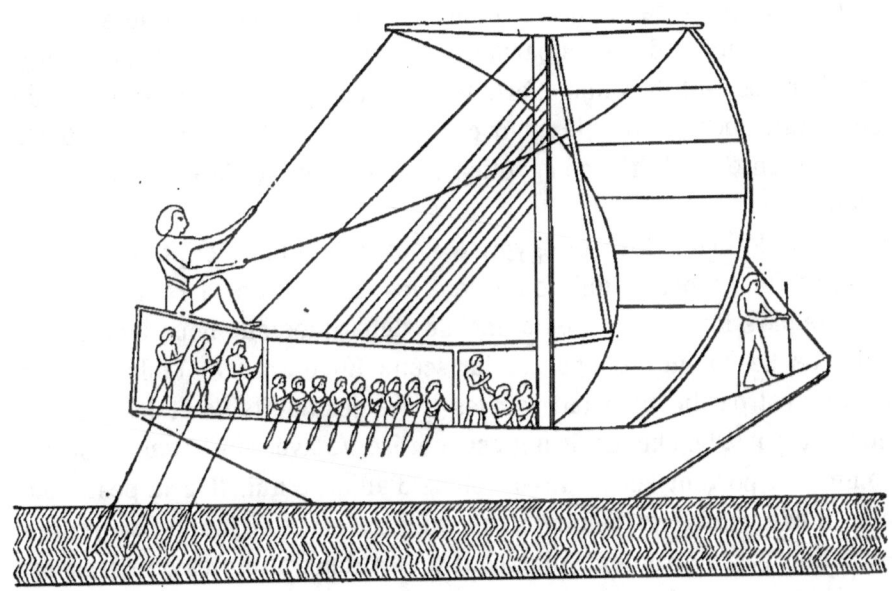

Fig. 319. — Vaisseau de guerre.

leurs flèches de toutes parts, tandis que d'autres guerriers brandissent leurs massues en attaquant l'ennemi, ou bien parent les coups derrière leurs grands boucliers. On remarque dans ce combat un abordage : un soldat égyptien, portant son bouclier attaché derrière l'épaule, est monté sur la partie la plus avancée de la proue du navire, et saisit par le bras un Indien qu'il s'apprête à frapper.

Au reste, la bonne tenue des vaisseaux égyptiens fait déjà présager la victoire, et deux de leurs barques sont déjà remplies de prisonniers ennemis dont les mains sont liées et qu'on a placés parmi les rameurs. La flotte ennemie, au contraire, est dans un état qui annonce sa défaite : elle est toute désemparée. Les bâtiments, privés de rameurs et de pilotes, semblent errer au hasard. Le vaisseau indien, qui le premier a débarqué ses troupes, va être pris par les Égyptiens : ceux qui le défendent n'opposent plus aux flèches du Pharaon qui les attaque en personne que les petits boucliers ronds dont ils sont armés ; d'autres, tout à fait sans défense, paraissent implorer la clémence du vainqueur. Partout règne le plus grand désordre : plusieurs navires ont perdu leurs agrès ; l'un d'eux a sombré sous voiles. La configuration de ces navires est d'ailleurs peu différente de celle des vaisseaux égyptiens : le Pharaon, placé sur le rivage, est comme toujours de taille gigantesque, et c'est autour de lui que l'action est le plus animée. On y voit les Indiens pêle-mêle, percés de flèches et morts ou mourants. Quelques-uns tombent de leurs barques et sont précipités dans l'eau, tandis que d'autres font de vains efforts pour les en retirer. On sent enfin que toute résistance est inutile pour cet ennemi envahisseur, qui a tenté une descente sur le rivage égyptien sans compter sur le Pharaon, fils du soleil.

Le bulletin de l'Institut égyptien nous donne la description suivante des bas-reliefs peints qui consacrent les victoires de la reine Hatasou dans le pays de Pount : « La scène de débarquement nous montre les poissons de la mer Rouge, et la scène finale, car le tableau de la bataille est perdu, nous fait voir les types des habitants et les productions du pays. Le chef de Pount est représenté avec un bâton recourbé, comme en portent encore les Nubiens d'aujourd'hui. Il a la peau foncée ; il est armé d'un poignard et vêtu d'un caleçon jaune ; sa femme et sa fille l'accompagnent ; elles sont toutes deux atteintes d'une espèce d'éléphantiasis. On voit également le butin enlevé par l'armée ; il consiste en girafes, dents d'éléphants, énormes lingots peints en rouge et qui sont probablement de cuivre (car le mot est resté illisible), des arbres emmaillottés dans des couffes, etc. »

Les prisonniers. — Les combats livrés par les rois d'Égypte sont fréquemment représentés sur les monuments. Le Pharaon est reconnaissable à sa taille colossale : c'était pour les artistes égyptiens une manière naïve d'exprimer la supériorité de son rang et de son courage. Le plus souvent, le char du roi passe sur le corps des ennemis qu'il a étendus à ses pieds, tandis que d'autres implorent leur grâce.

Les scribes, qu'on voit dans toutes les représentations figurées des Égyptiens, ne pouvaient manquer d'avoir un rôle spécial dans les scènes militaires. Ils ne combattent pas personnellement, mais on les voit enregistrer avec le plus grand soin les mains droites coupées aux ennemis morts ; car c'est ainsi qu'on faisait la statistique de ceux qu'on avait tués. La ponctualité des habitudes égyptiennes se retrouve jusque dans cet usage barbare. Dans les peintures de Medinet-Abou, on voit des officiers égyptiens levant la main comme pour commander le silence, pendant qu'on fait l'énumération des mains qui viennent d'être rapportées. Un homme courbé et vêtu d'une longue robe les compte lui-même en les prenant une à une, tandis qu'un scribe, placé derrière lui, enregistre sur un rouleau de papyrus les chiffres qui lui sont dictés. On voit ici trente-huit mains : des scènes de ce genre se trouvent

Fig. 320. — Prisonniers.

reproduites sur plusieurs monuments. Les scribes notaient également le nombre des prisonniers, qu'on voit toujours défiler par colonnes nombreuses devant le Pharaon, aux pieds duquel on vient déposer les mains coupées, comme un trophée de victoire.

C'est ainsi que les victoires de Ramsès sont représentées dans les peintures de Medinet-Abou, à Thèbes. Le Pharaon, pendant ce temps-là, est assis sur son char, dont les chevaux sont retenus par ses officiers, et il adresse une allocution à ses guerriers. Plus loin, le roi victorieux, tenant en main le fouet, guide lui-même ses chevaux pour retourner en Égypte : son char est précédé par des prisonniers enchaînés, et les princes du sang portent près de lui de larges ombrelles.

L'usage de lier les mains aux prisonniers de guerre était universel dans l'antiquité. On emportait à cet effet des cordes : dans les peintures militaires de Medinet-Abou, on voit des archers qui portent enroulées autour de la poitrine et par-dessous le bras gauche des cordes probablement destinées à cet usage. Dans une foule de peintures on voit des prisonniers attachés, et il semble qu'on se soit ingénié à lier les mains de ces malheureux dans une position aussi gênante que possible. Presque toujours une grande corde passée autour du cou des captifs les maintient à côté les uns des autres (fig. 320). On les voit ainsi défiler en longues colonnes qui se suivent et présentent quelquefois deux, trois et même quatre captifs de front. Les artistes égyptiens qui avaient besoin de montrer des prisonniers très nombreux, et qui ignoraient les lois de la perspective, en montrent quelquefois plusieurs rangées, les unes au-dessus des autres.

Les peintures qui représentent des captifs nous fournissent de précieux renseignements sur le costume des peuples avec lesquels les Égyptiens ont été en guerre.

III

LA GUERRE EN ASIE

Les Hébreux. — Les armées assyriennes. — Les Mèdes et les Perses.

Les Hébreux. — Il ne semble pas qu'il y ait jamais eu d'armées permanentes chez les Hébreux, même après la constitution des royaumes de Juda et d'Israël. M. Munk, dans *la Palestine,* résume ainsi les renseignements épars dans la Bible sur l'organisation militaire des Hébreux : « A l'exception des lévites, tous les Hébreux étaient soumis au service militaire depuis l'âge de vingt ans, et selon Josèphe jusqu'à celui de cinquante ans; cependant, ayant égard à l'agriculture et aux intérêts privés, la loi admettait les exceptions suivantes : celui qui avait bâti une maison et ne l'avait pas encore habitée; celui qui avait fait une plantation dont il n'avait pu encore recueillir les premiers fruits ; celui qui s'était fiancé ou qui était encore dans la première année de son mariage. Au reste, les levées en masse n'avaient lieu que dans les circonstances extraordinaires ; ainsi tout le monde était appelé aux armes pour la guerre cananéenne, et les tribus déjà établies devaient aider celles dont les possessions n'étaient pas encore conquises. Pour les entreprises d'une moindre importance, on levait un certain contingent de chaque tribu, mais la loi ne nous dit pas quelle était la règle qu'on suivait dans ce cas ; probablement on tirait au sort. Du temps de Moïse et jusqu'à l'époque de David et de Salomon, l'armée n'était encore qu'imparfaitement organisée et ne se composait que de fantassins. Elle était divisée en bandes de mille et de cent hommes, dont chacune avait son chef. Les hommes d'une même tribu marchaient ensemble sous le même drapeau. Le commandement suprême appartenait au chef de la république, qui formait avec les douze chefs de tribus le conseil de guerre. Dans des affaires moins graves le commandement pouvait être confié à une autre personne ; ainsi par exemple, Moïse, dans la guerre contre les Madianites, donne le commandement au prêtre Pinehas. L'ouverture de la guerre s'annonçait au son des trompettes. Avant l'entrée en campagne un prêtre devait prononcer un discours pour encourager les troupes et pour leur promettre le secours de la divinité. Quelques dispositions que donne le Deutéronome sur la police des troupes montrent que la propreté et les bonnes mœurs devaient régner dans le camp des Hébreux. Quant au butin de guerre, s'il en faut juger par ce que Moïse ordonna dans la guerre des Madianites, on le divisait en deux portions ; une moitié appartenait aux troupes, en déduisant 1 pour 500 pour les prêtres ; l'autre moitié appartenait à la nation, qui en donnait la cinquantième partie aux lévites. Cependant le butin des villes frappées d'anathème et notamment des villes cananéennes était voué à la destruction ; le métal seul était employé au profit du temple. »

Les armées assyriennes. — Les guerriers assyriens se servaient de boucliers ronds, et généralement formés de cercles concentriques, qui apparaissent quelquefois à l'œil. A l'extérieur, les boucliers étaient revêtus d'une lame unique, ou plus probablement d'une peau. Le vêtement habituel aux soldats était une tunique à poils longs, qui paraît avoir été faite avec des peaux de chèvre. Par-dessus cette tunique, on voit une espèce de cuirasse qui semble formée de cordelettes nattées. Le casque est une sorte de calotte souvent munie d'une corne. L'épée, l'arc, la masse d'armes, la lance ou le javelot formaient les armes offensives. L'épée était courte, large, aiguë et à deux tranchants. Elle se portait sur le flanc gauche, mais elle était maintenue presque horizontalement par la large courroie dans laquelle elle était passée. Le manche n'a pas de garde, et le fourreau est souvent orné, à son extrémité inférieure, de petits lions couchés dans le sens de l'épée et d'une saillie assez prononcée. Cette épée, à en juger par les monuments, n'était pas d'un usage très fréquent, car on la voit toujours au fourreau, même pendant la bataille.

La lance était à peu près de la longueur d'un homme, elle était pourvue d'un manche lisse et servait à la fois comme arme d'haste et

Fig. 321. — Phalange assyrienne.

comme arme de jet. La masse d'armes ne diffère pas beaucoup d'un sceptre : elle avait à l'extrémité du manche une courroie formant anneau, dans laquelle on engageait la main pour manier l'arme avec plus de sûreté. Mais de toutes les armes assyriennes, celle que l'on voit employée le plus communément est l'arc : il était d'une grandeur moyenne et, en dehors du champ de bataille, il était passé sur l'épaule et y demeurait appendu. Le carquois était maintenu au moyen d'une cordelette ou d'une tresse.

Tous ces caractères sont bien déterminés sur la figure 321, où l'on voit, en même temps que l'équipement des soldats assyriens, leur disposition au moment du combat. Les premiers sont armés d'une lance et parent avec leurs boucliers ronds les flèches que leur a décochées l'ennemi. Ils mettent un genou en terre, ce qui permet aux archers placés derrière eux d'envoyer leurs flèches par-dessus leurs têtes.

Les soldats se ralliaient au son de la trompette. La figure 322, tirée d'un bas-relief du Musée britannique, montre un archer assyrien portant le carquois sur l'épaule et sonnant de la trompette.

Les chars étaient fort en usage, et ils se rapprochent beaucoup pour la forme de ceux dont se servaient les Grecs dans l'âge héroïque. Les Assyriens avaient aussi des machines pour les sièges : la plus fréquemment représentée est un chariot formé de claies et contenant des soldats que l'on poussait vers les murailles de la place assiégée. Une grosse pique sort par une fente pratiquée sur le devant du chariot et servait

Fig. 322. — Soldat assyrien sonnant de la trompette.

sans doute à enfoncer les portes. Souvent aussi, pour attaquer une place, on se servait de moyens incendiaires : les soldats plaçaient pour cela des matières inflammables au bout de leurs lances. Les monuments en représentent qui essayent de brûler une porte au moyen de ce procédé.

La figure 323 montre des guerriers assyriens combattant l'ennemi. Nous avons déjà vu des scènes de ce genre dans le premier volume de cet ouvrage et le lecteur peut se reporter aux figures 135 et 136.

Au reste la mise en scène des bas-reliefs assyriens est empreinte d'une influence égyptienne très-prononcée. Il y a pourtant certaines différences qu'il est utile de signaler, parce qu'elles se rattachent au prestige attaché à la personne royale. Ainsi les monuments égyptiens montrent toujours le Pharaon d'une taille démesurément grande : les ennemis qu'il combat semblent des pigmées à côté de lui, et la disproportion est si grande que la lutte même semble impossible. C'est lui tout seul qui remporte la victoire, sans aucune aide, car les soldats qui viennent après lui sont aussi petits que les ennemis qu'il a terrassés. Pour mieux accentuer leur idée, les artistes égyptiens ont soin que le roi soit absolument seul sur son char de bataille, se souciant fort peu du cocher, qui est cependant nécessaire pour guider les chevaux pendant que le monarque ajuste ses flèches invincibles.

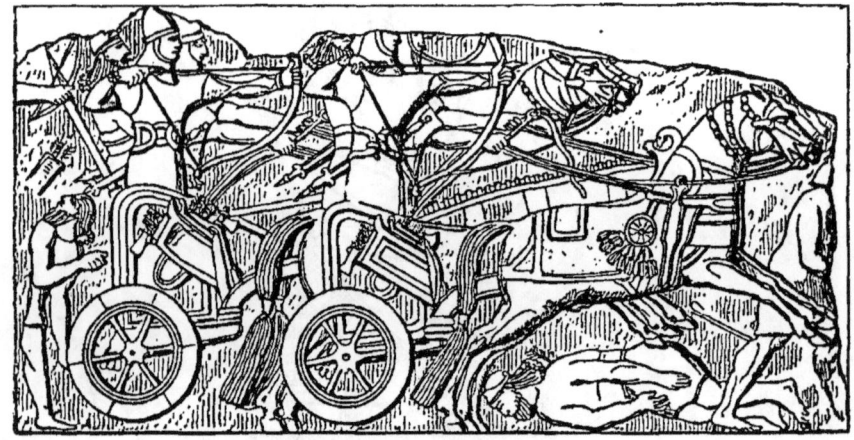

Fig. 323. — Guerriers sur leurs chars

La figure 324 va nous donner une idée complète de la manière dont le roi se comporte en Asie. L'oiseau sacré plane sur la tête du monarque, qui ajuste ses flèches, tandis que le cocher placé à ses côtés tient les rênes des chevaux ; et ce cocher est de même taille que le roi. D'autres chars et d'autres combattants sont autour de lui, frappant des coups analogues, et l'oiseau emblématique fait seul reconnaître le roi sur la tête duquel il plane. Des morts dont la tête est coupée apparaissent çà et là sur le champ du bas-relief. Un fait qu'il est bon de noter dans cette représentation c'est que le roi combat nu-tête et qu'il n'est pas coiffé de la mitre conique.

Les bas-reliefs assyriens représentant des citadelles nous montrent des créneaux et des tours. Dans celles de la figure 325 des espèces de cornes, dont il est très difficile d'expliquer l'emploi, couronnent la forteresse. Nous ne connaissons pas de description écrite d'une citadelle assyrienne. Mais si les écrivains nous font défaut, les monuments abondent, au

Fig. 324. — Le roi d'Assyrie combattant sur son char.

(D'après un bas-relief assyrien.)

moins pour ce qui concerne Ninive. Il faut, bien entendu, faire abstraction de la disproportion des personnages et de l'absence de perspective

Fig. 325. — Forteresse assyrienne.

qui frappe tout d'abord dans la figure 326, mais on y voit très-bien le

Fig. 326. — Forteresse assyrienne.

système de tours qui était alors admis dans toutes les constructions militaires.

Si imparfaite que soit cette représentation au point de vue plastique, il est aisé, en la comparant à la précédente, de se figurer à peu près quel aspect pouvait présenter une citadelle en Assyrie. On remarquera que les assaillants, contrairement à l'usage des sculpteurs assyriens, sont de taille très-inégale, et il y en a deux qui sont de stature gigantesque. Nous avons déjà vu dans les monuments égyptiens que les Pharaons se distinguent des autres personnages par l'énormité de leur stature. Il est probable que les deux héros qu'on voit ici sont des rois ou tout au moins des personnages puissants, dont le sculpteur a voulu exprimer l'importance en employant le procédé habituel aux artistes égyptiens.

On voit aussi dans cette figure l'emploi de machines de guerre qui vont frapper la muraille. Mais cette machine est beaucoup plus nette-

Fig. 327. — Siége d'une ville.

ment déterminée sur la figure 327. C'est un char à six roues, portant en avant une grosse poutre probablement garnie de métal, qui vient se heurter contre la tour dont elle produit l'écroulement.

Il faut distinguer les enceintes fortifiées et les citadelles. Pour ce qui est des enceintes fortifiées, voici la description qu'Hérodote nous a laissée des murailles de Babylone. « La ville de Babylone est située dans une vaste plaine ; elle forme un carré parfait dont chaque côté est de cent vingt stades ; l'enceinte totale est par conséquent de quatre cent quatre-vingts stades. Telle est la grandeur de Babylone, bâtie d'ailleurs avec une magnificence qui l'emporte beaucoup sur toutes les autres villes que nous connaissons. Elle est entourée d'abord d'un fossé profond, très-large et rempli d'eau, ensuite d'un mur dont l'épaisseur est de cinquante coudées royales et la hauteur de deux cents. La coudée royale est de trois doigts plus longue que la coudée ordinaire. Il faut dire ici comment fut employée la terre retirée du fossé et de quelle manière on construisit le mur. A mesure que l'on creusait le fossé, la terre qui en sortait était immédiatement façonnée en briques ; et lorsqu'on en avait disposé un nombre convenable, on les faisait cuire au four. On bâtissait ensuite avec ces briques enduites d'une couche d'asphalte chaud, au lieu de simple chaux délayée, en les disposant par assises, et entre chaque troisième assise, on introduisait un lit de tiges de roseaux. On construisit par ce procédé, d'abord les parois du fossé, et ensuite le mur, en continuant d'employer le même genre de construction. Élevés au sommet du mur et sur ses bords, deux rangs de tourelles à un seul étage, contiguës et tournées l'une vers l'autre, laissaient entre elles l'espace nécessaire pour le passage d'un char attelé de quatre chevaux. Dans le pourtour de la muraille on comptait cent portes, toutes en airain, avec les jambages et les linteaux de même métal. L'asphalte qui servit à la construction de ces murailles était tiré de la ville d'Is, située à huit journées de marche de Babylone, sur une rivière du même nom. Cette rivière, peu considérable, qui se jette dans l'Euphrate, roule avec ses eaux une quantité de morceaux d'asphalte. C'est ainsi que Babylone fut entourée de murs. »

La férocité est le trait dominant des Assyriens et il n'y a pas de pays où dans aucun temps la guerre ait eu des conséquences aussi terribles. C'est en vain que les ennemis vaincus implorent le roi victorieux, surtout quand ce sont des rebelles. Quelques inscriptions, dont nous empruntons la traduction à M. Maspero, vont nous montrer les suites inévitables de toute guerre en Assyrie. « J'en tuai, dit un roi d'Assyrie, un sur deux... Je construisis un mur devant les grandes portes de la ville; je fis écorcher les chefs de la révolte, et je recouvris ce mur avec leur peau. Je fis assembler leurs têtes en forme de couronnes et leurs cadavres transpercés en forme de guirlandes. »

Les grands taureaux de pierre que nous voyons dans les musées ont assisté à de sanglantes boucheries, car c'est en face de ces témoins muets qu'on égorgeait les victimes. C'est ce que nous apprend le petit-fils de Sennachérib : « Ces hommes, dont la bouche avait tramé des complots perfides contre moi et contre Assour, mon seigneur, j'ai arraché leur langue et j'ai accompli leur perte. Le reste du peuple fut exposé vivant devant les grands taureaux de pierre que Sennachérib, le père de mon père, avait élevés, et moi, je les ai jetés dans le fossé, j'ai coupé leurs membres, je les ai fait manger par des chiens, des bêtes fauves, des oiseaux de proie, les animaux du ciel et des eaux. En accomplissant ces choses, j'ai réjoui le cœur des grands dieux, mes seigneurs. »

L'usage des mains coupées aux prisonniers, que nous avons déjà constaté en Égypte, se retrouve naturellement chez les Assyriens. « Sur la terre mouillée, dit un roi d'Assyrie, les harnais, les armes prises dans mes attaques, nageaient tous dans le sang des ennemis comme dans un fleuve; car les chars de bataille qui enlèvent hommes et bêtes avaient dans leurs courses écrasé les corps sanglants et les membres. J'entassai les cadavres de leurs soldats comme des trophées, et je leur coupai les extrémités. Je mutilai ceux que je pris vivants, comme des brins de paille, et, pour punition, je leur coupai les mains. »

Le transportement d'une population en masse était l'issue inévitable d'une guerre. « J'emmenai captifs les hommes de Bet-Vakin, dit un roi

Fig. 328.

d'Assyrie, et leurs dieux, et les serviteurs du roi d'Élam. Je n'y laissai pas le moindre reste debout, et je les embarquai dans des vaisseaux, et les menai sur les bords opposés; je fis diriger leurs pas vers l'Assyrie, je détruisis les villes de ces districts, je les démolis, je les réduisis en cendres, je les changeai en déserts et en monceaux de ruines. »

Pour comprendre ces grandes émigrations, ces peuples entiers emmenés en captivité et transportés en masse dans des contrées lointaines, il faut se rappeler les scènes de désolation rapportées dans la Bible, ou bien encore les paroles concises des scribes assyriens que nous révèlent les inscriptions. « Aidé par le feu, le massacre, les combats et les tours de siége, j'occupai les villes; j'en fis sortir 200,000 personnes, grandes et petites, mâles et femelles, des chevaux, des ânes, des mulets, des chameaux, des bœufs, des moutons sans nombre, et je les pris comme capture. » C'est une scène de ce genre qui est représentée sur la figure d'après un bas-relief assyrien.

Les Mèdes et les Perses. — Un discours que Xénophon place dans la bouche de Cyrus montre comment ce prince entendait les approvisionnements d'une armée en marche, et prouve en même temps qu'il y avait chez les Perses un corps spécial chargé à peu près des mêmes offices que le génie dans nos armées modernes. Ce discours fournit en outre plusieurs renseignements précieux sur l'organisation des armées dans l'ancien Orient. « Depuis longtemps, braves alliés, dit Cyrus, nos âmes, nos corps, nos armes, sont, grâce aux dieux, dans le meilleur état; ne songeons maintenant qu'à nous pourvoir de vivres à peu près pour vingt jours, tant pour nous que pour les bêtes de charge qui nous suivront; car, à mon compte, nous mettrons plus de quinze journées à traverser un pays où nous ne trouverons point de subsistances, parce que nous en avons enlevé, nous, une partie et les ennemis autant qu'il leur a été possible. Munissons-nous donc de provisions de bouche : elles sont nécessaires pour combattre et pour vivre. A l'égard du vin, que chacun n'en prenne qu'autant qu'il lui en faut pour s'accoutumer à ne boire que de l'eau pendant nos repas : ce changement nous sera peu sensible ; car ceux d'entre nous qui vivent de farine la délayent dans l'eau, pour en faire une pâte ; le pain dont les autres se nourrissent est de même pétri avec de l'eau : c'est avec l'eau qu'on fait cuire tout ce qu'on mange. Pourvu que nous buvions un peu de vin à la fin du repas, nous ne nous trouverons pas mal de ce régime. On retranchera ensuite une portion de ce vin, jusqu'à ce que nous ayons l'habitude de ne boire que de l'eau. Tout changement qui s'opère peu à peu devient supportable pour tous les tempéraments.

« Emportez, au lieu de lits, un poids égal en choses nécessaires à la vie; il n'y a jamais de superflu en ce genre. Ne craignez pas de dormir moins tranquillement parce que vous n'aurez ni lits ni couvertures; si cela vous arrive, c'est à moi que vous vous en prendrez; en santé comme en maladie, il suffit d'être bien vêtu. Il faut s'approvisionner de viandes salées et de haut goût; ce sont celles qui excitent l'appétit et se conservent longtemps. Lorsque nous arriverons dans des lieux non pillés, d'où nous pourrons tirer du blé, il faudra nous pourvoir de moulins à bras pour le broyer : de tous les instruments à faire du pain c'est le moins pesant.

« N'oublions pas non plus les médicaments pour les maladies; ils ne chargent pas beaucoup, et dans l'occasion ils serviront infiniment. Munissons-nous aussi de courroies pour attacher une infinité de choses que portent les hommes et les chevaux : qu'elles se rompent ou s'usent sans qu'on puisse les remplacer, on reste les bras croisés. Ceux qui ont appris à faire des javelots feront bien d'emporter leur doloire; il est bon aussi de se munir d'une lime; en aiguisant sa pique, on aiguise son courage; on rougirait d'être lâche lorsqu'on a des armes affilées. Il faut encore avoir beaucoup de bois de charronnage, pour raccommoder les chars et les chariots. Aux matériaux on joindra les outils indispensables; car on n'a pas des ouvriers partout : et cependant il en faut beaucoup pour le travail de chaque jour. On mettra sur chaque chariot une faucille et un hoyau; sur chaque bête de charge, une hache et une faux; ces instruments sont toujours utiles aux particuliers, et souvent à l'armée entière.

« Vous, commandants des hoplites, informez-vous si vos soldats ont une provision suffisante de vivres; ne négligeons rien de ce qui leur est nécessaire; ce serait nous négliger nous-mêmes. Vous, chefs des bagages, examinez si l'on a chargé sur les bêtes de somme tout ce que j'ai ordonné; et contraignez ceux qui n'ont point obéi. Vous, intendants des pionniers, vous avez la liste des acontistes, des archers, des frondeurs, que j'ai réformés : à ceux qui servent dans les acontistes, donnez une hache propre à couper du bois, aux archers un hoyau, aux frondeurs une serpe; faites-les marcher, avec ces instruments, par petites troupes, à la tête des équipages, afin qu'au besoin vous aplanissiez les chemins difficiles, et que je sache où vous prendre lorsque vous me serez nécessaires.

« J'emmènerai des armuriers, des charrons, des cordonniers, tous de l'âge où l'on porte des armes et munis de leurs outils; ainsi l'armée ne manquera d'aucune des choses qui dépendent de leur métier. Ils feront un corps séparé des soldats, et auront un lieu fixe où ils travailleront pour qui voudra les employer en payant. Si quelque marchand veut faire le commerce à la suite de l'armée, qu'il garde ses provisions durant le nombre de jours que je viens de fixer; s'il vend avant l'expiration de ce terme, ses marchandises seront saisies; mais il pourra, le terme passé, les débiter comme il le jugera à propos. Au reste, les marchands les mieux approvisionnés seront honorés et récompensés des alliés et de moi. Si quelqu'un d'entre eux n'a pas de fonds suffisants pour faire ses achats, qu'il amène avec lui des gens qui le connaissent et me garantissent qu'il nous suivra, je l'aiderai de ce que je possède. Voilà ce que j'avais à dire : que ceux qui trouvent que je n'ai pas tout prévu m'avertissent. Allez rassembler les bagages; pour moi, je vais offrir un sacrifice pour mon départ : dès que j'aurai rempli ce devoir religieux, je donnerai le signal. Que les soldats pourvus de tout ce que j'ai ordonné se rendent auprès de leurs officiers dans le lieu indiqué ; et vous, commandants, lorsque vos rangs seront formés, venez me trouver, pour apprendre quels postes vous occuperez. »

Les Perses, de même que les Assyriens, et tous les peuples orientaux, se servaient de chars de guerre, mais dont la forme était différente de celle des chars assyriens. Xénophon attribue cette transformation à Cyrus : « Il se procura, dit-il, des chariots, tant parmi ceux pris sur l'ennemi que par d'autres voies; mais il abolit l'usage des chars tels qu'étaient jadis ceux des Troyens, et tels que sont encore ceux des Cyrénéens. Jusque-là les Mèdes, les Syriens, les Arabes et tous les peuples asiatiques n'en avaient point d'autres. Comme ils étaient montés par les plus braves, Cyrus avait remarqué que des gens qui étaient l'élite de l'armée ne servaient qu'à escarmoucher, et contribuaient peu au gain de la bataille : d'ailleurs trois cents chars pour trois cents combattants exigeaient douze cents chevaux et trois cents cochers, choisis entre ceux qui méritaient le plus de confiance; encore ces trois cents hommes ne causaient aucun dommage à l'ennemi. Cyrus, en abolissant l'usage de ces chars, en fit construire d'une forme nouvelle plus convenable pour la guerre. Les roues en étaient fortes, par là moins sujettes à se briser; l'essieu long, car ce qui a de l'étendue est moins sujet à renverser : le siége, d'un bois épais, s'élevait en forme de tour, mais ne couvrait le cocher que jusqu'à la hauteur du coude, afin qu'il eût la facilité de conduire ses chevaux; chaque cocher, armé de toutes pièces, n'avait que les yeux découverts ; aux deux bouts de l'essieu étaient placées deux faux de fer, longues d'environ deux coudées, et deux autres par-dessous dont la pointe tournée contre terre devait percer à travers les bataillons ennemis. Cette nouvelle construction, dont Cyrus fut l'inventeur, est encore en usage dans les pays soumis au roi de Perse. »

Nous avons parlé ailleurs de la maison royale de Perse, des doryphores qui étaient les gardes du palais et des dix mille immortels qui formaient l'élite de l'armée (tome 1, page 185). Mais Hérodote nous a laissé une description détaillée des soldats de toutes sortes et de toutes nations qui vinrent envahir la Grèce à la suite du roi Xerxès : « Le total de l'armée de terre, dit Hérodote, monta à dix-sept cent mille hommes ; on le supputa comme il suit : on rassembla sur un point dix mille hommes, en les serrant le plus que l'on put; autour d'eux, on traça un cercle ;

ce cercle tracé, les dix mille hommes en sortirent, et sur ce cercle même on bâtit un mur à hauteur d'appui. Lorsqu'on l'eut terminé, on fit entrer dans l'enceinte une autre troupe, et l'on continua jusqu'à ce que, de cette manière, tous les hommes fussent comptés; leur dénombrement fini, on les organisa par nations.

« Voici ceux qui firent partie de cette expédition. Les Perses étaient ainsi équipés : ils portaient autour de leurs têtes des tiares, comme ils les appellent, feutres sans apprêt ; sur le corps des cuirasses à manches, composées de plusieurs pièces de fer, semblables par leur aspect à des écailles ; autour des jambes des hauts-de-chausses ; enfin au lieu de boucliers, des écus d'osier, au-dessous desquels étaient suspendus leurs carquois. Ils avaient de courts javelots, de grands arcs, des flèches de roseau, des glaives attachés à la ceinture, s'appuyant sur la cuisse droite. Otanès, père d'Amestris, femme de Xerxès, les commandait; les Grecs autrefois leur donnaient le nom de Céphènes, eux-mêmes se nommaient Artéens et leurs voisins les appelaient ainsi. Lorsque Persée, fils de Jupiter et de Danaé, arrriva chez Céphée, fils de Bélus, il épousa sa fille Andromède et il en eut un fils auquel il donna le nom de Perse et qu'il laissa dans ce pays, car il se trouva que Céphée n'avait point d'enfant mâle; c'est de ce Perse que le peuple a pris le nom qu'il a porté depuis.

« Les Mèdes avaient le même équipement : car c'est là l'équipement des Mèdes, et non celui des Perses. Leur chef était Tigrane, de la famille des Achéménides. Tout le monde jadis les appelait Ariens ; mais Médée étant venue d'Athènes en leur contrée, ils changèrent eux-mêmes leur nom : c'est du moins ce que les Mèdes rapportent. Les Cissiens étaient équipés autrement que les Perses; au lieu de feutres, ils portaient des mitres. Leur chef était Anaphe, fils d'Otanès. Les Hyrcaniens, armés comme les Perses, étaient commandés par Mégapane, qui, après ces événements, fut gouverneur de Babylone.

« Les Assyriens portaient des casques d'airain entrelacés d'une façon barbare et qu'il est impossible de décrire; leurs boucliers, leurs javelines, leurs glaives étaient assez semblables à ceux des Égyptiens; ils avaient en outre des massues de bois garnies de fer et des cuirasses de lin. Les Grecs les nommaient Syriens, et les barbares Assyriens; dans leurs rangs marchaient les Chaldéens; ils avaient pour chef Otaspe, fils d'Artachée.

« Les Bactriens étaient ceux dont la coiffure se rapprochait le plus de celle des Mèdes; ils avaient des arcs faits de roseaux de leur pays et de courtes javelines. Les Saces, de race scythique, portaient sur leurs têtes des tiares raides et droites terminées en pointes ; ils avaient des hauts-de-chausses, des arcs indigènes, des glaives, et en outre des haches que l'on appelle sagaris. Ce sont des Scythes-Armyrgiens et on les appelait Saces, car les Perses donnent le nom de Saces à tous les Scythes. Hystaspe, fils de Darius et d'Atossa, fille de Cyrus, était à la tête des Bactriens et des Saces.

« Les Indiens portaient des vêtements de coton ; ils avaient des arcs de bambou et des flèches de roseau, avec des pointes de fer. Pharnazathre, fils d'Artabathe, les commandait.

« Les Ariens étaient armés d'arcs médiques, et du reste, comme les Bactriens. Leur chef était Sisamne, fils d'Hydarne. Les Parthes, les Corasmiens, les Sogdes, les Gandoriens et les Dadices, avaient le même équipement que les Bactriens. Ils étaient commandés, les Parthes et les Corasmiens, par Artabaze, fils de Pharnace ; les Sogdes, par Azane, fils d'Artée ; les Gandoriens et les Dadices, par un fils d'Artabane, nommé Artyphie.

« Les Caspiens marchaient vêtus de poil de chèvre, armés d'arcs de roseaux de leur pays, et de cimeterres ; tel était leur équipement. Ariomarde, frère d'Artyphie, les commandait. Les Saranges se faisaient remarquer à cause de la teinture de leurs vêtements ; ils portaient des brodequins montant jusqu'au genou ; leurs arcs et leurs javelines étaient médiques. Phérendate, fils de Mégabaze, les commandait. Les Partyices, vêtus de même, portaient des arcs indigènes et des glaives ; leur chef était Artynte, fils d'Itamatre.

« Les Uties, les Myces, les Paricaniens, étaient équipés comme les Pactyices et commandés, les Uties, les Myces, par Artamène, fils de Darius, les Paricaniens, par Siromitre, fils d'Œobaze.

« Les Arabes portaient des manteaux assujettis par des ceintures, et à leur droite de longs arcs recourbés. Les Éthiopiens, revêtus de peaux de panthères et de lions, avaient des arcs faits avec des rameaux de palmier, longs de quatre coudées, sur lesquels ils posaient de courtes flèches de roseau dont la pointe, au lieu de fer, était un caillou aiguisé. Ils avaient en outre des javelines, armées de cornes de gazelles aiguisées, et des massues garnies. Ils marchaient au combat le corps frotté moitié de plâtre, moitié de vermillon. Arsame, fils de Darius et d'Artystone, fille de Cyrus, commandait les Arabes et les Éthiopiens qui demeurent au-dessus de l'Égypte. Les Éthiopiens de l'Orient (car les uns et les autres faisaient partie de l'armée) étaient incorporés avec les Indiens; ils ne diffèrent en rien des autres par l'apparence et les habitudes, seulement ils n'ont ni le même langage ni la même chevelure; car les Éthiopiens du levant ont les cheveux droits, et ceux de la Libye sont les plus crépus de tous les mortels. Les Éthiopiens d'Asie étaient donc, pour la plupart, équipés comme les Indiens, mais ils se coiffaient de peaux de fronts de chevaux, écorchés avec oreilles et crinières; ces crinières pendantes leur tenaient lieu d'aigrettes, et les oreilles des chevaux étaient dressées au-dessus; ils étendaient devant eux des peaux de grues en guise de boucliers.

« Les Libyens marchaient vêtus de cuir, armés de javelots durcis au feu; leur chef était Massage, fils d'Oaris.

« Les Paphlagoniens portaient des casques de mailles, de petits boucliers, de longues lances, et en outre des épieux et des glaives; ils étaient chaussés de brodequins montant jusqu'à mi-jambe. Les Ligyes, les Matianes, les Mariandyniens, les Syriens, étaient équipés comme les Paphlagoniens. Les Syriens sont ceux que les Perses appellent Capdociens. Les Paphlagoniens et les Matianes avaient pour chef Dotus, fils de Mégasidre; Gobryas, fils de Darius et d'Artystone, commandait les Mariandyniens, les Ligyes et les Syriens.

« Les Phrygiens avaient à peu près le même équipement que les Paphlagoniens; la différence était légère. Les Macédoniens rapportent qu'on les appela Briges, aussi longtemps qu'ils furent Européens, et habitèrent avec eux la Macédoine. Ils émigrèrent en Asie, et, changeant de contrée, ils changèrent leur nom en celui de Phrygiens. Les Arméniens, colons de ces derniers, étaient équipés comme eux. Artochme, gendre de Darius, commandait les uns et les autres.

« L'armement des Lydiens était celui qui se rapprochait le plus de l'armement des Grecs; les Lydiens autrefois s'appelaient Méoniens; ils changèrent de nom et prirent celui de Lydus, fils d'Atys. Les Mysiens portaient des casques d'une espèce particulière et de petits boucliers; ils se servaient d'épieux durcis au feu; ce sont des colons de la Lydie.

« Les Thraces étaient coiffés de peaux de renard; ils portaient des tuniques et, par-dessus, des manteaux bariolés; autour des pieds et des jambes, ils avaient des brodequins de peau de cerf; ils se servaient de javelines, de petits boucliers et d'épées courtes.

« Les Chalybiens avaient de petits boucliers de peaux de bœuf non préparées; chacun d'eux tenait à la main deux dards de fabrique lycienne. Ils étaient coiffés de casques d'airain, sur le devant desquels s'élevaient des cornes, et des oreilles de bœuf en airain, surmontées

Fig. 329. — Guerrier perse. (Tiré de la mosaïque de Pompéi.)

d'une aigrette. Leur chaussure était un rouleau d'étoffe teinte en pourpre.

« Les Milyens portaient de courtes javelines et des vêtements agrafés. Quelques-uns des leurs avaient l'arc lycien et sur leurs têtes des casques de cuir. Les Moschiens portaient des casques de bois, de petits

Fig. 330. — Officier de la maison du roi. (Tiré de la mosaïque de Pompéi.)

boucliers, de courtes javelines à longue pointe. Les Tibarènes, les Macrons, les Mosynèces, étaient équipés de même que les Moschiens.

Fig. 331.   Fig. 332.
Guerriers perses. — (Tirés de la mosaïque de Pompéi.)

« Les Mares portaient des casques entrelacés à la manière de leur pays; de petits boucliers de cuir et des épieux. Les Colchiens, des casques de bois, de petits boucliers de peaux non préparées, et de courtes javelines; ils avaient en outre des glaives.

« Les nations insulaires qui étaient venues de la mer Rouge et des îles où le roi envoie les bannis, avaient des vêtements et des armes, à peu près comme les Mèdes. Ils étaient commandés par Mardonte, fils de Bagée, qui, dans la seconde année, périt à la bataille de Mycale, où il était l'un des généraux. »

Les monuments graphiques font malheureusement défaut pour appuyer ce récit d'Hérodote. Cependant la figure 329, tirée de la grande mosaïque de Pompéi, montre un guerrrier persan que le roi de

Fig. 333. — Guerrier grec d'Asie.

Macédoine vient de transpercer avec sa lance, et qui a son cheval tué sous lui. Son costume est très riche : on y retrouve la mentonnière que nous avons déjà signalée tome II (fig. 303 et 304). Son bonnet est jaune et son manteau rouge ; le vêtement de dessous est brodé de différentes couleurs. Le pantalon collant est enrichi de galons d'or, et couvert de griffons blancs aux ailes d'or. Les chaussures sont blanches avec des cordons rouges. Ce guerrier est en train de saisir la lance qui vient de le frapper et qu'il cherche à arracher ; son épée, qui est restée dans le fourreau, a une poignée d'ivoire en forme d'oiseau et elle est soutenue par un baudrier rouge et vert. Son cheval noir est couvert d'une housse rouge avec des têtes de griffons aux angles et des ornements blancs.

L'écuyer du roi a comme les autres la tête enveloppée de jaune, et porte un manteau rouge bordé de blanc. Sa lèvre est ombragée d'une petite moustache, mais la barbe est complétement rasée, disposition qui paraît contraire à tous les usages de l'Orient, mais qui n'est pas isolée ici, car on la retrouve encore mieux caractérisée sur la figure 330, qui représente un officier de la maison du roi. Celui-ci porte, comme le souverain, le collier à serpents, dont les deux têtes se rejoignent sur sa poitrine. Son bonnet est jaune avec bandeau vert, et sa tunique rougeâtre avec des dessins blancs.

Fig. 334. — Fragment d'Harpagus, à Xantho.

Les figures 331 et 332 représentent également des gens de la suite du roi, toujours caractérisés par le menton enveloppé.

Les Grecs d'Asie au service du roi de Perse conservaient leur costume national, suivant un usage qu'on retrouve chez tous les peuples de l'antiquité qui ont employé des soldats auxiliaires. Un bas-relief découvert en Asie Mineure nous montre un guerrier qui porte le casque et l'équipement des soldats grecs; mais sa lance est à deux pointes, et, au lieu de l'épée droite, il tient un petit sabre dont la courbure très prononcée rappelle les armes employées en Orient (fig. 333).

Nous avons peu de renseignements sur les forteresses des Perses. On sait pourtant que les angles des murailles étaient toujours garnies de tours. La figure 334 montre des restes de fortifications; il paraît résulter de ce document que les créneaux employés en Asie Mineure n'avaient pas la même forme que ceux des Assyriens.

V

LES ARMÉES GRECQUES

L'age héroïque. — L'age historique. — Les Macédoniens.

L'age héroïque. — Les Grecs de l'âge héroïque se servaient d'armes en bronze qui pouvaient être rehaussées d'or ou d'argent, mais

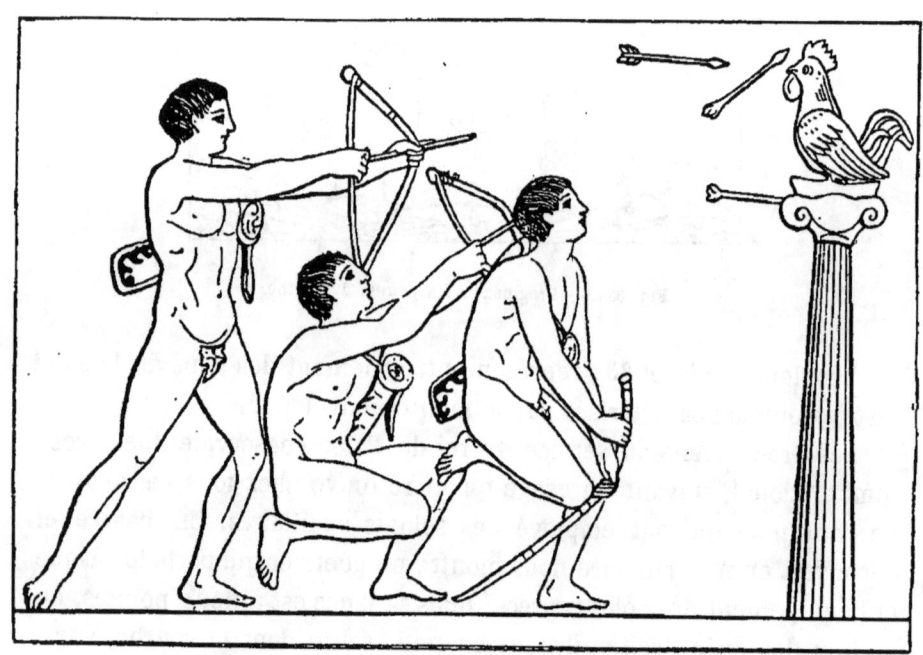

Fig. 335. — Exercice de l'arc.

dans lesquelles il est probable que le fer n'entrait pour rien. Lorsque Homère montre Vulcain forgeant les armes d'Achille, le dieu prépare le cuivre, l'étain, l'argent et l'or nécessaires à ses travaux, mais il ne nomme pas le fer en cette occasion. Cependant il connaissait ce métal, auquel il donne l'épithète de *difficile à travailler,* mais son silence quand il parle de la fabrication des armes montre qu'on ne l'appliquait pas à cet usage.

Toute la jeunesse s'exerçait à tirer de l'arc, comme le montre la figure 335. Néanmoins l'arc n'était pas l'arme préférée des Grecs, et les armes qu'Homère met le plus souvent aux mains des héros sont le javelot, la lance et l'épée.

Des fragments de vases découverts à Mycènes par M. Schliemann (fig. 336) peuvent fournir quelques renseignements sur le costume des guerriers d'Agamemnon. Les guerriers qui sont ici représentés sont d'un travail extrêmement grossier, et il est difficile de dire si la longueur démesurée de leur nez est un caractère de race ou une marque de l'inexpérience de l'artiste. Ces guerriers, peints en rouge foncé, sur fond jaune clair, portent des cottes de mailles qui descendaient au-

Fig. 336. — Soldat grec de l'âge héroïque.

dessous des hanches : elles sont assujetties à la taille par un ceinturon et bordées en bas par une frange de glands allongés. Ils portent de longues lances, auxquelles est fixé un appendice qu'il est difficile de distinguer nettement. Le bas du bouclier est échancré en croissant : la partie inférieure du casque fait saillie par devant et par derrière et un panache décore la partie supérieure.

Un assez grand nombre de scènes guerrières représentées sur les vases se rapportent aux Amazones, et aux luttes qu'elles soutinrent contre les héros grecs. Nous avons déjà expliqué le costume et l'armement que la tradition attribuait aux Amazones (tome I, page 257). Les guerriers qu'on voit dans les représentations qui concernent ces récits fabuleux nous donnent probablement l'image assez exacte des héros grecs dans la période qui a précédé les Pisistratides, car cette période a été celle de la fabrication des vases dont nous parlons. Le casque surmonté d'une grosse aigrette qui pend par derrière en queue de cheval, les bottines souvent agrémentées d'ornements, l'armure formée quelquefois de cottes de mailles, quelquefois de plaques de métal ou de cuir, la lance, l'épée courte et le bouclier rond constituent l'armement habituel de ces guerriers. Le bouclier est quelquefois orné de la représentation d'un animal, comme on le voit sur la figure 337. Deux miroirs étrusques, représentant *Achille combattant Penthésilée* (fig. 338) et *Ajax*

Fig. 337. — Combat des Grecs et des Amazones. (D'après une peinture de vase.)

emportant sur ses épaules le corps d'Achille (fig. 339) montrent avec une grande précision les détails de l'armure d'un héros. Ces miroirs, comme un très grand nombre d'ouvrages de fabrication étrusque, appartiennent au style grec et les costumes qu'ils reproduisent sont très probablement ceux que portaient les guerriers dans les colonies grecques établies en Italie, ce qui n'a rien d'ailleurs de bien surprenant puisque les scènes représentées se rattachent aux traditions héroïques de la Grèce.

Une forme de casque toute différente apparaît sur la figure 340 qui représente une patrouille en marche. Ce casque porte une visière pour protéger le visage et le grand panache qui le surmonte ne s'y attache pas directement, mais s'élève au-dessus d'une pointe de métal. Cette

Fig. 338. — Achille combattant Penthésilée. (D'après un miroir antique.)

forme est analogue à celle que nous avons vue dans les casques grecs de

Fig. 339. — Ajax emportant le corps d'Achille. (D'après un miroir antique.)

l'âge héroïque. On la retrouve encore dans la figure 341 où deux cavaliers font une ronde en compagnie de leurs chiens. Ces deux monuments nous fournissent des renseignements extrêmement précieux, non-seulement sur le costume des guerriers, mais encore sur leurs allures et la nature des manœuvres qui s'exécutaient dans les guerres de l'âge héroïque. Il est bon de remarquer que la présence des cavaliers montés sur leurs chevaux indique une période relativement asssez avancée, car

Fig. 340. — Patrouille en marche.

dans les temps homériques le cheval sert bien plus pour traîner un char que pour porter un cavalier.

Fig. 341. — Cavaliers avec leurs chiens.

La figure 342 représente un char de guerre dans l'époque héroïque ; c'était une petite voiture à deux roues dans laquelle on entrait par derrière et qui était fermée par devant. Le char de guerre ne pouvait contenir que deux hommes, le combattant et le cocher qui conduisait les chevaux. Ils étaient toujours debout et aucune représentation ne les représente dans une autre position. Les roues en étaient extrêmement minces; les chars, qui étaient très légers et qui étaient généralement attelés de deux chevaux, devaient aller avec une très grande rapidité. Dans *l'Iliade* le char d'Achille avait quatre chevaux, et c'est ainsi que

Fig. 342. — Char de guerre.

nous le voyons figuré sur la figure 343 qui représente les adieux d'Achille et de Patrocle.

Un char de guerre figuré sur un bas-relief en terre cuite, dans la collection du duc de Luynes, rappelle par sa construction certains

Fig. 343. — Adieux d'Achille et de Patrocle.

chars assyriens (fig. 344). Celui-ci paraît fait avec des cannes entrelacées et devait être de la plus extrême légèreté. Au reste c'était là une condition essentielle pour les chars de guerre. Nous voyons que le cocher, uniquement occupé de la direction de ses chevaux, ne porte pas d'armes offensives, tandis que le guerrier placé à ses côtés est armé de pied en cap. L'oiseau qui semble descendre du ciel au moment où le char passe est un présage d'heureux augure ; un oiseau analogue est figuré sur le bouclier du héros.

La division décimale paraît avoir été adoptée par les Grecs dès la plus haute antiquité. C'est du moins ce qui paraît résulter d'un passage d'Homère qui dit en parlant d'Achille : « Il était venu avec cinquante vaisseaux dont chacun portait cinquante hommes. Il les avait partagés en cinq corps, que commandaient cinq capitaines d'un courage éprouvé. » Ainsi les 2,500 Mirmydons amenés par Achille formaient cinq bataillons de 500 hommes chacun et il est probable que les corps de troupes commandés par les autres chefs grecs avaient une organi-

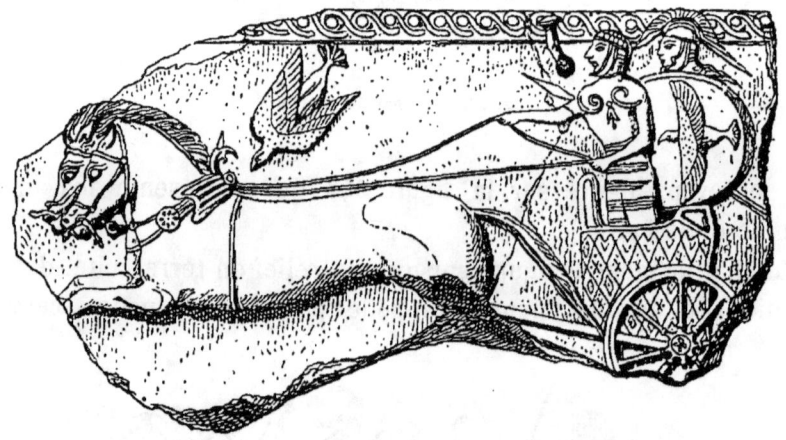

Fig. 344. — Char antique. (Collection de Luynes.)

sation analogue. Le pouvoir des chefs par rapport à leurs subordonnés ne paraît pas avoir été bien nettement déterminé. Ces chefs sont tous des rois, et c'est à titre de souverains plutôt que de commandants militaires qu'ils se font obéir de leurs soldats, qui, presque toujours, sont en même temps leurs sujets. Deux personnages extrêmement importants sont le devin, qui prédit le succès de la bataille ou la fait retarder si les dieux ne paraissent pas favorables, et le héraut qui fait les fonctions d'ambassadeur et interpose quelquefois son autorité pour faire cesser un combat ou pour en régler les conditions. Le héraut a pour insigne un bâton de commandement et il porte une longue robe, comme on le voit sur la figure 345, qui représente un combat entre Achille et Télèphe, d'après un vase du Louvre. Achille est suivi de la Victoire qui s'apprête à le couronner.

Les combats homériques sont toujours des luttes corps à corps qui ressemblent à une succession de duels bien plus qu'à une véritable bataille. Fidèle observateur des mœurs de son temps, le poëte nous montre toujours des épisodes où la tactique d'ensemble n'existe pas, parce que tout repose sur la force et le courage individuel des combattants. Le combat qui s'engage autour du corps de Patrocle résume très bien le genre de guerre qui caractérise les temps héroïques. « Les défenseurs d'Ilion, dit Homère, repoussent d'abord les Grecs aux terribles regards : ceux-ci, remplis d'effroi, abandonnent le corps de Patrocle. Les Troyens, malgré leur désir, n'immolent aucun guerrier ; ils se hâtaient trop d'entraîner le corps de Patrocle. Les Grecs, qui ne devaient pas être éloignés du cadavre de leur brave compagnon, reviennent aussitôt, conduits par Ajax, qui, par sa taille et par sa force, l'em-

Fig. 345. — Combat d'Achille et Télèphe. (D'après un vase peint.)

portait sur les Danaens, après l'irréprochable fils de Pélée. Ajax s'élance aux premiers rangs des combattants, semblable au sanglier furieux qui, sur une montagne, dissipe aisément une troupe de chiens et de jeunes chasseurs en se précipitant à travers les vallons. Tel Ajax, fils illustre de Télamon, attaque, dissipe facilement les Troyens, qui, entourant le corps de Patrocle, espéraient l'emporter dans leur ville et se couvrir de gloire. Déjà Hippothoüs, entraînait Patrocle par les pieds loin de cette mêlée terrible, après lui avoir lié les jambes près des chevilles au moyen d'une courroie. Hippothoüs voulait plaire à Hector ainsi qu'aux Troyens ; mais le malheur fond aussitôt sur lui et nul, malgré son désir, ne peut l'en préserver. Le fils de Télamon sort de la foule, marche contre Hippothoüs et lui brise son casque d'airain à l'épaisse crinière ; la pointe de la lance le traverse entièrement, car ce casque venait d'être percé par un énorme javelot lancé par un bras vigoureux : la cervelle sanglante jaillit le long de la lance. Les forces abandonnent ce guerrier, ses mains laissent échapper les jambes de Patrocle, et le malheureux Hippothoüs tombe le front sur le cadavre, loin des plaines fertiles de Larisse. Hélas! il ne put rendre à ses parents chéris tous les soins qu'ils lui avaient prodigués; sa vie fut de courte durée; il mourut jeune, dompté par la lance du magnanime Ajax! — Hector dirige aussitôt contre le fils de Télamon un brillant javelot; mais Ajax, qui l'aperçoit, se détourne un peu, et le trait va frapper le fils du valeureux Iphite, Schédius, le plus brave des Phocéens. Schédius habitait un palais superbe dans la célèbre Panopée, et il régnait sur des peuples nombreux. Hector l'atteint à la clavicule; le trait s'enfonce dans la gorge, et la pointe d'airain ressort au bas de l'épaule. Schédius tombe sur la terre, et autour de lui ses armes retentissent. Ajax se précipite sur le vaillant fils de Phénops, Phorcys, qui défendait Hippothoüs; il le frappe au milieu du ventre, et l'arme, en brisant la cavité de la cuirasse, pénètre jusque dans les entrailles. Phorcys roule sur le sol et presse la terre de ses mains. Hector et les premiers d'entre les Troyens reculent en voyant cet exploit. Alors les Argiens, en poussant de vives clameurs, entraînent le cadavre de Phorcys et d'Hippothoüs et ils les dépouillent. »

Mycènes nous offre après trois mille ans d'existence le type le plus curieux d'une place forte aux temps héroïques. Située sur une hauteur escarpée, elle commandait la plaine d'Argos et les contrées environnantes. La ville s'étageait sur un mamelon de rocher au pied duquel coulait un torrent. L'acropole était de forme triangulaire; les remparts qui subsistent presque en entier montrent des murailles cyclopéennes. C'est à l'époque où ont vécu les héros dont la poésie a conservé le souvenir qu'on rattache ces grandes constructions.

Les murs de Tirynthe, que l'on fait remonter à l'an 1380 environ avant notre ère, sont les plus anciennes constructions que l'on connaisse sur le sol de la Grèce. A cette époque, on choisissait pour y résider les lieux qui semblaient le plus propices pour la défense, et les acropoles s'élèvent au sommet des montagnes ou sur la cime des rochers les plus escarpés. On arrachait des blocs énormes du sein des carrières et on en formait d'épaisses murailles.

Pausanias trouvait les murailles de Tirynthe aussi étonnantes que les pyramides d'Égypte. C'est dans l'épaisseur de ces murailles que sont pratiquées ces célèbres galeries qui menaient sans doute à d'autres constructions aujourd'hui disparues. Leur voûte ogivale est formée d'assises horizontales disposées en encorbellement.

Dans la grande époque de la Grèce, un grand nombre de cités avaient conservé les murailles cyclopéennes élevées dans les temps héroïques. Mais celles que l'on construisait pour fortifier les villes avaient naturellement un tout autre caractère.

Messène, qui fut rebâtie par Épaminondas, peut nous fournir un exemple du système employé à cette époque. La muraille se terminait supérieurement par des créneaux, et des tours carrées ou demi-circulaires étaient échelonnées de distance en distance. Deux tours étaient placées de chaque côté de la porte sur laquelle était représentée une figure de Minerve, d'après un usage commun à beaucoup de villes grecques. Les murs des tours étaient percés de meurtrières allongées par lesquelles on lançait des flèches.

Les villes grecques avaient quelquefois une double muraille environnée de fossés, et la terre qu'on retirait du fossé était accumulée contre le rempart à l'intérieur, de manière à former un talus qui en rendît l'accès facile aux assiégés. Les murailles étaient quelquefois très larges pour les nécessités de la défense. Les richesses considérables qui affluèrent à Athènes après les guerres médiques furent employées d'abord aux fortifications de la ville. Les murs du Pirée, aussi colossaux que les murs cyclopéens, présentaient une grande régularité dans la construction. La largeur était telle que deux voitures chargées de pierres pouvaient y marcher de front. Les pierres étaient jointes sans mortier au moyen de crampons en fer.

La guerre avait, dans les temps héroïques, un caractère atroce qui presque nulle part ne laissait de place à la pitié. La mort ou le plus rude esclavage était le sort inévitable du vaincu. Aussi le départ d'un guerrier avait-il quelque chose de solennel, et de nombreuses représentations se rattachant à des scènes funèbres montrent des scènes d'adieux (fig. 346). Virgile a décrit d'une manière saisissante le sac du palais de Priam.

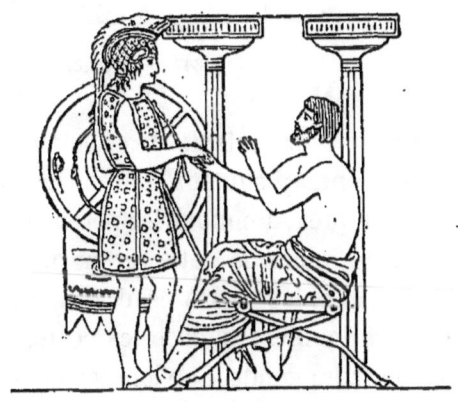

Fig. 346. — Les adieux d'un guerrier.

« Périphas à la haute stature, Automédon l'écuyer, qui fut conducteur des coursiers d'Achille, et tous les jeunes Grecs venus de Scyros, lancent au faîte du palais la flamme dévorante. Pyrrhus, qui les excite, saisit lui-même une hache à deux tranchants, et frappe les portes qu'il arrache de leurs gonds d'airain. Déjà le fer a traversé le chêne robuste, et fait, dans son épaisseur, une large ouverture ; alors apparaît aux regards l'intérieur du palais, dont les longs portiques se déploient ; on aperçoit l'auguste demeure de Priam et de nos anciens rois. Debout, sur le seuil même, des guerriers veulent en défendre l'entrée. Cependant des gémissements et un tumulte lamentable s'élèvent confusément dans l'intérieur du palais, et les femmes font

Fig. 347. — Hécube emmenée en esclavage.

retentir de leurs cris de désespoir la profondeur des voûtes : ce bruit affreux monte jusqu'aux astres. Les mères éplorées errent sous les longs portiques, tiennent les portes embrassées et les couvrent de baisers. Alors, plein de cette fureur qui animait son père, Pyrrhus presse l'attaque, et ni les barrières ni les gardes ne peuvent l'arrêter. Le bélier, à coups redoublés, enfonce les portes : elles tombent avec fracas, arrachées de leurs gonds. La violence ouvre un passage : les Grecs s'élancent, forcent l'entrée, massacrent les guerriers qui la défendent, et le palais est rempli de soldats. Tel un fleuve en fureur, qui a rompu ses digues, se précipite écumant à travers leurs débris, roule dans la campagne ses flots amoncelés, et entraîne au loin les troupeaux avec leurs étables. J'ai vu moi-même, sur le seuil du palais, Pyrrhus avec les deux Atrides, s'enivrant de carnage; j'ai vu Hécube et ses brus, et, devant les autels de nos dieux, Priam souillant de son sang les feux sacrés qu'il avait allumés lui-même. Les cinquante couches nuptiales, espoir d'une nombreuse postérité, et ces superbes portiques, enrichis de l'or des barbares et des dépouilles des vaincus, tout est tombé ! Ce qu'épargne la flamme est la proie des Grecs. »

La figure 347 montre une captive emmenée en esclavage. Le sort de ceux que la furie du vainqueur avait épargnés n'avait rien d'enviable. Les femmes étaient les plus malheureuses. Euripide nous peint la vieille Hécube se lamentant au milieu des autres captives. « J'étais reine, dit-elle, je devins l'épouse d'un roi, et je donnai le jour à de nobles enfants, non pas seulement d'un mérite vulgaire, mais les premiers des Phrygiens, et tels qu'aucune femme, troyenne, grecque ou barbare, ne peut se glorifier d'en posséder de pareils. Je les ai vus périr sous la lance des Grecs, et j'ai coupé ma chevelure sur leur tombeau. Et Priam, leur père, ce n'est pas sur le récit d'autrui que je l'ai pleuré; je l'ai vu de mes yeux égorgé au pied de l'autel de Jupiter Hercéen, et, avec lui, j'ai vu tomber son empire; et mes filles, que j'élevai pour d'illustres hyménées, c'est à d'autres qu'elles sont échues; on les arrache de mes bras ; il ne me reste plus l'espoir d'être jamais revue par elles, et moi-même je ne les reverrai plus jamais. Enfin pour mettre le comble à mon malheur, je deviens, dans ma vieillesse, esclave des Grecs ! Ils m'imposeront les services les plus humiliants pour mon âge; moi, la mère d'Hector, on me chargera de veiller aux portes et de garder les clefs, ou de faire le pain ; je serai réduite à coucher sur la terre mon corps épuisé, qui fut habitué à la couche royale, et à revêtir mes membres des lambeaux déchirés de la misère ! Ah ! malheureuse ! que de revers l'amour d'une seule femme a-t-il attirés sur moi, et quels maux il me réserve encore ! O ma fille Cassandre, qui partages les transports des dieux, quelle calamité a flétri ton innocence !..: Et toi, infortunée Polyxène, où es-tu? De toute ma postérité si nombreuse, ni un fils ni une fille ne peut soulager mon infortune. Pourquoi me relever? Dans quelle espérance ? Conduisez mes pieds, jadis si délicats au temps de Troie et esclaves aujourd'hui, conduisez-les sur la terre qui doit me servir de couche, et sur le bord d'un rocher, pour y tomber et mourir épuisée par les larmes. Apprenez aussi à ne donner à aucun des plus fortunés le nom d'heureux avant sa mort. »

L'AGE HISTORIQUE. — A l'époque des guerres médiques, la composition des armées aussi bien que les manœuvres militaires ne sont plus du tout ce qu'elles étaient dans la période héroïque. La tactique prend de l'importance et un combat n'est plus comme au temps d'Homère une série de duels d'homme à homme. Les chars de guerre ont complétement disparu et la cavalerie se montre partout à côté de l'infanterie. L'ensemble d'une armée présente une organisation régulière.

Fig. 348. — Hoplite grec. (D'après une peinture de vase.)

Dans l'infanterie, on distingue les hoplites, les psilites et les peltastes. Les hoplites, ou soldats pesamment armés, ont pour armes défensives un casque, une cuirasse, un bouclier rond et des bottines garnies de fer, pour armes offensives une longue pique et une épée (fig. 348).

Les psilites sont des fantassins légers se servant du javelot, de l'arc et de la fronde. Les peltastes forment une sorte d'infanterie mixte qui tient le milieu entre les deux corps qui précèdent.

Hérodote, Thucydide, Xénophon, Arrien et Polybe nous ont laissé de précieux renseignements sur l'organisation et les manœuvres des armées de la Grèce. « Ces armées, disait le général Lamarque, étaient peu nombreuses, mais elles ont fait de grandes choses ; et si, comme l'a dit avec dédain un auteur moderne, à qui il n'a manqué que de vivre quelques années plus tard pour parvenir à une haute renommée militaire, *un bon major conduirait aujourd'hui la manœuvre de Leuctres et de Mantinée aussi bien qu'Épaminondas lui-même*, il est à présumer qu'Épaminondas eût conduit la bataille de Lissa, donnée sur les mêmes principes, aussi bien que le grand Frédéric, qui imita sa manœuvre (*Encyclopédie moderne*). »

Sparte et Athènes ayant tour à tour eu la prépondérance en Grèce, l'organisation de leurs armées a nécessairement servi de modèle à celle des autres républiques grecques. A Sparte, tous les citoyens devaient le service depuis vingt jusqu'à soixante ans ; mais ils étaient classés d'après leur âge, et on ne les appelait que successivement, suivant la nécessité du jour. Ainsi les hommes de vingt à trente-cinq ans avaient seuls servi à Leuctres, mais après la bataille on appela ceux de trente-cinq à quarante ans. Cette armée était divisée en plusieurs corps, qui se subdivisaient eux-mêmes en plusieurs compagnies : ces cadres ne représentaient pas toutefois un nombre fixe de soldats, et les corps aussi bien que leurs subdivisions pouvaient être plus ou moins nombreux suivant les circonstances.

Dans l'origine, les deux rois de Sparte marchaient à la tête des armées, mais on sentit bientôt les inconvénients de ce partage du pouvoir militaire et on le concentra sur une seule tête. Dans les batailles le roi devait combattre au premier rang : cent guerriers qui ne le quittaient jamais avaient pour misssion de le défendre ou de mourir avec lui. Les Spartiates avaient du rouge dans leur vêtement, afin qu'on ne vît pas le sang couler : chacun d'eux avait un emblème particulier sur son bouclier, qu'il devait rapporter sous peine d'infamie. Les marches se faisaient au son des flûtes : les armes des Spartiates ne différaient pas essentiellement de celles des autres Grecs, mais ils se servaient principalement de la lance. *Les limites de la Laconie sont au bout de nos piques !* disait fièrement Agésilas.

Outre les citoyens, l'armée de Sparte comprenait des auxiliaires qui formaient presque toujours la partie la plus nombreuse, les véritables Spartiates étant considérés comme un corps d'élite. Ainsi sur 45,000 hommes qui combattaient à Platées sous les ordres du général spartiate, il n'y avait que 5,000 citoyens. Ces auxiliaires se recrutaient parmi les pays soumis, comme les Messéniens ou les Ilotes, mais on employait aussi des soldats alliés, par exemple les archers crétois, qui recevaient comme paye une darique par mois (environ 60 centimes par jour). Nous n'avons pas de renseignements particuliers sur le costume des archers, mais nous croyons qu'on peut s'en faire une idée assez exacte d'après la figure 349, tirée du fronton du temple d'Égine.

Le personnage représenté est le héros Teucer, mais l'armure que le sculpteur lui a donnée est celle qu'on portait à l'époque où fut élevé le temple d'Égine, qui est précisément celle dont nous nous occupons.

Fig. 349. — Un archer.
(D'après une statue du fronton du temple d'Égine.)

Un renseignement assez curieux nous est fourni par Aulu-Gelle sur la manière employée pour expédier les dépêches. « Jadis à Lacédémone, dit Aulu-Gelle, quand l'État adressait à ses généraux des dépêches secrètes qui devaient rester inintelligibles à l'ennemi au cas où elles seraient interceptées, on recourait à ce stratagème : on avait deux bâtons ronds, allongés, de même grosseur et de même longueur, polis et préparés de la même manière; l'un était remis au général à son départ pour l'armée, l'autre restait confié aux magistrats avec les tables de la loi et le sceau public. Quand on avait à écrire au général quelque chose de secret, on roulait sur ce cylindre une bande de médiocre largeur et de longueur suffisante, en manière de spirale; les anneaux de la bande ainsi roulés devaient être exactement appliqués et unis l'un à l'autre. Puis on traçait des caractères transversalement, les lignes allant de haut en bas. La bande ainsi chargée d'écriture était relevée du cylindre et envoyée au général au fait du stratagème ; après la séparation, elle n'offrait plus que des lettres tronquées et mutilées, des corps et des têtes de lettres, divisés et épars : aussi la dépêche pouvait tomber au pouvoir de l'ennemi sans qu'il lui fût possible d'en deviner le contenu. Quand elle était arrivée à sa destination, le général, qui connaissait le procédé, roulait la bande sur le cylindre pareil qu'il avait, depuis le commencement jusqu'à la fin. Les caractères, que ramenait au même point l'égalité de volume du cylindre, correspondaient de nouveau et présentaient l'ensemble d'une lettre complète et facile à lire.

A Athènes, le service militaire n'était obligatoire que pour les citoyens jouissant d'une certaine aisance. Les pauvres, les étrangers domiciliés et les esclaves étaient rarement admis dans les armées. Les dix tribus d'Athènes fournissaient chacune un général ou stratége, qui commandait l'armée à tour de rôle : système vicieux qui fit dire ironiquement à Philippe que les Athéniens étaient bien heureux de trouver chaque année dix hommes en état de commander, tandis que lui n'avait encore pu trouver que Parménion. Ces fréquents changements de direction militaire, si bien d'accord avec la démocratie inquiète et jalouse des Athéniens, faillirent plusieurs fois perdre la république, par l'absence de continuité dans le commandement et la direction de l'armée. Chacun des dix stratéges avait sous ses ordres dix taxiarques, chargés des détails du service. Des hérauts, dont la personne était sacrée, portaient aux généraux les ordres du commandant en chef de l'armée et les transmettaient aux officiers subalternes, par le moyen d'un corps de coureurs organisé à cet effet.

Quand une armée se mettait en campagne, elle emportait des vivres pour un nombre de jours déterminé, et le général devait ensuite veiller à ce qu'elle ne manquât de rien dans le pays qu'il lui faisait traverser. Au moment de la bataille les soldats entonnaient un hymne militaire. L'infanterie se composait d'hommes pesamment armés ou *hoplites* et de troupes légères qui se trouvaient derrière les grandes lignes et lançaient de là des flèches ou des pierres.

Un bas-relief archaïque découvert aux environs de Marathon et qui fait aujourd'hui partie du musée d'Athènes dans le temple de Thésée nous donne l'idée exacte du costume militaire des Athéniens au temps des guerres médiques (fig. 350). Nous avons moins de renseignements sur la cavalerie athénienne; on sait seulement qu'elle se composait, en général, des citoyens les plus riches.

De même que pour l'infanterie, il y avait dans toutes les armées grecques une cavalerie pesante et une cavalerie légère; mais à part la Thessalie qui avait la réputation de former d'excellents cavaliers, c'étaient presque partout les fantassins qui faisaient la principale force des armées grecques. Xénophon nous a fourni quelques renseignements sur la manière dont la cavalerie était armée.

« Nous croyons devoir marquer, dit Xénophon, comment il faut être armé pour faire la guerre à cheval. D'abord nous dirons que la cuirasse doit être faite à la taille : quand elle joint bien, c'est tout le corps qui la porte; mais lorsqu'elle est trop large, les épaules seules en sont chargées; trop étroite, c'est une prison, non pas une défense. Et comme les blessures du col sont dangereuses, nous dirons qu'il faut le défendre au moyen d'une pièce tenant à la cuirasse et de la même forme que le col; car, outre l'ornement qui en résultera, cette pièce, si elle est bien faite, couvrira quand on voudra le visage jusqu'au nez. Le casque de Béotie nous paraît le meilleur; car, s'unissant au collet, il couvre tout ce qui est au-dessus de la cuirasse et n'empêche point de voir. Que la cuirasse, au reste, soit faite de manière à n'empêcher ni de se baisser ni de s'asseoir. Pour couvrir les parties délicates, on aura des pennes (lames circulaires couchées les unes sur les autres comme une queue d'écrevisse) en nombre et en grandeur suffisante;

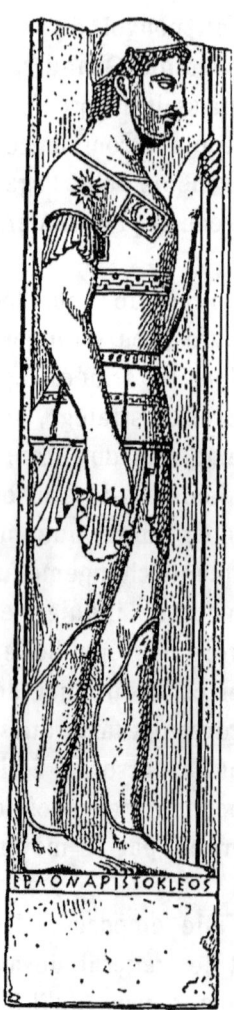

Fig. 350.

Soldat de Marathon.

et attendu qu'une blessure au bras gauche met le cavalier hors de combat, nous approuvons fort la défense qu'on a inventée pour cette partie et qu'on appelle brassard. Ce brassard couvre l'épaule, le bras, l'avant-bras et la main de la bride, s'étend et se plie à volonté, en même temps qu'il pare au défaut de la cuirasse sous l'aisselle. Soit pour lancer, soit pour frapper de près, il faut lever le bras droit : on ôtera donc de la cuirasse ce qui s'oppose à ce mouvement, et on le remplacera par des pennes à charnières qui puissent s'ôter et se remettre, et qui, dans l'action de lever le bras, se déploieront, dans celle de le baisser, se serreront. Cette pièce, qui se met autour du bras comme une bottine, doit être séparée plutôt que fixée à la cuirasse. La partie qui demeure à nu quand on lève le bras droit doit être couverte près de la cuirasse avec du cuir de veau ou du cuivre; autrement on serait sans défense dans l'endroit le plus dangereux. Comme le cavalier court un péril extrême quand son cheval est tué sous lui, le cheval aussi doit être armé d'un chanfrein (fig. 351), d'un poitrail et de garde-flancs qui, en même temps, serviront de garde-cuisses aux cavaliers; mais surtout que le ventre du cheval soit couvert avec le plus grand soin, car cette partie, où les blessures sont le plus à craindre, est outre cela une des plus faibles. On peut le couvrir avec la housse même. Il faudra que le siége soit construit de

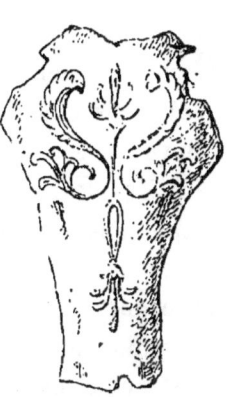

Fig. 351.
Chanfrein de cheval.

manière à donner au cavalier une assiette plus ferme, sans blesser le dos du cheval. Ainsi doivent être armées ces parties du corps de l'homme et du cheval; mais les garde-cuisses ne couvriront ni le pied ni la jambe de l'homme, qui seront bien défendus si l'on a des bottes du même cuir dont se font les semelles. Ces bottes servent en même temps de défense à la jambe et de chaussure.

« Pour se garantir des coups, avec l'aide des dieux, voilà les armes qu'il faut ; mais pour frapper l'ennemi, nous préférons le sabre à l'épée; car dans la position élevée du cavalier, le coup d'espadon vaudra mieux que le coup d'épée. La pique longue étant faible et embarrassante, nous approuvons davantage les deux javelots de cornouiller : on peut, sachant manier cette arme, en lancer d'abord un, et se servir de l'autre en avant, de côté et en arrière; ils sont, en un mot, plus forts et plus maniables que la pique. Darder le plus loin qu'on pourra, ce sera le mieux, à notre avis: car ainsi on a plus de temps pour se retourner et saisir le second javelot. Nous marquerons ici, en peu de mots, la meilleure manière de darder. En avançant la gauche, effaçant la droite et s'élevant des cuisses, si on lâche le fer de manière que la pointe soit un peu tournée en haut, le coup partira avec plus de violence, portera le plus loin possible et le plus juste aussi, pourvu qu'en lâchant le fer on ait soin que la pointe regarde toujours droit au but. Tout ceci soit dit pour l'instruction et l'exercice du cavalier. »

La grande puissance militaire des Athéniens était surtout fondée sur leur marine, dont l'entretien formait d'ailleurs la plus forte dépense de l'État. Nous avons déjà parlé des galères et nous avons montré plusieurs représentations de navires grecs (tome III, fig. 431 à 435), mais quand il s'agit des manœuvres d'une armée navale, on se trouve en face de grandes incertitudes, car les érudits invoquent souvent des textes qui font à leurs yeux autorité, mais que les marins repoussent comme étant contraires aux lois de la navigation. L'amiral Jurien de la Gravière, dans son livre sur la marine des anciens, s'exprime ainsi au sujet des flottes athéniennes : « Il est à regretter que Thucydide ne nous ait pas transmis des détails plus précis sur la construction des navires que la guerre du Péloponèse allait faire entrer en lice ; il aurait évité bien des veilles et bien des soucis à l'érudition moderne. Thucydide, par malheur, se borne à nous apprendre « qu'au « temps de la guerre de Troie, les flottes se composaient en majeure « partie de pentécontores ; que les tyrans de Sicile et les Corcyréens « possédèrent les premiers de nombreuses trières ; que les Athéniens « en construisirent à leur tour, sur les conseils de Thémistocle, dans « l'attente de l'invasion des barbares ». Plus propres au combat que les pentécontores, les trières de Salamine n'étaient cependant pas encore complétement pontées. Les trières qui prirent part à la guerre du Péloponèse se présentèrent au contraire sur l'arène pontées de bout en bout. Cent cinquante matelots composaient la chiourme, quelquefois mercenaire, le plus souvent nationale, de la galère grecque. De quelle façon, sur combien d'avirons avait-on distribué ces cent cinquante rameurs ? Thucydide et Xénophon n'en disent rien. J'oserais peut-être essayer d'interpréter respectueusement leur silence, si l'on voulait seulement me permettre de raisonner, en pareille matière, par analogie. Quand nous armons les chaloupes de nos vaisseaux de douze avirons de chaque bord, et que nous leur donnons un équipage de quarante-huit rameurs, nous vient-il jamais à la pensée d'ajouter qu'on devra placer quatre hommes sur chaque banc et deux hommes sur chaque rame ? Les galères subtiles destinées par les Génois aux voyages de Roumanie et de Syrie avaient à peu près deux fois la longueur de nos chaloupes. Elles portaient, outre cent soixante-seize rameurs, dix arbalétiers, quatre pilotes et un sénéchal. Je gagerais fort que ces navires à rames du moyen âge ne différaient pas beaucoup des trières de Thucydide.

« La trière nous embarrasse : que serait-ce donc s'il nous fallait expliquer, autrement que par le chiffre des rameurs affectés à chaque aviron, les noms de pentère, d'exère, d'heptère, d'ennère, de décère? L'histoire ne fait-elle pas mention d'édifices plus gigantesques encore, de vaisseaux à seize rangs, à quarante rangs de rames. La foi la plus robuste ici s'épouvante. Tout Paris viendrait nous affirmer que les bains de la Samaritaine sont partis en course avec quatre mille rameurs et trois mille soldats, que nous serions vraiment tenté de croire, quoique nous ne fassions certes pas profession de scepticisme, que tout Paris se trompe, et cependant ce n'est pas à de moindres prodiges qu'on voudrait, textes en main, nous contraindre de donner créance. »

Les Grecs ne paraissent pas avoir élevé après leurs victoires de monuments comme les arcs de triomphe des Romains; la colonne Serpentine pourtant est un édifice commémoratif, qui, par sa destination, fait songer aux monuments du même genre élevés à Rome pour glorifier les victoires de Trajan. Cette colonne, dont la dîme du butin pris sur les Perses après la bataille de Platées avait fait les frais, était à Delphes et fut transportée plus tard à Constantinople où en voit encore des restes. Elle se composait de trois serpents entrelacés, mais elle a surtout de l'importance par les inscriptions qu'on y a trouvées. M. Isambert en donne la description suivante, dans son guide en Orient :

« Les noms des peuples Grecs sont encore presque tous lisibles, depuis le treizième repli du serpent d'airain jusqu'au troisième (les deux premiers n'en montrent aucune trace). Cette inscription constitue un des ornements épigraphiques les plus importants de l'antiquité, puisqu'on y trouve le nom de trente et une cités grecques qui avaient combattu les Perses. C'est exactement le chiffre indiqué par Plutarque.

« Le monument présente aujourd'hui un aspect singulier. L'on dirait d'abord une colonne torse. Mais un examen plus attentif y fait reconnaître le corps des trois serpents plus mince dans le bas, grossissant jusqu'au quinzième tour, et diminuant à partir du vingt-quatrième. La mâchoire supérieure a été déposée au musée de Sainte-Irène et montre une imitation exacte de la réalité : la tête allongée et aplatie, la bosse au-dessous de l'œil, les dents aiguës et rangées en forme de scie, les narines. Selon Gylli, qui décrivit ce monument en 1532, les têtes étaient écartées largement en forme de triangle. Les gueules ouvertes étaient destinées à soutenir le trépied d'or. Le monument paraît avoir été fondu d'un seul jet, ouvrage qui montre combien cet art était avancé en Grèce en l'an 478 avant J.-C. »

Les Macédoniens. — La phalange macédonienne était un bataillon carré formé de dix corps. Chaque corps de 1,600 hommes, pesamment armés, présentait cent soldats de front, sur seize de profondeur. Ils étaient armés d'une très-longue pique appelée la sarisse. Les rangs étaient tellement pressés que les piques du cinquième rang dépassaient de trois pieds la première ligne. Les hommes étant très-serrés les uns contre les autres et toutes les piques s'avançant à la fois, les rangs étaient très-difficiles à rompre. La fuite des premiers rangs était rendue impossible, à cause des derniers qui avaient toujours la pique en avant, sans avoir égard à ceux qui les précédaient.

Polybe dit que tant que la phalange se maintenait dans son état naturel, rien ne pouvait lui résister de front ni soutenir la violence de son choc, mais il fait en même temps de cette manœuvre une critique assez sévère. « Pour tirer parti d'une phalange, dit-il, il est nécessaire de lui trouver un terrain plat, découvert, uni, sans fossés, sans fondrières, sans gorges, sans éminences, sans rivières. Or, il est très-rare de rencontrer un terrain de vingt stades ou plus qui n'offre quelqu'un de ces obstacles. Quel usage ferez-vous de votre phalange, si votre ennemi, au lieu de venir à vous dans ce terrain favorable, se répand dans le pays, ravage les villes et fait du dégât dans les terres de vos alliés? Ce corps restant dans le poste qui lui est avantageux, non seulement ne sera d'aucun secours à vos amis, mais il ne pourra se conserver lui-même. L'ennemi maître de la campagne, sans trouver personne qui lui résiste, lui enlèvera ses convois de quelque endroit qu'ils lui viennent. S'il quitte son poste pour entreprendre quelque chose, ses forces lui manquent et il devient le jouet des ennemis. »

Les Macédoniens ne paraissent pas d'ailleurs avoir porté des armes bien différentes de celles dont les Grecs s'étaient servis avant eux. Voici la description que Quinte-Curce nous a laissée de l'armure d'Alexandre :

« Alexandre se servait d'un petit bouclier reluisant; il avait sur son casque de grandes plumes blanches qui pendaient de part et d'autre, et il portait une brigandine faite de plusieurs doubles de toile piquée. Véritablement son casque, qui était un ouvrage de Théophile, n'était que de fer, mais il était si reluisant et si poli qu'on l'aurait pris pour de l'argent ; son hausse-col n'était aussi que de fer, mais il était diversifié de pierreries. Enfin, son épée était d'une trempe qui n'avait point de pareille ; et ce qui en augmentait le prix, elle était légère et facile à manier. Il mettait quelquefois par-dessus ses armes une sorte d'habit militaire, qu'on appelait en ce temps-là un sayon à la sicilienne. Mais il ne se servit de quelques-unes d'elles que quelque temps après ; car on trouva la brigandine dont nous venons de parler entre les dépouilles de la bataille qui fut donnée contre Darius auprès de la ville d'Issus ; le roi des Ciliciens lui fit présent de cette excellente épée ; et les Rhodiens de sa cotte d'armes, qu'Hélicon, fameux et célèbre entre les anciens ouvriers, avait faite avec un artifice incomparable. »

L'emploi des machines de guerre est un des caractères distinctifs de la période macédonienne.[1]

« Philippe, dit Polybe, lorsqu'il eut résolu d'attaquer Égine par les deux tours, fit placer devant chacune une tortue et un bélier. D'un bélier à l'autre vis-à-vis l'entre-deux des tours, on construisit une galerie parallèle à la muraille. A voir cet ouvrage on l'eut pris lui-même pour une muraille ; car les claies qu'on avait élevées sur les tortues formaient, par la manière dont elles étaient disposées, un édifice tout semblable à une tour ; et sur la galerie qui joignait les deux tours, on avait dressé d'autres claies où l'on avait pratiqué des créneaux. Au pied des tours étaient des travailleurs qui, avec des terres, aplanissaient les inégalités du chemin : là, étaient aussi ceux qui faisaient mouvoir le bélier. Au second étage, outre les catapultes, on avait porté de grands vaisseaux contenant de l'eau et les autres munitions nécessaires pour arrêter tout incendie. Enfin, dans le troisième, qui était d'égale hauteur avec les toits de la ville, était un grand nombre de soldats pour repousser ceux des assiégés qui auraient voulu s'opposer à l'effort du bélier. Depuis la galerie, qui était entre les deux tours, jusqu'au mur qui joignait celles de la ville, on creusa deux tranchées, où l'on dressa trois batteries de balistes, dont l'une jetait des pierres du poids d'un talent et les deux autres des pierres de trente mines. Et pour mettre à l'abri des traits des assiégés, tant ceux qui venaient de l'armée aux travaux, que ceux qui retournaient des travaux à l'armée, on conduisit des tranchées blindées depuis le camp jusqu'aux tortues. »

Une innovation fort curieuse est l'emploi dans les armées macédoniennes des éléphants, dont la conquête de l'Asie avait introduit l'usage sous Alexandre. Le rôle des éléphants dans les armées de l'antiquité est assez intéressant à étudier. Dans une bataille livrée entre Antiochus et Ptolémée, Polybe signale une différence sensible au point de vue de la guerre entre les éléphants de l'Inde et ceux de l'Afrique : « On se battit des tours, avec beaucoup de chaleur, les soldats combattant de près et se perçant les uns les autres de leurs piques. Mais ce qui fut le plus surprenant, ce fut de voir les éléphants même fondre de front les uns sur les autres, et se battre avec fureur. Car telle est la manière de combattre de ces animaux. Ils se prennent par les dents, et, sans changer de place, ils se poussent l'un l'autre de toutes leurs forces, jusqu'à ce que l'un des deux, plus fort, détourne la trompe de son antagoniste ; et dès qu'il lui a fait prêter le flanc, il le perce à coups de dents, comme les taureaux se percent avec les cornes. La plupart des éléphants de Ptolémée craignirent le combat, ce qui est assez ordinaire aux éléphants d'Afrique. Ils ne peuvent soutenir ni l'odeur ni le cri de ceux des Indes, ou plutôt je crois que c'est la grandeur et la force de ceux-ci qui les épouvantent et leur font prendre la fuite avant même qu'on les en approche. »

VI

LES ARMÉES ROMAINES

LA DÉCLARATION DE GUERRE. — LA LEVÉE DES HOMMES. ORGANISATION DE L'ARMÉE. — LES CAMPS. — LES MACHINES DE GUERRE. LA FLOTTE. — LE TRIOMPHE.

LA DÉCLARATION DE GUERRE. — Les Romains ne commençaient jamais une guerre sans l'avoir solennellement déclarée par l'intermédiaire de prêtres nommés *féciaux*. Ces prêtres faisaient l'office de hérauts et étaient revêtus du caractère sacré qu'ont toujours eu les ambassadeurs. Tite-Live rapporte ainsi le cérémonial qui s'accomplissait dans cette occasion :

« Le fécial, arrivé sur le territoire du peuple contre lequel on a des sujets de plainte, se couvre la tête d'un voile de laine. Il dit : « Entends-moi, Jupiter ; entends-moi, contrée (il nomme le peuple qui l'habite), et vous, religion sainte. Je suis l'envoyé du peuple romain.

Chargé d'une mission juste et pieuse, je viens la remplir; qu'on ajoute foi en mes paroles. » Alors il expose ses griefs. Puis, prenant Jupiter à témoin : « Si j'enfreins, dit-il, les lois de la justice et de la religion, en exigeant que tels hommes, que telles choses me soient livrés, moi, l'envoyé du peuple romain, ne permets pas, grand dieu, que je puisse jamais revoir ma patrie. » Voilà ce qu'il dit en mettant le pied sur le territoire. Il le répète au premier habitant qu'il rencontre ; il le répète aux portes de la ville, dans la place publique ; il le répète, à quelques changements près, dans la formule et dans le serment. Si on ne lui donne point ce qu'il demande, au bout de trente-trois jours, car ce nombre est solennellement prescrit, il fait la déclaration suivante : « Entends-moi, Jupiter, et toi Junon, Quirinus, vous tous, dieux du ciel, de la terre et des enfers, entendez-moi. Je vous prends à témoin que ce peuple (il le nomme) est injuste, et qu'il se refuse à d'équitables réclamations. Au reste, le sénat de ma patrie, légalement convoqué, avisera au moyen de les faire valoir. »

Le fécial revenait ensuite pour attendre la décision du sénat, et si la majorité votait pour la guerre, il était chargé d'en informer définitivement l'ennemi. « L'usage était alors, continue Tite-Live, que le fécial se transportât aux confins du territoire ennemi avec une javeline ferrée, ou avec un pieu durci au feu et ensanglanté. Là, en présence de trois jeunes gens au moins, il disait : Puisque ce peuple (il le nomme) s'est permis d'injustes agressions, que le peuple romain a ordonné la guerre contre ce peuple, que le sénat du peuple romain l'a proposée, décrétée, arrêtée, moi, au nom du peuple romain, je la déclare et je commence les hostilités. » En disant ces mots, il lançait sa javeline sur le territoire ennemi.

La levée des hommes. — Les Romains formaient un peuple essentiellement militaire. Tout citoyen âgé de seize à quarante-six ans était inscrit sur les contrôles de l'armée et pouvait être appelé chaque fois qu'on avait besoin de lui. Nul n'était admis à remplir une fonction publique s'il n'avait préalablement servi dans les armées. Dans l'origine, comme les citoyens étaient tenus de s'équiper eux-mêmes, l'armement n'était pas le même pour tous les combattants, qui étaient répartis en plusieurs classes, déterminées par la fortune personnelle. Tite-Live décrit ainsi le classement de l'armée romaine au commencement de la République :

« Tous ceux qui avaient cent mille as de revenu et au delà formèrent quatre-vingts centuries, la moitié de jeunes gens, l'autre d'hommes plus âgés. Ces quatre-vingts centuries composèrent la première classe. Les vieillards étaient destinés pour la garde de la ville, les jeunes gens pour faire la guerre au dehors. On leur prescrivit, pour armes défensives, le casque, le bouclier, la bottine, la cuirasse de cuivre, et pour armes offensives la lance et l'épée. On y joignit deux centuries d'ouvriers, qui n'étaient point armés et qui se chargeaient du transport des machines de guerre. La seconde classe était composée de ceux qui avaient depuis soixante-quinze mille as de revenu jusqu'à cent exclusivement. Elle comprenait vingt centuries, tant d'hommes faits que de jeunes gens; ils portaient l'écu au lieu du bouclier, et, à l'exception de la cuirasse qu'ils n'avaient pas, les autres armes étaient les mêmes. Le revenu fixé pour la troisième classe était de cinquante mille as; il y avait le même nombre de centuries, la même séparation pour les âges, enfin les mêmes armes : seulement on leur supprima les bottines. La quatrième classe, dont le revenu se bornait à vingt-cinq mille as, conserva le même nombre de centuries, mais les armes furent changées ; on ne leur donna que la lance et l'épée. Le nombre des centuries fut augmenté dans la cinquième classe : il y en avait trente. Ils n'avaient d'autres armes que la fronde et les pierres. On porta dans cette classe les accensi, les cors, les trompettes, distribués en trois centuries. Le revenu était fixé à onze mille as. Tous ceux qui en avaient un moindre furent réunis dans une seule centurie exempte du service militaire. »

On voit que les hommes absolument pauvres n'étaient pas astreints au service militaire, au moins pendant les premiers temps de la République. Il en était de même des affranchis et à plus forte raison des esclaves. Les riches ne cherchaient nullement à se soustraire au service militaire qu'ils considéraient au contraire comme un honneur et un privilége. Mais lorsqu'au lieu d'avoir à défendre ses foyers ou à combattre des ennemis qui étaient en même temps des voisins, on commença à faire des campagnes plus longues, parce qu'elles étaient plus lointaines, il fut nécessaire d'établir une solde pour l'armée. Cette solde, d'abord très minime, fut peu à peu augmentée, à cause de l'impossibilité où étaient des soldats laissés en garnison dans des villes lointaines de revenir cultiver leur champ ou exercer un métier quelconque pour subvenir à leur existence. A partir de Marius et des grandes guerres civiles, la composition de l'armée se modifia sensiblement. Les soldats se recrutèrent peu à peu parmi les habitants des provinces conquises.

LES ARMÉES ROMAINES.

A la fin de l'empire, les véritables Romains avaient complétement disparu des armées qui se composaient à peu près exclusivement d'auxiliaires barbares. L'organisation des légions était restée la même, mais l'ancien patriotisme avait disparu et les soldats n'étaient plus que des mercenaires vendant leurs services au chef qui leur offrait le plus d'avantages. Il est donc nécessaire, lorsqu'on veut étudier les institutions militaires des Romains, de ne tenir compte ni de la première période historique, pendant laquelle l'armée n'est pas encore constituée, ni de la dernière pendant laquelle son organisation se ressent nécessairement de la décomposition générale de l'empire.

En prenant possession de leurs charges, les consuls indiquaient le jour où tous les citoyens que leur âge appelait à faire partie de l'armée étaient tenus à se rendre au Capitole. On y faisait le dénombrement et chacun devait répondre à son nom, sous peine d'un châtiment sévère. Les consuls ont été quelquefois remplacés dans cette fonction par les tribuns militaires. Mais il ne faut pas confondre ces magistrats faisant fonction de consuls avec les tribuns de légions, officiers dont le rang répondait à peu près à celui de nos colonels. Polybe nous raconte ainsi la manière dont se faisait la répartition des soldats dans

Fig. 352.
Général romain en tenue de parade.

les légions. « Les tribuns, assis séparément, tirent les tribus au sort l'une après l'autre, et appellent à eux celle qui leur est échue; ensuite ils y choisissent quatre hommes égaux, autant qu'il est possible, en taille, en âge, et en force. Quand ceux-ci sont approchés, les tribuns de la première légion font leur choix les premiers; ceux de la seconde ensuite et ainsi des autres. Après ces quatre citoyens, il s'en approche quatre autres, et alors les tribuns de la seconde légion font leur choix les premiers; ceux de la troisième après; et ainsi de suite de sorte que les tribuns de la première légion choisissent les derniers. Quatre autres citoyens s'approchent encore, et alors le choix appartient d'abord aux tribuns de la troisième légion, et ainsi de suite, de sorte qu'il arrive en dernier aux tribuns de la seconde. Ce même ordre s'observe jusqu'à la fin; d'où il résulte que chaque légion est composée d'hommes du même âge et de même force. La levée ainsi faite, les tribuns assemblent chacune des légions, et, choisissant un des plus braves, ils lui font jurer qu'il obéira aux ordres des chefs et qu'il fera son possible pour les exécuter. Tous les autres passant à leur tour devant le tribun font le même serment. » Quand l'enrôlement était terminé et la légion constituée, chaque soldat prononçait le serment militaire qui était obligatoire pour tout le monde.

Fig. 353.
Général romain en petite tenue.

Sous l'empire, le souverain est de droit général en chef de toutes les armées, et si d'autres généraux répondent pour lui, c'est seulement en vertu d'une délégation temporaire et toujours révocable. L'empereur ne porte d'ailleurs aucun insigne de son pouvoir suprême et il ne se distingue en rien du général en chef, dont le costume est très nettement établi sur la figure 352. Encore est-ce là un costume de parade, car celui que le général en chef portait en campagne était, en général, beaucoup plus simple. La figure 353 représente l'empereur Trajan avec le vêtement qu'il portait dans sa campagne contre les Daces. L'empereur, qui reçoit une députation des Sarmates venant faire leur soumission, est simplement vêtu d'une tunique longue avec un petit manteau.

La cohorte prétorienne, fondée par Scipion l'Africain, était une sorte de garde d'honneur qui ne devait jamais quitter le général en chef. Primitivement elle ne comprenait que cinq ou six cents hommes qui avaient tous fait leurs preuves sur les champs de bataille; les prétoriens étaient exemptés des corvées et travaux du camp, et recevaient une paye plus forte que les autres soldats. Leur nombre fut augmenté pendant les guerres civiles et Auguste les logea à Rome où ils furent réunis dans un camp spécial. Leurs priviléges s'accrurent encore par la suite, et comme ils étaient attachés à la personne de l'empereur ils finirent par devenir une véritable puissance. Ce furent les prétoriens qui, après le meurtre de Caligula, portèrent Claude au pouvoir, et ce furent eux qui plus tard mirent l'empire à l'encan. Constantin, après sa victoire sur Maxence, abolit cette milice

Fig. 354. — La garde prétorienne. (D'après un bas-relief du Louvre.)

turbulente et détruisit son camp. La figure 354 montre des soldats de la garde prétorienne, d'après un bas-relief du Louvre.

Avant la bataille, il était d'usage que le général en chef, entouré de ses officiers, fît aux troupes une allocution pour enflammer leur courage. Pour être plus facilement aperçu, il montait sur un tertre, quand le terrain s'y prêtait, et quand le sol était plat on dressait une estrade sur laquelle il se plaçait pour faire sa harangue. Les auteurs anciens font tous mention de cet usage et les monuments montrent plusieurs représentations qui s'y rattachent. C'est ainsi que sur la colonne Antonine on voit l'empereur en train de faire une allocution. Il tient en

Fig. 355. — Allocution. (D'après un bas-relief de la colonne Antonine.)

main la lance et, recouvert de son manteau de campagne, il parle à ses soldats placés au bas de son estrade (fig. 355).

ORGANISATION DE L'ARMÉE. — L'armée romaine a été dès l'origine divisée en légions, mais le nombre des soldats qui composaient une légion a varié suivant les temps. Le nombre des légions a naturellement suivi la même progression que la puissance militaire de Rome. Malheureusement tout ce qui concerne Romulus et les premiers rois de Rome ressemble tellement à la légende, qu'il est impossible de rien affirmer sur ces époques reculées ; on ne peut consulter à cet égard que la tradition. D'après les récits les plus accrédités il n'y aurait eu d'abord à Rome qu'une seule légion composée de trois mille hommes. Après la réunion des Sabins, Rome aurait eu trois légions, comprenant chacune trois mille hommes d'infanterie. On raconte que Romulus, lorsqu'il conduisit sa troupe de pasteurs et d'aventuriers, leur donna pour signe de ralliement une botte de foin portée au haut d'une pique. Cet insigne servait pour une compagnie de cent

Fig. 356. — Aigle de la légion.

hommes, commandés par un centurion, qui avait sous ses ordres dix décurions, faisant les fonctions de sous-officiers : la compagnie ainsi formée prenait le nom de *manipule*, à cause de sa botte de foin (*fœni manipulus*). En réunissant dix *manipules*, on avait un corps de mille hommes, commandés par un tribun : il y avait ainsi trois tribuns dans la légion de trois mille hommes.

Pour la cavalerie, on prenait un homme sur dix fantassins. Chaque légion avait ainsi trois compagnies équestres. Au reste, les écrivains anciens n'ont rapporté que des traditions assez vagues sur cette période.

La légion comprit quatre mille hommes environ, à partir de Servius Tullius ; ce nombre fut élevé à cinq mille après la bataille de Cannes, et Marius le porta à six mille hommes, nombre qui a toujours été maintenu sous l'empire. Ainsi constituée, la légion comprenait dix *cohortes* de six cents hommes ; chaque *cohorte* se divisait en trois *mani-*

pules de deux cents hommes, chaque *manipule* en deux *centuries*, chaque *centurie* en dix *décuries*.

Le nombre des légions s'est augmenté avec la puissance romaine. Sous l'empire elles étaient ainsi distribuées : trois en Bretagne, seize sur les frontières du Rhin et du Danube, huit sur l'Euphrate, trois en Égypte, en Afrique et en Espagne. Mais ce nombre a varié et les légions ont souvent été employées à l'intérieur dans les discordes civiles.

L'étendard de la légion était primitivement un loup, en souvenir de Romulus. Sous Marius, on adopta un aigle d'argent, tenant le foudre

Fig. 357. — Enseignes militaires des Romains.
(D'après un bas-relief de la colonne Trajane.)

dans ses serres. L'aigle de la légion est représenté sur la figure 356. Au reste, il n'a pas toujours eu la même forme. Ainsi la figure 357, tirée de la colonne Trajane, nous montre un aigle posé sur un support en forme de chapiteau : c'est la troisième enseigne en partant du côté droit. Le porte-enseigne qui tenait l'aigle de la légion s'appelait *aquilifer*. Les trois étendards que l'on voit à gauche, très-rapprochés l'un de l'autre, sont ceux des *cohortes*. Ils sont pourvus d'une couronne murale qui n'existe pas dans la figure 358, mais dans celle-ci l'étendard est dans les mains de l'officier qui le porte. On y distingue deux médaillons représentant les empereurs Nerva et Trajan. Entre les médaillons est une petite plaque indiquant le numéro de la cohorte. Au-dessus des médaillons, l'aigle, entouré d'une couronne et fixé sur une barre ornée de rubans, est surmonté d'une plaque carrée sur laquelle est le dieu protecteur de la cohorte. Ce porte-enseigne a la tête coiffée d'une peau de bête : son vêtement consiste en une tunique et un pourpoint à bordures dentelées. Il porte son épée suspendue à la hanche droite.

La figure 359 montre un porte-enseigne de cohorte vu de dos. On y voit très-bien comment la peau de bête qui lui couvre la tête se lie autour du cou par les pattes et retombe ensuite jusqu'aux reins.

Le dragon est devenu, à partir de Trajan, l'enseigne des cohortes. C'était une sorte de drapeau militaire qui affectait la forme d'un serpent ou plutôt d'un dragon dont la gueule d'argent était entr'ouverte, tandis que le reste du corps était formé de peaux vides ou d'étoffes peintes. Le vent entrait dans la gueule du dragon et s'engouffrait dans les étoffes ou les peaux qu'il agitait en tous sens. Des emblèmes du même genre sont employés de nos jours par les Chinois et les Japonais. Ceux dont se servaient les Romains étaient empruntés aux barbares, et le dragon était en quelque sorte le drapeau caractéristique de ceux que Trajan a combattus. Sur la colonne Trajane on voit un chariot couvert de ces enseignes conquises sur l'ennemi (fig. 360).

Fig. 358.
Porte-enseigne.

L'étendard des manipules est tout différent. Le mot manipule vient de la petite botte de foin que les premiers Romains portaient au haut d'une perche et qui leur servait d'enseigne. Plus tard, le manipule, qui formait, comme nous l'avons dit, la troisième partie d'une cohorte, eut pour étendard une succession de patères superposées et surmontées d'une couronne encadrant une main. Les figures 361 à 363 montrent les trois étendards les plus employés dans les armées romaines.

La figure 364, tirée de la colonne Antonine, est un porte-enseigne : l'étendard qu'il porte est celui de la cavalerie. Son casque est pourvu d'une aigrette, ce qui semble indiquer un prétorien. La figure 365, tirée également de la colonne Antonine, représente un porte-enseigne à cheval : ce n'est pas un Romain, mais un auxiliaire germain, comme son costume l'indique.

L'étendard de la cavalerie (*vexillum*) était une pièce d'étoffe carrée attachée par le haut à une traverse horizontale. C'était l'enseigne spéciale de la cavalerie romaine, mais elle fut plus tard employée pour les troupes auxiliaires. La figure 366 montre le manche et la traverse de cet étendard, dont l'étoffe était frangée par le bas.

Les soldats romains se ralliaient au son du buccin, grande trompette recourbée que l'on voit sur un assez grand nombre de monuments et dont le son strident devait ressembler un peu à celui de notre cor de chasse. Le joueur de buccin, caractérisé par sa coiffure en tête d'ours, marchait derrière l'officier, comme le montre la figure 367, d'après un bas-relief de la colonne Trajane. Le buccin s'employait également dans la cavalerie. La figure 368, d'après un bas-relief de l'arc de Constantin, montre une charge de cavalerie au son du buccin.

La légion romaine constituait un corps complet renfermant toutes les armes : les troupes légères ou vélites combattaient en avant du front. Ensuite venaient successivement les *hastaires*, qui formaient la première ligne, les *princes* qui formaient la seconde, et les *triaires* qui formaient la troisième. Les triaires étaient composés de vieux soldats d'élite formant

Fig. 359.
Porte-enseigne.

Fig. 360. — Armes et enseignes conquises sur l'ennemi.

un corps de réserve ; quand les deux premières lignes étaient renversées, ils ramenaient souvent la victoire par leur inébranlable discipline.

Les hastaires et les princes se disposaient en pelotons ayant entre eux une distance égale à l'étendue de leur front : mais il y avait une distance double entre les pelotons des triaires, afin que quand les pelotons des premières lignes étaient renversés ou bousculés, les hommes qui les composaient pussent reformer aussitôt leurs rangs entre ces soldats aguerris et incapables de faiblesse. La cavalerie se

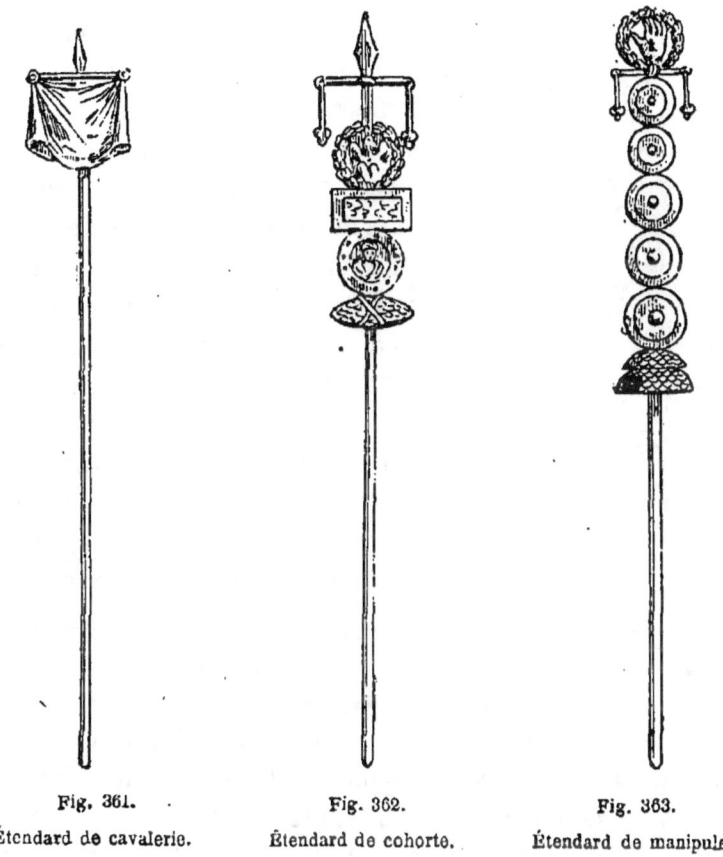

Fig. 361.
Étendard de cavalerie.

Fig. 362.
Étendard de cohorte.

Fig. 363.
Étendard de manipule.

plaçait habituellement sur les ailes; généralement elle se disposait en petits carrés de huit hommes de front sur autant en profondeur.

D'après ce qui précède on peut se faire une idée du choc d'une légion romaine. Les troupes légères commençaient en faisant voler une nuée de traits et aussitôt après elles s'écoulaient rapidement entre les pelotons de l'infanterie. Les trois lignes s'avançaient aussitôt au son des instruments et en accélérant le mouvement. Arrivés à vingt pas de l'ennemi, les hastaires lançaient le pilum, et se précipitaient en avant l'épée à la main. S'ils ne réussissaient pas à rompre au premier choc les rangs ennemis, ils se repliaient derrière les princes qui recommençaient la même manœuvre. Les triaires arrivaient ensuite et quand ils combattaient, les corps qui avaient donné le premier choc se trouvaient reformés en arrière. De cette façon l'ennemi était déjà fort ébranlé, lorsqu'il recevait le choc des triaires.

« Les hastaires, dit Polybe, plus avancés en âge que les vélites, ont ordre de porter l'armure complète, c'est-à-dire un bouclier convexe, large de deux pieds et demi et long de quatre pieds. Il est fait de deux planches collées l'une sur l'autre avec de la gélatine de taureau et couvertes en dehors, premièrement d'un linge, et par dessus d'un cuir de veau. Les bords de ce bouclier en haut et en bas sont garnis de fer pour recevoir les coups de taille, et pour empêcher qu'il ne se pourrisse contre terre. La partie convexe est encore couverte d'une plaque de fer, pour parer les coups violents, comme ceux des pierres, des sarisses et de tout autre trait envoyé avec une grande force. L'épée est une autre arme des hastaires, qui la portent sur la cuisse droite et l'appellent l'ibérique. Elle frappe d'estoc et de taille, parce que la lame en est forte. Ils portent outre cela deux javelots, un casque d'airain et des bottines. De ces javelots, les uns sont gros, les autres minces : les plus forts sont ronds ou carrés; les ronds ont quatre doigts de diamètre, et les carrés ont le diamètre d'un de leurs côtés; les minces ressemblent assez aux traits que les hastaires sont encore obligés de porter. La hampe de tous ces javelots, tant gros que minces, est à peu près de trois coudées; le fer, en forme de hameçon, qui y est attaché est de la même longueur que la hampe. Il avance jusqu'au milieu du bois et y est si bien cloué, qu'il ne peut s'en détacher sans se rompre, quoiqu'en bas et à l'endroit où il est joint avec le bois, il ait un doigt et demi d'épaisseur. Sur leur casque, ils portent encore un panache rouge ou noir formé de trois plumes droites, et hautes d'une coudée, ce qui, joint à leurs autres armes, les fait paraître une fois plus haut et leur donne un air grand et formidable. Les moindres soldats portent outre cela sur la poitrine une lame d'airain, qui a douze doigts de tous les côtés et qu'ils appellent le pectoral : c'est ainsi qu'ils

Fig. 364.
Soldat porte-enseigne.

complètent leur armure. Mais ceux qui sont riches de plus de dix mille drachmes, au lieu de ce plastron, portent une cotte de mailles. Les princes et les triaires sont armés de la même manière, excepté qu'au lieu de javelots ils ont des demi-javelots.

« Les vélites sont armés d'une épée, d'un javelot et d'une parme, espèce de bouclier fort et assez grand pour mettre un homme à couvert, car il est de figure ronde et il a trois pieds de diamètre. Ils ont

Fig. 365. — Porte-enseigne à cheval.

aussi sur la tête un casque sans crinière, qui cependant est quelquefois couvert de la peau d'un loup ou de quelque autre animal, tant pour les protéger que pour les distinguer, et faire reconnaître à leurs chefs ceux qui se sont signalés dans les combats. Leur javelot est un espèce de dard, dont le bois a ordinairement deux coudées de long et un doigt de grosseur. La pointe est longue d'une grande palme, et si effilée qu'au premier coup elle se fausse, de sorte que les ennemis ne peuvent la renvoyer. C'est ce qui la distingue des autres traits. »

A ces troupes légères se joignaient quelquefois les *accensi*, soldats auxiliaires qui étaient généralement assez mal armés, et que pour cette raison on reléguait plus souvent au dernier rang. La figure 369, tirée de la colonne Trajane, montre un de ces soldats auxiliaires qui tient dans les plis de sa tunique des balles de terre cuite, en même temps qu'il se sert de la fronde avec la main droite.

Tite-Live nous montre l'emploi de ces différentes troupes dans le récit suivant : « Cette bataille, dit Tite-Live, eut toutes les apparences d'une guerre civile, tant la ressemblance était parfaite entre l'armée romaine et l'armée latine. Les Romains s'étaient servis auparavant du bouclier; depuis qu'on eut établi une solde ils y substituèrent l'écu; et au lieu que leur ordre de bataille était le même d'abord que celui de la phalange macédonienne, ils admirent depuis la division par manipules ; le manipule ensuite était subdivisé en plusieurs compagnies, dont chacune était composée de soixante-deux soldats, d'un centurion et d'un porte-drapeau. Sur le champ de bataille, la première ligne était formée par les hastaires, composant dix manipules, laissant entre eux un petit intervalle. Dans chacun de ces manipules d'hastaires il y avait vingt hommes de troupes légères ; le reste était la grosse infanterie armée de l'écu. Les troupes légères avaient pour toutes armes une haste et quelques dards gaulois. C'était dans ce corps de hastaires, qui formaient toujours le front de la bataille, que l'on plaçait cette première fleur de la jeunesse romaine, tous ceux qui entraient dans la puberté militaire. Derrière les hastaires venaient en seconde ligne ceux qu'on appelait les princes, d'un âge plus robuste, partagés également en dix manipules, ayant tous l'écu et se faisant remarquer par la beauté de leurs armes : ces deux lignes d'hastaires et de princes s'appelaient les *antepilani*, parce qu'en effet ils étaient en avant d'un troisième corps, celui des triaires, composé de dix manipules aussi, mais chaque manipule de trois compagnies dont la première se nommait *pilani*. Chacun de ces manipules comprenait, sous trois drapeaux, cent quatre-vingt-six hommes. Sous le premier drapeau marchaient

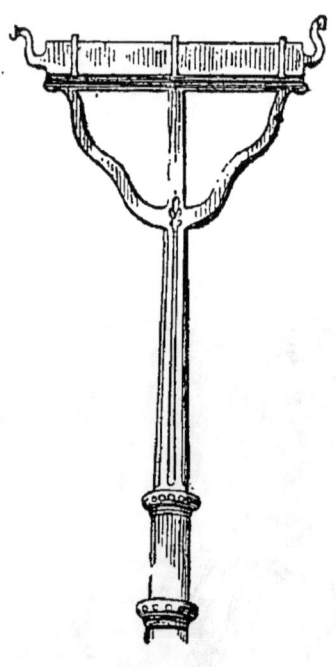

Fig. 366.
Manche du vexillum

les triaires, vieux soldats d'une valeur éprouvée; sous le second, les roraires, d'un âge moins avancé, ayant le moins de belles actions; et sous le troisième, enfin, les accensi, auxquels on avait le moins de confiance et qui, pour cette raison, étaient rejetés sur les derrières de l'armée, à l'extrémité de la ligne. Toutes les parties des légions qui composaient l'armée étaient rangées dans cet ordre; c'était toujours les hastaires qui, les premiers, engageaient l'action. S'ils ne pouvaient suffire à enfoncer l'ennemi, ils se retiraient à petits pas dans la ligne

Fig. 367. — Joueur de buccin.

des princes, qui, après avoir ouvert leurs rangs pour les y recevoir, prenaient immédiatement leur place; et alors les princes formaient la tête de la bataille; les hastaires n'étaient plus qu'en seconde ligne. Pendant ce temps, les triaires restaient sous leurs drapeaux, un genou en terre, la jambe gauche étendue en avant, leurs écus sur l'épaule, leur javeline enfoncée en terre, dont ils tenaient la pointe presque droite; et, dans cet état, ils présentaient l'aspect d'une armée retranchée derrière une haie de palissades. Si les princes ne réussissaient point encore dans leur attaque, ils reculaient insensiblement de la première ligne sur les triaires; et de là ce proverbe si usité, *qu'on en vient aux triaires,* lorsqu'on éprouve une crise alarmante. Les triaires se remettant sur pied, après avoir ouvert leurs rangs pour laisser passer les princes et les hastaires, les resserraient aussitôt comme pour fermer tous les passages ; et, formant une ligne pressée et continue, ils tombaient sur l'ennemi. Ce corps battu, il n'y avait plus d'espoir ; mais il manquait rarement d'imprimer une grande terreur à l'ennemi, qui, au moment où il croyait n'avoir que des vaincus à poursuivre, voyait se lever tout à coup une ligne de bataille, composée de troupes fraîches, plus forte

Fig. 368. — Combat. (Bas-relief tiré de l'arc de Constantin.)

que toutes les autres. On levait ordinairement quatre légions, d'environ cinq mille fantassins chacune, avec un corps de trois cents cavaliers qui y était attaché. On y joignait un nombre égal de troupes que fournissaient les Latins, qui étaient alors nos ennemis, et qui avaient exactement la même ordonnance de bataille ; en sorte que non seulement les corps entiers de triaires, de princes, d'hastaires, trouvaient chacun dans l'armée latine un corps correspondant, mais il n'y avait pas même un centurion qui, à moins que les rangs ne se confondissent dans la mêlée, ne sût précisément à quel centurion il aurait affaire dans l'autre armée. »

Toute cette organisation paraît avoir disparu vers la fin de la république, quand la division en cohortes remplaça les anciennes divisions de la légion. On cessa alors de distinguer les légionnaires en hastaires, princes, triaires et vélites.

Les figures 370 à 372, tirées de la colonne Trajane, représentent des soldats romains, auxquels est confiée la garde des postes d'observation placés sur les bords du fleuve. Ils sont vêtus d'un pourpoint à bordure dentelée, par-dessus lequel est jeté un manteau (sagum). Ils portent un pantalon collant, et ont pour armes une épée et un bouclier : ils devraient également avoir la lance (hasta), mais

Fig. 369. — Frondeur.

comme elle n'est pas dans leur main, on peut supposer qu'ils l'ont déposée dans la tour, et qu'ils la reprendront au premier signal, d'autant plus que quelques-uns sont sans casques.

Plusieurs monuments nous montrent aussi les costumes de la cavalerie. La figure 373, d'après une statue équestre, est intéressante parce qu'elle montre l'équipement d'un officier supérieur.

Cette figure, découverte à Herculanum, représente Marcus Balbus. L'armure de ce personnage est formée de deux pièces principales, celle de devant et celle de derrière; elles offrent une particularité dans la manière dont on les reliait l'une à l'autre. Le côté droit montre une série de charnières traversées par une tige mobile, de façon que les deux plaques pouvaient être écartées ou rapprochées assez promptement, lorsqu'on voulait mettre ou ôter l'armure : les boucles et les agrafes ne paraissent que du côté gauche. Ce genre de cuirasse est celle que portaient généralement les officiers supérieurs, et quand on la posait par terre, les deux pièces qui la composaient demeuraient unies et la cuirasse vide se tenait debout. Dans cette armure, l'abdomen, les cuisses et les épaules étaient protégés par des bandes de

Fig. 370. — Soldat romain.

cuir adaptées dans de petits trous pratiqués autour de la cuirasse.

Un cavalier romain est représenté sur la figure 374. Dans la colonne Trajane, d'où il est tiré, ce soldat fait partie d'un groupe de cavaliers qui repousse les Parthes envoyés au secours de l'ennemi.

Pour empêcher les manœuvres de la cavalerie ennemie on employait des chausses-trapes, boules de métal garnies de pointes, que l'on dissimulait dans l'herbe des prairies et qui blessaient à l'improviste les pieds des chevaux : la forme de cet engin explique d'ailleurs son usage (fig. 375).

« Les armes de la cavalerie, dit Polybe, sont à peu près les mêmes que celles des Grecs; mais anciennement les cavaliers n'avaient point de cuirasses, ils combattaient avec leurs simples vêtements : cela leur donnait beaucoup de facilité pour descendre promptement de cheval et pour y remonter de même. Comme ils étaient dénués d'armes défensives, ils couraient de grands risques dans la mêlée. D'ailleurs, leurs lances leur étaient fort inutiles pour deux raisons : la première, parce que, étant minces et branlantes, elles ne pouvaient être lancées juste, et qu'avant de frapper l'ennemi, la

Fig. 371.

Fig. 372.

Soldats romains.

plupart se brisaient par la seule agitation des chevaux. La seconde raison, c'est que ces lances n'étant point ferrées par le bout d'en bas, quand elles s'étaient rompues par le premier coup, le reste ne pouvait plus leur servir en rien. Leur bouclier était fait de cuir de bœuf et assez semblable à ces gâteaux ovales dont on se sert dans les sacrifices. Cette sorte de bouclier n'était d'aucune défense dans aucun cas, il n'était pas assez ferme pour résister, et il l'était encore beaucoup moins, lorsque les pluies l'avaient amolli et gâté. C'est pourquoi leur armure ayant bientôt déplu, ils la changèrent contre celle des Grecs. En effet, les lances de ceux-ci se tenant raides et fermes portent le premier coup juste et violent, et servent également par l'extrémité inférieure qui est ferrée. De même leurs boucliers sont toujours durs et fermes, soit pour se défendre, soit pour attaquer. Aussi les Romains préférèrent bientôt ces armes aux leurs, car c'est de tous les peuples

Fig. 373. — Officier à cheval.
(D'après une statue du musée de Naples.)

celui qui abandonne le plus facilement ses coutumes pour en prendre de meilleures.

« Après avoir pourvu à l'équipement et à la composition de l'infanterie, Servius forma douze centuries de chevaliers, tous pris parmi les citoyens les plus distingués. Il en ajouta six autres, qu'il attacha aux trois centuries de Romulus, sous les mêmes noms que celles-ci avaient reçus à leur inauguration. L'État fournit un fonds de dix mille as pour l'achat des chevaux; et pour leur nourriture on imposa sur les veuves une taxe annuelle de deux mille as. Toutes ces opérations soulagèrent le pauvre en faisant retomber toutes les charges sur les riches.

Fig. 374. — Cavalier romain.
(D'après un bas-relief de la colonne Trajane.)

« A l'égard de la cavalerie, les mouvements que Scipion croyait les plus utiles en tout temps et auxquels il fallait qu'elle s'exerçât étaient de faire tourner le cheval à gauche, puis à droite, ensuite de le faire reculer. Pour les manœuvres d'escadrons, il les instruisait à faire face en arrière par escadrons en une seule conversion et à revenir ensuite à leur première position, ou à faire des mouvements circulaires par deux conversions, et enfin aux mouvements circulaires

Fig. 375. — Chausse-trape.

par trois conversions, à se porter en avant au trot des ailes ou du centre, un ou deux pelotons ensemble, à revenir à leur poste sans se désunir et sans perdre leurs rangs, à se ranger à l'une ou l'autre aile. Il exerçait aussi ses troupes à se ranger en bataille, soit en intervertissant l'ordre des rangs, soit en les faisant placer les uns derrière les autres. Il les exerçait encore à avancer sur l'ennemi et à faire retraite de manière que même en courant on ne quittât pas ses rangs, et que le même intervalle se trouvât toujours entre les escadrons ; car rien n'est plus inutile et plus dangereux que de faire charger une cavalerie qui a rompu ses rangs. »

Des armées aussi considérables que celles des Romains devaient nécessairement emporter avec elles un matériel de guerre considérable. Les chariots consacrés à ces transports sont représentés sur plusieurs monuments. Sur la colonne Trajane, on voit un petit chariot à

Fig. 376. — Chariot à bagages.
(D'après un bas-relief de la colonne Trajane.)

deux roues traîné par deux bœufs et transportant deux petits tonneaux qui renferment probablement du vin ou des subsistances (fig. 376). Ces chariots, qui accompagnaient l'armée dans toutes ses marches, étaient toujours escortés par des soldats. Une autre espèce de chariot, qui, cette fois, est traîné par des chevaux, est représenté sur la colonne Antonine (fig. 377). Celui-ci ne porte pas des vivres, mais des boucliers et des armures. Il est également escorté par un soldat qui tient la bride des chevaux.

Indépendamment des équipages qui accompagnent toujours une armée en marche, chaque soldat portait avec lui les bagages qui lui étaient personnellement nécessaires. Ces bagages étaient reliés ensemble et fixés au bout d'un bâton comme le montre la figure 378. On remarquera la même disposition sur les soldats qui traversent un pont sur la figure suivante.

Fig. 377. — Chariot romain.
(D'après un bas-relief de la colonne Antonine.)

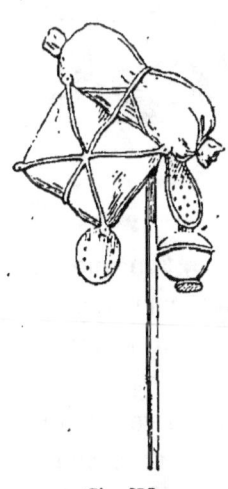

Fig. 378.
Bagages d'un soldat en marche.

Pour faire traverser à un corps d'armée une rivière considérable, on y jetait un pont de bateaux, comme on le voit sur la figure 379, qui est tirée de la colonne Antonine. On le construisait en attachant sur les deux rives du fleuve, l'un à côté de l'autre, autant de bateaux qu'il en fallait pour soutenir un chemin de planches allant d'un bord à l'autre.

Jules César fournit sur ce sujet quelques renseignements. « Voici sur quel plan il fit construire le pont; on joignait ensemble, à deux pieds d'intervalle, deux poutres d'un pied et demi d'équarrissage, un peu aiguisées par le bas, d'une hauteur proportionnée à celle du fleuve. Introduites dans l'eau à l'aide de machines, elles y étaient fichées et enfoncées à coups de masse, non dans une direction verticale, mais en suivant une ligne oblique et inclinée selon le fil de l'eau. En face et en descendant, à la distance de quarante pieds, on en plaçait deux autres, assemblées de la même manière et tournées contre la violence et l'effort du courant. Sur ces quatre poutres on en posait une de deux pieds d'équarrissage qui s'enclavait dans leur intervalle et était fixée à chaque bout par deux chevilles. Ces quatre pilotis, réunis par une traverse, offraient un ouvrage si solide, que plus la rapidité du courant était grande, plus elle consolidait cette construction. On jeta ensuite des solives d'une traverse à l'autre, et on couvrit le tout de fascines et de claies. De plus, des pieux obliquement fichés vers la partie inférieure du fleuve s'appuyaient contre les pilotis en forme de contre-forts et servaient à briser le courant. Enfin, d'autres

Fig. 379. — Passage d'un pont de bateaux.
(D'après un bas-relief de la colonne Antonine.)

pieux étaient placés en avant du pont, à peu de distance, afin que, si les barbares lançaient des troncs d'arbres ou des bateaux pour abattre ces constructions, elles fussent ainsi protégées contre ces tentatives et que le pont n'en eût point à souffrir. »

Les habitudes des Romains se modifièrent sensiblement vers la fin de l'empire, quand les armées furent presque complétement composées de barbares. Le costume des soldats se transforma également. Un soldat dalmate, sculpté sur un monument du musée de Bonn, porte un costume assez curieux qui s'arrondit en draperie devant les cuisses.

Son glaive du côté droit et son poignard du côté gauche sont suspendus à des ceintures ou baudriers qui lui entourent le corps : la main droite porte une lance, et la tête est dépourvue de casque (fig. 380).

Fig. 380. — Un guerrier sous la décadence.
(D'après une sculpture du musée de Bonn.)

La figure 381 montre un soldat de l'empire d'Orient et peut ainsi nous faire connaître la physionomie que pouvaient présenter les armées de Théodose ou d'Héraclius. Le bouclier est rond et d'une convexité très-prononcée. Ce guerrier, qui est probablement un officier, porte une longue chevelure, qui se bifurque au-dessus du front et retombe en boucles sur les épaules, tandis que les soldats romains portent toujours les cheveux courts.

On remarquera que ce costume est celui sous lequel on a représenté saint Michel, le chef de la milice céleste, pendant une grande partie du moyen âge. La raison en est que la plupart des monuments des premiers siècles de l'ère chrétienne sont dus à des artistes byzantins, qui naturellement attribuaient aux saints et aux

Fig. 381.
Costume guerrier sous l'empire d'Orient.

personnages célestes les costumes qu'ils avaient habituellement sous les yeux.

Le camp. — « Quand le temps de camper approche, dit Polybe, un tribun et quelques centurions prennent les devants. Après avoir examiné l'endroit où le camp doit être assis, ils commencent d'abord par choisir un terrain, pour la tente du conseil, et l'aspect ou le côté de ce terrain où l'on devra loger les légions. Cela fait, on mesure l'étendue de terrain que doit occuper le prétoire; ensuite, on tire la ligne sur laquelle se dresseront les tentes des tribuns, au côté opposé, une autre ligne pour le logement des légions, et enfin on prend les dimensions de l'autre côté du prétoire. Comme toutes les distances sont marquées et connues par un long usage, ces mesures sont prises en fort peu de temps; après quoi on plante le premier drapeau à l'endroit où sera logé le consul, le second au côté que l'on a choisi, le troisième au milieu de la ligne sur laquelle seront les tribuns, le quatrième au logement des légions. Ces drapeaux sont de couleur pourpre, celui du consul est blanc. Aux autres endroits, on fiche de simples piques ou des drapeaux d'autre couleur. Les rues se forment ensuite, et l'on plante des piques dans chacune; en sorte que quand les légions en marche approchent et commencent à découvrir le camp, elles en

Fig. 382. — Établissement d'un camp romain.

connaissent d'abord toutes les parties, le drapeau du consul leur servant à distinguer tout le reste; et comme d'ailleurs chacun occupe toujours la même place dans le camp, chacun sait aussi dans quelle rue et en quel endroit de cette rue il doit loger, à peu près comme si un corps de troupes entrait dans une ville où il aurait pris naissance. »

La figure 382 se rattache à l'établissement d'un camp romain; on y voit des soldats romains qui vont déposer leurs bagages; ils sont accompagnés de leurs chevaux.

Sur la figure 383, on voit charger des bagages sur le dos des mulets; c'est encore un sujet se rattachant à la formation des camps.

C'est à Polybe qu'il faut nécessairement recourir quand on veut connaître la disposition d'un camp romain ; quoique sa description soit un peu étendue nous n'avons pas cru devoir en rien retrancher. « Voici, dit-il, de quelle manière campaient les Romains : le lieu choisi pour y asseoir le camp, on dresse la tente du général dans l'endroit d'où il pourra le plus facilement voir tout ce qui se passe et envoyer ses ordres. On plante un drapeau où la tente doit être mise, et autour l'on mesure un espace carré, en sorte que les quatre côtés soient éloi-

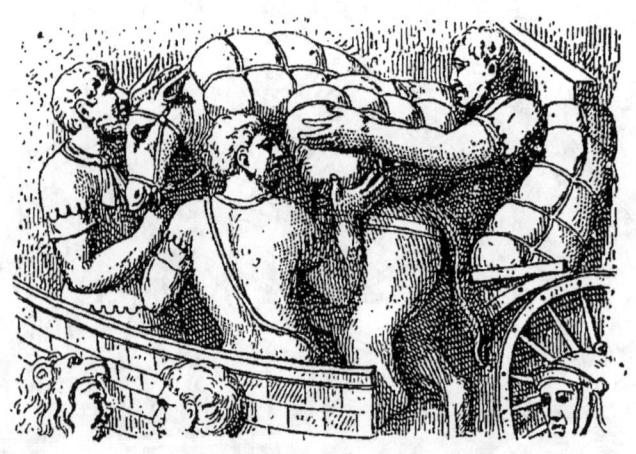

Fig. 383. — Chargement des bagages.

gnés du drapeau de cent pieds et que le terrain que le consul occupe soit de quatre arpents. On loge les légions romaines à l'un des côtés le plus commode pour aller chercher de l'eau et des fourrages. Pour chaque légion, il y a six tribuns, et il y a deux légions pour chaque consul; ils ont donc l'un et l'autre chacun douze tribuns, qui sont tous logés sur une ligne droite, parallèle au côté qu'on a choisi et distante de ce côté de cinquante pieds. C'est dans cet espace que sont les chevaux, les bêtes de charge et tout l'équipage des tribuns. Leurs tentes sont tournées de façon qu'elles ont derrière elles le prétoire (fig. 384 E), et devant, tout le reste du camp. C'est pourquoi nous appellerons désormais le front, cette ligne qui regarde le camp; les tentes des tribuns, également distinctes les unes des autres, remplissent en travers autant de terrain que les légions. On mesure ensuite un autre espace de cent pieds, le long des tentes des tribuns, et ayant tiré une ligne qui, parallèle à ces tentes, ferme la largeur du terrain, on commence à loger les légions.

« Pour cela on coupe perpendiculairement la ligne par le milieu; du point où elle est coupée on tire une ligne droite, et à vingt-cinq pieds de chaque côté de cette ligne on loge la cavalerie des deux légions vis-à-vis l'une de l'autre et séparées par un espace de cinquante pieds. Les tentes, soit de l'infanterie, soit de la cavalerie, sont disposées de la même manière, car les compagnies et les cohortes occupent un espace carré et sont tournées vers les rues : la longueur de cet espace est de cent pieds le long de la rue, et pour la largeur on fait en sorte ordinairement qu'elle soit égale à la longueur, excepté au logement des alliés. Quand les légions sont plus nombreuses, on augmente à proportion la longueur et la largeur du terrain. La cavalerie ainsi logée vers le milieu des tentes des tribuns, on pratique une sorte de rue qui commence à la ligne dont nous avons parlé, et à la place qui est devant les tentes des tribuns. Tout le camp est ainsi coupé en rues, parce que des deux côtés les cohortes sont rangées en longueur.

« Derrière la cavalerie sont logés les triaires, une compagnie derrière une cohorte, l'une et l'autre dans la même forme. Ils se touchent par le terrain, mais les triaires tournent le dos à la cavalerie, et chaque compagnie n'a de largeur que la moitié de sa longueur, parce que pour l'ordinaire ils sont moitié moins nombreux que les autres corps. Malgré cette inégalité de nombre, comme on diminue de la largeur, ils ne laissent pas d'occuper en longueur un espace égal aux autres.

« A cinquante pieds des triaires, vis-à-vis, on place les princes sur le bord de l'intervalle, ce qui fait une seconde rue, qui commence, aussi bien que celle de la cavalerie, à la ligne droite ou à l'espace de cent pieds qui sépare les tribuns et finit au côté que nous avons appelé le front du camp.

« Au dos des princes on met les hastaires qui, tournés à l'opposite, se touchent par le terrain, et comme chaque partie d'une légion est composée de dix compagnies, il arrive de là que toutes les rues sont également longues et qu'elles aboutissent toutes au côté qui est le front du camp, vers lequel sont aussi tournées les dernières compagnies.

« Les hastaires logés, à cinquante pieds d'eux et vis-à-vis campe la cavalerie des alliés, commençant à la même ligne et s'étendant jusqu'au même côté que les hastaires. Or, les alliés, après qu'on en a retranché les extraordinaires, sont en infanterie égaux en nombre aux légions romaines; mais, en cavalerie, ils sont le double plus nombreux, et on on ôte un tiers pour faire la cavalerie extraordinaire. On leur donne donc en largeur du terrain à proportion de leur nombre, mais en longueur, ils n'occupent pas plus d'espace que les légions romaines. Les quatre rues faites, derrière cette cavalerie se place l'infanterie des alliés, en donnant à leur terrain une largeur proportionnée, et se tournant du côté du retranchement de sorte qu'elle a vue sur les deux côtés du camp.

« A la tête de chaque compagnie sont, sur les deux côtés, les tentes des centurions. Dans la disposition tant de la cavalerie que de l'infanterie, on fait en sorte qu'entre la cinquième et sixième cohorte, il y ait une séparation de cinquante pieds, laquelle fait une nouvelle rue qui, traversant le camp, est parallèle aux tentes des tribuns. Cette rue s'appelle la Quintaine, parce qu'elle se trouve au-dessous de cinq cohortes. L'espace qui reste derrière les tentes des tribuns et aux deux côtés de la tente du consul, on en prend une partie pour le marché et l'autre pour le questeur et les munitions.

« A droite et à gauche, derrière la dernière tente des tribuns, près des côtés du camp et en ligne droite, est le logement de la cavalerie extraordinaire et des autres cavaliers volontaires. Toute cette cavalerie a vue, une partie sur la place du questeur et l'autre sur le marché. Elle ne campe pas seulement auprès des consuls, souvent elle les accompagne dans les marchés, en un mot elle est habituellement à portée du consul et du questeur pour exécuter ce qu'ils jugent à propos. Derrière ces cavaliers se loge l'infanterie extraordinaire et la volontaire. Ils ont vue sur le retranchement et font pour le consul et le questeur le même service que la cavalerie dont nous venons de parler

« Devant ces dernières troupes, on laisse un espace de cent pieds, parallèle aux tentes des tribuns, et qui, s'étendant sur les places du marché et du trésor, traverse toute l'étendue du camp. Au-dessous de cet espace est logée la cavalerie extraordinaire des alliés, ayant vue sur le marché, le prétoire et le trésor. Un chemin ou une rue large de cinquante pieds partage en deux le terrain de la cavalerie extraordinaire, descendant à angle droit depuis le côté qui ferme le derrière du camp jusqu'à l'espace dont nous parlions tout à l'heure et au terrain qu'occupe le prétoire. Enfin, derrière la cavalerie extraordinaire des alliés campe leur infanterie extraordinaire, tournée du côté du retranchement et des derrières du camp. Ce qui reste d'espace vide des deux côtés est destiné aux étrangers et aux alliés qui viennent au camp pour quelque occasion que ce soit. Toutes choses ainsi rangées, on voit que le camp forme une figure carrée et que, tant par le partage des terres que pour la disposition du reste, il ressemble beaucoup à une ville.

« Du retranchement aux tentes, il y a deux cents pieds de distance, et ce vide leur est d'un très-grand usage soit pour l'entrée, soit pour la sortie des légions, car chaque corps s'avance dans cet espace par la rue qu'il a devant lui, et les troupes ne marchant point par le même chemin ne courent pas risque de se renverser et de se fouler aux pieds. De plus on met là les bestiaux et tout ce qui se prend sur l'ennemi, et on y monte la garde pendant la nuit. Un autre avantage considérable, c'est que dans les attaques de nuit, il n'y a ni feu ni trait qui puisse être jeté jusqu'à eux, ou si cela arrive, ce n'est que très-rarement; et encore qu'en peuvent-ils souffrir, étant à une si grande distance et à couvert sous leurs tentes?

« Après le détail que nous avons donné du nombre des fantassins et des chevaux dans chaque légion, soit qu'elles soient de quatre ou cinq mille hommes; de la hauteur, longueur et largeur des cohortes, de l'intervalle qu'on laisse pour les rues et pour les places, il est aisé de concevoir l'étendue du terrain qu'occupe une armée romaine, et par conséquent toute la circonférence du camp.

« Si, dès l'entrée de la campagne, il s'assemble un plus grand nombre d'alliés qu'à l'ordinaire, ou que pour quelque raison, il en vienne de nouveaux pendant son cours, outre le terrain que nous avons marqué, on fait un logement à ceux-ci dans le voisinage du prétoire, dût-on pour cela, s'il était nécessaire, ne se servir que d'une place pour le marché ou pour le trésor. A l'égard de ceux qui ont joint d'abord l'armée romaine, des deux côtés du camp on leur fait une rue pour les loger à la suite des légions.

« S'il arrive que quatre légions et deux consuls se rencontrent en dedans du même retranchement, pour comprendre la manière dont ils sont campés, il ne faut que s'imaginer deux armées tournées l'une vers l'autre, et jointes par les côtés où les extraordinaires de l'une et l'autre armée sont placés, c'est-à-dire par la queue du camp; et alors le camp fait un carré long, qui occupe un terrain double du premier et qui a une fois et demie de plus de tour. Telle est la manière de se camper des consuls lorsqu'ils se joignent ensemble; toute la différence qu'il y a, c'est que le marché, le trésor et les tentes des consuls se mettent entre les deux camps. »

La figure 384 reproduit le plan consulaire d'un camp romain, d'après Polybe. L'encadrement noir indique le fossé avec le retranchement qui entoure le camp, dont la forme est rigoureusement carrée.

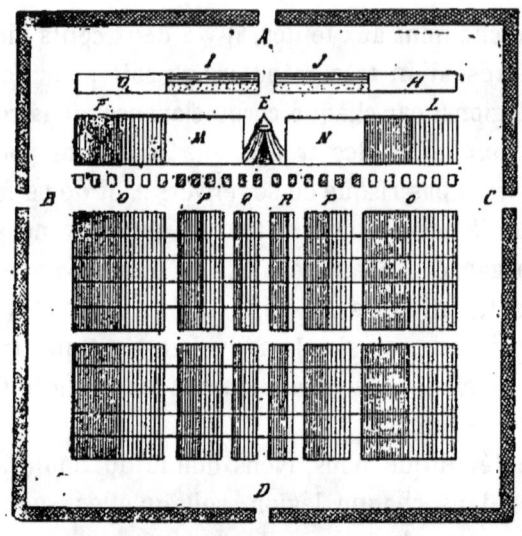

Fig. 384. — Camp romain.
(D'après la description de Polybe.)

Le haut de ce fossé était défendu par une forte enceinte de palissades. Chacun des quatre côtés du camp avait une entrée particulière marquée

Fig. 385. — Poste fortifié (d'après la colonne Trajane).

par A. B. C. D. sur le plan. Une grande rue latérale allant de B à C, et appelée voie principale sépare le camp en deux parties de grandeur inégale. Dans la plus petite, qui forme la partie supérieure du plan, on trouve le prétoire ou tente du général, E, en dessous de laquelle sont indiquées les tentes des tribuns romains et des généraux alliés, rangées en files le long de la voie principale. L'espace concédé au questeur et au commissariat placé sous ses ordres est indiqué en M, et la lettre N montre l'emplacement de la place du marché. Les autres

Fig. 386. — Bâtiment d'avant-poste.

lettres de la partie supérieure indiquent le lieu de campement de quelques troupes d'élite, romaines ou alliées, formant la garde consu-

Fig. 387. — Retranchement des Daces.

laire et autre. La partie inférieure du plan comprend les soldats des deux légions qui constituent le camp. Elles sont séparées par une rue centrale allant du prétoire à la porte D, et sont disposées de telle façon que les Romains occupent le centre et les alliés la partie extérieure.

Les tours que les Romains élevaient soit pour observer les mouvements de l'ennemi, soit comme fortifications dans les postes avancés, étaient quelquefois bâties en pierre de taille; elles étaient pourvues d'un toit pointu et entourées d'une palissade de pieux disposée circulairement autour de la construction. C'est ce que montre la figure 385, qui est tirée de la colonne Trajane. Il faut observer toutefois que cette tour, sculptée dans la partie la plus mince du bas-relief, et tout en bas de la spirale, a peut-être été raccourcie pour une nécessité de la sculpture; car les tours qu'on voit sur d'autres monuments sont généralement plus élevées.

La figure 386 représente un bâtiment d'avant-poste et sur la figure 387 on voit un retranchement des Daces posé sur une colline : c'est une muraille crénelée, sur laquelle on aperçoit des têtes de prisonniers romains fixées sur des lances, ainsi qu'un vexillum (drapeau de la cavalerie romaine). On voit aussi des constructions en bois élevées sur des pieux et le dragon qui semble dominer le tout. Ce dragon était l'enseigne des Daces : sa gueule est fixée sur une longue perche et son corps, formé d'étoffes bariolées et enflé par le vent, imite les mouvements du serpent.

« Lorsque le camp est établi, dit Polybe, les tribuns assemblés reçoivent le serment de tout ce qu'il y a d'hommes dans chaque légion tant libres qu'esclaves. Tous jurent l'un après l'autre et le serment qu'ils font consiste à promettre qu'ils ne voleront rien dans le camp, et que ce qu'ils trouveront ils le porteront aux tribuns. Ensuite, on commande deux cohortes tant des princes que des hastaires de chaque légion, pour garder le quartier des tribuns; comme pendant le jour, les Romains passent la plupart du temps dans cette place, on a soin d'y faire jeter de l'eau et de la tenir propre. Des cohortes qui restent (car nous avons vu que dans chaque légion il y avait six tribuns et vingt cohortes de princes et de hastaires), chaque tribun en tire trois au sort pour son usage particulier. Ces trois cohortes sont obligées, chacune à son tour, de dresser sa tente, d'aplanir le terrain d'alentour et de clore, s'il en est besoin, ses équipages de haies pour la plus grande sûreté. Elles font aussi la garde autour de lui. Cette garde est de quatre soldats, deux devant la tente et deux derrière près des chevaux. Comme chaque tribun a trois cohortes, et que chacune d'elles est de plus de cent hommes, sans compter les triaires et les vélites qui ne servent point, ce service n'est pas pénible, puisqu'il ne revient à chaque compagnie que de quatre en quatre jours. Cette garde est non-seulement chargée de faire toutes les fonctions auxquelles il plaît aux tribuns de l'employer; elle est destinée aussi à relever sa dignité et son autorité.

« Pour les triaires, exempts du service des tribuns, ils font la garde auprès des chevaux, quatre par cohorte chaque jour pour la compagnie qui est immédiatement derrière eux. Leur fonction est de veiller sur bien des choses, mais particulièrement sur les chevaux, de peur qu'ils ne s'embarrassent dans leurs liens, ou que, détachés ou mêlés parmi d'autres chevaux, ils ne causent du trouble et du mouvement dans le camp. De toutes les cohortes d'infanterie, il y en a toujours une qui à son tour garde la tente du consul, tant pour la sûreté de sa personne que pour l'ornement de sa dignité.

« Pour le fossé et le retranchement, c'est aux alliés à les faire aux deux côtés où ils sont logés ; les deux autres côtés sont pour les Romains, un pour chaque légion. Chaque côté se distribue par parties, selon le nombre des cohortes et à chacune il y a un centurion qui préside à l'ouvrage ; et quand tout le côté est fini, ce sont deux tribuns qui l'examinent et l'approuvent. Les tribuns sont encore chargés du soin de tout le reste du camp, où ils commandent deux tour à tour pendant deux des six mois que dure la campagne. Ceux à qui ce commandement échoit par le sort président à tout ce qui se fait dans le camp. Cette charge parmi les alliés est exercée par les préfets.

« Dès le point du jour, les cavaliers et les centurions se rendent aux tentes des tribuns, et ceux-ci à celle du consul, de qui ils apprennent ce qui doit se faire, et ils en font part aux cavaliers et aux centurions, qui le communiquent aux soldats quand l'occasion s'en présente.

« Le mot d'ordre de la nuit se donne de cette manière. Parmi les cohortes de la cavalerie et de l'infanterie qui ont leurs logements au dernier rang, on choisit un soldat que l'on exempte de toutes les gardes. Tous les jours au coucher du soleil, ce soldat se rend à la tente du tribun, y prend le mot d'ordre qui est une petite planche où l'on a écrit quelques mots, et s'en retourne à sa cohorte. Ensuite, prenant des témoins, il met la planche et le mot d'ordre entre les mains du chef de la cohorte suivante. Celui-ci le donne à celui qui le suit, et ainsi des autres, jusqu'à ce que le mot d'ordre passe aux cohortes qui sont les plus voisines des tribuns, auxquels il faut que ce signal soit reporté avant la fin du jour ; et c'est par ce moyen qu'ils savent que ce mot d'ordre a été donné à toutes les cohortes, et que c'est par elles qu'il leur est venu. S'il en manque quelqu'un, sur-le-champ il examine le fait, et voit par l'inscription quelle cohorte n'a point apporté le signal, et celui qui en est cause est aussitôt puni selon qu'il le mérite.

« Pour les gardes de la nuit, il y a une cohorte entière pour le général et le prétoire. Les tribuns et les chevaux sont gardés par les soldats que l'on tire pour cela de chaque cohorte, selon ce que nous avons dit plus haut. La garde de chaque cohorte se prend dans la cohorte même. Les autres gardes se distribuent au gré du général. Pour l'ordinaire, on en donne trois au questeur et trois à chacun des deux lieutenants. Les côtés extérieurs sont confiés au soin des vélites qui, pendant le jour, montent la garde tout le long du retranchement; car tel est leur service; et, de plus, il y en a dix pour chaque porte du camp.

« Des quatre qui sont tirés de chaque cohorte pour la garde, celui qui la doit monter le premier est conduit sur le soir par un officier subalterne au tribun, qui leur donne à tous une petite pièce de bois marquée de quelque caractère; après quoi ils s'en vont chacun à son poste.

« C'est la cavalerie qui fait les rondes. Dans chaque légion, le capitaine de la première compagnie avertit le matin un de ses officiers subalternes de donner ordre à quatre cavaliers de sa compagnie de faire la ronde avant le dîner. Sur le soir, il doit encore avertir le capitaine de la seconde compagnie de faire la ronde le jour suivant. Celui-ci averti donne le même avis pour le troisième jour et les autres de suite font la même chose. Là-dessus l'officier subalterne de la première compagnie en prend quatre cavaliers qui tirent au sort la garde. Ensuite ils se rendent à la tente du tribun, de qui ils apprennent par écrit quel corps et combien de gardes ils doivent visiter. Après quoi ces quatre cavaliers montent la garde à la première compagnie des triaires, dont le capitaine est chargé de sonner de la trompette à chaque heure que la garde doit être montée. Le signal donné, le cavalier à qui la première garde est échue en fait la ronde, accompagné de quelques amis, dont il se sert pour témoins; et il visite non-seulement les gardes postées au retranchement et aux portes, mais encore toutes celles qui sont à chaque cohorte et à chaque compagnie. S'il trouve la garde de la première veille sur pied et alerte, il reçoit d'elle la petite pièce de bois; s'il la rencontre endormie ou si quelqu'un y manque, il prend à témoin ceux qui sont près de lui et se retire. Toutes les autres rondes se font de la même manière. A chaque veille on sonne de la trompette. afin que ceux qui font la garde soient avertis en même temps; et c'est pendant le jour une des fonctions des capitaines de la première cohorte des triaires de chaque légion.

« Pour lever le camp, voici la manière dont les Romains s'y

prennent : le premier signal donné, on détend les tentes et on plie bagage, en commençant néanmoins par celles des consuls et des tribuns ; car il n'est pas permis de dresser et de détendre des tentes avant que celles-ci aient été dressées ou étendues. Au second signal, on met les bagages sur les bêtes de charge et au troisième signal les premières marchent et tout le camp s'ébranle. »

Les machines de guerre. — Les machines de jet étaient de trois espèces : les *catapultes* et les *scorpions* qui lançaient spécialement des traits, et les *ballistes* avec lesquelles on lançait des pierres. La catapulte, qui envoie de grosses flèches à des distances souvent considérables, est une machine composée d'un châssis de charpente à deux montants verticaux assemblés par deux traverses parallèles. Un écheveau de cordes de nerfs, faisant l'office de la corde d'un arc, est tendu à l'aide d'un moulinet mû par deux ou quatre hommes et lance le trait qu'un servant pointe tandis qu'un autre fait partir la détente. Le trait vole avec une vitesse double de celle des flèches ordinaires et porte beaucoup plus loin. Tout l'appareil, qui forme une sorte de batterie, repose sur une forte colonne de charpente que l'on peut faire pivoter pour tirer à droite ou à gauche. Le *scorpion* est une machine du même genre, mais beaucoup plus petite et par conséquent plus portative, et qui, au lieu d'envoyer un gros trait, lance une infinité de petits traits. Le rapport du scorpion avec la catapulte est donc à peu près le même que celui qui existe aujourd'hui entre la mitrailleuse et le canon de gros calibre.

La *balliste*, qui lance des pierres, est également mise en mouvement par un gros écheveau de nerfs. Un levier, maintenu verticalement par un crochet, s'abat horizontalement quand le crochet est défait par un coup de maillet et envoie le projectile dont la course décrit environ le quart d'un cercle. Des chariots attelés de mulets traînaient les catapultes toutes montées à la suite des cohortes, ainsi que les scorpions, mais pour les ballistes on employait des chariots plats traînés par des bœufs. Les engins envoyés par les machines de guerre pouvaient atteindre à six ou huit cents mètres de distance.

Les projectiles enflammés dont se servaient les anciens étaient de plusieurs sortes. César parle de boulets d'argile rougis au feu qu'on lançait avec la fronde et de dards enflammés qui incendiaient les huttes couvertes en paille. Il parle également de tonneaux de suif, de poix et de menu bois, que les défenseurs d'une ville assiégée faisaient rouler sur les travaux des assaillants, afin de les incendier. Un fragment de Polybe décrit une machine à lancer du feu qui était employée sur les vaisseaux rhodiens. « Des deux côtés de la proue, dit-il, à l'intérieur du bâtiment, sur la partie supérieure, deux ancres étaient placées l'une près de l'autre et fixées par des coins, de manière que leurs extrémités s'avançaient assez loin dans la mer; de la tête d'un de ces coins pendait, à l'aide d'une chaîne de fer, un vase portant une grande quantité de feu; de telle sorte qu'à chaque fois qu'approchait, soit vis-à-vis, soit sur les côtés, un vaisseau ennemi, on secouait sur lui ce feu qui ne pouvait endommager le bâtiment sur lequel il était placé, attendu que par l'inclinaison de la machine, il s'en trouvait fort éloigné. »

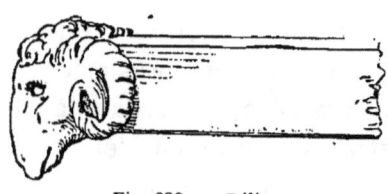

Fig. 388. — Bélier.

Le feu grégeois, qui a eu tant d'importance au moyen âge, ne

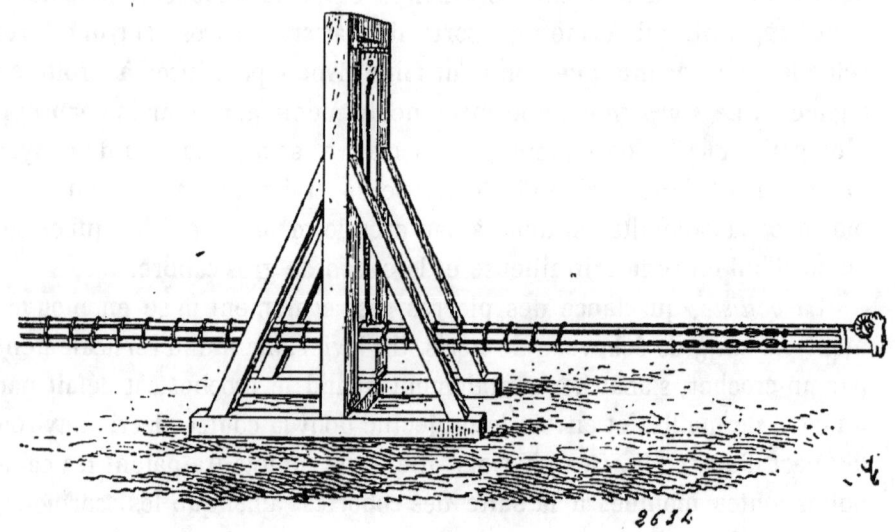

Fig. 389.

paraît pas avoir été employé avant le viie siècle de notre ère; il n'y a donc pas lieu de s'en occuper ici.

Le bélier était une puissante machine dont les anciens se servaient dans les siéges, à peu près dans les mêmes cas où nous employons aujourd'hui l'artillerie. Elle se composait d'une grosse poutre de bois, munie à l'extrémité d'une masse de fer en forme de tête de bélier (fig. 388) : quand on voulait pratiquer une brèche contre les murailles d'une place fortifiée, on poussait la poutre avec violence de manière que la tête du bélier allât heurter contre les pierres et les désagréger. Primitivement le bélier était porté par un grand nombre d'hommes qui n'avaient d'autres ressources que leurs bras pour le faire manœuvrer. C'est ainsi que les Daces l'emploient sur un bas-relief de la colonne Trajane. Plusieurs perfectionnements furent apportés dans l'emploi du bélier : le plus important consista à le suspendre à une poutre placée sur des montants : on le manœuvrait ainsi dans tous les sens avec beaucoup moins de fatigue corporelle et en même temps

Fig. 390. — Soldats serrant leurs boucliers.

avec beaucoup plus de force. Ensuite on imagina de le fixer sur un châssis monté sur des roues et on le couvrit de planches pour protéger les combattants contre les traits de l'ennemi.

La figure 389 nous montre un bélier en mouvement.

Comme toutes les villes assiégées étaient munies de fortes murailles crénelées et garnies de tours, l'assiégeant creusait devant la place une contrevallation renforcée aux angles de tours en charpentes, et s'il craignait l'arrivée d'une armée de secours, il traçait une circonvallation qui le protégeait lui-même, de manière à pouvoir jouer à la fois le rôle d'assiégé et d'assiégeant, comme le fit César au siège d'Alise. Les Romains élevaient en outre de grandes tours roulantes, construites en charpentes, et dont la hauteur dépassait quelquefois celle des tours qui défendaient la place. Ces tours, nommées *ambulatoires,* parce qu'on les changeait de place en les poussant le plus près possible des murailles ennemies, avaient généralement huit étages. Elles étaient garnies de soldats et revêtues à l'extérieur de peaux mouillées, qui les préservaient de l'incendie qu'auraient pu causer les projectiles enflammés lancés de la place. Les tours ambulatoires contenaient presque toujours un bélier, qui sapait le bas de la muraille, tandis que les archers et les frondeurs placés en haut s'efforçaient de dégarnir le rempart de ses défenseurs. En général, ce n'est qu'après plusieurs attaques réitérées qu'on pouvait donner l'assaut.

Un groupe de la colonne Antonine montre comment les soldats romains réunissaient leurs boucliers de manière à se préserver des projectiles que les assiégés pouvaient lancer sur eux. Il représente en effet des soldats se préparant à faire l'assaut d'une forteresse des Germains : on les voit s'avancer jusqu'au pied de la muraille, en élevant les boucliers au-dessus de leurs têtes et de leurs épaules (fig. 390). Ils sont très-rapprochés, de sorte que les boucliers non-seulement se touchent, mais se recouvrent mutuellement par leur bord ; leur réunion forme une masse compacte comme l'écaille d'une tortue ou la pente d'un toit et les projectiles glissaient dessus sans avoir blessé personne. Dans cette manœuvre une partie des soldats mettaient un genou en terre tandis que les autres se tenaient debout, de façon que l'inclinaison des boucliers rejetât promptement hors des rangs les projectiles qui tombaient.

L'historien Polybe, faisant le récit de l'attaque de Syracuse, que défendait Archimède, décrit ainsi les machines de guerre employées dans ce combat célèbre : « Lorsque Marcus Marcellus attaqua l'Achradine de Syracuse, sa flotte était composée de soixante galères à cinq rangs de rames, qui étaient remplies d'hommes armés d'arcs, de frondes et de javelots pour balayer les murailles. Il avait encore huit galères à cinq rangs de rames, d'un côté desquelles on avait ôté les bancs, aux unes à droite, aux autres à gauche, et que l'on avait jointes ensemble deux à deux par les côtés où il n'y avait plus de bancs. C'étaient ces galères qui, poussées par les rameurs du côté opposé à la ville, approchaient des murailles les machines appelées sambuques, et dont il faut expliquer la construction. C'est une échelle de la largeur de quatre pieds qui, étant dressée, est aussi haute que les murailles. Les deux côtés de cette échelle sont garnis de balustrades et de courroies de cuir qui règnent jusqu'à son sommet. On la couche en long sur les côtés des deux galères jointes ensemble, de sorte qu'elle passe de beaucoup les éperons; et au haut des mâts de ces galères, on attache des poulies et des cordes. Quand on doit se servir de cette machine, on attache les cordes à l'extrémité de la sambuque, et des hommes l'élèvent de dessus la poupe par le moyen des poulies : d'autres sur la proue aident aussi à l'élever avec des leviers. Ensuite, lorsque les galères ont été poussées à terre par les rameurs des deux côtés extérieurs, on applique ces machines à la muraille. Au haut de l'échelle est un petit plancher bordé de claies de trois côtés, sur lequel quatre hommes repoussent en combattant ceux qui des murailles empêchent qu'on applique la sambuque. Quand elle est appliquée et qu'ils sont arrivés sur la muraille, ils jettent bas les claies et, à droite et à gauche, ils se répandent dans les créneaux des murs et dans les tours. Le reste des troupes les suit sans crainte que la machine leur manque, parce qu'elle est fortement attachée avec des cordes aux deux galères. Or ce n'est pas sans raison que cette machine a été appelée sambuque; on lui a donné ce nom, parce que l'échelle étant dressée, elle forme avec le vaisseau un ensemble qui a l'air d'une sambuque.

« Tout étant préparé, les Romains se disposaient à attaquer les tours; mais Archimède avait aussi, de son côté, construit des machines propres à lancer des traits à quelque distance que ce fût. Les ennemis étaient encore loin de la ville qu'avec des ballistes et des catapultes plus grandes et plus fortement bandées, il les perçait de tant de traits qu'ils ne savaient comment les éviter. Quand les traits passaient au delà, il en avait de plus petites proportionnées à la distance, ce qui jetait une si grande confusion parmi les Romains, qu'ils ne pouvaient rien entreprendre, de sorte que Marcellus, ne sachant quel parti prendre, fut obligé de faire avancer sans bruit ses galères pendant la nuit. Mais quand elles furent vers la terre à portée du trait, Archimède inventa un autre stratagème contre ceux qui combattaient de dessus leurs vaisseaux. Il fit percer à hauteur d'homme et dans la muraille des trous nombreux et de la largeur de la main. Derrière ces meurtrières, il avait posté des archers et des arbalétriers qui, tirant sans cesse sur la flotte, rendaient inutiles tous les efforts des soldats romains. De cette manière, soit que les ennemis fussent près, soit qu'ils fussent loin, non-seulement il empêchait tous leurs projets de réussir, mais encore il en tuait un grand nombre. Et quand on commençait à dresser des sambuques, des machines disposées au dedans des murailles et que l'on n'apercevait pas la plupart du temps s'élevaient sur les forts et étendaient leurs becs bien loin en dehors de remparts. Les unes portaient des pierres qui ne pesaient pas moins de six cents livres, les autres des masses de plomb d'une égale pesanteur. Quand les sambuques s'approchaient, on tournait avec un câble les becs de ces machines où il était nécessaire, et par le moyen d'une poulie que l'on lâchait, on faisait tomber sur la sambuque une pierre, qui ne brisait pas seulement cette machine, mais encore le vaisseau, et jetait ceux qui s'y trouvaient dans un extrême péril.

« Il y avait encore d'autres machines qui lançaient sur les ennemis qui s'avançaient, couverts par des claies, des pierres d'une grosseur suffisante pour faire quitter la proue des navires à ceux qui y combattaient. Outre cela, on faisait tomber une main de fer attachée à une chaîne, avec laquelle celui qui dirigeait le bec de la machine comme le gouvernail d'un navire, ayant saisi la proue d'un vaisseau, abaissait l'autre bout du côté de la ville. Quand, soulevant la proue dans les airs, il avait dressé le vaisseau sur la poupe, alors liant le bras du levier pour le rendre immobile, il lâchait la chaîne par le moyen d'un moulinet ou d'une poulie. Il arrivait nécessairement alors que ces vaisseaux ou bien tombaient sur le côté, ou bien étaient entièrement culbutés ; et, la plupart du temps, la proue retombant de très-haut dans la mer, ils étaient submergés au grand effroi de ceux qu'ils portaient. Marcellus était dans un très-grand embarras ; tous ses projets étaient renversés par les inventions d'Archimède ; il faisait des pertes considérables, les assiégés se riaient de tous ses efforts. Cependant il ne laissait pas que de plaisanter sur les inventions du géomètre.

« Cet homme, disait-il, se sert de nos vaisseaux comme de cruches pour puiser de l'eau, et il chasse ignominieusement nos sambuques à coups de bâton, comme indignes de sa compagnie. »

LES SIGNAUX. — Les pays voisins des frontières où l'on pouvait redouter des incursions et les côtes de la Méditerranée étaient garnis de petites tours d'observation, qui s'échelonnaient de distance en distance, et qui autant que possible étaient placées sur de petites éminences. Les gardes qui veillaient dans ces tours étaient chargés de surveiller les environs et de transmettre les signaux. Une peinture de Pompéi montre une côte sur laquelle sont représentées plusieurs de ces tours d'observation (fig. 391).

La figure 392 montre une autre construction entourée d'une palissade carrée. Une balustrade en bois fait le tour du premier étage, et on voit à la fenêtre une longue torche allumée qui servait à faire des signaux aux troupes éloignées.

Un fragment de Polybe nous fournit de curieux renseignements sur les méthodes employées dans l'antiquité pour les signaux. « De toutes les inventions, dit Polybe, aucune n'est plus utile que les signaux par le feu. Que les choses viennent de se passer ou qu'elles se passent actuellement, on peut par ce moyen en instruire à trois ou quatre journées de là, et quelquefois même à une plus grande distance, de sorte qu'on est surpris de recevoir le secours dont on avait besoin. Autrefois, cette manière d'avertir était trop simple, et perdait par là beaucoup de son utilité. Car pour en faire usage, il fallait être convenu de différents signaux, et comme il y a une infinité de différentes affaires, la plupart

Fig. 391. — Tour d'observation.
(D'après une peinture de Pompéi.)

ne pouvaient se connaître par des fanaux. Il était aisé, par exemple, d'avertir ceux avec qui l'on en était convenu ; mais des événements qui arrivent sans qu'on s'y attende, et qui demandent qu'on tienne conseil sur-le-champ, et qu'on y apporte du remède, comme une révolte, une trahison, un meurtre ou autre chose semblable, ces sortes d'événements ne pouvaient s'annoncer par le moyen des fanaux. Car il n'est pas possible de convenir d'un signal pour des événements qu'il n'est pas possible de prévoir.

Énée, cet auteur dont nous avons un ouvrage de tactique, s'est efforcé de remédier à cet inconvénient, mais il s'en faut de beaucoup qu'il l'ait fait avec tout le succès qu'on aurait souhaité. On en va juger. Ceux, « dit-il, qui veulent s'informer mutuellement par des fanaux de ce qui se passe n'ont qu'à prendre des vases de terre également larges, profonds et percés en quelques endroits : ce sera assez qu'ils aient trois coudées de hauteur et une de largeur ; qu'ils prennent ensuite des morceaux de liége un peu plus petits que l'ouverture des vaisseaux, qu'ils fichent au milieu de ce liége un bâton distingué par quelque enveloppe fort apparente, et qu'ils écrivent sur chacune de ces enveloppes les choses qui arrivent le plus ordinairement pendant une guerre. Sur l'une, par exemple, « il est entré de la cavalerie ; » sur l'autre, « il est arrivé de l'infanterie ; » sur une troisième, de l'infanterie légère ; sur la suivante de l'infanterie et de la cavalerie. Sur une autre encore, des vaisseaux ; ensuite des vivres, et de même sur

Fig. 392. — Corps de garde sur la Drave.

toutes les autres enveloppes, tous les autres événements qu'ils pourront prévoir à juste titre devoir arriver, eu égard à la guerre qu'on aura à soutenir : que de part et d'autre on attache à ces vaisseaux de petits tuyaux d'une exacte égalité, en sorte qu'il ne s'écoule ni plus ni moins d'eau des uns que des autres, qu'on remplisse les vases d'eau, qu'on pose dessus les morceaux de liége avec leurs bâtons, et qu'ensuite on ouvre les tuyaux. Cela fait, il est clair que les vases étant égaux, le liége descendra et les bâtons s'enfonceront dans les vases à proportion que ceux-ci se videront ; qu'après avoir fait cet essai avec une égale promptitude et de concert, on porte les vaisseaux aux endroits où l'on doit donner et observer les signaux et qu'on y mette le liége, et à mesure qu'il arrivera quelqu'une de ces choses qui auront été écrites sur les bâtons, qu'on lève un fanal et qu'on le tienne élevé jusqu'à ce que, de l'autre côté, on en lève un autre; qu'alors on baisse le fanal et qu'on ouvre les tuyaux; quand l'enveloppe ou la chose dont on veut avertir est écrite et sera descendue au niveau des vases, qu'on lève le flambeau, et que de l'autre côté, sur-le-champ, on bouche les tuyaux et qu'on regarde ce qui est écrit sur la partie du bâton qui touche à l'ouverture du vaisseau; alors, si tout a été exécuté de part et d'autre avec la même promptitude, de part et d'autre on lira la même chose.

« Mais cette méthode, quoique un peu différente de celle qui employait, avec les fanaux, des signes dont on était convenu, ne paraît pas encore suffisante. Car on ne peut pas prévoir toutes les choses qui peuvent arriver, et quand on pourrait les prévoir, il ne serait pas possible de les marquer toutes sur un bâton.

« La dernière méthode a pour auteur Cléoxène et Démoclite, mais nous l'avons perfectionnée. Elle est certaine et soumise à des règles fixes; par son moyen on peut avertir de tout ce qui se passe. Elle demande seulement beaucoup de vigilance et d'attention, la voici : Que l'on prenne toutes les lettres de l'alphabet et qu'on en fasse cinq classes en mettant cinq lettres dans chacune. Il y en aura une qui n'aura que quatre lettres, mais cela est sans aucune conséquence pour le but que l'on se propose. Que ceux qui seront désignés pour donner et recevoir les signaux écrivent sur cinq tablettes ces cinq classes de lettres, et conviennent ensuite entre eux que celui qui devra donner le signal lèvera d'abord deux fanaux à la fois, et qu'il les tiendra levés jusqu'à ce que de l'autre côté on en ait aussi levé deux, afin que de part et d'autre on soit averti que l'on est prêt. Que les fanaux baissés, celui qui donnera le signal élèvera des fanaux par sa gauche pour faire connaître quelle tablette il doit regarder; en sorte que si c'est la première il n'en élève qu'un, si c'est la seconde il en élève deux et ainsi du reste, et qu'il fera de même par sa droite, pour marquer à celui qui reçoit le signal quelle lettre d'une tablette il faudra qu'il observe et qu'il écrive. Après ces conventions chacun s'étant mis à son poste, il faudra que les deux hommes chargés de donner les signaux aient chacun une lunette garnie de deux tuyaux, afin que celui qui les donne voie par l'un la droite, et par l'autre la gauche de celui qui doit lui répondre. Près de cette lunette, ces tablettes dont nous venons de parler doivent être fichées droites en terre, et qu'à droite et à gauche, on élève une palissade de dix pieds de largeur et environ de la hauteur d'un homme, afin que les fanaux élevés au-dessus donnent par leur lumière un signal indubitable, et qu'en les baissant elles se trouvent tout à fait cachées ; tout cet apprêt disposé avec soin de part et d'autre, supposé, par exemple, qu'on veuille annoncer que quelques auxiliaires, au nombre d'environ cent hommes, sont passés dans les rangs de l'ennemi, on choisira d'abord les mots qui expriment cela avec le moins de lettres qu'il sera possible, comme cent Krétois (Crétois) ont déserté, ce qui exprime la même chose avec moitié moins de lettres. On écrira donc cela sur une petite tablette, et ensuite on l'annoncera de cette manière. La première lettre est un K, qui est dans la seconde série des lettres de l'alphabet et sur la seconde tablette : on élèvera donc à gauche deux fanaux pour marquer à celui qui reçoit le signal que c'est la seconde tablette qu'il doit examiner, et à droite cinq qui lui feront connaître que c'est un K, la cinquième lettre de la seconde série qu'il doit écrire sur une petite tablette ; ensuite quatre à gauche pour désigner la lettre R, qui est dans la quatrième série, puis deux à droite pour l'avertir que cette lettre est la seconde de la quatrième série. Celui qui observe les signaux devra donc écrire une R sur sa tablette. Par cette méthode, il n'arrive rien qu'on ne puisse annoncer d'une manière fixe et déterminée. Si l'on y emploie plusieurs fanaux, c'est parce que chaque lettre demande d'être indiquée deux fois ; mais d'un autre côté, si l'on y apporte les précautions nécessaires, on en sera satisfait. L'une et l'autre méthode ont cela de commun qu'il faut s'y être exercé avant de s'en servir, afin que l'occasion se présentant, on soit en état, sans faire faute, de s'instruire réciproquement de ce qu'il importe de savoir. »

La flotte. — Pendant longtemps les Romains s'occupèrent fort peu de leur marine. Dans les premiers temps, ils n'avaient que des bateaux fort grossiers, semblables à ceux que portait le Tibre, et c'est seulement à partir des guerres puniques qu'ils sentirent la nécessité d'un armement naval. Les vaisseaux de guerre qu'ils construisirent alors ne se distinguaient des autres que par leur dimension qui était généralement plus grande. Les monuments, et notamment la colonne Trajane, en offrent plusieurs représentations. La proue, c'est-à-dire l'avant, est représentée sur la figure 393, et la poupe, c'est-à-dire l'arrière, sur la figure 394.

Dans la première, on voit sur le rivage un autel avec la flamme sacrée et un bœuf qui va être immolé. C'était, en effet, l'usage d'offrir un sacrifice au moment où une expédition navale se mettait en route.

La disposition générale d'un navire est très visible sur la figure 395, qui représente l'empereur Trajan quittant le port d'Ancône. On remarquera la cabine du commandant placée à la poupe du navire. C'est près de là qu'on mettait les drapeaux et enseignes militaires, ainsi que la lanterne destinée à éclairer le bâtiment. Mais ce qui distingue surtout les bâtiments destinés à la guerre, c'est le *rostrum* ou saillie en forme

Fig. 393. — Proue d'un navire romain.

de pointe qui forme l'avant d'un navire, et qui ici est décoré d'un œil.

On donne le nom de *rostrum* à une sorte d'éperon, qui faisait saillie sur la proue des bâtiments de guerre et se terminait par une pointe en bronze ou en fer. Dans la marine primitive c'était une simple poutre, dont l'extrémité était en métal et représentait habituellement la tête d'un animal : c'est dans ce genre qu'est le *rostrum* antique trouvé au fond du port de Gênes. Mais plus tard, le *rostrum* fut formé de plusieurs poutres en saillie, dont une dominant toutes les autres, et au lieu d'apparaître en saillie au-dessus de la ligne de flottaison, il fut placé plus bas, de manière à ouvrir une terrible voie d'eau au navire endommagé.

Les Romains se servaient aussi dans les armées navales d'une machine de guerre appelée corbeau, qui servait à l'abordage du vaisseau ennemi et dont Polybe donne la description suivante :

« Comme les vaisseaux romains étaient mal construits et d'une extrême pesanteur, quelqu'un suggéra l'idée de se servir de ce qui fut depuis ce temps appelé des corbeaux. Voici ce que c'était : Une pièce de bois ronde, longue de quatre aunes, grosse de trois palmes de diamètre, et autour, une échelle clouée à des planches de quatre pieds de largeur sur six aunes de longueur, dont on avait fait un plancher, percé au milieu d'un trou oblong, qui embrassait la pointe à deux aunes de

Fig. 394. — Poupe d'un navire romain.

l'échelle. Des deux côtés de l'échelle, sur la longueur, on avait attaché un garde-fou qui couvrait jusqu'aux genoux. Il y avait au bout du mât une espèce de pilon de fer pointu, au haut duquel était un anneau, de sorte que toute cette machine paraissait semblable à celles dont on se sert pour faire la farine. Dans cet anneau passait une corde avec laquelle, par le moyen de la poulie qui était au haut de la poutre, on élevait les cordages lorsque les vaisseaux s'approchaient et on les jetait sur les vaisseaux ennemis, tantôt du côté de la proue, tantôt sur les côtés, selon différentes rencontres. Quand les corbeaux accrochaient un navire, si les deux étaient joints par leurs côtés, les Romains sautaient dans le vaisseau ennemi d'un bout à l'autre; s'ils n'étaient joints que par la proue, ils avançaient deux à deux au travers du corbeau. Les premiers se défendaient avec leurs boucliers des coups qu'on leur portait par devant ; et les suivants, pour parer les coups portés de côté, appuyaient leurs boucliers sur le garde-fou. »

Fig. 395. — L'empereur Trajan quittant le port d'Ancône.

Outre les rameurs et les matelots chargés de la manœuvre, il y avait toujours, sur les navires romains, des soldats exercés à combattre

Fig. 396. — Trirème. (Temple de la Fortune.)

sur mer et qui répondaient à ce que sont aujourd'hui nos soldats de marine.

Les vaisseaux de guerre, lorsqu'ils étaient en route, ne marchaient qu'à la voile, et on n'employait la rame que pour la tactique. Dès que l'ennemi était signalé les matelots carguaient les voiles, et amenaient les antennes, en même temps que les soldats élevaient à la proue et à la poupe des tours de combat, dont on voit une représentation sur la figure 396. Ces tours s'emportaient démontées, parce que pendant le trajet, elles auraient gêné la manœuvre. Les soldats combattaient avec leurs armes ordinaires, mais les rameurs étaient généralement nus jusqu'à la ceinture, pour avoir plus de liberté dans leurs mouvements. En général, les flottes romaines ne s'écartaient guère des côtes qu'elles étaient chargées de défendre ou d'attaquer,

Fig. 397. — Vaisseau illyrien.

et c'est toujours à proximité du rivage que les engagements maritimes avaient lieu.

Après la bataille d'Actium on adopta dans la marine militaire une forme de navire analogue à celle des bâtiments que montaient les pirates illyriens (fig. 397). C'était un navire mince et allongé présentant une pointe à l'arrière comme à l'avant, et pouvant contenir quelquefois plusieurs bancs de rameurs. Le mât était placé au milieu du navire et on se servait de la voile levantine ou triangulaire, au lieu de la voile latine ou carrée qu'on employait pour les autres navires. Ces vaisseaux apparaissent quelquefois sur les médailles de Claude ou de Domitien.

LE TRIOMPHE. — Le triomphe, cérémonie purement romaine et dont on ne trouve pas l'analogue chez les autres peuples de l'antiquité,

Fig. 398. — Char de triomphe.

avait pour but avoué d'offrir un sacrifice d'actions de grâce à Jupiter Capitolin, mais le véritable but était de montrer au peuple toute la gloire qu'on avait acquise et tout le butin qu'on avait fait. Pour avoir droit aux honneurs du triomphe, il fallait avoir commandé en chef les armées romaines, remporté une grande victoire et tué au moins cinq mille ennemis dans une bataille rangée, avoir agrandi le territoire de la république et terminé la guerre sans avoir éprouvé de défaites. Celui qui avait obtenu le triomphe ne pouvait pas rentrer dans Rome avant la cérémonie, et le sénat qui décernait le triomphe devait se réunir dans un temple situé hors de l'enceinte de la ville, pour entendre le candidat et examiner ses droits. Le costume du triomphateur était une tunique bordée de palmes et une toge de pourpre à rosaces d'or, que l'on conservait dans le temple de Jupiter Capitolin. Il tenait à la main un sceptre d'ivoire surmonté d'un aigle et conservait à perpétuité le droit de porter en public une couronne de laurier.

Le triomphe était toujours accompagné d'un immense appareil militaire. Des poteaux placés le long du chemin triomphal portaient des écriteaux où étaient relatés les principaux faits d'armes de la campagne. Le butin était exposé sur des chariots et accompagné des prisonniers de guerre garrottés. Des couronnes d'or offertes par les villes alliées du peuple romain précédaient le char triomphal. Ce char, splendidement décoré, était tiré par quatre chevaux blancs, marchant de front et quelquefois par des éléphants. Les figures 398 et 399 montrent ces

Fig. 399. — Char de triomphe.

chars dans leur forme la plus habituelle. Mais cette forme n'était pas toujours la même. Aussi une médaille de Vespasien montre un char triomphal qui, au lieu de s'ouvrir par derrière comme les chars ordinaires, était complétement circulaire et fermé de tous les côtés : les panneaux extérieurs étaient décorés de sculptures en ivoire. Enfin, la figure 400 montre un char de triomphe de l'empire d'Orient.

Les clients et les amis du triomphateur, le sénat, les consuls et tous les grands magistrats suivaient à pied le char triomphal et les soldats venaient ensuite chantant leurs propres louanges qu'ils accompagnaient quelquefois de satires contre leur général. La pompe triomphale traversait le Champ de Mars, passait dans le Vélabre, dans le cirque Maxime, longeait le mont Palatin, prenait la voie Sacrée, traversait le Forum et montait au temple de Jupiter Capitolin. Là, le triomphateur présentait au dieu une branche de laurier et lui adressait une prière d'actions de grâces pour la république.

Les grands et sérieux triomphes ont été ceux de la république ; mais les plus pompeux ont été ceux de l'époque impériale. Sous l'empire, l'honneur du triomphe fut réservé à l'empereur seul, parce que les autres généraux commandaient seulement à titre de lieutenants et les empereurs se sont souvent fait décerner des triomphes peu mérités.

Un des plus célèbres triomphes de la période républicaine a été celui de Paul-Émile, après sa victoire sur Persée, roi de Macédoine. Plutarque en a laissé la description suivante : « On avait dressé dans les

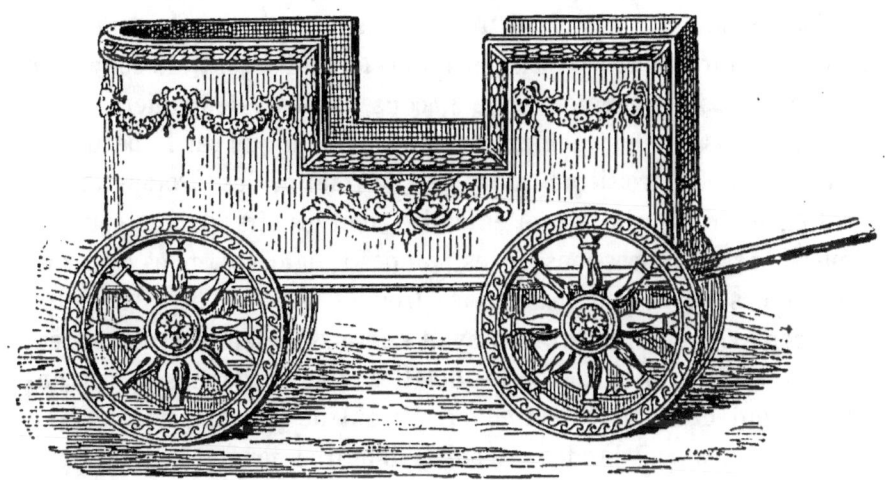

Fig. 400. — Char de triomphe. (Empire d'Orient.)

théâtres où se font les courses de chevaux et qu'on appelle cirques, dans les places publiques et dans tous les lieux de la ville d'où l'on pouvait voir la pompe, des échafauds, sur lesquels se placèrent les spectateurs, vêtus de robes blanches. On ouvrit les temples, on les couronna de festons, et on y brûla continuellement des parfums. Un grand nombre de licteurs et d'autres officiers publics, écartant ceux qui couraient sans ordre de côté et d'autre, ou qui se jetaient trop en avant, tenaient les rues libres et dégagées. La marche triomphale dura trois jours entiers; le premier suffit à peine à voir passer les statues, les tableaux et les figures colossales, qui, portés sur deux cent cinquante chariots, offraient un spectacle imposant. Le second jour, on vit passer également sur un grand nombre de chariots les armes les plus belles et les plus riches des Macédoniens, tant d'airain que d'acier et qui, nouvellement fourbies, jetaient le plus vif éclat. Quoique rassemblées avec beaucoup de soin et d'art, elles semblaient avoir été jetées au hasard par monceaux; c'étaient des casques sur des boucliers, des cuirasses sur des bottines, des pavois de Crète, des targes de Thrace, des carquois entassés pêle-mêle avec des mors et des brides; des épées nues et de longues piques sortaient de tous les côtés et présentaient leurs pointes menaçantes. Toutes ces armes étaient retenues par des liens un peu lâches, et le mouvement des chariots les faisant se froisser les unes contre les autres, elles rendaient un son aigu et effrayant; la vue seule des armes d'un peuple vaincu inspirait une sorte d'horreur. A la suite de ces chariots marchaient trois mille hommes, qui portaient l'argent monnayé dans sept cent cinquante vases, dont chacun contenait le poids de trois talents, et était soutenu par quatre hommes. D'autres étaient chargés de cratères d'argent, de coupes en forme de cornes, de gobelets et de flacons, disposés de manière à être bien vus, et aussi remarquables par leur grandeur que par la beauté de leur ciselure. Le troisième jour, dès le matin, les trompettes se mirent en marche; elles firent entendre, non les airs qu'on a coutume de jouer dans les processions et les pompes religieuses, mais ceux que les Romains sonnent pour exciter les troupes au combat. A leur suite étaient cent vingt taureaux qu'on avait engraissés, leurs cornes étaient dorées et leurs corps ornés de bandelettes et de guirlandes. Leurs conducteurs, qui devaient les immoler, étaient de jeunes garçons ceints de tabliers richement brodés, et suivis d'autres jeunes gens qui portaient les vases d'or et d'argent pour les sacrifices. On avait placé derrière eux ceux qui étaient chargés de l'or monnayé; il était distribué, comme la monnaie d'argent, dans des vases qui contenaient chacun trois talents (*seize mille six cent quatre-vingts francs*). Il y en avait soixante-dix-sept. Ils étaient suivis de ceux qui portaient la coupe sacrée d'or massif, du poids de dix talents (*environ deux cent soixante-un kilogrammes*), que Paul-Émile avait fait faire, et enrichie qui était de pierres précieuses. On portait à la suite les vases qu'on appelait antigonides, séleucides, thériclées, et toute la vaisselle d'or de Persée; on voyait ensuite le char de Persée et ses armes surmontées de son diadème.

« A peu de distance, marchaient ses enfants captifs, avec leurs gouverneurs, leurs précepteurs et leurs officiers, qui tous fondaient en larmes, tendaient les mains aux spectateurs, et montraient à ces enfants à intercéder auprès du peuple et à lui demander grâce. Il y avait deux garçons et une fille; leur âge tendre les empêchait de sentir toute la grandeur de leurs maux, et un si grand changement de fortune les rendait d'autant plus dignes de pitié, qu'ils y étaient moins sensibles. Peu s'en fallut même que Persée ne passât sans être remarqué, tant la compassion fixait les yeux des Romains sur ces tendres enfants et leur arrachait des larmes! Ce spectacle excitait un sentiment mêlé de plaisir et de douleur, qui ne cessa que lorsque cette troupe fut passée. Persée venait après ses enfants et leur suite; il était vêtu d'une robe noire et portait des pantoufles à la macédonienne; on voyait à son air que la grandeur de ses maux lui en faisait craindre de plus grands encore et lui avait troublé l'esprit. Il était suivi de la foule de ses amis et de ses courtisans, qui, marchant accablés de douleur, baignés de larmes, et les regards toujours fixés sur Persée, faisaient juger à tous les spectateurs que, peu sensibles à leur propre malheur, ils ne déploraient que l'infortune de leur prince. Après cette dernière troupe, on vit passer quatre cents couronnes d'or, que les villes avaient envoyées à Paul-Émile par des ambassadeurs, pour prix de sa victoire. Enfin paraissait le triomphateur, monté sur un char magnifiquement paré; mais il n'avait pas besoin de cette pompe majestueuse pour attirer tous les regards; vêtu d'une robe de pourpre brodée en or, il tenait dans sa main droite une branche d'olivier. Toute son armée en portait aussi et suivait son char, rangée par compagnies, chantant ou des chansons usitées dans ces sortes de pompes et mêlées de traits satiriques, ou des chants de victoire pour célébrer les exploits de Paul-Émile, qui, admiré et applaudi de tout le monde, ne voyait pas un seul homme de bien porter envie à sa gloire. »

L'arc de triomphe est un édifice dont le caractère revient en propre aux Romains, et rien de pareil n'a existé en Grèce. On croit trouver l'origine de cette classe de monuments dans l'habitude qu'avaient les Romains de faire, dans les rues où devait passer le triomphateur, des décorations provisoires où l'on suspendait les dépouilles des vaincus. En général les arcs de triomphe des Romains n'étaient pas, comme ceux des peuples modernes, des monuments élevés à la gloire militaire d'une nation et représentant par conséquent une idée générale. C'était en quelque sorte de l'architecture historique, et un arc triomphal devait consacrer par des représentations non équivoques le souvenir du triomphe particulier qui avait motivé son érection. De là un style spécial dans la décoration de ces monuments, qui devaient rappeler d'une manière symbolique ou réelle les nations vaincues, les villes prises, les rois captifs, que chacun devait être en mesure de reconnaître.

Pendant longtemps l'arc de triomphe n'a été qu'un arc plein cintre au-dessus duquel on plaçait la statue du triomphateur et les trophées de la victoire. C'est ainsi qu'on les voit représentés sur plusieurs médailles : ces constructions n'étaient le plus souvent que provisoires, et à part une colonne qui était placée de chaque côté de l'arcade, ils étaient à peu près nus. Plus tard, l'édifice forma un carré percé de trois arcades surmontées d'un attique assez élevé. Le triomphateur passait par l'arcade du milieu et, au moment de son passage, de petites figures ailées que faisait mouvoir un ressort posaient une couronne sur sa tête. C'est là, selon Quatremère de Quincy, l'origine de ces victoires ailées qui figurent sur les arcs de triomphe.

Fig. 401.
Couronne civique.

Fig. 402. — Guerrier romain décoré de phalères.

Ce sont ces monuments, qui n'étaient d'abord construits que provisoirement, qui ont servi de types aux arcs de triomphe qu'on a élevés ensuite. Il y en a encore d'une autre espèce qui présentent des arcs doubles. Mais ceux-ci n'avaient pas toujours de signification particulière et s'employaient surtout pour les portes des villes. Les deux arcades s'employaient pour l'entrée et la sortie. Les arcs de Titus, de Septime Sévère, de Constantin, à Rome, l'arc de Trajan, à Ancône et à Bénévent, et en France, l'arc d'Orange sont les plus célèbres monuments de ce genre qui nous aient été conservés.

Plusieurs espèces de couronnes honorifiques étaient également décernées comme récompenses au mérite militaire. La *couronne claustrale* ou *vallaire* était décernée au soldat qui, le premier, avait pénétré dans le camp ennemi, en franchissant la palissade; elle était garnie de pointes simulant la palissade. La *couronne civique* (fig. 401) était la récompense du légionnaire qui en avait sauvé un autre; la *couronne graminale* était donnée par les soldats au chef de légion qui les

Fig. 403. — Prisonnier Dace.

avait tirés d'un péril imminent; la *couronne murale* était donnée à celui qui, le premier, avait escaladé une muraille; la *couronne obsidionale*, considérée comme la plus importante, était la récompense d'un général ou d'un officier supérieur qui avait pu dégager une armée romaine bloquée par l'ennemi.

Outre les couronnes, les Romains honoraient le courage guerrier par des récompenses qui répondaient à peu près à la médaille militaire de l'armée française, ou la décoration de la Légion d'honneur. Il y en avait de plusieurs sortes : les soldats et officiers qui avaient fait quelque action d'éclat recevaient une phalère, ornement en pierre dure ou en métal précieux travaillé avec art et affectant généralement la forme d'un gros médaillon. On portait les phalères par-dessus l'armure : elles étaient suspendues sur la poitrine au moyen de buffleteries qui passaient devant la cuirasse. Plusieurs monuments représentent des soldats romains pourvus de cette espèce de décoration militaire (fig. 402). Dans une des vitrines du musée des antiquités au Louvre, on peut voir plusieurs de ces phalères très bien conservées.

Tout soldat romain qui avait fait prisonnier un soldat ennemi avait droit à une récompense spéciale. La figure 403 représente un prisonnier dace qu'un soldat romain amène devant l'empereur, et la figure 404 deux cavaliers barbares qui sont également conduits par

Fig. 404. — Prisonniers daces.

un soldat romain; celui-ci porte le *vexillum* qui est le drapeau de la cavalerie.

Outre les récompenses spéciales affectées à certains actes de courage, le butin pris sur l'ennemi entrait pour une forte part dans les avantages qu'un soldat pouvait tirer de sa profession.

L'histoire offre plus d'un exemple d'une armée victorieuse qui, pendant qu'elle se livre au pillage, est exposée à un retour offensif de l'ennemi, ou qui, après la bataille, se mutine à cause de l'inégalité des parts faites à chacun. Les généraux romains avaient prévu cela et Polybe nous apprend comment se fit le partage du butin après la prise de Carthagène. « Le lendemain, tout le butin qu'on avait fait, tant sur la garnison que sur les citoyens et les artisans, ayant été rassemblé sur la place publique, les tribuns le distribuèrent à leurs légions, selon l'usage établi chez les Romains. Or telle est la manière d'agir de ce peuple, lorsqu'ils prennent une ville d'assaut. Chaque jour, on tire des légions un certain nombre de soldats, selon que la ville est grande ou petite, mais jamais plus de la moitié. Les autres demeurent à leur poste, soit hors de la ville, soit au dedans, selon qu'il est besoin. Ces troupes se dispersent pour butiner et on porte ensuite ce que l'on a pris, chacun à sa légion. Le butin vendu à l'encan, les tribus en partagent le prix en parties égales, qui se donnent non seulement à ceux qui sont aux différents postes, mais encore à ceux qui ont été laissés à la garde du camp, aux malades et aux autres qui ont été détachés pour quelque mission que ce soit. »

Les ennemis des Romains. — Les petites peuplades qui habitaient

Fig. 405. — Guerrier étrusque.

Fig. 406. — Guerrier étrusque.

le Latium, et qui étaient dans le voisinage immédiat de Rome, ont été naturellement les premiers ennemis que Rome ait eu à combattre. Mais tout ce qui concerne l'époque des rois est tellement légendaire qu'il est impossible de rien préciser sur cette période. On peut du moins présumer que ces luttes devaient ressembler passablement à celles des héros grecs de la même époque. Il semble que la guerre ait consisté en luttes individuelles dont le fameux combat des Horaces et des Curiaces présente certainement le récit le plus curieux.

Mais c'est un duel plutôt qu'une bataille, et pour tout ce qui concerne l'organisation militaire des populations primitives de l'Italie, les textes fournissent en somme bien peu de renseignements. Néanmoins les Étrusques nous ont laissé, à défaut de documents écrits, quelques monuments qui, s'ils ne nous éclairent pas beaucoup sur les grandes

Fig. 407. — Cavaliers étrusques.

divisions d'une armée, et sur les manœuvres qu'on pouvait lui faire exécuter, nous montrent du moins l'équipement du guerrier et les armes qu'il avait à sa disposition.

Le soldat de style archaïque que montre la figure 405 porte un casque peu différent de celui des Grecs de l'âge héroïque ; il tient en main deux javelots et n'a pas de bouclier. La poitrine est entièrement préservée des coups de l'ennemi par une forte cuirasse, mais les jambes semblent tout à fait à découvert. Mais il n'en est pas de même de la très curieuse statuette représentée sur la figure 406, qui est pourvue de jambards, mais dont les pieds sont entièrement nus, particularité que l'on remarque assez fréquemment sur les monuments étrusques. Quant aux cavaliers étrusques représentés sur un bas-relief (figure 407), qui rappelle sous une forme plus barbare ceux de la grande cavalcade du Parthénon, ils sont remarquables par la coiffure et par la tunique serrée à la ceinture, mais ils fournissent en somme peu de renseignements sur l'armement des Étrusques.

Fig. 408. — Guerrier étrusque.

Le personnage représenté sur la figure 408 est probablement un chef plutôt qu'un simple soldat : c'est du moins ce qui paraît résulter de son équipement qui montre un certain luxe. La tête de ce guerrier est coiffée d'un casque surmonté d'un grand panache qui retombe jusqu'au milieu du dos, comme le montre la figure 409, qui représente le même guerrier vu de dos. Ce casque est garni d'ailerons pour protéger les oreilles. La poitrine est garantie par un corselet, serré par une ceinture et surmonté de deux épaulettes qui redescendent en pointe par devant. Sous ce corselet est une tunique courte, dont le bas est apparent sur le haut des cuisses. Des jambières, qui couvrent entièrement le genou et descendent jusqu'aux chevilles, enveloppent les membres

Fig. 409. — Guerrier étrusque.

inférieurs en laissant à découvert une partie du mollet. Ce guerrier porte un bouclier rond, analogue à ceux qu'on trouve chez tous les peuples de l'Italie primitive et qui est également la forme du bouclier romain des premiers âges.

Un vase peint du Louvre nous donne la représentation d'un guerrier samnite (fig. 410). Il a le corps protégé par une espèce de cuirasse, garnie d'une ceinture; un manteau court fixé sur le devant de la poitrine flotte sur ses épaules. Son casque est garni de plumes; il tient un javelot dans sa main droite et porte au bras gauche un bouclier. Les figures 411 à 414, d'après des peintures découvertes dans un tombeau de Pœstum, montrent également des guerriers de l'Italie méridionale.

« Les Samnites, dit Tite-Live, avaient imaginé de frapper les regards par l'éclat d'une nouvelle armure. Il y avait deux corps d'armée ; l'un avait ses boucliers ciselés en or, l'autre en argent. Le bouclier avait une forme particulière : plus évasé vers l'endroit qui couvre les épaules et la poitrine, il offrait dans toute sa partie supérieure une largeur

Fig. 410. — Guerrier samnite.

égale, tandis que vers le bas il s'amincissait en coin pour être plus maniable; la poitrine était garantie par une cotte de mailles tissue en éponge et la jambe gauche par une bottine de fer; les casques étaient rehaussés par un panache, qui donnait à la taille un air gigantesque. L'uniforme du corps aux boucliers dorés était bigarré de différentes couleurs; celui du corps aux boucliers d'argent était blanc. Ceux-ci formaient l'aile droite, les autres l'aile gauche. »

Un cavalier samnite est représenté sur la figure 415, d'après une peinture de vase. Son costume ne diffère pas beaucoup de celui des fantassins : le cheval n'a pas de selle ni le coussinet ou le tapis qui la remplace habituellement dans la cavalerie antique.

Si la lutte contre les Samnites a établi la prédominance des Romains en Italie, ce sont les guerres puniques qui marquent l'avènement de leur grande puissance.

Carthage entretenait, surtout à l'époque des guerres puniques, des armées considérables. Elles se composaient en grande partie de soldats mercenaires levés en différents pays. Cependant il y avait toujours dans une armée un corps spécial formé de Carthaginois, mais il était peu nombreux, et il semble avoir été destiné plutôt à former des officiers

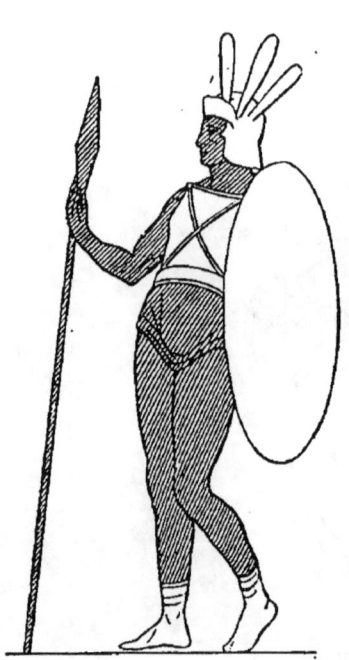

Fig. 411. — Guerrier samnite.

Fig. 412. — Guerrier samnite.

capables de commander qu'à constituer un véritable corps d'armée. Ainsi dans un ensemble de soixante-six mille hommes, il n'y en avait pas, suivant Diodore de Sicile, plus de deux mille cinq cents qui fussent de Sicile. Les peuples tributaires d'Afrique formaient la plus grande partie du contingent. Il y avait aussi un assez grand nombre de Gaulois et d'Espagnols : ceux-ci formaient habituellement la grosse infanterie, car les Africains étaient plutôt cavaliers. Les frondeurs des Baléares formaient un corps très-redouté.

Les Grecs, les Campaniens et les Liguriens figuraient aussi en assez grand nombre dans les armées carthaginoises. Quelques statuettes d'un travail très-grossier, découvertes dans la Campanie et la Grande-Grèce, passent pour représenter des soldats au service de Carthage. Telles sont les deux figurines en bronze trouvées près de Capoue, que reproduisent les figures 416 et 417. Ces deux cavaliers campaniens portent une coiffure en forme de capuchon, une tunique fermée par une large ceinture et un pantalon collant à carreaux avec des genouillères. Une autre statuette en bronze trouvée près de Grumentum, en

Fig. 413. — Porte-drapeau étrusque ou samnite.

Fig. 414. — Guerrier samnite.
(D'après une peinture de Pœstum.)

Lucanie, représente un cavalier qui en porte un autre en croupe. On attribue également à ce groupe une origine carthaginoise, sans toutefois qu'il y ait beaucoup de preuves à l'appui; le travail en est extrêmement grossier et rappelle les images phéniciennes de l'île de Sardaigne (fig. 418).

Les cavaliers numides, qui sont probablement les ancêtres de nos Kabyles d'Afrique, étaient très-redoutés des Romains. « Quand nos cohortes se détachaient, dit J. César (Guerre civile), les Numides évitaient leur choc par la fuite, puis, revenant les envelopper dans leur mouvement de retraite, les empêchaient de rejoindre l'armée. Ainsi elles ne pouvaient, sans péril, ni garder leur poste et leur rang, ni se porter en avant et tenter les hasards. L'armée ennemie, à laquelle le roi ne cessait d'envoyer des renforts, grossissait à tout moment; les nôtres tombaient de lassitude; les blessés ne pouvaient ni se retirer du combat, ni être transportés en lieu sûr, à cause de la cavalerie numide qui nous enveloppait de toutes parts. » Ces Numides si redoutés des Romains formaient en grande partie la cavalerie légère de l'armée carthaginoise.

Les éléphants guidés par les Éthiopiens formaient aussi un appoint

Fig. 415. — Cavalier samnite.

important de l'armée carthaginoise; mais dans les guerres lointaines ils sont souvent cause de sérieux embarras pour la difficulté du transport.

Polybe raconte la manière qu'employa Annibal pour faire passer le Rhône à ses éléphants : « Après avoir fait plusieurs radeaux, d'abord on en joignit deux l'un à l'autre, qui faisaient ensemble cinquante pieds de largeur et on les mit au bord de l'eau où ils étaient retenus avec force et arrêtés à terre. Au bout, qui était hors de l'eau, on en attacha deux autres, et l'on poussa cette espèce de pont sur la rivière. Il était à craindre que la rapidité du fleuve n'emportât tout l'ouvrage. Pour prévenir ce malheur, on retint le côté exposé au courant par des cordes

Fig. 416. — Cavalier campanien.

attachées aux arbres qui bordaient le rivage. Quand on eut porté ces

Fig. 417. — Cavalier campanien.

radeaux à la longueur d'environ deux cents pieds, on en construisit deux autres beaucoup plus grands que l'on joignit aux derniers. Ces deux furent liés fortement l'un à l'autre; mais ils ne le furent pas tellement aux plus petits qu'il ne fût aisé de les détacher. On avait encore attaché beaucoup de cordes aux petits radeaux, par le moyen desquelles les nacelles destinées à les remorquer pussent les affermir contre l'impétuosité de l'eau et les amener jusqu'au bord avec les éléphants. Les deux grands radeaux furent ensuite couverts de tertre et de gazon, afin que ce pont fût semblable en tout au chemin qu'avaient à faire

Fig. 418. — Cavaliers carthaginois.

les éléphants pour en approcher. Sur terre ces animaux s'étaient toujours laissé manier par leurs conducteurs; mais ils n'avaient pas encore osé mettre les pieds dans l'eau. Pour les y faire entrer, on mit à leur tête deux éléphants femelles, qu'ils suivaient sans hésiter. Ils arrivent sur les derniers radeaux, on coupe les cordes qui tenaient ceux-ci attachés aux deux plus grands; les nacelles remorquent et emportent bientôt les éléphants loin des radeaux qui étaient couverts de terre. D'abord ces animaux, effrayés, inquiets, allèrent et vinrent de côté et d'autre. Mais l'eau dont ils se voyaient environnés leur fit peur et les retint en place. C'est ainsi qu'Annibal, en joignant des radeaux deux à deux, trouva le secret de faire passer le Rhône à la plupart de ses éléphants. Je dis à la plupart, car ils ne passèrent pas tous de la même manière. Il y en eut qui, au milieu du trajet, tombèrent de frayeur dans la rivière. Mais leur chute ne fut funeste qu'aux conducteurs. Pour eux la force et la longueur de leurs trompes les tira du danger. En élevant ces trompes au-dessus de l'eau, ils respiraient et éloignaient tout ce qui pouvait leur nuire, et par ce moyen ils vinrent droit au bord malgré la rapidité du fleuve. »

Les vaisseaux des Carthaginois étaient mieux bâtis que ceux des Romains, et leurs marins beaucoup plus expérimentés. C'est ce que

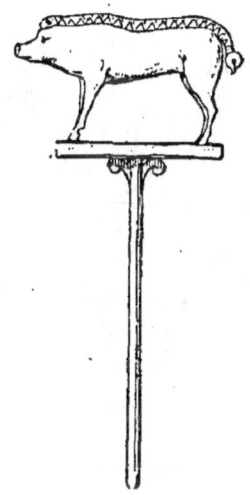

Fig. 419. — Sanglier, enseigne des Gaulois.

démontre clairement le récit d'un combat naval dans Polybe. « Les Carthaginois eurent pendant tout le combat bien des avantages sur les Romains : leurs vaisseaux étaient construits de manière à se mouvoir en tous sens avec beaucoup de légèreté ; leurs rameurs étaient experts, et enfin ils avaient eu la sage précaution de se ranger en bataille en pleine mer. Si quelques-uns des leurs étaient pressés par l'ennemi, ils se retiraient sans courir aucun risque, et avec des vaisseaux aussi légers, il leur était aisé de prendre le large. L'ennemi s'avançait-il pour les poursuivre, ils se tournaient, voltigeaient autour ou lui tombaient sur le flanc et le choquaient sans cesse, pendant que le vaisseau romain pouvait à peine revirer à cause de sa pesanteur et du peu d'expérience des rameurs ; ce qui fut cause qu'il y en eut un grand nombre de coulés à fond, tandis que, si un des vaisseaux carthaginois était en péril, on pouvait en sûreté aller à son secours, en se glissant derrière la poupe des vaisseaux. »

Quelques monuments peu nombreux, il est vrai, et des textes très-précis, dus aux deux grands écrivains militaires de l'antiquité, Polybe et Jules César, nous font connaître la manière de combattre des Gaulois et nous initient à leurs habitudes militaires.

L'enseigne militaire des Gaulois était un sanglier. Un bas-relief de l'arc de triomphe d'Orange nous montre comment cette enseigne était disposée sur son manche. Nous la reproduisons figure 419.

Une sculpture d'un sarcophage de la vigne Ammendola représente

Fig. 420. — Soldat gaulois.

un Gaulois qui tombe en arrachant l'arme qui vient de lui transpercer la poitrine. Il a les bras et les jambes nues; le corps est recouvert par une tunique sans manches (fig. 420).

Un fragment de bas-relief encastré dans le piédestal de la Melpomène, au musée du Louvre, représente un Gaulois défendant sa maison contre les soldats romains. Le bras du Gaulois est recouvert d'une manche qui descend jusqu'au poignet. La maison, ou plutôt la hutte qu'on voit au fond, paraît construite avec des joncs et des roseaux (fig. 421.)

La bravoure des Gaulois était proverbiale et leur élan était irrésistible : leurs armes étaient mauvaises. Telle est à peu près l'impression que nous donne Polybe.

« Les Romains, dit Polybe, voyant les Gaulois serrés entre deux armées et enveloppés de toutes parts, ne pouvaient que bien espérer du combat; mais, d'un autre côté, la disposition de ces troupes et le bruit qui s'y faisait les jetaient dans l'épouvante. La multitude des cors et des trompettes y étaient innombrable, et toute l'armée ajoutant à ces instruments ses cris de guerre, le vacarme était tel que les lieux voisins qui le renvoyaient semblaient d'eux-mêmes joindre des cris au bruit que faisaient les trompettes et les soldats. Ils étaient effrayés aussi de l'aspect et des mouvements des soldats des premiers rangs, qui, en effet, frappaient autant par la beauté et la vigueur de leurs corps que par leur nudité; outre qu'il n'y en avait point dans les pre-

Fig. 421. — Soldat gaulois.

mières compagnies qui n'eussent le cou et les bras ornés de colliers et de bracelets d'or. A l'aspect de cette armée, les Romains ne purent à la vérité se défendre de quelque frayeur, mais l'espérance d'un riche butin enflamma leur courage... Les archers s'avancèrent sur le front de la première ligne, selon la coutume des Romains, et commencèrent l'action par une grêle épouvantable de traits. Les Gaulois des derniers rangs n'en souffrirent pas extrêmement, leurs braies et leurs saies les en défendirent; mais ceux des premiers, qui ne s'attendaient pas à ce prélude et n'avaient rien sur leur corps qui les mît à couvert, en furent très-incommodés. Ils ne savaient que faire pour parer les coups. Leur bouclier n'était pas assez large pour les couvrir; ils étaient nus, et plus leurs corps étaient grands, plus il tombait de traits sur eux. Se venger sur les archers mêmes des blessures qu'ils recevaient, cela était impossible, ils en étaient trop éloignés; et d'ailleurs comment avancer au travers d'un si grand nombre de traits? Dans cet embarras, les uns, transportés de colère et de désespoir, se jettent inconsidérément parmi les ennemis, et se livrent involontairement à la mort; les autres pâles, défaits, tremblants, reculent et rompent les rangs qui étaient derrière eux... Si les armes des Gaulois eussent été les mêmes que celles des Romains, ils remportaient la victoire. Ils avaient à la vérité comme eux des boucliers pour parer, mais leurs épées ne leur rendaient pas les mêmes services. Celles des Romains taillaient et perçaient, au lieu que les leurs ne frappaient que de taille.

« Cette bataille est célèbre par l'intelligence avec laquelle les Romains s'y conduisirent. Tout l'honneur en est dû aux tribuns qui instruisirent l'armée en général, et chaque soldat en particulier, de la manière dont on devait combattre. Ceux-ci, dans les combats précédents, avaient observé que le feu et l'impétuosité des Gaulois, tant qu'ils n'étaient pas entamés, les rendaient à la vérité formidables dans le premier choc; mais que leurs épées n'avaient pas de pointes, qu'elles ne frappaient que de taille et d'un seul coup; que le fil s'en émoussait, et qu'elles se pliaient d'un bout à l'autre; que si les soldats, après le premier coup, n'avaient pas le temps de les appuyer contre terre et de les redresser avec le pied, le second n'était d'aucun effet. Sur ces remarques, les tribuns donnent à la première ligne les piques des triaires qui sont à la seconde et commandent à ces derniers de se servir de leurs épées. On attaque de front les Gaulois, qui n'eurent pas plutôt porté les premiers coups, que leurs sabres leur devinrent inutiles. Alors les Romains fondent sur eux l'épée à la main, sans que ceux-ci puissent faire aucun usage des leurs, au lieu que les Romains, ayant des épées pointues et bien affilées, frappent d'estoc et non pas de taille. Portant alors des coups et sur la poitrine et au visage des Gaulois, et faisant plaie sur plaie, ils en jetèrent la plus grande partie sur le carreau. »

Jules César a jugé les Gaulois sous un tout autre point de vue : « A la valeur singulière de nos soldats, dit-il, les Gaulois opposaient des inventions de toute espèce, car cette nation est très-industrieuse et très-adroite à imiter et à exécuter tout ce qu'elle voit faire. Ils détournaient nos faux avec des lacets, et lorsqu'ils les avaient saisies, ils les attiraient à eux avec des machines. Ils ruinaient notre terrasse, en la minant avec d'autant plus d'habileté qu'ayant des mines de fer consi-

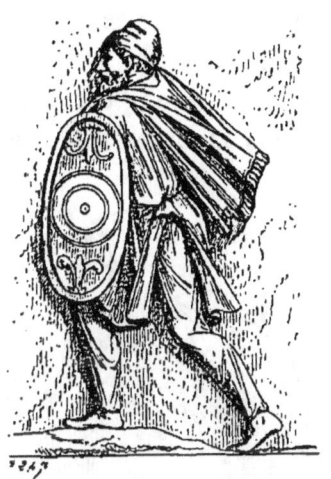

Fig. 422. — Soldat dace.

dérables, ils connaissent et pratiquent toutes sortes de galeries souterraines. Ils avaient de tous côtés garni leurs murailles de tours recou-

Fig. 423. — Archers daces.

vertes de cuir. Faisant de jour et de nuit de fréquentes sorties, tantôt ils mettaient le feu aux ouvrages, tantôt ils tombaient sur les travailleurs. L'élévation que gagnaient nos tours par l'accroissement journalier de la terrasse, ils la donnaient aux leurs en y ajoutant de longues poutres liées ensemble; ils arrêtaient nos mines avec des pieux aigus, brûlés par le bout, de la poix bouillante, d'énormes quartiers de roches, et nous empêchaient ainsi de les approcher des remparts.

« Voici quelle est à peu près la forme des murailles dans toute la Gaule : à la distance régulière de deux pieds, on pose sur leur longueur des poutres d'une seule pièce, on les assujettit intérieurement entre elles et on les revêt de terre foulée. Sur le devant, on garnit de grosses pierres les intervalles dont nous avons parlé. Ce rang ainsi disposé et bien lié, on en met un second en conservant le même espace de manière

Fig. 424. — Cavaliers sarmates.

que les poutres ne se touchent pas, mais que dans la construction elles se tiennent à une distance uniforme, un rang de pierres entre chacune. Tout l'ouvrage se continue ainsi, jusqu'à ce que le mur ait atteint une hauteur convenable. Non-seulement une telle construction, formée de rangs alternatifs de poutres et de pierres, n'est point, à cause de cette variété même, désagréable à l'œil, mais elle est encore d'une grande utilité pour la défense et la sûreté des villes ; car la pierre protége le mur contre l'incendie, et le bois contre le bélier ; et on ne peut renverser ni même entamer un enchaînement de poutres de quarante pieds de long, la plupart liées ensemble dans l'intérieur. »

On voit que le général romain semble apprécier vivement les Gaulois pour tout ce qui concerne l'attaque et la défense des places. Dans un autre endroit, Jules César parle des chariots que les Gaulois employaient à la guerre: « Voici, dit Jules César, leur manière de combattre avec ces chariots : d'abord ils les font courir sur tous les points en lançant des traits; et par la seule crainte qu'inspirent les chevaux et le bruit des roues, ils parviennent souvent à rompre les rangs. Quand ils ont pénétré dans les escadrons, ils sautent à bas de leurs chariots et combattent à pied. Les conducteurs se retirent peu à peu de la mêlée et placent les chars de telle façon que si les combat-

Fig. 425. — Cavaliers sarmates.

tants sont pressés par le nombre, ils puissent aisément se replier sur eux. C'est ainsi qu'ils réunissent dans les combats l'agilité du cavalier à la fermeté du fantassin; et tel est l'effet de l'habitude et de leurs exercices journaliers, que, dans les pentes les plus rapides, ils savent arrêter leurs chevaux au galop, les modérer et les détourner aussitôt, courir sur le timon, se tenir ferme sur le joug et de là s'élancer précipitamment dans leurs chars. »

Nous avons déjà parlé des Germains, des Daces et des Sarmates (t. II, p. 218). Nous n'avons donc pas à revenir sur ces peuples. La figure 422 représente un soldat dace combattant les Romains. Voici maintenant, figure 423, les archers daces avec leurs casques coniques. Remarquons en passant combien ces archers daces ressemblent par leur tournure et leur costume à tout ce que les écrivains nous ont rapporté sur les Parthes.

Les royaumes grecs fondés en Asie subirent la loi commune et

Fig. 426. — Cavaliers sassanides.

tombèrent tour à tour sous la domination romaine. Mais les Parthes,

Fig. 427. — Gardes de Sapor.

les Sarmates et en général tous les peuples originaires de Scythie, avaient conservé les mœurs belliqueuses des anciens barbares, et arrêtèrent les Romains dans leur marche conquérante. Rome ne put jamais s'étendre bien loin du côté de l'Orient, et les frontières de l'empire romain furent au contraire exposées à de continuelles dévastations. Les Parthes étaient renommés comme cavaliers et comme archers; ils vivaient presque toujours à cheval et c'était en fuyant qu'ils étaient les

Fig. 428. — Cavalier perse de l'époque sassanide.
(Sur un bas-relief de Taky Bostam.)

plus redoutables, attirant l'ennemi sur leurs traces et lui décochant des flèches en courant.

Les cavaliers parthes ou sarmates représentés sur la colonne Trajane sont revêtus, ainsi que leurs chevaux, d'une cotte de mailles qui les protége entièrement (fig. 424 et 425). On distingue ici l'agencement de leur casque qui est un bonnet de cuir de forme conique, entouré de cercles de métal et garni de mentonnières.

Nous avons parlé plus haut des Perses sassanides (t. Ier, p. 314). La figure 426 montre des cavaliers de Sapor et la figure 427, des fantassins de la même armée. L'allure de ces personnages a encore un peu du caractère antique ; mais la figure 428, qui représente un cavalier sculpté sur le rocher de Bisoutoun, quoique de la période sassanide, présente déjà une allure complétement moyen âge.

Ce cavalier porte une cotte de mailles qui retombe sur les genoux et remonte sur le casque de manière à masquer complétement le visage. Il tenait une lance de la main droite qui est brisée ; le bras gauche porte un petit bouclier rond. De riches vêtements décorés avec la profusion ordinaire aux Sassanides sortent de cette cotte de mailles. Le cheval, qui est fort endommagé, est couvert d'un chanfrein et de tout un harnachement de guerre : les glands très-nombreux qui décorent son poitrail paraissent avoir été un ornement depuis longtemps goûté dans le pays, puisqu'on en retrouve déjà dans le harnachement des chevaux assyriens.

INSTITUTIONS RELIGIEUSES

I

L'ÉGYPTE

Les dieux. — Les emblèmes religieux. — Les animaux sacrés.
Les destinées de l'âme. — Les temples. — Les prêtres.
Les cérémonies du culte.

Les dieux. — Le rapport que les Égyptiens avaient trouvé entre la vie humaine et la marche du soleil forme le fond de leur religion. Le soleil, personnifié dans Ra, passe alternativement de la lumière aux ténèbres, c'est-à-dire à la mort, et des ténèbres à la lumière, c'est-à-dire à la vie. Il engendre la vie, car c'est à sa chaleur que tous les êtres doivent leur existence; mais lui-même n'a jamais été engendré, donc il s'engendre lui-même, en sorte que le père et le fils, c'est-à-dire le soleil dans sa force et le soleil levant, sont aussi anciens l'un que l'autre.

A côté de ces deux personnages figure une divinité féminine, portant habituellement des cornes de vache, et qui paraît être une personnification de la terre; elle remplit le rôle d'épouse et de mère. Mais, quoique mère, elle demeure toujours vierge. « Je suis ce qui est, ce qui sera et ce qui a été, dit la déesse dans une inscription rapportée par Plutarque; personne n'a relevé ma tunique et le fruit que j'ai enfanté est le soleil. »

Le soleil se conçoit lui-même dans le sein de la déesse. Pour comprendre ce symbolisme en apparence assez obscur, il faut se rappeler les impressions qu'ont dû éprouver les hommes primitifs en face du spectacle de la nature. Le soleil levant qui apparaît à l'horizon leur semblait sortir de la terre; il est donc enfanté par elle, mais il n'est pas engendré, puisque le soleil de jour, son père, ne touche jamais à la terre.

Ces trois divinités constituent ce qu'on appelle une triade : tous les temples de l'Égypte sont dédiés à une triade qui porte un nom différent selon le pays où elle est adorée, mais qui représente toujours la même pensée. La religion égyptienne est en effet un mélange de cultes locaux, divers dans leurs apparences, mais se rattachant au même symbolisme.

Ainsi à Thèbes, la triade se compose du dieu Ammon-Ra (Ra est le soleil personnifié), de la déesse Maut et du jeune dieu Chons; à Memphis, le dieu qui représente le soleil levant est fils de Phtah, l'éner-

Fig. 429. — Thalamephore portant la triade.
(Musée du Louvre.)

gie créatrice, et de Pacht, la déesse à tête de lionne qui punit les crimes des hommes. Mais de toutes les triades égyptiennes la plus importante est celle d'Osiris, Isis et Horus, dont le culte était répandu dans toute l'Égypte.

La triade égyptienne apparaît sur un assez grand nombre de monuments; on la voit figurer, entre autres, sur un petit autel que porte un personnage agenouillé; c'est une statue en basalte noir, découverte au dernier siècle sur la voie Flaminienne, à environ dix lieues de Rome. L'inscription de cette statue la reporte au règne de Psammitique II, c'est-à-dire vers le VIe siècle avant Jésus-Christ (fig. 429).

Le dieu suprême, bien qu'unique dans son principe, se dédouble en une foule de qualités qui se personnifient sous différents noms. Ainsi la puissance féconde du dieu sera Ammon, sa bonté sera Osiris, son intelligence sera Thoth ; mais la forme que le dieu prend alors pour se faire reconnaître est presque toujours empruntée à l'animalité et c'est assurément là un des points les plus curieux de la doctrine égyptienne.

« La division de l'Égypte en nomes ou provinces, dit Mariette, a pour base sa division antérieure en districts religieux. Chaque nome reconnaissait en effet un dieu qui n'était pas le protecteur des nomes voisins, tandis que chaque ville accueillait à son tour une divinité à laquelle elle rendait plus particulièrement ses hommages. C'est ainsi qu'Osiris est, dès la plus haute antiquité, le dieu local d'Abydos. Osiris dut pourtant à son caractère propre de ne pas rester cantonné dans le district qui, à une époque inconnue, lui avait été assigné. « Tous les « Égyptiens, dit Hérodote, n'adorent pas les mêmes dieux ; ils ne « rendent tous le même culte qu'à Osiris et à Isis. » Ce passage est à remarquer pour sa netteté. Thèbes, Memphis, Éléphantine, reconnaîtront séparément Ammon, Phtah, Chnouphis pour les représentants de l'être invisible, et de nomes en nomes, les dieux égyptiens se succéderont dans une perpétuelle révolution. Mais Osiris, protecteur des âmes, sera, de la Méditerranée aux cataractes, le dieu de tous les Égyptiens. »

Osiris, dieu solaire, Isis, sa sœur et son épouse, et Horus, son fils, ont une légende mythologique, dont les auteurs grecs nous ont transmis le récit, et qui symbolise la lutte de la lumière contre les ténèbres. Osiris, personnification du soleil, est tué par Set, le Typhon des Grecs, personnification des ténèbres. Isis, qu'on a pour cette raison assimilée à la lune, recueille ce qu'elle peut de sa lumière, et Horus, le soleil levant, venge son père en dispersant les ténèbres. Mais si le soleil est la manifestation visible d'Osiris, le bien est sa manifestation morale. Quand le soleil meurt, il reparaît à l'horizon sous la forme d'Horus, fils d'Osiris ; de même le bien, quand il a succombé sous les coups du mal, reparaît sous la forme d'Horus, fils et vengeur d'Osiris. C'est parce qu'Osiris représente le soleil nocturne ou disparu, qu'il préside dans les régions inférieures au châtiment des coupables et à la récompense des justes. C'est parce qu'il est la divinité bienfaisante, qu'il a enseigné aux hommes l'agriculture, et qu'il s'incarne dans le bœuf Apis, symbole de l'animal qui féconde la terre par son travail.

Toute cette conception doit être égyptienne par le côté théologique, mais la forme qu'elle prend dans la mythologie nous a été rapportée par les Grecs, qui appliquaient volontiers les légendes forgées par leurs poëtes aux divinités des pays étrangers.

L'histoire d'Orisis présente de grands rapports avec la légende mystique de Bacchus. Osiris tué par Set ou Typhon est placé dans un coffre : Isis ayant découvert le coffre, Typhon craint une résurrection et coupe le corps en petits morceaux qu'il dissémine en des endroits différents pour qu'on ne puisse plus les rejoindre. Cependant les soins d'Isis l'ont rendu à la vie et la victoire d'Horus lui a rendu sa puissance. Bacchus a été de même coupé par morceaux, seulement c'est Cérès qui remplit ici le rôle d'Isis. En effet, pendant la guerre des Titans, Bacchus avait été tué, et pendant trois jours il avait subi la loi de mortalité. Sa tête palpitante et ses membres disséminés furent apportés à Cérès, qui lui rendit la vie et fut ainsi pour lui comme une seconde mère.

Osiris porte quelquefois la tête de taureau pour indiquer son identification avec Apis. Plus habituellement il apparaît sous la forme humaine, avec la couronne Atew, coiffure sacrée, composée de la mitre blanche, de deux plumes d'autruche, de cornes de bélier, d'urœus et parfois compliquée de quelques autres ornements. Son corps est souvent emmaillotté comme celui d'une momie ; son attribut ordinaire est le crochet ou le fouet, symbole de domination et la croix ansée que portent toutes les divinités égyptiennes.

« Osiris, dit M. Paul Pierret dans son *Dictionnaire d'archéologie égyptienne,* avait été tué par Set, qui avait dispersé son cadavre. Isis, femme et sœur d'Osiris, avait réuni ses membres, et, par ses incantations, l'avait ramené à la vie. Osiris ressuscité s'appelle Horus, et Isis est, par suite, considérée comme la mère d'Horus ; dans ce rôle, elle se confond avec Hathor et est représentée allaitant son jeune dieu. De la légende que je viens de résumer en deux mots découlent les fonctions funéraires d'Isis, représentée tantôt pleurant Osiris, tantôt le couvrant de ses ailes ou veillant au pied du sarcophage. Nephtys l'avait aidée dans l'œuvre de résurrection d'Osiris ; les deux déesses sont appelées, dans les textes, les deux *pleureuses* et les deux *couveuses*. La coiffure ordinaire d'Isis est le disque uni aux cornes de vache. Quelques auteurs ont cru qu'Isis était une déification de la lune, parce qu'ils ont pris ce disque pour un disque lunaire, tandis que c'est le disque du soleil sortant des cornes de la vache, allusion au rôle d'Isis, mère d'Horus, le soleil levant. »

Fig. 430.
Hathor.

L'ÉGYPTE.

Si le bœuf Apis, symbole de l'agriculture, est une incarnation d'Osiris, la vache, symbole de fécondité, est consacrée à la déesse mère, Hathor ou Isis, allaitant l'enfant divin Horus. Aussi cette déesse est fréquemment représentée avec des cornes de vache, qui forment sur sa tête comme un croissant lunaire. Quelquefois aussi elle est caractérisée simplement par une figure humaine pourvue d'oreilles de vache (fig. 430). C'est ainsi qu'elle paraît sur le dé qui couronne les chapiteaux du temple de Philé. L'image de la déesse est surmontée d'un petit temple ou autel que nous trouvons également sur les enseignes sacrées.

L'image d'Isis ne pouvait manquer de se transformer sous l'influence des idées gréco-romaines. Elle est alors caractérisée par le sistre, l'hydrie et le nœud que son manteau à franges forme sur sa poitrine. Notre figure 431 représente une Isis du musée de Naples. C'est une bonne sculpture de l'époque romaine, montrant exactement la physionomie que prit alors la déesse.

La figure 432 appartient à la même époque malgré l'allure archaïque que le sculpteur lui a donnée.

Le sistre, dont nous avons expliqué plus haut l'usage (t. II, p. 556), a toujours été l'instrument de musique spécialement consacré à Isis ; mais, à partir des Ptolémées, cette déesse, dont le culte s'est promptement répandu

Fig. 431. — Isis.

en Grèce et ensuite dans l'empire romain, s'est absolument transformée. Les théologiens ont modifié du tout au tout son principe, en même temps que les artistes ont altéré sa forme. A Corinthe, elle était surtout considérée comme déesse de la navigation. C'est sous cet aspect qu'Apulée la montre dans la description fort curieuse qu'il en a donnée dans sa *Métamorphose*.

Lucius voit en apparition la déesse Isis dont il décrit ainsi le costume : « D'abord elle avait une épaisse et longue chevelure dont les anneaux, légèrement bouclés et dispersés çà et là sur son cou divin, flottaient avec un mol abandon. Une couronne formée de diverses fleurs posait délicatement sur le sommet de sa tête. Elle avait au-dessus du front une plaque circulaire en forme de miroir, laquelle jetait une lumière blanche et indiquait que c'était la lune. A droite et à gauche, cet ornement était retenu par de souples vipères dont la tête se dressait, et aussi par des épis de blé qui venaient se balancer au-dessus de son front. Sa robe, faite d'un lin de la dernière finesse, était de couleur changeante et se nuançait tour à tour de la blancheur du lis, de l'or du safran, de l'incarnat de la rose. Mais ce qui frappe le plus vivement mes regards, c'était un manteau si parfaitement noir qu'il en était éblouissant. Ce manteau, jeté sur elle en travers, lui descendait de l'épaule droite au-dessous du côté gauche, comme eût fait un bouclier. Un des bouts pendait avec mille plis artistement disposés, et il se terminait par des nœuds en franges, qui flottaient de la manière la plus gracieuse. Tout le bord ainsi que le fond étincelait d'innombrables étoiles, au centre desquelles une lune dans son plein brillait de sa radieuse et vivante lumière : ce qui n'empêchait pas que dans la longueur de ce manteau sans pareil ne régnât sans interruption une guirlande de broderies représentant toutes sortes de fruits et de fleurs. La déesse portait en outre plusieurs attributs bien différents les uns des autres; dans sa main droite, elle avait un sistre d'airain, dont la lame mince et courbée en forme de baudrier était traversée de trois petites verges qui, agitées toutes ensemble, rendaient par le mouvement de son bras un tintement aigu. De sa main gauche pendait un vase d'or en forme de gondole, lequel, à la partie la plus saillante de son anse, était surmonté d'un aspic à la tête droite et au cou démesurément gonflé. Les pieds divins étaient recouverts de sandales tissues avec les feuilles de palmier, cet arbre de la victoire. »

Fig. 432. — Isis grecque.

Horus, comme personnification du soleil levant, a pour emblème l'épervier, parce que les anciens croyaient que cet oiseau était doué de la faculté de regarder le soleil en face. Horus apparaît dans l'art, soit comme le dieu à tête d'épervier, soit sous la forme d'un enfant portant le doigt à sa bouche. Ce geste, qui exprime simplement son état d'enfance, l'a fait prendre longtemps pour le dieu du silence : les Grecs lui donnaient le nom d'Harpocrate, emblème du renouvellement incessant de la divinité. Horus était représenté sur le temple d'Hermouthis, au moment de sa naissance. Il sort d'une fleur de lotus avec les cheveux en tresse et le fouet sur l'épaule. Sa mère Isis lui tend la main, et une autre divinité s'apprête à lui remettre la croix ansée, emblème par excellence des dieux de l'Égypte. Isis, dans plusieurs monuments, est représentée allaitant son fils Horus qui, dans cette situation, prend toujours la forme humaine, même lorsqu'il est encore adolescent.

Mais dès qu'Horus arrive à l'âge d'homme, c'est-à-dire quand le soleil a déjà pris sa force, il reprend sa tête d'épervier. Au reste comme le panthéon égyptien a plusieurs divinités solaires, la tête d'épervier, quoique appartenant plus spécialement à Horus, peut quelquefois personnifier d'autres dieux, ou plutôt la même divinité sous des noms différents, et elle est assez fréquemment coiffée du disque solaire. L'épervier figure sur la bannière des Pharaons, parce qu'ils sont au moment de leur avénement assimilés à Horus.

C'est à Horus qu'il faut rattacher l'*œil mystique*, si fréquent sur les monuments. « L'œil mystique, dit Mariette, est un emblème qui est répandu à profusion dans toutes les tombes, particulièrement depuis la XXVIe dynastie. On l'appelle tantôt l'œil d'Horus, tantôt l'œil du Soleil et de la Lune. Dans le grand combat d'Horus et de Typhon, celui-ci arrache l'œil de son ennemi, l'avale, puis le rend au Soleil. C'est l'éclipse passagère de l'âme succombant sous le péché ; mais l'âme ne sort que plus brillante des ténèbres qui l'ont un instant enveloppée ; ses épreuves sont maintenant accomplies ; elle va jouir de la plénitude des biens célestes. L'œil mystique semble ainsi signifier le terme resplendissant de la période de justification que l'on doit traverser avant d'être admis dans le sein du dieu supérieur. »

Set, le Typhon des Grecs, a été autrefois une divinité solaire, qui figurait parmi les grands dieux d'Abydos. Il a même combattu le serpent Apophis, génie du mal et des ténèbres. Mais plus tard son culte a été aboli et ses images détruites par suite de revirements politiques. Quand le culte d'Osiris vint à prévaloir, il reparut de nouveau, mais pour personnifier le mal et tuer Osiris, le principe du bien, qui fut vengé par son fils Horus. Nephtys est la femme de Set et la sœur d'Isis.

L'animal symbolique de Set est un quadrupède carnassier, pourvu d'un museau long et de deux oreilles droites et larges du bout.

« Entre les animaux privés, dit Plutarque, on a départi à Typhon, celui qui est le plus stupide, l'âne, et entre les sauvages, ceux qui sont les plus féroces, le crocodile et l'hippopotame. Nous avons exposé déjà ce qui est relatif à l'âne. Pour ce qui est de l'hippopotame, on montre à Hermopolis une image de Typhon, sous la forme de cet animal. Il a sur le dos un épervier qui se bat contre un serpent... Dans les sacrifices qu'on lui fait le septième jour du mois de Tybi, jour appelé « retour d'Isis de la Phénicie », on figure sur les gâteaux sacrés un hippopotame chargé de chaînes. Dans Apollonis une loi oblige chaque citoyen, sans exception, à manger du crocodile. A un jour fixé, ils en prennent à la chasse autant qu'ils peuvent, et après les avoir tués, ils les jettent devant le temple de Dieu. Ils donnent pour motif, que Typhon échappa à Horus en prenant la forme d'un crocodile. Ainsi tout ce qu'il y a de mauvais dans les animaux, dans les plantes, dans les passions, ils le regardent comme l'œuvre de Typhon, comme faisant partie de son être et comme étant le produit de ses mouvements. » Eusèbe nous parle également de la forme d'hippopotame que prend Typhon dans sa lutte contre Horus. « Horus, dit-il, a pour symbole un homme à tête d'épervier, armé d'une pique et poursuivant Typhon représenté sous forme d'un hippopotame. »

« Dans les idées égyptiennes, dit Mariette, le sable était impur, à cause de sa couleur fauve qui est celle de Typhon. Pour le purifier, on le parsemait de petites images de divinités, toutes les fois qu'il devait servir de sol à un édifice sacré. Le Sérapeum de Memphis, bâti en plein désert, devait moins que tout autre échapper à cette loi. Les statuettes de divinités, en bois, en pierre, en bronze, en porcelaine, y ont été en effet répandues par milliers. Le plus souvent elles portent, inscrit sur leur base, le nom de celui qui, pour se rendre Apis favorable, déposait ainsi dans le sable ce témoignage de sa piété. »

L'ibis est consacré à Thoth, la raison suprême, le dieu que les textes appellent *seigneur des divines paroles, seigneur des écritures sacrées*. Thoth personnifie l'intelligence divine qui a présidé à la création : c'est par son inspiration que le soleil, vainqueur des ténèbres et du chaos, a organisé le monde et maintient son œuvre chaque jour. Il avait gratifié Osiris du don de persuader toujours en disant la vérité. Or les morts étant assimilés à Osiris jouissent du même privilége; c'est pour cela qu'en parlant d'un défunt, les textes accolent à son nom l'épithète de véridique. Thoth, l'inventeur des sciences et des lettres, est caractérisé dans le panthéon égyptien par la tête d'un ibis. L'étendue du pas de l'ibis formait l'étalon des mesures usitées en Égypte.

Le cynocéphale, animal également consacré à Thoth, et qui a la forme d'un singe, était pour les anciens Égyptiens le symbole de l'équilibre. Ils avaient probablement été frappés de la manière dont les singes savent garder leur équilibre sur les branches des arbres et cette raison est suffisante pour expliquer ce singulier emblème. Sur les balances du jugement de l'âme, on voit habituellement le cynocéphale accroupi, pour exprimer la justesse des plateaux. Le cynocéphale prend pour cette raison un caractère funéraire. Cet animal était réputé connaître la valeur des lettres et on le représente quelquefois tenant dans ses pattes une tablette d'écrivain. La haute opinion qu'on avait de ses

Fig. 433 — L'Ibis sacré

Fig. 434. — Cynocéphale.

connaissances explique suffisamment pourquoi le cynocéphale est consacré à Thoth.

Le cynocéphale apparaît le plus souvent dans son rôle funéraire : les enseignes nous le montrent supportant un mort déjà enseveli, dont les pieds reposent sur une tête d'Isis (fig. 434).

Mais la divinité qui veille spécialement sur les morts est Anubis. Le chacal, qui affectionne les réduits souterrains, est l'animal consacré à Anubis, dieu de l'ensevelissement. C'est pour cela que le chacal est représenté accroupi sur un coffret funéraire, tenant en main le fouet et le sceptre. Il est quelquefois surnommé le guide des chemins, et la barque sur laquelle le soleil parcourt les espaces célestes est remorquée par des génies à tête de chacal. Le chacal apparaît très-souvent dans les emblèmes égyptiens, tantôt assis, tantôt debout, et quelquefois il est accompagné du serpent. Anubis lui-même porte la tête de chacal (fig. 435), mais sous la domination gréco-romaine, cet emblème fait souvent place à une tête de chien.

Une statue du musée capitolin (fig. 436) nous montre la façon singulière dont les divinités égyptiennes se transformèrent sous le ciseau des artistes grecs, à l'époque des Antonins, c'est-à-dire quand la dévotion aux dieux de l'Égypte eut sa grande vogue dans tout l'empire romain. Anubis, le dieu à tête de chacal, qui préside à l'embaumement et à la conservation des momies, a été d'assez bonne heure assimilé par les Grecs à leur Hermès et ils ont en effet quelque rapport puisqu'une des fonctions principales d'Hermès consiste à conduire aux enfers les âmes

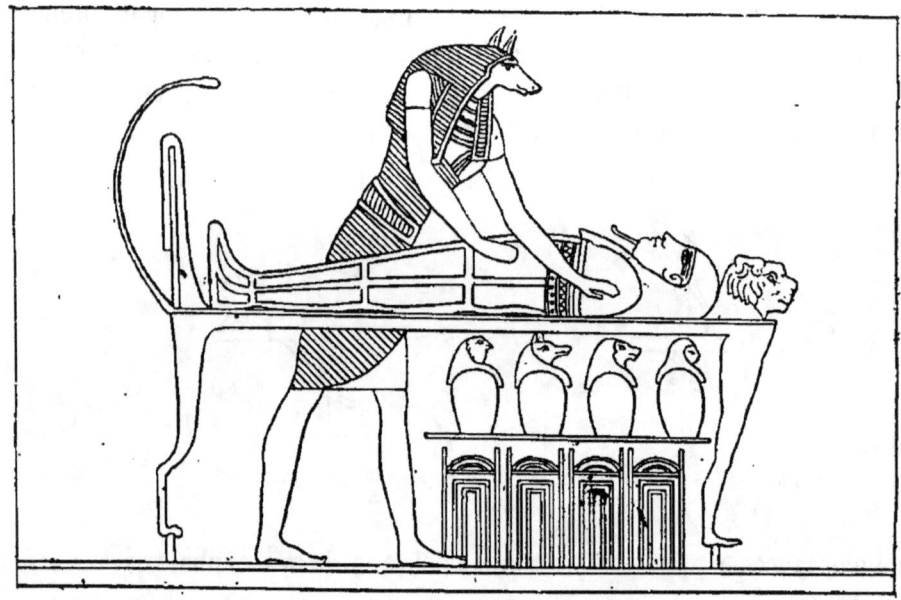

Fig. 435. — Anubis, gardien de la momie.

des défunts. Aussi l'artiste peu versé sans doute dans la théologie égyptienne a confondu les attributs ; le sceptre à tête de lévrier que portent les dieux égyptiens a été remplacé par le caducée d'Hermès et en place du thau ou croix ansée, il a mis un sistre dans les mains de son Anubis.

Or le sistre est particulier au culte d'Isis, tandis que le thau est un attribut commun à toutes les divinités du panthéon égyptien. La tête de chacal a été remplacée par une tête de chien. Cette statue représente donc le dieu que les Grecs ont appelé Hermanubis (Hermès-Anubis) et peut nous donner une idée de la confusion absolue qui régnait dans les emblèmes religieux des païens, à l'époque de l'apparition du christianisme.

Ammon est le dieu suprême dans le culte thébain. Son nom veut dire *caché*, mais il devient visible sous le mom de Ra, *le soleil;* de là vient qu'on l'appelle souvent Ammon-Ra. Quand il est le soleil, Ammon garde en général la forme humaine. Dans ce cas, il est caractérisé par le disque solaire et par deux grandes plumes qu'il porte sur sa tête.

Mais Ammon est aussi la personnification du Nil, qui féconde la terre; il prend alors le nom d'Ammon Knoufis et a pour emblème le bélier, symbole de l'ardeur génératrice. C'est sous cet aspect que le dieu apparaît le plus souvent sur les monuments, et il est habituellement peint d'une couleur bleue ou verte pour exprimer la teinte de l'eau. A Thèbes, une grande avenue de béliers monolithes reliait les temples de Louqsor à ceux de Karnak, placés tous les deux sous l'invocation d'Ammon,

Au reste, les divers emblèmes du dieu sont fréquemment mêlés, et dans ce cas, le bélier a la tête surmontée du disque solaire (fig. 437).

Le *Dictionnaire mythologique* de Jacobi définit le rôle d'Ammon ou Amoun dans le panthéon égyptien : « Le nom d'Amoun signifie l'*Occulte*, ou bien, suivant Jamblique, *la manifestation de ce qui est caché dans les ténèbres*. Amoun est le plus grand des dieux; il embrasse toutes choses; il est l'esprit vivant, l'âme suprême qui pénètre et vivifie tout (Manéthon). Les attributs généraux

Fig. 436. — Hermanubis.
(D'après une statue de l'époque romaine.)

qui caractérisent son essence sont le disque, image du soleil, les cornes et le fléau. Sur les monuments égyptiens, il est représenté, tantôt sous la forme d'un homme criocéphale ou à tête de bélier, tantôt sous une forme toute humaine. Dans ce dernier cas, sa tête est surmontée d'un disque et de deux grandes plumes; les carnations sont peintes en bleu ou en vert, couleurs consacrées à Ammon : une bandelette partant de la coiffure tombe en arrière; d'une main il tient le sceptre, de l'autre la croix ansée. Le bélier, conducteur du troupeau, et suivant Champollion le jeune, symbole de l'esprit de vie, lui était consacré. Non-seulement on représentait le dieu avec une tête de bélier ; mais, de plus, on nourrissait à Thèbes un véritable bélier qui était vénéré comme le représentant symbolique d'Ammon et son image vivante. Le principal siége de son culte était Thèbes : des monuments dont les ruines colossales se voient encore, le temple et le palais de Karnak, auquel conduisait une immense avenue de béliers, lui étaient consacrés dans cette ville. »

Le bélier est l'animal qui féconde et conduit le troupeau ; il représente par conséquent la puissance créatrice et dirigeante du dieu. Mais la germination des plantes et leur développement présentent une autre face de la divinité, que les Égyptiens exprimaient par un personnage

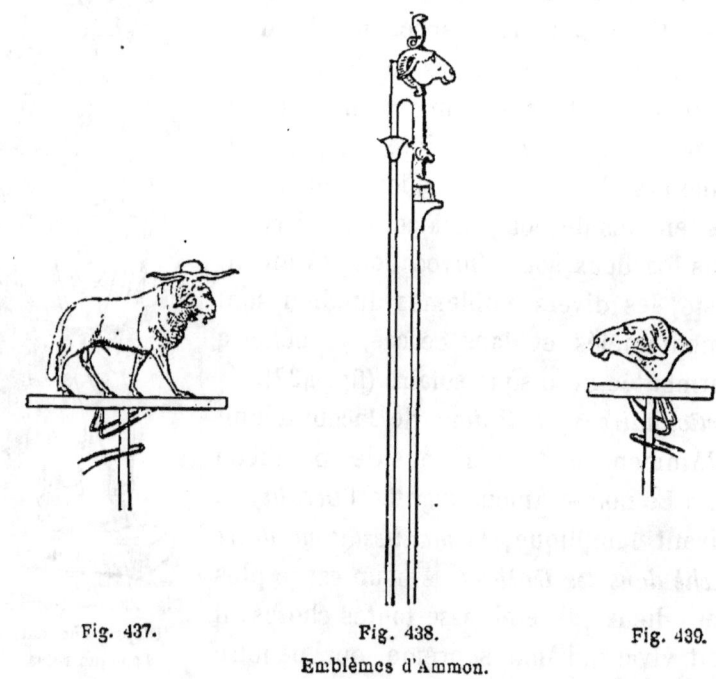

Fig. 437.   Fig. 438.   Fig. 439.
Emblèmes d'Ammon.

humain dont la tête est surmontée d'un bouquet d'iris ou de glaïeul, symbole du fleuve à l'époque de l'inondation. On peut voir par ce qui précède combien, chez les Égyptiens, une même idée pouvait revêtir de formes différentes, exprimant les qualités diverses du dieu qu'ils adoraient ; mais comme sous ses divers aspects le dieu prend un nom particulier, on comprend aisément la confusion qui a dû se produire à la longue dans le panthéon égyptien.

Nous avons dit que la triade thébaine se composait d'Ammon, le dieu suprême, de Chons, son fils, et de Maut, le personnage féminin qui lui est associé. Chons paraît avoir eu pour mission principale de s'occuper de l'homme ; c'est lui qui chassait les mauvais esprits et guérissait les maladies. Chons, le soleil guérisseur, prend chez les Égyptiens un rôle analogue à celui d'Esculape chez les Grecs : Esculape est fils d'Apollon, personnification du soleil dans la mythologie classique. Le dieu Chons apparaît sur les monuments, tantôt avec la tête humaine coiffée du disque solaire avec les cornes, tantôt avec la tête d'épervier.

Avant d'entreprendre une guerre on invoquait les dieux. Le bélier surmonté du disque solaire, symbole d'Ammon-Ra, était placée sur un mât et précédait le char du roi. Il est bon d'observer que ce bélier servait d'enseigne (fig. 437 à 439). Outre ses cornes naturelles, on lui voit quelquefois au-dessus de la tête deux autres cornes qui semblent appartenir au bouc plutôt qu'au bélier, et c'est sur ces cornes qu'est placé le disque solaire.

Ammon rendait des oracles et les Grecs l'ont identifié avec leur dieu suprême. Alexandre, pour assurer sa domination sur l'Égypte, se fit reconnaître pour son fils, imitant en cela l'exemple des anciens Pharaons. Les Grecs ne pouvaient manquer de fabriquer une légende pour expliquer la forme de bélier sous lequel le dieu était adoré. Hercule, d'autres disent Bacchus, près de mourir de soif dans les déserts de la Libye, implora le secours de Zeus (Jupiter), qui lui apparut sous la forme d'un bélier et lui indiqua une source. Par reconnaissance le héros lui éleva un temple en ce lieu ; c'est par suite de cette fable que les attributs de dieu grec se trouvèrent mêlés à ceux du dieu égyptien.

L'image de Jupiter-Ammon apparaît sur plusieurs belles pierres gravées : le dieu porte une tête ou au moins les cornes de bélier et est armé du foudre. Les successeurs d'Alexandre, les rois de Syrie, ceux de la Cyrénaïque, sont représentés sur les médailles avec les cornes d'Ammon, symbole de la domination sur la Libye.

Noum, dont le nom signifie le *principe humide*, est le même qu'Ammon, considéré comme fabricateur des dieux et des hommes. Son caractère essentiel est la tête de bélier, coiffée du diadème Atew, qui se compose de la mitre blanche avec deux plumes d'autruche et les cornes de bouc.

Les emblèmes religieux. — Quand la haute et la basse Égypte, après avoir formé des royaumes séparés, se trouvèrent réunies sous le même sceptre, un antagonisme religieux aurait pu se produire d'autant plus facilement que le pharaon régnant n'était que le représentant de la divinité sur la terre. Le chef-d'œuvre politique du sacerdoce égyptien est peut-être l'arrangement qui fut pris, très probablement dans un

Fig. 440. — Le disque solaire sur la tête d'une divinité.
(D'après une peinture d'un temple, en Nubie.)

but de conciliation. Mais les dynasties memphitiques étant remplacées

Fig. 441.
Le disque solaire sur la tête d'un oiseau sacré.

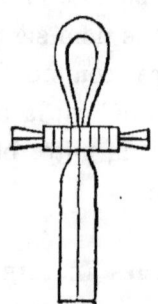

Fig. 442.
La croix ansée.

par les dynasties thébaines, le dieu de la basse Égypte, Osiris, est devenu le soleil couché, et par conséquent le dieu des morts et de la justice distributive, tandis qu'Ammon, le dieu de Thèbes, a continué à représenter le soleil dans sa puissance féconde et créatrice. C'est ainsi que le pharaon est tout à la fois proclamé fils d'Ammon, qui exprime l'idée de puissance et assimilé à Orus, fils d'Osiris en qui résident toute bonté et toute justice.

Ces préliminaires étant posés, nous devons maintenant examiner les emblèmes religieux particuliers à chaque forme de la divinité; mais il

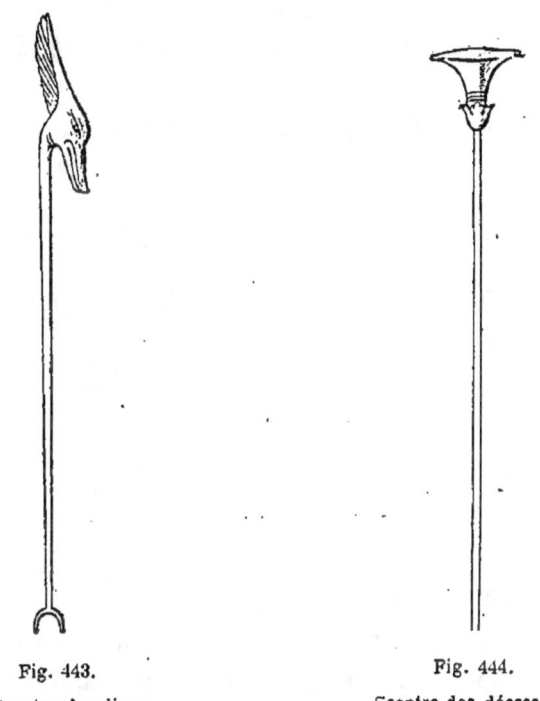

Fig. 443.
Sceptre des dieux.

Fig. 444.
Sceptre des déesses.

faut d'abord signaler ceux qui expriment simplement l'idée du divin, en dehors de toute qualité spéciale.

Comme l'essence de la divinité est toujours le soleil, le disque est naturellement l'emblème le plus important. Sur la porte des temples, on voit le disque solaire accompagné de deux grandes ailes qui expriment la marche continuelle de l'astre lumineux à travers l'espace. On peut voir un exemple du disque ailé sur le frontispice de notre premier volume.

Le disque solaire apparaît également dans la coiffure des divinités, mais alors il n'est pas ailé et repose assez souvent sur deux cornes de vache (fig. 440). On le voit aussi sur la tête des animaux sacrés qui ne sont eux-mêmes que des emblèmes divins (fig. 441).

Le symbole de la vie éternelle est la croix ansée qu'on voit aux mains de toutes les divinités égyptiennes et quelquefois des Pharaons (fig. 442). Cet emblème représente, suivant Creuzer, la clef du Nil; toutes les divinités doivent naturellement participer aux inondations périodiques du fleuve, d'où dépendent la prospérité et on pourrait presque dire l'existence de l'Égypte.

Le fouet et la crosse sont des symboles de domination. La crosse rappelle le bâton recourbé dont se servaient les pasteurs quand ils conduisaient leurs troupeaux. Le fouet, qui pour les Égyptiens est un insigne de puissance, est généralement pourvu de deux ou trois lanières.

Les dieux, étant rois d'Égypte, portent naturellement le sceptre, qui

Fig. 445.   Fig. 446.
Emblèmes religieux.

est l'emblème royal. Le sceptre des dieux se termine par une tête de lévrier, celui des déesses par une fleur de lotus (fig. 443 et 444).

La figure 445 représente un aspic sacré ou uræus. Nous avons xpliqué plus haut (t. Ier, p. 38) que les Égyptiens voyaient dans cette représentation un emblème de l'éternelle jeunesse du soleil et que les pharaons, qu'on assimilait au soleil, avaient adopté l'uræus comme insigne de leur puissance. On le voit souvent représenté sur les enseignes sacrées où il porte quelquefois la couronne de la haute et de la basse Égypte. Presque toujours il redresse la tête et la gorge, de manière à ne laisser poser sur le sol que les enroulements de sa queue. Sur une enseigne, on voit un personnage humain dont le corps a la forme d'un oiseau, et qui, outre l'uræus qui paraît dans sa coiffure audessus de son front, en tient un dans chacune de ses mains (fig. 446). Enfin on voit assez souvent l'aspic sacré enroulé autour d'une baguette.

La plume d'autruche, symbole de la justice et de la vérité, est pour cette raison placée sur la tête, non-seulement de la déesse Tureï qui

L'ÉGYPTE.

personnifie la justice, mais encore des quarante-deux personnages, dits maîtres de la vérité, qu'on voit dans les jugements de l'âme.

La plume d'autruche placée au bout d'un long manche est un insigne qu'on voit porter en signe d'honneur autour des Pharaons (fig. 447).

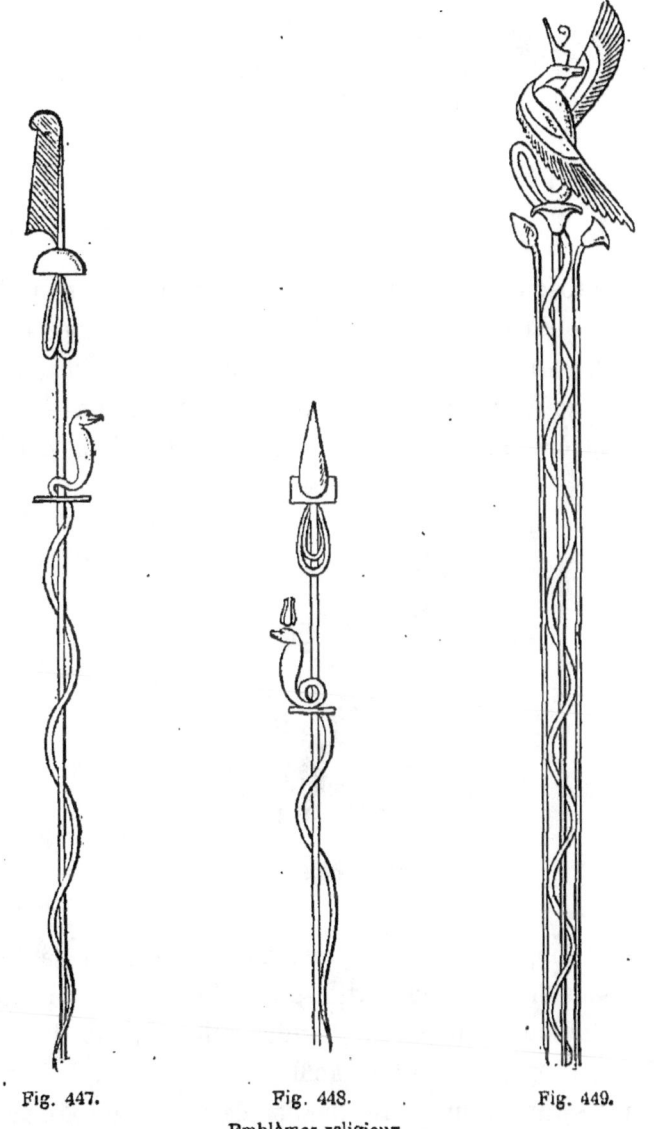

Fig. 447.   Fig. 448.   Fig. 449.
Emblèmes religieux.

Souvent aussi, un oiseau sacré plane au-dessus de la tête du roi en étendant ses ailes et serrant dans ses pattes l'étendard de justice et de vérité, c'est-à-dire la plume d'autruche (fig. 450). Les mêmes insignes apparaissent fréquemment dans la décoration des monuments.

Le vautour, emblème des reines d'Égypte, ainsi que nous l'avons expliqué plus haut (t. 1er, p. 40), apparaît tantôt comme simple bijou (fig. 451), tantôt mêlé à l'ornementation. La figure 452 nous montre une reine d'Éthiopie qui porte sur sa robe des scarabées aux ailes dé-

Fig. 450. — Les oiseaux sacrés.

ployées. Le scarabée est, comme on sait, un symbole d'immortalité.

Le scarabée, qui dans l'écriture hiéroglyphique signifie, à proprement parler, *devenir, se transformer*, est un emblème extrêmement important parce qu'il est le symbole de l'immortalité de l'âme et de la naissance nouvelle du défunt dans l'autre monde. Dans cet insecte,

Fig. 451. — Le vautour.

né de la putréfaction, les Égyptiens voyaient la négation de la mort. Aussi nous voyons fréquemment des scarabées pourvus de tous les attributs de la divinité et munis de grandes ailes qui se développent comme celles du disque solaire (fig. 453).

C'est comme symbole funéraire que le scarabée a de l'importance. On mettait souvent sur la poitrine des morts un scarabée, comme gage de résurrection; quelquefois il était encastré dans un bijou en forme de petite chapelle.

A Memphis, depuis la XIXe jusqu'à la XXIe dynastie, on mettait un scarabée dans le corps même de la momie. Les scarabées funéraires, au temps des Ptolémées, se mettaient à la place du cœur, et le défunt ne pouvait reprendre cet organe qu'après le jugement d'Osiris, s'il lui était favorable. Les scarabées funéraires contiennent souvent des invocations que le défunt adresse à son propre cœur.

« Les scarabées, dit M. Mariette, se trouvent le plus souvent aux doigts des momies, liés comme une bague, par un fil de lin, de cuivre, d'argent ou d'or qui les traverse. Les idées que les Égyptiens

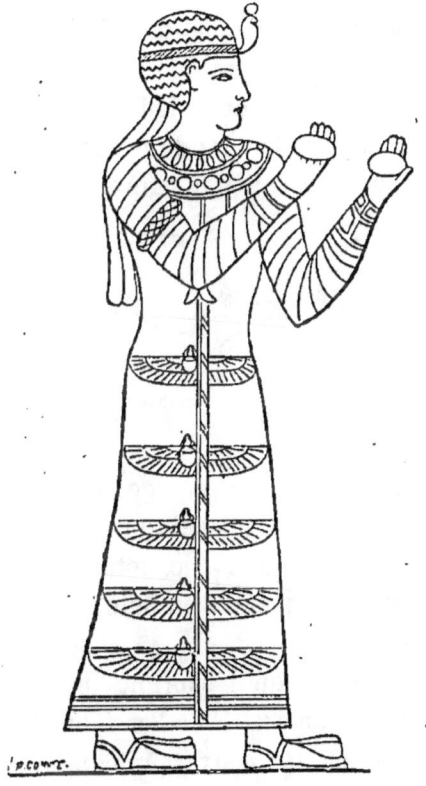

Fig. 452. — Le scarabée sur les vêtements.

cachaient sous le symbole du scarabée sont connues. Selon eux, cet insecte n'a pas de femelle. Il choisit un peu de limon, lui confie sa semence, roule ce limon jusqu'à ce qu'il l'ait façonné en boule et attend le reste du soleil. Pour les Égyptiens, le scarabée est ainsi l'animal qui s'engendre lui-même. Il devient par là le symbole de cette éternelle renaissance du soleil, qui, chaque matin, vainqueur des ténèbres et du mal, apparaît toujours radieux à l'horizon oriental. Placé au doigt des morts, il est le signe mystérieux de la vie nouvelle qui attend l'homme juste et de l'immortalité promise à son âme. »

Plutarque nous apprend que les Égyptiens adoraient le soleil levant sous la forme d'un enfant sortant du calice d'une fleur de lotus. Le lotus, en effet, contient en germe Horus ou Harpocrate, le vengeur d'Osiris, le régénérateur divin, qui personnifie à la fois le lever du soleil et la renaissance de l'âme.

Le lotus, la plante sacrée des Égyptiens, a une importance extrême dans la symbolique religieuse du pays. Elle renferme dans son calice les mystères d'Isis et d'Osiris, et représente à la fois leur lieu de naissance et leur lit d'hymen. Plante aquatique, le lotus représente le principe de l'humidité du Nil, par opposition à la sécheresse du désert : il est dans la même dépendance du soleil que le fleuve sur les rives duquel il croît, et son apparition est le pronostic certain de l'inondation qui va féconder le pays. Aussi il figure partout, tantôt dans son

Fig. 453. — Le scarabée sacré.

ensemble, tantôt dans ses détails : sa tige, ses feuilles, son calice, se montrent dans les bas-reliefs et les peintures sous mille combinaisons différentes. Dans l'ornementation, le lotus apparaît fréquemment comme une tige autour de laquelle s'enroule un animal sacré, coiffé de la couronne d'Égypte.

Le lotus, en même temps qu'il exprime une loi de la nature, est pour l'homme un gage d'immortalité : « Pareil au lotus, dit une inscription, nous refleurirons, et des eaux rafraîchissantes viendront aussi récréer nos âmes dans le royaume des morts. » C'est en raison de cette croyance que les stèles représentent souvent le défunt respirant la fleur de lotus et que cette fleur est portée en tête des processions funèbres.

Les animaux sacrés. — Le caractère d'animalité est commun à presque toutes les divinités égyptiennes.

« Les sanctuaires, dit saint Clément d'Alexandrie, sont ombragés par des voiles tissus d'or ; mais si vous avancez dans le fond du temple et que vous cherchiez la statue, un employé du temple s'avance d'un air grave en chantant un hymne en langue égyptienne, et soulève un peu le voile, comme pour vous montrer le dieu ; que voyez-vous alors ? Un chat, un crocodile, un serpent indigène ou quelque autre animal dangereux. Le dieu des Égyptiens paraît !... C'est une bête sauvage, se vautrant sur un tapis de pourpre ! » Il y avait, en effet, dans les sanctuaires un animal vivant qui était non le dieu, comme l'ont cru les pères chrétiens, mais le symbole vivant du dieu auquel il était consacré.

Si bizarre que semble cette conception, si nous supposons un moment qu'un prêtre égyptien, vivant il y a trois mille ans, ait pu se transporter par la pensée dans notre société chrétienne, mais sans connaître un seul mot de notre langue et de nos croyances, voyons quelle aurait été son idée en visitant nos églises. Ce qui l'aurait frappé tout d'abord, c'est l'agneau divin toujours représenté sur la face de nos autels, et en voyant le prêtre s'incliner devant cette image, il n'eût pas manqué de s'incliner aussi, croyant retrouver là le bélier d'Ammon, c'est-à-dire la forme visible de son dieu. Si ensuite son regard s'était porté vers la colombe, emblème du Saint-Esprit pour les chrétiens, il se serait rappelé que l'ibis ne vivait pas dans nos contrées, et il aurait pensé que nous l'avions par cette raison remplacé par un oiseau qui s'en rapproche : dans cette colombe, il aurait salué Thoth, le dieu à tête d'ibis, qui dans le culte égyptien représente l'*intelligence divine*. Pour peu que dans le jardin du presbytère il ait aperçu un agneau ou des pigeons vivants, il n'aurait pas douté que ce ne fussent les animaux sacrés élevés dans les colléges de prêtres pour figurer dans nos processions.

L'idée qu'un prêtre égyptien se ferait de notre culte s'il ne connaissait pas le sens des symboles n'est pas beaucoup plus étrange que celle qui est admise depuis quinze cents ans sur le culte égyptien. Faute d'avoir compris les hiéroglyphes qui accompagnent les images religieuses, nous n'avons vu qu'une idolâtrie grossière dans des emblèmes dont la signification nous était inconnue.

Ce qui nous étonne encore plus que la diversité des animaux qui servent d'emblème à la divinité, c'est l'inégalité qu'ils présentent dans le culte qui leur est rendu. Tandis que le crocodile et l'hippopotame sont demeurés des emblèmes divins dans quelques localités isolées, ces deux animaux sont exécrés dans tout le reste de l'Égypte et même identifiés avec le principe du mal. Bien au contraire, le bœuf Apis ou le bélier d'Ammon semblent avoir été vénérés dans l'Égypte entière et avoir eu la prépondérance sur tous les autres.

Ce fait singulier trouve son explication dans la manière dont l'Égypte s'est constituée politiquement. A l'origine, les populations répandues sur les rives du Nil formaient des tribus à peu près indépendantes, adorant la divinité sous la forme d'un animal particulier qui était représenté sur l'étendard de la tribu. Or, dès qu'une tribu est devenue la plus puissante, son animal emblématique a dû nécessairement devenir prépondérant en Égypte. Ainsi, quand Thèbes devient la capitale de la haute Égypte, l'emblème du bélier devient le plus important de tous, et il en est de même à Memphis pour le bœuf adoré sous le nom d'Apis dans la basse Égypte.

Les animaux sacrés étaient élevés dans le temple du dieu dont ils étaient l'emblème. A Thèbes, on avait des béliers, image du dieu Ammon. Mais de tous les animaux sacrés, le plus vénéré était le bœuf Apis, incarnation vivante d'Osiris. On le reconnaissait à certains signes, et les prêtres publiaient que la vache qui l'avait enfanté n'avait pas connu le taureau et avait été fécondée par un rayon de la lune.

Le bœuf Apis ne devait vivre qu'un nombre déterminé d'années; ce temps expiré, les prêtres le jetaient dans un puits, ou bien, suivant l'opinion généralement répandue, il s'y jetait lui-même. Mais s'il mourait de mort naturelle avant le temps prescrit, toute l'Égypte prenait le deuil et demeurait plongée dans la tristesse, jusqu'à ce que les prêtres eussent retrouvé un nouvel Apis, portant les signes divins qui pouvaient le faire reconnaître. Dès que celui-ci était découvert, le deuil faisait place à une allégresse générale et on lui construisait, dans l'endroit où on l'avait trouvé, une étable tournée vers l'Orient, dans laquelle on le nourrissait de lait. Au bout de quatre mois, un grand cortège de prêtres le menait solennellement au bord du Nil, où un vaisseau le prenait pour l'amener à Memphis. Là, il était placé dans le sanctuaire, où il avait à sa disposition de vastes prairies ; mais il ne pouvait pas boire l'eau du Nil, et il avait pour l'abreuver un puits, dont l'eau servait également aux prêtres attachés à son service.

Plutarque, dans son traité d'Isis et d'Orisis, nous donne la raison de ce singulier usage :

« On dit que les prêtres ont un puits à part et qu'ils en abreuvent leur bœuf Apis; car ils se gardent de boire de l'eau du Nil, non qu'ils réputent l'eau du Nil immonde à cause des crocodiles qui sont dedans, comme quelques-uns l'estiment; au contraire, il n'y a rien que les Égyptiens honorent tant que le fleuve du Nil, mais il semble que son eau engraisse trop et engendre trop de chair; or ils ne veulent pas que leur Apis soit par trop gras, ni eux aussi ; ainsi veulent que leurs âmes soyent estayées de corps légers, habiles et dispos, et non pas que la partie divine qui est en eux soit opprimée et accablée par le poids et la force de celle qui est mortelle. »

« Dieu souverainement bon, dit Mariette en parlant d'Osiris, descend au milieu des hommes et s'expose aux douleurs de cette vie terrestre sous la forme du plus vulgaire des quadrupèdes. La mère d'Apis passait pour vierge, même après l'enfantement. Apis, en effet, n'était pas conçu dans le sein de sa mère par le contact du mâle. Phtah, la sagesse personnifiée, prenait la forme du feu céleste et fécondait la vache. Apis était ainsi une incarnation d'Orisis par la vertu de Phtah. On reconnaissait qu'Osiris s'était manifesté quand, après une vacance de l'étable de Memphis, il naissait un jeune veau pourvu de certaines marques sacrées qui devaient être au nombre de vingt-huit. A peine la nouvelle de la manifestation s'était-elle répandue, que de toutes parts on se livrait à la joie, comme si Orisis lui-même était descendu sur la terre. Apis était dès lors regardé comme une preuve vivante de la protection divine. Quand Apis mourait de sa mort naturelle, il était enseveli dans les souterrains du temple (le Sérapéum), dont nous avons retrouvé les ruines à Saqqarah. Mais quand la vieillesse le conduisait jusqu'à l'âge de vingt-huit ans (nombre d'années qu'avait vécu Orisis), il devait mourir d'une mort violente. » La tête du bœuf Apis devait être noire avec un triangle blanc sur le front; il fallait aussi qu'il eût sur le corps des taches noires d'une forme déterminée et régulière.

Les funérailles du bœuf Apis étaient célébrées avec un luxe extraordinaire et on l'inhumait dans des sarcophages magnifiques. Le tombeau des Apis était appelé par les Grecs Sérapeum ou temple de Sérapis; mais pour les Égyptiens Sérapis n'était pas autre chose que l'Apis mort, car chaque mort étant assimilé à Orisis. Apis mort prenait le nom d'Osiris-Apis, d'où les Grecs ont fait Sérapis, par abréviation.

Le culte d'Apis a duré aussi longtemps que l'ancienne Égypte; mais il a subi de graves atteintes sous l'invasion persane. « Au moment où Cambyse rentra dans Memphis, dit Hérodote, Apis, que les Grecs nomment Epaphus, apparut aux Égyptiens. A cette occasion, ils prirent leurs plus beaux vêtements et se mirent en fête. Le roi les vit et s'imagina qu'ils se réjouissaient de ses désastres; il appela donc les magistrats de la ville. « Pourquoi, leur dit-il dès qu'ils furent en sa présence,
« lorsque précédemment j'étais à Memphis, les Égyptiens ne faisaient-
« ils rien de semblable, et choisissent-ils le moment où j'y reviens

« après avoir perdu une partie de mon armée? » Or ils lui exposèrent qu'un dieu, accoutumé à se manifester à de longs intervalles de temps, venait de se montrer, et que quand il paraissait, tous les Égyptiens, réjouis, célébraient une fête. Cambyse les écouta; puis il les accusa d'avoir menti, et, comme menteurs, il les condamna à mort. Les magistrats exécutés, Cambyse fit venir devant lui les prêtres; ceux-ci lui ayant donné la même explication : « Je veux m'assurer, dit-il, si c'est un dieu « véritable qui est venu chez les Égyptiens; je vous ordonne de m'a- « mener cet Apis. » Ils sortirent alors pour l'aller chercher. Apis ou Epaphus est le rejeton d'une vache qui, après l'avoir porté, est incapable de concevoir; sur elle, disent les Égyptiens, un rayon descend du ciel, et de ce rayon elle enfante Apis. Or ce veau, cet Apis, comme on l'appelle, se reconnaît aux marques suivantes : il est noir, mais il a sur le front un carré blanc, sur le dos l'image d'un aigle, à la queue des poils doubles, sous la langue un escarbot. Lorsque les prêtres eurent amené Apis, Cambyse, comme s'il eût été pris d'un accès de folie, tira son glaive et voulut le frapper au ventre; mais il ne le blessa qu'à la cuisse. Alors, éclatant de rire, il dit aux prêtres : « O pauvres « têtes, existe-t-il de tels dieux, ayant sang et chair, sensibles aux coups « d'une arme? Celui-ci est bien digne des Égyptiens. Toutefois vous « n'aurez pas lieu de vous réjouir d'avoir fait de moi un objet de rail- « lerie. » A ces mots, il prescrivit à ceux dont c'était l'office de fustiger les prêtres et de tuer tous ceux des Égyptiens qu'ils prendraient à célébrer la fête. La fête finit de la sorte; les prêtres furent fouettés, et Apis, blessé, mourut étendu dans le temple; quand il eut succombé, les prêtres, à l'insu de Cambyse, firent ses funérailles. Cambyse, si l'on en croit les Égyptiens, à cause de cet attentat, devint aussitôt fou; mais il n'était déjà pas très sensé. »

La vénération qu'inspirait le bœuf Apis et l'attribution des cornes de vache à la déesse Isis expliquent les singuliers usages dont parle Hérodote. « Si un bœuf ou une génisse viennent à mourir, on leur fait des funérailles de cette manière : on jette les génisses dans le fleuve; quant aux bœufs, on les enterre dans les faubourgs, avec l'une des cornes ou les deux cornes hors de terre, pour servir d'indice. Lorsque le bœuf est pourri, et dans un temps déterminé, on voit arriver à chaque ville un bateau de l'île Prosopitis. Cette île, située sur le Delta, a neuf scheires de tour; elle contient un grand nombre de villes; mais celle d'où partent les bateaux destinés à enlever les os de bœufs se nomme Atarbechis. »

A ces renseignements fournis par l'historien grec, on peut ajouter ceux que nous puisons dans la science moderne.

« Quand un des animaux de l'espèce bovine mourait à Memphis, dit Mariette, on l'enterrait près du Sérapéum, soit dans le sable pur, soit dans une immense catacombe aujourd'hui comblée. L'embaumement ne paraît pas avoir été pratiqué pour ces animaux dont on ne conservait que le squelette. Tantôt le squelette était maintenu par de fortes branches d'arbre nouées le long de l'épine dorsale ; tantôt les os étaient réunis en paquets et enfermés dans des linges nombreux auxquels on essayait de donner extérieurement la posture d'un bœuf accroupi. Quelquefois enfin, ce même paquet était enfermé dans un coffre de bois fendu par le milieu, auquel on donnait la même forme. »

Le bœuf sacré figure dans les processions qui se faisaient en l'honneur de l'agriculture. Elles étaient conduites par le Pharaon, pourvu de ses insignes militaires. L'une d'elles est représentée en détail sur les murs de Medinet-About. Le rapport de la commission des savants qui accompagnaient en Égypte le général Bonaparte en donne la description suivante : « Quatre personnages, qu'à leur tête rasée on reconnaît pour des prêtres, portent dans une caisse des arbres dont on a seulement figuré la masse, et qui ne se trouvent probablement ici représentés que parce qu'ils sont les plus beaux résultats de la végétation ; c'est assurément un des attributs qui indiquent l'influence puissante de la divinité sur tout ce qui végète. Au-dessus, deux prêtres portent une grande tablette où devaient être inscrites les victoires du héros et son triomphe ; peut-être était-elle destinée à perpétuer le souvenir du sacrifice qu'il vient d'offrir. La statue du dieu est portée sur un brancard par vingt-quatre prêtres ; elle a été tirée du lieu sacré où elle est renfermée ; elle est entourée de toute la pompe des cérémonies, de faisceaux, de tiges et de fleurs de lotus, d'étendards et de panaches. Une riche draperie, couverte de fleurons, enveloppe tous les prêtres qui portent le brancard, de manière qu'elle ne laisse voir que leur tête et leurs pieds. Deux petites figures sont aux pieds de la divinité. L'une d'elles, accroupie sur ses talons, lui fait l'offrande de deux vases où sont probablement contenues les prémices de l'inondation. En avant, le triomphateur marche vêtu d'autres habits et coiffé d'un autre bonnet ; il tient dans ses mains les attributs du pouvoir suprême. Au-dessus de sa tête plane un vautour portant sa devise. Le bœuf sacré s'avance lui-même au milieu du cortége ; c'est peut-être celui qu'on nourrissait à Hermonthis, lieu tout voisin de Thèbes; son cou est orné des bandelettes sacrées ; il porte sur sa tête un disque surmonté de deux plumes; un prêtre brûle des parfums devant lui. On voit ensuite un personnage couvert d'un vêtement assez semblable aux chasubles de nos prêtres; il a les mains jointes et paraît être dans un recueillement profond. Au-dessus de ces figures est une prêtresse avec la coiffure d'Isis; on voit devant elle un prêtre qui, sans doute, proclame les victoires du héros et annonce les sacrifices que l'on va faire aux dieux. En avant sont dix-sept prêtres ayant, les uns, les attributs de la divinité, tels que le crochet, le fléau, le bâton augural ; d'autres des étendards formés de la figure d'Isis et des têtes des animaux sacrés, tels que l'épervier, le bœuf, le chacal; quelques-uns portent des vases et d'autres objets dont on ne reconnaît pas aussi bien la forme. D'autres prêtres tiennent élevé sur leurs épaules un brancard sur lequel on remarque d'abord une sorte de coffre où sont posés des vases d'une forme assez semblable à ceux dont on se sert encore aujourd'hui en Égypte et ensuite trois petites figures debout. Les vases renfermaient sans doute la liqueur qui devait servir aux libations. Un second brancard à peu près semblable, porté par le même nombre de prêtres, se voit au-dessus de celui-là. A gauche est un personnage environné d'hiéroglyphes. En avant de ces deux groupes se trouvent trois prêtres qui arrivent devant deux autels sur lesquels flottent des étendards sacrés. Le héros, accompagné de son génie tutélaire, est tourné en face du cortége, et c'est à lui que paraît maintenant s'adresser l'espèce de sacrifice que l'on voit ici représenté ; il consiste en deux tiges de lotus flétries avant d'être épanouies. Deux jeunes initiés, qui paraissent les offrir, se retournent du côté des prêtres, qu'ils semblent prévenir de l'action qu'ils vont faire; des oiseaux qui s'envolent sont peut-être des emblèmes indiquant que le sacrifice s'élève jusqu'à la divinité. La marche continue et un personnage qui est tout entouré d'inscriptions hiéroglyphiques déroule un volume et semble proclamer les actions du héros. Mais la scène change bientôt, et le héros redevient à son tour sacrificateur : armé d'une faux, il coupe un faisceau de tiges et de boutons de lotus que lui présente un prêtre. Un autre prêtre suit et tient élevé dans ses mains un rouleau de papyrus, sur lequel il paraît lire ; ce sont peut-être les prières que l'on devait réciter dans cette circonstance. Le bœuf sacré se voit dans cette scène, qui semble tout entière avoir trait à l'agriculture. Ce sacrifice n'est en quelque sorte que le prélude de celui que va faire bientôt le triomphateur, en approchant plus près du sanctuaire où est déposée la statue de la grande divinité de Thèbes. Le héros fait, avec un vase qu'il tient de la main droite, des libations sur un autel couvert de fruits entourés de verdure, du milieu de laquelle sortent des fleurs de lotus. C'est ici que se termine cette grande procession religieuse et militaire, que l'on doit considérer comme la représentation fidèle de toutes les cérémonies qui s'observaient au triomphe d'un roi guerrier. Des sacrifices offerts aux dieux commençaient et terminaient la fête. »

D'autres animaux sacrés étaient, comme le bœuf Apis, l'objet d'un culte réel, mais qui n'avait pas la même importance. « Si dans quelque maison, dit Hérodote, il meurt un chat de mort naturelle, quiconque l'habite se rase les sourcils seulement ; mais quand il meurt un chien, on se rase la tête et le corps entier. On porte dans les maisons sacrées les animaux qui viennent de mourir et on les enterre à Bubastis. A l'égard des chiens, chacun leur donne la sépulture dans sa ville et les arrange dans des caisses sacrées. On rend les mêmes honneurs aux ichneumons. On transporte à Buto les musaraignes et les éperviers et les ibis à Hermopolis ; mais les ours, qui sont rares en Égypte, et les loups (chacals), qui n'y sont guère plus grands que les renards, on les enterre dans les lieux mêmes où ils sont morts. »

L'historien grec nous donne encore quelques renseignements sur ceux qui étaient chargés d'élever les animaux. « La loi ordonne aux Égyptiens de nourrir les animaux sacrés ; il y a un certain nombre de personnes, tant hommes que femmes, destinées à prendre soin de chaque espèce en particulier. C'est un emploi honorable : le fils y succède à son père. Ceux qui demeurent dans les villes s'acquittent des vœux qu'ils leur ont faits. Voici de quelle manière : lorsqu'ils adressent leurs prières au dieu auquel chaque animal est consacré, et qu'ils rasent la tête de leurs enfants, ou tout entière ou à moitié, ou seulement au tiers, ils mettent ces cheveux dans un des bassins d'une balance et de l'argent dans l'autre. Quand l'argent a fait pencher la balance, ils le donnent à la femme qui prend soin de ces animaux : elle en achète des poissons, qu'elle coupe par morceaux, et dont elle les nourrit. Si l'on tue quelqu'un de ces animaux de dessein prémédité, on est puni de mort ; si on l'a fait involontairement, on paye l'amende qu'il plaît aux prêtres d'imposer ; mais si l'on tue, même sans le vouloir, un ibis ou un épervier, on ne peut éviter le dernier supplice. »

LES DESTINÉES DE L'AME. — Tout ce qui concerne la vie future est inscrit sur une série de papyrus, auxquels on donne le nom de rituel funéraire. Le rituel funéraire ou livre des morts est une réunion de prières divisées en 165 chapitres. Le rituel constituait un véritable catéchisme que tout Égyptien devait savoir imperturbablement, afin de pouvoir répondre aux questions qui devaient lui être adressées après sa mort. Pour venir en aide à sa mémoire on enfermait dans le cercueil un exemplaire abrégé ou tout au moins des fragments du rituel funéraire. Quoique la pensée générale soit toujours la même dans les exemplaires que nous possédons, la forme et l'ordre des idées ne sont pas toujours présentés de la même manière. Néanmoins, on peut y suivre à peu près pas à pas les croyances des anciens Égyptiens sur les migrations que l'âme devait accomplir et les épreuves qu'elle devait subir après la mort. Nous avons, au musée égyptien du Louvre, dans la salle funéraire, à côté de la cheminée, un grand rituel du style de la XVIIIe dynastie. « Ce beau manuscrit, dit M. de Rougé, est une véritable édition de luxe; il avait été préparé d'avance dans quelque librairie, et on avait laissé en blanc le nom du défunt à chaque endroit où il devait être écrit. Ces blancs étaient remplis quand le manuscrit avait été acheté; mais il arrive quelquefois, comme ici, qu'on s'est dispensé de cette formalité et que le nom du défunt est resté en blanc. Dans d'autres manuscrits volés sans doute à quelque tombeau, on a effacé par endroits le premier nom et on a attribué le rituel à un nouvel acheteur, en écrivant son nom en surcharge. »

« Les légendes sacrées, dit ailleurs M. de Rougé, racontaient qu'Osiris étant mort sous les coups de son frère Set ou Typhon, avait été ressuscité par les soins d'Isis. Orisis était devenu le type de tout Égyptien qui avait payé son tribut à la mort, et cette assimilation était la garantie de son immortalité finale. L'embaumement le plus complet durait soixante-dix jours, pour se conformer aux rites suivis par Horus dans l'embaumement de son père Osiris. Le corps ainsi conservé, l'âme du défunt, que l'on nommait régulièrement l'*Osiris un tel*, subissait des épreuves et parcourait les sphères célestes de la région des âmes, à la suite de l'âme d'Osiris, laquelle était censée résider dans une constellation qui répond aux étoiles d'Orion. Les parties du rituel qui énumèrent les principaux actes de ce pèlerinage de l'âme ne sont pas écrites dans un ordre constant, surtout dans les rituels anciens. Mais il semble qu'il y ait eu, vers le temps des rois saïtes, une sorte de révision ou rédaction plus officielle du rituel; car aux dernières époques, on a tracé les manuscrits funéraires dans un ordre à peu près constant, qui doit être pris en considération, parce qu'il indique certainement l'ordre dans lequel les prêtres comprenaient les diverses idées auxquelles se rapportent les chapitres successifs de ce livre. »

Le mort monte d'abord sur la barque du soleil, où il est conduit par Anubis, et revêt successivement différentes formes pour éviter les embûches des démons. Mais quand il arrive au bord du lac qu'il faut traverser pour arriver aux enfers, il est interrogé par la barque elle-même et par chacune de ses parties. Ainsi la barque demande : « Quel est mon nom? » et le défunt répond : « Le Seigneur de la terre dans une boîte. » Le timon demande à son tour : « Quel est mon nom? » et le défunt répond : « Celui qui foule le Nil. » Puis ce sont les avirons, les poulies, les voiles, qui l'interrogent tour à tour, et quand il est admis dans la *salle de vérité*, il ne lui faut rien omettre du rituel, car il ne saurait plus reconnaître sa route et s'égarerait infailliblement s'il avait oublié quelque chose.

Le mort doit aussi, pendant une certaine période de temps, cultiver les champs célestes et recommencer en quelque sorte les travaux qu'il a faits sur la terre. C'est à cette croyance que nous devons les nombreuses scènes agricoles qui figurent dans les peintures des hypogées.

« Dans le ker-neter, nom mystique de l'autre monde, dit Mariette, existent de vastes champs entrecoupés de fleuves et de canaux, que le défunt doit cultiver. C'est une nouvelle épreuve imposée à l'âme avant son entrée définitive dans le séjour éternel. Le chapitre cx du rituel lui est consacré. Le chapitre vi porte pour titre : Chapitre pour faire les *schâbti* pour les travaux dans le ker-neter. Ces schabti sont, comme on sait, les statuettes funéraires elles-mêmes : quoique représentant le défunt dont elles portent invariablement le nom, elles semblent des aides qu'on lui aurait donnés pour le seconder dans le travail difficile de la culture des champs célestes. Aussi sont-elles toujours extrêmement nombreuses, soit qu'on en ait parsemé le sol de la chambre mortuaire, soit qu'on les ait disposées dans des boîtes spécialement affectées à cet usage. »

Quatre génies spéciaux, sous la forme de cynocéphales, étaient chargés de purifier complètement l'âme du juste en effaçant dans un bassin de feu les souillures dont elle se serait rendue coupable : c'est ce qu'on appelle le bassin expiatoire. Mais c'est surtout en arrivant dans la salle de vérité que le défunt aborde le moment le plus solennel, la confession qui doit être suivie du jugement définitif.

Dans notre figure 454, on voit au-dessus de la scène du pèsement de l'âme deux rangées de petites figures, assises dans une pose identique et pourvues d'une plume d'autruche sur la tête. Ce sont les quarante-deux juges devant lesquels l'âme est obligée de faire sa confession. Elle fait à chacun d'eux une invocation pour se justifier d'un péché contre la morale ou le culte établi. Les lois morales sont à peu près les mêmes chez tous les peuples et on n'est pas surpris de voir dans le rituel la condamnation du meurtre, du vol, de l'adultère, l'obligation de l'aumône, de la charité, etc.

Au chapitre cxxv du rituel (cité par Mariette), le mort, admis en présence du juge suprême, s'écrie : « Je me suis attaché Dieu par mon amour ; j'ai donné du pain à celui qui avait faim, de l'eau à celui qui avait soif, des vêtements à celui qui était nu ; j'ai donné un lieu d'asile à l'abandonné... » Les monuments égyptiens, ajoute Mariette, font un si fréquent emploi de ces paroles, que nous sommes presque autorisés à y voir une sorte de prière d'un usage pour ainsi dire quotidien.

Mais il y a aussi des prescriptions qui se ressentent de la nature du sol, par exemple, le *respect des droits acquis sur les cours d'eau*, et d'autres qui nous semblent assez bizarres, comme la défense de dire des paroles trop nombreuses ; il paraît qu'en Égypte le bavardage était un gros péché ! Mais ce qui est surtout bien remarquable, ce sont les prescriptions relatives aux priviléges du sacerdoce et au maintien de l'ordre de choses établi. On peut en juger par l'extrait suivant qui fait partie de la justification du défunt dans le rituel de Turin :

« Je n'ai pas affamé les autres, dit le défunt.

« Je n'ai pas changé les institutions du pays.

« Je n'ai pas volé les vêtements des morts.

« Je n'ai pas pris le lait de la bouche des enfants.

« Je n'ai pas pris au filet les oiseaux sacrés.

« Je n'ai pas pêché les poissons sacrés.

« Je n'ai pas barré le fleuve à l'époque de l'inondation pour détourner une portion des eaux à mon profit.

« Je n'ai pas éteint les lampes (sacrées) quand elles devaient brûler.

« Je n'ai pas chassé les bestiaux des dieux, etc. »

Toutes les justifications du défunt à l'égard des institutions du pays, des oiseaux sacrés, des poissons sacrés, se rattachent évidemment aux priviléges sacerdotaux que la loi religieuse voulait maintenir intactes.

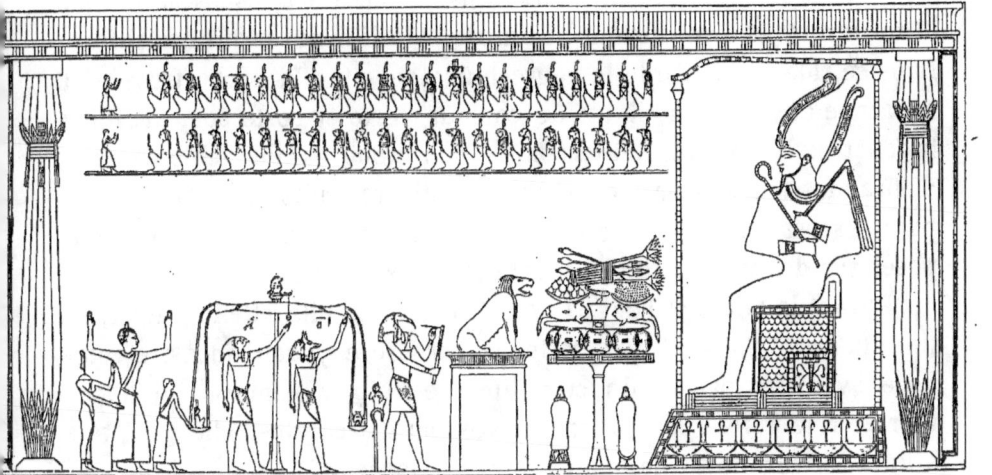

Fig. 454. — Le jugement de l'âme.

La scène du jugement de l'âme est reproduite sur un très grand nombre de monuments. Elle apparaît sur les peintures des hypogées, sur les sculptures des sarcophages, et forme la plus importante des vignettes qui sont figurées sur le rituel. Quoique présentant quelques différences dans les détails, les scènes du jugement de l'âme se ressemblent toutes par les points essentiels, et en étudiant l'une d'elles on a la clef de toutes les autres. Cette étude est d'autant plus essentielle qu'elle démontre, au point de vue moral, toute la doctrine religieuse des anciens Égyptiens.

La figure 454 nous introduit dans le palais de l'Amenti, décoré de colonnes imitant un faisceau de lotus lié à son extrémité supérieure. Au fond de la salle, sur un trône couvert d'écailles, est assis Osiris, le souverain juge des actions humaines et le dieu qui règne aux enfers. Dans ce rôle Osiris garde la figure humaine, avec la barbe tressée et rattachée aux oreilles; il est de couleur verte et porte pour attributs le fouet et le pedum. Aux pieds de son trône est une table chargée d'offrandes : des fleurs, des oignons, divers fruits, deux oies, des pains sacrés, un vase sacré à encens. Deux longs vases à libation, posés sur des trépieds de bois, sont placés sous la table.

Devant la table, et l'œil fixé sur Osiris, dont elle attend l'arrêt, se tient la *dévorante de l'enfer*, sorte de cerbère égyptien, monstre composé avec des parties du crocodile, de l'hippopotame et du lion : inerte, si le défunt doit prendre place parmi les élus, elle est prête à le dévorer si sa condamnation est prononcée.

A l'autre extrémité de la salle, le défunt est introduit par la déesse Tmeï, la Thémis des Grecs, personnification de la justice. Coiffé du cône funéraire, le sein nu, les jambes recouvertes d'une tunique rattachée à l'épaule par une bandoulière, le mort lève les bras pour implorer la miséricorde du grand justicier, qui le fixe d'un œil scrutateur et impassible. La déesse qui l'accompagne n'a pas de tête, mais elle porte en place une plume d'autruche, symbole de la justice chez les anciens Égyptiens.

Entre le mort et le juge suprême est placée la balance infernale, dont les plateaux pendent au bout de deux cordes : sur l'un d'eux est le cœur du défunt, renfermé dans une urne, sur l'autre, on retrouve la déesse Tmeï, la justice personnifiée. Au sommet de la balance est le cynocéphale assis, symbole d'équilibre et d'équité des jugements. Le mort voudrait bien faire pencher le plateau en sa faveur; mais Horus, le dieu à tête d'épervier, et Anubis, le dieu à tête de chacal, se tiennent debout sous la balance et vérifient, l'un, le poids régulateur, l'autre la corde qui soutient le plateau du cœur.

Quand ils ont pesé le cœur du mort, les deux divinités communiquent le résultat à Thot, le dieu à tête d'Ibis, scribe d'Osiris et secrétaire de la justice divine. Celui-ci inscrit le résultat sur une tablette qu'il va présenter au juge suprême pour prononcer en dernier ressort. L'équité du jugement ne peut être révoquée en doute par le mort, qui avant le pèsement de son cœur a dû s'expliquer devant les quarante-deux juges que nous voyons figurer en haut de la composition.

Les méchants étaient condamnés à l'anéantissement ; mais ils n'y arrivaient qu'après avoir subi divers châtiments, par exemple celui de voir leur âme passer dans le corps d'un animal immonde comme le porc (fig. 455). Le juste, au contraire, arrivait aux régions célestes,

Fig. 455. — Un méchant condamné à prendre la forme d'un animal impur.

toujours représentées sur les monuments sous une forme emblématique. Ainsi l'espace céleste est quelquefois figuré par une femme couverte d'étoiles, qui se courbe au-dessus de la terre en prenant une forme démesurément longue, comme on peut le voir dans notre figure 456. Sur les barques qui naviguent au delà de cette figure céleste, on voit naviguer les âmes des justes qui, étant assimilées à Osiris, en portent les emblèmes.

Le catalogue du musée de Boulaq décrit ainsi un sarcophage : « Sur la partie supérieure du cercueil est l'image du ciel sous la forme d'une femme, les bras étendus sur la tête, nageant dans les espaces célestes. La partie inférieure est au contraire occupée par ce que nous appelons l'enfer, représenté par une femme, les bras pendants, le signe hiéroglyphique de l'*amenti* sur la tête. Quand la dépouille mortelle était encore enfermée dans son cercueil, le défunt était ainsi comme suspendu entre le ciel supérieur qui représente la course radieuse du soleil, et le ciel inférieur que l'astre parcourt pendant la nuit. Toutes les croyances égyptiennes sont là. La vie est semblable au soleil qui accomplit au-dessus de nos têtes sa resplendissante carrière; le soleil nocturne qui lutte silencieusement sous nos pieds contre les ténèbres est l'image de la mort. Ces épreuves accomplies, l'âme déclarée pure reparaît brillante à l'horizon oriental et commence pour l'éternité une seconde vie qui n'aura pas de mort. »

Le catalogue du musée de Boulaq décrit ainsi le cercueil de Meneï, prophète d'Osiris : « Sur la poitrine, on voit la représentation du défunt couché sur le lit funèbre, entre les deux enseignes, emblèmes d'Osiris. L'âme se rapproche du corps sur lequel elle plane les ailes éployées. Au-dessus de la scène, le soleil, soutenu par Isis et Nephtys, se lève à l'horizon. C'est le grand acte final des pérégrinations auxquelles le défunt vient d'être soumis. Meneï a sacrifié à toutes les divinités funèbres; il a subi toutes les épreuves; il a comparu devant le juge suprême et a été proclamé juste; par sa vertu, il a mérité de commencer cette seconde vie qui n'aura pas de mort. L'âme va maintenant se réunir au corps, et au centre du disque solaire apparaît le scarabée comme emblème de cette résurrection. Les figures qui accompagnent cette scène sont celles des divinités inférieures, gardiennes des espaces célestes. »

L'âme du juste gagnait avec l'immortalité la certitude d'un bonheur sans mélange : les hommes dont la vie avait été approuvée d'Osiris vivaient dans le *ker-neter* qui équivaut à notre paradis. Les aspirations vers le ker-neter sont nettement exprimées dans une hymne au soleil, inscrite sur une stèle funéraire du musée de Boulaq. « Salut, salut à toi, quand tu te lèves dans la montagne solaire sous la forme de *Ra*, et que tu te couches sous la forme de *Ma!* Tu circules autour du ciel, et tous les hommes te regardent et se tournent vers toi en se cachant la face! Tes rayons sur leur visage, on ne peut les décrire! L'or n'est rien, comparé à tes rayons! Les terres divines, on les voit dans les peintures; les contrées de l'Arabie, on les a énumérées; mais toi seul tu es caché!... Tes transformations sont égales à celles de l'océan céleste. Il marche comme tu marches... Accorde que j'arrive au pays de l'éternité et à la région de ceux qui sont approuvés. Accorde que je me réunisse aux beaux et sages esprits du ker-neter, et que j'apparaisse avec eux pour contempler tes beautés le matin de chaque jour!... »

Bien que la croyance à la résurrection des corps fût très-générale en Égypte, il paraît qu'elle n'était pas envisagée par tout le monde sous un jour bien consolant. C'est du moins ce qui résulte d'une très-curieuse inscription traduite par M. Maspero : « O mon frère, ô mon ami, ô mon mari, dit une femme défunte, ne cesse pas de boire, de manger, de vider la coupe de la joie, d'aimer et de célébrer les fêtes; suis toujours ton désir et ne laisse jamais entrer le chagrin en ton cœur, si longtemps que tu es sur la terre! Car l'amenti est le pays du lourd sommeil et des ténèbres, une demeure de deuil pour ceux qui y restent. Ils dorment dans leurs formes incorporelles, ils ne s'éveillent

Fig. 456. — Le ciel.

pas pour voir leurs frères, ils ne reconnaissent plus père et mère, leur cœur ne s'émeut plus vers leur femme ni vers leurs enfants. Chacun se rassasie de l'eau vivifiante, moi seule ai soif. L'eau vient à qui demeure sur la terre : où je suis, l'eau même me donne soif. Je ne sais plus où je suis, depuis que je rentrai dans ce pays ; je pleure après l'eau qui a jailli de là-haut. Je pleure après la brise, au bord du courant (du Nil), afin qu'elle rafraîchisse mon cœur en son chagrin, car ici demeure le dieu dont le nom est *Toute mort*. Il appelle tout le monde à lui, et tout le monde vient se soumettre, tremblant devant sa colère. Peu lui importent et les dieux et les hommes; grands et petits sont égaux pour lui. Chacun tremble de le prier, car il n'écoute pas. Personne ne vient le louer, car il n'est pas bienveillant pour qui l'adore : il ne regarde aucune offrande qu'on lui tend. »

Il faut croire pourtant que l'idée de la mort et de la résurrection se présentait d'une manière moins sinistre pour la plupart des Égyptiens, autrement on comprendrait bien difficilement l'importance donnée au lotus et au scarabée, symbole de résurrection, ainsi que l'usage des ablutions et des repas funèbres qui se rattachent à la même pensée (fig. 457). Le soin énorme qu'on apportait à la conservation du corps après la mort tenait à la certitude où l'on était généralement que le corps reprendrait un jour sa forme première.

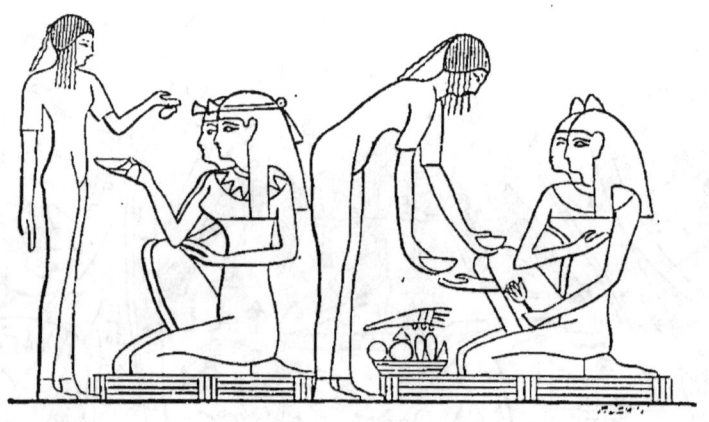

Fig. 457. — Repas funèbre.

« Mettre les morts à l'abri de l'inondation, dit Mariette, a été le principe qui a toujours guidé les Égyptiens dans le choix de l'emplacement réservé aux nécropoles. Dans le Delta, les morts ont été ensevelis, soit dans l'épaisseur des murs des villes et des temples, quand ces murs étaient en briques crues, soit dans des *tumuli* élevés au milieu des plaines. La moyenne et la haute Égypte ont profité des avantages que leur offraient les chaînes libyque et arabique qui, des deux côtés, confinent aux plaines cultivées, et les habitants ont pratiqué, dans le rocher qui forme ces deux montagnes, les grottes destinées à recevoir leurs morts. Rarement les morts ont été confiés à la terre nue... Les tombes égyptiennes ne forment jamais un tout bien coordonné et on ne peut pas dire qu'elles aient été invariablement construites sur un type uniforme. Cependant, à quelque époque qu'il appartienne, un monument funéraire complet est divisé en trois parties : la *chapelle extérieure*, le *puits* et les *caveaux souterrains*. »

La chapelle extérieure se compose d'une ou de plusieurs chambres, accessibles en tout temps, au moyen de portes : les parents ou les prêtres venaient y accomplir des cérémonies funèbres en l'honneur des morts. La décoration consiste en scènes empruntées à la vie réelle et dans lesquelles le défunt est toujours présent. « On le voit entouré de sa famille, assistant à des scènes diverses; il chasse dans les roseaux; il préside aux travaux des champs; des serviteurs lui apportent les produits de ses fermes; d'autres immolent à ses pieds les bœufs de sacrifices. »

La statue du défunt était presque toujours placée dans la chapelle extérieure, mais non pas de manière à être visible, car on pratiquait dans l'épaisseur de la muraille une niche destinée à la contenir et on la refermait ensuite. Seulement on y ménageait quelquefois une petite ouverture rectangulaire ; c'est par cet étroit conduit que les prières pouvaient être entendues de la statue et l'odeur des parfums arriver jusqu'à elle. Il faut encore observer que dans les chapelles funéraires de l'ancien empire, les images des dieux sont extrêmement rares, tandis qu'elles sont prodiguées dans celles du nouvel empire. A partir de cette époque, le caractère des décorations change, et au lieu de scènes de la vie privée, on trouve surtout des sujets religieux traités symboliquement. Le nouvel empire commence à la XVIII° dynastie. Sous les Ptolémées l'usage des chapelles extérieures cesse peu à peu et tout le luxe des sépultures se réfugie dans les chambres souterraines.

Au-dessous de la chapelle extérieure se trouve le puits qui descend dans les caveaux mortuaires où étaient déposées les momies. Une fois le puits bouché et rempli de décombres, on regardait la tombe comme à l'abri de toute violation. C'est là qu'on déposait, près du sarcophage contenant la momie, des meubles, comme chaises, tables, tabourets, coffrets, vases, paniers contenant des provisions, etc. C'est dans ces caveaux qu'on retrouve ces armes, ces bijoux, ces scarabées, ces canopes, ces vases et ces innombrables statuettes qui enrichissent nos musées d'antiquités.

Les scènes représentées sur les sarcophages se rapportent généralement à la course nocturne du soleil dans les régions souterraines : sur les plus récents on voit quelquefois des légendes mythologiques relatives aux génies funéraires ou à l'histoire d'Isis ou d'Osiris : on voit souvent planer sur la poitrine l'épervier à tête humaine, symbole de l'âme. Les sarcophages, en forme de momie, appartiennent généralement au nouvel empire, car les plus anciens sont de simples cuves en pierre. « Les Égyptiens, dit M. de Rougé, si magnifiques dans tout ce qui regardait les sépultures, ont décoré ces monuments avec un soin tout spécial. Les sarcophages d'une très-anciennne époque sont fort simples et néanmoins d'un beau travail. Le sarcophage de la grande pyramide n'a aucun ornement. Celui du roi Menkéra (IVᵉ dynastie) présentait l'aspect d'un petit édifice. Il n'était décoré d'aucune figure ; de simples lignes architecturales, disposées avec un goût infini, composaient seules son ornementation. Les musées de Leyde et de Boulaq possèdent chacun une cuve de granit du même style. Le sarcophage de Florence, qui appartient à la XIIᵉ dynastie, est en granit rose ; la pierre est taillée avec une grande précision, mais il n'est encore orné que d'une légende hiéroglyphique assez simple. Il est vrai qu'on ne connaît pas de sarcophage royal de cette époque.

« Dans le second empire, les sarcophages sont décorés avec une grande richesse. Ceux du roi d'Aï (XVIIIᵉ dynastie) et de Séti Iᵉʳ présentent un résumé de toutes les scènes funéraires des tombeaux. La sculpture couvre toutes leurs faces ; il en est ainsi du sarcophage de Ramsès III. Cette richesse de détails augmenta encore sous les Saïtes. Le sarcophage de Taho, au Louvre, est un chef-d'œuvre que les graveurs ne se lassent pas d'admirer. »

Nos musées égyptiens renferment beaucoup de stèles ; elles sont généralement cintrées par le haut et leur sommet est occupé par divers symboles, notamment le disque ailé, les chacals ou le vase. « Les inscriptions en Égypte, dit M. de Rougé (notice des monuments du Louvre), s'appliquaient à toutes sortes de sujets. Les stèles sont plus habituellement destinées à rappeler la mémoire d'un parent défunt. En dehors des grandes inscriptions historiques, les stèles font pénétrer dans l'intérieur des familles ; elles nomment le père et l'aïeul avec toutes ses fonctions, et n'oublient ni la mère ni les enfants. La formule qui accompagne les figures est ordinairement une prière adressée à Osiris, le dieu des morts. Ces prières se développent quelquefois de manière à présenter un intérêt littéraire. Si le personnage principal a pris part aux charges de l'État, la stèle fournit souvent alors des dates ou des renseignements historiques. »

Ce qui augmente beaucoup le nombre des stèles, c'est l'habitude où étaient les Égyptiens de consacrer par un monument plus ou moins étendu le souvenir de leur passage en certains lieux réputés saints. C'est ainsi que sur les rochers qui bordent le Nil, on trouve quelquefois des inscriptions ou même des hymnes adressés au fleuve.

« Le sommet des stèles, dit M. de Rougé, est presque toujours occupé par le disque ailé. Ce symbole représente le soleil, considéré comme la divinité suprême. Dans sa course céleste, dirigée d'Orient en Occident, l'astre est soutenu par deux ailes dont l'une désigne le ciel du nord et l'autre le ciel du midi. Cette orientation est souvent reproduite par deux chacals, qui portent les noms de *guides des chemins célestes du nord et du midi*. Les autres symboles qui complètent ordinairement cette scène sont l'anneau, symbole de l'orbite solaire et des périodes du temps, l'eau ou l'éther céleste, sur lequel étaient censés voguer tous les astres, et le vase, symbole de l'étendue.

L'âme, sur les monuments, est toujours représentée sous la forme d'un épervier à tête humaine. On la voit dans plusieurs représentations voltiger au-dessus du corps qu'elle a quitté et qu'elle doit reprendre (Voir t. II, fig. 78). Quelquefois aussi on voit l'âme boire l'eau céleste qui doit donner à l'homme une nouvelle jeunesse. Pendant que l'âme fait ces pérégrinations, la momie reste sous la garde d'Anubis, le dieu à tête de chacal. Isis et Nephtys, les deux sœurs d'Osiris, récitent les prières et les chants de résurrection, comme elles l'ont fait pour leur frère Osiris, lorsqu'après avoir réuni ses membres épars, elles lui ont rendu la vie par leurs incantations.

LES TEMPLES. « Le temple n'est pas, comme nos églises, dit Mariette (*Itinéraire des invités du khédive*), un lieu où les fidèles se rassemblent pour dire la prière. On n'y trouve ni chambres d'habitation pour les prêtres, ni lieux d'initiation, ni traces de divination ou d'oracles, et rien ne peut laisser supposer qu'en dehors du roi et des prêtres une partie quelconque du public y ait jamais été admise. Mais le temple est un lieu de dépôt, de préparation, de consécration. On y célèbre quelques fêtes à l'intérieur, on s'y assemble pour les processions, on y emmagasine les objets du culte, et si tout y est sombre, si dans ces lieux, où rien n'indique qu'on ait jamais fait usage de flambeaux ou d'aucun mode d'illumination, des ténèbres à peu près complètes règnent, ce n'est pas pour augmenter par l'obscurité le mystère des cérémonies, c'est pour mettre en usage le seul moyen possible alors de préserver les objets précieux, les vêtements divins, des insectes, des mouches, de la poussière du dehors, du soleil et de la chaleur elle-même. Quant aux fêtes principales dont le temple était le centre et le noyau, elles consistaient surtout en processions qui se répandaient au dehors, à la pleine clarté du soleil, jusqu'aux limites de la grande enceinte en briques crues. En somme, le temple n'était donc pas tout entier dans ses murailles de pierre, et ses vraies limites étaient plutôt celles de l'enceinte. Dans le temple proprement dit, on logeait les dieux, on les habillait, on les préparait pour les fêtes; le temple était une sorte de sacristie où personne autre que les rois et les prêtres n'entrait. Dans l'enceinte, au contraire, se développaient les longues processions, et, si le public n'y était pas encore admis, au moins pensons-nous que quelques invités pouvaient y prendre place. »

Les temples étaient précédés d'avenues de sphinx qui ne suivent pas toujours des lignes absolument régulières. Cela tient à ce que les édifices devant lesquels elles étaient placées ont été élevés à des époques différentes. Quand on a voulu ensuite relier ensemble tous ces monuments, on n'a pu le faire qu'en suivant des directions obliques.

Les grands édifices de l'Égypte sont construits sur un plan à peu près uniforme, en sorte qu'il est souvent difficile de distinguer s'il s'agit d'un temple ou d'un palais. De grandes salles supportées par de nombreuses colonnes, des cours entourées de portiques, de vastes portes et des murs extérieurs toujours inclinés qui donnent à l'ensemble l'aspect d'une pyramide tronquée, voilà les caractères essentiels qu'on rencontre partout.

Strabon nous a laissé des temples égyptiens une description que l'étude des monuments a pleinement justifiée : « On entre, dit-il, dans une avenue pavée, appelée drôme (ou le cours), selon l'expression de Callimaque; *ce drôme est consacré à Anubis*. Dans toute la longueur de cette avenue sont disposés sur les côtés des sphinx en pierre, distants les uns des autres de vingt coudées ou un peu plus. Après les sphinx est un grand propylée, et, si vous avancez encore, vous en trouvez un second et même un troisième. Après les propylées vient le temple, la cella qui a un portique grand et digne d'être cité, et un sanctuaire de proportion relativement moindre; celui-ci ne renferme aucune sculpture, ou s'il en existe, ce ne sont pas des représentations d'hommes, mais bien celles de certains animaux. De chaque côté du pronaos, s'élèvent les ailes: ce sont deux murs de même hauteur que le temple, distants l'un de l'autre, à l'origine, d'un peu plus que la largeur des fondements du temple; mais ensuite leurs faces se rapprochent l'une de l'autre, en suivant des lignes convergentes, jusqu'à la hauteur de cinquante ou soixante coudées. Sur les murs sont sculptées de grandes figures, ouvrages semblables à ceux des Étrusques et à ceux qui ont été faits très-anciennement par les Grecs. »

Les propylées dont parle Strabon se composent de pylônes devant lesquels se dressent deux obélisques d'inégale grandeur et des statues colossales. L'intérieur du temple offre cette particularité que les pièces diminuent d'étendue à mesure qu'elles approchent du fond de l'édifice. Les nombreux supports ronds, quadrangulaires ou octogones, les vestibules peuplés de statues, les dessins hiéroglyphiques creusés sur les murailles, l'immense proportion de l'édifice, tout contribue à produire une impression grandiose et mystérieuse, que rend encore plus étrange l'emploi des couleurs les plus vives; car dans l'architecture égyptienne, tout est peint, les statues comme les bas-reliefs, les colonnes comme les murailles, l'intérieur comme l'extérieur; l'art s'est efforcé surtout d'agir sur l'imagination et de frapper l'esprit d'une profonde impression religieuse.

Les murs des temples sont presque toujours bâtis en talus à l'extérieur, tandis qu'à l'intérieur ils s'élèvent sur une ligne perpendiculaire, de sorte qu'ils sont beaucoup plus épais à leur base qu'à leur sommet. Mais on ne voit jamais, comme dans les temples grecs, des séries de colonnes formant des péristyles autour des monuments. Les colonnes égyptiennes ne se montrent que dans l'intérieur des cours où elles forment des portiques, ou dans des salles dont elles supportent le plafond. Ce n'est qu'à partir des Ptolémées qu'on voit des colonnes extérieures, et alors elles se rattachent les unes aux autres par un mur à hauteur d'appui. L'architrave, supportée par les colonnes, ne repose pas directement sur le chapiteau, mais sur une pierre cubique destinée à exhausser la colonne.

« Les innombrables sculptures dont les temples étaient ornés, dit M. Paul Pierret (*Dictionnaire d'archéologie égyptienne*), étaient distribuées méthodiquement. Sur les murailles extérieures étaient gravés le récit des conquêtes royales, les fastes de l'histoire égyptienne. Les murs intérieurs, les colonnes portaient des représentations religieuses ; sur les architraves, on mentionnait la dédicace de la construction. On choisissait pour les plafonds les scènes ayant un rapport direct avec les phénomènes célestes, tandis qu'on réservait pour les soubassements les sujets terrestres, c'est-à-dire les inscriptions géographiques, les défilés des nomes. »

Les divinités sculptées dans les temples sont constamment placées de telle façon que si on les supposait s'avançant horizontalement sur la surface du mur, elles arriveraient à la porte principale du temple. Dans les scènes d'adoration, le prêtre est toujours représenté debout et la divinité assise ; mais celle-ci est placée sur un socle dont la hauteur est calculée pour que les têtes se trouvent au même niveau. Quand on voit plusieurs divinités assises à la file, ce n'est pas pour indiquer un ordre hiérarchique, mais simplement par absence de perspective et il faut toujours les concevoir comme si elles étaient de front.

On appelle *naos* une espèce de chapelle ou châsse, fermée par une porte à double battant et dans laquelle se trouvaient des statues de dieux, des emblèmes religieux, ou même des images de simples particuliers, dont la famille voulait honorer la mémoire. A certains jours on récitait des prières devant le *naos* : les temples en possédaient toujours un certain nombre, de toutes dimensions et de toutes matières. « Mais au fond du sanctuaire, dit M. Mariette, s'élevait le *naos* par excellence. Celui-ci était de granit ou de basalte, et de proportions colossales. Si l'on étudie le plan du temple qui le contient, on voit que ce temple a été bâti pour lui et qu'il en est comme une sorte de résumé. » On sait, par l'exemple du monolithe d'Edfou trouvé en place, que les naos étaient disposés au fond du sanctuaire.

Nous avons au Louvre (salle du rez-de-chaussée) deux naos en granit rose. Il y en a un dont une seule face a été décorée : trois disques ailés surmontent la porte et on lit sur les côtés la légende de Ptolémée Évergète II et de Cléopâtre sa femme. L'autre naos est beaucoup plus ancien puisqu'il appartient au roi Amasis (580 avant Jésus-Christ). Il est décoré de divers emblèmes, mais abîmé dans certaines parties, car les cartouches de ce roi, qui était un usurpateur, ont été martelés avec rage par ses successeurs.

La chapelle où châsse contenant les emblèmes sacrés est fréquemment figurée sur une sorte de barque symbolique dédiée à une divinité. La figure 458 montre une barque d'Ammon caractérisée par la tête de bélier qui décore l'avant et l'arrière du bâtiment. Une autre barque symbolique est représentée sur la châsse qui occupe le milieu de celle-ci et on en voit encore d'autres parmi les offrandes et les emblèmes disposés de chaque côté de la chapelle. Un Pharaon, sur lequel plane le vautour divin, brûle l'encens devant la châsse, qui est décorée de ce côté par des mâts ornés de banderoles, comme on en mettait sur la façade des véritables temples. Ammon et Isis sont les deux divinités auxquelles les barques de ce genre étaient généralement consacrées : celle que représente la figure 459 est une barque

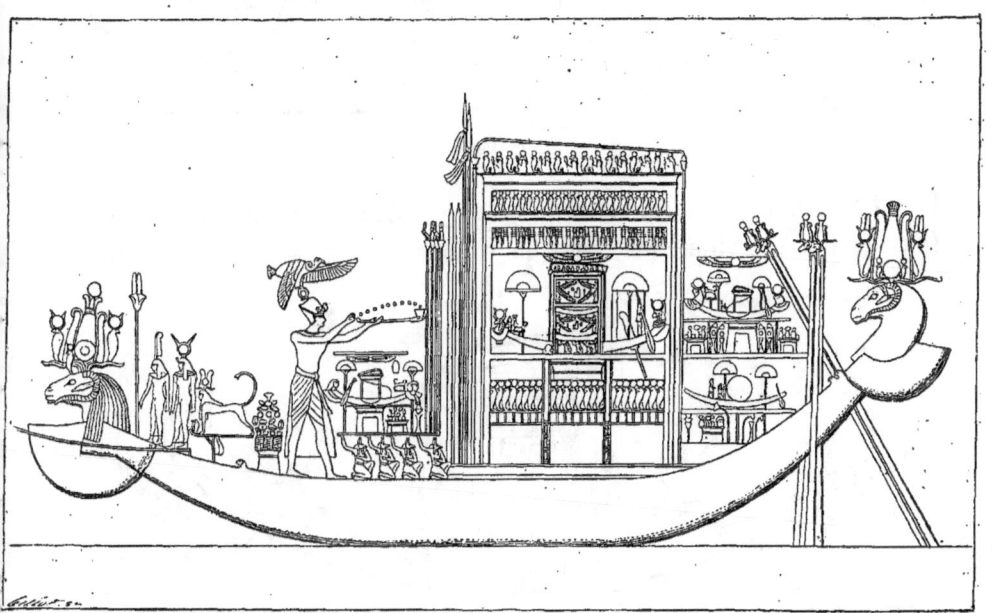

Fig. 458. — Barque sacrée d'Ammon.

d'Isis, et la tête de la déesse apparaît à l'avant et à l'arrière du bâtiment.

Avant d'être emportée dans les processions solennelles qui circu-

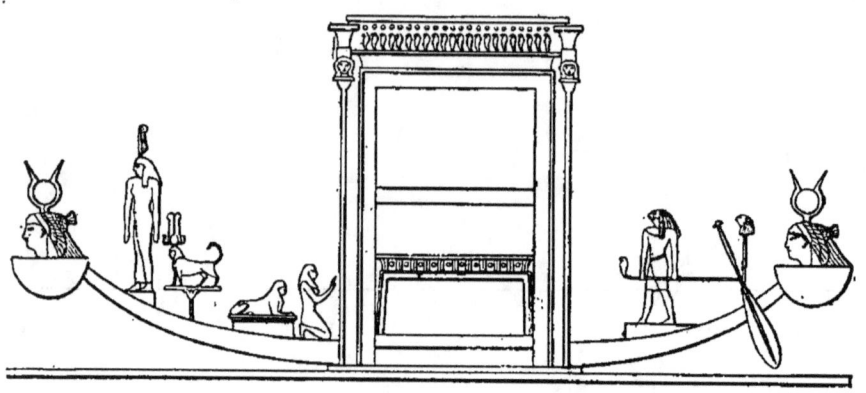

Fig. 459.

laient autour du temple, la barque sacrée était disposée sur un autel (fig. 460). C'est ainsi que nous la voyons figurer sur un grand bas-

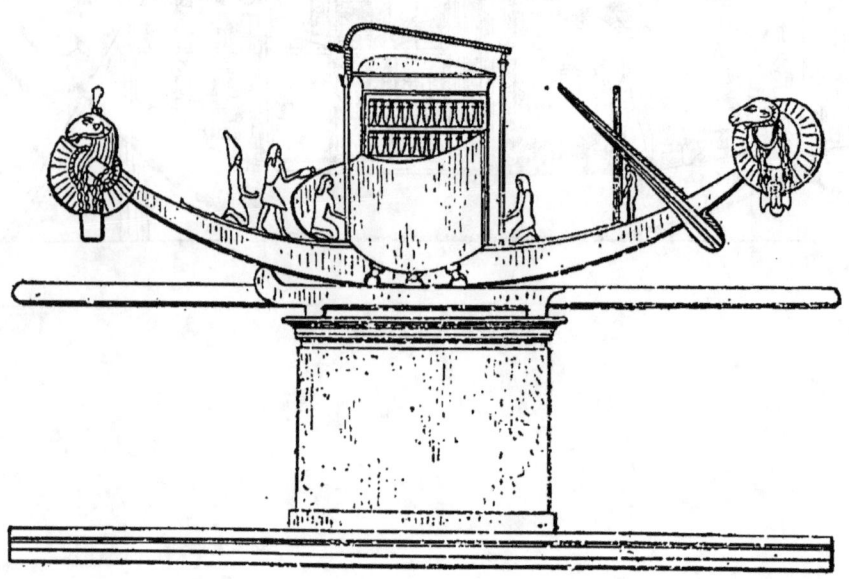

Fig. 460.

relief du temple d'Éléphantine. La barque sacrée, ornée de têtes de béliers, est posée sur un autel moins haut que large, ayant une base et une corniche, mais nu et sans hiéroglyphes. Au centre de la barque est l'image d'un petit temple, en partie voilé, et qui paraît fixé par trois anneaux sur un châssis à quatre pieds, servant à poser l'arche ; celle-ci se portait sur les épaules, au moyen de leviers aussi longs qu'elle : on voit sur l'autel un de ces leviers.

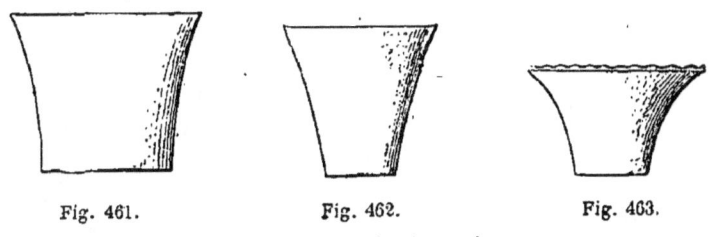

Fig. 461.   Fig. 462.   Fig. 463.

Vases de la forme la plus ancienne.

Les vases sacrés formaient une partie importante du mobilier des temples. Ils sont d'une forme qui varie selon l'usage auquel ils étaient

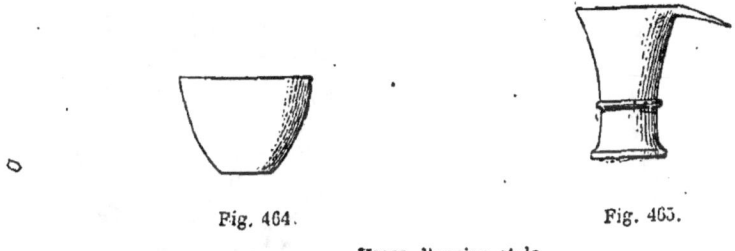

Fig. 464.   Fig. 465.

Vases d'ancien style.

destinés et aussi suivant l'époque où ils ont été employés. Les vases de l'ancien empire sont en général d'une forme très-simple (fig. 461 à 464).

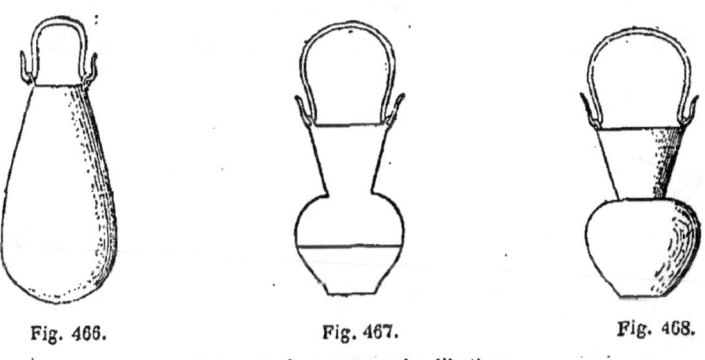

Fig. 466.   Fig. 467.   Fig. 468.

Seaux en bronze pour les libations.

Ces vases apparaissent quelquefois sur la main des personnages qui font une invocation aux dieux : ils contenaient généralement de l'encens. Plusieurs de ces vases portent le nom d'une panégyrie célébrée par un roi, et portent pour cette raison le nom de vases *panégyriques* : ceux-ci sont habituellement en albâtre. La légende qui les accompagne

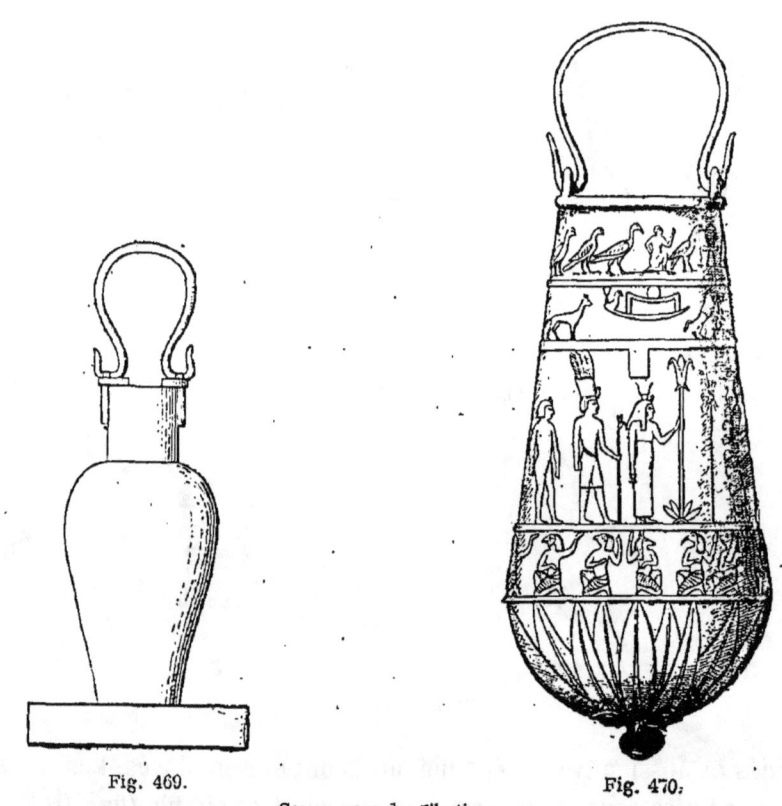

Fig. 469.   Fig. 470.
Seaux pour les libations.

roule presque toujours sur l'assimilation des rois avec une divinité. On sait que les rois d'Égypte étaient considérés comme fils du soleil,

Fig. 471.   Fig. 472.   Fig. 473.

et leur bannière porte pour cette raison l'image d'Horus, personnification du soleil levant. Nous avons au musée égyptien du Louvre (salle historique, armoire C) plusieurs vases panégyriques, accompagnés de la légende royale d'un Pharaon.

L'ÉGYPTE.   445

Tous les vases de cette forme n'étaient pas destinés à renfermer de l'encens. Il y en a quelques-uns dont l'orifice est pourvu d'un bec

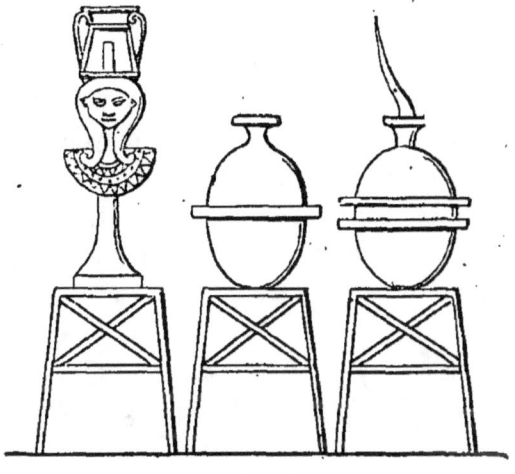

Fig. 474.

pointu par où le liquide s'écoulait. Mais, en général, on n'y voit ni anses ni couvercle (fig. 465).

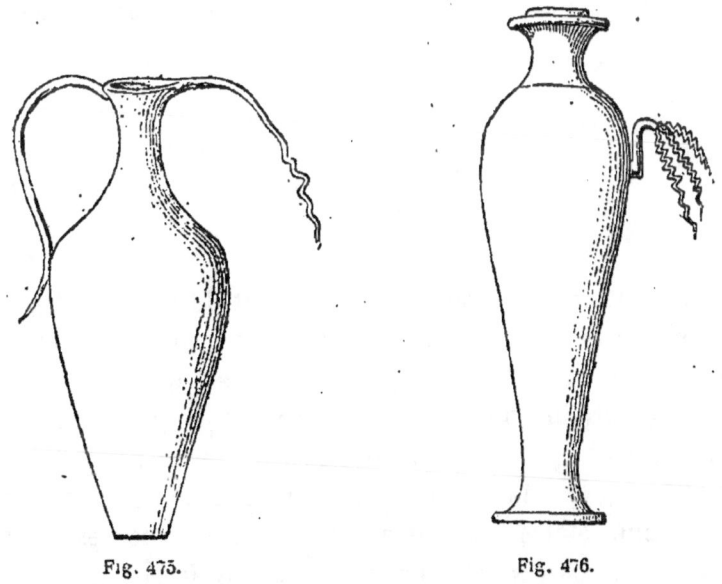

Fig. 475.   Fig. 476.

Les seaux à libation sont des vases de bronze pourvus d'une anse mobile, placée au-dessus de l'orifice (fig. 466 à 470).

Ces seaux étaient destinés à porter l'eau du Nil dans les sacrifices et quelques-uns sont d'assez grande dimension. Quelques-uns sont enrichis de légendes ou de représentations mythologiques tracées à la pointe. Le musée du Louvre possède un vase remarquable dont la décoration figure un prêtre d'Ammon recevant les honneurs funèbres que lui rend son fils : la prière qu'il récite est gravée à côté de cette scène. D'autres fois on voit la déesse du ciel versant sur le mort le breuvage régénérateur dont l'eau du Nil est le symbole.

Une autre catégorie de vases se voit assez fréquemment dans les mains des prêtres : ceux-ci sont arrondis par le haut, qui est muni d'une ouverture assez petite et accompagnée d'un bouchon. Le liquide

Fig. 477.

qu'ils contenaient s'échappait par un bec extrêmement mince, et d'une forme légèrement serpentine (fig. 471 et suiv.).

Les prêtres employaient pour les cérémonies du culte un grand nombre d'instruments qui sont fréquemment figurés dans les peintures

Fig. 478.

des tombeaux et dont nos musées renferment de nombreux échantillons. On brûlait les parfums sur des espèces d'encensoirs en bronze dont la forme est assez variée : le manche est quelquefois en bois sculpté et se termine habituellement par une poignée présentant la tête d'un épervier ou d'un autre animal sacré. Le corps de l'encensoir formait une coupe posée sur une main sortant d'une tête de lotus. Les parfums destinés à être brûlés dans les cérémonies pieuses se renfermaient dans des coffrets de bronze incrustés d'ivoire, et on les prenait avec des cuillers faites de bois de couleur variée, d'ivoire ou de terre émaillée. Ces cuillers étaient décorées de feuillages, de fleurs de lotus, d'animaux ou de figures diverses formant d'ingénieux arrangements (fig. 477 et 478).

Les figures 479 et 480 représentent un Pharaon offrant le sacrifice avec les instruments décrits plus haut.

On faisait des offrandes aux dieux ou aux ancêtres. Les monuments qui représentent des scènes d'offrandes se trouvent donc dans les tombeaux aussi bien que dans les temples. « Dans les tombeaux, dit Mariette, les dons funéraires sont présentés selon un certain ordre

Fig. 479.

qui a peu varié. Les listes les plus anciennes comprennent l'eau, l'encens, les sept huiles, les deux collyres, le linge. Plus tard, une nouvelle série, bien plus longue que la première, a été ajoutée. Elle débute par le vase pour l'eau, le vase pour l'encens, l'autel, deux sortes de tables, la chaise, et elle termine par l'énumération de tous les dons proprement dits, où l'on trouve les parties d'animaux, les oiseaux, les cinq espèces de vin, les deux espèces de bière, les fruits, les légumes, etc. »

Les scènes d'offrandes représentées sur les sculptures sont presque toujours des monuments commémoratifs destinés à rappeler quelque fondation pieuse.

Le musée de Boulaq renferme une curieuse scène d'offrandes représentée sur une stèle. « Ce monument, dit le catalogue, a été gravé pour perpétuer la mémoire d'Eutef, personnage qui vivait au commencement de la XII⁰ dynastie. Les lois religieuses de l'Égypte obligeaient les familles à venir à certains jours de l'année présenter des offrandes aux parents morts. Notre stèle n'est que la représentation d'une de ces

Fig. 480.

stèles funèbres. Eutef siége à côté de sa femme ; ses fils, ses filles se présentent devant lui. Les uns prononcent les prières consacrées ; les autres apportent des victuailles, des parfums. Au dernier registre, la scène est curieuse à étudier par la variété des tableaux. Outre des parties d'animaux déjà sacrifiés, des serviteurs amènent des animaux vivants. »

« Les tables d'offrandes, dit M. Mariette, sont les monuments commémoratifs d'une fondation pieuse faite par les personnages dont elles portent le nom. On en trouve d'assez nombreux exemplaires dans les temples. Elles portent le plus souvent, sculptés sur leur face supérieure, les dons que le dédicateur s'engageait à fournir en nature. Quelquefois, elles n'ont que la forme du caractère hiéroglyphique qui sert à écrire leur nom. Karnak possède encore quelques-unes de ces dernières, qui sont d'énormes blocs d'albâtre ou de granit pesant près de huit mille kilogrammes. »

Il y a des tables d'offrandes de toutes les grandeurs, et quelques-

Fig. 481.   Fig. 482.
Tables d'offrandes.

unes sont fort petites. La plupart sont d'une forme très simple, comme on peut le voir aux figures 481 à 484, mais il y en a aussi qui extrêmement riches.

Nous avons au Louvre plusieurs de ces tables à libation, décorées de plusieurs objets d'offrande sculptés et portant sur le pourtour des prières au nom du dédicateur. Il y en a une qui, outre les offrandes de pain et de viande, renferme quatre bassins destinés à contenir des liqueurs. On voit de même au musée de Boulaq une table en grès (n° 95 du catalogue) sur laquelle sont disposés vingt godets symétriquement rangés. La disposition du monument montre qu'il était destiné à recevoir en nature des dons présentés aux dieux, et la légende rappelle, en effet, une fondation d'offrandes à faire au nom d'un roi dans le temple de Karnak.

Le même musée possède un autre monument du même ordre (n° 93 du catalogue), mais bien autrement précieux par sa haute antiquité. Il est en albâtre : deux lions sont debout, côte à côte, et regardent en face. Leurs queues sont pendantes et ramenées de manière à enserrer un vase placé à la partie postérieure des deux quadrupèdes. Sur leur dos est posée une table inclinée. Une rigole y est tracée et devait conduire

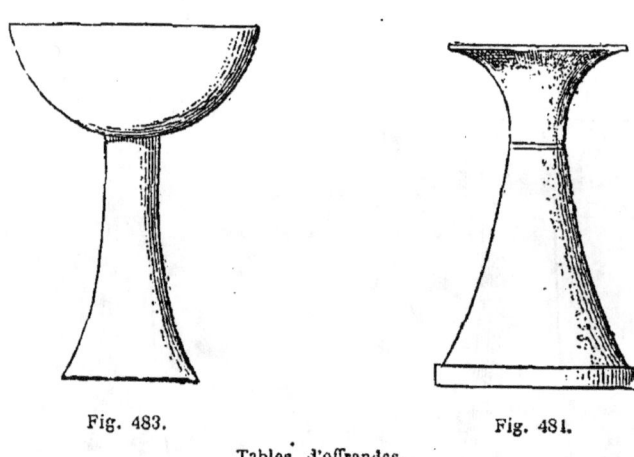

Fig. 483. Fig. 484.
Tables d'offrandes.

jusqu'au vase le liquide qu'on y versait. Ce magnifique morceau, dit le catalogue, a été trouvé au fond d'un souterrain situé dans l'enceinte de la grande pyramide de Saqqarah. Il est malheureusement dépourvu d'inscriptions. Nul doute cependant qu'il n'appartienne à l'ancien empire.

Les prêtres. — L'Égypte, si admirée des philosophes et des écrivains de l'antiquité, si étrange dans ses gigantesques et mystérieux monuments, apparaît dans l'histoire comme une énigme qui, après avoir défié tous les siècles passés, commence à peine à être comprise aujourd'hui. Une élite d'hommes chargés de la direction des affaires importantes, vénérés comme les interprètes des dieux, des prêtres à côté ou même au-dessus des rois, propriétaires d'un des pays les plus richement dotés, cultivant toutes les sciences et tous les arts : naturalistes, médecins, astronomes, architectes, au milieu d'un peuple tout entier consacré aux travaux manuels, telle nous apparaît l'Égypte sous la période sacerdotale.

Nous avons dit que les rois étaient chefs suprêmes du sacerdoce. Néanmoins, il paraît positif que dans plusieurs circonstances, le pouvoir politique s'est trouvé en lutte avec le pouvoir sacerdotal, qui voulait bien un chef, mais non un maître. Les immenses priviléges dont jouissait le sacerdoce ont dû plusieurs fois inquiéter le monarque, qui a pu alors entrer en lutte avec une classe dont la puissance lui portait ombrage. Il y a eu, en effet, des Pharaons qui, bien loin de se dire fils d'Ammon, se sont hautement déclarés les ennemis du dieu et ont tenté d'abolir son culte. Un grand nombre de monuments où le nom d'Ammon a été mutilé avec rage se rattachent à cette époque.

D'un autre côté, les prêtres d'Ammon se sont trouvés assez puissants pour renverser une dynastie et faire monter sur le trône des rois de leur choix. Le pouvoir royal semble même avoir été quelque temps électif, sinon dans l'Égypte elle-même, au moins dans l'Éthiopie, et c'est encore par les prêtres d'Ammon qu'il devait être nommé. Il résulte même des renseignements donnés par Diodore de Sicile, que, malgré la toute-puissance dont il était en apparence revêtu, le roi d'Éthiopie faisait en réalité l'office d'une espèce de pouvoir exécutif, agissant sous l'influence immédiate du sacerdoce.

Si nous nous en rapportons aux historiens grecs, la classe sacerdotale aurait constitué, dans l'ancienne Égypte, une sorte d'aristocratie dont les priviléges étaient transmissibles par voie d'hérédité : il faut en rabattre un peu sur cette opinion, qui présente la chose sous un aspect certainement exagéré. Le sacerdoce représente avant tout la classe des lettrés, et les connaissances assez étendues qui étaient exigées des grands fonctionnaires montrent assez que l'hérédité n'a jamais pu avoir le caractère absolu qu'on lui prête. Évidemment, un membre de la classe sacerdotale devait faire tous ses efforts pour voir son fils lui succéder dans ses fonctions, mais si l'enfant ne possédait pas les connaissances requises, il fallait nécessairement le remplacer par un autre, et un scribe, plus intelligent ou plus laborieux que les autres, pouvait par conséquent s'élever beaucoup plus haut que son père dans la hiérarchie administrative. Or le titre de scribe n'implique aucunement un privilége de naissance, mais représente simplement une sorte de diplôme. En sorte que la classe sacerdotale de l'ancienne Égypte peut, en quelque sorte, être assimilée à la classe des lettrés de Chine, mais ne doit l'être en aucune façon à la caste des brahmanes de l'Inde.

Les connaissances requises pour exercer les fonctions sacerdotales ont été nettement définies par saint Clément d'Alexandrie. « Les Égyptiens, dit-il, suivent une philosophie particulière à leur pays ; c'est dans leurs cérémonies religieuses surtout qu'on s'en aperçoit. On y voit d'abord, marchant le premier, le chanteur, portant un symbole musical ; il est obligé de savoir deux des livres d'Hermès, l'un contenant les hymnes en l'honneur des dieux, l'autre les règles de vie pour les rois. Après le chanteur vient l'horoscope ; il porte dans ses mains une horloge et une palme. Il faut qu'il ait toujours dans l'esprit les quatre livres qui traitent des astres : l'un des astres errants, l'autre de la conjonction du soleil et de la lune, les derniers de leur lever. Vient ensuite le prêtre hiérogrammate, reconnaissable aux plumes qui ornent sa tête ; il a dans ses mains un livre et une palette garnie de l'encre et des joncs nécessaires pour écrire. L'hiérogrammate doit posséder les connaissances qu'on appelle hiéroglyphiques (ou interprétatives des anciens livres) et qui comprennent la cosmographie, la géographie, les phases du soleil et de la lune, celles des cinq planètes, la chorographie de l'Égypte, le cours du Nil et ses phénomènes, l'état des possessions des temples et des lieux qui en dépendent, les mesures et tout ce est utile à l'usage des temples. Le stoliste vient ensuite, portant la coudée, emblème de la justice, et le vase de purification. Celui-ci sait tout ce qui concerne l'art d'enseigner et l'art de marquer du sceau sacré les jeunes victimes. Dix livres sont relatifs au culte des dieux et aux préceptes de la religion ; ils traitent des sacrifices, des prémices, des hymnes, des prières, des pompes religieuses et autres sujets analogues. Après tous les prêtres marche le prophète, portant le sceau sacré, suivi de ceux qui portent des pains ; comme le supérieur des autres prêtres, le prophète apprend les dix livres qu'on appelle sacerdotaux, où est contenu ce qui concerne les lois et l'administration de l'État et de la cité, les dieux et la règle de l'ordre sacerdotal. Il y a en tout quarante-deux livres d'Hermès, dont trente-six, dans lesquels se trouve exposée toute la philosophie des Égyptiens, sont appris par les prêtres des classes qui viennent d'être désignées ; les six autres livres sont étudiés par les pastophores, comme appartenant à l'art de guérir, et ces livres parlent, en effet, de la construction du corps humain, de ses maladies, des instruments et des médicaments, des yeux, enfin des maladies des femmes. »

On voit que les connaissances qu'on demandait à la classe sacerdotale comprenaient à peu près tout ce qui constituait la science dans ces époques reculées. Naturellement, il y avait des écoles sacerdotales plus ou moins fameuses, et l'instruction qui se donnait dans les temples n'était pas partout poussée au même degré.

Les temples étaient munis d'une bibliothèque : « Une chambre du temple de Denderah, dit M. Paul Pierret, est nommée *Bibliothèque* ; sur la porte est gravée la palette des scribes. Cette salle contient un catalogue des manuscrits qu'elle renfermait, lesquels étaient écrits sur peau et serrés dans des coffres. Voici quelques-uns des titres de ces ouvrages à l'usage de la classe sacerdotale :

« Liste de ce qu'il y a dans le temple.

« Livre de conduite du temple.

« Livre des attachés du temple.

« Protection du roi dans sa demeure.

« Chapitre pour détourner le *mauvais œil*.

« Instructions pour les processions d'Horus autour de son temple.

« Protection d'une contrée, d'une ville, d'une maison, d'un tombeau.

« Formules pour la chasse des bêtes féroces, des reptiles, pour les offrandes, etc. »

C'est la déesse Sarvekh qui présidait aux bibliothèques. »

Le sacerdoce embrassait tous les rouages administratifs. Les titres que portent les fonctionnaires de l'État sont extrêmement variés. Aussi nous trouvons dans les inscriptions *un chef des pays méridionaux, un gardien des canaux d'Ammon, un intendant des troupeaux, un prêtre du taureau blanc,* etc. Le service religieux proprement dit comprenait les prophètes, les purificateurs, les simples prêtres, les desservants, etc.

La peau de panthère est le signe des plus hautes dignités sacerdotales et en particulier des prophètes (fig. 485). Toutefois, ce n'est que dans les grandes cérémonies que cette peau de panthère figure dans le costume des prêtres. Sous le premier empire, le vêtement des hauts fonctionnaires était de la plus extrême simplicité, comme nous le voyons dans la statue de Sépa au Louvre. Ce personnage, qui était prophète et prêtre du taureau blanc, est simplement vêtu d'une courte jupe de lin ; seulement, il porte à la main le bâton qui, en Égypte, est le signe caractéristique du commandement.

Les prophètes égyptiens n'étaient pas, comme les prophètes juifs, des orateurs inspirés, mais des prêtres élevés en dignité et en savoir, qui étaient chargés de diriger les cérémonies et de régler les rites sacrés. Le titre de premier prophète répondait à la plus haute dignité sacerdotale. Cette dignité se transmettait quelquefois de père en fils. C'est ce qui est arrivé à Abydos, sous la XIXᵉ dynastie, où plusieurs générations, appartenant à la famille d'Onuffre, ont porté le titre de premier prophète d'Osiris. Nous avons au Louvre la statue d'Onuffre, représenté debout et dans le costume de sa dignité (n° 66, salle du rez-de-chaussée). « Onuffre, dit le catalogue, a la peau de panthère, comme tous les prêtres de son rang, et un long bâton ou sceptre simple, signe du commandement, sur lequel sont gravés les cartouches de Ramsès II ; on les retrouve également sur les broderies de l'espèce d'écharpe qui retombe sur la robe, au milieu de la ceinture. Une longue inscription, gravée derrière la statue, est relative aux fonctions sacerdotales exercées à Abydos par

Fig. 485. — Prêtres vêtus de la peau de panthère.

ce personnage. Cette statue imite la forme d'un pilier carré et semble avoir été destinée à servir de cariatide (XIXᵉ dynastie). »

Nous avons aussi au Louvre (n° 67) une statue en granit rose qui représente le fils d'Onuffre. Il exerçait comme son père la profession de premier prophète d'Osiris à Abydos. Celui-ci est agenouillé et tient devant lui un naos, ou châsse, dans lequel est une statue d'Osiris.

Il y avait un prophète pour chaque divinité. Les prophètes d'Ammon, qui occupaient le premier rang dans l'ordre judiciaire, finirent, vers la fin de la XXᵉ dynastie, par s'emparer du pouvoir royal. Il y avait également des prophétesses qui, dans le sacerdoce féminin, avaient la même importance que les prophètes parmi les prêtres.

Une autre catégorie de prêtres occupait certainement un rang élevé dans la hiérarchie sacerdotale ; ce sont ceux qu'on désigne sous le nom de *pastophores*. Préposés à la garde des temples, ils avaient, en outre, pour mission de porter dans les grandes cérémonies le naos, petit édicule portatif contenant l'image de la divinité. Les sculptures des temples nous offrent plusieurs exemples de pastophores, dont le costume, au reste, paraît avoir été assez varié.

Habituellement, l'image du dieu est mystérieusement cachée dans sa châsse (fig. 486), mais cet usage, qu'on trouve à une époque fort ancienne, a dû être en partie abandonné avant l'époque des Ptolémées, car on trouve même dans les dynasties nationales des petits édicules tenus par des pastophores et montrant à tous les regards l'image de la divinité. La statue que nous reproduisons (fig. 487) porte une inscription

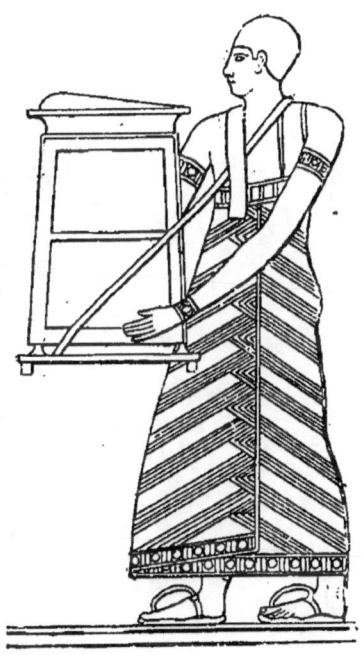

Fig. 486. — Prêtre portant le naos.
(Sculpture du temple de Denderah.)

qui la fait remonter au règne de Psammétique II, sous la XXVIᵉ dynastie, c'est-à-dire de 616 à 770 avant Jésus-Christ. Elle a au cou un collier auquel pend un petit sachet et tient devant elle une figure d'Osiris. Cette statue fait partie du musée du Louvre, et l'emblème dont elle est chargée l'a fait classer par Clarac dans les pastophores, appelés aussi thalamophores. Elle a été trouvée dans les fondations de l'église Saint-Eustache, à Paris.

Une statue en basalte noir, découverte à la villa Adriana et faisant partie du musée du Capitole, nous montre un prêtre portant une tablette sur ses deux mains étendues (fig. 488). Cette tablette représente le livre contenant la connaissance des choses saintes. Bien que la statue appartienne à l'époque romaine, elle nous fournit un document parfaitement authentique, puisqu'elle n'est qu'une reproduction littérale des monuments d'une date beaucoup plus ancienne.

Les costumes des prêtres présentent d'ailleurs une assez grande variété, comme on peut le voir sur les peintures des hypogées de Thèbes. Notre figure 489 montre trois personnages appartenant à la classe sacer-

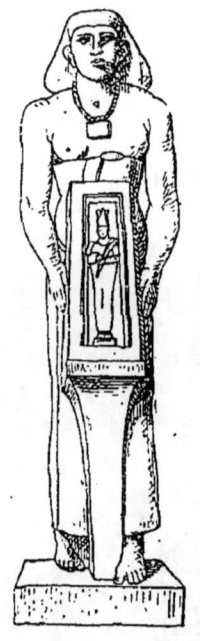
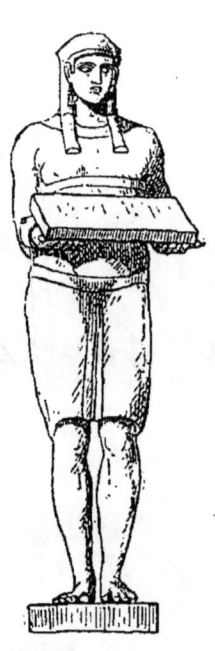

Fig. 487.
Thalamophore

Fig. 488.
Prêtre égyptien.

(Musée du Louvre.)

dotale, mais dont le vêtement indique une fonction différente. Celui qui marche en tête paraît être hiérarchiquement supérieur aux deux autres : vêtu d'une longue robe, il tient d'une main la cassolette à encens, tandis qu'avec l'autre il verse la libation sacrée.

Les prêtresses apparaissent également dans les monuments figurés, mais le rôle qu'elles remplissaient dans le culte n'a pas encore été bien nettement défini. Elles semblent n'avoir occupé, en général, qu'une position assez subordonnée : les prêtresses d'Isis sont caractérisées par le sistre qu'elles tiennent à la main dans les cérémonies en l'honneur de la déesse (fig. 490 et 491).

On remarquera également la fleur du lotus qu'elles portent habituellement sur la tête. Au reste, quoique le sistre soit plus spécialement consacré à Isis, on le trouve également quelquefois dans les mains des prêtres dont le service est consacré à d'autres divinités.

Une statue du Louvre nous montre une prêtresse d'Ammon, assise

Fig. 489.

et tenant en main un sistre. Elle semble avoir été complétement peinte en blanc, sauf la coiffure, qui était peinte en noir. Cette prêtresse se nommait Atech, et on voit par sa légende qu'elle avait deux fils dont l'un était chef du temple d'Ammon et dont l'autre avait été porte-encensoir du roi.

Hérodote et Plutarque nous ont laissé des renseignements assez complets sur les habitudes des prêtres égyptiens. « Ils se rasent le corps entier tous les trois jours, dit Hérodote, afin que ni pou ni autre vermine ne les souillent pendant qu'ils servent les dieux. Ils ne portent que des vêtements de lin et que des chaussures d'écorce de papyrus; il ne leur est point permis d'en porter d'autres. Ils se lavent à l'eau fraîche, deux fois par jour et deux fois par nuit. Ils accomplissent encore d'autres rites, presque innombrables. »

Fig. 490.
Prêtresse tenant le sistre.

Plutarque, dans son traité d'Isis et d'Orisis, nous donne les raisons pour lesquelles les prêtres se rasent et ne portent pas de laine. « Tous ces usages, dit-il, s'expliquent par une même raison. Comme dit Platon, le contact de ce qui est pur est interdit à tout ce qui ne l'est pas. Le résidu des aliments, et en général tout ce qui est sécrétion, est immonde et impur, et c'est une sécrétion qui donne la naissance et le développement aux laines, aux poils, aux cheveux, aux ongles. Il serait donc ridicule que les prêtres d'Isis, se rasant les cheveux pour l'exercice du culte, et tenant leur corps parfaitement lisse, portassent, pour se vêtir, la dépouille des animaux. Le lin, au contraire, est un produit de la terre qui est immortelle ; il fournit un vêtement simple et propre, qui couvre sans alourdir, qui est commode en toute saison, et qui, dit-on, n'engendre jamais la vermine. Les prêtres d'Isis ont tant de répugnance pour toute nature de sécrétions, que non-seulement ils s'abstiennent presque généralement de légumes, ainsi que de la chair des brebis et de celle des porcs, lesquelles donnent lieu à beaucoup de résidus, mais qu'encore au temps de leurs dévotions ils s'interdisent le sel dans les aliments. »

Fig. 491. — Prêtresse d'Isis.
(D'après une peinture de Thèbes.)

Les prêtres s'abstenaient également de poissons de mer et étaient d'une extrême sobriété pour le vin et les boissons. Un membre du sacerdoce était censé n'avoir aucun des vices du vulgaire, et il devait, en outre, être exempt de toute difformité corporelle.

Le costume, fréquemment renouvelé, était de la plus complète blancheur et d'une propreté rigoureuse. Les prêtres avaient quelquefois des images de divinités suspendues à leur cou, et dans leurs mains ils portaient des enseignes sacrées ou d'autres emblèmes religieux. Ainsi, le prêtre qui fait les fonctions de scribe tient habituellement un roseau taillé en plume, une palette ou un papyrus roulé ou déroulé. Leur vêtement habituel était une courte tunique (le *schenti*) sur laquelle était une robe plus ample (le *calasiris*).

C'est une peau de panthère jetée sur la tunique qui, avons-nous dit, caractérise les prêtres d'un rang élevé. D'autres portent sur la poitrine le scarabée sacré, la barque symbolique (*bari*) ou des emblèmes de vie. Les riches colliers à plusieurs rangs, les bagues qui ornent les doigts, les chaussures de papyrus, attachées sur le cou-de-pied, et se terminant par de longues pointes recourbées, font également partie du costume sacerdotal.

Dans la décoration du temple d'Isis à Pompéi, on voit la représentation de prêtres égyptiens, tenant en main des ustensiles sacrés (fig. 492). Le costume de ces prêtres diffère sensiblement de ceux que nous voyons dans les véritables monuments égyptiens, mais il figure très exactement celui des desservants du temple d'Isis dans une ville romaine. Après l'établissement de la domination romaine, le culte des divinités égyptiennes prit une très grande extension, et il est peu de villes dans l'empire qui n'aient eu leur temple d'Isis et d'Osiris. Ces temples étaient généralement dans un style pseudo-égyptien et desservis par

Fig. 492. — Prêtres égyptiens.
(D'après les peintures du temple d'Isis, à Pompéi.)

des prêtres qui, n'étant pas élevés dans les écoles égyptiennes, apportaient nécessairement des modifications dans les rites et dans le costume. Mais les artistes qui les ont représentés affectaient de leur donner toujours une certaine raideur pour les mettre d'accord avec les peintures égyptiennes.

Les cérémonies. — Hérodote nous donne quelques détails sur les rites qui devaient accompagner le sacrifice. « Lorsqu'on a amené la bête marquée, dit-il, devant l'autel où l'on veut sacrifier, on allume le feu ; ensuite on fait auprès d'elle des libations de vin, et l'on invoque le dieu, puis on égorge la victime, et quand elle est égorgée on lui tranche la tête. On écorche le corps et après avoir chargé la tête d'une longue imprécation, on la porte au marché s'il y en a un, et s'il s'y trouve quelque marchand grec trafiquant dans le pays, on la lui vend; s'il n'y a pas là de marchand grec, on la jette dans le fleuve. L'imprécation qu'ils prononcent sur cette tête est ainsi conçue : « S'il doit « advenir quelque malheur à ceux qui offrent ce sacrifice, ou à l'Égypte « entière, que le mal soit détourné et tombe sur cette bête. » Tous les

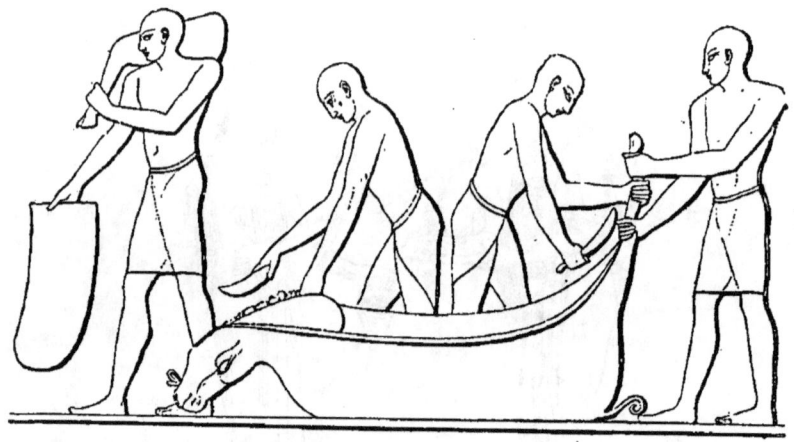

Fig. 493. — Bœuf préparé pour le sacrifice.

Égyptiens observent les mêmes coutumes concernant les têtes des victimes et les libations de vin; dans tous les sacrifices on suit le même rite, et en conséquence de ces usages, jamais Égyptien ne goûte la tête d'aucun animal. »

L'extraction des entrailles et la manière de brûler les victimes variaient selon les sacrifices. Voici, suivant Hérodote, les cérémonies qu'on accomplissait dans les sacrifices à Isis : « Lorsqu'ils ont écorché un bœuf, ils prient et retirent ses intestins creux, mais ils laissent dans le corps les viscères et la graisse. Ils coupent les jambes, l'extrémité de la queue, les épaules et le cou; cela fait, ils remplissent ce qui reste du corps de pains bien nets, de miel, de raisins secs, de figues, d'encens, de myrrhe et d'autres parfums. Quand il est ainsi rempli, ils le brûlent sur l'autel, l'arrosant d'huile à grands flots. Or ils sacrifient après avoir jeûné, et tandis que la victime se consume, ils se portent de grands coups ; enfin, après s'être bien frappés, ils font un festin de ce qu'ils ont séparé de la bête immolée. »

Les bœufs, couchés et liés par les quatre jambes, rappellent, suivant Mariette, les sacrifices par lesquels, à certains anniversaires, on devait honorer les mânes des défunts. Ces sacrifices s'accomplissaient dans la partie extérieure des temples (fig. 493 et 494).

Dans les grandes solennités religieuses, le Pharaon occupait la place d'honneur en avant de la barque sacrée que les prêtres portaient sur leurs épaules, escortés de la procession et du peuple immense qui l'ac-

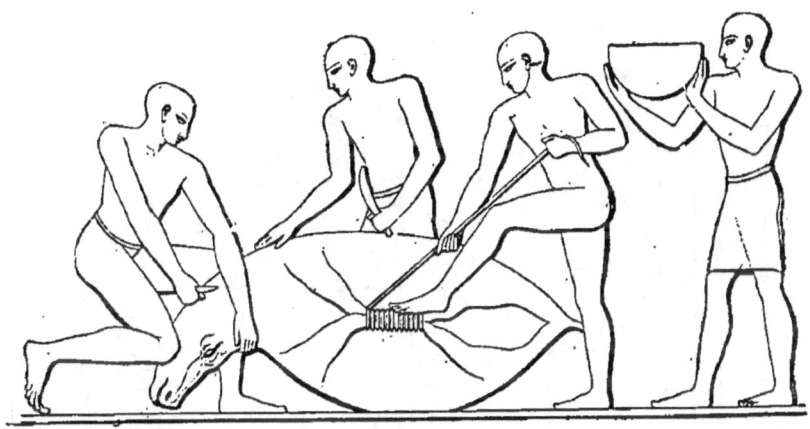

Fig. 494. — Animal préparé pour un sacrifice à Isis.

compagnait. Pour ces occasions, le Pharaon était coiffé du casque et tenait à la main le sceptre et la cuiller aux parfums, comme nous le voyons sur la figure 495. Parmi les prêtres qui soutiennent la barque, les plus élevés en dignité sont ceux dont la robe est couverte d'une peau de panthère. Le petit autel posé sur le milieu de la nacelle est recouvert d'un voile qui en masque la décoration. Mais cette décoration est apparente sur d'autres monuments.

Dans un des temples de l'île de Philé, on voit un bas-relief représentant une barque symbolique dont l'avant et l'arrière sont décorés d'une tête d'Isis. La barque est portée par quatre prêtres vêtus de longues robes et précédés d'un personnage tenant une cassolette dans laquelle brûlent des parfums. On voit la flamme sortir du vase qui est à l'extrémité et le jeune homme y jette des grains d'encens. Malgré l'exiguïté de sa taille, ce jeune homme doit être un Pharaon, car il porte la couronne de la haute Égypte, avec l'uréus au front. A l'arrière de la barque, une rame est manœuvrée par un personnage à tête d'épervier, qui en meut l'extrémité au moyen de la queue d'un serpent dont

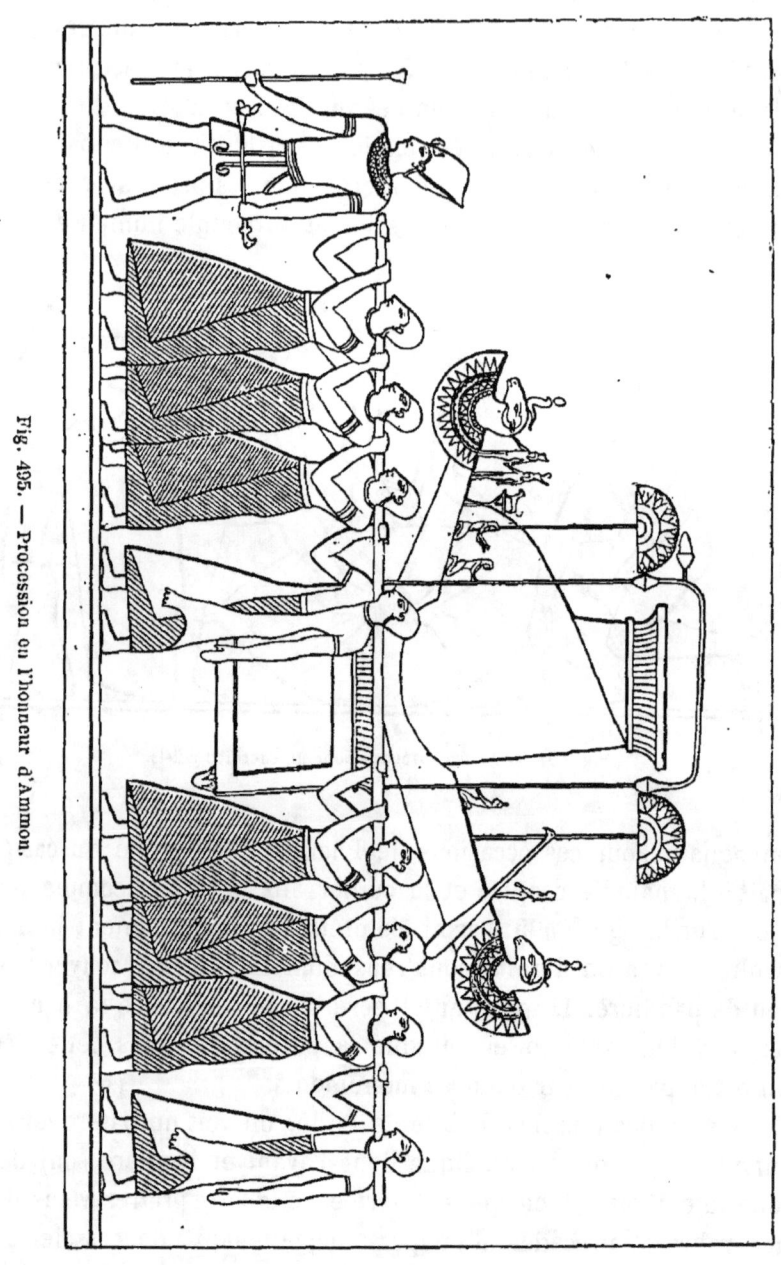

Fig. 495. — Procession en l'honneur d'Ammon.

il tient le corps dans sa main. Sur l'avant, un personnage portant une tête analogue, mais surmontée de la couronne de la haute Égypte, est agenouillé devant un petit autel en forme de coffre qui occupe le centre

Fig. 496. — Barque sacrée d'Isis. (Philé.)

de la barque. L'autel est décoré de deux figures qui étendent leurs ailes en signe de protection et un disque solaire flanqué de deux grandes ailes plane sur le tout (fig. 496).

Les objets sacrés qu'on portait dans les processions religieuses on

Fig. 497. — Canope à tête d'Ammon.
(Sculptures du temple de Philé.)

toujours un caractère symbolique, dans leur forme générale aussi bien que dans l'ornementation qui les décore (fig. 497).

La lutte du soleil contre les ténèbres était figurée dans une cérémonie qui se célébrait à Paprémis, au moment où le soleil se couche. Hérodote, qui assimile Set à Mars, raconte ainsi les combats qui avaient lieu dans cette fête singulière : « A Paprémis, dit-il, on observe les mêmes cérémonies et on fait les mêmes sacrifices que dans les autres villes ; mais, lorsque le soleil commence à baisser, quelques prêtres, en petit nombre, se donnent beaucoup de mouvement autour de la statue de Mars, tandis que d'autres, en plus grand nombre, armés de bâtons, se tiennent debout à l'entrée du temple. On voit vis-à-vis de ceux-ci plus de mille hommes confusément rassemblés, tenant chacun un bâton à la main, qui viennent pour accomplir leurs vœux. La statue est dans une petite chapelle de bois doré. La veille de la fête, on la transporte dans une autre chapelle. Les prêtres qui sont restés en petit nombre autour de la statue placent cette chapelle, avec le simulacre du dieu, sur un char à quatre roues et se mettent à le tirer. Ceux qui sont dans le vestibule les empêchent d'entrer dans le temple; mais ceux qui sont vis-à-vis, occupés à accomplir les vœux, venant au secours du dieu, frappent les gardiens de la porte et se défendent contre eux. Alors commence un rude combat à coups de bâtons; bien des têtes sont fracassées, et je ne doute pas que plusieurs personnes ne meurent de leurs blessures, quoique les Égyptiens n'en conviennent pas (Hérodote). »

Le culte des divinités égyptiennes s'est promptement répandu dans toutes les provinces soumises à la domination romaine. Des modifications se sont nécessairement introduites dans les cérémonies religieuses en l'honneur d'Isis et d'Osiris, lorsqu'elles avaient lieu en dehors de l'Égypte, où la tradition se maintenait beaucoup plus intacte. Mais ces modifications n'ayant eu lieu que successivement, nous devons croire que le cérémonial accompli pendant le premier siècle de notre ère était encore à peu près conforme aux rites usités en Égypte.

Nous ne pouvons donc voir sans le plus vif intérêt les peintures conservées dans le temple d'Isis à Pompéi, et nous croyons qu'on peut y trouver des renseignements exacts, au moins dans une très-large mesure.

Nous voyons d'abord un autel dressé en plein air, en face une chapelle à laquelle on monte par un escalier décoré de sphinx. Les assistants sont rangés en files sur les deux côtés de l'autel, près duquel sont les ibis sacrés; un desservant avive la flamme du sacrifice. En haut de l'escalier, le prêtre, vêtu d'une tunique talaire et d'un manteau à franges, présente le vase sacré aux fidèles assemblés, tandis que deux personnages, placés à ses côtés, agitent le sistre en l'honneur de la déesse. Le prêtre a la tête rasée, conformément au rite égyptien. (fig 498).

La cérémonie en l'honneur d'Osiris présente un caractère différent, bien que la disposition générale soit la même. La flamme sacrée s'élève sur l'autel, près duquel on retrouve les ibis comme dans le tableau précédent. Les assistants jouent du sistre et de la flûte autour de l'autel. En haut de l'escalier formant l'entrée du temple, un personnage barbu et portant un vêtement violet danse au son de la flûte et du tambourin : il paraît représenter Osiris. Une couronne de feuillage et de grandes palmes sont accrochées sur le devant de la chapelle dont elles forment la décoration, conformément à un usage rustique dont on retrouve toujours la trace dans les cérémonies religieuses de l'antiquité (fig. 499).

Nous trouvons dans l'ouvrage d'Apulée la description d'une pro-

Fig. 498. — Cérémonie en l'honneur d'Isis.

(D'après une peinture de Pompéi.)

cession en l'honneur d'Isis, qui présente un caractère tout particulier. A cette époque, en effet, le culte égyptien avait perdu l'austérité des cérémonies primitives et s'était imprégné d'une foule d'usages grecs empruntés pour la plupart au culte de Bacchus. Il n'en est pas moins curieux de voir comment, au IIIe siècle de notre ère, on honorait la déesse Isis. « Insensiblement les premières parties du cortége commencèrent à se mettre en marche. Le choix des costumes adoptés par chacun, en raison de différents vœux, y jetait une variété pleine d'agrément. Celui-ci, ceint d'un baudrier, représentait un soldat ; celui-là, avec sa courte chlamyde, son petit sabre au côté et ses épieux, figurait un chasseur. Un autre avait des brodequins dorés, une robe de soie et des atours précieux une chevelure postiche chargeait sa tête, sa

Fig. 499. — Cérémonie en l'honneur d'Osiris.
(D'après une peinture de Pompéi.)

démarche était traînante : on aurait dit une femme. Un autre, chaussé de bottines, armé fièrement d'un bouclier, d'un casque et d'une épée, semblait sortir d'une arène de gladiateurs. Il y en avait un qui, précédé de faisceaux et vêtu de pourpre, jouait le magistrat ; un qui, par déguisement, portait le manteau, le bâton, les sandales et la barbe de bouc d'un philosophe. Quelques-uns étaient en oiseleurs et en pêcheurs, avec différents roseaux enduits de glu ou garnis d'hameçons. Je vis aussi une ourse apprivoisée qu'on voiturait dans une chaise, habillée en dame de haut parage. Un singe coiffé d'un bonnet brodé, vêtu d'une cotte phrygienne de couleur de safran, représentait le jeune berger Ganymède et tenait une coupe d'or ; enfin, il y avait un âne, sur le dos duquel on avait collé des plumes, et que suivait un vieillard tout cassé ; ils parodiaient Pégase et Bellérophon, et tous deux, du reste, formaient le couple le plus risible.

« Au milieu de ces mascarades plaisantes qui çà et là remplissaient les rues, la pompe spéciale de la déesse protectrice s'était mise en mouvement. Des femmes vêtues de robes blanches, couronnées de guirlandes printanières et tenant toutes d'un air joyeux différents attributs, jonchaient de petites fleurs le chemin par où s'avançait le cortége sacré. D'autres portaient, retournés sur leur dos, de brillants miroirs, afin qu'en avançant la déesse pût considérer devant elle l'empressement de la foule qui suivait. Quelques-unes portaient des peignes en ivoire, et, par les mouvements de leurs bras, les inflexions de leurs doigts, elles faisaient le geste de peigner, d'ajuster les cheveux de leur reine. D'autres enfin, versant goutte à goutte un baume précieux et divers parfums, en arrosaient abondamment les places.

« En outre, une foule nombreuse, de l'un et de l'autre sexe, portait des lanternes, des torches, des bougies et autres espèces de clartés, dans le but de se rendre favorable par ces emblèmes lumineux la déesse des astres qui brillent au firmament. C'étaient ensuite des symphonies délicieuses, des chalumeaux et des flûtes qui faisaient entendre les plus doux accords. Puis venait un chœur de jeunes gens d'élite, vêtus de costumes blancs d'un très-grand prix, et qui répétaient alternativement une cantate composée par un poëte habile, sous l'inspiration favorable des Muses. Dans cette cantate se reproduisaient par intervalle les préludes de vœux plus solennels. Parmi eux étaient des musiciens consacrés au grand Sérapis, qui, sur leur flûte traversière avançant du côté de l'oreille droite, jouaient différents airs appropriés au culte de ce dieu dans son temple. Enfin on voyait plusieurs officiers qui avertissaient de laisser le chemin libre et facile aux saintes images. A la suite, en effet, survenaient à flots et en troupes nombreuses les personnes initiées aux divins mystères : des hommes, des femmes de tout rang, de tout âge, couverts de robes de lin d'une blancheur éblouissante. Les femmes portaient un voile transparent sur leurs cheveux parfumés d'essences, les hommes avaient la tête entièrement rasée, et le haut de leur chef était tout luisant : c'étaient ceux qui représentaient les astres terrestres de la grande religion; et de leurs sistres d'airain, d'argent ou même d'or, ils tiraient un tintement mélodieux.

« Quant aux pontifes sacrés, ces grands personnages étaient vêtus d'une longue robe blanche de lin, qui leur couvrait la poitrine, leur serrait la taille, et tombait jusque sur leurs talons. Ils portaient les symboles augustes de puissantes divinités. Le premier d'entre eux tenait une lampe de la clarté la plus vive, qui ne ressemblait en rien à celles qui éclairent nos repas du soir : c'était une gondole en or, jetant de sa partie la plus large une grande flamme. Le deuxième était vêtu d'un costume semblable; mais il tenait dans ses mains deux autels, appelés « les secours », en raison de la providence secourable de la grande déesse. Un troisième s'avançait en élevant un rameau d'or aux feuilles du travail le plus délicat, et aussi le caducée de Mercure. Le quatrième tenait en l'air le symbole de la justice, figurée par un bras gauche avec sa main ouverte : si on avait choisi la gauche, c'est qu'elle semble mieux que la droite représenter la justice, parce qu'elle est moins agissante, moins souple, et qu'elle est dénuée d'adresse. Le même avait aussi un petit vase d'or arrondi en forme de mamelle, et avec ce vase il faisait des libations de lait. Un cinquième portait un vase d'or, où étaient entassés des petits rameaux du même métal; enfin, un dernier était chargé d'une amphore.

« Aussitôt après s'avancèrent les dieux, daignant marcher à l'aide de pieds humains.

« Le premier, image monstrueuse, était l'intermédiaire divin qui circule du ciel aux enfers, et dont la figure est tantôt sombre, tantôt resplendissante. Il élevait sa grande tête de chien, et de la main gauche il portait un caducée; de la droite il agitait une palme verdoyante. Immédiatement après lui venait une vache, dressée sur ses pieds de derrière, emblème de fertilité représentant la féconde déesse. Cette vache était soutenue sur les épaules d'un des saints prêtres, qui s'avançait d'un air plein de majesté. Un autre tenait la corbeille où étaient renfermés les mystères, et qui dérobait à tous les regards les secrets de la sublime religion. Un autre portait dans son sein bienheureux l'effigie vénérable de la toute-puissante divinité, effigie qui n'avait la forme ni d'un quadrupède domestique, ni d'un oiseau, ni d'une bête sauvage, ni même d'un homme. Mais on avait su, découverte ingénieuse, la rendre vénérable au moyen de sa nouveauté même; et le symbole qui la représentait était, du reste, un indice ineffable du mystère qui doit présider à cette auguste religion. Figurez-vous une petite urne d'un or éblouissant, très-artistement creusée, toute ronde à sa base, et au dehors enrichie des merveilleux hiéroglyphes des Égyptiens. Son orifice, peu élevé, s'étendait d'un côté de manière à présenter un long bec, tandis que de l'autre il y avait une anse à courbure très-développée, sur le sommet de laquelle se dressait en replis noueux un aspic à la tête écailleuse, au cou gonflé et au dos strié de mille raies. »

II

LE CULTE EN ASIE

LES HÉBREUX. — LES PHÉNICIENS. — LES ASSYRIENS. — LES PERSES. LES PHRYGIENS.

LES HÉBREUX. — « Les croyances des Israélites, dit M. Maspero, formaient avec les religions cananéennes le contraste le plus frappant. On trouve bien çà et là quelques traces confuses d'un paganisme primitif, des dieux (Élohim), des pierres sacrées, des idoles qui sont les dieux de la famille et dont les images font partie du patrimoine de la tribu : mais en fait ils sont monothéistes..... Ils n'ont qu'un seul dieu et ne confondent pas ce dieu avec l'univers, n'admettent pour lui ni la subdivision ni le sexe..... Le tonnerre est sa voix ; l'éclair, sa lumière ; la grêle et l'orage, son arme. Tonnerre, éclair, grêle ne deviennent jamais des êtres indépendants, ce sont des actes du dieu. Ce dieu unique, ce Javeh, est avant tout le dieu national d'Israël..... »

Pendant le séjour assez long que les Hébreux firent dans le désert, Moïse les constitua politiquement, leur donna des lois et organisa leur culte. Les rites qu'il institua sont en grande partie empruntés à l'Égypte, mais le fond même du dogme diffère essentiellement. Le monothéisme se retrouve au fond de toutes les religions de l'Orient, mais le dieu suprême se dédouble dans ses qualités, qui, en se personnifiant, deviennent des divinités distinctes quoique subordonnées. Cette hiérarchie des puissances divines ne se retrouve pas chez les Hébreux, dont le dieu national Javeh exerce sa toute-puissance par ses actes directs et non par des agents célestes. De là vient l'impossibilité pour chacune des tribus qui composent la nation d'invoquer un protecteur spécial, et la nécessité absolue d'obéir toutes au chef qui les commande au nom de la divinité unique. Aussi les Hébreux ne bâtissent pas plusieurs temples : ils n'en ont qu'un et toutes les cérémonies du culte israélite convergent autour de ce temple.

Le culte des patriarches était de la plus grande simplicité : ils paraissent n'avoir eu ni époques déterminées ni local spécialement choisi pour les actes de dévotion qu'ils adressaient à la divinité. Ce fut Moïse qui fixa les cérémonies du culte et détermina les ustensiles sacrés. Voici ce que dit l'Exode :

« — Et l'Éternel parla à Moïse, disant :

« Parle aux enfans d'Israël, et qu'on prenne une offrande pour moi ; vous recevrez mon offrande de tout homme dont le cœur me l'offrira volontairement.

« Et c'est ici l'offrande que vous recevrez d'eux ; de l'or, de l'argent, de l'airain.

« De l'hyacinthe, de l'écarlate, du cramoisi, du fin lin, des poils de chèvres.

« Des peaux de mouton teintes en rouge, et des peaux de couleur d'hyacinthe, et du bois de Sittim.

« De l'huile pour le luminaire, des odeurs aromatiques pour l'huile de l'onction, et des drogues pour le parfum.

« Des pierres d'onyx et des pierres de remplages, pour l'éphod et pour le pectoral.

« Et ils me feront un sanctuaire, et j'habiterai au milieu d'eux ;

« Selon tout ce que je te vais montrer, selon le modèle du pavillon, et selon le modèle de tous les ustensiles, vous le ferez ainsi.

« Ils feront donc une arche de bois de Sittim ; sa longueur sera de deux coudées et demie, sa largeur d'une coudée et demie, et sa hauteur d'une coudée et demie.

« Tu la couvriras d'or très-pur ; tu la couvriras par dehors et par dedans, et tu feras sur elle un couronnement d'or tout autour.

« Et tu fondras quatre anneaux d'or que tu mettras à ses quatre coins ; savoir, deux anneaux à l'un de ses côtés, et deux autres à l'autre côté.

« Tu feras aussi des barres de bois de Sittim, et tu les couvriras d'or.

« Ensuite tu feras entrer les barres dans les anneaux aux côtés de l'arche, pour porter l'arche avec elles.

« Les barres seront dans les anneaux de l'arche, et on ne les en tirera point.

« Et tu mettras dans l'arche le témoignage que je te donnerai.

« Tu feras aussi le propitiatoire d'or pur, dont la longueur sera de deux coudées et demie, et la largeur d'une coudée et demie.

« Et tu feras deux chérubins d'or; tu les feras d'ouvrage fait au marteau, aux deux bouts du propitiatoire.

« Fais donc un chérubin de chaque côté; vous ferez les chérubins tirés du propitiatoire, sur ses deux bouts.

« Et les chérubins étendront les ailes en haut, couvrant de leurs ailes le propitiatoire, et leurs faces seront vis-à-vis l'une de l'autre, et le regard des chérubins sera vers le propitiatoire.

« Et tu poseras le propitiatoire en haut, sur l'arche, et tu mettras dans l'arche le témoignage que je te donnerai.

« Et je me trouverai là avec toi, et je te dirai de dessus le propitiatoire, d'entre les deux chérubins qui seront sur l'arche du témoignage, toutes les choses que je te commanderai pour les enfants d'Israël.

« Tu feras aussi une table de bois de Sittim ; sa longueur sera de deux coudées, sa largeur d'une coudée, et sa hauteur d'une coudée et demie.

« Tu la couvriras d'or pur, et tu lui feras un couronnement d'or à l'entour.

« Tu lui feras aussi à l'entour une clôture de quatre doigts, et à l'entour de sa clôture tu feras un couronnement d'or.

« Tu lui feras aussi quatre anneaux d'or, que tu mettras aux quatre coins qui seront à ses quatre pieds.

« Les anneaux seront à l'endroit de la clôture, pour y mettre les barres, afin de porter la table avec elles.

« Tu feras les barres de bois de Sittim, et tu les couvriras d'or, afin qu'on porte la table avec elles.

« Tu feras aussi ses plats, ses tasses, ses gobelets, et ses bassins avec lesquels on fera les aspersions; tu les feras d'or pur.

« Et tu mettras sur cette table le pain qui sera exposé continuellement devant moi.

« Tu feras aussi un chandelier d'or pur; le chandelier sera façonné au marteau ; sa tige et ses branches, ses plats, ses pommeaux en sortiront.

« Il sortira six branches de ses côtés ; trois branches d'un côté du chandelier, et trois autres de l'autre côté du chandelier.

« Il y aura à une des branches trois plats en forme d'amande, un pommeau et une fleur ; à l'autre branche il y aura trois plats en forme d'amande, un pommeau et une fleur. Il en sera ainsi aux six branches naissantes du chandelier.

« Il y aura aussi un chandelier, quatre plats en forme d'amande, ses pommeaux et ses fleurs.

« Un pommeau sous chacune des six branches naissantes du chandelier.

« Leurs pommeaux et leurs branches en sortiront, et tout le chandelier sera une seule pièce faite au marteau, et d'or pur.

« Fais aussi ses sept lampes, et on les allumera au-dessus, afin qu'elles éclairent vis-à-vis du chandelier.

« Et ses mouchettes, et ses petits plats, destinés à recevoir ce qui tombe des lampes, seront d'or pur.

« On le fera avec toutes ses parties d'un talent d'or pur.

« Regarde donc ; et fais selon le modèle qui t'a été montré sur la montagne. »

Le rapport qui existe entre l'arche d'alliance des Hébreux et les chapelles portatives des Égyptiens a été constaté par les savants qui ont accompagné l'expédition française en Égypte. En effet, nous lisons dans le grand ouvrage publié sous les auspices du gouvernement : « Il serait possible de trouver quelque analogie entre cette barque et l'arche d'alliance des Israélites ; et cela n'a rien qui doive surprendre, si l'on admet que le législateur des Hébreux ait été élevé au milieu des Égyptiens, et que ses idées se soient formées sur celles qu'il avait acquises dans leur pays. On ne doit pas s'attendre à trouver dans les objets que nous comparons une similitude complète ; mais on remarquera entre eux cette sorte de ressemblance qui tient aux réminiscences et à une imitation en quelque sorte involontaire. En comparant donc l'arche d'alliance avec la barque sacrée des Égyptiens, on pourra trouver que les prêtres vêtus de longue robe, qui portent celle-ci, sont les lévites vêtus de robes de lin qui portaient celle-là ; que le petit temple est l'arche proprement dite et que les figures ailées qui sont tournées l'une vers l'autre, les ailes étendues sur le petit temple, sont les deux chérubins. De plus, le bateau égyptien est porté sur des barres, comme l'arche l'était sur des barres de bois de Sittim. Quant à la partie cintrée qui a la forme d'une barque, il n'en est point parlé dans l'Exode; et, en effet, une barque n'aurait eu aucun rapport avec la religion des Israélites, tandis qu'elle en avait de très-naturels avec celle des Égyptiens, dans laquelle le plus grand nombre des symboles doit être rapporté au Nil et à ses inondations. »

Suivant la Genèse, l'usage des sacrifices remonte aux premiers âges de l'humanité, puisque Caïn et Abel offrent à Dieu, l'un les fruits de la terre, l'autre la graisse de ses meilleures brebis. Il y a toujours eu chez les Hébreux deux sortes de sacrifices : les sacrifices sanglants, qu'on faisait avec quatre espèces d'animaux, le mouton, le bœuf, la chèvre et la colombe, et les sacrifices non sanglants, qui consistaient en gâteaux de froment, huile, encens, ou libations de vins. Toutes ces cérémonies se faisaient suivant certains rites auxquels les prêtres attachaient une très-grande importance, mais qui paraissent en avoir eu beaucoup moins aux yeux des prophètes, personnages inspirés de Dieu, mais n'appartenant pas au sacerdoce.

La ville de Siloh a été, après la sortie du désert, le lieu central où les tribus devaient se réunir, aux époques fixées par la loi, pour les grandes cérémonies du culte. C'est là où Josué avait fixé le tabernacle, mais sous les Juges il semble que cet endroit ait été un peu délaissé. David et Salomon fixèrent le sanctuaire religieux à Jérusalem, où s'éleva le fameux temple qui, après avoir subi bien des transformations, finit par être détruit par les Romains après le sac de la ville. Les lévites furent établis comme serviteurs et gardiens du sanctuaire, dont l'intérieur n'était accessible qu'aux prêtres. Les prêtres étaient chargés dans le parvis d'entretenir le feu perpétuel sur l'autel des holocaustes, et d'enlever la cendre chaque matin. Ils versaient l'huile dans les lampes, posaient les pains de proposition sur la table sacrée et faisaient toutes les cérémonies prescrites pour les sacrifices. En dehors du temple, ils avaient l'administration de la police sanitaire, notamment la visite aux lépreux; ils faisaient l'estimation des objets consacrés par des vœux, et, dans quelques cas difficiles, ils étaient appelés à prononcer dans des questions juridiques. Le grand prêtre, dont la fonction paraît avoir été héréditaire, avait, dans la hiérarchie sacerdotale des Hébreux, une situation qui n'était pas sans analogie avec celle de pape dans l'église catholique.

L'historien Josèphe décrit ainsi le costume des prêtres israélites :
« Avant que de faire les fonctions du saint ministère, ils devaient

être purifiés; car la loi leur recommande une grande pureté. Ils prenaient un vêtement que nous appelons *michnefim*. Ce terme signifie qui resserre. C'est une espèce de caleçon de lin, mais d'un double tissu de byssus; on le met autour des reins, en faisant entrer les pieds dedans comme dans une culotte. Il est fendu par en haut et va jusqu'aux reins, où il est attaché. Ils prenaient ensuite une robe de lin d'un double tissu de byssus, que nous appelons *chetoneth*, ce qui signifie du lin, car nous donnons ce nom à cette plante. Cette robe est juste au corps, et les deux manches sont serrées sur les bras. Elle se ceint sur la poitrine, un peu au-dessus du sein. La ceinture dont le prêtre se ceint est large de quatre doigts : comme son tissu n'est pas serré, elle a quelque ressemblance avec la peau d'un serpent qui s'est dépouillé. Le tissu de cette ceinture est de byssus, mais relevé par des fleurs de couleur d'écarlate, de pourpre, de bleu céleste et de byssus; elle faisait deux tours en forme d'hélice, en commençant vers la poitrine, où on la nouait, de manière que pour la bonne grâce elle pendait jusqu'à la cheville du pied, quand le prêtre n'officiait pas : car quand il officiait, comme il était obligé de se donner alors du mouvement, il la rejetait sur son épaule gauche, afin qu'elle ne l'embarrassât pas en flottant. Moïse l'appelle *abnet*. « C'est des Babyloniens que nous avons appris à l'appeler *emian*, car c'est le nom qu'ils donnent à une ceinture. La robe des prêtres ne faisait aucun pli : on la resserrait par le collet sur les deux clavicules où elle est plus ample; on l'y resserrait, dis-je, avec des cordons qu'on laissait pendre sur la poitrine. Nous appelons cette robe *maffabafane*.

« Le prêtre porte sur la tête un bonnet rond, mais qui n'en couvre que la moitié. Nous l'appelons *mitfnephet*, et il est coupé de façon qu'il paraît une couronne. Il est fait d'une bande de lin très serrée, qu'on roule plusieurs fois et qu'on arrête par quelques points d'aiguille. Le prêtre met par-dessus un morceau de toile qui descend du haut de la tête, sur lequel on l'applique, jusque sur le front, et couvre ce que pourrait avoir de moins gracieux les différents plis du bonnet de dessous. Ce morceau de toile est juste à la tête, afin qu'il ne tombe pas quand le prêtre officie. Voilà ce que nous pouvons dire pour donner quelque idée de l'habit des simples prêtres. »

LES PHÉNICIENS. — Le culte des Phéniciens est peu connu et il règne une grande obscurité et de graves contradictions sur tout ce qui concerne les coutumes religieuses de ce peuple. « En Syrie, dit M. Maspero, les mythes étaient demeurés à l'état flottant, et les dieux se partageaient le pays comme autant de princes féodaux. L'adoration de Baal, le maître et le seigneur suprême, et de sa compagne Astarté, impliquait la croyance primitive au dieu unique, de même que l'adoration de Tammouz et de Baalit, de Mama et de Derketo, d'Hadar et d'Atagarth. La multiplicité des Baalem secondaires ne prouve pas plus contre cette unité primor-

Fig. 500.

Fig. 501.

Prêtresses.

(Statuettes trouvées dans la Cyrénaïque.)

diale que la subdivision du dieu égyptien en ces puissances divinisées; seulement, en Phénicie et en Syrie, cette répartition de la puissance divine est plus géographique et politique que philosophique. Ce sont moins les attributs divins que les sanctuaires locaux qui ont donné naissance aux dieux secondaires, Baals éponymes des principales villes. Baal, adoré à Tyr, à Sidon, à Tarse, devient Baal-Tsour, Baal-Sidon, Baal-Tars. Comme tel, il peut recevoir un nom particulier qui achève de détruire dans l'esprit du vulgaire son caractère primitif, mais qui ne laisse pas moins subsister la notion confuse de l'unité primordiale;

c'est ce qu'une inscription nous démontre en deux mots. Melquarth, le grand dieu de Tyr, dont le culte avait été porté au loin par les colonies tyriennes, n'était autre que le Baal de la métropole : « Au dieu Melquarth, Baal de Tyr. » L'hommage aux dieux se rendait sur les hauts lieux et dans les bocages sacrés. Il admettait des pratiques licencieuses et barbares dont la seule idée faisait horreur aux prophètes d'Israël.

Fig. 502.　　　　　　　　　　Fig. 503.

Prêtresses.

(Statuettes trouvées dans la Cyrénaïque.)

Moloch exigeait des sacrifices humains et voulait qu'on brûlât des enfants devant lui. Astarté, à la fois guerrière et voluptueuse, avait pour prêtresses des courtisanes sacrées. »

A défaut d'écrivains phéniciens, nous sommes bien obligés de nous en référer aux historiens grecs et latins, qui s'élèvent contre les atrocités du culte phénicien, tel qu'il avait été importé à Carthage. Il y avait dans cette ville une statue colossale de Baal-Hamon, placée devant le temple de ce dieu. « Elle était de bronze, dit Diodore de Sicile, avec les bras étendus en avant et abaissés ; ses mains, dont la paume était en dessus, étaient inclinées vers la terre, afin que les enfants qu'on y plaçait tombassent immédiatement dans un gouffre plein de feu. »

Les monuments nous font complétement défaut pour les cultes phéniciens. On a retrouvé dans la Cyrénaïque quelques statuettes en terre cuite qui représentent des prêtresses (fig. 500 à 503). Ces figurines portent un costume dont la plus grande partie est grecque, mais où l'élément oriental est assez accentué ; et il est probable que le culte auquel il se rattachait était un mélange de rites asiatiques et de traditions grecques. On sait, en effet, que cette contrée, habitée par des populations d'origines très-diverses, avait adopté le culte des Grecs, mais en gardant toujours une forte empreinte des religions primitives de l'Asie. Toute la côte de l'Afrique septentrionale avait reçu, à différentes époques, des colonies phéniciennes.

Les Assyriens. — Une sorte de panthéisme ou adoration de la nature personnifiée paraît être le fond du culte assyrien. On y trouve,

Fig. 504. — Guerriers portant des idoles.
(D'après un bas-relief assyrien du Musée britannique.)

exprimé d'une manière vague, le principe de l'unité divine, mais le dieu suprême se dédouble dans ses qualités, qui, en se personnifiant, prennent l'apparence de divinités spéciales. La grande divinité des Assyriens paraît avoir été celle que les inscriptions nomment Assour, et qui semble personnifier la nation elle-même.

Comme les dieux de ces contrées ont toujours un caractère protecteur du roi ou de la nation avec laquelle ils sont en quelque sorte identifiés, ils sont exposés en temps de guerre à toutes les péripéties de la fortune. Si le roi qu'ils protégent est victorieux, il amène comme captifs les dieux du peuple ennemi et les humilie devant eux. S'il est vaincu, ils partagent le sort de ceux qu'ils n'ont pas su défendre. Leurs images sont brisées ou emmenées en captivité. Écoutez un roi d'Assyrie entrant

Fig. 505. — Un sacrifice.
(D'après un bas-relief assyrien.)

victorieux dans la ville de Suse : « Par la volonté d'Assour et d'Istar, je suis entré dans ses palais et je m'y suis reposé avec orgueil... J'ai enlevé Sousinak, le dieu qui habite dans les forêts, et dont personne n'a

Fig. 506. — La libation.
(D'après un bas-relief assyrien.)

encore vu la divine image, et les dieux Soumoudou, Lagamar, etc., dont les rois du pays d'Élam adoraient la divinité. J'ai enlevé tous ces dieux et toutes ces déesses avec leurs richesses, leurs trésors, leurs pompeux appareils, leurs prêtres et leurs adorateurs, j'ai tout transporté au pays d'Assour. »

La Bible semble nous donner elle-même l'explication d'un bas-relief assyrien du Musée britannique, dont le sujet se rattache à une cérémonie qui avait lieu à Ninive aussi bien qu'à Babylone. « Vous verrez à Babylone, dit Baruch, les dieux d'or et d'argent, que l'on porte sur les épaules et qui se font craindre par les nations (fig. 504).

« On emploie l'or pour ces dieux, continue le prophète, comme on le fait pour une jeune fille qui aime la parure. On met sur leur tête des couronnes d'or, mais il arrive quelquefois que les prêtres de ces dieux leur dérobent l'or et l'argent et s'en servent pour eux-mêmes. Ils le donnent à des femmes impudiques, et après que ces mêmes femmes le leur ont rendu, ils en parent encore leurs dieux; ils couvrent d'habits ces dieux d'argent, d'or, de bois, comme on en revêt des hommes.

« L'un de ces dieux porte un sceptre, comme un homme qui a le

Fig. 507. — Eunuque portant le chasse mouche royal.
(D'après un bas-relief assyrien.)

gouvernement d'une province. L'autre a une épée ou une hache à la main, mais il ne peut s'en servir que pour se défendre contre les voleurs.

« Ils allument devant eux des lampes, et en plus grand nombre que pour eux-mêmes; mais ces dieux n'en peuvent avoir aucune, et ils sont comme des poutres dans une maison. »

Les grandes figures ailées, qui dans l'Orient décoraient les temples et les palais, étaient les emblèmes des dieux protecteurs, et ils avaient dans chaque contrée un rôle en quelque sorte national. Aussi, bien que ces emblèmes fussent les mêmes pour des peuples différents, ils étaient voués en temps de guerre à une destruction certaine. « J'ai brisé les lions ailés et les taureaux qui veillaient à la porte des temples, dit un roi d'Assyrie, entrant dans la Susiane. J'ai renversé les taureaux ailés fixés aux portes des palais du pays d'Élam et qui, jusqu'alors, n'avaient pas été touchés, je les ai jetés bas. »

De nombreux bas-reliefs assyriens nous montrent des sacrifices religieux dans lesquels le roi semble toujours accomplir le rôle de grand pontife. Tantôt, le roi placé en avant de la victime qu'on amène semble

Fig. 508. — Roi et sa cour

invoquer la divinité (fig. 505), tantôt il verse lui-même la libation sacrée près des lions qu'il a tués à la chasse (fig. 506). Malheureusement les écrivains anciens ne nous fournissent aucun renseignement sur les pratiques religieuses des Assyriens, en sorte que les monuments se présentent toujours à nos yeux dans un caractère un peu énigmatique. Ils se rapportent tous au roi et à son entourage immédiat, jamais à la population.

Un fait assez curieux, c'est que les eunuques apparaissent dans les représentations qui se rapportent au culte, aussi bien que dans celles qui ont trait à la guerre. Voici, par exemple, sur la figure 507, un eunuque portant le chasse-mouche royal dans la main droite et tenant avec la gauche une coupe destinée aux libations sacrées. La figure 508 montre le monarque entouré de sa cour. Un eunuque tient le parasol au-dessus de sa tête. En face de lui est un autre eunuque agitant le chasse-mouche, et un grand officier de la couronne portant, comme le roi lui-même, une longue barbe et les cheveux bouclés. Il est probable que le roi est en train d'accomplir un sacrifice, car il tient en main la coupe des libations et on voit près de lui un bœuf couché.

Un bas-relief assyrien du Louvre nous montre un prêtre faisant une invocation. Il porte la barbe et les cheveux frisés à plusieurs rangs. La tunique, ornée de galons et de glands, est en partie cachée sous une robe qui passe sur l'épaule gauche en laissant la droite découverte et s'ouvre par devant. Il lève la main droite en signe d'invocation et laisse pendre de la main gauche une tige de pavot à trois capsules. En face de lui est une plante dont la tige porte des rameaux en fleur et dont la base est garnie de larges feuilles.

Les Perses. — Le culte des anciens Perses paraît fondé sur le dualisme. Ormuzd, qui est dans l'ordre physique la lumière et dans l'ordre moral le principe du bien, est en antagonisme perpétuel avec Ahriman, qui représente à la fois les ténèbres et le principe du mal. « Les Perses, dit Plutarque dans son traité d'Isis et d'Osiris, débitent beaucoup de fables sur les dieux. En voici une entre autres. Ormuzd, né de la plus pure lumière, et Ahriman, né des ténèbres, sont en guerre l'un contre l'autre. Ormuzd a produit six dieux, dont le premier est celui de la bienveillance, le deuxième celui de la vérité, le troisième de la légalité, le quatrième de la sagesse, le cinquième de la richesse, enfin le sixième est le dieu qui a le privilége de créer les jouissances attachées aux bonnes actions. Ahriman en a produit un nombre égal, comme destinés à être leurs antagonistes. Ensuite, Ormuzd, s'étant donné à lui-même un accroissement triple, est allé se mettre à une distance aussi grande du soleil que celle qui sépare cet astre de la terre, et il a orné le ciel de constellations ; mais il a donné à l'une d'elles la prééminence sur toutes les autres, la constituant comme leur gardienne et leur inspectrice : c'est Sirius. Il a fait encore vingt-quatre autres dieux, et il les a placés dans un œuf. Mais ceux qu'Ahriman créa à son tour, et qui étaient pareillement au nombre de vingt-quatre, percèrent l'œuf : par suite de quoi s'opéra le mélange des maux avec les biens. Un jour viendra, et il est déterminé, où Ahriman, introduisant la peste et la famine, périra entièrement de toute nécessité et disparaîtra par suite du ravage que ces fléaux exerceront. La terre ne sera plus qu'une vaste surface plane ; il n'y aura plus qu'une seule vie, qu'une seule forme de gouvernement ; tous les hommes jouiront d'un bonheur parfait et parleront la même langue. »

On ne connaît aucun monument représentant d'une manière certaine la configuration d'Ormuzd et d'Ahriman, ce qui n'est pas bien étonnant, si, comme le dit Hérodote, les Perses n'élevaient pas de statues à leurs divinités. Mais comme toutes les créatures mauvaises, œuvres d'Ahriman, sont les antagonistes et les ennemis irréconciliables des créatures bonnes qui sont l'œuvre d'Ormuzd, on explique par cette lutte les combats d'animaux qui sont représentés sur quelques bas-reliefs de l'ancienne Perse (fig. 509).

« Les Perses, dit Hérodote, observent les usages suivants. Ils n'érigent ni statues, ni temples, ni autels ; ils traitent d'insensés ceux qui

Fig. 509. — Animaux symboliques.
(D'après un bas-relief de Persépolis.)

en élèvent, parce que, selon moi, ils ne croient point, comme les Grecs, que les dieux participent de la nature humaine. Ils ont coutume de faire des sacrifices à Jupiter] sur la cime des monts, et ils appellent Jupiter le cercle entier du ciel. Ils sacrifient encore au soleil, à la lune, à la terre, au feu, à l'eau et aux vents..... Voici comment ils sacrifient à ces divinités : ils n'ont point d'autels, ils n'allument point de feux, ils ne font point usage ni de libations, ni de flûtes, ni de bandelettes, ni d'orge sacrée. Celui qui veut offrir un sacrifice conduit la victime en un lieu pur, où il invoque la divinité, presque toujours couronnée d'une tiare de myrtes. Mais il ne lui est point permis de demander des faveurs pour lui seul. Il prie pour la prospérité des Perses et du roi; car il fait lui-même partie de l'universalité des Perses. Lorsqu'il a fait bouillir, coupées par morceaux, les chairs de la victime, il les dépose sur une couche d'herbes très fines, particulièrement de trèfles.

Fig. 510. — Revers d'une monnaie de Sapor.

Alors, un mage (sans mage pas de sacrifice) approche et chante la théogonie, réputée chez eux le charme le plus efficace; celui qui a sacrifié demeure là quelque temps, puis il emporte les chairs et en use à son gré. »

Le sacerdoce avait une très grande importance en Perse. « Les Touraniens de la Médie, dit M. Maspero, avaient une caste dont les membres tenaient leur office par droit d'hérédité; ces prêtres, qu'on appelait mages, s'imposèrent aux vainqueurs et devinrent une des six

Fig. 511. — Mithra frappant le taureau.
(D'après un bas-relief du Louvre.)

tribus constituantes de la nation. Ils infectèrent les Aryens de leurs pratiques superstitieuses, développèrent le culte du feu et des corps célestes et se posèrent en intermédiaires nécessaires entre l'homme et

Dieu. On ne pouvait offrir le sacrifice ou faire acte de religion en leur absence. Vêtus de longues robes blanches, coiffés de hautes tiares, les mains chargées du faisceau sacré de tamarisc, sans lequel on ne pouvait rien faire, ils se rendaient en procession aux autels, préparaient la victime, versaient les libations et chantaient sur l'offrande les formules mystérieuses qui lui donnaient toute sa vertu. »

Le culte du feu paraît avoir existé de tout temps chez les peuples qui habitent la Perse. Une médaille de Sapor (fig. 510) montre un autel chargé de la flamme sacrée, qui est la forme visible d'Ormuzd.

Le premier ministre d'Ormuzd et son agent le plus actif était Mithra, qui, à l'époque où les cultes orientaux firent irruption dans l'empire romain, fut considéré comme une divinité solaire. Son culte, bien qu'il soit originaire de la Perse, s'est sensiblement modifié en Occident, et nos collections renferment de nombreux monuments qui s'y rattachent. Ils expriment tous le même symbolisme obscur et ne remontent en général pas plus loin que le IIIe ou le IVe siècle de notre ère.

La figure 511 représente un de ces monuments qui fait partie des collections du Louvre et qui est un des plus complets que l'on connaisse. Le ministre d'Ormuzd frappe de son poignard le taureau Aboudad, dont le sang doit produire les animaux et les plantes utiles; ce qu'on explique en disant que, pour rendre la terre féconde, le soleil la perce de ses rayons. Un chien, qui exprime les chaleurs de la canicule, s'élance pour lécher le sang qui s'écoule de la blessure. Mais un serpent, image d'Ahriman, est couché traîtreusement sous le taureau; il symbolise la fin de l'été qui va mourir pour faire place à l'hiver. Les deux crépuscules sont représentés par deux jeunes Phrygiens tenant chacun un flambeau. Au-dessus de la grotte où a lieu l'immolation, on voit le soleil et la lune sur leurs chars.

Le culte de Mithra, comme tous les cultes orientaux qui ont envahi l'Occident pendant l'empire romain, était mêlé d'une foule de pratiques et de superstitions bizarres, dont l'explication n'est pas encore bien déterminée.

LES PHRYGIENS. — La grande divinité des Phrygiens était Cybèle, personnification de la terre féconde, qui fut plus tard identifiée avec Rhéa, et honorée sous le titre de mère des dieux. Le centre de son culte était à Pessinonte, mais il était très-populaire dans l'Asie Mineure, et c'est de là qu'il est parti pour se répandre en Grèce et ensuite à Rome.

La légende de Cybèle a un caractère oriental très-prononcé. Au fond des forêts vivait Atys, jeune berger phrygien remarquable par sa beauté. Il s'attacha à la déesse et promit de se vouer entièrement à elle. Mais il oublia ses serments en voyant la fille du fleuve Sangarus.

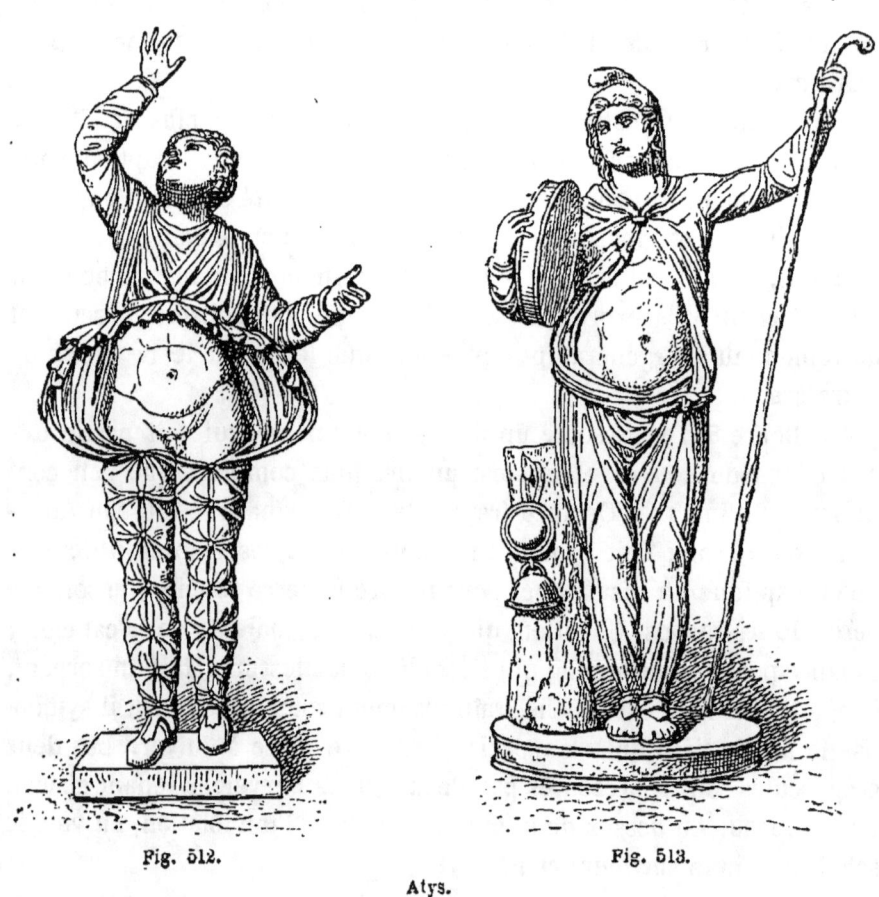

Fig. 512.   Fig. 513.

Atys.

Dans sa passion jalouse, Cybèle le frappa de vertige, et Atys se mutila lui-même pour n'être plus exposé à mentir à la foi jurée. Les prêtres de Cybèle se mutilaient également en l'honneur de la déesse, et en souvenir d'Atys qui leur en avait donné l'exemple. Ils étaient couronnés de pins, parce que Cybèle, touchée des souffrances d'Atys, l'avait métamorphosé en cet arbre; ils agitaient des branches en poussant des hurlements et parcouraient les campagnes en demandant l'aumône et en montrant l'image de la mère des dieux.

Nos figures 512 et 513 représentent Atys, que le culte phrygien associa toujours à Cybèle. La première est un petit bronze du Louvre. « Son costume extraordinaire, ni grec, ni romain, dit Clarac, le désigne assez pour un personnage dont le culte mythologique fut apporté de l'Asie en Grèce et en Italie. On y retrouve ces anaxyrides, ou grands pantalons des peuples de l'Orient, que l'on voit à des statues de princes ou de soldats barbares et aux amazones. Mais ici l'ajustement en est tout particulier, par les boutons qui, de chaque côté, en réunissent, comme par des crevés, les deux parties sur le devant de la cuisse et

Fig. 514. — Archigalle.

de la jambe. On voit aussi que les parties supérieure et inférieure de l'habillement n'en font qu'une et que les longues manches y tiennent. Ce vêtement s'ouvre d'une manière bizarre sur le milieu du corps, qu'il laisse à découvert. La chaussure fixée est haute comme dans la plupart des figures orientales. Par la manière dont s'enfle le vêtement de cet Atys, et par ses mains élevées vers le ciel, il semble qu'il tourne sur lui-même et que la rapidité de son mouvement agite le vêtement, ce qui faisait partie des actes frénétiques d'adoration des prêtres de Cybèle. » C'est en effet dans le culte phrygien de la mère des dieux qu'il faut chercher l'origine d'une pratique dont l'usage s'est perpétué parmi les derviches tourneurs de l'Orient.

Le costume d'Atys présente dans la figure 513 quelques différences avec la précédente. La principale est celle des anaxyrides sans ouvertures et sans boutons ; le haut du vêtement, arrêté sur la poitrine par une grande agrafe carrée, découvre moins le corps.

Les prêtres de Cybèle portaient le nom de galles et leur chef était l'archigalle. Un bas-relief du musée Capitolin (fig. 514) montre un archigalle, dont la tête est ceinte d'une couronne d'oliviers, à laquelle sont attachées trois médailles, une de Jupiter Idéen et deux d'Atys. Une image d'Atys coiffé de la mitre est accrochée sur sa poitrine. La tête de l'archigalle est couverte d'un voile formé avec son manteau, et ses oreilles sont parées de perles. Un serpent à deux têtes, dont chacune tient une pierre précieuse, forme son collier. Dans sa main droite, il tient trois rameaux d'olivier, et dans la gauche un vase cannelé contenant des fruits, des pommes, des poires, un cône de pin, l'arbre consacré à Atys, et des amandes qui furent produites par son sang. Il en sort un fouet, composé de trois rangées d'osselets enfilés. C'est avec ce fouet que les prêtres de Cybèle se flagellaient. Sur la muraille on voit d'un côté des cymbales, de l'autre un tambour, une flûte droite, une flûte recourbée et un ciste mystique.

III

LE CULTE EN GRÈCE

Les Titans. — L'olympe. — Les dieux du ciel. Les dieux de la terre. — Les dieux des eaux. — Les dieux du feu. Les dieux des enfers. — Les héros. — Les dieux domestiques.

Les Titans. — « On a supposé, dit M. Louis Ménard dans le *Polythéisme hellénique*, qu'à une époque indéterminée, mais antérieure aux temps historiques, une transformation s'était produite dans la religion des Grecs ; le culte hellénique des Olympiens aurait remplacé le culte pélasgique des Titans, Héphaistos aurait succédé à Prométhée, Apollon à Hypérion, Zeus à Kronos. Il y a autant de raisons pour rejeter cette conjecture que pour l'admettre. Rien n'établit l'antériorité historique des Titans sur les dieux olympiens; les uns comme les autres ont leurs analogues dans la religion védique. »

Ce qui rend cette question extrêmement complexe, c'est que, d'une part, Homère, le chantre des dieux olympiens, est antérieur, chronologiquement, à Hésiode, le chantre des Titans, et que, d'autre part, la mythologie d'Hésiode a un caractère beaucoup plus barbare et plus primitif que celle d'Homère. Il y a là des traditions différentes, mais le culte des Titans s'est effacé peu à peu devant celui des dieux olympiens, sans toutefois disparaître complétement. Toutefois la différence de ces cultes nous apparaît sous une forme géographique plutôt qu'historique. Homère, habitant des villes maritimes où la civilisation est assez avancée, nous montre un Olympe bien ordonné, quoique composé d'éléments très-divers : c'est ce qu'on pourrait appeler la mythologie des côtes et des îles. Hésiode, au contraire, qui est un berger habitant l'intérieur des terres, nous rapporte les traditions conservées dans des contrées montagneuses, peu fréquentées par les voyageurs et moins avancées en civilisation. Deux raisons nous autorisent à parler d'abord des Titans : non-seulement ils sont dans la légende les ancêtres des dieux olympiens, mais leur culte ayant disparu plus vite a laissé moins de traces dans la fusion opérée par les Romains.

Il ne faut pas chercher dans les dieux de cette époque une généalogie bien nettement déterminée, car les autres mythologues ne sont pas toujours d'accord avec Hésiode. Après le Chaos, qui est antérieur à toutes choses, le Ciel (Ouranos) devint l'époux de la Terre et de leur union naquirent les Titans, dont les principaux sont le Temps (Kronos, plus tard confondu avec Saturne), Océan, le père des fleuves; Atlas, personnification des montagnes; Japet, l'ancêtre du genre humain. Les Éclairs (Cyclopes) et les Tempêtes (Hécatonchires), également nés du Ciel, apparaissent un moment, puis disparaissent sans qu'on sache où ils sont passés. C'est que le Ciel, quand il lui naît des enfants de cette espèce, les replonge aussitôt dans le sein de la Terre, leur mère. Celle-ci pourtant, irritée de ce procédé, engagea les Titans à se révolter contre leur père : le Temps (Kronos) se mit à leur têteet, armé d'une sorte de faucille, appelée *harpè*, que lui avait remise sa mère, il blessa grièvement son père et le réduisit à l'impuissance. Le sang qui, de la plaie céleste, tomba sur la terre, en fit sortir les Érinnyes (ou Furies) ; celui qui tomba sur la mer fit naître Aphrodite (ou Vénus), personnification de l'attrait.

Quand le Temps eut chassé son père, celui-ci lui prédit qu'il serait à son tour détrôné et chassé par ses fils.

Le Temps nous apparaît bientôt comme l'époux de la Terre (Rhéa, plus tard identifiée avec Cybèle), et comme il détruit tout ce qu'il produit, les Grecs disaient qu'il dévorait ses enfants dès leur naissance. Rhéa gémissait d'avoir mis au monde tant d'enfants sans être jamais mère. Elle réussit pourtant à soustraire Zeus (Jupiter) à la voracité de son père, en lui substituant une pierre ; elle le cacha dans une grotte du mont Ida, où il fut élevé par les nymphes. Pour que Kronos n'entendît pas les cris de l'enfant, les Curètes frappaient leurs épées sur leurs boucliers, en dansant autour du nouveau-né.

Cependant, trompé par les perfides conseils de Rhéa, Kronos prit un breuvage qui l'obligea à rendre ceux de ses enfants qu'il avait déjà avalés, et qui, parvenus à l'âge d'homme, prêtèrent leur appui à Zeus, dans sa révolte contre son père. Les dieux partisans de Zeus se postèrent sur le mont Olympe; les Titans occupèrent le mont Othrys, placé vis-à-vis. De ces positions, ils commencèrent une guerre furieuse qui dura dix années entières, lutte sanglante où l'avantage flottait égal entre les deux partis. Les Olympiens tiraient leur force principale du concours que leur apportèrent les Cyclopes (éclairs) et les Hécatonchires (tempêtes), que Jupiter avait retirés du gouffre où ils avaient été plongés. En souvenir de ce bienfait, les Cyclopes, ouvriers divins d'une taille gigantesque et qui n'ont qu'un œil au milieu du front, remirent à Zeus (Jupiter) le tonnerre, qui était enfoui dans les flancs de la terre. Ils donnèrent aussi à Poseidon (Neptune) le trident qui devint son attribut, et à Hadès (Pluton) un casque qui le rendait invisible. Les Titans, vaincus, furent plongés dans le Tartare, lieu obscur et affreux, que les dieux ont en horreur.

La Terre, voulant venger les Titans, ses premiers enfants, s'unit au Tartare et mit au monde l'effroyable Typhaon, le tremblement de terre personnifié. A côté des phénomènes prévus et périodiques, répondant à l'idée de loi, il y a des phénomènes irréguliers qui semblent contredire les premiers et entrer en lutte avec eux. Les orages, les volcans, les cataclysmes violents qu'on ne peut ni prévoir ni éviter, sont, aux yeux des anciens Grecs, des ennemis de la règle, des agents de destruction déchaînés contre les lois divines, toujours vaincus, mais toujours rebelles. Ces forces irrégulières et tumultueuses sont les Géants, fils de la terre et implacables ennemis des dieux. Ils recommencent une guerre terrible qui, dans la légende, se confond avec celle des Titans, dont les Géants paraissent n'être qu'un dédoublement.

Les fables qui concernent ces luttes semblent un vague récit des cataclysmes géologiques et la forme de serpents que prennent dans l'art les Géants fils de la Terre fait songer aux grands reptiles disparus (fig. 515). La légende reparaît sous mille aspects différents en changeant les noms des Géants et le détail de leurs combats contre les dieux, mais elle traduit sans cesse les mêmes impressions. L'ensemble de cette période mythologique comprend donc d'abord une phase de formation, et ensuite la lutte des forces désordonnées et irrégulières, qui sont les Titans et les Géants, contre l'établissement de la loi régulière de la nature établie par Zeus et les dieux olympiens.

Fig. 515.
Pallas tuant un géant.
(D'après une médaille de Gordien.)

La mer (Pontos) enfante aussi des monstres : les Grées et les Gorgones sont les filles de Phorcys, vieillard qui commande aux flots. Aussi elles représentent l'épouvante, et l'une des Gorgones, Méduse, transforme en pierres tous ceux qui la regardent. C'est pour cela que son image apparaît souvent sur les meubles et surtout au fond des plats, où elle a pour mission d'écarter le mauvais sort et d'effrayer les esprits malfaisants qui hantent les maisons (fig. 516). La tête de la Gorgone est un emblème religieux qui se place sur l'égide de Jupiter et surtout sur l'égide de Minerve, où elle apparaît comme un trophée. C'est en effet Persée, fils de Jupiter, qui a tué la Gorgone, et c'est encore là un des traits qui attestent la victoire des Olympiens sur de vieilles divinités transformées en monstres hideux.

Plusieurs divinités, d'un caractère très ancien se sont absolument modifiées sous l'influence des idées d'un autre âge. Ainsi Hermès, qui à l'origine était un dieu pastoral, devient dans l'Olympe le messager des dieux. D'autres s'effacent en quelque sorte pour s'enrôler à la suite d'une divinité d'origine plus récente, comme Pan, qui, après avoir été en Arcadie le symbole de la vie universelle, se retrouve à une autre époque dans le cortège de Dionysos (Bacchus). Enfin il y en a, comme Hécate ou les Euménides, qui n'ont jamais cessé d'être honorées, mais qui ont un culte à part, tout à fait distinct de celui des autres immortels.

Les croyances des Grecs ne constituent pas un tout homogène, en sorte qu'il est à peu près impossible de leur assigner un classement bien méthodique. En disposant par groupes spéciaux les dieux du ciel, de la terre, des eaux, du feu et des enfers, nous avons cherché à être

Fig. 516. — La tête de Gorgone.

aussi rationnel que possible; mais plusieurs divinités pourraient facilement se rattacher à différents groupes.

L'Olympe. — Le choix que les Grecs ont fait du mont Olympe comme séjour des dieux prouve qu'ils regardaient cette montagne comme la plus haute du monde. Dans l'impossibilité où on était de se figurer les immortels éternellement suspendus dans le ciel, on leur donnait pour demeure une montagne réputée inaccessible; il n'est donc pas étonnant que les cimes neigeuses de l'Olympe, toujours environnées de nuages, soient devenues le séjour des dieux. Le mont Olympe a perdu tout son prestige, quand le mathématicien Xénagoras eut donné la mesure exacte de sa hauteur, et à la chute du paganisme, il n'était plus guère question de lui ; mais dans la période mythologique c'est là que se tenaient les assemblées des dieux.

Les dieux passent leur vie dans les festins et ne sont pas sujets aux maladies. Du haut de leur Olympe, ils règlent les lois de l'univers et leur providence intervient souvent dans les actes des mortels. Les dieux étant les forces de la nature personnifiée, chacun d'eux remplit dans l'ordre de l'univers une fonction déterminée, et si, dans les traditions mythologiques, on les voit souvent en lutte les uns contre les autres, jamais une divinité ne cherche à empiéter sur les fonctions d'une autre en s'opposant à sa décision.

Au sommet des divinités helléniques et les embrassant toutes dans son immensité est Zeus (Jupiter), le roi des dieux et des hommes. Quelle que soit la puissance que chacun des dieux peut exercer dans le rôle qui lui est assigné, Zeus conserve toujours le rang suprême, et au besoin il leur rappelle qu'il est le plus fort. Homère met le discours suivant dans la bouche du roi des dieux : « Dieux et déesses, dit Zeus, voulez-vous l'éprouver vous-même? Eh bien ! du haut du ciel, suspendez une Chaîne d'or à laquelle vous vous attacherez tous, et malgré vos efforts vous ne pourrez faire descendre sur la terre Zeus, votre maître suprême! Mais à mon tour, si je le voulais, moi, je vous enlèverais aisément avec la terre et la mer ; et si je fixais à l'extrémité de l'Olympe la chaîne qui vous tiendrait tous, l'univers serait suspendu devant moi, tant je suis supérieur en force et en puissance aux hommes et aux dieux. »

Suivant la fable, Zeus, après sa victoire sur les Titans, aurait partagé l'empire du monde avec ses frères, se réservant le ciel, et laissant à Poseidon (Neptune) les mers et à Hadès (Pluton) le monde souterrain ou les enfers. Mais ces trois divinités, que la poésie a séparées, n'en font qu'une en réalité, puisque l'art, tout en leur donnant des emblèmes différents, leur a conservé le même type dans la physionomie. En réalité, Poseidon n'est qu'un Zeus marin, comme Hadès n'est qu'un Zeus infernal.

Les dieux et les déesses, manifestations spécialisées de la puissance de Zeus, sont ses enfants ou ses épouses. En effet, outre Héra (Junon), la sœur et l'épouse du roi des dieux, qui paraît spécialement comme reine du ciel, nous voyons Zeus contracter une multitude d'unions tantôt avec des déesses, tantôt avec des femmes mortelles. Ces hymens du dieu suprême ont toujours une signification, mais elle est différente quand l'épouse qu'il prend est une déesse, ou quand c'est une mortelle. Si c'est une déesse, elle représente simplement une manifestation différente de la force divine. Ainsi Zeus est l'époux de Métis (la Réflexion) ; dès qu'il l'a épousée, il l'avale, se conformant aux habitudes de sa famille, et met au monde une fille sortie de son cerveau, Athênê, (la Sagesse divine). Si brutale que paraisse cette antique légende, elle se comprend facilement : le dieu se nourrit de la Réflexion pour engendrer la Sagesse. Mnémosyne (la Mémoire) est une autre épouse de Zeus ; de l'union de la Mémoire avec le souffle divin naissent les Muses (l'Inspiration).

Avec Thémis (la Justice), Zeus devient père des Parques inexorables et des Heures (ou Saisons), dont rien ne peut arrêter la marche, parce qu'elles n'empiètent jamais l'une sur l'autre. Dèmèter (Cérès), personnification de la Terre féconde, et mère de Perséphone (Proserpine), qui est le grain de blé ; Latone, mère d'Apollon et d'Artémis (le Soleil et la Lune) ; Eurynome, mère des Grâces ou bienfaits, apparaissent tour à tour comme épouses de Zeus, parce qu'elles personnifient des qualités inhérentes à sa nature.

Les unions que Zeus contracte avec les femmes mortelles répondent dans la fable à une pensée différente : c'est de là que naissent les héros, comme Persée ou Hercule. Les héros sont les protecteurs des villes qui toutes ont la prétention de se rattacher à Zeus par une tradition quelconque. Ainsi Lacédæmon, époux de Sparta, est fils de Zeus et de Taygète ; les Arcadiens ont pour premier roi Arcas, fils de Zeus et Callisto ; les Crétois reçoivent des lois de Minos, fils de Zeus et d'Europe, etc. Ce n'est donc pas sans raison que Zeus est appelé le père des dieux et des hommes.

Le culte des dieux olympiens diffère de celui des Titans par un point essentiel. On honore les dieux olympiens en leur élevant des statues, tandis que les Titans n'en ont pas. Les très-rares images que nous possédons des Titans appartiennent à la décadence, et encore ces images ne se montrent que dans des bas-reliefs et dans un rôle accessoire. Les dieux qui répondent au génie artistique des Grecs sont donc les dieux de l'Olympe.

Les emblèmes de ces dieux ont été adoptés également pour les dieux latins auxquels ils ont été assimilés dans la période romaine, ce qui jette une grande confusion dans les représentations qui les concernent. Cette confusion s'augmente encore par l'habitude qu'ont eue jusqu'à ce jour les écrivains français de désigner les divinités de la Grèce sous le nom que leur ont donné les Romains. Mais pour montrer les différences qui peuvent exister dans le culte des deux nations, il était nécessaire de conserver à chaque divinité le nom qu'elle portait chez la nation qui lui rendait hommage.

Les Dieux du ciel. — Le père des dieux et des hommes, Zeus (Jupiter), représente dans l'ordre physique l'air vital qui pénètre toutes choses, et dans l'ordre moral, il est le lien des sociétés humaines, le gardien des traités, le protecteur des pauvres, des suppliants et de tous ceux qui n'ont que le ciel pour abri : « Vois-tu, dit un fragment d'Euripide, cette immensité sublime qui entoure la terre de toutes parts ? C'est là Zeus, c'est le Dieu suprême. » Varron dit aussi : « Voilà pourquoi les toits de ses temples sont ouverts pour laisser voir le divin, c'est-à-dire le ciel ; on dit même qu'il ne faut le prendre à témoin qu'à ciel découvert. » Les temples de Zeus, en effet, étaient toujours découverts : ce sont les dieux de la terre qui ont des temples fermés.

Fig. 517. — Zeus (Jupiter).
(Bas-relief du putéal du Capitole.)

Pour montrer le caractère d'universalité que l'antiquité attribuait au roi des dieux, Creuzer s'appuie sur une hymne orphique conservée par Stobée : « Zeus fut le premier et le dernier, Zeus, la tête et le milieu ; de lui sont provenues toutes choses. Zeus fut homme et vierge immortelle. Zeus est le fondement de la terre et des cieux ; Zeus, le souffle qui anime tous les êtres ; Zeus, l'essor du feu, la racine de la mer ; Zeus, le soleil et la lune. Zeus est roi ; il a créé toutes choses. Il est une force, un dieu, grand principe de tout ; un seul corps excellent, qui embrasse tous les êtres, le feu, l'eau, la terre et l'éther, la nuit et le jour, et Métis, la créatrice première, et l'Amour, plein de charmes. Tous ces êtres sont contenus dans le corps immense de Zeus. »

La figure 517, d'après un bas-relief du putéal du Capitole, montre le dieu sous sa forme archaïque; il est vêtu d'un grand manteau qui retombe en plis nombreux et droits et tient en main le sceptre et le foudre; le sceptre est l'insigne du roi des dieux, et le foudre indique le pouvoir qu'il possède seul de lancer le tonnerre où bon lui semble. Parmi les attributs qui ne figurent pas ici, il faut signaler l'aigle : l'oiseau qui vole le plus haut dans les airs était pour les anciens un emblème de la majesté divine. La couronne de chêne caractérise le Jupiter prophétique, spécialement honoré à Dodone. Considéré comme dieu actif, Zeus est debout; quand il combat les Titans, il est sur un char; quand il se repose dans le calme et la victoire, il est assis; c'est l'attitude qu'on lui voit le plus souvent dans les monuments.

Une monnaie de Cyrène (fig. 518 et 519) nous montre d'un côté le

Fig. 518. Fig. 519.
Monnaie de Cyrène.

dieu assis et portant son sceptre, et, de l'autre, le quadrige ou char de victoire, traîné par quatre chevaux.

La forme de Zeus pendant la grande époque de l'art est celle d'un homme barbu, dans la force de l'âge. Il est généralement nu depuis la tête jusqu'à la ceinture : sa chevelure retombe comme une crinière des deux côtés du front, qui est clair et radieux dans la partie supérieure, mais bombé dans la partie inférieure. Il a les yeux enfoncés, une barbe épaisse et touffue : sa poitrine est ample, mais il n'a pas les formes d'un athlète (fig. 520). Son attitude est toujours majestueuse et les statuaires ne le montrent jamais dans un mouvement violent.

L'aigle de Zeus joue un rôle assez important dans la mythologie; c'est lui qui enlève le jeune Ganymède pour en faire l'échanson du roi des dieux. C'est pour cette raison que l'aigle du dieu apparaît souvent dans les statues antiques à côté du jeune Phrygien (fig. 521).

Zeus a été honoré dans toute la Grèce, mais il avait quelques sanctuaires particulièrement célèbres. C'est à Dodone, en Épire, qu'il prend surtout un caractère prophétique. L'oracle de Dodone était considéré comme le plus ancien de la Grèce : il était consacré à Zeus qui, dans les médailles de l'Épire, est couronné de chêne. (Voir t. Ier, fig. 398.) Les prêtresses de Dodone ont fait à Hérodote le récit suivant sur l'origine de cet oracle : « Deux colombes noires s'étaient envolées de Thèbes d'Égypte, l'une en Libye, l'autre chez les Dodonéens ; cette dernière se percha sur un chêne, et, prenant une voix humaine, elle leur dit qu'il fallait en ce lieu établir un oracle de Zeus; le peuple comprit que ce message était divin ; il fit donc aussitôt ce qu'il prescrivait. Les prêtresses ajoutent que l'autre colombe ordonna aux Libyens de fonder l'oracle d'Ammon ; celui-ci est aussi un oracle de Zeus. Les prêtresses de Dodone m'ont rapporté ces choses. » La forêt sacrée de Dodone renfermait les chênes prophétiques, et les oracles se rendaient par le bruissement des feuilles. La tribu sacerdotale des Selles desservait le culte de Zeus pélasgique établi à Dodone.

Le temple de Jupiter Ammon, établi dans l'oasis de Libye, n'était guère moins célèbre que celui de Dodone. Mais comme cette divinité est le résultat de la confusion qui s'est établie entre Zeus, le dieu suprême des Grecs, et Ammon, le dieu suprême des Égyptiens de Thèbes,

Fig. 520. — Zeus (Jupiter).
(Jupiter du Vatican.)

son culte était lié à des cérémonies qui pour la plupart se rattachent à l'Égypte. Zeus Ammon faisait connaître sa volonté en imprimant divers mouvements à la barque sacrée que les prêtres promenaient processionnellement.

De très anciennes traditions faisaient naître Zeus sur le mont Lycée en Arcadie. Il avait là un temple d'une haute antiquité et qui inspirait la plus grande vénération. Zeus arcadien est caractérisé par la couronne d'oliviers sauvages, ce qui le distingue de Zeus dodonéen, qui est couronné de chêne.

Toutefois, la tradition la plus répandue faisait de l'île de Crète le berceau du roi des dieux. C'est dans les grottes du mont Dictè qu'il avait été caché par Rhéa, protégé par les Curètes et élevé par les nymphes. C'est là qu'il avait teté le lait de la chèvre Amalthée et mangé le miel que lui apportaient les abeilles.

De nombreux temples ont été élevés à Zeus sur tous les points de

Fig. 521. — Ganymède caressant l'aigle de Zeus.

la Grèce; mais le temple d'Olympie, qui renfermait la fameuse statue de Phidias, était le plus célèbre. C'est près de ce temple que les Grecs célébraient les jeux olympiens, institués en l'honneur du roi des dieux.

Héra (Junon), la sœur et l'épouse de Zeus, est le lien de la famille, de même que Zeus est le lien de la cité. Déesse tutélaire du mariage et protectrice des unions chastes, Héra est pourtant altière et jalouse. Pour comprendre le rôle que la mythologie lui assigne à côté de Zeus, il faut se rappeler que le mariage grec, c'est-à-dire la monogamie, était opposé à toutes les habitudes des âges primitifs, où la polygamie était universelle. Zeus, dont les mœurs dissolues rappellent la vie des monarques orientaux, est obligé de se métamorphoser de cent manières différentes pour échapper à l'active surveillance de la reine du ciel, déesse purement occidentale, qui prend dans l'esprit public le caractère d'une protestation. De là, l'humeur acariâtre que les poètes ont attribuée à Héra et que l'art a remplacée par une majesté grave, comme il convenait à la déesse qui représente l'épouse.

Fig. 522. — Héra (Junon).
(Bas-relief du musée du Capitole.)

« Depuis un temps immémorial, dit Ottfried Muller, le voile que prend la jeune fiancée, en signe de sa séparation d'avec le reste du monde animé, fut le principal attribut d'Héra (Junon); et dans les vieux simulacres de la déesse, il enveloppe souvent le corps tout entier (fig. 522); Phidias lui-même l'a caractérisée dans la frise du Parthénon par le voile rejeté en arrière de la fiancée. Dans les vieilles idoles, la déesse porte ou le disque qui se rapproche davantage de la forme ronde et que l'on nomme *polos*, ou le disque profondément échancré aux deux extrémités appelé *stpéhanè*. » La figure 523 tient en main un disque rond.

On voit souvent aux côtés d'Héra un coucou ou un paon : le coucou est un souvenir de la fable qu'on racontait sur son union avec Zeus, et le paon un souvenir d'Argus, dont elle avait semé les cent yeux sur le plumage de son oiseau chéri.

Apollon, le dieu de la lumière et de l'harmonie universelle, était autrefois distinct du soleil (Hélios). Le Soleil voit tout et révèle ce qu'il voit : c'est lui qui dénonce à Héphaistos (Vulcain) l'infidélité de sa femme, à Dèmèter (Cérès) le rapt de sa fille ; le crime d'Atrée le fait reculer d'horreur. Toutes ces fables ne se rapportent pas à Apollon, à côté duquel on voit le Soleil formant un personnage distinct, dans un bas-relief qui représente Arès et Aphrodite (Mars et Vénus) surpris par Héphaistos. Le colosse de Rhodes représentait Hélios (le soleil), divinité spécialement adorée dans cette île ; mais il ne représentait pas Apollon.

Néanmoins, c'est toujours comme divinité solaire qu'Apollon se présente dans l'art comme dans le culte. Apollon lance au loin ses flèches (fig. 524) parce que le soleil darde au loin ses rayons; il est le dieu de la médecine et le père d'Esculape, parce que le soleil guérit les maladies par sa chaleur bienfaisante; il est le conducteur des Muses et le dieu de l'inspiration, parce que le soleil préside aux harmonies de la nature; il est le dieu prophète, parce que le soleil éclaire devant lui et voit par conséquent ce qui va arriver.

C'est encore à son caractère solaire qu'Apollon doit la couronne de laurier qui est un de ses emblèmes (fig. 525). Le laurier, l'arbre qui lui est consacré, est l'arbre dont la nymphe Daphné prit la forme pour échapper aux poursuites du dieu. Les mythologues modernes voient dans le mythe de Daphné une personnification de l'aurore. Ainsi quand nous disons : l'aurore disparaît dès que le soleil se montre, les Grecs disaient dans leur langage mythologique : Daphné s'enfuit dès qu'Apollon veut l'approcher.

Les flèches d'Apollon expriment les rayons du soleil, bienfaisants quand le dieu dissipe les miasmes des marais, comme dans la légende du serpent Python, nuisibles quand ils frappent de mort subite, comme dans la fable des enfants de Niobé.

Fig. 523. — Héra (Junon).

Apollon est toujours représenté jeune et imberbe, parce que le soleil ne vieillit pas. Dans l'Apollon sauroctone (fig. 526), le jeune dieu est accompagné d'un lézard, qu'il vient sans doute d'agacer avec sa flèche pour le réveiller de sa torpeur et l'exciter à marcher. Apollon, dans ce caractère, est considéré comme le soleil levant ou le soleil du printemps, parce que la présence du lézard coïncide avec ses premiers rayons.

Quand il n'a pas ses flèches, Apollon porte une lyre ; les anciens considéraient les astres, la succession des jours et des saisons, tout ce qui se meut dans l'univers, comme une immense orchestration réglée par la lyre du dieu. C'est pour cette raison qu'Apollon est le conducteur des Muses, et dans ce rôle, au lieu d'être nu, comme quand il tient son arc et ses flèches, il paraît vêtu de la longue robe de citharède (fig. 527).

Apollon est né dans l'île sainte de Délos, qui était flottante autrefois, car elle a surgi des eaux pour offrir un refuge à Latone, la mère du jeune dieu, qu'elle mit au monde sous un palmier (fig. 528). Il y revient souvent, et le cygne, oiseau qui lui est consacré, lui sert de monture lorsqu'il veut se rendre chez les Hyperboréens, pays situé aux confins de la terre et où se trouve le griffon, animal fantastique, également consacré à Apollon (fig. 529).

L'animal prophétique d'Apollon est le corbeau, dont le plumage était très-blanc autrefois, mais est devenu noir, quand le dieu a voulu punir cet oiseau d'avoir révélé les infidélités de Coronis. Les oiseaux, qui vivent entre le ciel, où sont les dieux, et la terre où habitent les hommes, sont nécessairement des oiseaux prophétiques. Aussi, c'est en observant leur vol que les anciens devins savaient prédire l'avenir. C'était ce qu'on appelait connaître le langage des oiseaux.

Fig. 524. — Apollon.
(D'après un bas-relief sculpté sur l'autel du Capitole.)

Mais, à mesure que le culte d'Apollon s'est développé, la divination a pris un autre caractère qui est surtout remarquable à Delphes, lieu où Apollon a tué le serpent Python et où il est particulièrement honoré.

« Le temple de Delphes, dit Strabon, se trouve être le centre, ou peu s'en faut, de la Grèce (j'entends de la Grèce prise dans sa plus grande extension, au delà comme en deçà de l'isthme) ; on l'a même longtemps considéré comme étant le centre de la terre habitée : de là cette dénomination de *nombril de la terre*, qu'on lui a appliquée, de là aussi cette fable qu'on lit dans Pindare, de deux aigles (d'autres disent deux corbeaux) que Jupiter fait partir en même temps, l'un de l'Occident, l'autre de l'Orient, et qui se seraient rencontrés juste en ce lieu. On peut voir aujourd'hui encore, dans le temple de Delphes, l'image grossière d'un nombril entouré de bandelettes et surmonté de ce double emblème dont parle la fable. »

Cette dénomination de nombril de la terre explique la forme particulière que prend quelquefois le trône d'Apollon, ou tout au moins l'espèce de coussin enveloppé de bandelettes sur lequel reposent les pieds du dieu (fig. 530). La même forme de cône arrondi se retrouve sur la figure 531, au-dessus du trépied sacré placé entre deux lauriers. Mais c'est le corbeau, l'oiseau fatidique du dieu, qui repose ici sur le nombril de la Terre.

D'après les traditions mythologiques, ce fut après sa victoire sur le serpent Python qu'Apollon prit possession du lieu où devait s'élever le temple de Delphes. Le serpent Python avait été autrefois en possession des secrets que révèle l'avenir, car il gardait l'oracle de la Terre à la source de Castalie. En mémoire de sa victoire, Apollon entoura le trépied de son temple avec la peau du monstre, et c'est pour cela que le serpent est souvent figuré sur les monuments qui représentent le trépied d'Apollon (fig. 532).

Fig. 525. — Le laurier d'Apollon.

La prêtresse chargée de rendre les oracles d'Apollon à Delphes s'appelait Pythie ou Pythonisse. On choisissait pour cette fonction une très-jeune fille, pauvre, appartenant à une famille obscure, ayant été élevée loin des villes et dans une ignorance absolue de toutes choses : « Elle ne connaissait, dit Plutarque, ni essence, ni tout ce qu'un luxe raffiné a fait imaginer aux femmes. Le laurier et les libations de farine d'orge étaient tout son fard. » Un jour pourtant, une pythie extrêmement belle fut enlevée par un jeune Thessalien, et cet événement, inouï dans les annales religieuses de la Grèce, causa un si épouvantable scandale qu'on fit une loi pour qu'à l'avenir une femme ne pût exercer les fonctions de pythonisse qu'après cinquante ans révolus. On choisit alors pour cela des femmes dont la vie avait toujours été très-pure, qui n'avaient pas fréquenté les villes, et dont l'esprit était peu cultivé. Ce point était très-important, parce qu'il ne fallait pas que la pythie, au

Fig. 526. — Apollon sauroctone.

moment de l'ivresse prophétique, pût mêler ses propres connaissances aux inspirations qu'elle recevait directement du dieu. Les suppliants qui se présentaient dans le temple pour invoquer l'oracle devaient se purifier dans l'eau sainte, avoir la tête couronnée de laurier et tenir à la main un rameau entouré de laine blanche. La pythie devait avoir jeûné trois jours et s'être baignée dans la fontaine Castalie avant de monter sur le trépied sacré; après cela, on lui faisait boire quelques

Fig. 527. — Apollon citharède.

gorgées de l'eau de la fontaine et mâcher des feuilles de laurier. Dès qu'elle commençait à respirer la vapeur divine, on la voyait s'agiter, pâlir et rougir tour à tour, et donner tous les signes des spasmes les plus violents. Bientôt ses yeux devenaient fixes ; sa bouche écumait, tout son corps tremblait convulsivement, et elle se mettait à pousser des cris et des hurlements accompagnés de mots incohérents. Ces mots étaient recueillis par les prêtres, qui leur donnaient, avec une forme métrique, une liaison qu'ils n'avaient pas dans la bouche de la pythie. Quand l'oracle était prononcé, on retirait la malheureuse prêtresse et on la reconduisait dans sa cellule, où il fallait lui donner des soins pendant plusieurs jours, car elle était toujours malade en sortant de là. Dans l'origine, la réponse du dieu, telle que les prêtres la donnaient, était toujours formulée en vers ; mais un philosophe s'étant avisé de demander pourquoi le dieu de la poésie s'exprimait en mau-

Fig. 528. — Apollon à Délos.

Fig. 529. — Apollon hyperboréen.

vais vers, cette saillie se répéta et le dieu ne parla plus qu'en prose, ce qui porta atteinte à son crédit.

Comme la pythie n'était que l'instrument dont Apollon se servait pour communiquer avec les hommes, on la voit rarement représentée sur les monuments figurés. Mais le dieu apparaît lui-même sur quelques monuments et notamment sur des vases peints, comme celui que montre la figure 533, où on le voit assis sur le trépied. Les poissons et autres productions maritimes paraissent être une allusion aux colonies, qui ne s'établissaient jamais sans que l'oracle eût fixé le point où les émigrants devaient se diriger.

Le trépied était le meuble religieux spécialement consacré à Apollon. Beaucoup de trépieds étaient en or, mais ceux qui nous sont parvenus sont tous en bronze (fig. 534).

L'oracle de Delphes avait un caractère essentiellement politique, ce qui lui donna une importance beaucoup plus grande qu'à l'antique oracle de Dodone, qu'on consultait surtout pour connaître la direction des vents et les variations que réservait la température. Les luttes mythologiques se rattachant à la possession du trépied sacré indiquent assez l'importance qu'on y attachait et la tentative d'Hercule pour s'en

Fig. 530. — Apollon sur son trône.

rendre maître est figurée sur plusieurs monuments, notamment sur le beau candélabre que montre la figure 535. Mais, dans la période historique, Delphes fut à l'abri des convoitises particulières, justement à cause du caractère sacré que tous les peuples d'origine grecque attachaient à ce lieu. Aucune cité de la Grèce ou de l'Asie Mineure n'aurait commencé une entreprise sans avoir interrogé la pythie. Gygès, Crésus, et le dernier roi de Rome firent aussi consulter l'oracle.

Les richesses du temple de Delphes étaient immenses. Toutes les villes de la Grèce ou des colonies y avaient un monument, autour duquel se groupaient des dons et des statues, et la plupart d'entre elles possédaient dans la ville sainte un trésor considérable. Le dieu savait défendre les richesses dont il était dépositaire, et lorsque les Perses, et plus tard les Gaulois voulurent piller le temple, le dieu prouva sa puissance par des phénomènes surnaturels. Mais Delphes perdit son prestige sous les Romains, car le sanctuaire fut impunément pillé par Sylla et dépouillé par Néron qui abolit l'oracle et partagea le champ sacré

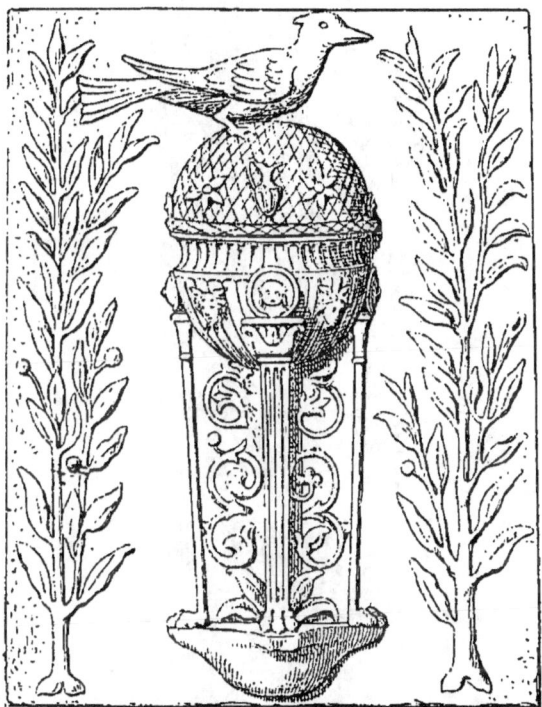

Fig. 531. — Le corbeau sur le trépied d'Apollon.

entre ses soldats. Constantin enleva les dernières statues qui restaient à Delphes, pour les envoyer à Constantinople, et Théodose, en proscrivant les cérémonies païennes, arrêta pour toujours la source des revenus d'une ville qui, pendant plus de dix siècles, avait été le sanctuaire le plus vénéré de l'antiquité.

Apollon avait d'autres sanctuaires où on venait consulter ses oracles, notamment à Claros, à Milet et à Délos; mais ils n'eurent jamais l'importance de l'oracle de Delphes. Plusieurs divinités ont eu comme Apollon le don de rendre des oracles, et l'antre de Trophonius a même acquis pendant quelque temps une grande célébrité. Mais Apollon a toujours été le dieu qu'on invoquait spécialement pour connaître l'avenir, et, quoique son crédit se soit beaucoup amoindri sous la domination romaine, il a persisté plus longtemps que celui d'aucune autre divinité du paganisme.

Les Muses doivent naturellement trouver leur place à côté d'Apol-

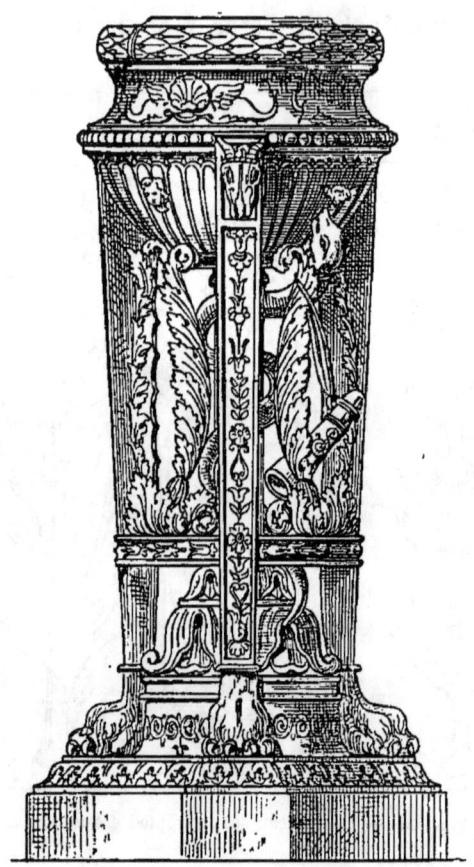

Fig. 532. — Trépied d'Apollon.

lon. « Dans la Piérie, dit Hésiode, Mnémosyne, qui régnait sur les collines d'Éleuthère, unie au fils de Kronos, mit au jour ces vierges qui procurent l'oubli des maux et la fin des douleurs. Durant neuf nuits, le prudent Jupiter, montant sur son lit sacré, dormit près de Mnémosyne, loin de tous les immortels. Après une année, les saisons et les mois ayant accompli leur cours et des jours nombreux étant révolus, Mnémosyne enfanta neuf filles animées du même esprit, sensibles au charme de la musique et portant dans leur poitrine un cœur exempt d'inquiétude; elle les enfanta près du sommet élevé du neigeux Olympe, où elles forment des chœurs brillants et possèdent des demeures pacifiques; à leurs côtés se tiennent les Grâces et le Désir dans les festins où leur bouche, épanchant une aimable harmonie, chante les lois de l'univers et les fonctions respectables des dieux. Fières de leurs belles voix et de leurs divins concerts, elles montèrent dans l'Olympe; la terre noire retentissait de leurs accords, et sous leurs pieds s'élevait un bruit ravissant, tandis qu'elles marchaient vers l'auteur de leurs jours, ce roi du ciel, ce maître du tonnerre et de la brû-

Fig. 533. — Apollon sur le trépied.

lante foudre, qui, puissant vainqueur de son père Kronos, distribua équitablement à tous les dieux les emplois et les honneurs. Voilà ce que chantaient les Muses habitantes de l'Olympe, les neuf filles du grand Zeus, Clio, Euterpe, Thalie, Melpomène, Terpsichore, Érato, Polymnie, Uranie et Calliope, la plus puissante de toutes, car elle sert de compagne aux rois vénérables. Lorsque les filles du grand Zeus veulent honorer un de ces rois, nourrissons des cieux, dès qu'elles l'ont vu naître, elles versent sur sa langue une molle rosée, et les paroles découlent de sa bouche douces comme le miel. Tel est le divin privilège que les Muses accordent aux mortels. »

L'art représente les Muses sous la forme de jeunes filles vêtues de longues robes. Elles furent peu à peu caractérisées par des attributs spéciaux et on assigna à chacune d'elles un rôle particulier.

Clio, la muse de l'histoire (fig. 536), tient à la main un rouleau, et Calliope, qui inspire les poëmes destinés à célébrer les héros, se prépare à écrire des vers sur une tablette (fig. 537). Érato est la muse de la poésie amoureuse. On l'invoquait dans les fêtes qui se donnaient

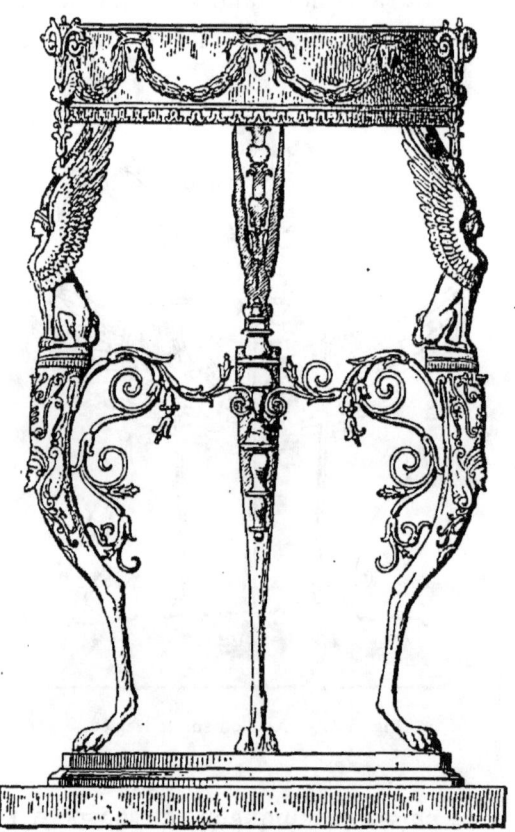

Fig. 534. — Trépied en bronze du musée de Naples.

à l'occasion des noces (fig. 538). La rêveuse Polymnie, qui préside à l'éloquence et à la pantomime, n'a pas d'attribut particulier; mais elle est toujours enveloppée dans un grand manteau et dans l'attitude de la méditation; sa tête est souvent couronnée de roses (fig. 539).

Melpomène, la muse de la tragédie, est coiffée d'un masque tragique, parce que la tragédie a été inventée pour célébrer les fêtes de Bacchus (fig. 540). Le masque et la couronne font aussi partie des attributs de Thalie, muse de la comédie; mais son masque

Fig. 535. — Candélabre sacré d'Apollon.

exprime le rire, et elle porte quelquefois le tympanon, sorte de tambour bachique, en usage dans les fêtes de Bacchus (fig. 541).

La figure 542, qui représente la muse Euterpe, nous montre une ample et longue tunique à manches, avec une large ceinture plate. Un grand manteau, jeté sur elle comme une chlamyde, mais fixé aux deux épaules par une agrafe, complète ce costume qu'on voit également à l'Apollon citharède, et qui passe pour avoir été porté par des musiciens. Euterpe, muse qui préside à la musique, tient en main une flûte,

Fig. 536. — Clio.
(Muse de l'histoire.)

Fig. 537. — Calliope.
(Muse de la poésie épique.)

et Terpsichore, la muse de la danse, porte une lyre, parce que la poésie lyrique fait également partie de ses attributions (fig. 543).

Enfin Uranie, la muse de l'astronomie, tient d'une main une baguette touchant un globe, pour indiquer les signes qu'elle voit dans le ciel. Les anciens croyaient que les astres se mouvaient au son de la lyre d'Apollon, dont les accords réglaient la musique céleste, en sorte que pour eux l'astronomie était moins une science qu'un art émané de l'inspiration divine (fig. 544). Le sculpteur, pour mieux exprimer la rêverie céleste, représente cette muse accoudée sur un petit piédestal, auquel adhère également le pan de sa draperie.

Les figures dont nous avons donné la gravure passent pour être des imitations antiques d'ouvrages qui avaient une grande célébrité. Peut-être les originaux étaient-ils placés dans le vallon des Muses, situé au pied de l'Hélicon. D'après la description de Pausanias, ce vallon était rempli d'autels et de statues. Un des derniers écrivains païens, contemporain des invasions barbares, l'historien Zozime, parle de la destruction

Fig. 538. — Érato.
(Muse de la poésie amoureuse.)

Fig. 539. — Polymnie.
(Muse de l'éloquence.)

des images des Muses de l'Hélicon, qui avaient été conservées jusqu'au temps de Constantin. « Alors, dit-il, on fit la guerre aux choses saintes; mais la destruction des Muses par le feu fut un présage de l'ignorance où le peuple allait tomber. »

Les Muses étaient très respectées, et la mythologie, si prodigue d'aventures galantes à l'égard de quelques déesses, n'en prête à aucune des neuf sœurs. Si le poëte Orphée est quelquefois appelé fils de Calliope, c'est parce que le titre d'enfant des Muses était donné aux hommes que leur talent semblait mettre au-dessus des simples mortels. En effet, le talent des artistes était regardé comme un don spécial des Muses.

Sur leurs statues, on lisait des inscriptions dans le genre de celle-ci :
« O déesses ! le musicien Xénoclès vous a élevé cette statue de marbre, monument de la reconnaissance. Chacun dira : Dans la gloire que lui ont acquise ses talents, Xénoclès n'a pas oublié celles qui l'inspirèrent. » (Théocrite.)

Les Muses sont quelquefois représentées avec des plumes sur la

Fig. 540. — Melpomène.
(Muse de la tragédie.)

Fig. 541. — Thalie.
(Muse de la comédie.)

tête. Ce sont des trophées, qui rappellent la victoire des Muses sur les Sirènes, femmes à moitié oiseaux, qui étaient célèbres par leur cruauté autant que par la douceur de leurs chants. Les Sirènes, ayant osé se mesurer avec les Muses, celles-ci leur arrachèrent leurs plumes et s'en parèrent en signe de victoire.

Artémis (Diane) répond à la lune, comme Apollon répond au soleil. La ressemblance du croissant de la lune avec un arc d'or a fait donner à cette déesse les attributs d'une chasseresse. Une pierre sacrée, surmontée de cornes de cerf, paraît avoir été le plus antique symbole de la déesse des chasseurs arcadiens (fig. 545). Dans la figure 546, Artémis porte un flambeau, attribut qui montre son caractère nocturne. Néanmoins, elle porte également l'arc, qui a été dans tous les temps son attribut distinctif.

Le type même de la déesse a subi dans le costume quelques modifications importantes. Dans les monuments de l'époque archaïque, Artémis porte une longue robe qui descend jusqu'aux pieds, comme on le voit sur les figures 547 et 548 ; on peut présumer que c'est ici la

Fig. 542. — Euterpe.
(Muse de la musique.)

Fig. 543. — Terpsichore.
(Muse de la danse.)

véritable Artémis arcadienne, que l'art a transformée plus tard sous l'influence des idées doriennes. En effet, dans les monuments d'une époque postérieure, Artémis est toujours représentée avec la tunique courte en usage parmi les Lacédémoniennes.

Ordinairement Artémis a l'attitude d'une personne qui court, tenant de la main gauche un arc et portant la droite au carquois qu'elle a sur l'épaule, comme pour en tirer une flèche. Ses cheveux sont relevés et noués sur le front, ou bien forment une seule touffe placée derrière la tête ou sur le sommet. Sa robe ne descend pas tout à fait jusqu'aux genoux et laisse une partie de la cuisse à découvert. On voit que c'est un costume fait pour ne gêner en rien la rapidité de la course. Souvent la déesse est accompagnée d'un chien ou d'un cerf; mais alors le cerf, aussi bien que le chien, semble lui-même poursuivre d'autres animaux; il figure là comme compagnon d'Artémis, dont il symbolise l'agilité. Telle est par exemple la fameuse statue du Louvre connue sous le nom de *Diane à la biche* (fig. 549).

Artémis a été identifiée avec Sélèné, déesse lunaire de l'Asie

Fig. 544. — Uranie.
(Muse de l'astronomie.)

Mineure, à laquelle se rattache l'aventure d'Endymion, personnification du sommeil, et avec la Diane des Latins; elle se confond avec celle-ci dans les monuments. Mais elle n'a absolument rien de commun avec la déesse asiatique désignée sous le nom de Diane d'Éphèse; cette dernière, bien loin d'être une divinité chasseresse, est au contraire enfermée dans une gaîne. Nous en avons donné la représentation plus haut (t. Ier, fig. 269).

L'hymne antique de Callimaque décrit exactement les goûts et les attributions d'Artémis : « Chantons Artémis... (malheur aux poëtes qui l'oublient!) Chantons la déesse qui se plaît à lancer des traits, à poursuivre les daims, à former des danses et des jeux sur la cime des montagnes. Rappelons ce jour où Artémis, encore enfant, était assise sur les genoux de Zeus, et lui adressait sa prière. « Accorde, ô mon « père ! accorde à ta fille de rester toujours « vierge. Donne-moi, comme à Phébus (Apol- « lon), un arc et des flèches... Non, mon père, « ce n'est point à toi d'armer ta fille ; les Cy- « clopes s'empresseront bientôt de me fabri- « quer des traits, de me faire un carquois. « Mais donne-moi l'attribut distinctif de por- « ter des flambeaux et de revêtir une tunique « à franges qui me descendra jusqu'aux ge- « noux, pour ne me point embarrasser à la « chasse. Attache à ma suite soixante filles de « l'Océan ; que vingt autres nymphes destinées « à me servir aux heures où je cesserai de per- « cer les lynx et les cerfs prennent soin de « mes brodequins et de mes chiens fidèles. Cède-moi les montagnes. « Je ne demande qu'une ville à ton choix ; Artémis descendra rare-

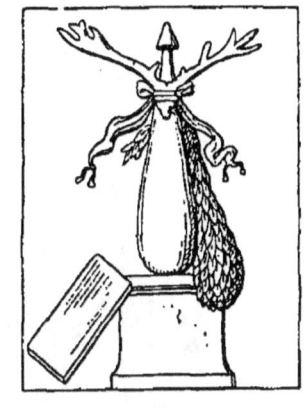

Fig. 545.

Attributs d'Artémis (Diane).

« ment dans les villes. J'habiterai les monts « et n'approcherai des cités qu'au moment où « les femmes, travaillées des douleurs de « l'enfantement, m'appelleront à leur aide. Tu « sais qu'au jour de ma naissance, les Par- « ques m'ont imposé la loi de les secourir, « parce que le sein qui m'a porté n'a point « connu la douleur et sans travail a déposé « son fardeau. »

Lorsqu'elle prend le rôle secourable de déesse qui vient en aide aux femmes dans les douleurs de l'enfantement, Artémis est invoquée sous le nom d'Ilithye.

Ilithye, divinité toujours vierge et qui ne voulut jamais recevoir aucun hommage, consacre tous ses moments à venir en aide aux femmes dans le travail pénible de l'accouchement. Son nom est de bon augure, et quand on l'appelle trois fois, il est rare qu'on n'obtienne pas son assistance. La manière dont on invoquait la déesse nous a été conservée dans diverses pièces de l'anthologie

Fig. 546. — Artémis (Diane).
(Bas-relief de l'autel du Capitole.)

grecque : « De nouveau, Ilithye, à la voix de Lycenis qui t'appelle, viens ici prompte et secourable, procure-lui encore une couche heureuse. Elle t'offre aujourd'hui cet hommage pour une fille; mais pour un fils, ce temple parfumé recevra un jour une bien autre offrande. » L'anthologie nous présente encore cet autre exemple de remerciement: « Après sa couche, Ambrosie, qui a échappé à d'amères douleurs.

Fig. 547.   Fig. 548.
Artémis (Diane d'Herculanum).

dépose à tes pieds glorieux, Ilithye, les bandelettes de ses cheveux et le voile dans lequel, après dix mois de grossesse, elle est accouchée de deux jumeaux. »

Artémis était honorée sur plusieurs points de la Grèce, mais principalement dans le Péloponnèse. A Sparte, les jeunes filles exécutaient des danses en son honneur, et on fouettait les enfants devant son image pour les habituer à supporter les souffrances avec courage. Son culte était aussi très-répandu sur les côtes du Pont-Euxin et notamment dans la Tauride, où avait été transportée Iphigénie. C'est peut-être par le voisinage des Scythes que le culte d'Artémis a pris dans l'origine un caractère farouche et sanguinaire, qu'il a d'ailleurs complétement perdu dans la grande époque de la Grèce.

Pallas-Athénè (Minerve), la fille de Zeus, sortie tout armée du front du roi des dieux, représente l'intelligence divine; elle est à la

Fig. 549. — Artemis (Diane à la biche).

fois la déesse guerrière qui protége la cité, et la déesse réfléchie qui instruit les hommes et les civilise. Aucune divinité ne peint mieux l'esprit grec, héroïque et industrieux tout à la fois, estimant au-dessus de tout le courage et l'intelligence.

Comme déesse de la guerre, Athénè est plus souvent invoquée sous le nom de Pallas; comme déesse du travail elle prend le nom d'Erganè (l'ouvrière).

Un passage d'Artémidore nous montre les fonctions multiples d'Athénè : « Athénè est favorable aux artisans, à cause de son surnom de l'ouvrière; à ceux qui veulent prendre femme, car elle présage que cette femme sera chaste et attachée à son ménage; aux philosophes, car elle est la sagesse née du cerveau de Zeus. Elle est encore favorable aux laboureurs, parce qu'elle a une idée commune avec la terre; et à ceux qui vont à la guerre, parce qu'elle a une idée commune avec Arès. » Toutefois cette déesse ne fait pas double emploi avec Arès (Mars), car celui-ci représente surtout la fureur sanglante des mêlées, tandis que Pallas personnifie plutôt la tactique, ou, si l'on veut, la méthode dans l'art de la guerre.

L'olivier est consacré à Athénè, qui prend par ce fait un caractère

Fig. 530. — Cassandre poursuivie par Ajax.
(D'après une peinture de vase.)

agricole. La chouette, l'oiseau qui voit clair la nuit, est aussi un attribut de la déesse qui représente l'intelligence divine. Nous en avons vu déjà la représentation sur des monnaies d'Athènes (t. III, fig. 446 et 448). La quenouille et le fuseau sont dans ses attributs, parce qu'elle est la protectrice des ouvrières, comme on le voit dans cette invocation tirée de l'anthologie : « O Athénè, les filles de Xuthus et de Melitè, Satyre, Héraclée, Euphio, toutes trois de Samos, te consacrent : l'une, sa longue quenouille avec le fuseau qui obéissait à ses doigts pour se charger des fils les plus déliés; l'autre, sa navette harmonieuse qui fabrique les toiles au tissu serré; la troisième, sa corbeille avec ses belles pelotes de laine, instruments de travail qui, jusqu'à la vieillesse, ont soutenu leur laborieuse vie. Voilà, auguste déesse, les offrandes de tes pieuses ouvrières. »

Néanmoins ce sont les attributs guerriers, c'est-à-dire le casque, l'égide, la lance et le bouclier, qui apparaissent le plus souvent dans les monuments qui représentent la déesse. Un vase d'ancien style nous montre Cassandre qui, pour échapper aux poursuites d'Ajax, s'est réfugiée près d'une idole de Pallas (fig. 550). Cette Pallas troyenne n'a pas de casque, mais une espèce de bonnet d'une forme particulière. En Grèce, le casque de la déesse a des formes très-variées : l'égide est une peau de chèvre, dont on se servait comme de bouclier dans les temps primitifs. L'égide de Pallas est presque toujours décorée d'une tête de Gorgone, qui exprime la terreur dont elle frappe ses ennemis.

« L'art, dit Ottfried Muller, qui eut, dans les temps primitifs, constamment devant les yeux l'image de Pallas, préférablement à celle de toutes les autres divinités, représenta dans les antiques palladiums, figurés avec le bouclier élevé et la lance brandissante, surtout la divinité combattante. Cependant il existait à la même époque des statues de cette déesse dans une attitude pacifique et assise ; on ne se contenta pas de lui mettre des armes aux mains, elle reçut, comme symbole de l'activité pacifique, la quenouille et le fuseau ; la lampe paraît avoir été également un ancien attribut de cette divinité.

Fig. 551. — Pallas-Athéné.
(Minerve d'Égine.)

Dans les statues qui appartiennent à la période de l'art dont les progrès sont déjà sensibles, Pallas est constamment figurée dans l'attitude d'une femme qui se prépare au combat, marchant avec plus ou moins de vitesse, vêtue d'un péplos à plis raides et empesés, qui recouvre le chiton, et d'une immense égide, qui, placée quelquefois sur le bras gauche en guise de bouclier, couvrait aussi, outre la poitrine, le dos entier de la déesse ; dans les monuments de l'art moins anciens, cette égide est de plus en plus repliée sur elle-même. Les contours du corps, dans la partie des hanches et de la poitrine, n'ont presque rien de la rondeur des formes féminines ; les formes des cuisses, du bras, du dos, semblent au contraire avoir été modelées sur un corps du sexe mâle.

« A partir du jour où Phidias eut achevé de dessiner le caractère idéal de la déesse, un sérieux plein de calme, une force qui a conscience d'elle-même, un esprit clair et lucide devinrent à tout jamais les principaux traits du caractère de Pallas. Sa virginité la place au-dessus de toutes les faiblesses humaines, elle est trop homme pour pouvoir s'abandonner à un homme. Le front pur, le nez long et fin, la ligne un peu dure de la bouche et des joues, le menton large et presque carré, les yeux peu ouverts et presque constamment dirigés vers la terre, la chevelure rejetée sans art de chaque côté du front et ondulante sur la ligne du cou, traits dans lesquels percent la rudesse et la grossièreté primitives, répondent parfaitement bien à cette merveilleuse création idéale. »

Fig. 552. — Athéné.
(D'après une médaille de la nouvelle Ilion.)

Nous avons montré (t. III, fig. 632) la figure connue sous le nom de *Minerve d'Eudœos*, qui passe pour une des plus anciennes représentations de Pallas. Toutefois cette figure est assise, et la *Minerve d'Herculanum* (t. III, fig. 633), qui est debout et dans l'attitude du combat, présente une allure plus conforme au type employé dans l'époque archaïque. La fameuse statue qui décorait le fronton du temple d'Égine (fig. 551) nous montre comment la déesse était représentée dans la période qui précède immédiatement les guerres médiques. Elle est de style archaïque, porte l'égide sur les deux épaules, et tient sa lance dans la main droite, tandis que la gauche est passée dans un grand bouclier rond. Elle est préparée au combat, mais elle ne brandit plus sa lance selon la

Fig. 553. — Athéné au repos.
(D'après un vase peint.)

pose traditionnelle de la période primitive. Sur une médaille de la nouvelle Ilion, on voit Athéné portant sa lance sur l'épaule, conformément à un type qui paraît avoir existé fort anciennement dans la Troade (fig. 552).

Même lorsqu'elle n'a pas son attitude guerrière, Pallas conserve toujours ses armes. Ainsi la déesse apparaît au repos sur la figure 553, qui est tirée d'un vase peint. Mais lorsqu'elle tient en main son casque, au lieu de l'avoir sur la tête, la déesse est considérée comme présidant à la paix.

Fig. 554. — Athéné pacifique.
(D'après un bas-relief du musée du Capitole.)

On en voit un exemple sur la figure 554, mais les monuments de ce genre sont d'une grande rareté. Dans les statues de la grande époque de l'art, Pallas tient le plus souvent en main une victoire, comme le montre la figure 555.

Dans tous les monuments antiques, Athéné est figurée avec des attributs guerriers, conformes à son rôle dans l'Olympe grec. Mais pour les Athéniens, la déesse protectrice est la grande divinité, qui pourrait en quelque sorte suppléer à toutes les autres, et on l'invoque dans toutes les circonstances de la vie. En effet, on peut croire qu'elle a une influence sur la navigation, puisqu'on lui doit la construction du premier vaisseau à voiles, le navire *Argo*. Enfin on l'invoque dans les maladies, sous le nom de Minerve Hygie, et elle est alors accompagnée d'un grand serpent qui boit dans une coupe, attribut ordinaire d'Esculape et d'Hygie ; un bas-relief qui décore un candélabre du musée Pio Clémentin la montre sous cet aspect.

La fameuse Minerve de Phidias, dans le Parthénon, était en ivoire et en or. La déesse était debout, couverte de l'égide, et sa tunique descendait jusqu'aux talons. Elle tenait une lance dans une main et dans l'autre une victoire. Son casque était surmonté d'un sphinx, dans les parties latérales étaient deux griffons, et au-dessus de la visière, huit chevaux de front s'élançaient au galop, image de la rapidité avec laquelle s'élance la pensée divine. La tête de Méduse figurait sur sa poitrine. Les bras et la tête de la déesse étaient en ivoire, à l'exception des yeux formés par deux pierres précieuses ; les draperies étaient en or et pouvaient s'enlever facilement, car il fallait, si la république se trouvait dans la détresse, qu'elle pût avoir recours au trésor public dont la déesse était dépositaire. Sur la face extérieure du bouclier, posé aux pieds de la déesse, était représenté le combat des

Fig. 555. — Pallas victorieuse.

Amazones; sur la face inférieure, celui des géants et des dieux; la naissance de Pandore était sculptée sur le piédestal. Une pièce de l'*Anthologie grecque* compare la Minerve de Phidias, à Athènes, à la Vénus que Praxitèle avait faite à Gnide : « En voyant la divine image de Vénus, fille des mers, tu diras : Je souscris au jugement du Phrygien Pâris. Si tu regardes ensuite la Minerve d'Athènes, tu t'écrieras : Celui qui ne lui a pas adjugé le prix était un bouvier ! »

Toute la légende mythologique d'Athéné se rapporte à la ville à laquelle elle a donné son nom, et son culte, comme déesse protectrice d'Athènes, s'est développée avec la prospérité de cette ville et n'a disparu que quand Athènes déchue a embrassé le christianisme. L'histoire fabuleuse de la fondation d'Athènes se relie absolument à celle de la déesse.

Quand Athéné fut sur le point de venir au monde, Zeus (Jupiter) sentit un violent mal de tête et pria Héphaistos (Vulcain) de lui donner un grand coup de hache, pour faciliter la naissance de la déesse qui représente l'intelligence divine. Pour récompenser Héphaistos de ce service, le roi des dieux lui jura par le Styx de lui accorder la première demande qu'il lui ferait. On sait qu'après le coup de hache, Athéné sortit tout armée du front de Zeus. Dès qu'elle vit le jour, elle demanda à son père la permission de ne pas se marier, parce qu'elle voulait rester toujours vierge. Zeus céda aux vœux de sa fille et jura par le Styx qu'il n'y mettrait aucun obstacle. Athéné, satisfaite de ce que lui avait dit son père, s'en alla aussitôt ; mais Héphaistos arriva et, rappelant à Zeus la promesse qu'il en avait reçue, il lui demanda de la mettre à exécution en lui donnant sa fille en mariage. Le roi des dieux fut dans un cruel embarras. Il s'en tira en disant à Héphaistos d'arranger cela avec sa fille, parce que lui ne voulait pas s'en mêler.

Héphaistos n'en demandait pas davantage ; du moment que Zeus n'y mettait pas d'opposition, il se crut assuré de la victoire et se mit à courir après Athéné, qu'il atteignit bientôt. Mais la fière déesse, offensée de la manière dont il fit sa proposition, le reçut avec une telle rudesse que le dieu forgeron se vit forcé d'abandonner la place. Athéné étant partie de son côté entendit des petits cris d'enfant, et, se retournant, elle aperçut un nouveau-né à l'endroit où Héphaistos lui avait parlé.

Émue de compassion, elle ramassa l'enfant, et le plaçant dans une corbeille, elle l'emporta dans son sanctuaire. Mais Athéné, qui ne pouvait se défendre de ses préoccupations ordinaires, s'aperçut en montant l'Acropole que sa ville n'était pas assez fortifiée du côté du couchant. Elle entra dans la maison de Cécrops, qui avait trois filles, Pandrose, Aglaure et Hersé, et leur ayant confié le panier qui était très-bien fermé, elle leur défendit de l'ouvrir pour voir ce qu'il contenait et partit aussitôt pour chercher une montagne qu'elle jugeait nécessaire pour fortifier sa ville. Quand elle fut partie, Aglaure et Hersé, piquées par la curiosité, voulurent ouvrir le panier, malgré les remontrances de Pandrose. Mais une corneille qui avait vu la chose vint la raconter à Athénè, qui tenait déjà la montagne dans ses bras, et, dans sa surprise, la laissa tomber à l'endroit où elle se trouvait; ce fut là l'origine du mont Lycabette.

Athénè punit cruellement Aglaure et Hersé, qui, prises d'une folie furieuse, se précipitèrent du haut de l'Acropole ; mais elle conçut une telle affection pour Pandrose, qu'elle voulut qu'après sa mort on lui rendît les honneurs divins. Érechthée, devenu roi d'Athènes, s'empressa d'obtempérer à ce vœu, et il éleva un temple en deux parties, dont l'une fut dédiée à Athénè et l'autre à Pandrose. Tous les édifices ayant été brûlés pendant la guerre médique, le temple d'Athénè et de Pandrose fut reconstruit après la retraite des Perses, et c'est celui qu'on appelle Érechtheion, du nom d'Érechthée, son fondateur, qui avait là son tombeau.

Les légendes athéniennes sur la naissance d'Athénè, sortant tout armée du cerveau de Zeus, et d'Athénè se disputant avec Poseidon (Neptune) pour la possession de la ville, ont été reproduites sur plusieurs monuments (voir t. Ier, fig. 411 et 412).

Arès. (Mars), dieu sanguinaire et détesté des immortels, n'a jamais eu une grande importance parmi les populations helléniques. Dans beaucoup de localités, ce dieu semble même avoir été à peu près inconnu, et si son culte a gardé en Laconie une importance plus grande qu'ailleurs, cela tient à la rudesse des habitants de cette contrée : Arès est la personnification du tumulte et de la mêlée. Pausanias, en décrivant une statue d'Arès qui était à Sparte, dit qu'elle était liée et garrottée afin qu'il n'abandonnât pas les Spartiates. Une belle statue du Louvre, qu'on désignait autrefois sous le nom d'*Achille Borghèse*, paraît être une représentation d'Arès, et l'anneau qui serre la jambe du dieu, tout près de sa cheville, se rapporte peut-être à l'usage dont parle Pausanias. Ce dieu, du reste, ne présente pas d'attributs particuliers qui puissent le faire distinguer d'un simple héros comme Achille, auquel un anneau au-dessus du pied conviendrait également puisqu'il n'était vulnérable qu'au talon. Dans le bas-relief qui décore le putéal du Capitole, Arès est vêtu en guerrier; il tient son casque d'une main, tandis que de l'autre il porte à la fois sa lance et son bouclier (fig. 556).

La divinité que les Grecs ont honorée sous le nom d'Aphrodite et les Latins sous le nom de Vénus paraît avoir eu son origine dans le culte syrien d'Astarté, qui de l'île de Chypre s'est répandu dans les îles de la Grèce et ensuite dans l'Occident. Ce fait s'est traduit mythologiquement dans la fable : la déesse, sortie de l'écume des flots sur le rivage de Chypre, navigue ensuite vers la Grèce et aborde à Cythère. Tout le monde est aujourd'hui d'accord pour attribuer à l'Asie l'origine non-seulement de l'art grec, mais encore d'une partie des fables de la mythologie. Mais, pour ne parler que d'Aphrodite, il ne faut pas oublier que c'est en Grèce seulement qu'elle est devenue belle ; les images phéniciennes et cypriotes en sont la démonstration la plus évidente. Une peinture antique montre la déesse au moment où elle accomplit sur une coquille son voyage de Chypre à Cythère (fig. 557).

Aphrodite paraît avoir été à l'origine une divinité marine, mais l'esprit grec l'a complètement transformée. En même temps que l'art en faisait le type le plus complet de la beauté féminine, la croyance populaire voyait dans cette déesse une personnification de l'attrait irrésistible qui subjugue l'univers en lui imposant pour loi la perpétuité des races. Les fleurs naissent sous les pas de la déesse, dont l'union avec Adonis est un symbole du printemps. Adonis est une divi-

Fig. 556. — Arès.
(D'après le putéal du Capitole.)

nité syrienne ; car les fables de plusieurs contrées différentes sont venues se greffer successivement sur la conception primitive d'Aphrodite, et ont enrichi sa légende d'une foule de traditions, peu concordantes entre elles pour le récit, mais toujours conformes à l'idéal populaire. Son unique raison d'être étant la beauté, nous la voyons tantôt protectrice du mariage, tantôt invoquée par les courtisanes comme leur divinité spéciale. Épouse d'Héphaistos (Vulcain) dans certaines contrées, d'Arès (Mars) dans d'autres, amante d'Adonis, ou d'Anchise, elle paraît toujours avec les dehors les plus séduisants, sans montrer jamais la retenue d'une jeune fille, ou la gravité d'une matrone. Son culte trahit souvent son origine asiatique par les désordres qui l'accompagnent.

Les figures de style archaïque représentant Aphrodite sont toujours drapées. C'est ainsi que la déesse se montre sur l'autel des douze dieux au Louvre (fig. 558). Coiffée de la stéphanè, elle a le corps enveloppé d'une ample draperie et tient dans la main gauche une colombe, oiseau qui lui est consacré.

Pline raconte que le sculpteur Praxitèle, à qui les habitants de Cos avaient commandé une Aphrodite, leur donna le choix entre deux statues, dont l'une était vêtue, tandis que l'autre était nue. Ils préférèrent la première, et Praxitèle vendit l'autre aux habitants de Cnide qui se félicitèrent de l'avoir achetée, car elle fit la réputation et la

Fig. 557. — Vénus marine. (Peinture de Pompéi.)

richesse du pays; tous les amateurs de la belle sculpture venaient à Cnide pour voir ce chef-d'œuvre. En général, la nudité n'était admise que pour les déesses marines, et Aphrodite avait droit à ce titre, puisqu'elle était née de l'écume de la mer. C'est pour justifier ce titre que les sculpteurs placent souvent un dauphin à côté de la déesse, comme on le voit dans la *Vénus de Médicis*, célèbre statue antique du musée de Florence, qui passe d'ailleurs pour être une imitation de la Vénus de Praxitèle.

Aphrodite n'est pas toujours debout, lorsqu'elle sort de l'eau ; les sculpteurs aimaient aussi à la représenter au moment où elle va se lever, comme dans la figure 529. Mais la nudité complète de la déesse implique chez l'artiste l'intention de la représenter au moment où elle vient de naître ou bien où elle sort du bain.

Lorsque Aphrodite est considérée comme la mère féconde des êtres, elle est vêtue d'une légère draperie qui retombe jusqu'aux pieds en laissant un sein découvert, pour expliquer qu'elle est la nourrice universelle. Elle prend alors le nom de *Vénus génitrice*. Mais lorsqu'elle symbolise la puissance irrésistible de la beauté, elle reçoit le nom de *Vénus victorieuse*. Elle est alors à demi vêtue, pose un pied sur un casque pour montrer qu'elle est plus puissante que le dieu de la guerre, ou sur un rocher, pour exprimer sa domination sur le monde. Dans ce rôle, la déesse prend les allures fières d'une héroïne et semble trop sûre d'elle-même pour daigner sourire. La Vénus de Milo est, dans cette catégorie, la statue la plus célèbre parmi celles qui sont parvenues jusqu'à nous.

Fig. 558. — Aphrodite. (Vénus.)

(D'après l'autel des 12 dieux au Louvre.)

La figure 560 représente une statue du Louvre, qui, par son attitude, se rattache aux figures qu'on désigne sous le nom de Vénus victorieuses, et par son vêtement aux Vénus génitrices. « Cette sculpture, dit le catalogue du musée, est remarquable à plusieurs points de vue, d'abord parce qu'elle représente un sujet unique, ensuite à cause des interprétations ridicules auxquelles elle a donné lieu. On y reconnaît généralement une *Vénus vulgaire*, déesse du libertinage, qui foule aux pieds un fœtus pour l'empêcher de naître. Mais le prétendu fœtus sur lequel la déesse pose le pied droit n'est autre chose qu'une coquille dans laquelle on peut voir l'embryon de l'amour. En effet, Vénus étant la fille de l'onde, c'est une idée on ne peut plus poétique que de faire naître l'amour dans une coquille. » Vénus préside à la naissance de tous les êtres, ce qui explique le mouvement de Vénus victorieuse, donné par la jambe droite. Quant au bras tenant une aile et à l'Amour placé sur un cippe, ce sont des additions modernes qui ne peuvent rien ajouter à la signification du groupe.

Il est certain que les courtisanes avaient pour Vénus une dévotion spéciale, mais la déesse avait plusieurs attributions, suivant la manière dont on voulait lui rendre hommage. Les écrivains anciens distinguent la Vénus vulgaire et la Vénus Uranie ou céleste.

Pausanias, dans sa description de Thèbes, signale plusieurs statues de Vénus qui étaient de la plus haute antiquité, puisqu'elles avaient été faites avec le bois des vaisseaux de Cadmus et consacrées par Harmonie elle-même. « La première, dit-il, est Vénus Céleste, la seconde Vénus *la Vulgaire*, et la troisième est nommée *Préservatrice*.

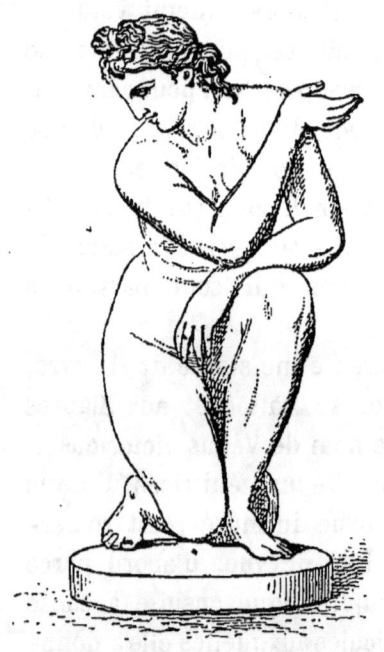

Fig. 559. — Aphrodite. (Vénus accroupie.)
(D'après une statue du Louvre.)

C'est à la Vénus préservatrice que l'on adressait des vœux pour être préservé des désirs coupables. »

La tortue, emblème de la chasteté des femmes, était consacrée à Vénus céleste, et le bouc, symbole contraire, était consacré à la Vénus vulgaire. Nous ne connaissons aucune représentation de la Vénus préservatrice; mais on peut en trouver un curieux exemple dans une décision du sénat romain, qui, d'après les livres sibyllins consultés par les décemvirs, avait ordonné qu'il serait dédié une statue à Vénus *verticordia* (convertissante) comme un moyen de ramener les filles débauchées à la pudeur de leur sexe. C'est Valère Maxime qui raconte ce fait.

Les images de la déesse, qui se trouvaient dans toutes les maisons, étaient souvent accompagnées d'inscriptions qui en indiquaient le caractère.

« Cette Vénus n'est point la Vénus populaire, dit Théocrite, c'est la

Fig. 560. — Aphrodite, mère d'Éros.
(D'après une statue du Louvre.)

Vénus Uranie. La chaste Chrysogone l'a placée dans la maison d'Amphiclès, à qui elle a donné plusieurs enfants, gages touchants de sa tendresse et de sa fidélité. Tous les ans, le premier soin de ces heureux époux est de t'invoquer, puissante déesse, et en récompense de leur piété, tous les ans tu ajoutes à leur bonheur. Ils prospèrent toujours, les mortels qui honorent les dieux. »

Éros (Cupidon), l'Amour ou à proprement parler le Désir, apparaît dans la théogonie d'Hésiode comme un des grands principes de l'univers. La légende qui en fait le fils d'Aphrodite n'a prévalu que plus tard : elle est d'ailleurs aisée à comprendre, puisque la beauté fait naître l'amour. Ce dieu, qui n'a jamais eu dans la religion des Grecs une bien grande importance, était pourtant honoré d'un culte particulier dans la ville de Thespies. Son plus ancien simulacre était une pierre brute. Dans la grande époque de l'art, l'amour a pris les traits d'un adolescent

Fig. 561.
L'Amour enfant.

Fig. 562.
L'Amour adolescent.

et ensuite ceux d'un enfant potelé et pourvu d'ailes (fig. 561 et 562). L'arc, les flèches, le carquois et le flambeau sont les attributs ordinaires de l'Amour.

Vénus voyant qu'Éros (l'amour) ne grandissait pas et restait toujours enfant en demanda la raison à Thémis. La réponse fut que l'enfant grandirait quand il aurait un compagnon pour l'aimer. Vénus lui donna pour camarade Antéros (l'amour partagé). Quand ils sont ensemble, l'Amour grandit; mais il redevient enfant dès qu'Antéros le quitte. C'est une allégorie dont le sens est que l'affection a besoin d'être partagée pour se développer. Éros et Antéros, que l'on voit ensemble sur la figure 563, ne diffèrent pas l'un de l'autre et font l'effet de deux frères jumeaux.

L'Amour est souvent représenté à côté de *Psyché*, dont le nom veut dire âme et qui en est en effet le symbole. Psyché a les traits d'une jeune fille et est caractérisée par ses ailes de papillon.

Fig. 563. — Éros et Antéros.
(D'après un vase peint.)

Fig. 564. — Amour et Psyché.

Les Grecs admettaient que les âmes étaient des parcelles du feu céleste. De la sphère supérieure où elles vivaient avant leur existence

Fig. 565. — L'Amour brûlant Psyché.

terrestre, elles ont été attirées vers la terre par une sorte d'ivresse, par un désir qu'elles n'ont pas su dompter, et, en prenant un corps, elles ont perdu la notion du parfait, dont elles ne gardent plus qu'un vague souvenir. Dans la légende de Psyché, on voit l'invincible curiosité qui pousse Psyché, c'est-à-dire l'âme humaine, à connaître la réalité des choses. Elle en est aussitôt punie et commence une vie d'épreuves et de travaux jusqu'au jour où, purifiée par la douleur, elle retrouve dans le ciel la place qu'elle y a conquise. En étudiant les sarcophages, on y voit l'histoire de Psyché reproduite sous toutes les formes, mais toujours avec la même pensée.

Toute la fable de Psyché n'est qu'une allégorie des joies et des douleurs que l'âme éprouve dans ses rapports avec l'amour. De très-nombreux monuments montrent cette allégorie sous les formes les plus multiples. Dans notre figure 564, l'Amour et Psyché apparaissent sous la forme de deux enfants : Psyché, qui a des ailes de papillon, porte des bracelets aux bras et aux jambes ; l'Amour la tient embrassée.

Fig. 566. — L'âme brûlée par l'Amour.

(D'après un vase peint.)

Des roses cueillies sont à terre : un miroir, un rosier, un arc avec un carquois fermé, complètent la composition. La devise latine qu'on lit autour signifie : *Chère âme, jouissons sans amertume*. On remarquera que le dernier mot est grec, bien qu'écrit en caractères latins. Cette composition nous offre l'image de l'union parfaite et sans nuages. Mais sur la figure 565, l'Amour tient au contraire Psyché par les cheveux et s'apprête à la brûler avec son flambeau : c'est l'emblème des tortures de l'âme dominée par la passion.

La même pensée se trouve reproduite sous une autre forme sur la figure 566. Mais l'Amour pleure et semble déplorer l'acte qu'il est obligé d'accomplir. Il tourne la tête pour ne pas voir un malheureux papillon, symbole de Psyché, ou l'âme, qu'il tient suspendu au-dessus de la flamme de son flambeau. La figure qui est devant l'Amour est l'Espérance qui nourrit nos désirs, et celle qui est derrière est Némésis, qui les modère. Creuzer voit dans cette curieuse composition « un emblème de l'âme qui, dans la lutte des passions contraires, s'altère et se consume, jusqu'au jour où, purifiée et retrempée par leurs flammes mêmes, elle passe dans le tranquille Élysée, pour jouir de ses délices et aplanir aux hommes les voies salutaires de l'initiation ».

Les Grâces sont trois sœurs qui se tiennent enlacées. Le terme de

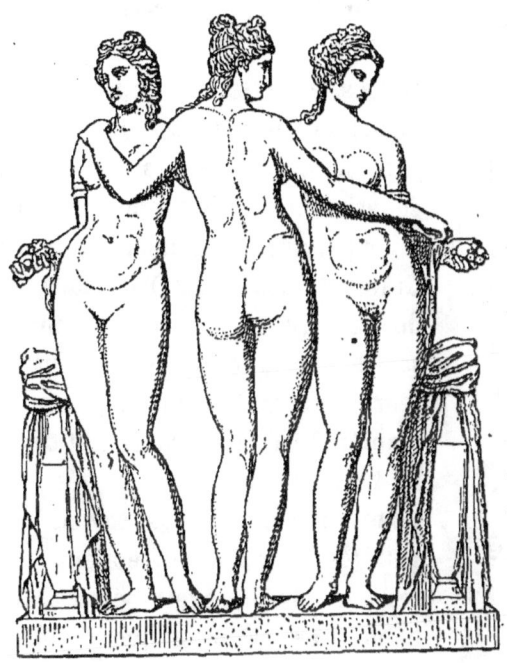

Fig. 567. — Les trois Grâces.

grâce signifie à la fois bienfait et élégance, et les anciens l'ont toujours entendu dans les deux sens. Les modernes ont négligé le premier pour ne s'attacher qu'au second ; mais il faut bien revenir à l'idée de grâce accordée, si l'on veut comprendre la signification de certains monuments antiques. Ainsi, dans un bas-relief du Vatican, nous voyons un malade remercier Esculape des grâces que le dieu lui a accordées, et le sculpteur a placé les trois sœurs dans leur pose traditionnelle, à côté du dieu de la médecine. Les Spartiates, avant le combat, avaient l'habitude de sacrifier aux Grâces, ce qui, à leurs yeux, signifiait assurément demander aux dieux la victoire.

Si le culte des Grâces était si répandu en Grèce, cela tient surtout à ce qu'on l'entendait presque toujours dans le sens de grâce accordée. Par la même raison, on ne voit pas que des temples spéciaux aient été élevés bien souvent en l'honneur de ces divinités; mais elles avaient des chapelles dans la plupart des temples des autres dieux.

Les Grâces se tiennent enlacées pour indiquer les services réciproques et l'aide fraternelle que les hommes se doivent (fig. 567); elles sont jeunes parce que la mémoire d'un bienfait ne doit pas vieillir. Le symbole de ces trois sœurs inséparables exprimait l'idée de service rendu, et leur rôle était de présider à la reconnaissance.

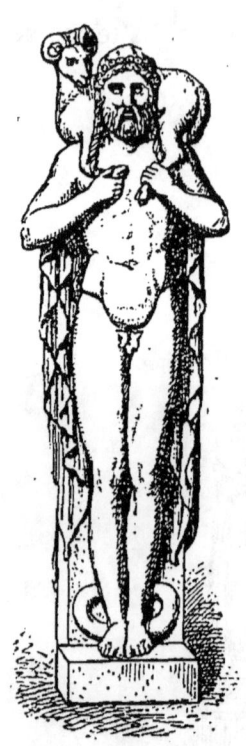

Fig. 568.
Hermès Criophore.

Il est plus difficile d'expliquer la nudité des Grâces, et cette nudité n'existe pas sur les plus anciens monuments. « Quelques recherches que j'aie faites, dit Pausanias, je n'ai pas pu découvrir quel est le premier statuaire ou le premier peintre qui a imaginé de représenter les Grâces toutes nues. Dans tous les monuments de l'antiquité, les Grâces sont vêtues; je ne sais donc pas pourquoi les peintres et les sculpteurs qui sont venus depuis ont changé cette manière; car aujourd'hui, et depuis longtemps, les uns et les autres représentent les Grâces toutes nues. » Nous savons que les Grâces sculptées par Socrate étaient vêtues, ainsi que celles qu'Apelle avait peintes. Il est donc probable que ce n'est que postérieurement à la domination macédonienne que l'usage s'est introduit de les dépouiller de leurs vêtements.

Hermès, divinité grecque, identifiée plus tard avec le Mercure des Latins, paraît avoir été à l'origine une personnification de la puissance productrice de la nature. « Hermès, dit M. Alfred Maury, était figuré primitivement par un morceau de bois surmonté d'une tête. A ce tronc d'arbre, qui simulait son corps, était fixé le symbole de la génération et de la production à laquelle il présidait. Telle fut l'origine des hermès, ou statues en gaîne et ithyphalliques, que la tradition hiératique renouvela à une époque où l'art était cependant bien loin de ces informes simulacres. Population pastorale, les Arcadiens devaient prêter à leur divinité favorite les traits et les habitudes qui leur étaient propres; car, à toutes les époques et chez toutes les nations, les dieux ont toujours été faits à l'image de l'homme. C'est à cette circonstance qu'Hermès dut son caractère de divinité pastorale et son surnom de Criophore. »

Ce caractère pastoral disparut d'ailleurs assez promptement, mais il se trouve caractérisé sur quelques monuments de style archaïque, où le dieu porte sur ses épaules le bélier, emblème de la fécondité du troupeau (fig. 568).

Habituellement Hermès ou Mercure personnifie l'échange, la transition, le passage d'un état à un autre, et de ce rôle multiple sont sortis ses fonctions dans la mythologie aussi bien que ses attributs divers dans l'art. Messager céleste, il porte aux dieux les prières des hommes et aux hommes les bienfaits des dieux ; conducteur des ombres, il est la transition entre la vie et la mort ; dieu de l'éloquence et des traités, il fait passer dans l'esprit des autres la pensée d'un orateur ou d'un ambassadeur. Il est le dieu des gymnases, parce que dans la lutte il y a échange de forces ; il est le dieu du commerce et des voleurs, parce qu'un objet vendu ou volé passe d'une main dans une autre.

Fig. 569. — Hermès (Mercure).
(D'après un candélabre de la villa Albani.)

Sur les monuments de style archaïque, Hermès apparaît comme un homme dans la force de l'âge, avec une barbe épaisse et pointue ; il tient en main le caducée, emblème des ambassadeurs (fig. 569). A la grande époque de l'art, il prend la forme d'un éphèbe, souple et svelte, presque toujours imberbe, portant les cheveux courts, et présentant le type accompli des jeunes gens qui fréquentent les gymnases (fig. 570).

Comme messager céleste, Mercure a des ailes aux pieds et à la tête, mais jamais au dos ; il porte le pétase des voyageurs, pour indiquer ses incessantes pérégrinations. La tortue qu'on voit souvent près de lui rappelle qu'il est l'inventeur de la lyre et le coq qui l'accompagne quelquefois indique le dieu des gymnases. Enfin la bourse qu'il tient à la main caractérise le dieu de l'échange ; toutefois cet attribut se voit surtout dans les monuments de l'époque romaine.

Le caducée était dès une haute antiquité l'attribut distinctif et la sauvegarde des hérauts, des envoyés et des ambassadeurs, dont la personne était sacrée. Les suppliants voulant s'assurer un libre passage sur les terres de leurs ennemis portaient aussi le caducée ; néanmoins cet insigne est plus particulièrement affecté à ceux qui sont chargés de négocier les traités. C'est parce que Mercure remplit en quelque sorte cette fonction parmi les dieux qu'il porte le caducée : en effet, c'est

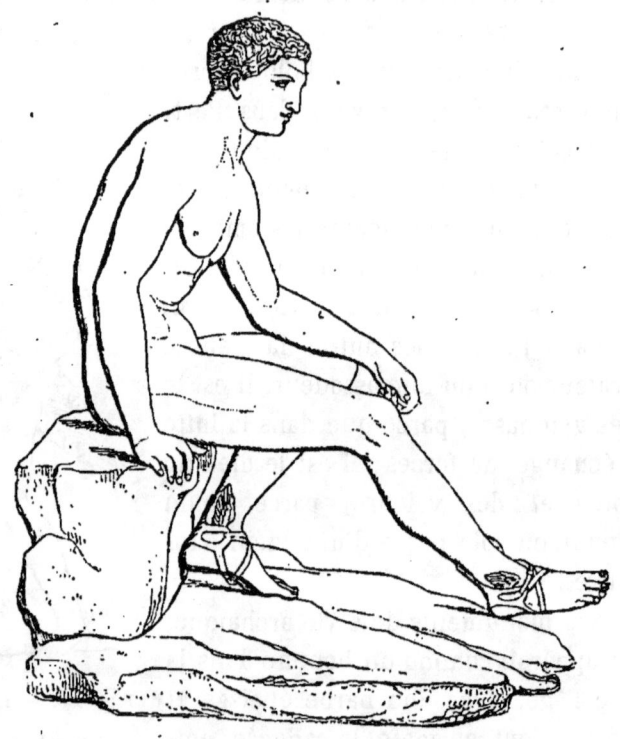

Fig. 570. — Hermès (Mercure).

lui qui est chargé de transmettre les ordres de Jupiter et qui sert ordinairement d'intermédiaire entre les hommes et les divinités. Le caducée de Mercure consiste en un bâton autour duquel sont enroulés deux serpents.

Les dieux de la terre. — Dèmèter (Cérès) est la terre personnifiée ; sa tête est couronnée de feuillages et plus habituellement d'épis. Son culte se rapporte primitivement à l'agriculture et elle est la première et la plus importante des divinités champêtres. Un bas-relief sculpté sur un autel de la ville Albani montre la déesse vêtue d'une tunique à manches et d'un péplos ; elle porte un sceptre dans la main droite, des épis et des pavots dans la main gauche (fig. 571). Les épis expriment la fécondité de la terre. La signification du pavot est plus obscure ; suivant certains philosophes, la rondeur de la tête de pavot représente le monde, ses inégalités les montagnes et les vallées ; la multitude de ses grains est un emblème de fertilité. Mais d'autres y voient, peut-être avec plus de raison, la plante salutaire dont la vertu soporifique endort les chagrins les plus cuisants. En effet toute la légende mythologique de Dèmèter repose sur la douleur qu'elle éprouve en apprenant le rapt de sa fille Cora.

Fig. 571. — Dèmèter (Cérès).
(D'après un bas-relief sculpté sur un autel de la villa Albani.)

Quelquefois Dèmèter porte la torche qu'elle alluma aux feux de l'Etna, pour rechercher sa fille Cora, que Hadès (Pluton) avait ravie. C'est ainsi qu'elle est représentée sur une célèbre peinture d'Herculanum (fig. 572). Dans ses recherches la déesse apparaît quelquefois sur un char attelé de deux serpents ailés, comme nous l'avons montré déjà sur une monnaie d'Éleusis, au revers de laquelle se voit une truie, emblème de fécondité (tome I, fig. 429 et 430). Quelquefois aussi, mais surtout dans les monuments d'une date plus récente, ce sont des taureaux qui traînent le char de la déesse (fig. 573). Enfin, même lorsqu'elle est au repos, Dèmèter conserve encore le flambeau qu'elle avait en main lorsqu'elle poursuivait le ravisseur de sa fille (fig. 574).

Dèmèter est la terre productrice, la mère de l'agriculture et de la civilisation. Cora ou Perséphone (Proserpine), la femme de Hadès (Pluton), la reine des ténèbres, représente la végétation qui revient tous les ans du royaume souterrain à la lumière du jour. « Proserpine, dit Cicéron, est la graine des plantes. » Elle est enlevée par un dieu souterrain, parce que les graines disparaissent sous la terre pendant l'hiver. Son retour à la lumière était regardé comme un symbole de l'immortalité de l'âme et on la rangeait à cause de cela parmi les divinités qui président à la mort. Un homme ne pouvait cesser de vivre que lorsque cette déesse, par l'entremise d'Atropos, avait coupé le cheveu fatal qui le retenait à la vie. De là venait la coutume de couper quelques cheveux de la tête d'un mourant et de les jeter à la porte de la maison, comme une offrande à Perséphone. Les Grecs adoraient

Fig. 572. — Dèmèter; Cérès tenant sa torche.
(D'après une peinture de Pompéi.)

avec reconnaissance la déesse qui les avait arrachés à la vie sauvage des forêts en leur apprenant l'art de semer le blé. Le sanctuaire principal de Dèmèter était à Éleusis; tout le pays environnant était couvert de monuments en l'honneur de la déesse et qui rappelaient ses principales aventures.

Fig. 573.
Le char de Dèmèter.

C'est dans les champs d'Enna, en Sicile, qu'avait eu lieu le rapt de la fille de Dèmèter, qui fut entraînée par Hadès dans les enfers, mais lorsque Dèmèter l'eut retrouvée et eut obtenu du roi des dieux la permission de garder sa fille pendant six mois de l'année, elle vint à Éleusis et y fonda son culte. Triptolème, l'inventeur de la charrue, en fut le premier grand prêtre.

De nombreuses représentations le font voir assis sur le char ailé de la déesse, qui lui enseigne la manière de semer et de récolter le blé, pour qu'il puisse aller par toute la terre faire part aux hommes des bienfaits de Dèmèter, qui se tient devant lui avec son flambeau (fig. 575).

Fig. 574. — Dèmèter. (D'après une peinture de Pompéi.)

Dionysos (Bacchus) est le vin personnifié. Son culte, moins ancien en Grèce que celui des autres dieux, a pris de l'importance à mesure que la culture de la vigne s'est étendue. Il a subi d'ailleurs d'importantes transformations, et après avoir consisté dans l'origine en farces joyeuses, il a pris vers la fin du monde romain un caractère presque exclusivement funèbre, comme le prouve la présence de représentations bachiques sur une foule de sarcophages. C'est que le dieu du vin associait dans un même symbole la boisson ardente d'où naît l'ivresse et l'idée mystique de la mort et de la résurrection. Dionysos ou Bacchus apparaît dans l'art sous deux formes différentes. Sous sa forme la

Fig. 575. — Triptolème et Dèmèter.
(D'après une peinture de vase.)

plus ancienne, c'est un homme dans la force de l'âge et pourvu d'une

Fig. 576. — Dionysos (Bacchus barbu).

longue barbe. Les figures qui répondent à ce type sont désignées sous le nom de Bacchus barbu ou Bacchus oriental (fig. 576).

« Quant au costume, dit Creuzer, il est vrai que Bacchus barbu et à l'attitude royale porte d'ordinaire l'ample et longue bassaride; mais souvent aussi, sur les vases, il est vêtu de la nébride ou d'une courte peau de bête. Une couronne de lierre, rarement de laurier, ceint sa tête. Quelquefois il a la mitre, c'est-à-dire un simple bandeau dont les deux bouts retombent de chaque côté. Dans une main il tient une large coupe, ou un vase profond d'une forme particulière, appelé *canthare*.

Fig. 577. — Bacchus tenant un canthare.

Ce vase est un de ses attributs spéciaux; lui seul et tout au plus son assesseur Hercule le portent d'habitude. Dans l'autre main, il tient fréquemment la branche de lierre ou la férule. »

La figure 577, d'après une peinture de vase, représente Bacchus oriental, tenant d'une main le canthare et de l'autre une branche de lierre.

Quand le dieu est nu et imberbe, on le désigne généralement sous le nom de Bacchus Thébain. Sous cet aspect, le dieu apparaît sous les traits de la première jeunesse et dans tout l'éclat de la beauté. Sa chevelure est ornée de pampres et de lierre et le raisin est dans ses attributs (fig. 578 et 579).

Thèbes est le lieu de naissance de Bacchus (Dionysos); Sémélé, fille de Cadmus, fut brûlée par la foudre de Jupiter, et le roi des dieux eut à peine le temps de tirer de son sein l'enfant qu'elle allait mettre au

Fig. 578. — Bacchus Thébain.

Fig. 579. — Bacchus Thébain.

monde et de l'enfermer dans sa cuisse, où il resta jusqu'au jour désigné pour sa naissance.

Bacchus a été identifié de bonne heure avec le Bassareus Lydien, ou Bacchus oriental, caractérisé par sa grande barbe; mais le Bacchus Thébain est toujours jeune, imberbe et d'une forme presque féminine (fig. 580). Son expression nonchalante indique un demi-sommeil, une rêverie langoureuse. Les satyres, les pans, les faunes, les bacchantes, les ménades, forment le cortége habituel du Bacchus Thébain aussi bien que du Bacchus oriental.

La vigne, le lierre et le thyrse sont des emblèmes qui se rattachent à la fabrication du vin ou aux effets qu'il produit. Le lierre passait dans l'antiquité pour avoir la propriété d'empêcher l'ivresse, et c'est pour cela que, dans les festins, les convives étaient souvent couronnés de lierre. Cette plante paraît aussi enroulée autour du thyrse, dont le

Fig. 580. — Bacchus assis.

bout se termine par une pomme de pin. Dans beaucoup d'endroits, en effet, la résine qu'on tire des pins entrait dans la fabrication du vin ; c'est pour cela que la pomme de pin figure parmi les attributs de Bacchus.

Le tigre, la panthère et le lynx accompagnent ordinairement Bacchus dans les scènes où il est représenté triomphant. Leur présence suffirait pour affirmer le caractère oriental qu'on trouve dans toutes les fables qui constituent sa légende. L'âne sur lequel on mettait les outres pleines de vin fait également partie du cortége bachique, où il sert habituellement de monture à Silène. Le bouc est spécialement consacré à Bacchus, et on donne de cela une raison mythologique. Le père de Bacchus, Jupiter, voulant le soustraire aux persécutions de Junon, l'avait, selon certaines traditions, métamorphosé en chevreau dans sa jeunesse. Sur une médaille de Laodicée, en Phrygie, on voit Jupiter tenant dans ses bras le petit Bacchus et à côté du roi des dieux paraît le jeune chevreau, dont l'enfant va prendre la forme. C'est pour cela

Fig. 581 — Masque bachique.
(D'après une peinture de Pompéi.)

que les compagnons du dieu, les satyres et les ægipans, participent tous de la nature du bouc. Enfin, comme le culte de Bacchus est souvent associé à celui de Cérès, le taureau, animal générateur qui personnifie la fécondité de la terre, apparaît dans le cortége du dieu, qui revêt même quelquefois sa forme. On attribue cet emblème à l'assimilation qui a été faite quelquefois entre le Bacchus des Grecs et Osiris, le dieu égyptien qui s'incarne sous la forme d'Apis.

Les vertus guérissantes du vin ont fait souvent placer le serpent d'Esculape à côté de la ciste mystique. La ciste mystique est la boîte ou le panier dans lequel on renfermait les objets sacrés qui servaient au culte de Bacchus. Le tympanon et les cymbales, dont on se servait dans les processions en l'honneur de Bacchus, font naturellement partie des nombreux attributs de Bacchus. Il en est de même des masques qui apparaissent fréquemment dans les monuments bachiques pour rappeler que ce dieu est l'inventeur de la comédie, qui a en effet pris naissance dans les vendanges. L'association des masques tragiques avec les fruits que Bacchus fait mûrir comme dieu de l'agriculture est frappante dans deux peintures de Pompéi où l'on voit deux masques placés sur un petit escalier, occupant le centre d'une niche qu'encadre une guirlande de fruits et de feuillages (fig. 581 et 582).

Fig. 582. — Masque bachique.
(D'après une peinture de Pompéi.)

De tous les emblèmes de Bacchus, le plus curieux de beaucoup est la coupe, qui prend ici une signification mystique. « Dans la doctrine du culte de Bacchus, dit Creuzer, le symbole du vase ou de la coupe avait une haute importance. Le vase s'appelait mystiquement « le récipient des âmes », à quoi le fragment, mutilé par malheur, qui nous a conservé ce fait, ajoute cette légende sacrée qui l'explique : Lors de la descente des âmes en ce monde, la Nature, la grande formatrice (par conséquent Proserpine) fabrique des vases et y renferme les âmes comme dans une prison. Ainsi le corps, en tant que récipient des âmes, est assimilé à un vase, et de même le tombeau et le cercueil, comme récipients des corps. »

Les principaux attributs bachiques sont représentés sur une peinture de Pompéi que nous reproduisons (fig. 583). Ils sont disposés, avec un désordre qui n'est pas sans art, sur les marches d'un escalier de marbre. Les deux animaux de Bacchus, le serpent et la panthère, jouent ensemble au bas de l'escalier. Des cymbales occupent le premier et le deuxième gradin : sur ce dernier, on trouve aussi une branche de laurier, arbre qui est quelquefois consacré à Bacchus, bien qu'il soit plus ordinairement considéré comme l'attribut d'Apollon. Un cala-

Fig. 583. — Attributs bachiques.
(D'après une peinture de Pompéi.)

thus, ou panier de joncs, d'où s'échappent une guirlande de feuillages, un thyrse, une coupe et un rhyton, occupe le haut de l'escalier avec un tympanon et un canthare à deux anses.

Le plus célèbre canthare qui soit parvenu jusqu'à nous fait partie de notre cabinet des médailles, où il est connu sous le nom de vase de Ptolémée (fig. 584 et 585). Il est décoré d'attributs bachiques.

Ariadne, que Bacchus trouva endormie dans l'île de Naxos, où Thésée l'avait abandonnée, semble représenter comme lui l'ivresse éternelle, et la somnolence de son visage est bien d'accord avec l'expression habituelle du jeune dieu. La figure 586 nous montre une célèbre statue du Vatican qui représente Ariadne, bien qu'elle ait été longtemps connue sous le nom de Cléopâtre. Les figures d'Ariadne se mettaient souvent sur les tombeaux, comme tout ce qui se rapporte au cycle bachique. Nous avons de la peine à comprendre avec nos idées modernes comment les anciens pouvaient appliquer les scènes joyeuses des bacchanales sur des monuments funéraires. Mais pour les Grecs, c'était

Fig. 584. — Canthare bachique. (Vase de Ptolémée.)

un symbole d'immortalité; on revient au bon sens après le délire de l'ivresse : il était donc naturel qu'on assimilât l'idée de la mort à celles du sommeil et de l'ivresse.

Dans les sarcophages, où Bacchus apparaît si fréquemment sur les bas-reliefs, il est quelquefois représenté sous les traits du défunt, tandis qu'Ariadne ou Proserpine emprunte ceux de la défunte. Il y avait dans l'antiquité des fabriques de sarcophages qu'on préparait d'avance avec tous les attributs sculptés qui convenaient au monument. La tête de Bacchus et celle d'Ariadne étaient seulement dégrossies, afin qu'on pût y représenter le visage de ceux auxquels le tombeau appartiendrait. Apulée, dans ses *Métamorphoses*, parle d'une veuve qui fait sculpter l'image de son mari avec les attributs de Bacchus. Nous

Fig. 585. — Canthare bachique. (Vase de Ptoléméc.)

avons au Louvre un exemple de cet usage dans un monument très

Fig. 586. — Ariadne.

célèbre, qui est désigné sous le titre de *Sarcophage de Bordeaux*. Ariadne est à demi couchée à côté de Bacchus, entouré de son cortége de satyres et de ménades. La tête d'Ariadne n'est que préparée. Dans un autre bas-relief du Louvre, ce sont deux centaures, faisant partie du cortége de Bacchus et d'Ariadne, qui tiennent en main le médaillon des défunts.

Fig. 587. — Silène.

Fig. 588 — Bacchus et Silène.

Silène est l'outre personnifiée; il fait naturellement les fonctions de père nourricier de Bacchus qui est le vin. Les formes grossières et obèses de Silène contrastent avec l'élégance de son nourrisson, comme sa lenteur contraste avec la légèreté habituelle des satyres et des ménades. Sa perpétuelle ivresse a besoin d'un guide. Dans les scènes bachiques, on le voit monté sur un âne, qui semble affaissé sous le poids énorme de son maître ventru, et soutenu par des satyres qui l'empêchent de tomber d'un côté ou d'un autre. L'âne est l'attribut naturel de Silène dans le cortége bachique. Cet âne est d'ailleurs célèbre par le rôle qu'il a joué dans la guerre des dieux contre les géants; car, ayant aperçu l'armée ennemie rangée en bataille, il se mit à braire de telle façon que tous les géants prirent aussitôt la fuite.

Les statues de Silène sont fort nombreuses, comme celles de tous

Fig. 589. — Jeune satyre.

les compagnons de Bacchus, car le cortége de ce dieu plaisait singulièrement aux artistes, qui l'ont représenté sous toutes ses formes. Tantôt il est seul (fig. 587), tantôt le père nourricier de Bacchus apparaît à côté du jeune dieu (fig. 588).

Les satyres sont les compagnons de Bacchus; ils représentent d'une manière allégorique la vie joyeuse et déréglée des adorateurs du vin. Le satyre participe à la fois de la nature de l'homme et de celle de l'animal. L'animalité est marquée chez eux par une queue de bouc et des oreilles pointues, mais ils ont souvent des formes charmantes, quoique toujours dépourvues de noblesse (fig. 589). Les jeunes satyres avec leur petit nez camard, leurs rudiments de cornes, et les loupes qu'ils ont souvent sous le menton comme des chevreaux, ont toujours une expression de gaieté très caractérisée. Les satyres se mêlent souvent avec les pans et les ægipans, qui participent de leur nature et

Fig. 590. — Bacchus et un satyre.
(D'après une terre cuite antique.)

sont en outre pourvus de pieds de chèvre. L'art les confond également avec les faunes, qui sont des divinités latines de la même famille.

Toute cette troupe bondissante qui accompagne partout Bacchus, est adonnée à l'ivrognerie et passionnée pour la musique. Les satyres dansent en jouant des cymbales, courent après les nymphes, se reposent en faisant entendre avec leur flûte des accords joyeux. La création de ces types appartient surtout à la sculpture ; ce sont de purs caprices ; rien de philosophique n'a donné naissance à leur légende, et ils n'ont d'autre mission que d'égayer le jeune dieu, toujours à demi endormi dans les vapeurs du vin. Les attributs des satyres sont la flûte, le thyrse, le syrinx, la houlette, les coupes, etc. Ils sont vêtus de peaux de bêtes et souvent couronnés de branches de vigne ou de lierre, les deux plantes consacrées à Bacchus. Ils sont la personnification des plus anciens vignerons et on les voit souvent portant les amphores qui contiennent la divine liqueur (fig. 590).

« Sans cesse, dit Nonnos, la troupe connue des satyres s'enivre de coupes pleines jusqu'au bord ; toujours menaçants dans le tumulte, toujours fuyants à la guerre ; lions loin de la mêlée, lièvres dans le combat, habiles danseurs, plus habiles encore à épuiser à longs traits le vin des plus larges amphores. Peu de capitaines parmi eux apprirent, sous les ordres du valeureux Mars, l'art si varié de la guerre et surent faire manœuvrer les bataillons. Dans l'armée de Bacchus, les uns se revêtaient de peaux de bœuf toutes brutes, les autres se fortifiaient sous les peaux hérissées des lions ; ceux-ci s'entourent de la formidable enveloppe des panthères, ceux-là s'arment des plus longues massues ; tantôt ils passent autour de leurs reins des peaux de cerfs aux bois rameux, et s'en font une ceinture diaprée à l'égal du ciel étoilé ; tantôt, sur leurs tempes, autour de leurs fronts, s'allongent les pointes aiguës de leurs cornes ; de rares cheveux croissent sur leur tête raboteuse et viennent finir à leurs sourcils tortueux. Quand ils marchent, les vents ailés soufflent contre leurs oreilles raidies et le long de leurs joues velues ; une queue de cheval s'étend sur leur dos, s'arrondit autour de leurs reins et se dresse. »

En Grèce, les hommes fabriquaient le vin et le piétinaient dans les cuves, mais c'étaient les femmes qui faisaient le plus souvent la cueillette du raisin, et les scènes de vendanges étaient accompagnées de farces la plupart du temps fort libres. Ce sont ces jeux que reproduisent sous une forme allégorique les innombrables bas-reliefs qui représentent des satyres poursuivant les nymphes. Ces nymphes prennent quelquefois la forme de satyresses, mais le plus souvent ce sont des bacchantes ou ménades, suivantes du dieu, qui sont caractérisées par leurs mouvements désordonnés, leur chevelure en désordre, et les serpents qui vivent familièrement avec elles. Le poëte Nonnos nous a fait connaître les habitudes des bacchantes qui ont accompagné le dieu dans la conquête des Indes.

« Parmi les bacchantes, dit le poëte Nonnos, celle-ci a entouré sa tête d'un bandeau de vipères ; celle-là retient ses cheveux sous le lierre parfumé; l'une fait vibrer dans sa main frénétique un thyrse armé de fer; l'autre, plus furieuse encore, laisse tomber de sa tête dégagée de voiles et de bandeaux sa longue chevelure; et les vents se jouent dans les boucles déployées des deux côtés de ses épaules. Tantôt

Fig. 591. — Ménade dans le délire bachique.
(D'après un bas-relief du Louvre.)

elles agitent le double airain des cymbales en secouant sur leurs têtes les anneaux de leurs cheveux; tantôt, en proie à des accès de rage, elles multiplient sous la paume de leurs mains les roulements des tambourins tendus; et le bruit des combats gronde répercuté. Les thyrses deviennent des piques; et l'acier que cache le feuillage est la pointe de cette lance ornée de pampres. »

Les vapeurs du vin produisaient chez les ménades une sorte de délire qui se manifestait par des contorsions que les monuments de l'art reproduisent fréquemment (fig. 591). Il est très difficile de distinguer, dans les récits des auteurs anciens concernant les bacchantes, ce qui appartient à la mythologie et ce qui appartient à l'histoire, car le terme de bacchante signifie simplement une prêtresse de Bacchus. Les poëtes les montrent parcourant les rues pendant la nuit, demi-nues et simplement couvertes de peaux de bêtes fixées aux reins par des ceintures de lierre. Portant des thyrses ou des flambeaux, elles se précipitaient dans la campagne, échevelées, et se livraient à des courses sans fin et à des danses désordonnées, au son de la flûte et du tambourin.

Les monuments nous montrent quelques cérémonies bachiques. Sur

Fig. 592. — Adoration d'idole.
(D'après une peinture de vase.)

une peinture de vase, nous voyons deux bacchantes échevelées dansant autour d'une idole très grossière en agitant des thyrses et des flambeaux. Une bacchante joue du tambourin et une autre semble mettre des aromates dans un vase placé devant l'image du dieu. Cette image est extrêmement curieuse, parce qu'elle nous fait connaître la forme primitive des représentations de Bacchus. Le dieu, dont la tête est barbue et couronnée, est une sorte de mannequin dépourvu de membres et reposant sur un poteau, devant lequel est une table qui supporte les vases sacrés (fig. 592).

Les autels consacrés à Bacchus étaient très nombreux dans toutes les campagnes. Une peinture de Pompéi en montre un auprès d'un arbre sacré (fig. 593). Le thyrse et le timpanon ne laissent aucun doute sur la signification bachique de ce petit monument.

Les fêtes de Bacchus étaient, comme celles de Cérès, destinées à remercier les dieux des bienfaits de la terre. Les rites observés pendant la procession se rapportaient à la légende du dieu. Une nombreuse troupe d'enfants, couronnés de lierre et tenant en main des pampres,

Fig. 593. — Arbre sacré.
(D'après une peinture de Pompéi.)

couraient et dansaient devant l'image du dieu, placée sous un berceau de pampres et entourée de masques tragiques ou comiques. Tout autour, on portait des vases, des thyrses, des guirlandes, des tambours, des bandelettes; et derrière le char venaient les auteurs, les poëtes, les chanteurs, les musiciens de tout genre, les danseurs, tous ceux qui, dans l'exercice de leur art, ont besoin de l'inspiration, dont le vin était considéré comme la source féconde. Quand la procession était finie, on commençait les représentations théâtrales et les combats littéraires en l'honneur de Bacchus, dont la fête avait toujours lieu en automne.

Ces fêtes ont eu d'ailleurs un caractère très différent, suivant les localités où elles ont été célébrées. En Grèce, elles paraissent avoir eu à l'origine une allure exclusivement champêtre. « Autrefois, dit Plutarque, on célébrait les fêtes de Bacchus avec des formes simples, qui n'excluaient pas la gaieté : on portait en tête une cruche pleine de vin et couronnée de pampres ; puis venait un bouc soutenant un panier de figues et enfin le phallus, symbole de la fertilité ; mais aujourd'hui tout cela est tombé en désuétude et oublié. »

Un luxe effréné accompagna plus tard les fêtes de Bacchus, qui dans plusieurs villes et notamment à Alexandrie, se célébraient avec la plus grande magnificence. Athénée nous a laissé une curieuse description de la grande procession bachique qui eut lieu dans cette dernière ville, sous le règne de Ptolémée Philométor. « Le cortége de Bacchus, dit-il, était précédé de silènes, les uns couverts d'une robe pourpre foncé, les autres de robes pourpre clair. Ils étaient suivis de satyres portant des torches ornées de feuilles de lierre en or. Après eux s'avançaient des victoires ayant des ailes d'or. Elles portaient des foyers à brûler des parfums, hauts de six coudées, ornés de branches de lierre en or. Ces victoires avaient des tuniques dont le tissu représentait diverses figures d'animaux et elles étaient ornées de la plus riche parure en or.

« A leur suite venait un autel double, de six coudées, garni d'un feuillage de lierre en or, et autour duquel courait une guirlande de pampre d'or, attachée avec des bandelettes d'une bigarrure blanche. Derrière étaient cent vingt enfants, couverts de tunique de pourpre, portant de l'encens, de la myrrhe et du safran dans des bassins d'or. Après eux s'avançaient quarante satyres ceints de couronnes de lierre en or. Ils avaient à la main une autre couronne également en or. Leurs corps étaient peints en pourpre, en vermillon, et en diverses autres couleurs : deux silènes en chlamydes de couleur pourpre, avec des souliers blancs. L'un d'eux avait un chaperon et un petit caducée d'or, l'autre tenait une trompette. Entre eux deux marchait un homme haut de quatre coudées, en habit d'acteur tragique et avec un masque, portant une corne d'abondance toute d'or.

« Derrière lui venait une femme de très-belle taille, parée richement en or et en argent : d'une main elle tenait une couronne de *persæa*, de l'autre une palme. Après elle, s'avançaient les quatre saisons, bien parées, portant chacune les fruits qui leur sont propres : à leur suite, on portait un autel en or. Alors passèrent d'autres satyres couronnés de lierre d'or et vêtus de pourpre. Ils portaient un vase d'or à verser le vin. Le poëte Philiscus, prêtre de Bacchus, et tous les gens attachés par leur profession au culte de ce dieu, les suivaient. On portait après eux des trépieds analogues à celui de Delphes, prix destinés aux athlètes. Celui qui était destiné aux adolescents avait neuf coudées de haut, et celui qu'on destinait aux hommes faits en avait douze.

« Ensuite passa un char à quatre roues, traîné par cent quatre-vingts hommes ; il portait une statue de Bacchus, faisant une libation avec une tasse d'or. Ce Bacchus avait une tunique traînante, et, par-dessus, une robe d'un tissu transparent, et un autre vêtement de pourpre broché en or.

« Sur ce char, et devant Bacchus, étaient un cratère de Laconie, un trépied et des tasses en or. On avait formé autour du dieu un berceau avec des pampres, du lierre et autres verdures, d'où pendaient des couronnes, des guirlandes, des thyrses, des tambours, des bandelettes, des masques tragiques, comiques et satyriques. Sur ce char étaient aussi les prêtres, les prêtresses, et les femmes portant les vans. On vit passer ensuite des Macédoniennes, dites mimalones, bassares et lydiennes, ayant les cheveux épars, et couronnées les unes avec des serpents, les autres avec de l'if, de la vigne et du lierre. Celles-ci avaient des poignards à la main, celles-là des serpents.

« Après elles s'avançait un autre char à quatre roues, large de huit coudées, traîné par soixante hommes et portant assise la figure de Nysa, revêtue d'une tunique jaune brochée en or et d'un surtout de Laconie. Cette figure se levait artificiellement sans que personne y touchât : elle versait alors du lait d'une coupe et se rasseyait. Elle tenait de la main gauche un thyrse, autour duquel on avait roulé des bandelettes. Sa tête était couronnée de lierre et de raisins en or, enrichis de pierreries. Un feuillage l'ombrageait aussi. Aux quatre coins du char, on avait placé des torches d'or.

« Ensuite venait un autre char long de vingt coudées et traîné par trois cents hommes. On y avait construit un pressoir plein de raisins. Soixante satyres foulaient, chantant au son de la flûte la chanson du pressoir. Silène y présidait et le vin doux coulait tout le long du chemin.

« Ce char était suivi d'un autre, traîné par soixante hommes et portant une outre faite de peaux de léopards cousues ensemble. Il était accompagné de cent vingt satyres et silènes, tous couronnés et tenant en main des vases et des coupes d'or; à côté on voyait un immense cratère d'argent, orné d'animaux sculptés en relief et entouré d'un cordon d'or enrichi de pierreries. Puis venaient dix grandes bassines et seize cratères en argent, une grande table d'argent de douze coudées et trente autres de six coudées, quatre trépieds, dont un en argent massif, et les autres enrichis de pierreries, vingt-six urnes, seize amphores semblables à celles des Panathénées et cent soixante vases à rafraîchir le vin. Toute cette vaisselle était en argent, celle d'or venait ensuite : d'abord quatre cratères avec de belles figures en relief, de grands trépieds et un buffet enrichi de pierreries, des calices, des urnes et un autel.

« Seize cents enfants marchaient à la suite ; ils étaient vêtus de tuniques blanches et couronnés de lierre ou de pin. Ils portaient des coupes d'or et d'argent : les vins avaient été préparés de manière que ceux qui étaient présents dans le stade pussent en goûter la douceur. Ensuite venait un char contenant le lit de Sémélé, suivi d'un autre char, figurant une grotte profonde couverte de lierre et entourée de nymphes couronnées d'or. Deux sources en jaillissaient, l'une de lait, l'autre de vin, et il en sortait par en haut des pigeons, des ramiers, des tourterelles, ayant des rubans attachés à leurs pattes, de manière qu'en tâchant de s'envoler, elles pussent être prises par les spectateurs.

« On vit ensuite figurer tout l'appareil de Bacchus à son retour des Indes. Le dieu, assis sur un éléphant, était vêtu d'une robe de pourpre, couronné de lierre et tenait en main un thyrse en or. Devant lui et sur le col de l'éléphant était un petit satyre couronné de branches de pin. Cinq cents jeunes filles vêtues de tuniques de pourpre et la tête couronnée de pins marchaient à sa suite et étaient elles-mêmes suivies de cent vingt satyres armés de toutes pièces, les uns en argent, les autres en bronze. Cinq bandes d'ânes montés par des silènes et des satyres couronnés étaient suivis de vingt-quatre chars attelés d'éléphants; il y avait ensuite soixante chars attelés de deux boucs, huit attelages de deux autruches, sept de cerfs, et tous ces chars étaient montés par des enfants portant un thyrse et couverts d'habits de drap d'or.

« Les chars attelés de chameaux qui vinrent ensuite marchaient trois de file et étaient suivis de chariots attelés de mulets et portant les tentes des nations étrangères. Des femmes indiennes, mises comme des captives, les accompagnaient et étaient suivies d'Éthiopiens portant les présents, six cents dents d'éléphant, deux mille troncs d'ébène, et soixante cratères d'or et d'argent. Puis deux chasseurs, portant des lances d'or, ouvraient une marche de deux mille quatre cents chiens de l'Inde ou de l'Hyrcanie, conduits par cent cinquante hommes portant des arbres auxquels pendaient toutes sortes de bêtes sauvages et

Fig. 594. — Pan. (D'après une statue du Louvre.)

d'oiseaux : on vit porter dans des cages des perroquets, des paons, des pintades, des faisans et nombre d'autres oiseaux d'Ethiopie.

« Les troupeaux d'animaux venaient après : on y voyait entre autres cent trente moutons d'Ethiopie, trois cents d'Arabie, vingt-six bœufs blancs des Indes, huit d'Ethiopie, un grand ours blanc, quatorze léopards, seize panthères, quatre lynx, trois oursons, une girafe, un rhinocéros d'Ethiopie.

« Enfin, sur un char à quatre roues, venait Bacchus, représenté au moment où il se sauva à l'autel de Rhéa, lorsqu'il était poursuivi par Junon. Priape était à ses côtés. Ce char était suivi de femmes richement vêtues et magnifiquement parées : elles personnifiaient les villes grecques des côtes d'Asie et portaient toutes des couronnes d'or. »

Pan, très-ancienne divinité pélasgique spéciale à l'Arcadie, est le gardien des troupeaux qu'il a pour mission de multiplier. Dieu des bois et des pâturages, il est venu au monde avec des cornes et des jambes de bouc, ce qui fait souvent naître une confusion avec les satyres qui portent les mêmes attributs. Nous avons au musée du Louvre une statue de Pan, très remarquable par le caractère d'animalité fortement prononcé dans des traits qui sont pourtant humains. Il y a dans cette

Fig. 593. — Le pasteur Aristée

création fantastique, moitié homme moitié chèvre, une telle harmonie, qu'on a l'idée d'un type mixte, bien plutôt que d'un monstre (fig. 594).

Les images primitives de Pan étaient pourvues d'un symbole dont la crudité significative n'avait alors rien de licencieux. Son culte, qui depuis s'est effacé devant celui des grandes divinités de l'Olympe, était extrêmement ancien en Arcadie et très-certainement antérieur à toute civilisation. « Quand l'éducation des bestiaux ne prospérait pas, dit Creuzer, les pasteurs arcadiens chargeaient de coups les idoles de leur dieu Pan, coutume qui atteste leur profonde barbarie en fait de religion. »

Comme symbole de l'obscurité, Pan cause aux hommes les terreurs *paniques*, c'est-à-dire non motivées. A la bataille de Mrathon, il inspira aux Perses une de ces peurs subites ; ce qui contribua beaucoup à assurer la victoire aux Grecs. C'est en raison de ce secours que les Athéniens lui consacrèrent une grotte dans l'Acropole.

Pan a été considéré par quelques philosophes comme un symbole du dieu universel qui régit tout dans la nature. La flûte aux sept tuyaux, qui est son attribut, représente suivant eux les sept notes de l'harmonie universelle, et la fusion des formes humaines répond au caractère multiple de la vie dans l'univers.

Sous le règne de Tibère, un navire étant en rade, on entendit une voix qui criait : « Le grand dieu Pan est mort ! » Il est certain que son culte, qui était un des plus anciens de la Grèce, est un des premiers qui se soit effacé devant l'influence naissante du christianisme.

Le pasteur Aristée, fils d'Apollon et de la nymphe Cyrène, est aussi un grand éducateur de troupeaux, dont le culte était assez répandu dans les colonies grecques de la Cyrénaïque. Suivant les poëtes, Aristée était surtout un éleveur d'abeilles, mais, dans les monuments de l'art, il apparaît toujours comme berger, et son attribut spécial est la brebis qu'il porte sur ses épaules (fig. 595). Les artistes chrétiens ont adopté ce type, qui est devenu le bon pasteur ; et la représentation du berger Aristée devient pour eux une personnification de Jésus-Christ.

Divinités des eaux. — Neptune (Poseidon), frère de Jupiter, est un dieu des populations primitives de la Grèce, et la divinité nationale des Ioniens. Il a reçu en partage la mer, et pour les habitants des côtes il est le grand dieu qu'on invoque avant tous les autres. Il inspirait une terreur profonde, parce qu'on lui attribuait les commotions du sol, et quand il survenait un tremblement de terre, on cherchait à apaiser le courroux du dieu : un coup de son trident suffisait pour agiter toute la terre et la faire s'entr'ouvrir. Le trident, qui n'était dans l'origine qu'un engin destiné à la pêche du thon, est devenu l'attribut ordinaire de Neptune (fig. 596 et 597).

Ce dieu, dont les représentations ne sont pas très-communes, n'a pas dans l'art de type bien particulier, et son visage ne se distingue de celui de Jupiter que par une expression moins calme, des cheveux plus en désordre, et un caractère plus sauvage en rapport avec la violence de la mer. Le cheval, qui depuis des temps immémoriaux se trouvait uni aux sources par un rapport symbolique difficile à expliquer, est l'animal consacré à Neptune, qui passe même pour l'avoir créé.

C'est pour cette raison qu'il figure sur quelques monnaies au revers de la tête du dieu (fig. 598 et 599). Il sert habituellement de monture à Amphitrite, l'épouse de Neptune.

Amphitrite est la fille de Nérée, antique divinité marine qui personnifie plus spécialement la mer Égée. De son union avec Neptune sont nés les Tritons et les Tritonides, êtres mixtes qui participent de l'homme et du poisson et glissent sur les eaux à l'aide de leur queue fourchue. Ces monstres aux formes fantastiques sont souvent repré-

Fig. 596. — Neptune.
(D'après un bas-relief antique.)

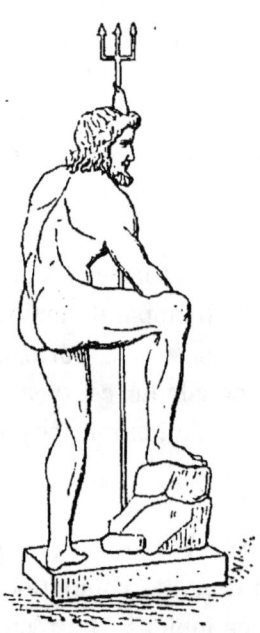

Fig. 597. — Neptune.
(D'après une statuette antique.)

sentés soufflant dans des conques marines. Les chevaux des tritons sont bleus et armés de serres d'écrevisses.

C'est dans les profondeurs de la mer que Neptune a sa résidence habituelle ; là, il tient sous le joug ses coursiers impétueux. Veut-il quitter son humide séjour, « alors, dit Homère, se couvrant de son armure d'or, il prend un fouet industrieusement formé et, montant sur son char, il rase la plaine liquide. Les monstres sortis du fond des abîmes, sautent autour de lui et reconnaissent leur roi. »

Protée est le berger des troupeaux de Neptune, qui consistent en phoques et autres bêtes marines. Personnification du mouvement incessant des flots et de la couleur changeante des poissons, il est surtout fameux par ses nombreuses et rapides transformations. Il sait l'avenir, mais il ne le divulgue pas volontiers; il faut l'y forcer.

Le culte de Neptune était répandu dans toutes les villes maritimes de l'antiquité, notamment à Corinthe, où il y avait en son honneur des jeux célèbres.

Les navigateurs et les commerçants invoquaient Neptune non-seulement pour leur donner une bonne traversée, mais encore pour favoriser leur trafic. C'est ce que nous voyons dans un hymne orphique : « Ecoute-moi, Neptune à la chevelure mouillée par les ondes salées de la mer, Neptune traîné par de rapides coursiers et tenant dans la main ton trident acéré, toi qui habites toujours les immenses profondeurs de la mer, roi des ondes, toi qui presses la terre de tes eaux tumul-

Fig. 598. — Neptune.

Fig. 599. — Amphitrite.

tueuses, toi qui lances au loin l'écume et qui conduis à travers les flots ton rapide quadrige; dieu azuré, à qui le sort assura l'empire des mers, toi qui aimes le troupeau armé d'écailles et les eaux salées de l'Océan, arrête-toi sur les bords de la terre, donne un bon souffle aux navires et ajoutes-y pour nous la paix, le salut et les dons dorés des richesses. »

Dans la mythologie primitive, la terre est une vaste plaine ondulée, qui présente la forme d'un disque et qu'entoure de toutes parts le fleuve Océan, époux de la titanide Téthys, qui personnifie les profondeurs de la mer. Le fleuve Océan, qui n'a ni source ni embouchure, forme un orbe immense qui s'alimente lui-même et donne naissance à toutes les mers, à tous les fleuves et à toutes les rivières. Il a trois mille fils, qui sont les fleuves et autant de filles, qui sont les nymphes océanides. Dans l'art il ne diffère pas des autres fleuves, et apparaît sous la forme d'un vieillard à la chevelure humide, qui s'appuie sur son urne. On voit quelquefois des dauphins dans sa barbe.

Téthys, qu'il ne faut pas confondre avec la Thétis qui fut mère d'Achille, est une très-antique divinité qui, de même que son époux, a été un peu délaissée durant la période historique de la Grèce. Aussi, on ne sait rien de bien particulier sur le culte qui leur a été rendu.

Fig. 600. — Nymphée d'Albano.

Les fleuves, nés d'Océan et de Téthys, ont généralement la forme de vieillards barbus et couronnés de roseaux. La rame qu'ils tiennent à la main ou qui est placée près d'eux, indique qu'ils sont navigables, et ils sont en outre caractérisés par un emblème particulier, comme le sphinx ou le crocodile pour le Nil, la louve pour le Tibre, etc.

En Grèce, les sources d'eau vive avaient un caractère sacré. Les anciens avaient pour elles une sorte de vénération religieuse, et considéraient le moindre filet d'eau comme le sanctuaire d'une divinité. Les nymphes en étaient la personnification, et leur vie se manifestait dans la nature par le murmure des ruisseaux et le mouvement perpétuel de leurs eaux. Aussi le culte des nymphes remonte à la plus haute antiquité et on les honorait par de fréquentes ablutions : c'est peut-être là qu'il faut chercher l'origine de l'importance énorme qu'ont eue les bains dans la société antique.

Chaque source était habitée par une nymphe, et la *nymphée*, c'est-à-dire la grotte par où l'eau s'échappait, était un lieu vénéré que l'art avait pour mission d'embellir. On décorait les grottes d'où s'échappait un filet d'eau et on les décorait habituellement de portiques et de statues. Cet usage se retrouve également dans l'Italie ancienne et particulièrement chez les peuples d'origine étrusque : la grotte de la nymphe Égérie est particulièrement célèbre dans l'histoire des origines de Rome. Les nymphées étaient très-fréquentées par les pèlerins et elles servaient également de rendez-vous de plaisir : on disposait à l'entour des bancs et des sièges de pierre pour ceux qui venaient y chercher la fraîcheur. Des colonnes, des niches sculptées, des bas-reliefs, des inscriptions pieuses ornaient presque toutes les sources.

Sur les bords du lac d'Albano, on trouve les restes d'une *nymphée*, sorte de constructions consacrées aux sources et généralement creusées dans le flanc d'une montagne (fig. 600). La pièce principale était couverte d'une voûte en berceau et décorée de niche. Ces sortes de bâtiments étaient très fréquentés en été à cause de leur fraîcheur : sous l'empire ils devinrent surtout un lieu de rendez-vous pour les amoureux.

Les nymphes ont été dans l'antiquité l'objet d'un très grand nombre de représentations plastiques. Habituellement elles sont vêtues jusqu'à mi-corps et ont seulement le torse et les bras nus comme on le voit sur la figure 601.

Quelquefois pourtant elles sont entièrement nues, surtout lorsqu'on les employait pour la décoration des fontaines. Ainsi dans la figure 602 on voit trois nymphes se levant sur la pointe des pieds et soutenant avec leurs bras la vasque d'où s'élevait probablement un jet d'eau.

Toutes les nymphes n'avaient pas les mêmes emplois. Les *dryades* et les *hamadryades* sont la séve vivante et l'humidité des arbres dont elles partagent le destin. Les *naïades*, qui expriment plus particulièrement le murmure de l'eau, reviennent fréquemment dans les légendes, et leur rôle comme principe du mouvement des eaux est très bien rendu dans cette petite pièce de l'*Anthologie grecque*, faite à propos de l'invention des moulins à eau : « O vous qui fatiguez vos bras à moudre le blé, ô femmes! reposez-vous maintenant : laissez les coqs vigilants chanter au lever de l'aurore et dormez à votre aise : ce que vous faisiez de vos mains laborieuses, les naïades le feront, Cérès le leur a ordonné. Déjà elles obéissent; elles s'élancent au bout d'une roue et font tourner un essieu; l'essieu, par les rayons qui l'entourent, fait tourner avec violence la masse pesante des meules qu'il entraîne. Nous voilà donc revenus à la vie heureuse, paisible et facile de nos

Fig. 601. — Nymphe.
(D'après une statue du Louvre.)

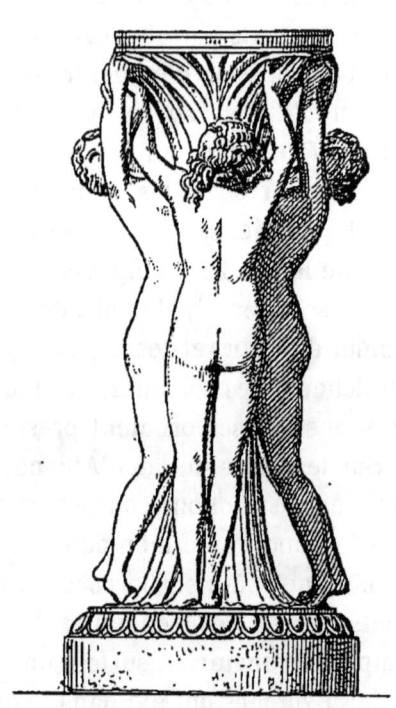

Fig. 602. — Nymphes.
(D'après un groupe du Louvre.)

ancêtres : nous n'avons plus à nous inquiéter de nos repas, nous allons jouir enfin sans peine des doux présents de Cérès. »

Les sources qui étaient réputées avoir des vertus médicinales étaient en Grèce l'objet d'une vénération toute spéciale, et les chapelles qu'on leur consacrait étaient toujours remplies d'ex-voto et de petites images pieuses, que venaient y déposer ceux qui avaient été guéris ou qui espéraient l'être. La figure 603 nous montre une de ces chapelles : on y voit des figurines sur le sol et des petites peintures contre la muraille, où sont les masques dont la bouche sert de fontaine.

Les Danaïdes, personnifications des sources de l'Argolide, sont quelquefois représentées sur des vases trouvés dans les tombeaux, et Creuzer cherche à établir un rapport entre cette fable et l'initiation aux mystères. « L'urne brisée, dit-il, le vase fendu ou le crible, avec lequel

Fig. 603. — Chapelle pour une source d'eau médicinale.
(D'après un vase peint.)

les Danaïdes s'efforcent en vain de puiser de l'eau, sont les emblèmes de la vie misérable que mènent les non initiés. Leur existence est sans

Fig. 604. — Les Danaïdes.
(D'après un bas-relief antique.)

consolation, sans espoir et sans but. Même après la vie actuelle, ils demeurent dans la sphère de la matière. Cette idée, mise en rapport avec les mœurs grecques, donna naissance à l'image de ces femmes infortunées qui se consument dans un travail, dans des efforts sans fruit, qui s'obstinent à remplir des vases sans fond (fig. 604). Tout concourt à prouver que le mythe des Danaïdes enfermait sous son enveloppe symbolique le dogme de la foi antique des mystères. Les vases qu'elles portent sont nommés d'une manière significative, des « hydries imparfaites » ou sans résultat, sans fin, du mot même qui exprime la fin où tendent les mystères, la perfection ou la consécration qu'ils donnent, l'initiation. Les Danaïdes elles-mêmes étaient appelées « les infirmes » ou celles qui chancellent, qui manquent de base. Enfin, nous savons par Pausanias que Polygnote avait peint dans le Lesché de Delphes, parmi les supplices divers représentés dans son tableau de l'enfer, des femmes portant de l'eau dans des vases brisés et au-dessus desquels se lisait cette inscription : « Elles n'ont point été initiées aux mystères. »

Dieux du feu. — Héphaistos (Vulcain) est un dieu d'origine phénicienne : il était originairement associé à Astarté, comme on le voit sur une monnaie carthaginoise (fig. 605). Astarté a été plus tard identifiée avec Vénus, divinité qui, dans d'autres traditions, était considérée

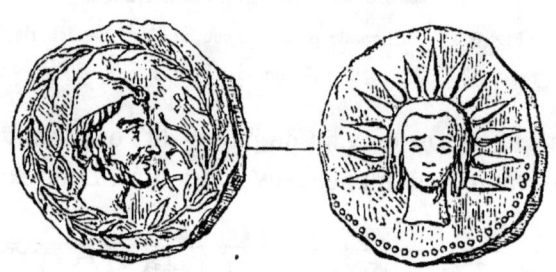

Fig. 605. — Héphaistos (Vulcain) uni à Astarté.

comme l'épouse de Mars. Il en est résulté une confusion d'où est sortie la fable de Mars et Vénus, surpris par Vulcain et enlacés dans ses filets.

Chez les Grecs, Vulcain est le feu personnifié. S'il est petit et chétif à sa naissance, c'est que le feu commence par une étincelle. S'il est précipité du ciel sur la terre, c'est par allusion au tonnerre. Enfin il est boiteux et il a les jambes tortueuses, parce que la flamme ne présente jamais de lignes droites. Comme l'industrie est née de la découverte du feu, Vulcain est le dieu de l'industrie et présente sous ce rapport de grandes affinités avec Prométhée. Seulement Vulcain est plus spécialement le patron des forgerons et des ouvriers qui travaillent les métaux, tandis que Prométhée est invoqué de préférence par les potiers et par ceux qui travaillent l'argile. Le marteau a été de tout temps l'attribut de Vulcain.

La poésie présente Vulcain comme un artisan habile et ingénieux, mais aussi comme un être monstrueux, d'une conformation vicieuse, et d'un aspect burlesque. « La plastique, dit Ottfried Muller, semble l'avoir représenté dans les premiers temps de l'art sous la forme d'un nain; obéissant ainsi au penchant fortement enraciné dans le cœur humain qui le porte à concevoir précisément la force primordiale à l'état rudimentaire. Lorsque l'art fut perfectionné, il se contenta de

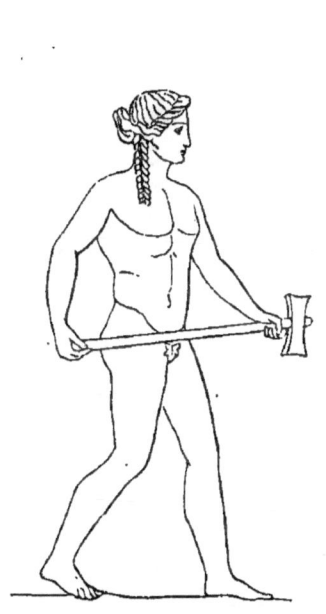 

Fig. 606. — Héphaistos ou Vulcain imberbe. (D'après un bas-relief du putéal du Capitole.)

Fig. 607. — Héphaistos, ou Vulcain (en costume de forgeron).

représenter Vulcain sous la figure d'un homme vigoureux et laborieux, qui, comme d'autres dieux, fut figuré le plus souvent sous les traits d'un jeune homme, dans les premiers temps de l'art, et plus tard, ordinairement comme un homme barbu et dans toute la force de l'âge. »

Le bas-relief sculpté sur le putéal du Capitole (fig. 606) montre Vulcain sous sa forme primitive et archaïque. Le dieu est imberbe et entièrement nu : au lieu du bonnet traditionnel, il a les cheveux relevés derrière la tête, sauf les deux tresses qui tombent. Une statuette en bronze du musée de Berlin (fig. 607) montre le dieu barbu, coiffé du bonnet conique et vêtu de l'exomis des artisans, qui laisse l'épaule et le bras droit à découvert. Il tient de la main droite un marteau et de la gauche des tenailles : l'une des deux jambes est plus courte que l'autre pour indiquer le dieu boiteux.

Une épigramme votive d'un forgeron à Vulcain nous a été conservée dans l'*Anthologie grecque* : « Retirez de la fournaise ce marteau, ces cisailles, cette pince que Polycrate dédie à Vulcain. C'est en frappant à coups redoublés avec son marteau sur l'enclume qu'il a trouvé pour ses enfants une fortune qui chassera loin d'eux la triste misère. »

Vesta (Hestia) est la personnification du foyer : dans chaque mai-

Fig. 608. — Hestia ou Vesta.

son il y avait un autel où on entretenait perpétuellement du feu en l'honneur de cette divinité.

« Il ne faut voir dans Vesta, dit Ovide, rien autre chose que la flamme active et pure; et vous ne voyez aucun corps naître de la flamme. Elle est donc vierge à bon droit et aime à avoir des compagnes de sa virginité. Le toit recourbé du temple de Vesta ne recélait aucune image. Ni Vesta, ni le feu n'ont d'images. La terre se soutient par sa propre force; Vesta tire donc son nom de ce qu'elle se soutient par sa propre force, mais le foyer est ainsi appelé et des flammes et de ce qu'il échauffe et fomente toutes choses. Il était autrefois dans les premières pièces de l'appartement : c'est de là aussi, je crois, que l'on a dit un *vestibule*, et que dans les prières, nous disons encore à Vesta :

Toi qui occupes les premiers lieux. C'était la coutume autrefois de s'asseoir sur de longs bancs, devant le foyer, et de croire que les dieux assistaient au festin. »

Les statues de cette divinité sont en effet de la plus extrême rareté, et il est quelquefois difficile de savoir si elles représentent une vestale ou la déesse elle-même. Sur l'autel triangulaire du Louvre, Vesta est représentée sous la figure d'une matrone recouverte d'un long voile et tenant en main un sceptre. Vesta, divinité vierge, qui ne consentit jamais à prendre d'époux dans l'Olympe, était profondément respectée des autres dieux. Une fois pourtant, le jovial Priape l'ayant vue profondément endormie voulut s'approcher d'elle pour l'embrasser, mais l'âne de Silène, qui se trouvait là, se mit à braire d'une telle force que Vesta et tout l'Olympe furent aussitôt réveillés. C'est en souvenir de ce service que l'âne a été consacré à Vesta.

La figure 608, d'après un bas-relief de style archaïque, représente Hestia, ou Vesta, coiffée de la stéphanée, vêtue de la tunique longue et du peplum, retombant l'un et l'autre en plis nombreux sur la poitrine, et portant le sceptre dans la main gauche.

L'hymne homérique à Vénus décrit ainsi les fonctions de Vesta : « Les travaux de Vénus ne sont point agréables à Vesta, vierge vénérable, la première enfantée par le rusé Saturne, et la dernière selon les volontés du puissant Jupiter. Apollon et Mercure désiraient épouser cette auguste déesse, mais elle ne voulut pas y consentir ; elle s'y refusa constamment et, touchant la tête du puissant dieu de l'égide, cette déesse fit le grand serment qu'elle a toujours tenu de rester vierge dans tous les temps. Au lieu de l'hyménée, son père la gratifia d'une belle prérogative ; au foyer de la maison, elle reçoit toutes les prémices des offrandes, elle est honorée dans tous les temples des dieux ; elle est pour les mortels la plus auguste des déesses. »

Comme personnification du foyer, le culte de Vesta se rattache directement à celui de la famille et des aïeux, mais en Grèce ce culte a toujours conservé un caractère essentiellement privé, et n'a pas été identifié comme à Rome avec celui de la cité. Aussi on ne trouve dans aucune cité grecque rien qui soit analogue au collége des vestales romaines.

LES DIEUX DES ENFERS. — Chaque homme a, suivant la croyance des anciens, une destinée inévitable, celle que lui ont filée les Parques ou Moires. Le pouvoir de ces divinités n'a jamais été bien nettement défini, mais elles semblent agir en dehors des dieux de l'Olympe qui ne peuvent empêcher leurs arrêts irrévocables. Elles sont au nombre de trois qui ont chacune un rôle particulier dans la vie humaine. Lachésis préside à la naissance, Clotho file la destinée pendant la vie, et Atropos coupe le fil, quand le terme de la vie est passé. Toutefois ce mode de figuration, bien que généralement admis, n'apparaît pas sur les monuments de l'antiquité, où le compas et le cadran solaire sont leurs attributs habituels. Les poëtes les font figurer à côté de Pluton,

Fig. 609. — Pluton (Hadès.)

ce qui les classe parmi les divinités infernales. Ces divinités étaient très redoutées, mais elles ne semblent pas avoir été l'objet d'un culte bien déterminé, sans doute à cause du caractère inexorable qu'on leur prêtait.

Pluton (Hadès), le frère de Jupiter, qui a reçu les enfers en partage et règne sur les ombres, est caractérisé par le boisseau qu'il porte sur la tête. Ce dieu a été identifié avec Sérapis et on le désigne quelquefois sous le nom de Jupiter infernal. Dans les monuments qui le représentent, on voit quelquefois à ses côtés Cerbère, le chien à trois têtes qui est préposé à la garde des enfers (fig. 609).

Divinité mystérieuse et redoutable, Pluton était honoré d'un culte particulier. Les Grecs l'invoquaient en frappant la terre avec leurs mains et en lui immolant la nuit des brebis noires entre les cornes desquelles on faisait brûler de l'encens et auxquelles on devait avoir soin de tourner la tête vers la terre. Les cuisses de l'animal étaient spécialement consacrées au dieu des enfers. Des bois étaient consacrés à Pluton dans plusieurs lieux de la Grèce et ce dieu avait à Elis un

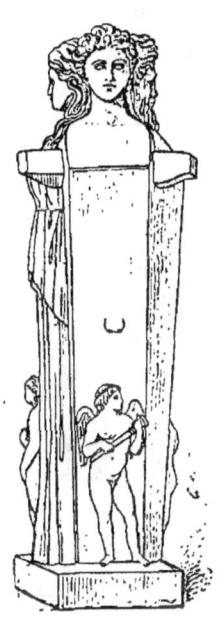
Fig. 610.

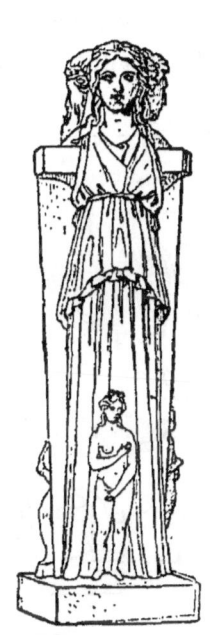
Fig. 611.

Fig. 612.

Les cabires de Samothrace.

temple qui ne s'ouvrait que trois fois par an. Le narcisse, le cyprès et le buis lui étaient consacrés.

Proserpine, que les Grecs nomment Cora quand ils la considèrent comme divinité agricole et fille de Cérès, et qu'ils désignent sous le nom de Perséphone dans son rôle de divinité infernale, est l'épouse de Pluton et la reine des ombres. Dans les funérailles, on lui offrait une boucle de cheveux du mort; les fêtes de cette déesse avaient un caractère mystérieux. On lui sacrifiait des génisses stériles; la chauve-souris, la grenade et le narcisse lui étaient consacrés.

Un hermès à trois faces, consacré aux trois Cabires ou grands dieux de Samothrace, représente le premier sous les traits de Pluton (fig. 612), le deuxième sous les traits de Proserpine (fig. 611), et le troisième sous les traits de Mercure (fig. 610). De petites figurines représentant Apollon, Vénus et l'Amour, décorent la base du piédestal sous ses trois faces. Ce monument énigmatique a donné lieu à bien des commentaires, mais il semble se rapporter au culte des dieux infernaux, Mercure étant le conducteur des ombres dans le ténébreux royaume qui leur sert de séjour.

Le départ des ombres et leur arrivée aux enfers figure sur quelques monuments. Quelquefois c'est Mercure qui amène une ombre devant le trône où siégent Pluton et Proserpine. Plus souvent, les âmes prennent la forme de petits enfants ailés, montés sur des Centaures qui

Fig. 613. — Les Centaures conducteurs des âmes.

cherchent par leur musique à distraire le voyageur des ennuis de la route (fig. 613) Souvent aussi ce sont des dauphins qui se chargent de conduire les âmes dans les îles des bienheureux. Toutes ces représentations, qui décorent de nombreux sarcophages, ont un caractère riant et aimable qui fait un singulier contraste avec les compositions terribles ou lugubres qu'on rencontre si souvent dans les monuments funèbres du moyen âge.

Suivant la croyance des anciens, les enfers s'étendaient dans une vaste contrée souterraine arrosée par deux grands fleuves, le Styx et l'Achéron, qui reçoivent comme affluents le Cocyte et le Phlégéton. C'est par le Styx que les dieux prononçaient leurs plus redoutables serments. L'Achéron est le fleuve que traversent les ombres sur la barque du nocher Caron, qui les fait passer sur la rive infernale. Aussitôt que l'Achéron est franchi, on rencontre Cerbère, le chien à triple tête, qui empêche qu'on ne sorte quand on est une fois entré. A leur arrivée, les ombres sont conduites devant Pluton. Mais bien qu'il règne sur les ombres, Pluton n'a pas pour mission de juger les actions des hommes : ce rôle appartient à Minos, Éaque et Rhadamante. Chaque homme reçoit d'eux le sort qu'il a mérité pendant sa vie, mais la nature des châtiments et des récompenses n'a jamais été l'objet d'une croyance bien uniforme, et les poëtes décrivent, chacun à leur guise, le sort qui nous est réservé après la mort.

Hécate apparaît sous plusieurs aspects : comme divinité vengeresse, elle préside aux expiations, comme déesse de la magie, elle préside aux incantations, et c'est elle qui envoie sur la terre les monstres évoqués des enfers. Elle s'arrête dans les carrefours et près des tombeaux ; c'est là qu'on l'invoque pour les enchantements. Quand elle sent l'odeur d'un crime, elle fait aboyer les chiens infernaux qui forment son cortége.

« On offrait à cette déesse, dit Creuzer, des sacrifices expiatoires, espèces de lustrations domestiques opérées par la fumée, que l'on célébrait le 30 de chaque mois, et où des œufs et de jeunes chiens étaient les objets essentiels. Les restes de ces animaux et des autres offrandes, joints à beaucoup de comestibles, devaient être exposés dans les carrefours et se nommaient le festin d'Hécate. Souvent les pauvres et les cyniques faisaient leur proie de ces débris avec une avidité qui était pour les anciens la marque de l'extrême indigence ou de la dernière bassesse. Le chien était l'animal consacré à Hécate. Des monuments montrent cette déesse avec un chien sur son sein, qu'elle semble caresser. On la représentait elle-même avec une tête de chien, et peut-être était-ce là son ancienne forme mystique, celle sous laquelle elle était adorée dans les mystères de Samothrace, où l'on immolait des chiens en son honneur. Hécate avait aussi ses mystères, particulièrement à Égine, et dont on rapportait l'institution à Orphée. On voyait dans cette île plusieurs statues de la déesse ; une de la main de Myron, avec un seul visage, d'autres avec trois visages, attribuées au fameux Alcamène. »

Antérieures à Jupiter et aux dieux olympiens, qu'elles nomment des divinités de fraîche date, les Furies représentent, dans l'opinion publique, l'antique justice, la seule que connaissent les peuples primitifs, la loi du talion ; à tout crime il faut un châtiment. Quand un meurtre s'est accompli, et surtout quand un fils ou un parent a trempé ses mains dans le sang de son père ou de ses proches, les Furies ne tardent pas à apparaître et font entendre leur chant funeste, entourent le criminel de leur ronde infernale et lui hurlent à l'oreille un hymne affreux dans lequel elles lui retracent son forfait. Nul mortel ne peut leur échapper : elles le poursuivent partout, comme le chasseur poursuit un gibier, et finissent toujours par l'atteindre. Ces inexorables déesses, qui ne connaissent pas le pardon, et que la prière ne peut toucher, sont reléguées au fond des ténèbres ; elles ne quittent leur sombre demeure que quand l'odeur du sang versé et les imprécations de la victime les appellent sur la terre. Divinités malheureuses, elles ne s'asseyent jamais au banquet des immortels. Dans les enfers, elles ont pour mission de châtier les coupables et de leur ôter tout espoir de miséricorde.

Les Érinnyes, ou Furies, sont les imprécations personnifiées de ceux qui meurent assassinés. Bien qu'elles ne s'occupent jamais que des meurtriers, elles étaient universellement redoutées. Le nom d'Euménides (bienveillantes), qui leur est aussi donné, vient de la terreur qu'on éprouvait en prononçant leur véritable nom. Elles avaient un temple à Athènes, près de l'Aréopage.

Les héros. — Les anciens comprenaient sous le nom de Héros les personnages nés d'un dieu et d'une femme mortelle, comme Hercule, et ceux qui étaient nés, comme Achille, d'un mortel et d'une déesse. Les héros remplissent donc au point de vue religieux une place intermédiaire entre les hommes et la divinité. Ils étaient l'objet d'un culte qui participait à la fois de celui qu'on rendait aux aïeux dans la famille, et de celui qu'on rendait dans la cité aux grandes divinités, ou dieux de la nature.

Le culte rendu aux héros n'était pas hiérarchisé suivant le mérite ou le pouvoir qu'on leur attribuait, mais il était fort inégal, puisqu'il y a des héros dont le culte a été en quelque sorte localisé dans la cité dont ils étaient les protecteurs, et d'autres qui étaient honorés partout. La légende des héros, très variée quant aux détails, repose presque toujours sur l'extermination d'un monstre qui désolait leur pays, et quand plusieurs traditions se confondent sur un même personnage, comme cela est arrivé à Hercule, il prend naturellement une très-grande importance, à laquelle ne sauraient prétendre ceux dont les exploits ont conservé un caractère purement local.

Hercule est le type le plus complet du héros. Doué d'une force prodigieuse, et d'une bravoure à toute épreuve, il consacre sa vie entière au salut des hommes, dompte les monstres, combat les brigands, et se livre à de gigantesques travaux pour le bien de l'humanité : Il est le père de la race dorienne et le Péloponnèse est le lieu de ses premiers exploits. Toute la première partie de sa légende est d'un caractère purement hellénique et les traditions relatives à son enfance ont toujours

Fig. 614. — Hercule étouffant les serpents.

été populaires dans toutes les parties du monde grec. L'histoire des deux serpents qu'il étouffe dans son berceau (fig. 614) formait le fond des récits que les nourrices faisaient aux petits enfants et Hercule était le type que l'on proposait aux adolescents qui fréquentaient les gymnases. La légende du lion de Némée, celle de l'hydre de Lerne appartiennent également au Péloponnèse.

On trouve chez tous les peuples primitifs le souvenir d'un héros dompteur de monstres et redresseur de torts, mais la légende qui se forme sur son compte prend un caractère différent selon la localité. Ainsi la tradition concernant Hercule et Omphale est d'origine asiatique.

et n'a été ajoutée que postérieurement à celles qu'on racontait sur l'Hercule grec. Il en est de même pour l'histoire d'Hercule et Antée, qui est une tradition libyenne, pour celle d'Hercule et Cacus qui est une tradition italienne, pour celle du triple Géryon et des colonnes d'Hercule qui paraissent avoir une origine phénicienne. Toutes ces fables

Fig. 615. — Hercule enfant.

sont venues à des époques inconnues grossir le mythe primitif d'Hercule, qui a fini par se rattacher par un point quelconque à l'histoire héroïque de tous les peuples de l'antiquité.

La peau de lion, souvenir du lion de Némée, a été adoptée partout comme l'attribut ordinaire du héros (fig. 615 et 616), ainsi que la massue avec laquelle il combat ses ennemis. Toutefois, sur un assez grand nombre de vases grecs, le héros est représenté avec le casque de l'époque archaïque, et ses armes ne diffèrent pas de celles que l'on portait à l'époque de la fabrication de vase.

L'histoire des douze travaux d'Hercule, et des travaux secondaires qui s'y rattachent, a été arrangée par les mythologues d'une date postérieure, pour former un ensemble avec les traditions très-différentes qui se rattachent au héros. On a voulu également voir dans Hercule une divinité solaire, et le chiffre de douze appliqué à ses principaux travaux se rapporterait ainsi aux douze mois de l'année.

Fig. 616.
Hercule coiffé de la peau de lion.

Au point de vue de la chronologie mythologique, les héros peuvent se rattacher à trois périodes. Dans celle qui est antérieure à Hercule, Persée, le vainqueur de la Gorgone, peut être considéré comme le type le plus caractéristique. La légende qui le concerne est extrêmement barbare. Dans la fable des Argonautes on voit apparaître tous les héros

Fig. 617. Les Dioscures. Fig. 618.

de la seconde série, parmi lesquels est Hercule. Les plus importants sont Jason, chef de l'expédition, Méléagre, le vainqueur du sanglier de Calydon, Thésée, roi d'Athènes, dont les aventures semblent calquées sur celles d'Hercule, Castor et Pollux, ou les Dioscures, caractérisés par l'étoile qu'ils ont toujours sur la tête (fig. 617-618), etc. Enfin la troisième série comprend les héros qui prirent part à la guerre de Troie, et qui sont presque tous honorés comme fondateurs de cités.

A l'exception d'Hercule, qui a été absolument divinisé et des Dioscures, qui ont dans la mythologie un caractère à part, les héros n'ont eu en général qu'un culte purement local, et les honneurs qu'on leur rendait paraissent avoir été surtout des honneurs funèbres. On ne leur sacrifiait pas sur l'autel des grandes divinités, mais sur des tertres, et leurs principaux sanctuaires étaient des chapelles élevées dans les bois sacrés.

INSTITUTIONS RELIGIEUSES.

Les dieux domestiques. — Outre les dieux auxquels on rendait un culte public, il y avait une foule de petites divinités, qui prenaient

Fig. 619. — Femme assise auprès d'un Hermès.
(Terre cuite de Tanagra.)

dans la maison un rôle assez analogue à celui de nos saints. Ces idoles

Fig. 620. — Enfant près d'un Hermès.
(Terre cuite de Tanagra.)

prenaient souvent la forme d'un Hermès : la figure 619, d'après une terre cuite de Tanagra, montre une femme assise à côté d'un de ces

Hermès et sur la figure 620, qui est aussi une terre cuite, on voit également un petit hermès à côté d'un jeune garçon.

Ces Hermès représentent soit une des grandes divinités, soit une petite divinité locale, pour laquelle une famille avait une dévotion particulière et qu'elle honorait comme sa protectrice. Souvent aussi ces représentations peuvent se rapporter au culte des aïeux qui était très répandu en Grèce et dans toute l'antiquité. Le culte qu'on avait pour ces images différait de celui que les catholiques rendent aux saints, en ce qu'il ne s'adressait pas à des reliques. Les pratiques se rattachant à ce culte avaient d'ailleurs un caractère absolument intime, et comme il n'y avait aucune église chargée de régler les cérémonies relatives aux pénates ou aux dieux protecteurs de la famille, elles ne pouvaient se déterminer que par traditions et devaient être extrêmement variables.

IV

LES DIEUX DE ROME

La religion des Romains. — Les dieux du ciel.
Les dieux de la terre. — Les dieux de l'eau. — Les dieux du feu.
Les lares. — Les dieux de la mort. — Les génies et les vertus.
Les dieux gaulois.

La religion des Romains. — L'absence presque complète de traditions mythologiques est un des caractères les plus frappants de la religion des Romains. Les poëtes latins ont admirablement raconté les aventures des dieux d'après les fables grecques, mais les légendes qui donnent tant de charmes à leurs récits sont pour la plupart étrangères au sol même de l'Italie. Cette pénurie, si remarquable quand on la compare à la richesse des fables grecques, peut s'expliquer par la différence géographique des deux pays. La Grèce, avec les découpures profondes de ses côtes et les îles dont sont hérissées les mers qui la baigne, était sans cesse en contact avec des marins apportant en maints endroits divers les traditions locales qu'ils avaient puisées dans leurs voyages, et que le génie grec transformait ensuite. L'Italie au contraire, et surtout l'Italie centrale, le Latium et l'Étrurie, où s'est développé la religion romaine, était par sa nature continentale beaucoup moins exposée au choc et à la transmission des idées. Les esprits y étaient plus sérieux, plus lents à donner un corps aux rêves de l'imagination, et plus porté aux choses pratiques. Quittant rarement leur pays, et voyant plus rarement encore des étrangers venir chez eux, les aspirations religieuses se sont concentrées vers certaines observances surpestitieuses, par lesquelles on croyait s'assurer la faveur des dieux, et l'accomplissement rigoureux des rites est devenu le fond même de la religion. Les conceptions épiques sont absentes et l'élément liturgique et sacerdotal absorbe entièrement le culte.

L'absence de mythologie chez les Romains a amené des différences notables entre les pratiques de leur culte et celles du culte grec. Les dieux grecs, dans les temps héroïques, sont continuellement mêlés aux hommes, ils partagent leurs passions et participent à leurs actes. Si dans la période historique ils ne se montrent plus, une foule de traditions respectées rappellent le temps où ils fréquentaient la terre. Rien de pareil dans l'Italie centrale : l'âge d'or de Saturne et Janus est un récit bien vague, et les dieux qu'on honore ne se montrent point directement aux hommes ; ils se manifestent seulement par des signes, des tremblements de terre, des éclipses, des éclairs, des bruits mystérieux. La nature est pleine de dieux qui témoignent de leur puissance, mais qui ne se manifestent pas eux-mêmes. La superstition romaine interprète tous les phénomènes, et le sacerdoce possède seul la science de conjurer les mauvaises influences, de lire l'avenir dans le vol des oiseaux et les entrailles des victimes ; il a la mission spéciale de veiller au salut et à la grandeur de l'État, et son influence liturgique s'étend jusqu'aux secrets les plus intimes du foyer.

Pas plus que les dieux, les héros romains ne ressemblent à ceux des Grecs. Leur existence terrestre est toute humaine, ils ne communiquent pas avec les dieux quand ils sont sur la terre. Numa reçoit des conseils de la nymphe Égérie, mais il ne la consulte qu'en secret, tandis que les dieux protecteurs des héros grecs interviennent partout dans leurs affaires, aussi bien dans leur maison qu'au milieu des combats. Les uns comme les autres sont fils de divinités, mais les héros latins ont rarement une postérité. Romulus est fils d'un dieu, mais il n'a pas d'enfants et c'est seulement après sa mort qu'il est assimilé lui-même à une divinité. L'apothéose apparaît ainsi dès l'origine : Romulus est enlevé au ciel et la même chose arrivera à César bien qu'il ait été assassiné.

En Grèce, où toutes les cités ont un dieu pour fondateur, chaque citoyen peut croire qu'il a un dieu pour ancêtre. A Rome la flatterie peut créer à un personnage illustre une généalogie divine, mais ce n'est qu'une formule littéraire sans aucun poids dans l'opinion publique. Tacite ne se gêne pas pour reléguer parmi les fables l'histoire, si souvent chantée, du Troyen Énée, ancêtre de Jules César.

Les dieux du ciel. — Parmi les dieux du ciel, comme parmi ceux de la terre, il faut distinguer ceux qui sont d'origine purement latine, comme Janus, ceux qui sont d'origine latine mais qui ont été hellénisés, comme les trois divinités du Capitole, Jupiter confondu avec Zeus, Junon confondue avec Héra, et Minerve confondue avec Athènè; enfin ceux qui, comme Apollon, sont d'origine purement grecque, mais dont le culte a été de très-bonne heure importé en Italie.

Janus paraît avoir été à l'origine une divinité solaire. « Le dieu du soleil, dit Preller, dans *les Dieux de l'ancienne Rome*, est le portier du ciel et de la lumière céleste; il en ouvre le matin la porte pour la fermer le soir. Si cette image simple et pratique a échappé aux Grecs, c'est uniquement parce que chez eux Océanos était le dieu primitif et qu'Hélios sortait de son sein et s'y replongeait tour à tour. Cependant les Grecs connaissaient, eux aussi, un seuil du ciel, où le jour et la nuit se saluent au passage, et l'Écriture sainte parle du soleil comme d'un fiancé qui sort le matin, l'air brillant de joie, de la chambre nuptiale. — De là vient que plus tard, dès que le besoin d'une image plastique se fit sentir, Janus fut représenté avec deux têtes (*Janus geminus, bifrons*), conception toute naturelle à propos d'un dieu qui était le portier du lever comme du coucher. Aussi le plus ancien Janus geminus de Rome, celui que Numa avait établi sur les limites du Forum, tournait une de ses têtes vers le levant, l'autre vers l'occident.

« Seulement il ne faudrait pas se figurer cette charge de portier céleste comme une besogne purement mécanique. La force dynamique et créatrice qu'a Janus comme dieu du soleil est un de ses traits les plus saillants. Ainsi tous les matins on l'invoquait sous le nom de *Matutinus Pater*; au commencement de chaque mois, le jour des calendes lui était consacré; un mois tout entier était placé sous sa garde, c'était celui de janvier, *januarius*, sans doute parce que ce mois, commençant de suite après les plus courtes journées, formait mieux que tout autre le commencement d'une année nouvelle. »

Le premier janvier était un jour de renouvellement et de bonheur, c'est du culte de Janus que nous vient l'usage des souhaits de bonne année et des étrennes. Mais la grande solennité de ce jour, c'était l'entrée en charge des nouveaux magistrats, dont la fonction à Rome était généralement fixée à une année.

Toutes les portes étaient consacrées à Janus, mais il y avait en outre dans les rues les plus populeuses, dans les marchés, dans les carrefours, des portes qui étaient plus spécialement placées sous son invocation. On lui élevait aussi des petits temples qui étaient pourvus de quatre entrées. Ovide, faisant parler Janus dans ses *Fastes*, dit : « Les portes de vos demeures offrent deux faces, l'une tournée en dehors, et l'autre vers l'intérieur, et du vestibule sous lequel il est assis, le portier voit en même temps, et ceux qui entrent, et ceux qui sortent ; de même, portier du palais des dieux, j'embrasse de mes regards les régions de l'Orient et celles de l'Occident, et c'est pour apercevoir d'un seul coup d'œil deux parties opposées, sans perdre de temps à tourner la tête, que je reçus une double figure ; ainsi, pour qu'elle veille avec plus de sûreté à la garde des carrefours, qui te coupent en trois voies, vous avez donné un triple visage à la triple Hécate. »

Le temple de Janus à Rome devait rester ouvert en temps de guerre, et il ne se fermait qu'en temps de paix. Pendant une période qui a duré près de mille ans, il n'a été fermé que huit fois.

Jupiter, Junon et Minerve étaient désignés à Rome sous le nom des trois divinités du Capitole, où chacune d'elles avait en effet son temple. Le Jupiter des Romains provient de la confusion du dieu de la foudre Tinia avec le Zeus des Grecs. *Jupiter capitolin* portait sur ses genoux la couronne que les triomphateurs venaient y déposer.

Les Romains consacraient à Jupiter les dépouilles opimes, c'est-à-dire celles qu'un général romain avait remportées sur le général ennemi, et le dieu prenait alors le nom de *Jupiter Férétrien*. Romulus bâtit un temple à Jupiter Férétrien, lorsqu'il eut tué lui-même Acron, roi des Cœniniens ; ce temple fut agrandi par Ancus Martius et ensuite restauré sous Auguste.

Les monuments de l'art ne font pas de différence entre le Jupiter des Romains et le Zeus des Grecs. L'un comme l'autre ont pour attribut l'aigle, le sceptre et le foudre. Ce dernier attribut, bien qu'il ne soit pas représenté sur la peinture de Pompéi que reproduit la figure 621, avait une extrême importance et Jupiter prenait à cause de lui le titre de *Jupiter tonnant*. Auguste lui fit élever un temple à Rome. Le tonnerre était tombé la nuit sur sa litière et un esclave avait été tué sans que l'empereur en fût atteint. Ce fut en mémoire de cet événement qu'on bâtit au Capitole un temple de Jupiter tonnant, dont il reste encore des vestiges et qui est figuré sur plusieurs médailles.

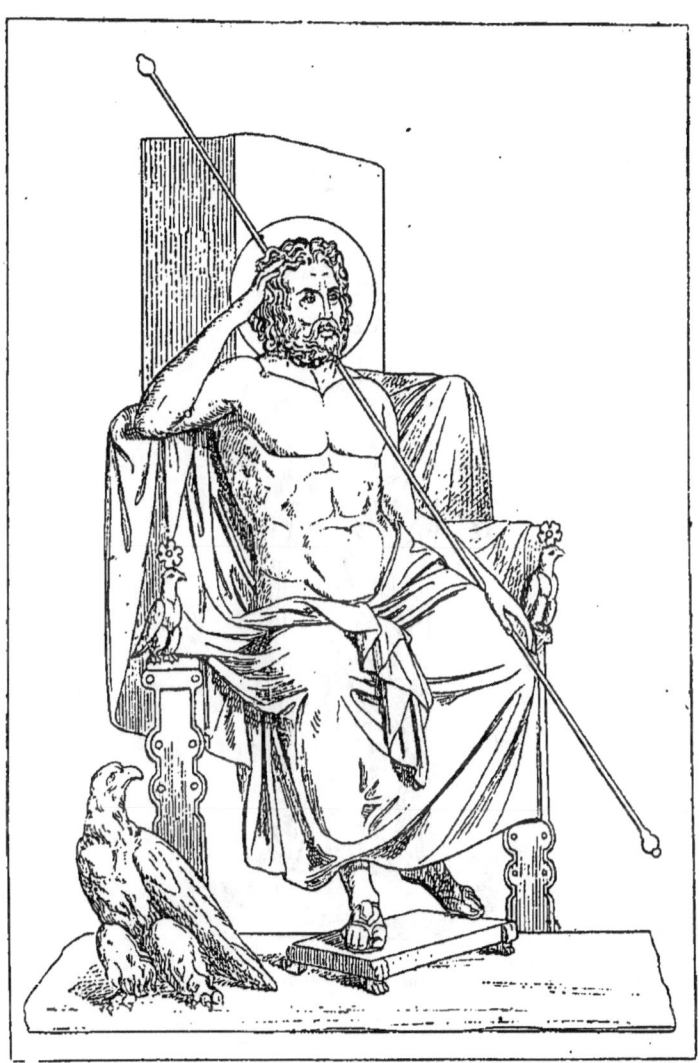

Fig. 621. — Jupiter. (D'après une peinture de Pompéi.)

Le foudre que Jupiter tient en main est l'image de la puissance soudaine et irrésistible du dieu qui lance le tonnerre. Tous ceux qui ont tenté de lutter contre lui, hommes ou dieux, ont été foudroyés. « Souvent, dit Virgile dans *les Géorgiques*, s'amassent au ciel des torrents de pluie, et, dans leurs flancs obscurs, les nuages amoncelés recèlent d'affreuses tempêtes. Le ciel se fond en eau et, sous un déluge de pluie, entraîne les riantes récoltes et le fruit du travail des bœufs. Les fossés se remplissent, les fleuves s'enflent à grand bruit et, dans les détroits, la mer s'agite et bouillonne. Jupiter lui-même, au sein de la nuit des nuages, lance la foudre d'une main étincelante. La terre

Fig. 622. — Junon.

s'en émeut et tremble jusqu'en ses fondements et l'effroi vient abattre les faibles cœurs des mortels. Le dieu, de ses traits enflammés, renverse l'Athos, le Rhodope ou les monts Acrocérauniens ; les vents redoublent, la pluie s'accroît et le bruit de l'ouragan fait retentir les bois et les rivages. »

De même que pour les Grecs Héra est l'épouse de Zeus, Junon est pour les Romains la femme de Jupiter et ses attributs dans l'art sont exactement les mêmes (fig. 622). Mais son rôle comme divinité du ciel est plus effacé à Rome qu'en Grèce et au contraire son rôle comme déesse protectrice du mariage est plus accentué.

Sous le nom de *Lucine*, Junon, dans la religion romaine, présidait aux naissances et veillait sur la première enfance. Junon était fort honorée à Rome comme déesse du mariage, et l'entrée de son temple était interdite aux femmes de mauvaise vie.

Fig. 623.   Fig. 624.

Minerve. (D'après une statuette en bronze du musée de Turin.)

Le culte de *Junon Sospita*, ou de Lanuvium, appartenait aux religions primitives de l'Italie. Dans ce culte, la déesse, dont la légende se rattache à des traditions locales, portait une peau de chèvre, et était armée d'une lance et d'un bouclier. On nourrissait un serpent dans son temple (voir t. I, fig. 634 et 635.)

Minerve, divinité étrusque, identifiée avec l'Athènè des Grecs, garde dans ses attributs les mêmes caractères, mais son culte est plus spécialement affecté à des solennités pacifiques. Ses fêtes, les *quinquatries*, étaient très populaires dans les écoles. Pour les élèves elles signifiaient les vacances et pour les maîtres elles appelaient le payement de leurs honoraires que l'on désignait sous le nom de *minerval*. Toutes les corporations ouvrières fêtaient Minerve comme l'inventrice des arts et les femmes honoraient en elle la déesse des travaux domestiques. Malgré ces allures pacifiques, l'art a toujours conservé à Minerve le caractère guerrier qui avait primitivement été donné à la Pallas des Grecs.

La figure 623-624 représente une statuette en bronze du musée

Fig. 625. — Minerve. (Orfévrerie romaine du trésor de Hildesheim.)

de Turin. Elle porte en avant une main qui tenait probablement une victoire, emblème que l'on voit fréquemment attribué à cette divinité guerrière.

Dans les monuments de l'époque romaine, Minerve garde les mêmes attributs et la même tournure que dans les monuments grecs; nous la voyons sur une belle coupe en argent du trésor de Hildesheim (fig. 625). Nous appellerons l'attention sur un vase peint de l'époque archaïque, où la déesse, dont la tête est couronnée mais dépourvue de casque, est assise à côté de Jupiter, et occupe ainsi la place qui est ordinairement affectée à Junon (fig. 626).

Le culte d'Apollon s'est acclimaté en Italie avec les colonies grecques, et il a été introduit à Rome en même temps que les livres sibyllins. La conséquence de l'accueil fait à ces livres fut la création d'une confrérie de prêtres chargés de les garder et d'appliquer leurs doctrines.

Diane est au contraire une ancienne divinité lunaire du Latium, qui du reste a été assimilée de très-bonne heure à l'Artémis des Grecs. L'art a maintenu pour Diane comme pour Apollon les attributs qu'avaient toujours eus en Grèce les divinités correspondantes. Mais Diane avait un caractère mystique beaucoup plus prononcé en Italie qu'en

Fig. 626. — Jupiter et Minerve. (D'après une peinture de vase.)

Grèce, et de nombreuses chapelles s'élevaient en son honneur dans les campagnes (fig. 627.)

Mercure, le dieu du commerce, et Terme, le dieu des limites, sont deux divinités qui présentent de grandes affinités avec celles que les Grecs honoraient sous le nom d'Hermès. Mercure notamment a été complètement assimilé au messager céleste, quoique son rôle soit beaucoup plus borné chez les Romains que ne l'était celui d'Hermès chez les Grecs. De même qu'Hermès, Mercure était pourvu d'ailes aux talons, et comme lui aussi, il était de la part des maîtres d'école l'objet d'un culte spécial. Les images qu'on plaçait sur les routes dont il était le gardien étaient extrêmement multipliées, mais on ne voit pas que des temples célèbres lui aient été consacrés.

Les anciens habitants du Latium étaient tous laboureurs en même temps que guerriers, et ce double caractère, si frappant dans quelques personnages historiques, comme Cincinnatus, a trouvé son symbole religieux dans Mars, divinité purement italique, qui préside à la force virile nécessaire au rude travail des champs en même temps qu'à l'inspira-

Fig. 627. — Chapelle rustique consacrée à Diane. (D'après une peinture de Pompéi.)

tion guerrière sur les champs de bataille. Assimilé à Arès, dieu qui chez les Grecs personnifie exclusivement la fureur du combat, Mars a reçu dans l'art les mêmes attributs (fig. 628, 629, 630), et de là vient qu'on a souvent négligé le double aspect sous lequel doit être envisagé le Mars des Romains. C'est à ce dieu que l'on doit les printemps sacrés, qui ont eu une si grande importance historique et auxquels se rattache la fondation de Rome. (Voir t. I, p. 556.) Le chêne

Fig. 628.   Fig. 629.
Génies de la Guerre. (Sur un autel de Mars.)

et le figuier, l'arbre des forêts et l'arbre des jardins étaient consacrés

Fig. 630. — Autel de Mars.

à Mars, et parmi ses animaux symboliques on remarque le loup, le bœuf de labour et le cheval de bataille, dont les caractères divers indiquent le pouvoir multiple du dieu. Mars est aussi le dieu des enlèvements qui est la forme primitive du mariage et de là vient que dans la fête célébrée le 1ᵉʳ mars en souvenir de l'enlèvement des Sabines, le nom de Junon est associé à celui du dieu de la guerre.

Quirinus est un Mars sabin, ancêtre du fondateur de Cures, comme

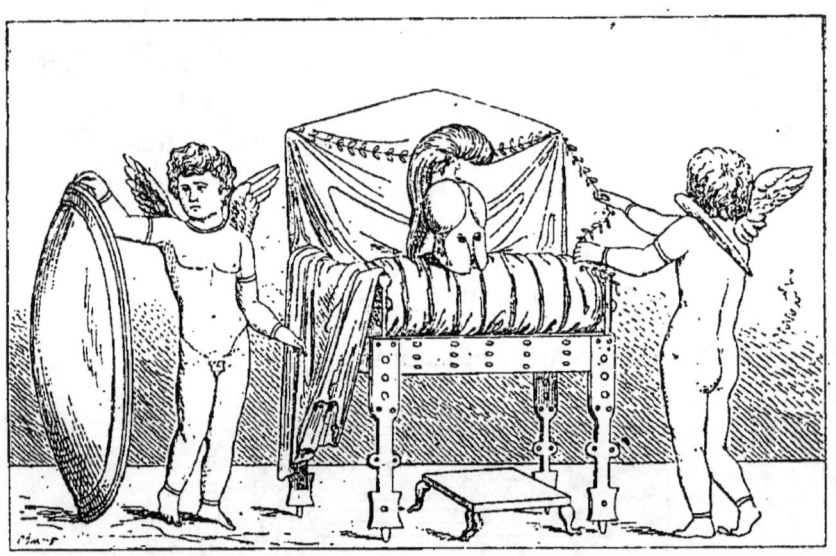

Fig. 631. — Le trône de Mars. (D'après une peinture de Pompéi.)

le Mars albin est le père des fondateurs de Rome. Quand les Sabins s'établirent sur le mont Quirinal, il y eut un Mars pour chacune des deux races, mais en assimilant plus tard Romulus avec Quirinus, la gloire du héros romain absorba l'ancienne divinité sabine, et il n'y eut plus qu'un seul Mars, ayant pour fils Romulus.

Picus Martius, l'oiseau de Mars, est devenu dans la légende un roi belliqueux, dont Ovide a raconté la merveilleuse histoire.

Les dieux de la terre. — Les arbres, les forêts, les montagnes, les pâturages, ont été de bonne heure placés sous la protection de divinités qui présidaient à la germination des plantes et à la multiplication des troupeaux. Parmi ces antiques divinités, dont plusieurs semblent faire double emploi, il faut d'abord nommer Faunus, qui a été de bonne heure identifié avec le Pan des Grecs. Il préside à l'élevage des bestiaux qu'il préserve des attaques des loups, d'où lui vient son surnom de Lupercus.

Dans les monuments de l'art, presque toujours dus à des Grecs,

Faunus cesse d'être une personnalité et les faunes, identifiés avec les satyres, et les pans, sont enrôlés dans le brillant cortége de Bacchus.

Bona Dea, *la Bonne Déesse*, qui mythologiquement passait pour la fille de Faunus, était primitivement une divinité pastorale. Mais à Rome le culte de cette déesse changea de caractère et devint extrêmement licencieux. Les femmes avaient seules droit d'assister au sacrifice expiatoire offert à la Bonne Déesse, et c'est pour y prendre part que Clodius se glissa la nuit dans la maison de César, sous le costume d'une joueuse de harpe. Le culte de Palès, déesse des bergers, donnait lieu également à des fêtes joyeuses, qui se sont confondues sous l'empire avec celles de la Bonne Déesse.

Sylvain, le dieu des défricheurs et des hommes qui vivent dans la forêt, est une des plus anciennes divinités de l'Italie. Une particularité du culte des temps primitifs en Italie, c'est qu'on ne représentait pas les dieux par des images, mais seulement par des symboles et des attributs : de là la rareté des statues de Sylvain. Le culte de Sylvain, comme celui de toutes les divinités du même genre, présentait de grandes affinités avec celui de Faunus et ces deux divinités semblent souvent faire double emploi.

Vertumne et Pomone sont des divinités champêtres, qui ont surtout pour mission de faire mûrir les fruits dans les jardins. Priape, dieu de l'Asie Mineure importé de bonne heure en Italie, remplissait un office analogue, et son caractère de dieu de la fécondité a fait de lui un des personnages favoris de la scène populaire.

Flore est aussi une ancienne divinité sabine, et son culte était également répandu dans toute l'Italie centrale. Déesse des fleurs (voir t. III, fig. 711), dont l'éclosion a lieu au printemps, Flore a vu son culte se fondre peu à peu dans celui de Vénus, autre déesse italique, qui exerçait à l'origine des fonctions analogues, mais qui a été promptement confondue avec l'Aphrodite des Grecs, dont elle a pris tous les attributs. Vénus alors prit comme Mars, auquel elle est souvent associée dans l'art, un double caractère. Comme déesse du printemps elle préside aux premières pousses de la végétation et comme déesse du charme et de l'attrait elle adoucit la rudesse des mœurs primitives.

La colombe est l'oiseau consacré à Vénus, dont Cupidon est le fils, et qui a les Amours pour escorte. La figure 632, d'après une peinture de Pompéi, représente le trône de la déesse.

« C'est Vénus, dit Ovide, qui fournit le germe des plantes et des arbres, c'est elle qui a rassemblé dans les liens de la société, les premiers hommes, esprits féroces et barbares, c'est elle qui apprit à chaque être à s'unir à une compagne. C'est à elle qu'on doit les nombreuses espèces d'oiseaux et la multiplication des troupeaux. Le bélier furieux lutte de la corne avec le bélier; mais il craint de blesser la brebis. Le taureau, dont les longs mugissements faisaient retentir les vallons et les bois, dépose sa férocité quand il aperçoit la génisse. La

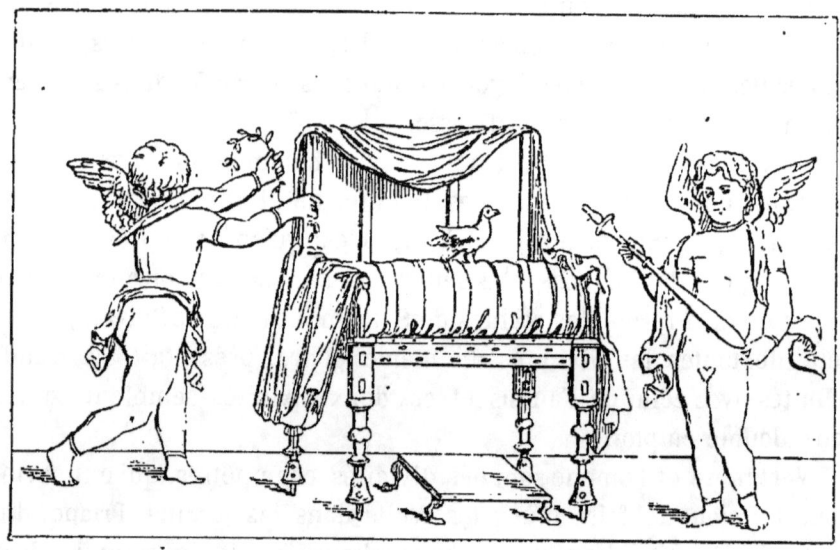

Fig. 632. — Le trône de Vénus. (Peinture de Pompéi.)

même puissance entretient tout ce qui vit sous les vastes mers et peuple les eaux de poissons sans nombre. La première, Vénus dépouilla les hommes de leur aspect farouche. C'est d'elle que sont venus la parure et le soin de soi-même. »

Saturne, que l'on a assimilé au Cronos des Grecs, était pour les anciens Italiens une divinité purement champêtre. On le considérait comme le dieu de l'agriculture qu'il avait enseignée aux hommes. Toutes les inventions agronomiques, même le fumier, remontent à lui, et sa royauté légendaire était confondue avec l'âge d'or, symbole de l'innocence primitive et de la vie paisible des champs. Ops, la *bonne mère*, personnification de la terre, était généralement regardée comme son épouse et adorée comme telle à ses côtés. Sur la figure 633, on voit le globe du monde posé sur un tabouret aux pieds du trône de Saturne.

Cérès, divinité des moissons qui répond à la Déméter des Grecs, a été très anciennement honorée dans l'Italie méridionale et la Sicile, où l'élément grec formait une portion importante de la population. Les prêtresses qui la servaient dans les temples étaient toujours prises dans les villes grecques, et les rites célébrés en son honneur n'ont rien de romain dans les allures. Il n'y a donc rien de surprenant à ce que

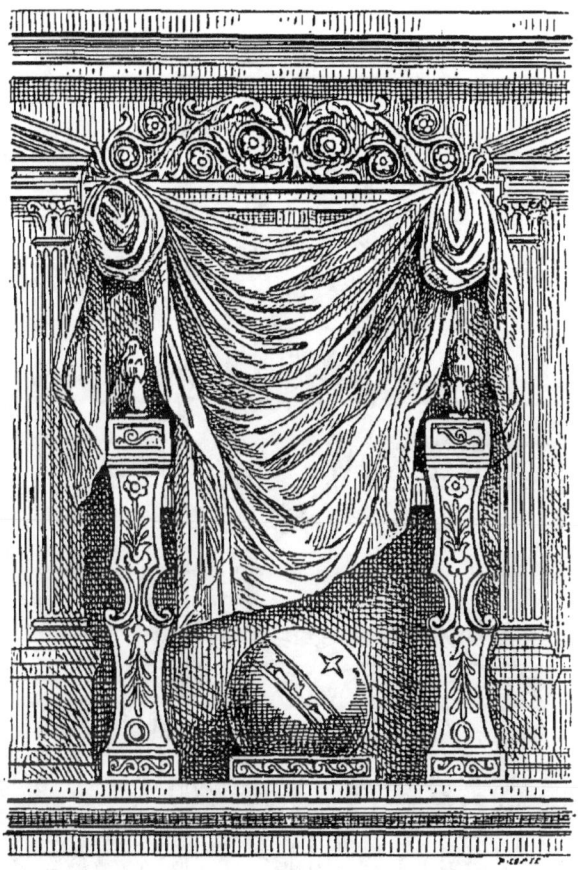

Fig. 633. — Trône de Saturne. (D'après un bas-relief du Louvre.)

les attributs de Cérès soient aussi ceux de Déméter, et on peut également appliquer l'un ou l'autre nom aux monuments qui les représentent.

Bacchus et Proserpine, que les Romains désignent souvent sous le nom de *Liber* et *Libera*, mais qui répondent au Dionysos et à la Perséphone des Grecs, sont des divinités tout à fait étrangères à l'Italie, mais dont le culte s'est développé assez promptement dans les contrées du midi, où les cultures de la vigne et du blé étaient extrêmement répandues. Pas plus que pour les autres divinités, les attributs donnés primitivement par les Grecs n'ont été changés, et tous les personnages qu'on appelle Bacchus pourraient avec tout autant de raison être appelés Dionysos (fig. 634). Le culte de Liber et Libera était entièrement lié à celui de Cérès.

La mère des dieux, la Cybèle phrygienne, avait aussi une grande

Fig. 634. — Bacchus ou Dionysos. (D'après une peinture de Pompéi.)

importance à Rome, où son culte n'a pourtant été introduit que pendant la seconde guerre punique.

« Au commencement du printemps, dit Hérodien, les Romains célèbrent en l'honneur de la mère des dieux une fête, dans laquelle on porte en cérémonie devant son image tout ce que l'empereur et les particuliers ont de plus précieux pour la matière et pour la délicatesse de l'art. Alors on a une liberté entière de faire toutes les folies et toutes les extravagances qui viennent dans l'esprit. On se déguise chacun à sa fantaisie; il n'est dignité si considérable, personnage si sérieux, dont on ne puisse prendre l'air et les habillements.... Je crois qu'il ne sera pas inutile de rapporter ici l'origine de cette fête et de rechercher dans l'histoire pourquoi les Romains honorent si particulièrement la mère des dieux. La statue de la déesse, si l'on veut croire ce que l'on en dit, vient du ciel : on n'en connaît point l'ouvrier et on est persuadé qu'aucun homme n'y a mis la main. On raconte qu'elle tomba en Phrygie, dans la ville de Pessinunte. Lorsque les Romains eurent jeté les fondements de cette grandeur à laquelle ils sont depuis

Fig. 635. — La vestale. Claudia traînant le vaisseau de Cybèle.

parvenus, ils apprirent par un oracle que leur empire se soutiendrait, et irait toujours en augmentant, s'ils faisaient venir à Rome la déesse de Pessinunte. On députa aussitôt vers les Phrygiens; on fit valoir le degré d'alliance qui était entre eux et les Romains, qui, par Énée, tiraient d'eux leur origine, et l'on obtint sans peine ce qu'on demandait. On mit la déesse sur un vaisseau, qui, étant arrivé à l'embouchure du Tibre, fut arrêté soudain par une force invisible et insurmontable. Tous les efforts que l'on put faire et les secours qu'on employa pour le mettre en mouvement furent inutiles. On désespérait d'en venir à bout, lorsqu'une vestale, qu'on accusait d'avoir violé la virginité dont elle faisait profession, et qu'on allait condamner, demanda en grâce qu'on s'en rapportât au jugement de la mère des dieux. On le lui accorde; elle détache sa ceinture, la lie à la proue, et prie la déesse de permettre, pour confondre ses accusateurs, que le vaisseau se laissât tirer sans peine et suivît comme de lui-même, ce qui ne manqua pas d'arriver, au grand étonnement de tout le peuple, qui reconnut par ce prodige et la puissance de cette nouvelle divinité et l'innocence de la vestale. » (fig. 635).

Les dieux de l'eau. — Les Romains ne sont devenus que très tard un peuple navigateur et les souvenirs de la mer n'ont fourni aucune légende à leur mythologie, particulièrement stérile sur ce point. Neptune, le Poseidon des Grecs, avait un temple à Rome, et on faisait à Ostie des fêtes en son honneur. Mais ce dieu n'a jamais joui parmi les Romains d'une bien grande popularité, et toutes les fables qu'on rapporte sur lui sont originaires de la Grèce.

Il n'en était pas de même des sources dont on rapportait l'origine à Fontus, fils de Janus. La nymphe Égérie a une grande importance dans les traditions romaines, et le Tibre était souvent invoqué comme une puissante divinité. Mais les sources pas plus que les fleuves, malgré le culte qui leur était rendu, n'ont fourni à l'art aucun type spécial, et nous devons, pour ce qui les concerne, renvoyer à ce qui a été dit, à propos de ces divinités, dans le chapitre sur les dieux grecs.

Les dieux du feu. — L'élément du feu se rattache pour les Romains à deux divinités, Vulcain et Vesta. Vulcain, le même qu'Héphaistos chez les Grecs, représente la force physique du feu, force redoutable quand elle se traduit par les volcans ou les incendies, mais bienfaisante, lorsqu'on l'emploie pour l'industrie humaine. Toutefois, comme ce dieu personnifie l'incendie, ses temples étaient toujours placés en dehors des villes ; mais il n'a jamais été bien populaire parmi les Romains, qui faisaient peu de cas de l'industrie et n'avaient pas souvent occasion d'invoquer une divinité qui s'intéresse aux artisans beaucoup plus qu'aux hommes d'État ou aux guerriers.

Vesta représente également le feu, mais le feu sacré qui brûle sur le foyer. De même qu'en Grèce, Vesta est à Rome la déesse du foyer, en tant que centre et principe de la vie domestique, mais elle est en outre le centre de la vie politique et municipale. Dans la vieille Italie, la cité est une réunion de familles ayant chacune ses Lares ou ses Pénates, et Vesta, la reine des Lares, devient par la nature même de ses fonctions la protectrice de la ville. De là vient que le culte de cette déesse a pris à Rome un caractère en quelque sorte national, et qu'il y a acquis une importance qu'il n'avait jamais eue en Grèce. Mais si la Vesta romaine est la grande déesse du foyer, dont le feu doit toujours être allumé, parce que les destinées de la ville sont attachées à sa flamme, chaque maison entretient aussi une flamme sacrée sur le foyer privé en l'honneur de la déesse, qui règne sur les Pénates protecteurs de la famille.

Les lares. — Le culte de Vesta avait des rapports étroits avec celui des Pénates ou dieux Lares, car ceux-ci semblent également représenter la flamme du foyer. Dans l'*Énéide*, Hector dit à Énée qu'il va lui remettre les pénates troyens, et c'est le feu du foyer qu'il lui remet.

Fig. 636. — Dieu Lare avec les serpents.
(D'après une peinture de Pompéi.)

La croyance populaire, assez mal définie d'ailleurs, admettait généralement l'existence de divinités, habitant sous la terre et se manifestant par la flamme du foyer. Ces divinités étaient les Mânes.

Le terme de *Mânes* peut s'appliquer indistinctement à tous les morts, mais les Latins font entre eux de grandes distinctions. Ainsi les *Lares* sont les âmes des hommes de bien, faisant auprès des vivants l'office de génies protecteurs, tandis que les *Larves* et les *Lémures* sont les âmes des méchants qui errent autour des maisons, sans refuge et sans espoir. C'est de cette croyance qu'est venue la terreur qu'inspirent les revenants. Les Mânes ont été plus tard assimilés aux Génies, dont ils étaient distincts à l'origine. Aussi nous voyons souvent les dieux Lares en compagnie des serpents, qui sont l'emblème des génies protecteurs de la maison (fig. 636).

Les fêtes des Lares se célébraient dans l'intérieur des familles et n'avaient pas de caractère officiel. On ornait leur image d'une grande et épaisse couronne, et souvent leurs statuettes étaient comme enfouies sous les fleurs et les feuilles. En outre, on leur faisait des offrandes qui devaient être consumées sur le feu du foyer. A Rome, quand un jeune homme prenait la toge virile, il consacrait aux dieux Lares la bulle qu'il avait portée dans son enfance.

Dans le prologue de l'*Aululaire*, de Plaute, c'est un dieu Lare qui expose lui-même l'intrigue de la pièce : « Ne vous demandez pas qui je suis, je vais vous le dire. C'est moi le dieu Lare de cette maison d'où vous m'avez vu sortir ; voilà bien des années que j'y demeure ; j'ai

Fig. 637. — Dieu Lare.
D'après un monument funèbre trouvé près de Nîmes.)

protégé le père et même l'aïeul de celui qui la possède aujourd'hui. Le grand-père m'a confié et recommandé en grand secret un trésor qu'il a enfoui au milieu du foyer, me suppliant de le lui garder. Le bonhomme est mort ; mais il était d'une telle avarice, qu'il ne voulut pas révéler la cachette à son fils ; il aima mieux le livrer à la pauvreté que de lui indiquer le trésor. Il lui laissait un petit bout de champ, de quoi s'entretenir misérablement et en prenant beaucoup de peine. Dès que le vieillard qui m'avait confié son or eut cessé de vivre, je commençai à observer si son fils aurait pour moi plus de dévotion que le père. Mais ce fut tout le contraire ; il dépensa de moins en moins pour mon culte, et chaque jour retrancha quelque chose à mes honneurs.

Moi, je lui rendis la pareille et il mourut à son tour. Il a laissé un fils, le propriétaire actuel de la maison, qui est bien tout le portrait de son père et de son aïeul. Ce fils a une fille, qui m'offre incessamment de l'encens, du vin, et autres cadeaux de ce genre ; elle me donne aussi des couronnes. Pour la récompenser, j'ai fait découvrir le trésor à Euclion, afin qu'il pût la marier plus facilement... »

Un monument, trouvé aux environs de Nîmes, est décoré d'un bas-relief représentant un dieu Lare. Ce dieu a la tête recouverte par sa toge, et tient en main la patère du sacrifice (fig. 637).

Outre les Lares familiers, protecteurs de la maison, il y avait des Lares compitales ou viales, protecteurs des carrefours et des chemins. Leur culte était public et ils avaient des chapelles fort nombreuses. La fête de ces Lares publics s'appelait les Compitales ; les gens du peuple suspendaient pendant la nuit des petites poupées et d'autres objets à toutes les portes, surtout à celles qui étaient situées près des carrefours. Quand Auguste fut déifié, on ajouta son génie, c'est-à-dire son âme personnifiée, à tous les Lares des carrefours, afin que le peuple s'habituât à le considérer comme son génie tutélaire. Le culte primitif des Lares locaux se trouva désormais associé à celui des souverains. Mais le goût des apothéoses ne se borna pas là et tous les hommes illustres furent à la fin de l'empire considérés comme des Lares. Une salle spéciale, appelée Lararia, leur fut consacrée dans le palais des riches, et chacun choisissait ses Lares selon son goût particulier. C'est ainsi qu'Alexandre Sévère put rendre hommage aux Lares de son choix, et qu'il honora le Christ en même temps qu'Apollonius de Tyane, et Orphée en même temps qu'Abraham.

Les dieux de la mort. — Les Romains ne paraissent pas avoir eu sur la vie future des idées bien nettes et leurs croyances sous ce rapport ne différaient pas essentiellement de celles des Grecs. Pluton et Proserpine, qui règnent sur les ombres, ne diffèrent en rien de Hadès et Perséphone, qui remplissent la même fonction dans la mythologie grecque. Pluton, qui est le Jupiter infernal, est caractérisé par le boisseau qu'il porte sur la tête, mais il a été complétement identifié avec Sérapis, dieu égyptien dont le nom veut dire Osiris-Apis (fig. 638 et 639). Lorsque l'empereur Julien consulta l'oracle d'Apollon pour savoir si ces deux divinités différaient, il reçut pour réponse : « Sérapis et Pluton sont la même divinité. » Cerbère, le chien infernal, caractérisé par ses trois têtes, apparaît auprès de ses rares statues et on le trouve également dans les peintures funèbres qui décorent les monuments étrusques.

Fig. 638.    Fig. 639.
Jupiter infernal où Sérapis.

Un assez grand nombre de peintures se rattachent à l'idée qu'on se

Fig. 640. — Démons amenant une âme. (D'après une peinture étrusque.)

faisait de la vie future. C'est ainsi que la figure 640 montre des démons enlevant une âme. Une scène peinte sur un tombeau de Tarquinies représente le départ des âmes qui quittent la terre. Dans la bande supérieure, une âme enveloppée d'un grand voile est assise sur un char que traînent deux génies ailés, l'un blanc et l'autre noir. Derrière cette âme, un génie blanc et sans ailes (son ange gardien, selon l'explication de M. Guignaut) semble implorer un génie noir et ailé, et plus loin un autre génie, également noir et ailé, est assis à une porte et tient un marteau. Dans la bande inférieure, on voit des morts tenant en main les instruments de la profession qu'ils ont exercée pendant leur vie, puis une autre âme guidée par un génie ailé et qui semble la menacer de son marteau.

Les génies et les vertus. — Les Génies des Romains, comme les démons des Grecs, forment une classe d'êtres intermédiaires entre l'homme et la divinité, de même que les anges, dont la tradition se rattache aux plus anciennes croyances de l'Asie. Les Génies sont souvent considérés comme l'âme raisonnable attachée à tout individu, et remplis-

Fig. 641. — Serpents protecteurs. (D'après une peinture de Pompéi.)

sent alors le même office que nos anges gardiens. Le serpent a été de tout temps l'image traditionnelle du Génie (fig. 641), même après qu'on eut adopté la forme humaine pour caractériser le Génie propre du peuple romain. Toute réunion collective, le Sénat aussi bien que les corporations, avait son Génie.

Quoique le serpent soit la forme que revêtaient habituellement les Génies dans la croyance populaire, on voit des représentations dans lesquelles le Génie d'un individu prend la forme qu'il avait eu pendant sa vie. Ainsi le Génie des empereurs romains qu'on voit sur les représentations d'apothéoses sont de véritables portraits de ces empereurs. On voit aussi des personnages célestes, qui semblent avoir été des oëtes et qui sont accompagnés d'une muse inspiratrice, quelquefois pourvue de grandes ailes, comme dans une peinture de Pompéi que reproduit la figure 642.

Outre les Génies affectés aux particuliers ou aux corporations, il y

Fig. 642. — Le poëte et son génie. (D'après une peinture de Pompéi.)

avait dans le culte romain des divinités d'une espèce particulière, auxquelles la mythologie n'a pas donné d'histoire, ni l'art de forme spéciale, et qui nous paraissent se rattacher à la famille très nombreuse, mais confuse et indéterminée, des génies : ce sont les dieux des *Indigitamenta*.

« L'Italie, dit M. G. Boissier, avait été assez peu féconde en inventions religieuses ; ce mélange de peuples italiens, qui donna naissance à Rome, fut plus pauvre encore. Rome se contenta de prendre les croyances des nations diverses dont elle était sortie, en essayant de les unir et de les accorder ensemble. Elle n'éprouva pas le besoin d'en créer de nouvelles. La seule innovation qu'on lui attribue, c'est d'avoir inscrit sur des registres appelés *Indigitamenta* la liste des dieux qui sont affectés à chaque événement de la vie de l'homme depuis sa conception jusqu'à sa mort, et de ceux qui pourvoient à ses besoins les plus indispensables, comme la nourriture, la demeure, le vêtement. Ils y étaient rangés dans un ordre régulier, avec quelques explications sur le nom qu'ils portent et la formule des prières qu'il convient de leur adresser. Les dieux des *Indigitamenta* ont un caractère particulier et entièrement romain ; je ne crois pas qu'on en trouve ailleurs qui soient tout à fait semblables. Sans doute on a éprouvé dans d'au-

Fig. 643. — La terreur.

Fig. 644. — La pâleur.

tres pays le besoin de mettre les principaux actes de la vie sous la protection divine, mais d'ordinaire on choisit pour cet office des dieux connus, puissants, éprouvés, afin d'être sûr que leur secours sera efficace. C'est la grande Athènè, c'est le sage Hermès qu'on invoque en Grèce, pour que l'enfant devienne habile et savant. A Rome, on a préféré des dieux spéciaux, créés pour cette circonstance même et qui n'ont pas d'autre usage : il y a celui qui fait pousser à l'enfant son premier cri (*Vaticanus*), et celui qui lui fait prononcer sa première parole (*Fabulinus*) ; l'un et l'autre ne font pas autre chose et ne sont invoqués qu'en cette occasion. Aussi ne portent-ils en général d'autre nom que celui de leurs fonctions mêmes, comme si l'on voulait faire entendre qu'ils n'ont pas d'existence réelle en dehors de l'acte auquel ils président. Leur compétence est extrêmement bornée ; l'action la plus simple donne souvent naissance à plusieurs divinités. Quand l'enfant est sevré, il y en a une qui lui apprend à manger (*Educa*), une autre qui lui apprend à boire (*Potina*) ; une troisième le fait tenir tranquille dans le petit lit où il repose (*Cuba*). Lorsqu'il commence à marcher, quatre déesses sont chargées de protéger ses premiers pas ; deux l'accompagnent quand il sort de la maison, deux le ramènent quand il y rentre (*Abeona* et *Adeona*; *Iterduca* et *Domiduca*). Les listes étaient donc interminables et les noms multipliés à l'infini. Les Pères de l'Église s'égayent beaucoup de « cette populace de petits dieux con-

Fig. 645. — La victoire de Brescia.

damnés à des emplois infimes », et les comparent à ces ouvriers qui divisent entre eux la besogne pour qu'elle soit plus vite faite. Il n'en est pas moins très-curieux de les étudier : ce sont après tout les dieux les plus originaux de Rome. Elle n'avait pas subi encore l'influence souveraine de la Grèce, quand les pontifes rédigèrent les *Indigitamenta*, et les débris qui nous restent de ces registres sacrés peuvent seuls nous faire connaître quelle idée les vieux Romains se faisaient de la divinité et de quelle façon ils entendaient le sentiment reigieux.

« Ce qui frappe d'abord, c'est de voir combien tous ces dieux sont peu vivants. On n'a pas pris la peine de leur faire une légende, ils n'ont pas d'histoire. Tout ce qu'on sait d'eux, c'est qu'il faut les prier à un certain moment et qu'ils peuvent alors rendre service. Ce moment passé, on les oublie. Ils ne possèdent pas de nom véritable ; celui qu'on leur donne ne les désigne pas eux-mêmes, il indique seulement les fonctions qu'ils remplissent. »

On raconte que Tullus Hostilius, dans une bataille contre les Fidenates que les Uliens soutenaient, invoqua *la Terreur* et *la Pâleur*, leur promettant un temple si elles jetaient l'effroi dans les rangs ennemis. Six siècles plus tard, les Hostilius, qui prétendaient descendre du troisième roi de Rome, firent représenter sur des médailles les deux redoutables divinités que leur aïeul avait invoquées (fig. 643 et 644).

Parmi les divinités sans histoire qui ont été honorées à Rome d'un culte spécial, il faut aussi ranger les Vertus, telles que la Concorde, la Piété, la Pudicité, la Clémence, etc. Enfin il y avait des divinités, comme la Fortune ou la Victoire, qui indiquent un état particulier de la destinée des hommes ou des peuples. Celles-ci sont assez souvent représentées sur les monuments, mais le type que l'art leur a donné appartient à la Grèce. La victoire que les Athéniens avaient représentée sans ailes, pour montrer qu'elle s'était fixée chez eux, était, comme on le pense, une divinité chère aux Romains. La plus belle statue qu'on en connaisse est la fameuse Victoire de Brescia (fig. 645), dont nous avons une copie au Louvre.

LES DIEUX GAULOIS. — La religion des Gaulois ne nous est connue que par les écrivains latins, qui, selon l'habitude des peuples anciens, retrouvaient ou croyaient retrouver leurs dieux dans ceux qu'ils voyaient honorés par d'autres peuples. Ainsi Teutatès, qui paraît avoir été la grande divinité des Gaulois, a été assimilé à Mercure. « Le dieu que les Gaulois honorent le plus, dit Jules César, est Mercure. Il a un grand nombre de statues ; ils le regardent comme l'inventeur de tous les arts, comme le guide des voyageurs, et comme présidant à toutes sortes de gains et de commerce. Après lui, ils adorent Apollon, Mars, Jupiter et Minerve. Ils ont de ces divinités à peu près la même idée que les autres nations. Apollon guérit les maladies ; Minerve enseigne les éléments de l'industrie et des arts ; Jupiter tient l'empire du ciel, Mars celui de la guerre ; c'est à lui, quand ils ont résolu de combattre, qu'ils font vœu d'ordinaire de consacrer les dépouilles de l'ennemi. Ils lui sacrifient ce qui leur reste du bétail qu'ils ont pris, le surplus du butin est placé dans un dépôt public ; et on peut voir, en beaucoup de villes, ces monceaux de dépouilles, entassées en des lieux consacrés. »

« Une croyance que les Druides cherchent surtout à établir, c'est que les âmes ne périssent point, et qu'après la mort elles passent d'un corps dans un autre, croyance qui leur paraît singulièrement propre à inspirer le courage, en éloignant la crainte de la mort. Le mouvement des astres, l'immensité de l'univers, la grandeur de la terre, la nature des choses, la force et le pouvoir des dieux immortels, tels sont les sujets de leurs discussions ; ils les transmettent à la jeunesse. »

« Toute la nation gauloise est très-superstitieuse ; aussi ceux qui sont attaqués de maladies graves, ceux qui vivent au milieu de la guerre et des dangers, ou immolent des victimes humaines, ou font vœu d'en immoler, et ont recours pour ces sacrifices au ministère des Druides. Ils pensent que la vie d'un homme est nécessaire pour racheter celle d'un homme, et que les dieux immortels ne peuvent être apaisés qu'à ce prix ; ils ont même institué des sacrifices publics de ce genre. Ils ont quelquefois des mannequins d'une grandeur immense et tissus en osier, dont ils remplissent l'intérieur d'hommes vivants ; ils y mettent le feu et font expirer leurs victimes dans les flammes. Ils pensent que le supplice de ceux qui sont convaincus de vol, de brigandage ou de quelque autre délit, est plus agréable aux dieux immortels ; mais quand ces hommes leur font défaut, ils se rabattent sur les innocents. »

« Les Druides, ministres des choses divines, sont chargés des sacrifices publics et particuliers, et sont les interprètes des doctrines religieuses. Le désir de s'instruire attire auprès d'eux un grand nombre de jeunes gens qui les ont en grand honneur. Les Druides connaissent de presque toutes les contestations publiques et privées. Si quelque crime a été commis, si un meurtre a eu lieu, s'il s'élève un débat sur un héritage ou sur des limites, ce sont eux qui statuent ; ils dispensent les récompenses et les peines. Si un particulier ou un homme public ne défère point à leur décision, ils lui interdisent les sacrifices ; c'est chez eux la punition la plus grave. Ceux qui encourent cette interdiction sont mis au rang des impies et des criminels, tout le monde s'éloigne d'eux, fuit leur abord et leur entretien et craint la contagion du mal dont ils sont frappés. Tout accès en justice leur est refusé et ils n'ont part à aucun honneur. Tous ces Druides n'ont qu'un seul chef, dont l'autorité est sans bornes. A sa mort, le plus éminent en dignité lui succède ; ou, si plusieurs ont des titres égaux, l'élection a lieu par le suffrage des Druides, et la place est quelquefois disputée par les armes. A une certaine époque de l'année, ils s'assemblent dans un lieu consacré sur la frontière du pays des Carnutes, qui passe pour le point central de toute la Gaule. Là se rendent de toutes parts ceux qui ont des différends, et ils obéissent aux jugements et aux décisions des Druides. On croit que leur doctrine a pris naissance dans la Bretagne, et qu'elle fut de là transportée dans la Gaule ; et aujourd'hui ceux qui

Fig. 646. — Les déesses mères.
(Musée de Lyon.)

veulent en avoir une connaissance plus approfondie vont ordinairement dans cette île pour s'y instruire.

« Les Druides ne vont point à la guerre et ne payent aucun des tributs imposés aux autres Gaulois ; ils sont exempts du service militaire et de toute espèce de charges. Séduits par de si grands privilèges, beaucoup de Gaulois viennent auprès d'eux de leur propre mouvement, ou y sont envoyés par leurs parents et leurs proches. Là, dit-on, ils apprennent un grand nombre de vers, et il en est qui passent vingt années dans cet apprentissage. Il n'est pas permis de confier ces vers à l'écriture, tandis que, dans la plupart des autres affaires publiques et privées, ils se servent des lettres grecques. Il y a, ce me semble, deux raisons de cet usage : l'une est d'empêcher que leur science ne se répande dans le vulgaire ; et l'autre que leurs disciples, se reposant sur l'écriture, ne négligent leur mémoire : car il arrive presque toujours que le secours des livres fait que l'on s'applique moins à apprendre par cœur et à exercer sa mémoire. »

Les Gaulois ne nous ont pas laissé de statues de leurs divinités, et le peu de monuments qu'on connaît date de l'époque romaine. La figure 646 représente les *déesses mères*, divinités assez obscures, mais dont le culte devait être assez répandu, puisqu'on en a trouvé plusieurs représentations. Ce sont trois figures assises : le personnage central tient une patère et une corne d'abondance.

V

LES PRATIQUES DU CULTE

Le sacerdoce. — Les autels et les ustensiles du culte.
Les sacrifices. — Les présages. — La transformation chrétienne.

Le sacerdoce. — Le sacerdoce n'a jamais eu en Grèce l'importance que nous lui avons vue en Égypte ni celle qu'il a eue plus tard à Rome. Les prêtres ne composaient point un ordre distinct relevant d'un chef particulier. La dignité de grand pontife, qui à Rome fut si considérable, était inconnue des Grecs. Les prêtres étaient, chacun séparément, attachés aux différents temples, sans constituer un clergé. Ils n'exerçaient aucune juridiction, et bien qu'ils fussent extrêmement honorés, leur pouvoir ne s'étendait pas au delà des cérémonies du temple dont ils étaient les régulateurs. S'ils n'avaient aucun pouvoir spécial dans l'ordre politique, ils n'étaient pas davantage chargés de l'enseignement de la morale, qui était regardée comme absolument indépendante des questions religieuses. Aussi on ne voit en Grèce rien qui ressemble à nos guerres religieuses, et les philosophes, qui ont souvent attaqué les croyances religieuses, n'ont jamais été les adversaires des prêtres, qui étaient seuls en possession des rites, mais qui n'avaient aucun pouvoir en dehors du temple où ils régnaient en souverains.

Dans les principaux temples il y avait un grand prêtre, qui était le chef hiérarchique de toutes les personnes attachées au service du temple, et qui était toujours un personnage très-considéré. La personne des prêtres était sacrée et inviolable, et ils appartenaient généralement aux premières familles de la cité.

La figure 647 représente un prêtre étrusque ; nous ne savons presque rien de l'organisation religieuse de ce peuple auquel les Ro-

Fig. 647. — Prêtre étrusque.

mains paraissent avoir emprunté la plupart des rites qui distinguent leur culte. Il est en effet bien probable que Numa, qui est regardé comme l'organisateur de ces rites, et qui passait pour recevoir directement ses inspirations de la nymphe Égérie, n'a fait que transmettre aux Romains encore grossiers les coutumes et les cérémonies depuis longtemps en usage chez les Étrusques, qui étaient beaucoup plus civilisés. Ce n'est assurément pas chez les Grecs qu'il faut chercher l'origine du caractère si exclusivement politique du sacerdoce romain, car à Rome la religion et l'État ne font qu'une seule et même chose.

« La religion romaine, dit M. Gaston Boissier, a été soumise à l'État, ou plutôt elle s'est confondue avec lui. Ce qui certainement a le plus aidé à ce résultat, c'est la manière dont se recrutaient les sacerdoces. « Nos aïeux, dit Cicéron, n'ont jamais été plus sages ni mieux inspirés « des dieux que lorsqu'ils ont décidé que les mêmes personnes préside- « raient à la religion et gouverneraient la république. C'est par ce moyen « que magistrats et pontifes, remplissant leurs charges avec sagesse, « s'entendent ensemble pour sauver l'État. » A Rome, les dignités religieuses n'étaient pas séparées des fonctions politiques, et il n'y avait rien d'incompatible entre elles. On devenait augure ou pontife en même temps que préteur ou consul, et pour les mêmes motifs. Personne ne demandait à ceux qui voulaient l'être des connaissances spéciales ou des dispositions particulières; il suffisait, pour arriver à ces charges comme aux autres, d'avoir servi son pays dans les assemblées délibérantes ou sur les champs de bataille. Ceux qui les obtenaient ne prenaient pas en les exerçant cet esprit étroit et exclusif qui est ordinaire aux castes sacerdotales; ils continuaient à être mêlés au monde, ils siégeaient au sénat en même temps que dans ces grands colléges de prêtres dont ils faisaient partie; leurs fonctions nouvelles, loin de les enlever au gouvernement de leur pays, leur donnaient plus de droit d'y prendre part. Ces soldats, ces politiques, ces hommes d'affaires, appliquaient aux choses religieuses ce bon sens froid et pratique qui les distinguait dans tout le reste. C'est grâce à eux qu'un large courant laïque circula toujours dans la religion romaine, que pendant toute la durée de la république et de l'empire aucun conflit ne s'est élevé entre elle et l'État, et que le gouvernement de Rome, malgré toutes ces démonstrations de piété dont il est prodigue, n'a jamais été menacé de devenir une théocratie. »

Les fonctions religieuses, d'ailleurs, étaient de différentes sortes; il y avait des prêtres chargés du culte de tous les dieux, et d'autres, qui étaient attachés au service particulier d'une divinité. On attribue à Numa l'institution des pontifes, ou prêtres de tous les dieux, car suivant Tite-Live, il n'y avait au temps de Romulus, ni pontifes, ni augures.

Il y avait à Rome plusieurs pontifes dont l'ensemble formait ce qu'on a appelé le collège des pontifes. Mais le nombre des prêtres qui le composait a varié suivant les époques. Sous Numa il y avait seulement quatre pontifes, tous pris parmi les patriciens, mais plus tard on en ajouta quelques-uns qui étaient plébéiens. Quand Sylla fut dictateur, il porta leur nombre à quinze, dont huit étaient appelés grands pontifes et sept petits pontifes. Mais ils ne formaient ensemble qu'un seul collège, dont le chef était le souverain pontife. L'habillement de ces magistrats était la robe prétexte et leur personne était sacrée. Les pontifes avaient le pas sur les autres magistrats ; ils réglaient tout ce qui concerne le culte et les cérémonies, recevaient les vestales, fai-

Fig. 648. — Le flamine.

saient la dédicace des temples, offraient les sacrifices, jugeaient de l'autorité des livres renfermant des oracles, et présidaient à tous les jeux donnés en faveur des divinités. Auguste prit le titre de souverain pontife et les empereurs romains imitèrent son exemple. Le souverain pontife, d'accord avec son collège, devait régler l'année et le calendrier et indiquer les jours fastes et néfastes, ce qui avait une grande influence sur les affaires publiques.

On attribue à Numa l'institution des flamines : les trois principaux étaient le flamine dial, prêtre de Jupiter, le flamine martial, prêtre de Mars, et le flamine quirinal, prêtre de Quirinus (ou Romulus). Plus tard, le même nom fut également donné à d'autres catégories de prêtres, qu'on distingua des anciens par le titre de flamines mineurs. Le

Fig. 649. — Les anciles.

nombre de ces flamines mineurs a beaucoup varié, à cause des cultes nouveaux qui ont été successivement établis à Rome (fig. 648).

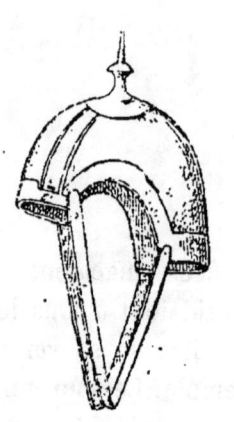

Fig. 650. — Apex.   Fig. 651. — Surveillant du temple.

Les flamines portaient une coiffure particulière nommée *apex*, qui se composait d'un casque surmonté d'un petit cône allongé, entouré d'une houppe de laine. Il leur était défendu de sortir tête nue, et, comme en été le casque eût été trop lourd, on le remplaçait quelquefois par une coiffure analogue, mais plus légère (fig. 650).

Le flamine dial avait la supériorité sur les autres, et les flamines majeurs, ceux dont l'institution remontait à Numa, occupaient un rang beaucoup plus élevé que ceux qui furent institués postérieurement.

On donnait le nom de Saliens à douze prêtres de Mars, auxquels étaient confiés les *ancilia* ou boucliers sacrés. Le costume du prêtre salien est une tunique brodée, serrée autour de la taille par une cein-

Fig. 652. — Camille.
(D'après une statuette antique).

Fig. 653. — Camille.
(D'après le Virgile du Vatican).

ture en bronze, et par-dessus laquelle est un manteau appelé *trabea*. Ces prêtres portent une courte épée suspendue au côté, et une baguette avec laquelle ils frappaient sur les boucliers sacrés que leurs serviteurs portaient à travers la ville, suspendus à des perches (fig. 649).

Il y avait encore d'autres catégories de prêtres, comme les Augures dont nous parlerons bientôt, les Curions, qui étaient affectés au service religieux d'un quartier ou d'une corporation, etc. Mais ceux que nous avons nommé précédemment étaient les plus importants.

Les fonctionnaires préposés à la surveillance des temples étaient des personnages fort honorés, et qui se reconnaissaient à des insignes particuliers; celui qui est représenté sur la figure 651 est pris dans un bas-relief qui est à Dresde. L'insigne qu'il porte est un balai de feuilles de laurier, ce qui fait penser qu'il devait être attaché au temple de Delphes, pour lequel on employait en effet des balais semblables. Au reste, l'allure de ce personnage n'est aucunement celle d'un domestique subalterne, et le balai qu'il tient en main est simplement l'insigne de son emploi, qui consistait à maintenir la propreté du temple et à mettre en place les objets sacrés. Ces surveillants des temples servaient en même temps de ciceroni aux étrangers qui visitaient l'édi-

Fig. 654. — Vestale. (D'après une statue antique).

fice et leur place devait être assez lucrative, car elle était fort recherchée.

On donnait le nom de Camilles à des jeunes garçons qui occupaient dans les rites sacrés des païens un rôle analogue à celui des enfants de chœur dans nos églises. Ces enfants, qui devaient être de bonne famille et bien faits corporellement, assistaient les prêtres dans toutes les cérémonies. Ils portaient des cheveux longs et flottants et étaient généralement vêtus d'une robe à grandes manches, comme on le voit sur la figure 653, qui représente un Camille d'après une miniature du Virgile du Vatican. Toutefois cet usage qui, vers la fin de l'empire, devint très-général, n'était peut-être pas très-ancien, car une statuette plus ancienne nous fait voir un Camille portant simplement la tunique habituelle aux jeunes gens (fig. 652). Celui-ci, qui a les bras nus, porte à la main gauche un aspersoir et dans la droite la *situla*, ou seau, contenant l'eau nécessaire à la cérémonie.

L'origine des Vestales, dont l'institution à Rome remonte à Numa, paraît originaire de la ville d'Albe, puisque suivant la tradition, Rhéa Sylvia, mère de Romulus et Rémus, était une Vestale. Leur mission était d'entretenir sans interruption le feu sacré qui brûlait perpétuellement dans le temple de Vesta, d'observer les rites religieux de la déesse, et de conserver les gages secrets des destinées de Rome, c'est-à-dire le Palladium ou les pénates du peuple romain. Les Vestales faisaient vœu de virginité pendant tout le temps qu'elles seraient au service de la déesse, c'est-à-dire pendant trente ans. Les dix premières années étaient consacrées à apprendre ce service, les dix suivantes à l'exercer, et les dix dernières à l'enseigner aux nouvelles venues. Pour entrer dans le collège des Vestales il fallait être exempte de tout défaut de conformation, appartenir à une famille libre et avoir ses parents vivants au moment où l'on entrait. Les novices étaient choisies par le grand pontife parmi les jeunes filles qui lui étaient présentées comme ayant toutes les qualités requises. Si une Vestale avait laissé éteindre le feu sacré près duquel elle était chargée de veiller, elle était sévèrement punie, car on voyait là un présage funeste pour la république, et ce n'est qu'après des cérémonies expiatoires qu'on le rallumait : encore n'était-ce pas en s'aidant de feu ordinaire, ce qui n'aurait pas été considéré comme assez pur, mais avec des rayons solaires concentrés sur certaines feuilles desséchées. La chasteté des Vestales, emblème de la chasteté de la déesse, devait être rigoureusement observée sous peine de mort. Quand le crime était démontré et la Vestale condamnée, on la plaçait toute vivante dans un cercueil et on conviait à ses funérailles tous ses parents et amis : arrivé près de la fosse mortuaire, on l'y faisait descendre, après l'avoir recouverte d'un long voile et on bouchait la fosse avec de la terre. Ce supplice a été exécuté dix-huit fois depuis le règne de Numa jusqu'à celui de Théodose, c'est-à-dire pendant plus de mille ans (fig. 654).

Quelquefois un miracle prouvait l'innocence d'une prêtresse injustement accusée. C'est ainsi que la vestale Tuccia prouva son innocence en emplissant un crible d'eau qui ne s'écoula point, et la vestale

Claudia en traînant à elle seule sur le Tibre un vaisseau qui portait la statue de Cybèle, et qui était si fortement engravé que nulle force humaine ne parvenait à le faire mouvoir.

En revanche les Vestales jouissaient de très grandes prérogatives. Toujours précédées d'un licteur et portées dans des litières spéciales,

Fig. 655. — Vestales sacrifiant.

elles recevaient les hommages de toute la population. Les magistrats les plus élevés leur cédaient le pas et faisaient baisser devant elles les faisceaux de leurs licteurs : si sur leur chemin elles rencontraient un condamné à mort, il était gracié par ce seul fait.

Un médaillon de Lucille, femme de Lucius Verus, nous montre six Vestales sacrifiant sur un autel allumé, devant un petit temple rond avec la statue de Vesta placée à l'entrée et en dehors du temple. (fig. 655).

Les autels et les ustensiles du culte. — Les premiers autels que les Grecs ont élevés étaient simplement des tertres de gazon ou de pierres grossièrement assemblées qu'on élevait devant l'image d'une divinité à laquelle on voulait offrir des sacrifices. Ces sanctuaires primitifs étaient habituellement placés près d'un arbre ou d'une source à laquelle on prêtait un caractère sacré. Avant les développements de l'architecture ils tenaient lieu de temples et tant que le paganisme a duré, la population des campagnes a continué à y venir faire ses dévotions. Sur une peinture de Pompéi, on voit un arbre sacré entouré d'un putéal ou margelle de puits formant un espèce d'enclos, près duquel s'élève une petite chapelle.

A l'époque du grand développement de l'art, les autels furent des petits édifices ronds ou carrés, qui ne diffèrent des monuments funébres de même forme que parce qu'ils ont dans leur partie supérieure des ouvertures destinées au feu du sacrifice (fig. 656-657). La sculpture adopta comme motifs de décoration les objets que la piété des fidèles avait coutume de déposer sur l'autel. C'est ainsi que les bucrânes, c'est-à-dire la tête des animaux qu'on avait immolés et dépouillés de leur peau, les bandelettes sacrées qui avaient servi au sacrifice, les guirlandes de fleurs ou de feuillages, où les fioles contenant les parfums

Fig. 656. — Autel.

devinrent le motif ornemental de toutes les décorations d'autels, chez les Romains aussi bien que chez les Grecs (fig. 658-659-660). Quelquefois la décoration représente les attributs de la divinité spéciale à laquelle l'autel est consacré, mais il y a beaucoup d'autels aussi dont la décoration est mixte parce qu'ils sont dédiés à plusieurs divinités.

Les sacrifices sanglants se faisaient toujours en dehors des temples. Une fumée de bonne odeur devait toujours se mêler aux sacrifices et c'est pour cela qu'on mettait des parfums sur la flamme sacrée. C'est pour qu'elle monte plus facilement vers le ciel que l'autel n'est pas placé dans le temple même, comme dans les églises chrétiennes, mais en avant du sanctuaire qui renferme la statue du dieu.

Fig. 657. — Autel.

L'autel avait aux yeux des fidèles un caractère sacré. De là l'usage

Fig. 658.

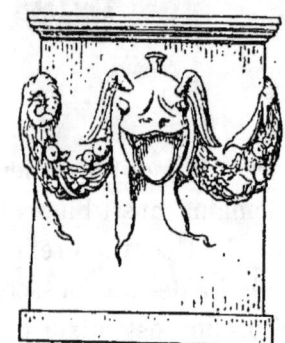

Fig 659.

Autel de Mercure.

d'aller embrasser l'autel dans un cas de péril imminent, usage auquel nous devons un assez grand nombre de représentations d'un caractère en général très-archaïque. C'est ainsi que nous voyons Ménélas, lancé à la poursuite d'Hélène, jeter son épée pour ne pas être tenté de souiller l'autel par le sang de l'épouse coupable (fig. 661).

Les attributs des divinités auxquelles le temple était dédié fai-

Fig. 660. — Autel.

saient naturellement le motif principal de la décoration des candélabres. Nous avons au Louvre deux magnifiques candélabres en marbre pentélique, où l'emblème d'Apollon et de Bacchus, auxquels ils sont dédiés, est parfaitement apparent.

Le n° 662 porte en effet tous les attributs d'Apollon et Diane, divinités dont le culte était presque toujours associé. Un buste d'Apollon radié, et une tête de Diane surmontée du croissant de la lune, apparaissent sur le piédestal dont les angles sont ornés de tête de griffon, animal consacré à Apollon. Le taureau figure également sur une des faces du piédestal, étant considéré comme un emblème de la lune. Le fût est décoré de plusieurs zones de feuillages, les uns profondément découpés, les autres larges et unis. L'autel qui sert de base est séparé de la plinthe par des pieds de griffons sortant d'une belle masse de feuilles d'acanthe.

Le candélabre de Bacchus n'est pas moins richement décoré que le premier. Des têtes de bélier, animal consacré à Bacchus, décorent l'autel qui lui sert de support. Sur les parois de cet autel on voit une couronne, une lyre, et sur la troisième face une patère et un préféri-

Fig. 661. — Ménélas poursuivant Hélène (D'après une peinture de vase.)

cule liés ensemble par une bandelette. Bien que les pieds de cet autel soient un peu écrasés, sa forme générale est plus élégante que celle du précédent. Le fût est également enrichi de feuilles et une rangée de têtes en demi-relief surmontées de feuilles d'acanthe supportent la coupe supérieure d'où s'échappe la flamme (fig. 663).

La figure 664 représente un superbe candélabre en marbre, qui paraît provenir d'un temple et qui a été découvert près de Naples. La base, supportée par des pattes de lions et des feuilles d'acanthe, est décorée de figures en relief et le fût, dont l'ornementation est riche et variée, est surmonté d'une belle coupe. Dans la figure 665, la base est formé par des bucrânes et des pieds de bœufs sortant de larges feuilles et la coupe qui termine la partie supérieure du candélabre est d'une grande élégance de forme. Malheureusement le fût présente une certaine monotonie, à cause des zones qui le divisent en parties à peu près égales et des feuillages qui, bien qu'alternés, se répètent d'une façon un peu uniforme.

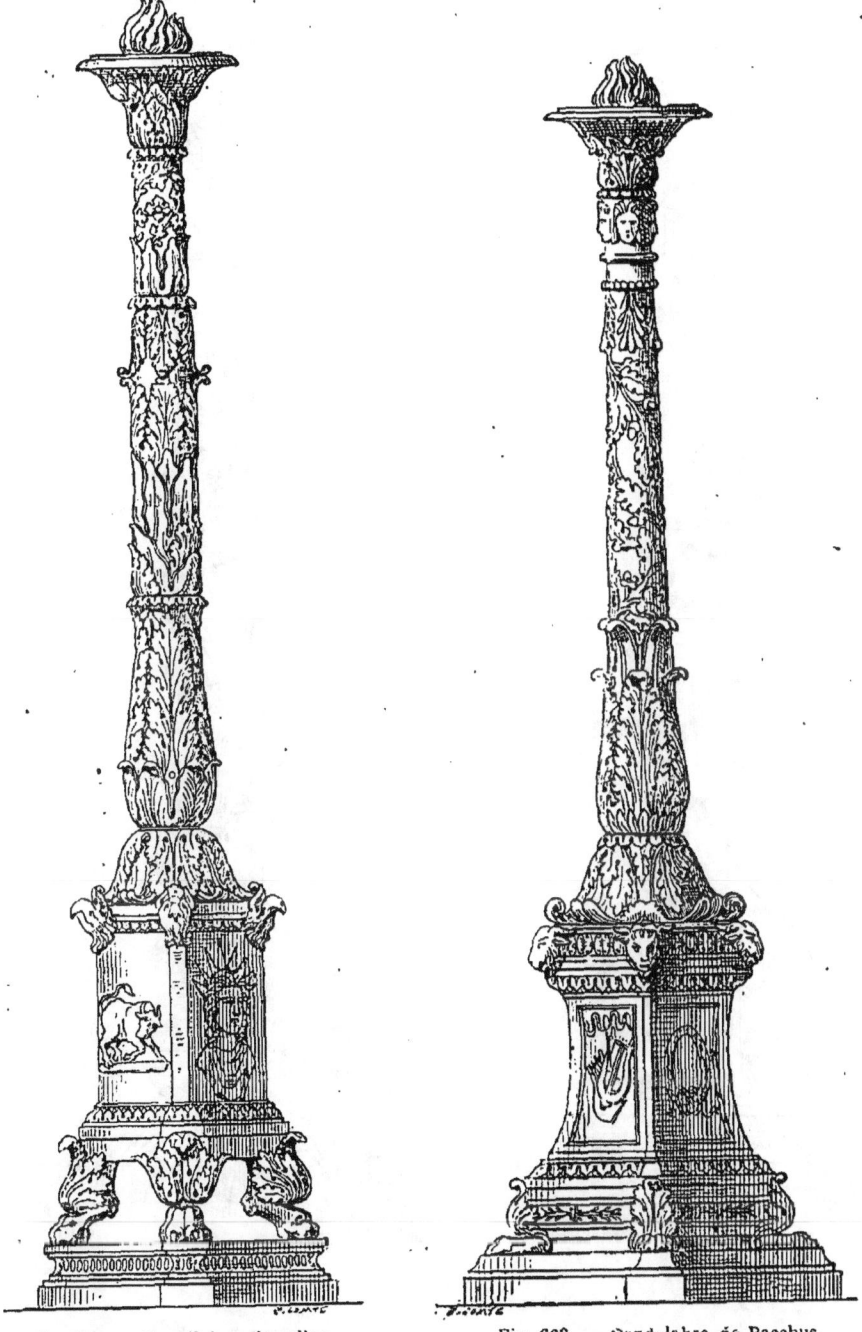

Fig. 662. — Candélabre d'Apollon. Fig. 663. — Candélabre de Bacchus.

Les têtes de bélier se retrouvent aussi sur le magnifique candélabre reproduit figure 666. L'autel repose sur des lions ailés, mais ce qui

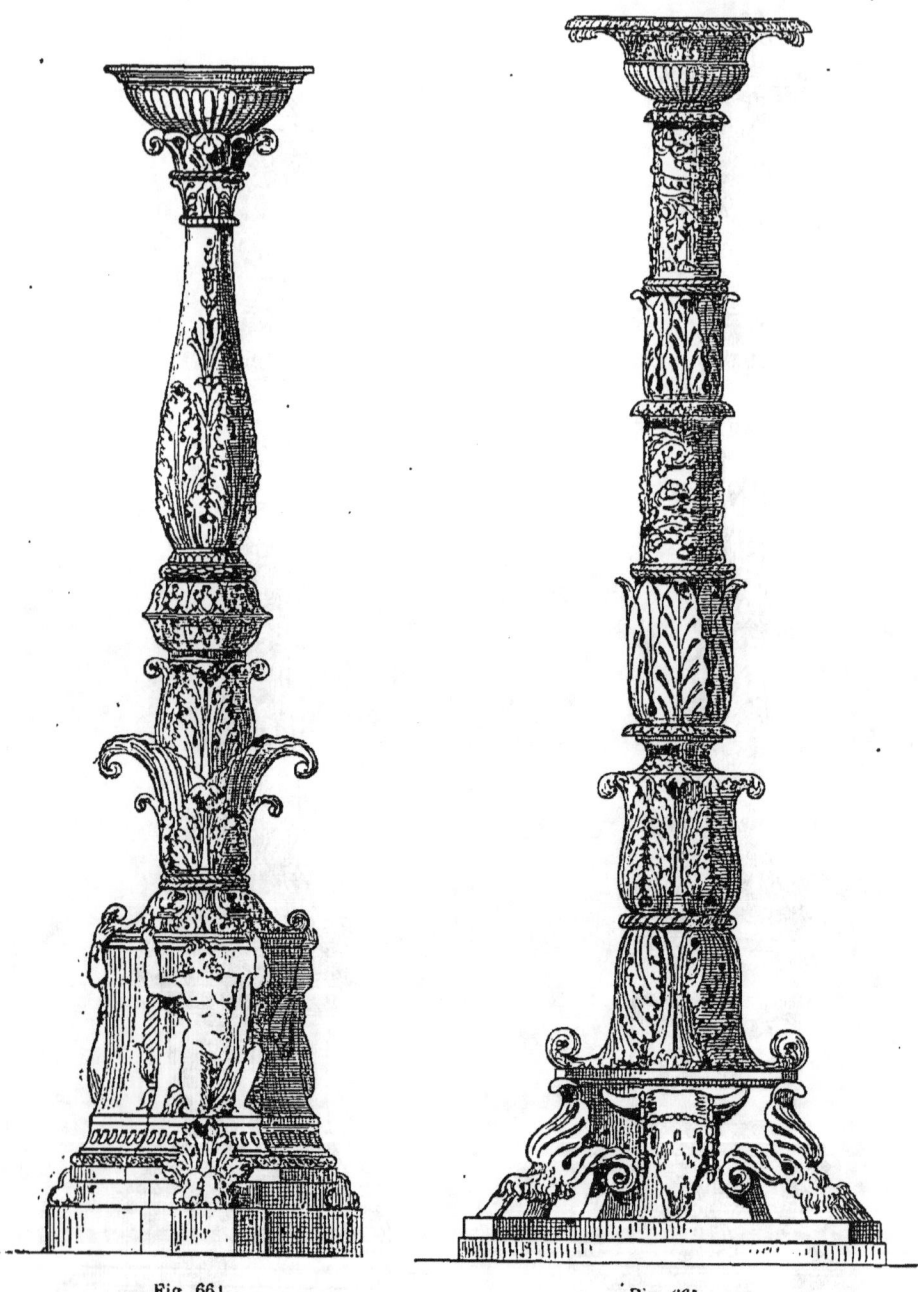

Fig. 664. Fig. 667.

Candélabres sacrés.

donne à ce candélabre un caractère tout à fait spécial, ce sont les oiseaux à long cou qui décorent les angles. Les ornements ne portent d'ailleurs aucun emblème qui puisse montrer à quelle divinité le candélabre était consacré.

Fig. 666. — Candélabre aux oiseaux.

Il y avait aussi de larges candélabres qui étaient fort bas, comme celui que nous montre la figure 667. Ceux-ci étaient destinés à porter de grandes flammes, car dans les cérémonies religieuses de l'antiquité, la flamme avait toujours une grande importance, parce qu'elle était sacrée. Souvent aussi les lampadaires avaient pour bases des sortes de trépieds comme celui que montre la figure 668.

Les grands siéges d'allure monumentale qui étaient placés dans les édifices religieux portaient généralement dans les ornements de leur

Fig. 667. — Candélabre.

décoration les attributs de la divinité à laquelle ils étaient consacrés. Ainsi les flambeaux qui décorent les angles du siége qui est représenté sur la figure 669 sont des attributs de Cérès, à qui il était probablement consacré.

Les principaux ustensiles employés dans les sacrifices sont figurés dans une frise antique que nous reproduisons en plusieurs parties. La figure 670 nous montre d'abord, en commençant par la gauche, un *thymaterion* : c'est un petit vase dans lequel on brûlait l'encens en l'honneur des dieux. Il est surmonté d'un fleuron creux formant couvercle et destiné à contenir le parfum. Dans la frise que nous reproduisons, le thymaterion est accompagné d'une branche de laurier, arbre sacré qui, de même que la verveine, servait aux purifications. On brûlait quelquefois la branche de laurier, et on tirait des pronostics, suivant la manière dont elle se consumait.

Nous voyons ensuite un *bucrâne*, c'est-à-dire la tête décharnée d'un bœuf : ses cornes sont ornées des bandelettes du sacrifice. Dans les

Fig. 668. — Trépied.

temps primitifs, quand on avait sacrifié un bœuf, on accrochait sa tête sur les temples, afin de perpétuer le souvenir du sacrifice, et on ornait ses cornes de bandelettes. Dans les grandes cérémonies, on plaçait des guirlandes de fruits ou de fleurs qui allaient d'une tête à l'autre : on en voit reproduites sur une foule de monuments funèbres et sur les frises des temples.

Le petit vase qui vient ensuite est un *préféricule*, c'est-à-dire un vase destiné à contenir la libation. Sa forme n'est pas toujours la même et il a quelquefois deux anses.

Le dernier objet qu'on voit dans la même figure est l'étui dans lequel on resserrait les couteaux destinés à égorger ou à dépecer la victime. Le sacrificateur l'attachait à sa ceinture au moyen de courroies qui passaient à travers un anneau. Cet étui était en bois recouvert de cuir et souvent orné de métaux précieux.

Le premier objet que nous montre la figure 671 est la *patère* dans

Fig. 669. — Siége de Cérès.

laquelle on recevait le sang de la victime : elle est ici accompagnée de la hache du sacrifice.

Le *simpulum*, qui vient après la patère, était un petit vase pourvu d'un manche allongé ; on s'en servait dans les cérémonies religieuses, pour puiser le vin. Derrière le simpulum, on voit un maillet, masse pesante avec laquelle on assommait certaines victimes, au lieu de se servir du couteau.

Le large couteau à manche en tête d'aigle, qui vient après le sim-

Fig. 670. — Instruments du sacrifice.

pulum, est la *dolabra,* dont on se servait pour découper la victime. Le

Fig. 671. — Instruments du sacrifice.

couteau qui servait à l'égorger s'appelait *secespita* et le couteau avec lequel on l'écorchait était le *culter excoriatorius.*

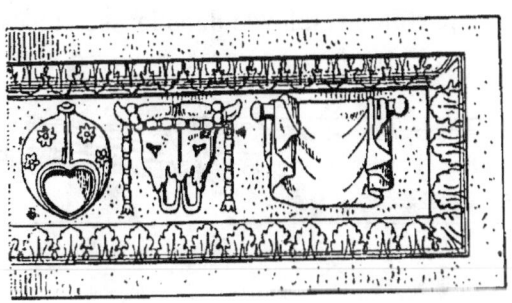

Fig. 672. — Instruments du sacrifice.

Après le couteau à découper, nous voyons l'*aspergillum,* qui servait à asperger les assistants avec de l'eau lustrale. C'est un manche à pied fourchu et terminé par une touffe de crins. Le manche était quelquefois en métal, mais le plus souvent on se servait du pied même d'un animal, comme nous le faisons encore quelquefois pour les manches de nos couteaux ou de nos fouets.

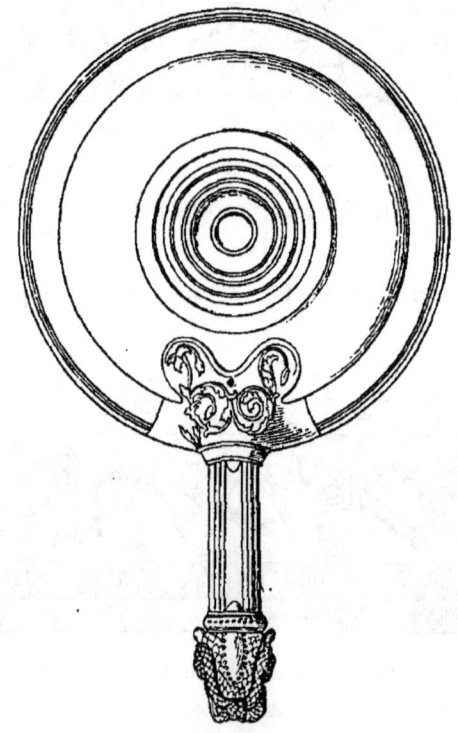

Fig. 673. — Patère.

La petite boîte que nous voyons en dernier lieu sur cette figure est l'*acerra*, cassette à parfums employée dans les sacrifices. Ces cassettes

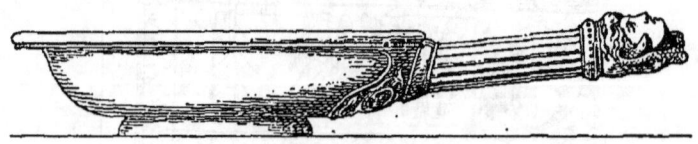

Fig. 674. — Patère.

étaient en métal ou en bois précieux orné d'or, d'argent ou d'ivoire. Les peintures antiques les montrent souvent entre les mains des camilles, jeunes desservants des autels.

Le premier objet qui est représenté sur la figure 672 est *l'apex*, sorte de bonnet en laine qui serrait la tête et se nouait sous le menton. C'était la coiffure des pontifes : elle tirait son nom d'une touffe de laine blanche qui garnissait le haut de la tête, mais qui n'est pas apparente ici.

Fig. 675. — Table de sacrifice en bronze.

Après l'apex, nous retrouvons le *bucrâne* dont nous avons déjà parlé, et en dernier lieu la peau de la victime qu'on a sacrifiée. Cette peau

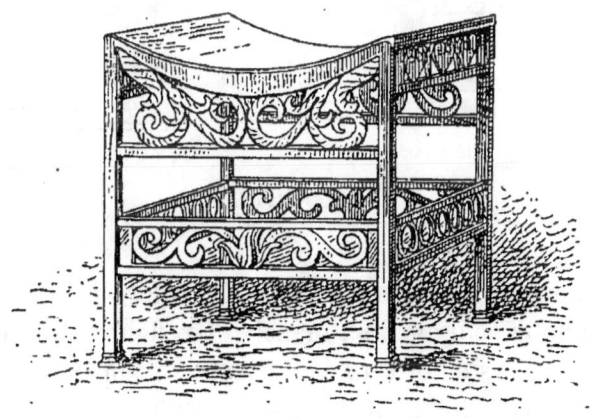

Fig. 676. — Table de sacrifice en bronze.

était employée dans certains rites religieux : c'est en s'endormant sur elle qu'on obtenait des dieux, par le moyen des songes, la connaissance de l'avenir.

On avait pour les libations des coupes de formes différentes. Chez les Grecs, les libations les plus ordinaires se faisaient avec du vin, mais dans les temples on n'employait pas la liqueur de grappes coupées avec un instrument, ou qui auraient touché la terre en tombant. Dans l'*Odyssée*, Ulysse honore les divinités infernales par trois libations successives de miel, de vin sans mélange, et d'eau pure. Jamais, dans les libations, l'eau n'était mêlée avec le vin. On faisait aussi quelquefois des libations d'huile. Quand on faisait une libation, on prenait grand soin que la coupe fût remplie jusqu'au bord.

Il ne faut pas confondre les coupes à libations, destinées à contenir du vin ou de l'huile, avec les patères, où l'on recueillait le sang des

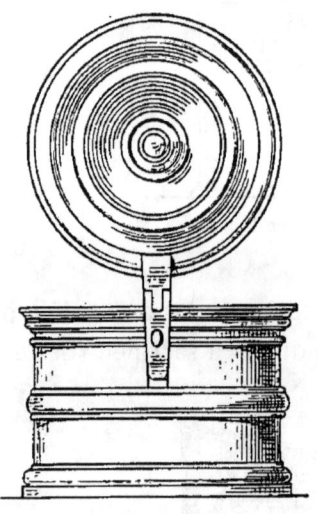

Fig. 677.

Fig. 678.

Boîtes à parfums.

victimes immolées dans les sacrifices. La patère a la forme d'un plat ou d'une assiette pourvue d'un manche. Les figures 673 et 674 représentent des patères en bronze découvertes à Pompéi.

La chair des victimes, ou les fruits offerts en sacrifice, lorsqu'ils n'étaient pas sur l'autel, étaient déposés sur des tables à offrande dont on voit deux spécimens en bronze sur les figures 675 et 676.

L'encens et les aromates faisaient également partie des sacrifices et il fallait nécessairement des ustensiles particuliers pour les resserrer ou pour les faire brûler. On a retrouvé plusieurs boîtes à encens en bronze (fig. 677 à 680), elles sont généralement caractérisées par une petite chaînette qui est reliée par des anneaux au couvercle et au corps même de la boîte. Ces boîtes à parfums s'employaient à peu près comme on fait aujourd'hui pour les encensoirs dans les églises catho-

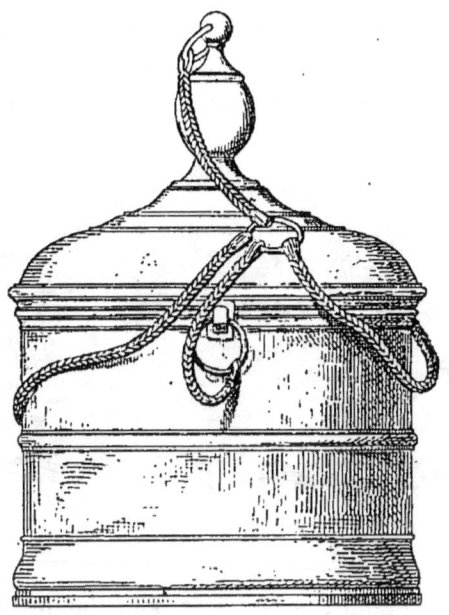

Fig. 679. — Boîte à encens.

liques. A l'aide de la chaînette à laquelle elles étaient suspendues, on

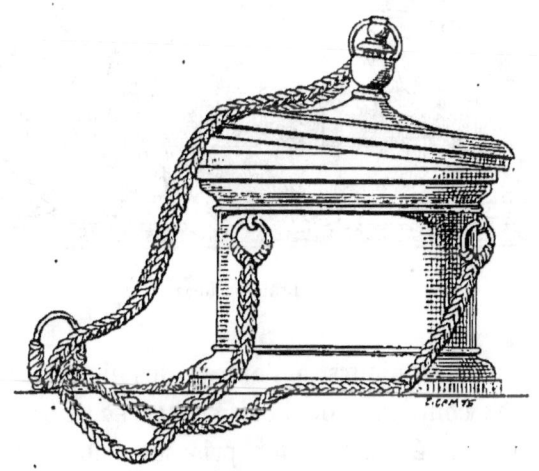

Fig. 680. — Boîte à encens.

pouvait les balancer pour répandre la vapeur odorante de l'encens en combustion.

Quelquefois aussi, on se contentait de jeter les grains d'encens dans la flamme qui brûlait sur l'autel. Enfin il y avait, notamment chez les Étrusques, des brûle-parfums d'une forme toute particulière, comme celui qui est représenté sur la figure 681-682. Il est pourvu de roulettes qui permettaient de le faire circuler pour répandre en divers endroits la vapeur des aromates qu'on y brûlait.

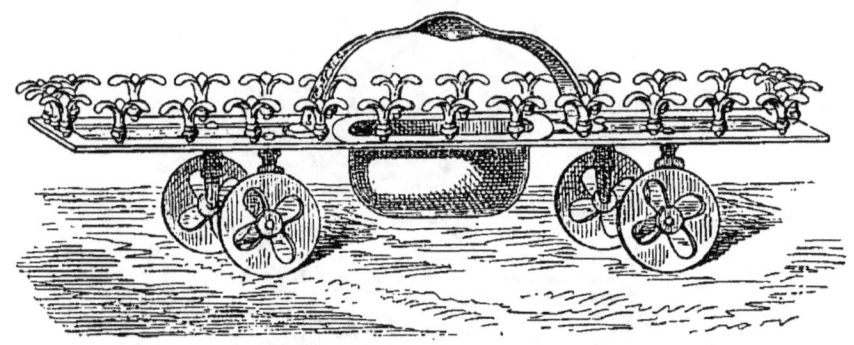

Fig. 681. — Brûle-parfums.

Les purifications étaient nécessaires pour l'admission aux sacrifices solennels, et on exigeait des prêtres un serment par lequel ils se déclaraient délivrés de toute souillure. Les assistants se purifiaient par des

Fig. 682. — Brûle-parfums.

ablutions, et il y avait toujours à l'entrée des lieux sacrés un vase placé à cet effet et contenant de l'eau consacrée, c'est-à-dire dans laquelle on avait plongé un brandon pris sur l'autel. Ces ablutions étaient de différentes sortes ; l'ablution des pieds et des mains était la plus ordinaire. Quelquefois aussi le prêtre ou un desservant du temple faisait une aspersion, mais dans les grandes solennités la purification par l'eau consacrée devait s'étendre au corps tout entier. Les vases pourvus de deux anses mobiles que nous reproduisons sur les figures 683 à 685 paraissent avoir eu une destination sacrée. Il est probable qu'ils contenaient l'eau destinée aux purifications.

Il y avait aussi des vases en marbre, en bronze ou en terre cuite, qui avaient la forme d'un cratère. Ils avaient dans les festins qui accompagnaient souvent les cérémonies religieuses la même desti-

Fig. 683. — Vase à anses mobiles.

Fig. 684. — Vase à anses mobiles.

nation que les récipients du même genre dans les repas ordinaires. L'usage des banquets qui avaient lieu en même temps que les sacrifices, et où les convives étaient appelés à prendre leur part dans la chair des victimes et aux mets des libations, suffit pour expliquer la présence dans les temples et dans le trésor qui en dépendait d'une multitude de vases et de coupes dont la forme ne diffère pas de ceux dont on se servait dans la vie intime.

Les armées emportaient avec elles quelques-uns de ces vases sacrés, qui étaient employés pour les cérémonies religieuses qui s'accomplissaient pendant la durée de la campagne. Il est probable qu'on peut attribuer cette origine aux beaux vases d'argent découverts près de Hildesheim, car ils portent presque tous des emblèmes religieux. Celui que reproduit la figure 686 est particulièrement riche par les arabesques qui le décorent et les griffons qui sont à sa base peuvent faire supposer qu'il était consacré à Apollon. Il est probable au surplus que

Fig. 685. — Vase à anses mobiles.

les vases qui composent le trésor de Hildesheim ont fait partie du butin de quelque armée barbare, puisque l'endroit où ils ont été trouvés n'a jamais fait partie du territoire occupé par les Romains.

Tous ces vases de l'époque romaine témoignent en général d'un très grand luxe, qui répond à une époque de scepticisme et de transformation religieuse, et n'est nullement une marque de piété. Dans les âges primitifs qui furent les plus religieux, il y avait, il est vrai, quelques sanctuaires très richement dôtés et possédant un mobilier somptueux, mais dans tous les petits temples et surtout dans les chapelles rustiques, on employait pour les usages sacrés des vases de bronze et même des vases de terre.

Quelques-uns de ces ustensiles communs prirent à cause de leur antiquité un caractère sacré aux yeux des populations, et de même que dans les églises chrétiennes on voit des reliques sans valeur à côté des plus riches trésors de l'orfèvrerie, les temples, même au temps de leur plus grande splendeur, conservèrent toujours avec un pieux respect les ustensiles dont on s'était servi primitivement, et malgré la pauvreté de leur aspect, ces vieux vases étaient souvent ceux auxquels la population attachait le plus grand prix.

Fig. 686. — Vase consacré à Apollon.

LES SACRIFICES. — Les sacrifices formaient la partie la plus importante du culte chez les Grecs et chez les Romains. On distinguait les sacrifices publics ou faits au nom de la cité et les sacrifices particuliers, faits au nom d'une famille ou d'un citoyen qui voulait rendre hommage aux dieux. Enfin il y avait des sacrifices offerts par un chef de famille à ses dieux domestiques ou à ses pénates : ceux-ci ne se faisaient pas dans les temples ou dans les chapelles ouvertes au public, mais dans la maison et devant le foyer. On sacrifiait aux dieux des objets inanimés, comme les fruits de la terre, du lait, du vin ou de l'encens; ou bien on leur immolait des animaux, ou même des hommes, dans les temps les plus reculés.

Les récits relatifs aux funérailes de Patrocle, au sacrifice d'Iphigénie ou de Polyxène, bien qu'appartenant à la mythologie plutôt qu'à l'histoire, prouvent au moins que les faits dont il s'agit étaient conformes aux usages ou aux idées reçues dans les temps héroïques.

Fig. 687. — Sacrifice humain.
(D'après une peinture étrusque.)

Les sacrifices humains sont assez fréquemment représentés sur les monuments étrusques.

Une peinture des hypogées de Vulci montre Achille immolant des captifs aux mânes de Patrocle (fig. 687). « Cette scène de meurtre, dit Duruy, répondait si bien aux mœurs des Étrusques que, voulant représenter un épisode de l'*Iliade,* ils ont choisi le seul récit de cette nature qui se trouve dans Homère. Quantité de témoignages des auteurs anciens et ceux qu'ils ont laissés eux-mêmes sur leurs monuments, attestent ce caractère odieux de la société étrusque. Macrobe dit que Tarquin faisait immoler des enfants à la déesse Mama, mère des Lares. »

La légende de Tantale et celle de Lycaon, punis pour avoir servi de la chair humaine sur la table des dieux, ressemblent à une protestation du sentiment populaire contre l'usage des sacrifices humains. Cécrops et tous les législateurs mythiques, auxquels les Grecs attribuaient l'origine des cérémonies de leurs cultes, avaient, suivant la croyance populaire, ordonné d'offrir aux dieux des fruits de la terre ou de leur immoler des animaux.

Les sacrifices des premiers âges consistaient surtout en fruits, en racines et en glands. A ces rustiques offrandes on ajouta plus tard de l'encens et des parfums. Avant le sacrifice on couvrait l'autel de gâteaux d'orge, parce que l'orge passait pour la première graine que

Fig. 688. — Le sacrifice d'un taureau.

(D'après une peinture de vase.)

les Grecs employèrent à leur nourriture quand ils eurent renoncé à l'usage du gland. On sacrifiait aussi des animaux qui étaient en rapport soit avec celui qui offrait le sacrifice, soit avec la divinité à laquelle on l'offrait. Ainsi le berger sacrifiait plus volontiers un agneau, le bouvier une génisse, le pêcheur une anguille. Mais toutes les fois que la chose était possible on cherchait à satisfaire la divinité en consultant ses préférences.

On savait, par exemple, que Jupiter aimait les taureaux blancs; Junon les génisses, les vaches, les brebis et les agneaux femelles; Cybèle les truies pleines; Cérès le verrat ou cochon mâle parce qu'il gâte les moissons; Bacchus le bouc ennemi de la vigne. On offrait un cheval au soleil, une biche à Diane, une chienne à Hécate, une colombe à Vénus, etc. Les victimes offertes aux dieux infernaux devaient être noires.

La figure 688 reproduit, d'après une peinture de vase, un très ancien autel de pierres brutes, sur lequel brûle la flamme sacrée du sacrifice. La divinité à laquelle on va offrir le sacrifice est une très-ancienne idole de style archaïque. Une figure ailée placée près de l'autel semble présider à la cérémonie. A gauche on voit le prêtre cou-

Fig. 689. — Le sacrifice d'un agneau.
(D'après une peinture de Pompéi.)

ronné de lauriers, qui se retourne pour parler à un jeune guerrier, qui conduit un taureau orné de ses bandelettes.

Un sacrifice est représenté sur la figure 689. Une victoire ailée, tenant un casque d'or surmonté d'un panache rouge, fait une libation sur un autel d'où s'approche un enfant ailé, qui conduit un agneau au sacrifice. Un autre enfant ailé tient un tableau, placé contre une petite chapelle et en face de l'autel : ce tableau représente Pallas tuant un géant. C'est donc à cette divinité que la Victoire offre un sacrifice. La petite chapelle est entourée d'arbres.

Les Grecs offraient toujours aux dieux les prémices des biens de la terre, consistant en fruits, légumes, gâteaux d'orge ou de froment. Quand on immolait des animaux, on choisissait toujours les plus gras et les plus sains, car les victimes devaient être sans défaut extérieur. On les ornait de bandelettes ou de guirlandes, composées avec les feuilles ou

Fig. 690. — Les entrailles de la victime.
(D'après une peinture de vase.)

les fleurs de la plante consacrée à la divinité à laquelle on offrait le sacrifice.

Fig. 691. — Marche de victimes.

Quand la victime était immolée, le prêtre offrait aux dieux le sang et les entrailles ; le reste se partageait entre les ministres du sacrifice et ceux qui l'offraient. On regardait comme un acte religieux de manger avec ses amis ce qui revenait des viandes immolées, ou de leur en envoyer une portion. Un usage analogue se retrouve dans le pain bénit des catholiques, seulement c'est du pain ou de la brioche que l'on mange, au lieu d'être de la viande.

La figure 690 nous montre le sacrifice au moment où la part des dieux est placée sur le feu. La divinité est un Hermès barbu, probablement un Bacchus, devant lequel un sacrificateur remue avec une broche les entrailles de la victime, qui cuisent sur la flamme sacrée. Un autre sacrificateur, placé derrière celui-ci, découpe les viandes sur

Fig. 692. — Sacrificateur.

une petite table, sous laquelle se voit la tête du bouc qui vient d'être sacrifié. Des bandelettes sacrées se voient dans le champ.

Des prières, qui répondent à notre *benedicite*, accompagnaient toujours le repas du sacrifice. Avant de le commencer, le prêtre, tourné vers les assistants, disait : « Qui est ici ? » et l'assemblée répondait : « des gens de bien ». En effet, la loi excluait du sacrifice les impies, les meurtriers et tous ceux qui avaient été condamnés pour un crime.

Les usages des Romains, pour les sacrifices, étaient peu différents de ceux des Grecs. Les animaux qu'on menait au sacrifice avaient souvent les cornes dorées. Quelquefois aussi, on leur parait la tête de fleurs et on leur plaçait sur le corps, soit une guirlande de fleurs, soit une large bande ornée, comme le montre la figure 691 : l'usage de la bande était surtout employé chez les Romains. Deux personnages couronnés de laurier conduisent les animaux : le prêtre, qui est le dernier, donne ses ordres au victimaire, placé devant lui. Celui-ci tient un bâton pour faire marcher l'animal et une hache pour le frapper. Les animaux, ainsi parés, étaient conduits au temple à travers les rues et les places publiques.

Le personnage couronné et tenant en main une branche de laurier,

Fig. 693. — Sacrifice romain. (D'après un bas-relief antique.)

ornée de lemnisques, que montre la figure 692, présente les allures d'un sacrificateur. Cependant on y voit quelquefois un vainqueur des jeux, qui vient de remporter la palme lemniscale.

Un bas-relief du Louvre nous montre la représentation d'un sacrifice chez les Romains. Il est probable que nous n'avons là qu'une partie de la composition qui a dû être beaucoup plus vaste et contenir une longue série de figures. Le premier personnage que nous voyons à gauche est le *pope* ou victimaire qui, nu jusqu'à la ceinture, tient d'une main une des cornes du taureau et de l'autre le large couteau (*secespita*) avec lequel il va l'égorger. Mais l'animal, avant d'être égorgé, devait être abattu : c'est probablement ce qui est en train d'arriver pour le second taureau dont nous voyons la tête basse et couronnée de fleurs. Le victimaire placé près de lui est en train de le frapper. Ces victimaires portent une espèce de jupon court bordé de franges (*limus*) et serré au corps par trois bandes de cuir. A droite sont deux camilles, jeunes desservants des autels, dont l'un vient d'ouvrir l'*acerra*, ou boîte à parfums, tandis que l'autre tient une torche allumée, faite de bois résineux ou d'épines blanches. Au second plan, nous voyons des magistrats et un licteur tenant son faisceau dont on aperçoit la hache. Tous les personnages ont la tête ceinte d'une couronne de laurier. La

Fig. 694. — Sacrifice romain.
(D'après un bas-relief antique.)

scène se passe devant un temple, et à droite, en face des camilles, on voit une partie de l'autel (fig. 693).

Une scène du même genre est représentée sur la figure 694, où le victimaire frappe le taureau, à côté du trépied où brûle la flamme sacrée. Dans les deux figures qu'on vient de voir, l'animal immolé a la tête baissée et rapprochée du sol, ce qui semble indiquer que la victime est sacrifiée soit aux divinités de la terre, soit aux divinités infernales. Une miniature du Virgile du Vatican montre un bélier qu'on égorge en lui relevant la tête au lieu de l'abaisser : les sacrifices de ce genre ne pouvaient être offerts qu'aux dieux du ciel.

On donnait le nom de *suovetaurilia* à des sacrifices comprenant à la fois un taureau, un bélier et un porc. Un beau bas-relief du Louvre nous montre le suovetaurile (fig. 695). Le taureau, le bélier et le porc, sont amenés dans un cortége religieux, devant deux autels ornés de guirlandes. Le prêtre, la tête un peu baissée et recouverte par les

Fig. 695. — Sacrifice du suovetaurile.
(D'après un bas-relief du Louvre.)

plis de sa toge, répand les parfums sur les autels où sont placés les fruits : à ses côtés est le camille qui tient l'acerra. Onze personnages,

 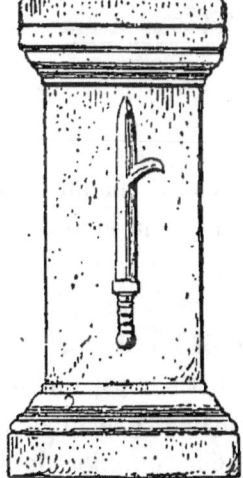

Fig. 696.   Taurobolcs.   Fig. 697.
(D'après un monument trouvé près de Lyon.)

vêtus de la toge et la plupart couronnés de laurier, marchent à sa suite. On remarque parmi eux le *pope* ou victimaire, qui tient sa hache, mais n'a pas le haut du corps nu comme on le voit habituellement. Le dos du taureau est orné d'une de ces larges bandes brodées dont on parait les victimes.

On donnait le nom de *taurobole* à un sacrifice expiatoire d'un caractère tout à fait spécial, et qui paraît avoir été pratiqué surtout à partir de Marc-Aurèle. On creusait en terre une fosse profonde, dans laquelle se plaçait celui qui offrait le sacrifice et on égorgeait le taureau sur une planche à claire-voie placée au-dessus de la fosse. Le sacrifiant recevait ainsi sur lui tout le sang de l'animal, et ce baptême sanglant était considéré comme une régénération mystique, qu'il fallait renouveler au bout de vingt ans.

Les figures 696 et 697 représentent un autel sur les faces duquel sont le couteau et la tête de taureau, qui servaient pour le sacrifice du

Fig. 698. — Sacrifice à Sylvain.
(D'après une peinture de Pompéi.)

taurobole. Ce monument a été découvert au commencement du siècle dernier sur la montagne de Fourvières.

Les sacrifices aux divinités champêtres présentent chez les Romains un caractère tout particulier, dont on peut se faire une idée d'après la figure 698, qui représente un sacrifice à Sylvain. Près d'un autel rond, dont le socle est entouré de plantes agrestes, une prêtresse, tenant dans la main gauche une sorte de corne d'abondance, verse sur la flamme la liqueur contenue dans une patère d'or. Elle est couverte d'une large draperie blanche qui lui recouvre la tête et a près d'elle un tout jeune enfant, un camille couronné de rameaux verts et vêtu d'une tunique relevée par une ceinture. Cet enfant porte d'une main une guirlande de feuillage et de l'autre un plat chargé de fruits. De l'autre côté de l'autel, un joueur de flûte est suivi d'un autre enfant, qui a la poitrine nue comme les victimaires, et qui conduit vers l'autel un porc, dont le corps est ceint d'une bande d'étoffe rouge à raies noires. Deux pocillateurs, couronnés de feuillage et vêtus de blanc, occupent symétriquement chaque extrémité du tableau et tiennent un rhyton à tête de cerf

Fig. 699. — Chapelle étrusque. (D'après une peinture de Pompéi.)

dont la liqueur va tomber dans un petit vase qu'ils portent avec l'autre main. Tous ces personnages sont chaussés de brodequins noirs, qui, suivant les archéologues, dénotent un rite étrusque.

La petite chapelle, représentée sur la figure 699, d'après une peinture de Pompéi, est dédiée à une divinité champêtre ; les cymbales et les tympanons y sont suspendus. Un prêtre, qu'on voit au premier plan, porte d'une main un tympanon avec des grelots, et de l'autre il retient un panier posé sur sa tête couronnée de pampres.

Les présages. — Nous avons parlé plus haut de la pythie de Delphes et de la manière dont se rendaient les oracles d'Apollon (p. 505). Les sibylles romaines étaient, comme la pythie de Delphes, des fem-

Fig. 700. — Quindécemvir.

mes inspirées de l'esprit prophétique qu'Apollon leur avait communiqué. Il y en avait dans plusieurs endroits, mais en Italie la sibylle de Cumes était particulièrement célèbre. Une sibylle de Cumes vendit à Tarquin les *Livres sibyllins*, recueil d'oracles réputés contenir les destinées de Rome et qui furent conservés au Capitole.

Le personnage représenté sur la figure 700 est un quindécemvir. On donnait ce nom à un collège de prêtres romains, chargés de conserver les livres sibyllins, et voués spécialement au culte d'Apollon. Ce prêtre, qui porte le costume grec, est en train de répandre des parfums sur la flamme d'un autel. Sa tête est ceinte d'une couronne de laurier dont les bandelettes retombent sur ses épaules. Des lauriers s'élèvent de chaque côté et le corbeau, oiseau prophétique, est perché sur l'un d'eux.

Les augures étaient des prêtres étrusques qui prédisaient l'avenir d'après le vol ou le chant des oiseaux et qui jouirent à Rome d'un très grand crédit. Pour faire leurs observations, les augures montaient sur une tour, en se tournant vers l'Orient, de manière à avoir le nord à gauche et le midi à droite. Ils partageaient alors le ciel en quatre régions avec le *lituus*, bâton recourbé qui est leur insigne, et sacrifiaient ensuite aux dieux en s'enveloppant la tête dans leurs vêtements.

Les augures formaient à Rome un collége spécial : l'emblème qui, sur les monuments, sert à les distinguer des autres prêtres, est le lituus qu'ils tiennent à la main ; ce bâton recourbé a quelque ressemblance avec la crosse de nos évêques. La figure 701, tirée d'une médaille de Marc-Aurèle, représente un augure tenant en main le lituus. Consultés par Romulus, les augures devinrent avec Numa une institution permanente.

Fig. 701. — Augure.

« Dès son arrivée, dit Tite-Live, à l'exemple de Romulus, qui avait pris les augures pour arbitres de sa souveraineté et de la fondation de Rome, Numa voulut qu'ils fussent également consultés sur son élection. Un augure, qui depuis fut établi par l'État pour exercer à perpétuité ce sacerdoce honorable, conduisit Numa au Capitole ; il le fit asseoir sur une pierre, la face tournée au midi ; l'augure à sa gauche, la tête couverte, prit place, tenant à la droite un bâton sans nœuds, recourbé par un bout, c'est ce qu'on appelle le *lituus*. Après avoir arrêté tous ses points de vue sur la ville et sur la campagne, adressé sa prière aux dieux, déterminé tout l'espace depuis le levant jusqu'au couchant, en plaçant la droite du côté du midi et la gauche du côté du nord, et désigné de même un point fixe en face, aussi loin que sa vue pouvait s'étendre, alors il passe le lituus dans la main gauche, et mettant la droite sur la tête de Numa, il prononce cette prière : « Jupiter, si telle est ta volonté que Numa, de qui je tiens la tête, règne sur les Romains, fais-nous le connaître par des signes certains, dans l'enceinte que j'ai fixée. » Il spécifie ensuite à haute voix la nature des auspices qu'il demande ; ces auspices paraissent et Numa, déclaré roi, quitte l'enceinte augurale. »

Outre leurs observations sur le vol des oiseaux dans le ciel, les augures tiraient des présages avec des poulets sacrés qu'on entretenait à cet effet (fig. 702). S'ils dévoraient avidement le grain qu'on mettait devant eux, le présage était réputé favorable, mais si les poulets refusaient la nourriture ou ne semblaient la prendre qu'avec répugnance, l'auspice était mauvais, et on renonçait généralement à l'entreprise pour laquelle on avait consulté. Cependant il y eut quelquefois des incrédules : un général romain, Claudius Pulcher, ayant pris des dispositions qu'il croyait bonnes pour une bataille qu'il voulait livrer, consulta, selon l'habitude, les poulets, qui refusèrent la nourriture. Le

Fig. 702. — Les poulets sacrés.

général, furieux, les fit jeter à la mer, en disant que puisqu'ils ne voulaient pas manger, il saurait bien les forcer à boire. Mais comme il perdit la bataille, on attribua sa défaite à son impiété et le crédit des poulets s'en augmenta d'autant plus.

« Les repas des poulets, dit Pline, sont des présages solennels : ce sont eux qui, chaque jour, règlent la conduite de nos magistrats, et leur ouvrent ou leur ferment leurs propres maisons. Ce sont eux qui prescrivent le repos ou le mouvement aux faisceaux romains, qui ordonnent ou défendent les batailles. Les coqs ont annoncé toutes les victoires remportées dans tout l'univers. En un mot, ils commandent aux maîtres du monde. Leurs entrailles même et leurs fibres ne sont pas moins agréables aux dieux que les plus riches victimes. Leurs chants, entendus le soir et à des heures extraordinaires, forment des présages. En chantant toute la nuit, ils annoncèrent aux Béotiens cette fameuse victoire remportée sur les Lacédémoniens. Les devins l'interprétèrent ainsi, parce que cet oiseau ne chante point quand il est vaincu. »

Ce n'est pas d'après le vol ou la nourriture des oiseaux que les aruspices tiraient leurs présages, mais d'après l'inspection des entrailles de la victime. Ces prêtres, institués par Romulus, devaient examiner si la victime était amenée de force à l'autel, ou si elle s'y rendait de

Fig. 703. — Aruspice.
(D'après un bas-relief du Louvre.)

bonne grâce, si elle mugissait ou bondissait au moment du sacrifice, ce qui était un mauvais présage. Si les entrailles présentaient un caractère maladif ou une difformité quelconque, le présage était considéré comme sinistre. Il fallait aussi que la flamme montât en pyramide sans s'écarter à droite ou à gauche, et qu'elle consumât tout ce qui devait être brûlé sans en rien laisser subsister.

La science des aruspices, qui avait tant d'importance chez les Romains, venait des Étrusques. Un bas-relief du Louvre, d'autant plus intéressant que ce sujet est de la plus grande rareté, nous montre comment la cérémonie se pratiquait. Un taureau, qui vient de tomber sous la hache, est couché sur le dos et un victimaire retire les intestins de l'animal qu'il a éventré. Un autre victimaire, debout et à demi-nu, tient la hache sur son épaule, et dans la main gauche un petit vase qui contient le sang de la victime. Ces personnages portent une couronne de laurier que n'ont pas les deux aruspices, dont un semble annoncer au magistrat placé en face de lui le résultat de l'inspection des entrailles. L'aruspice porte une torche ou un léger faisceau de baguettes, beaucoup plus mince que n'étaient les faisceaux des licteurs : celui qui est placé derrière et dont on ne voit guère que la tête est pourvu des mêmes insignes. Ils sont vêtus d'un manteau qui n'est pas très-ample et est fixé au milieu de la poitrine par une forte fibule. Mais la fibule que le magistrat porte sur l'épaule gauche est une restauration moderne, et probablement erronée, car la toge n'avait rien de semblable (fig. 703).

Nous avons vu que les augures et les aruspices étaient des prêtres chargés d'interpréter certains signes que l'on considérait comme une manifestation extérieure des intentions de la divinité, ce qui les rendait aptes à connaître et à prédire les événements futurs. Mais une foule de faits venant à se produire fortuitement étaient considérés comme des avertissements donnés par la divinité à un particulier, au sujet d'accidents qui pouvaient l'intéresser personnellement. C'est ce qu'on nommait les présages ; il n'y avait pas à leur sujet de théories bien déterminées, et chacun pouvait les interpréter à sa façon, mais l'usage avait fait prévaloir certaines idées d'après lesquelles on donnait une signification particulière à certains signes.

Tout le monde croyait aux songes et les considérait comme un avertissement du ciel. Mais les songes étant d'une nature très-variée, l'interprétation qu'on en pouvait donner dépendait de la sagacité de chacun. On considérait aussi comme un présage les paroles fortuites ou les petits mouvements nerveux qui se produisent involontairement. Un battement de cœur subit indiquait la trahison d'un ami, un tintement d'oreille prouvait qu'on parlait de vous en ce moment, le tressaillement de l'œil était un signe favorable, et l'engourdissement du petit doigt était au contraire un signe défavorable. L'éternument était considéré comme un présage à double sens et c'est pour lui donner un sens favorable que l'usage est venu de saluer la personne qui éternue en faisant des vœux pour elle.

Une chute était toujours considérée comme un mauvais présage, et un Romain qui, en sortant de chez lui, faisait un faux pas, rentrait aussitôt dans sa maison et y demeurait prudemment enfermé tout le reste du jour. La rencontre de certains animaux, comme les abeilles, était un bon présage, mais il y en a d'autres, comme le renard, dont la rencontre était considérée comme très défavorable. L'observation de la lumière de la lampe et de ses vacillations donnait également lieu à une foule de présages.

On avait certains moyens pour empêcher l'accomplissement des mauvais présages. Si la chose était de peu d'importance, il suffisait quelquefois de cracher promptement par terre. Une foule immense de superstitions bizarres, qui subsistent encore dans nos campagnes, ne sont que des souvenirs inconscients des vieilles traditions païennes, d'après lesquelles le moindre accident était considéré comme résultant d'une intervention immédiate de la divinité.

Les cérémonies. — L'attitude de la prière n'était pas la même

Fig. 704. — Adorante païenne.
(D'après une statue antique.)

Fig. 705. — Adorante chrétienne.
(D'après une peinture des catacombes.)

dans l'antiquité que de nos jours. Au lieu de joindre les mains pour invoquer la divinité, on tenait les bras écartés avec les mains ouvertes, comme le montre la figure 704, qui représente une adorante païenne.

Ce geste s'est même conservé pendant les premiers temps du christianisme et il est reproduit sur les peintures chrétiennes des catacombes (fig. 705).

Les cérémonies du culte consistaient en sacrifices, en processions

Fig. 706. — Cérémonie religieuse.
(D'après une peinture antique.)

et en fêtes en l'honneur des divinités. On a quelques représentations concernant les cérémonies religieuses et notamment une peinture antique que reproduisent les figures 706 et 707.

Fig. 707. — Cérémonie religieuse.
(D'après une peinture antique.)

La marche s'ouvre par une jeune fille jouant de la double flûte : ensuite une femme porte une corbeille dans une main et dans l'autre le *guttus* ou *guttulus*, vase destiné aux libations et qui laissait échapper la liqueur goutte à goutte. La troisième figure tient sur son épaule l'*arche sacrée*, contenant les symboles mystérieux de Bacchus. Le directeur de la cérémonie est assis et parle avec une femme appuyée sur une colonne (fig. 706).

Sur la figure 707 une prêtresse, de celles dites *géraires*, est assise sur un tabouret garni d'un coussin. Ses cheveux sont enveloppés d'un linge (*mitra*); elle tient dans une main une patère et dans l'autre une feuille (*nymphée*) servant d'aspersoir, dans les cérémonies religieuses. C'est également la forme qu'on donnait aux éventails (*flabella*) avec

Fig. 708. — Procession étrusque.

lesquels on excitait le feu sacré. Une joueuse de lyre est debout devant la prêtresse. Un vieillard, faisant les fonctions de Silène, joue du tympanon, et une joueuse de crotales danse devant une femme assise qui tient la double flûte. Les trois musiciennes ont des tuniques à franges

Fig. 709. — Procession étrusque.

et les pieds nus. La prêtresse seule est chaussée. Cette peinture a été trouvée dans les fouilles de Portici.

Les figures 708 et 709 représentent une procession étrusque dans laquelle on voit des personnages portant des offrandes et des guerriers dont un danse une sorte de pyrrhique. Les rites étrusques sont en général peu connus, quoiqu'on en ait des représentations assez nombreuses, par la raison qu'on manque de textes pour les expliquer. Mais en général, dans l'antiquité grecque ou romaine, les cérémonies les plus importantes étaient celles qui se rattachaient au culte d'une divinité spéciale.

Tels étaient, par exemple, les mystères d'Eleusis, qui se célébraient en l'honneur de Démèter (ou Cérès).

Les fêtes de Dèmèter à Éleusis duraient neuf jours et se renouvelaient de quatre en quatre années, pendant le mois d'août. Pendant les trois premiers jours, on offrait des sacrifices aux deux déesses, et on faisait des cérémonies préparatoires. C'était le quatrième jour, vers le soir, que se faisait la procession de la corbeille mystérieuse, qui était couverte d'un voile de pourpre et portée sur un char traîné par des bœufs. Les dames athéniennes suivaient le char à pas lents, et en portant de petites corbeilles couvertes, qui symbolisaient celle où Proserpine avait mis les fleurs qu'elle venait de cueillir lorsqu'elle fut enlevée par Pluton. La course aux flambeaux avait lieu le cinquième jour. En souvenir de Cérès qui, tenant en main le flambeau qu'elle avait allumé au mont Etna, errait de tous côtés en cherchant sa fille, les hommes et les femmes, dès que la nuit était venue, parcouraient la campagne d'Éleusis en agitant des flambeaux. Le sixième jour était consacré à Jacchus, c'est-à-dire Bacchus, considéré comme fils de Zeus et Dèmèter.

La statue du dieu, couronné de myrte, était escortée d'une immense procession qui partait du Céramique, faubourg d'Athènes, passait par les principales places de la ville et se rendait à Éleusis. Cette procession, qui comptait jusqu'à trente mille personnes, était extrêmement bruyante. Les hymnes religieux étaient accompagnées de danses bachiques, exécutées au son des trompettes et autres instruments sonores. Le septième jour était destiné aux jeux et aux combats gymniques : pendant le huitième et le neuvième, on accomplissait diverses cérémonies spéciales en l'honneur des déesses.

Les rites de l'initiation connus sous le nom de mystères d'Éleusis comprenaient des scènes mimiques et symboliques, où les prêtres et les initiés figuraient dans une sorte de drame religieux toute la légende de Cérès et de Proserpine, le rapt de la jeune fille, le deuil et la douleur de Cérès.

Pendant l'accomplissement du mystère des instruments d'airain imitaient les clameurs et la voix gémissante de la déesse, qu'on appelait la mère des douleurs. Les scènes d'allégresse succédaient aux gémissements quand Proserpine était retrouvée. Les initiés, obligés de décrire de pénibles circuits dans les ténèbres, en proie à des terreurs que produisaient des voix confuses, se retrouvaient ensuite au milieu des plus splendides clartés, au milieu des chœurs de danses et des harmonies sacrées. Ces changements à vue, ces soudaines transitions de l'obscurité à la lumière, de la douleur à l'allégresse, figuraient pour les initiés le passage du sombre Tartare aux béatitudes de l'Élysée, et devenaient ainsi un symbole de l'immortalité de l'âme et du bonheur promis aux justes.

Les mystères d'Éleusis étaient extrêmement célèbres. Les récompenses promises aux initiés après leur mort attiraient le peuple en foule à ces cérémonies où tout était mystérieux. C'était un devoir de se faire initier au moins avant la mort. Les homicides, même involontaires, les débauchés et tous ceux qui avaient eu une tache dans leur vie, ne pouvaient obtenir l'initiation ; on examinait scrupuleusement la vie et les mœurs de ceux qui venaient la demander. La grande initiation n'avait lieu qu'à Éleusis, dans une cérémonie qui revenait tous les cinq ans. L'hiérophante ou grand prêtre devait être citoyen d'Athènes, d'une existence irréprochable, et pratiquer le plus austère célibat. Les aspirants à l'initiation avaient droit, après plusieurs jours de purification, au titre de novice. Quand Néron alla en Grèce, il n'osa pas visiter Athènes, parce qu'il aurait été obligé de se faire initier, et que l'initiation lui était interdite comme parricide.

Par une association d'idées très-familière aux anciens, la jeune déesse enlevée par le roi des morts et rendue plus tard à sa mère représentait non-seulement la graine ensevelie sous la terre à l'automne, mais aussi l'âme humaine passant par le tombeau pour arriver à la vie bienheureuse. Ce rapprochement se présentait d'autant plus facilement à l'esprit des Grecs, que deux mots presque semblables exprimaient dans leur langue l'idée de la mort et celle de l'initiation. « Mourir, dit Plutarque, c'est être initié aux grands mystères, et le rapport existe entre les mots comme entre les choses. D'abord des circuits, des courses, des fatigues, et dans les ténèbres, des marches incertaines et sans issue ; puis en approchant du terme, le frisson et l'horreur, et la sueur et l'épouvante. Mais après tout cela, une merveilleuse lumière, et dans de fraîches prairies, la musique et les chœurs de danse, et les discours sacrés et les visions saintes ; parfait maintenant et délivré, maître de lui-même et couronné de myrte, l'initié célèbre les orgies en compagnie des saints et des purs, et regarde d'en haut la foule non purifiée, non initiée des vivants, qui s'agite et se presse dans la fange et le brouillard, attachée à ses maux par la crainte de la mort et l'ignorance du bonheur qui est au delà. »

« Il y avait, dit Creuzer, pour la célébration des mystères, un rituel en forme, qui était attribué à l'antique Orphée, et qui, à en juger par quelques fragments, n'était peut-être pas moins détaillé que les prescriptions de Moïse aux lévites. Nous devons au savant Macrobe un de ces fragments, dans lequel est déterminé la manière dont Dionysos

Fig. 710. — La ceinture mystique.
(D'après une peinture de vase.)

ou Bacchus) doit être représenté en qualité de démiurge. Il y est

Fig. 711.
Jeune fille tenant une ceinture.

Fig. 712.
Jeune fille tenant une coupe.

(D'après des peintures de vase.)

fait mention avant tout du peplum de pourpre, semblable au feu, et de la peau bigarrée du faon, figurant le ciel parsemé d'étoiles; ensuite du baudrier d'or, emblème du soleil levant et colorant le ciel des premiers feux de l'aurore ; enfin de la ceinture, emblème de l'Océan qui entoure la terre. C'étaient là des instructions pour le costumier ou *stoliste*, comme les Grecs d'Égypte appelaient dans leur langue une des divisions de la caste sacerdotale de cette contrée. »

La ceinture mystique (fig. 710) est en effet représentée sur de très-nombreux monuments et principalement sur des vases funèbres.

Fig. 713. — Prêtresse.   Fig. 714. — Prêtresse.
(D'après des peintures de vase.)

La figure 711, tirée d'un vase peint, montre une jeune fille tenant en main une grande ceinture. Nous croyons qu'on peut également rapporter au culte de Dèmèter les femmes tenant des corbeilles dont on voit si fréquemment la représentation (fig. 713 et 714). Ces corbeilles contenaient probablement des gâteaux d'orge et comme le culte de Bacchus était intimement lié à celui de Cérès, le gâteau sacré devait être accompagné de libations. La jeune fille représentée sur la figure 712 tient un vase et une coupe à libations.

Les Romains avaient aussi des fêtes importantes en l'honneur de

Cérès. La procession des Ambarvales, qui se faisait tous les ans au mois de mai, parcourait les terres ensemencées, pour demander à la déesse la fertilité des campagnes. La fête des céréales, consacrée à la même divinité, ressemblait davantage aux cérémonies d'Éleusis, d'où elles tiraient leur origine. Au mois d'avril, les dames romaines, vêtues de blanc et portant des flambeaux, figuraient par leurs processions les

Fig. 715. — Prêtresse de Cérès.

voyages de Cérès à la recherche de Proserpine, et jeûnaient tout un jour en commémoration du jeûne que s'imposa Cérès jusqu'à ce qu'elle eût retrouvé sa fille. Plusieurs statues qu'on désignait autrefois sous le nom de Cérès sont aujourd'hui regardées comme représentant simplement des prêtresses de cette divinité (fig. 715). Il y avait d'ailleurs des personnes d'un rang élevé qui se faisaient représenter avec les attributs de la déesse des moissons. C'est ainsi qu'une jolie statue du musée du Louvre nous montre Julie en Cérès.

Nous avons décrit page 555 les cérémonies et les grandes processions que les Grecs accomplissaient en l'honneur de Bacchus. Les bacchanales romaines étaient à l'origine peu différentes de celles des Grecs. Les femmes seules y étaient admises et elles élisaient entre elles les prêtresses qui devaient présider à la cérémonie, qui avait lieu tous les mois. Quand plus tard les hommes furent admis à célé-

Fig. 716. — Vase panathénaïque.

brer ces fêtes conjointement avec les femmes, il s'y introduisit des désordres tellement graves qu'on défendit aux personnes âgées de moins de vingt ans de s'y mêler en aucune façon. Néanmoins les sujets de plainte étant devenus de plus en plus nombreux, le sénat finit par les interdire tout à fait.

La fête des Panathénées, dédiée à Athéné, avait une très-grande importance dans l'antiquité. On y recevait tous les peuples de l'Attique afin de les habituer à considérer Athènes comme la patrie commune. On conduisait en grande pompe le voile de la déesse, brodé par les jeunes filles d'Athènes, et chaque colonie amenait un bœuf sous forme de tribut à Pallas Athènè. Les bœufs servaient ensuite au repas qui suivait la procession. Il y avait des jeux en l'honneur de la déesse. Ils étaient de trois espèces : course équestre et aux flambeaux, combats gymniques entre les athlètes et lutte pour la poésie et la musique. Les poëtes faisaient représenter leurs pièces et les meilleurs musiciens de toute la Grèce accouraient pour ces luttes. Le prix était une couronne d'olivier et un vase d'huile, car on n'oubliait pas que la déesse avait fait germer le premier olivier qui ait poussé dans l'Attique et la culture de cet arbre était devenue une source inépuisable de richesses pour le pays. Ces vases donnés en prix portaient le nom de vases panathénaïques (fig. 716). Plusieurs ont été conservés et on peut en voir un fort beau au musée du Louvre. Pallas Athènè est toujours figurée sur l'un des côtés et le revers représente ordinairement l'exercice pour lequel le prix a été décerné. On y voit aussi quelquefois le nom des archontes en fonctions. Pendant la procession, tous les assistants, hommes et femmes, tenaient en main un rameau d'olivier.

Les bas-reliefs sculptés sur la cella du Parthénon représentent les rites sacrés de la fête des Panathénées. On y voit la scène qui se passait dans le sanctuaire de l'Érechthéion, où le peuple n'entrait pas. Le but religieux de la fête était de couvrir la déesse d'un voile nouveau en remplacement de celui qui avait fait son temps. Mais le but politique était tout autre : il s'agissait de montrer que Minerve était Athénienne par le cœur, et qu'on ne pouvait invoquer sa protection si l'on n'était l'ami d'Athènes. On voit la prêtresse qui reçoit de deux jeunes vierges les objets mystérieux qu'elles lui apportent. Ces jeunes filles sont des enfants, car, d'après les rites, elles ne pouvaient avoir moins de sept ans ni plus de onze. « Pendant la nuit qui précède la fête, dit Pausanias, elles prennent sur leur tête ce que la prêtresse leur donne à porter. Elles ignorent ce qu'on leur remet; celle qui le leur donne l'ignore aussi. Il y a dans la ville, près de la Vénus des jardins, une enceinte où se trouve un chemin souterrain creusé par la nature. Les jeunes filles descendent par là, déposent leur fardeau, et en reçoivent un nouveau soigneusement couvert. » Ce fardeau précieux contenait le vieux vêtement, et celui qu'elles rapportaient renfermait le nouveau. Comme la scène se passait la nuit, l'une d'elles tient un flambeau allumé. Pendant que la prêtresse reçoit la nouvelle parure de la déesse, le grand prêtre, assisté d'un jeune garçon, est occupé à plier l'ancien peplum.

Le public n'assiste pas à la scène mystérieuse du sanctuaire, mais les dieux, spectateurs invisibles, sont figurés assis et disposés en groupes symétriques. Parmi eux, on voit Pandrose, recouverte du voile

Fig. 717. — Jeune fille à la procession des Panathénées.
(D'après un bas-relief du Louvre.)

symbolique qui caractérise le sacerdoce; elle montre au jeune Érechthée, accoudé sur ses genoux, la tête de la procession qui s'avance vers le sanctuaire. C'est d'abord un groupe de vieillards à l'allure grave, qui sont enveloppés dans leurs manteaux et s'appuient presque tous sur leurs bâtons. Ils sont les gardiens des lois et des rites sacrés, car on en voit qui semblent donner des instructions aux jeunes vierges athéniennes qui défilent après eux. Celles-ci portent avec gravité le chandelier, la corbeille, les vases, les patères et tous les objets destinés au culte. Elles défilent lentement et d'un pas rhythmé dont les grands plis tombants de leur draperie accentuent encore la calme tranquillité (fig. 717).

Fig. 718. — Cavaliers à la fête des Panathénées.
(D'après un bas-relief du Musée Britannique.)

Après les Athéniennes viennent les filles des étrangers domiciliés

Fig. 719. — Cavaliers à la fête des Panathénées.
(D'après un bas-relief du Musée Britannique.)

à Athènes. Elles n'ont pas le droit de porter des objets aussi saints, mais elles tiennent en main les pliants qui serviront aux canéphores. Viennent ensuite les hérauts et les ordonnateurs de la fête, qui précèdent les bœufs destinés au sacrifice, puis des enfants qui conduisent un bélier. Des hommes les suivent, tenant des bassins et des outres pleines d'huile. Derrière ceux-ci, les musiciens jouent de la flûte ou de la lyre, et une suite de vieillards, qui tiennent tous en main un rameau d'olivier, terminent le cortége sacré. C'est alors que commencent à défiler les chars à quatre chevaux et la longue suite des cavaliers. On se rappelait que Minerve avait appris aux hommes l'art de dompter les chevaux et de les atteler au joug, et des jeux équestres accompagnaient toujours sa fête. Une suite de jeunes hommes, dont la chlamyde flotte au vent derrière leurs épaules, domptent leurs chevaux thessaliens qui se cabrent en leur résistant.

Cette grande cavalcade du Parthénon (fig. 718, 719), si célèbre comme ouvrage de sculpture, montre l'épisode la plus caractéristique de la fête des Panathénées. Toute la jeunesse athénienne était là, faisant parade de son adresse en équitation devant une population fière de la regarder.

Les Lacédémoniens avaient aussi une grande fête en l'honneur de Diane, mais elle a toujours conservé un caractère extrêmement barbare. Elle consistait surtout en flagellations d'enfants qui s'exécutaient devant l'autel de la déesse.

Les Adonies, fêtes en l'honneur du dieu Syrien Adonis, avaient lieu dans la plupart des villes grecques. Les femmes en grand deuil venaient pleurer devant l'image d'un jeune homme mort à la fleur de l'âge, comme avait péri Adonis, et après plusieurs jours passés à donner tous les signes de la plus profonde affliction, on faisait une grande procession en portant des rameaux et des fleurs printanières. Cette fête, qui répond pour l'époque à la Pâques des chrétiens, était un symbole de la nature, qui, après avoir vu mourir en hiver sa parure de végétation, assiste à sa résurrection dès que viennent les premiers jours du printemps.

Les Hécatéries étaient des fêtes en l'honneur d'Hécate, qui se célébraient aux nouvelles lunes : les gens riches faisaient dresser dans les carrefours des tables pleines de mets qu'ils offraient au peuple.

Les Saturnales, fêtes romaines en l'honneur de Saturne, se célébraient le dix-sept du mois de décembre et duraient trois jours, qui se passaient en réjouissances et en festins. Elles étaient destinées à rappeler l'égalité qui régnait au temps de Saturne, lorsque les hommes vivaient selon les lois de la nature et sans diversité de conditions. La statue de Saturne, qui était liée de bandelettes de laine pendant toute l'année, en était dégagée pendant sa fête, et dès que cette cérémonie était accomplie, les enfants se mettaient à courir par toute la ville en poussant les cris des saturnales. Alors la puissance des maîtres sur leurs esclaves était momentanément suspendue, les écoles étaient fermées, les tribunaux vaquaient, et on se faisait mutuellement des présents. Mais c'est surtout l'interruption des rapports habituels des esclaves avec leurs maîtres qui caractérisait ces fêtes. Ils changeaient entre eux de vêtements, et les esclaves étaient en quelque sorte maîtres de la maison pendant les trois jours que durait la fête. Non-seulement ils avaient la liberté de dire et de faire impunément tout ce qui leur plaisait, mais ils mangeaient à la même table que leurs patrons à qui ils n'épargnaient pas les quolibets. La plupart des riches Romains quittaient leur domicile pendant ces jours-là et se rendaient à la campagne pour éviter le tapage et la familiarité gênante que ces fêtes entraînaient avec elles.

Les Terminales étaient des fêtes romaines en l'honneur du dieu Terme, qui avait son temple sur le mont Tarpéien. Le roi Numa avait établi cette fête pour éviter les discussions entre les propriétaires des biens : il avait fait placer des bornes sur la limite des propriétés de chacun et décidé que celui qui enlèverait ces bornes pourrait être tué impunément et que sa tête serait vouée aux dieux infernaux. Aussi les fêtes du dieu Terme se célébraient dans les champs. On ne pouvait y sacrifier rien qui eût vie, parce que l'on aurait regardé comme un sacrilège d'ensanglanter ces bornes. Ces fêtes étaient accompagnées de danses et de festins où les gens de la campagne se rendaient en foule.

Les Lupercales, ou fêtes en l'honneur du dieu qui protége les bergers en chassant les loups, avaient un caractère tout particulier. On attribuait à ce dieu le pouvoir d'empêcher la stérilité et c'est à cette croyance qu'il faut attribuer les singulières cérémonies par lesquelles on l'honorait à Rome. Les jeunes gens qui, au mois de février, célébraient cette fête immolaient d'abord une chèvre à la divinité qu'ils voulaient honorer. Pendant le sacrifice ils se teignaient le front du sang de la victime, et s'essuyaient ensuite avec de la laine trempée dans du lait. Pendant la cérémonie ils n'avaient d'autres vêtements qu'une peau de bouc autour des reins, puis ils couraient à travers les rues dans cet état de nudité, frappant avec une sangle faite aussi avec la peau de l'animal toutes les femmes qu'ils rencontraient sur leur chemin. Les femmes romaines, surtout celles qui n'avaient pas eu d'enfants, s'approchaient avec empressement pour recevoir ces coups, que l'on croyait propres à préserver de la stérilité.

Les *Fébruales*, fêtes romaines en l'honneur des morts, avaient été établies par Numa et se célébraient au mois de février, d'où elles ont pris leurs noms. Le culte des autres divinités cessait et leurs temples étaient fermés pendant ces fêtes qui consistaient à offrir des sacrifices sur les tombeaux à la lueur des torches, et pendant lesquelles on ne contractait pas de mariages, parce que ces jours étaient réputés malheureux. Les *Lémuries*, autre fête en l'honneur des morts, qui se célébrait dans le mois de mai, avaient surtout pour but d'empêcher les ombres des décédés, ou les revenants, de quitter les enfers pour venir hanter la terre des vivants. Cette fête, très curieuse par les cérémonies superstitieuses qui s'y rattachaient, consistait surtout en petits présents que l'on faisait aux ombres pour les empêcher de gêner les vivants par leur présence. A minuit, chaque père de famille allait faire ses ablutions dans une fontaine voisine pour se purifier, et en s'en allant, il jetait par-dessus sa tête et sans se retourner des fèves qu'il avait dans la bouche et que l'ombre était censée ramasser. Ensuite, il frappait un coup sonore sur un vase d'airain en disant : « ombre d'un tel, retirez-vous », parole qu'il devait répéter neuf fois de suite.

LA TRANSFORMATION CHRÉTIENNE. — Le christianisme, malgré les persécutions qu'il a endurées, n'a été, vu le point où étaient arrivés les cultes antiques, qu'une transformation à peine sensible. Le monothéisme était établi partout et les philosophes païens le proclamaient aussi bien que les chrétiens. Les cultes mystiques de l'Orient avaient complétement altéré le vieux paganisme grec et romain, qui vers la fin de l'empire n'existait plus que dans quelques cérémonies surannées.

La doctrine chrétienne, qui, à l'origine, était empreinte d'un caractère asiatique très prononcé, s'enrichit promptement des idées platoniciennes de la philosophie grecque, et le sacerdoce, dès qu'il put se constituer, chercha à adopter la savante organisation romaine, mais il ne parvint jamais à s'assimiler complétement à son modèle.

En effet, le souverain pontife des Romains était le premier des magistrats civils en même temps que le chef de la religion. C'est pour cela que les empereurs adoptèrent ce titre qu'ils auraient sans doute gardé, si les barbares n'avaient envahi l'Italie. L'évêque de Rome se constitua forcément chef de la catholicité, parce qu'il ne pouvait être ni le subordonné de l'empereur d'Orient qui était incapable de le défendre, ni le sujet d'un chef barbare, qui, en lui imposant sa volonté, aurait pu altérer le caractère de la doctrine. Le pape, ne pouvant être civilement au-dessus des autres souverains, le fut religieusement. C'est à cette circonstance spéciale que la doctrine catholique doit de s'être conservée intacte jusqu'à nos jours, mais c'est aussi à la même cause

Fig. 720. — Chaise de saint Pierre.
(Conservée à Saint-Pierre de Rome.)

qu'il faut attribuer l'antagonisme, qui, depuis que la papauté est constituée, n'a cessé d'exister entre le pouvoir civil et le pouvoir religieux.

TABLE DES MATIÈRES

LES INSTITUTIONS DE L'ANTIQUITÉ

L'ÉDUCATION

I. — L'ENSEIGNEMENT.

Fig. 1 à 17.

	Pages.		Pages.
Les Lettres en Égypte	3	Les Écoles romaines	17
Les Gymnastes grecs	5		

— LA GYMNASTIQUE.

Fig. 18 à 38.

	Pages.		Pages
Les Athlètes	20	Le Javelot	29
La Course à pied	25	La Lutte	30
Le Saut	26	Le Pugilat	32
Le Disque	26	Exercices divers	36

III. — LA MUSIQUE ET LA DANSE.

Fig. 39 à 51.

	Pages.		Pages.
La Musique.	37	La Mimique.	51
La Danse.	43		

IV. — LES SCIENCES.

Fig. 52 à 64.

La Médecine.	51	L'Histoire.	71
Les Mathématiques.	63	La Jurisprudence.	73
L'Astronomie.	65	La Philosophie.	74
La Géographie.	69		

V. — LES MOYENS D'INSTRUCTION.

Les Bibliothèques.	77	Les Libraires.	80
Les Lectures publiques.	79	Les Professeurs.	82

INSTITUTIONS CIVILES

I. — LE GOUVERNEMENT.

Fig. 65 à 74.

La Monarchie en Égypte.	87	Le Gouvernement d'Athènes	95
La Monarchie en Asie.	88	Le Gouvernement de Sparte.	97
Les Rois grecs.	92	Le Gouvernement à Rome	98

II. — LES IMPOTS.
Fig. 75 à 88.

Les Impôts en Égypte.	102	Les Impôts en Grèce.	115
Les impôts en Asie.	114	Les Impôts à Rome.	115

III. — LA JUSTICE.
Fig. 89 à 94.

Les Tribunaux égyptiens.	120	Les Tribunaux romains.	125
La Justice en Asie.	123	Les Basiliques.	127
Les Tribunaux grecs.	124		

IV. — LES THERMES.
Fig. 95 à 109.

Les Bains en Grèce.	130	Les Ustensiles de bain.	138
Les Thermes romains.	133		

V. — LE THÉATRE.
Fig. 110 à 143.

	Pages		Pages
L'Édifice.	142	Les Représentations.	161
Les Masques.	145	La Tragédie.	162
Les Acteurs.	149	La Comédie.	165
Le Chœur.	160		

VI. — LES FÊTES PUBLIQUES.
Fig. 144 à 201.

Les Jeux sacrés des Grecs.	172	Les Courses.	202
L'Hippodrome.	176	Les Cochers.	204
L'Amphithéâtre.	179	Les Combats d'animaux.	209
Les Gladiateurs de Rome	181	Les Naumachies.	214
Le Cirque romain.	198	Grands jeux romains.	215

LA GUERRE

I. — LES ARMES.

Fig. 202 à 297.

La Massue.	217	L'Arc.	228
Les Haches.	217	La Fronde.	233
Le Casse-tête.	221	Le Casque.	233
L'Épée.	222	L'Armure.	243
La Lance et le javelot.	226	Le Bouclier.	249

II. — L'ARMÉE ÉGYPTIENNE.

Fig. 298 à 320.

	Pages.		Pages
L'Organisation militaire.	256	L'armée navale.	272
Les Forteresses.	267	Les Prisonniers.	276

III. — LA GUERRE EN ASIE.

Fig. 321 à 334.

Les Hébreux.	278	Les Mèdes et les Perses.	288
Les Armées assyriennes.	279		

IV. — LES ARMÉES GRECQUES.

Fig. 335 à 351.

L'Age héroïque.	298	Les Macédoniens.	318
L'Age historique.	310		

V. — LES ARMÉES ROMAINES.

Fig. 352 à 428.

La Déclaration de guerre.	320	Les Signaux.	362
La Levée des hommes.	321	La Flotte.	366
Organisation de l'armée.	327	Le Triomphe.	371
Les Camps.	346	Les Ennemis des Romains.	379
Les Machines de guerre.	357		

INSTITUTIONS RELIGIEUSES

I. — L'ÉGYPTE.

Fig. 429 à 499.

	Pages.		Pages.
Les Dieux.	399	Les Temples	437
Les Emblèmes religieux.	411	Les Prêtres.	448
Les Animaux sacrés.	418	Les Cérémonies du culte.	457
Les Destinées de l'âme.	425		

II. — LE CULTE EN ASIE.

Fig. 500 à 514.

Les Hébreux.	468	Les Perses.	480
Les Phéniciens.	473	Les Phrygiens.	483
Les Assyriens.	476		

III. — LE CULTE EN GRÈCE.

Fig. 515 à 620.

Les Titans.	486	Les Dieux du feu.	568
L'Olympe.	490	Les Dieux des enfers.	571
Les Dieux du ciel.	493	Les Héros.	576
Les Dieux de la terre.	536	Les Dieux domestiques.	580
Les Dieux des eaux.	561		

IV. — LES DIEUX DE ROME.

Fig. 621 à 646.

	Pages.		Pages
La Religion des Romains.	581	Les Lares.	598
Les Dieux du ciel.	583	Les Dieux de la mort.	601
Les Dieux de la terre.	592	Les Génies et les Vertus.	603
Les Dieux de l'eau.	598	Les Dieux gaulois.	607
Les Dieux du feu.	599		

V. — LES PRATIQUES DU CULTE.

Fig. 647 à 720.

Le Sacerdoce.	610	Les Présages.	643
Les Autels et ustensiles du culte.	618	Les Cérémonies.	658
Les Sacrifices.	637	La Transformation chrétienne.	669

www.ingramcontent.com/pod-product-compliance
Lightning Source LLC
Chambersburg PA
CBHW050104230426
43664CB00010B/1429